CB074433

Suma
contra os
Gentios
IV

Tomás de Aquino

Tomás de Aquino

Suma
contra os
Gentios

Volume IV

O MISTÉRIO DA TRINDADE
ENCARNAÇÃO E SACRAMENTOS
A RESSURREIÇÃO E O JUÍZO

Edições Loyola

Título original:
Summa contra gentiles

O texto latino é o da Editio Leonina.

Dados Internacionais de Catalogação na Publicação (CIP)
(Câmara Brasileira do Livro, SP, Brasil)

Tomás de Aquino, Santo, 1225-1274.
  Suma contra os gentios, IV / Tomás de Aquino ; tradução Joaquim F. Pereira. -- São Paulo : Edições Loyola, 2016.
  Título original: Summa contra gentiles : Liber IV.
  ISBN 978-85-15-04366-8

  1. Apologética - História - Idade média, 600-1500 2. Igreja Católica - Doutrinas - Obras anteriores a 1800 3. Tomás de Aquino, Santo, 1225?-1274. Suma de teologia I. Título.

16-00890   CDD-189.4

Índices para catálogo sistemático:
1. Tomismo : Filosofia escolástica   189.4

Edições Loyola Jesuítas
Rua 1822, 341 – Ipiranga
04216-000 São Paulo, SP
T 55 11 3385 8500/8501 • 2063 4275
editorial@loyola.com.br
vendas@loyola.com.br
www.loyola.com.br

Todos os direitos reservados. Nenhuma parte desta obra pode ser reproduzida ou transmitida por qualquer forma e/ou quaisquer meios (eletrônico ou mecânico, incluindo fotocópia e gravação) ou arquivada em qualquer sistema ou banco de dados sem permissão escrita da Editora.

ISBN 978-85-15-04366-8

2ª edição: 2021

© EDIÇÕES LOYOLA, São Paulo, Brasil, 2016

Plano geral da obra

Volume I   INTRODUÇÃO [cc. 1 a 9]
A EXISTÊNCIA DE DEUS [cc. 10 a 13]
A ESSÊNCIA DE DEUS [cc. 14 a 27]
AS PERFEIÇÕES DE DEUS [cc. 28 a 102]

Volume II   INTRODUÇÃO [cc. 1 a 5]
O PRINCÍPIO DA EXISTÊNCIA DAS COISAS [cc. 6 a 38]
A DISTINÇÃO E DIVERSIDADE DAS COISAS [cc. 39 a 45]
A NATUREZA DAS COISAS ENQUANTO SE REFERE À LUZ DA FÉ [cc. 46 a 101]

Volume III   PROÊMIO [c. 1]
DEUS ENQUANTO É O FIM DE TODAS AS COISAS [cc. 2 a 63]
O GOVERNO DE DEUS [cc. 64 a 110]
DEUS GOVERNA AS NATUREZAS INTELIGENTES [cc. 111 a 163]

Volume IV   PROÊMIO [c. 1]
O MISTÉRIO DA TRINDADE [cc. 2 a 26]
ENCARNAÇÃO E SACRAMENTOS [cc. 27 a 78]
A RESSURREIÇÃO E O JUÍZO [cc. 79 a 97]

Tradutores da edição brasileira

Tradutores:
Volume I   Joaquim F. Pereira
Volume II Maurílio José de Oliveira Camello
Volume III Maurílio José de Oliveira Camello
Volume IV Joaquim F. Pereira

Ordem e método desta obra

Tratamos, no **Livro I, da perfeição da natureza divina**. Mostrou-se que há o primeiro ente que possui a perfeição plena de todo o ser. A este ente chamamos Deus. No **Livro II, tratamos da perfeição de seu poder. Assim**, da abundância de sua perfeição, doa o ser a todos os existentes. Por isso, se comprova que este ente não é apenas o primeiro dos entes, mas também o princípio de todos. No **Livro III, da perfeita autoridade ou dignidade de Deus, enquanto é o fim e o regente de todas as coisas**. Assim como é perfeito no ser e no causar, também é perfeito no governar. O modo desse governo aparece nas diversas coisas, segundo a diferença das naturezas.

O **LIVRO IV** terá como objeto as verdades sobre Deus que **excedem a razão**. Como a razão natural eleva-se ao conhecimento de Deus mediante as criaturas, é **mediante a fé, pela revelação divina, que o conhecemos**.

Em *primeiro lugar*, serão tratadas as coisas sobre Deus que excedem a razão e que são propostas para ser cridas, tal como a fé na Trindade.

Em *segundo*, serão tratadas aquelas coisas realizadas por Deus, que excedam a razão, como a obra da Encarnação, e as que se lhe seguem[1].

Em *terceiro*, serão tratadas aquelas coisas que excedem a razão e que são esperadas no último fim do homem, como a ressurreição, a glorificação dos corpos e a felicidade eterna das almas, assim como as coisas que com estas se relacionam[2].

---

[1] Cf. cap. 27 ss.
[2] Cf. cap. 79 ss.

SUMMA CONTRA GENTILES

LIBER IV

SUMA CONTRA OS GENTIOS

LIVRO IV

PROÊMIO (1)

Capitulum I

Ecce, haec ex parte dicta sunt viarum eius, et cum vix parvam stillam sermonum eius audiverimus, quis poterit tonitruum magnitudinis eius intueri.
Iob, 26,14.

Intellectus humanus, a rebus sensibilibus connaturaliter sibi scientiam capiens, ad intuendam divinam substantiam in seipsa, quae super omnia sensibilia, immo super omnia alia entia improportionaliter elevatur, pertingere per seipsum non valet. Sed quia perfectum hominis bonum est ut quoquo modo Deum cognoscat, ne tam nobilis creatura omnino in vanum esse videretur, velut finem proprium attingere non valens, datur homini quaedam via per quam in Dei cognitionem ascendere possit: ut scilicet, quia omnes rerum perfectiones quodam ordine a summo rerum vertice Deo descendunt, ipse, ab inferioribus incipiens et gradatim ascendens, in Dei cognitionem proficiat; nam et in corporalibus motibus eadem est via qua descenditur et ascenditur, ratione principii et finis distincta.

Praedicti autem descensus perfectionum a Deo duplex est ratio. — Una quidem ex parte primae rerum originis: nam divina sapientia, ut perfectio esset in rebus, res produxit in ordine, ut creaturarum universitas ex summis rerum et infimis compleretur. — Alia vero ratio ex ipsis rebus procedit. Nam cum causae sint nobiliores effectibus, prima quidem causata deficiunt a prima causa, quae Deus est, quae tamen suis effectibus praeminent; et sic deinceps quousque ad ultima rerum perveniatur.

Et quia in summo rerum vertice Deo perfectissima unitas invenitur; et unumquodque, quanto est magis unum, tanto est magis virtu-

Capítulo 1

Eis, isso que foi dito é uma parte dos seus caminhos, e se apenas ouvimos uma pequena gota das suas palavras, quem poderá compreender os trovões do seu poder?[1]

O intelecto humano recebe das coisas sensíveis a ciência que lhe é conatural, e não é capaz de entender por si mesmo a substância divina em si mesma, que se eleva sem proporção sobre todas as coisas sensíveis, e até sobre todos os outros entes. Entretanto, o bem perfeito do homem consiste em conhecer a Deus de algum modo. E para que uma tão nobre criatura não parecesse totalmente vã, como se não pudesse atingir o próprio fim, foi-lhe dado um caminho pelo qual se elevasse ao conhecimento de Deus, a saber: como todas as perfeições das coisas descem ordenadamente de Deus que é o vértice supremo de todas, assim o homem, começando das coisas inferiores e subindo gradativamente, pode progredir no conhecimento de Deus, pois também nos movimentos corpóreos é o mesmo o caminho pelo qual se desce e o caminho pelo qual se sobe, distintos em razão do princípio e do fim.

Com efeito, são duas as razões desta descida das perfeições de Deus. *Uma*, por parte da primeira origem das coisas: pois a sabedoria divina, para que as coisas tivessem perfeição, produziu-as em ordem, a fim de que o universo das criaturas fosse completo com as coisas mais altas e mais baixas. — *A outra razão* procede das próprias coisas: pois, como as causas são mais nobres que os efeitos, as primeiras coisas causadas são inferiores à causa primeira, que é Deus; entretanto, elevam-se acima dos seus efeitos, e assim sucessivamente até alcançar a última coisa.

E porque em Deus, sumo vértice das coisas, se encontra perfeitíssima unidade, assim cada coisa é tanto mais virtuosa e digna quanto

---

[1] Jó 26,14.

osum et dignius: consequens est ut quantum a primo principio receditur, tanto maior diversitas et variatio inveniatur in rebus. Oportet igitur processum emanationis a Deo uniri quidem in ipso principio, multiplicari autem secundum res infimas, ad quas terminatur. Et ita, secundum diversitatem rerum, apparet viarum diversitas, quasi ab uno principio inchoatarum, et terminatarum ad diversa.

Per has igitur vias intellectus noster in Dei cognitionem ascendere potest, sed propter debilitatem intellectus nostri, nec ipsas vias perfecte cognoscere possumus. Nam cum sensus unde nostra cognitio, circa exteriora accidentia versetur, quae sunt secundum se sensibilia, ut color et odor et huiusmodi; intellectus vix per huiusmodi exteriora potest ad perfectam notitiam inferioris naturae pervenire, etiam illarum rerum quarum accidentia sensu perfecte comprehendit. Multo igitur minus pertingere poterit ad comprehendendum naturas illarum rerum quarum pauca accidentia capimus sensu; et adhuc minus illorum quorum accidentia sensu capi non possunt, etsi per quosdam deficientes effectus percipiantur.

Sed etsi ipsae naturae rerum essent nobis cognitae, ordo tamen earum, secundum quod a divina providentia et ad invicem disponuntur et diriguntur in finem, tenuiter nobis notus esse potest: cum ad cognoscendam rationem divinae providentiae non pertingamus. Si igitur ipsae viae imperfecte cognoscuntur a nobis, quomodo per eas ad perfecte cognoscendum ipsarum viarum principium poterimus pervenire? quod quia sine proportione excedit vias praedictas, etiam si vias ipsas cognosceremus perfecte, nondum tamen perfecta principii cognitio nobis adesset.

Quia igitur debilis erat Dei cognitio ad quam homo per vias praedictas intellectuali quodam quasi intuitu pertingere poterat, ex superabundanti bonitate, ut firmior esset

mais una ela é. Segue-se daí que quanto mais se afasta do primeiro princípio tanto maior é a diversidade e a variedade que se encontra nas coisas. Por isso, é necessário que o processo de emanação de Deus seja unificado no próprio princípio e multiplicado segundo as coisas mais inferiores, nas quais ele termina. E assim, segundo a diversidade das coisas, aparece a diversidade das vias, que começam de um só princípio e terminam em coisas diversas.

Portanto, por essas vias, o nosso intelecto pode subir até o conhecimento de Deus, mas, em razão da debilidade do nosso intelecto, não podemos conhecer perfeitamente nem as próprias vias. Pois, como os sentidos, por onde começa o nosso conhecimento, versam sobre os acidentes exteriores, que são sensíveis por si, como a cor, o odor, e outros semelhantes, o intelecto, por meio desses acidentes exteriores, pode chegar apenas a uma notícia perfeita da natureza inferior, e também daquelas coisas cujos acidentes compreendem perfeitamente pelos sentidos. Logo, muito menos poderia alcançar a compreensão das naturezas daquelas coisas das quais percebemos pelo sentido apenas poucos acidentes; e menos ainda os acidentes daquelas coisas que não podem ser apreendidos pelos sentidos, embora sejam percebidos por alguns efeitos deficientes.

Mas, embora conhecêssemos as mesmas naturezas das coisas, entretanto, a ordem delas, conforme são dispostas e mutuamente dirigidas para o fim pela providência divina, muito tenuamente poderíamos conhecê-la, porque não alcançamos conhecer a razão da providência divina. Portanto, se conhecemos essas vias imperfeitamente, como por meio delas poderíamos chegar ao perfeito conhecimento do seu princípio? E porque isso excede sem proporção essas vias, se conhecêssemos perfeitamente essas vias, não teríamos ainda o conhecimento perfeito do princípio.

Porque era débil o conhecimento que de Deus o homem, seguindo os caminhos indicados, podia atingir como por certa intuição intelectual, Deus, por sua bondade excessiva,

hominis de Deo cognitio, quaedam de seipso hominibus revelavit quae intellectum humanum excedunt. In qua quidem revelatione, secundum congruentiam hominis, quidam ordo servatur, ut paulatim de imperfecto veniat ad perfectum: sicut in ceteris rebus mobilibus accidit. Primo igitur sic homini revelantur ut tamen non intelligantur, sed solum quasi audita credantur: quia intellectus hominis secundum hunc statum, quo sensibilibus est connexus, ad ea intuenda quae omnes proportiones sensus excedunt, omnino elevari non potest. Sed cum a sensibilium connexione fuerit liberatus, tunc elevabitur ad ea quae revelantur intuenda.

Est igitur triplex cognitio hominis de divinis. Quarum prima est secundum quod homo naturali lumine rationis, per creaturas in Dei cognitionem ascendit. Secunda est prout divina veritas, intellectum humanum excedens, per modum revelationis in nos descendit, non tamen quasi demonstrata ad videndum, sed quasi sermone prolata ad credendum. Tertia est secundum quod mens humana elevabitur ad ea quae sunt revelata perfecte intuenda.

Hanc igitur triplicem cognitionem iob in verbis propositis insinuat. Quod enim dicit, ecce, haec ex parte dicta sunt viarum eius, ad illam cognitionem pertinet qua per vias creaturarum in Dei cognitionem noster intellectus ascendit. Et quia has vias imperfecte cognoscimus, recte adiunxit, ex parte. Ex parte enim cognoscimus: sicut apostolus dicit, 1 Cor. 13,9. Quod vero subdit, et cum vix parvam stillam sermonum eius audiverimus, ad secundam cognitionem pertinet, prout divina nobis credenda per modum locutionis revelantur: fides enim, ut dicitur Rom. 10,17, est ex auditu, auditus autem per verbum Dei; de quo etiam dicitur Ioan. 17,17, sanctifica eos in veritate: sermo tuus veritas est. Sic igitur, quia revelata

revelou aos homens coisas que excedem o intelecto humano, afim de que fosse mais firme o conhecimento do homem sobre Deus. E, nesta revelação, guarda-se certa ordem, congruente ao homem, para que este, pouco a pouco, do imperfeito chegue ao perfeito, como acontece nas outras coisas mutáveis. Por isso, em primeiro lugar são reveladas ao homem essas coisas, de modo que não sejam entendidas, mas somente cridas por ter ouvido dizer, porque o intelecto humano, segundo o seu estado de união com os sentidos, de nenhum modo pode ser elevado à intuição das coisas que excedem todas as proporções dos sentidos. Mas, quando for libertado da união com os sentidos, será elevado à intuição das coisas que são reveladas.

Há, pois, três conhecimentos do homem sobre as coisas divinas: o *primeiro*, enquanto o homem pela luz natural da razão e pelas criaturas sobe até o conhecimento de Deus; o *segundo*, enquanto a verdade divina que excede o intelecto humano desce até nós pelo modo de revelação, não para ser vista como por demonstração, mas para ser crida como pronunciada por palavras; o *terceiro*, enquanto a alma humana é elevada à perfeita intuição das coisas reveladas.

Este tríplice conhecimento está insinuado nas palavras citadas de Jó. Com efeito, quando ele diz: *Eis, isso que foi dito é uma parte dos seus caminhos,* pertence àquele conhecimento pelo qual o nosso intelecto sobe ao conhecimento de Deus pelas vias das criaturas. E porque conhecemos essas vias imperfeitamente, acrescenta retamente: *é uma parte.* Como também o diz o Apóstolo: *Conhecemos, agora, em parte*[2]. E a seguir: *E se apenas ouvimos uma pequena gota das suas palavras,* pertence ao *segundo* conhecimento, enquanto as coisas divinas nos são reveladas para serem cridas como por meio das palavras. Pois diz o Apóstolo: *A fé vem do ouvido, e o que é ouvido, da palavra de Deus*[3]. A respeito disto também

---

[2] 1 Coríntios 13,9.
[3] Romanos 10,17.

veritas de divinis non videnda, sed credenda proponitur, recte dicit, audiverimus.

Quia vero haec imperfecta cognitio effluit ab illa perfecta cognitione qua divina veritas in seipsa videtur, dum a Deo nobis mediantibus Angelis revelatur, qui vident faciem patris, recte nominat stillam. Unde et ioel 3,18 dicitur: in die illa stillabunt montes dulcedinem. Sed quia non omnia mysteria quae in prima veritate visa Angeli et alii beati cognoscunt, sed quaedam pauca nobis revelantur, signanter addit, parvam. Dicitur enim Eccli. 43,35 quis magnificat eum sicut est ab initio? multa abscondita sunt maiora his: pauca enim vidimus operum eius. Et Dominus discipulis dicit, Ioan. 16,12: multa habeo vobis dicere, sed non potestis portare modo. Haec etiam pauca quae nobis revelantur, sub quibusdam similitudinibus et obscuritatibus verborum nobis proponuntur: ut ad ea quomodocumque capienda soli studiosi perveniant, alii vero quasi occulta venerentur, et increduli lacerare non possint: unde dicit apostolus, I ad Cor. 13,12: videmus nunc per speculum in aenigmate. Signanter igitur addit vix ut difficultas ostenderetur.

Quod vero subdit, quis poterit tonitruum magnitudinis eius intueri? ad tertiam cognitionem pertinet, qua prima veritas cognoscetur, non sicut credita, sed sicut visa: videbimus enim eum sicuti est, ut dicitur I Ioan. 3,2. Unde dicit, intueri. Nec aliquid modicum de divinis mysteriis percipietur, sed ipsa maiestas divina videbitur, et omnis bonorum perfectio: unde Dominus ad Moysen dixit, exodi

é dito: *Santifica-os na verdade, porque a tua palavra é a verdade*[4]. Assim também, porque a verdade revelada referente às coisas divinas não é proposta para ser vista, mas para ser crida, retamente diz: *ouvimos*.

No entanto, porque o conhecimento imperfeito provém daquele conhecimento perfeito, no qual a verdade divina é vista em si mesma, enquanto nos é revelada por Deus por meio dos anjos, que *veem a face do Pai*[5], retamente a chama de *gota*. Donde ser dito: *Naqueles dias os montes gotejarão mel*[6]. Mas, como não nos são revelados todos os mistérios vistos na Primeira Verdade, que os anjos e os outros bem-aventurados conhecem, pois poucos deles nos são revelados, significativamente acrescenta: *pequena*. E assim, é dito no Eclesiástico: *Quem o engrandecerá como Ele é desde o princípio? Há muitas coisas ocultas e maiores do que estas; vemos pouco das suas obras*[7]. Diz ainda o Senhor dos discípulos: *Tenho muitas coisas a vos dizer, mas agora não podeis suportá-las*[8]. Também essas poucas coisas que nos são reveladas, nos são propostas por semelhanças e palavras obscuras, para que só os estudiosos cheguem a entendê-las e outros as venerem como ocultas, e para que os incrédulos não possam deturpá-las. Donde dizer o Apóstolo: *Agora vemos em um espelho, como enigmas*[9]. Por isso, acrescenta expressivamente *apenas*, para indicar a dificuldade.

O que acrescenta: *Quem poderá compreender os trovões do seu poder?*, pertence ao *terceiro* conhecimento, no qual a Primeira Verdade é conhecida não como crida, mas como vista, como diz João: *Vê-lo-emos como é*[10]. Por isso, diz-se: *compreender*. E o que se perceberá dos mistérios divinos não será apenas um pouco, mas se verá a mesma majestade divina e toda perfeição dos bens. Pois, disse o Senhor a

---

[4] João 17,17.
[5] Mateus 18,10.
[6] Joel 3,18.
[7] Eclesiástico 43,35-36.
[8] João 16,21.
[9] 1 Coríntios 13,12.
[10] 1 João 3,2.

33,19: ego ostendam tibi omne bonum. Recte ergo dicit, magnitudinis. — Non autem proponetur veritas homini aliquibus velaminibus occultata, sed omnino manifesta: unde Dominus discipulis suis dicit, Ioan. 16,25: venit hora cum iam non in proverbiis loquar vobis, sed palam de patre annuntiabo vobis. Signanter ergo dicit, tonitruum, ad manifestationem insinuandam.

Competunt autem verba praemissa nostro proposito. Nam in praecedentibus de divinis sermo est habitus secundum quod ad cognitionem divinorum naturalis ratio per creaturas pervenire potest: imperfecte tamen, et secundum proprii possibilitatem ingenii, ut sic possimus dicere cum iob, ecce, haec ex parte dicta sunt viarum eius. Restat autem sermo habendus de his quae nobis revelata sunt divinitus ut credenda, excedentia intellectum humanum.

Circa quae qualiter procedendum sit, praemissa verba nos docent. Cum enim huiusmodi veritatem vix audiverimus in sermonibus sacrae Scripturae quasi stillam parvam ad nos descendentem; nec possit aliquis in huius vitae statu tonitruum magnitudinis intueri; erit hic modus servandus, ut ea quae in sermonibus sacrae Scripturae sunt tradita, quasi principia sumantur; et sic ea quae in sermonibus praedictis occulte nobis tradunter, studeamus utcumque mente capere, a laceratione infidelium defendendo; ut tamen praesumptio perfecte cognoscendi non adsit; probanda enim sunt huiusmodi auctoritate sacrae Scripturae, non autem ratione naturali. Sed tamen ostendendum est quod rationi naturali non sunt opposita, ut ab impugnatione infidelium defendantur. Qui etiam modus in principio huius operis praedeterminatus est.

Quia vero naturalis ratio per creaturas in Dei cognitionem ascendit, fidei vero cognitio

Moisés: *Mostrar-te-ei todos os bens*[11]. Por isso, diz retamente: *de sua grandeza*. — E a verdade não será proposta ao homem coberta por alguns véus, mas totalmente manifesta. Donde, o Senhor dizer aos seus discípulos: *Vem a hora em que não vos falarei mais por provérbios, mas claramente vos anunciarei o Pai*[12]. Portanto, diz expressivamente *trovões,* para insinuar a manifestação.

As palavras referidas convêm ao nosso propósito. Pois, nos livros precedentes falou-se das coisas divinas segundo aquilo que a razão natural pode conhecê-las pelas criaturas. Imperfeitamente, contudo, e segundo a possibilidade do próprio engenho, de modo que assim podemos dizer com Jó: *Eis, isso que foi dito é uma parte dos seus caminhos*[13]. Resta, pois, o que se deve dizer daquelas coisas que foram reveladas a nós divinamente para crer e que excedem o intelecto humano.

Como se deve proceder a respeito delas, as palavras referidas nos ensinam. Com efeito, como *apenas ouvimos* essas verdades nas palavras da Sagrada Escritura como *pequena gota* que desce até nós, e como não é possível a alguém no estado desta vida *compreender os trovões do seu poder,* deverá ser seguido este método: as coisas transmitidas pelas palavras nas Sagradas Escrituras serão tomadas como princípios. E assim, aquelas coisas que ocultamente nos são transmitidas nas palavras referidas, esforcemo-nos por entendê-las de algum modo, defendendo-as dos ataques dos infiéis. No entanto, sem ter a presunção de conhecê-las perfeitamente, serão comprovadas pela autoridade da Sagrada Escritura, não por razão natural. Mas, para defendê-las dos ataques dos infiéis, dever-se-á mostrar que não são opostas à razão natural. Este modo foi, aliás, preestabelecido no início desta obra[14].

E porque a razão natural eleva-se ao conhecimento de Deus pelas criaturas, e o co-

---

[11] Êxodo 33,19.
[12] João 16,25.
[13] Jó 26,14.
[14] Livro I, cap. 9.

a Deo in nos e converso divina revelatione descendit; est autem eadem via ascensus et descensus: oportet eadem via procedere in his quae supra rationem creduntur, qua in superioribus processum est circa ea quae ratione investigantur de Deo.

Ut primo scilicet ea tractentur quae de ipso Deo supra rationem credenda proponuntur, sicut est confessio trinitatis. — Secundo autem, de his quae supra rationem a Deo sunt facta, sicut opus incarnationis, et quae consequuntur ad ipsam. Tertio vero, ea quae supra rationem in ultimo hominum fine expectantur, sicut resurrectio et glorificatio corporum, perpetua beatitudo animarum, et quae his connectuntur.

nhecimento da fé desce de Deus até nós, por meio da revelação divina, resulta que a via de subida e de descida é a mesma. Por isso, naquelas coisas que se creem e estão acima da razão, é necessário proceder pela mesma via pela qual se procedeu nos livros anteriores a respeito daquelas coisas relativas a Deus que são investigadas pela razão natural.

Desse modo, primeiro, serão tratadas as coisas sobre Deus que excedem a razão e que são propostas para ser cridas, tal como a confissão da Trindade. — Segundo, serão tratadas aquelas coisas realizadas por Deus, que excedem a razão, como a obra da Encarnação, e as que se lhe seguem[15]. — Terceiro, serão tratadas aquelas coisas que excedem a razão e que são esperadas no último fim do homem, como a ressurreição e a glorificação dos corpos e a bem-aventurança eterna das almas, bem como as coisas que com estas se relacionam[16].

---

[15] Cf. cap. 27 ss.
[16] Cf. cap. 79 ss.

O MISTÉRIO DA TRINDADE (2 a 26)

A geração do Filho (2 a 14)

Capitulum II
Quod sit generatio, paternitas et filiatio in divinis

Principium autem considerationis a secreto divinae generationis sumentes, quid de ea secundum sacrae Scripturae documenta teneri debeat, praemittamus. Dehinc vero ea quae contra veritatem fidei infidelitas adinvenit argumenta ponamus: quorum solutione subiecta, huius considerationis propositum consequemur.

Tradit igitur nobis sacra Scriptura in divinis paternitatis et filiationis nomina, Iesum Christum filium Dei contestans. Quod in Scriptura novi testamenti frequentissime invenitur. Dicitur enim Matth. 11,27: nemo novit filium nisi pater: neque patrem quis novit nisi filius. Ab hoc marcus suum evangelium coepit, dicens: initium evangelii Iesu Christi, filii Dei. Ioannes etiam evangelista hoc frequenter ostendit: dicitur enim Ioan. 3,35: pater diligit filium, et omnia dedit in manu eius; et Ioan. 5,21: sicut pater suscitat mortuos et vivificat, sic et filius quos vult vivificat. Paulus etiam apostolus haec verba frequenter interserit: dicit enim, Rom. 1, se segregatum in evangelium Dei, (quod ante promiserat per prophetas suos in Scripturis sanctis) de filio suo; et ad Hebr. 1,1: multifariam multisque modis olim Deus loquens patribus in prophetis, novissime diebus istis locutus est nobis in filio. Hoc etiam traditur, licet rarius, in Scriptura veteris testamenti. Dicitur enim Proverb. 30,4: Quod nomen eius? et quod nomen filii eius, si nosti? in Psalmo etiam legitur: Domi-

Capítulo 2
Há em Deus geração, paternidade e filiação

Tomando como princípio desta consideração o mistério da geração divina, antecipamos o que se deve manter dela segundo os documentos da Sagrada Escritura. Em seguida, fixamos os argumentos que os infiéis encontram contra a verdade da fé[1], e uma vez exposta a solução dos mesmos[2], conseguiremos o propósito desta consideração.

A Sagrada Escritura nos diz os nomes de *paternidade* e de *filiação em Deus*, ao declarar que Jesus Cristo é *Filho de Deu*. E isso se encontra com muita frequência na Escritura do Novo Testamento: Em Mateus: *Ninguém conheceu o Filho senão o Pai, e ninguém conheceu o Pai senão o Filho*[3]. Marcos começou o seu Evangelho, dizendo: *Início do Evangelho de Jesus Cristo, Filho de Deus*[4]. João Evangelista, também, frequentemente mostra isso, pois diz: *O Pai ama o Filho e tudo lhe deu em suas mãos*[5]; e em outro lugar: *Assim como o Pai ressuscita e vivifica os mortos, também o Filho vivifica a quem quer*[6]. O Apóstolo Paulo, também, intercala com frequência nos seus textos estas palavras: *Que ele foi segregado para anunciar o Evangelho de Deus, (que antes prometera pelos seus profetas nas Escrituras Santas), a respeito do seu Filho*[7]; e em outro lugar: *Muitas vezes e de muitos modos, antigamente, Deus falou a nossos pais por meio dos profetas e, nestes dias, falou-nos por seu Filho*[8]. Isso também é narrado, embora raramente, na Escritura do Antigo Testamento. Diz-se nos

---

[1] Cf. cap. 10.
[2] Cf. caps. 11-15.
[3] Mateus 11,27.
[4] Marcos 1,1.
[5] João 3,35.
[6] João 5,21.
[7] Romanos 1,1.
[8] Hebreus 1,1.

nus dixit ad me, filius meus es tu. Et iterum: ipse invocavit me, pater meus es tu.

Et quamvis haec duo ultima verba aliqui vellent ad sensum alium retorquere, ut quod dicitur, Dominus dixit ad me, filius meus es tu, ad ipsum David referatur; quod vero dicitur, ipse invocavit me, pater meus es tu, Salomoni attribuatur: tamen ea quae coniunguntur utrique, hoc non omnino ita esse ostendunt. Neque enim David potest competere quod additur, ego hodie genui te; et quod subditur, dabo tibi gentes hereditatem tuam, et possessionem tuam terminos terrae, cum eius regnum usque ad terminos terrae non fuerit dilatatum, ut historia libri regum declarat. Neque etiam Salomoni potest omnino competere quod dicitur, ipse invocavit me, pater meus es tu: cum subdatur ponam in saeculum saeculi sedem eius, et thronum eius sicut dies caeli. Unde datur intelligi quod, quia quaedam praemissis verbis annexa David vel Salomoni possint congruere, quaedam vero nequaquam, quod de David et Salomone haec verba dicantur, secundum morem Scripturae, in alterius figuram, in quo universa compleantur.

Quia vero nomina patris et filii generationem aliquam consequuntur, ipsum etiam divinae generationis nomen Scriptura non tacuit. Nam in Psalmo, ut dictum est, legitur: ego hodie genui te. Et Proverb. 8, dicitur: nondum erant abyssi et ego iam concepta eram: ante omnes colles ego parturiebar; vel secundum aliam litteram: ante omnes colles generavit me Dominus. Dicitur etiam Isaiae ult.: numquid ego, qui alios parere facio, ipse non pariam? dicit Dominus. Si ego, qui generationem ceteris tribuo, sterilis ero? ait Dominus Deus. Et

Provérbios: *Qual é o seu nome e qual o nome do seu Filho? Talvez o saibas!*[9]; e lê-se também no Salmo: *O Senhor me disse: tu és meu Filho*, e outra vez: *Ele me invocará, Tu és meu Pai*[10].

Embora alguns queiram tomar estes dois últimos textos em outro sentido, de modo que aquele que diz: *O Senhor me disse, tu és meu Filho* seja referido a Davi, e aquele que diz: *Ele me invocará, tu és meu Pai* seja atribuído a Salomão, as palavras, porém, que se unem aos dois textos de nenhum modo mostram que isso seja assim. Com efeito, não pode convir a Davi o que se segue: *Eu hoje te gerei*[11], nem o que se acrescenta: *Dar-te-ei os povos como herança e teus domínios até os confins da terra*[12], uma vez que o reino de Davi não se estendeu até os confins da terra, como declara a história no Livro dos Reis. Tampouco pode convir a Salomão o que se diz: *Ele me invocará, tu és meu Pai*, uma vez que se acrescenta: *Porei para sempre a sua descendência e o seu trono como os dias do céu*[13]. Por isso, dá-se a entender que porque, das palavras supracitadas, algumas vinculadas a Davi e a Salomão podem convir e outras não, porque essas palavras são ditas de Davi e de Salomão como figuras de outro, no qual se cumprirão todas essas coisas, conforme o modo da Escritura.

E porque os nomes *de pai* e *de filho* correspondem a uma *geração*, a Escritura também não omitiu o nome de *geração divina*. Pois, como foi dito, lê-se no Salmo: *Eu hoje te gerei*. E nos Provérbios diz-se: *Ainda não havia os abismos e eu fui gerada, antes dos montes eu era concebida*[14], ou, segundo outra versão: *Antes de todos os montes o Senhor me gerou*. Diz-se também em Isaías: *Acaso, eu que faço os outros ter parto, também não terei parto? Diz o Senhor: Eu, que dou a geração aos outros, serei estéril?*[15]. Embora se possa dizer que isso

---

9 Provérbios 30,4.
10 Salmos 88,27.
11 Salmos 2,7.
12 Salmos 2,8.
13 Salmos 88,30.
14 Provérbios 8,24-24.
15 Isaías 66,9.

licet dici possit hoc esse referendum ad multiplicationem filiorum Israel de captivitate revertentium in terram suam, quia praemittitur, parturivit et peperit sion filios suos, tamen hoc proposito non obsistit. Ad quodcumque enim ratio aptetur, ipsa tamen ratio, quae ex Dei ore inducitur, firma et stabilis manet: ut, si ipse aliis generationem tribuat, sterilis non sit. Nec esset conveniens ut qui alios vere generare facit, ipse non vere, sed per similitudinem generet: cum oporteat nobilius esse aliquid in causa quam in causatis, ut ostensum est. Ioan. Etiam 1 dicitur: vidimus gloriam eius quasi unigeniti a patre, et iterum: unigenitus filius, qui est in sinu patris, ipse enarravit. Et Paulus dicit, Hebr. 1,6: et cum iterum introducit primogenitum in orbem terrae, dicit: et adorent eum omnes Angeli Dei.

Capitulum III
Quod filius Dei sit Deus

Considerandum tamen quod praedictis nominibus divina Scriptura utitur etiam ad creationem rerum ostendendam: dicitur enim iob 38,29 quis est pluviae pater? vel quis genuit stillas roris? de cuius utero egressa est glacies? et gelu de caelo quis genuit?

Ne igitur nihil aliud ex paternitatis, filiationis et generationis vocabulis intelligeretur quam creationis efficacia, addidit Scripturae auctoritas ut eum quem filium et genitum nominabat, etiam Deum esse non taceret, ut sic praedicta generatio aliquid amplius quam creatio intelligeretur.

Dicitur enim Ioan. 1,1: in principio erat verbum, et verbum erat apud Deum, et Deus erat verbum. Et quod verbi nomine filius intelligatur, ex consequentibus ostenditur: nam subdit: verbum caro factum est, et habitavit in nobis, et vidimus gloriam eius, gloriam qua-

se deve referir à multiplicação dos filhos de Israel, que voltavam do cativeiro para a sua terra, porque se antepõe: *São deu à luz aos seus filhos*[16], contudo isto não se opõe ao que foi proposto. Pois, a qualquer sentido que a razão seja aplicada, esta mesma razão, induzida pela boca de Deus, permanece firme e estável; se Ele mesmo dá a geração a outras coisas, estéril não é. Nem seria conveniente que quem faz os outros gerarem verdadeiramente, gere por semelhança, e não verdadeiramente, uma vez é que uma coisa deve ser mais nobre na causa do que nos efeitos, como foi demonstrado[17]. Diz também João: *Vimos a sua glória como do Unigênito do Pai*, e outra vez: *O Filho Unigênito, que está no seio do Pai, nos deu a conhecer*[18]. Também diz Paulo: *Quando de novo introduziu o Unigênito no mundo disse: Adorem-no todos os anjos de Deus*[19].

Capítulo 3
O Filho de Deus é Deus

Deve-se considerar, entretanto, que a Sagrada Escritura usa os nomes supracitados também para demonstrar a criação das coisas, pois é dito em Jó: *Quem é o pai da chuva? Quem gerou as gotas do orvalho? De qual útero saiu o gelo? E a neve, quem a gerou*[20]?

Por isso, para que nas palavras *paternidade, geração e filiação* não fossem entendidas senão a eficácia da criação, a autoridade da Escritura acrescentou que a quem se nomeava de *filho* e *gerado* não se omitisse que também era Deus, de modo que pela referida geração se entendesse algo mais que criação.

Com efeito, em João é dito: *No princípio era o Verbo, e o Verbo estava em Deus, e Deus era o Verbo*[21]. E que pelo nome de Verbo se entende o Filho, demonstra-se pelo que segue: *O Verbo se fez carne e habitou entre nós, e vimos a sua glória como a do Unigênito do Pai*. E Paulo

---

[16] Isaías 66,8.
[17] Cf. cap. 1.
[18] João 1,14;18.
[19] Hebreus 1,6.
[20] Jó 38,28-29.
[21] João 1,1.

si unigeniti a patre. Et Paulus dicit, Tit. 3,4: apparuit benignitas et humanitas salvatoris nostri Dei.

Hoc etiam veteris testamenti Scriptura non tacuit, Christum Deum nominans. Dicitur enim in Psalmo: sedes tua, Deus, in saeculum saeculi, virga directionis virga regni tui: dilexisti iustitiam, et odisti iniquitatem. Et quod ad Christum dicatur, patet per id quod subditur: propterea unxit te Deus, Deus tuus, oleo laetitiae prae consortibus tuis.Et Isaiae 9,6 dicitur: parvulus natus est nobis, et filius datus est nobis, et factus est principatus super humerum eius; et vocabitur nomen eius admirabilis, consiliarius, Deus fortis, pater futuri saeculi, princeps pacis.

Sic igitur ex sacra Scriptura docemur filium Dei, a Deo genitum, Deum esse. Filium autem Dei Iesum Christum Petrus confessus est, ei dicens: tu es Christus, filius Dei vivi. Ipse igitur et unigenitus est, et Deus est.

Capitulum IV
Quid opinatus sit Photinus de filio Dei, et eius improbatio

Huius autem doctrinae veritatem quidam perversi homines suo sensu metiri praesumentes, de praemissis vanas et varias opiniones conceperunt.

Quorum quidem consideraverunt hanc esse Scripturae consuetudinem, eos qui divina gratia iustificantur, filios Dei dici: secundum illud Ioan. 1,12, dedit eis potestatem filios Dei fieri, his qui credunt in nomine eius. Et Rom. 8,16, dicitur: ipse enim spiritus testimonium reddit spiritui nostro quod sumus filii Dei. Et 1 Ioan. 3,1: videte qualem caritatem dedit nobis pater, ut filii Dei nominemur et si-

diz: *Apareceu a benignidade e a humanidade do Salvador, nosso Deus*[22].

O Antigo Testamento também não omitiu isso, nomeando Cristo de Deus, pois é dito no Salmo: *O teu trono, Deus, pelos séculos dos séculos, e o cetro de retidão é o cetro do teu reino; amaste a justiça e odiaste a iniquidade*[23]. Que isto se diz de Cristo, fica claro do que se acrescenta: *Por isso Deus, o teu Deus, ungiu-te com o óleo da alegria, mais que aos teus companheiros*. E em Isaías está dito: *Nasceu-nos um menino, um filho nos foi dado, e o principado veio para os seus ombros. Será chamado pelo nome de Admirável, Conciliador, Deus forte, Pai do século futuro, Príncipe da paz*[24].

Desse modo, portanto, a Sagrada Escritura nos ensina que o Filho de Deus, gerado de Deus, é Deus. E Pedro confessou, dizendo-lhe: *Tu és o Cristo, Filho do Deus vivo*[25]. Logo, Ele é Unigênito e é Deus.

Capítulo 4
A opinião de Fotino[26] sobre o Filho de Deus, e sua refutação

Alguns homens perversos, presumindo avaliar a verdade desta doutrina segundo o seu sentido, conceberam a respeito do que foi antes mencionado opiniões vãs e variadas.

Com efeito, alguns entre eles consideraram ser este o costume da Escritura chamar de *filhos de Deus* os que são justificados pela graça divina, segundo o texto de João: *Deu-lhes o poder de se tornarem filhos de Deus, aos que creem no seu nome*[27]; E de Paulo: *O Espírito dá testemunho ao nosso espírito de que somos filhos de Deus*[28]; E ainda de João: *Vede que caridade mostrou-nos o Pai, pois somos*

---

22 Tito 3,4.
23 Salmos 44,7-8.
24 Isaías 9,6.
25 Mateus 16,16.
26 Fotino († 371), Bispo de Sirmio, na província romana da Panônia, culto e eloquente. Segundo Santo Atanásio negou a Encarnação de Cristo, afirmando: Somente depois que tomou nossa carne, da virgem, não faz ainda 400 anos, que o Verbo é Cristo e Filho de Deus. Em 351, foi deposto e morreu no exílio.
27 João 1,12.
28 Romanos 8,16.

mus. Quos etiam a Deo genitos esse Scriptura non tacet. Dicitur enim Iac. 1,18: voluntarie genuit nos verbo veritatis. Et 1 Ioan. 3,9, dicitur: omnis qui natus est ex Deo, peccatum non facit, quoniam semen ipsius in eo manet. Et, quod est mirabilius, eiusdem nomen divinitatis adscribitur. Dominus enim dixit ad Moysen: ego constitui te Deum Pharaonis. Et in Psalmo: ego dixi, dii estis, et filii excelsi omnes; et, sicut Dominus dicit, Ioan. 10,35: illos dixit deos ad quos sermo Dei factus est.

Per hunc ergo modum, opinantes Iesum Christum purum hominem esse, et ex maria virgine initium sumpsisse, et per beatae vitae meritum divinitatis honorem prae ceteris fuisse adeptum, aestimaverunt eum, similiter aliis hominibus, per adoptionis spiritum Dei filium; et per gratiam ab eo genitum; et per quandam assimilationem ad Deum in Scripturis dici Deum, non per naturam, sed per consortium quoddam divinae bonitatis, sicut et de sanctis dicitur II Petr. 1,4: ut efficiamini divinae consortes naturae, fugientes eius quae in mundo est concupiscentiae corruptionem.

Hanc autem positionem sacrae Scripturae auctoritate confirmare nitebantur. Dicit enim Dominus, matth. Ult.: data est mihi omnis potestas in caelo et in terra. Quod si ante tempora Deus esset, potestatem ex tempore non accepisset. Item, Rom. 1, dicitur de filio quod factus est ei, scilicet Deo, ex semine David secundum carnem; et quod praedestinatus est filius Dei in virtute. Quod autem praedestinatur et factum est, videtur non esse aeter-

chamados de filhos de Deus e o somos[29]. A estes a Escritura também não se omite de dizer que *são gerados por Deus*, segundo está dito em Tiago: *Por sua própria vontade gerou-nos pelo Verbo da Verdade*[30]; e na Carta de João: *Todo aquele que nasceu em Deus não peca, porque a semente de Deus está nele*[31]. E o que é mais admirável, atribui-se-lhes o nome da *divindade*, tendo o Senhor dito a Moisés: *Coloquei-te como Deus para Faraó*[32]. E no Salmo, é dito: *Eu disse: sois deuses e todos vós sois filhos do Altíssimo*[33]. Disse também o Senhor: *Chamo de deuses àqueles aos quais foi dirigida a palavra de Deus*[34].

Assim, opinando que Jesus Cristo é puro homem, que teve início na Virgem Maria e que alcançou, pelos méritos da sua vida santa, a honra da divindade mais do que todos, julgaram-no semelhante aos outros homens, e que foi dito Filho de Deus devido ao espírito de adoção; e que foi gerado por Ele pela graça; e que é chamado de Deus, nas Escrituras, por certa assimilação com Deus e não por natureza, mas por uma participação na bondade divina, como se diz dos santos: *Para nos tornarmos participantes da natureza divina, fugindo da corrupção que há no mundo pela concupiscência*[35].

Esforçavam-se eles por confirmar estas afirmações com a autoridade da Sagrada Escritura. Com efeito, o Senhor disse: *Foi-me dado todo o poder no céu e na terra*[36]. Ora, se fosse Deus antes dos tempos, não teria recebido no tempo o poder. Igualmente, diz o Apóstolo a respeito do Filho: *Foi feito para ele* (isto é, para Deus), *do sêmen de Davi segundo a carne e foi predestinado como Filho de Deus poderoso*[37]. Ora, o que é predestinado

---

[29] 1 João 3,1.
[30] Tiago 1,18.
[31] 1 João 3,9
[32] Êxodo 7,1.
[33] Salmo 81,6 (Vulgata).
[34] João 10,35.
[35] 2 Pedro 1,4.
[36] Mateus 28,18.
[37] Romanos 1,3-4.

num. Item. Apostolus dicit, ad philipp. 2,8: factus est obediens usque ad mortem, mortem autem crucis: propter quod Deus exaltavit illum, et dedit illi nomen quod est super omne nomen. Ex quo videtur ostendi quod propter obedientiae et passionis meritum divino sit honore donatus, et super omnia exaltatus. Petrus etiam dicit, Act. 2,36: certissime ergo sciat omnis domus Israel quia Dominum eum et Christum Deus fecit hunc Iesum, quem vos crucifixistis. Videtur igitur ex tempore Deus esse factus, non ante tempora natus.

Adducunt etiam in fulcimentum suae opinionis ea quae in Scripturis de Christo ad defectum pertinere videntur: sicut quod femineo portatur utero, et profectum aetatis accepit, esuriem passus est, et lassitudine fatigatus, et morti subiectus; quod sapientia profecit, iudicii se nescire diem confessus est, et mortis terrore concussus est; et alia huiusmodi, quae Deo per naturam existenti convenire non possent. Unde concludunt quod per meritum honorem divinum adeptus est per gratiam, non quod esset naturae divinae.

Hanc autem positionem primo adinvenerunt quidam antiqui haeretici, cerinthus et ebion; quam postea Paulus Samosatenus instauravit; et postea a Photino est confirmata, ut qui hoc dogmatizant, photiniani nuncupentur.

Diligenter autem verba sacrae Scripturae considerantibus apparet non hunc sensum in ea contineri quem praedicti homines sua opinione conceperunt. Nam cum Salomon dicat, nondum erant abyssi et ego iam concepta eram, satis ostendit hanc generationem ante omnia corporalia extitisse. Unde relinquitur quod filius a Deo genitus initium essendi a

e feito não é eterno. Igualmente, diz ainda o Apóstolo: *Fez-se obediente até à morte, morte da cruz. Por isso, Deus o exaltou e deu-lhe um nome que está acima de todo nome*[38]. Donde se depreende que está manifesto que por causa do mérito da obediência e da paixão recebeu a honra divina e foi exaltado sobre todas as coisas. Diz também Pedro: *Tende por certo, toda casa de Israel, que Deus o fez Senhor e Cristo a este Jesus que crucificastes*[39]. Conclui-se, pois, que foi feito no tempo e que não nasceu antes dos tempos.

Para apoio da sua opinião, aduzem também o que na Escritura parece referir-se a Cristo como defeito, como o ter sido carregado em útero feminino, ter crescido em idade, ter tido fome, ter-se fatigado pelo cansaço e ter-se sujeitado à morte. Além disso, cresceu em sabedoria, confessou desconhecer o dia do juízo e perturbou-se ante o terror da morte. Ainda outras coisas semelhantes que não podem convir a quem é Deus por natureza. Daí, concluírem que por merecimento conseguiu a graça da honra divina, mas que não era de natureza divina.

Esta opinião fora primeiramente inventada por alguns antigos heréticos, como Cerinto[40] e Ebion e, posteriormente, Paulo de Samósata a promoveu. Finalmente, ela foi confirmada por Fotino. Por esse motivo, os que a defendem são chamados de Fotinianos.

Para os que consideram com diligência as palavras da Sagrada Escritura, parece que este sentido que os citados homens conceberam em sua opinião não está contido na Sagrada Escritura. Com efeito, Salomão ao dizer: *Ainda não havia os abismos e eu já estava concebida*[41], mostra claramente que esta geração já existia antes de todas as coisas corpóreas. Donde re-

---

[38] Filipenses 2,8.
[39] Atos 2,36.
[40] Cerinto (séc. I), contemporâneo dos primórdios do Cristianismo, defendeu um sincretismo judeu-gnóstico. Afirmava que Jesus, nascido de Maria e José, como os demais humanos, morreu e ressuscitou. Mas, não é Deus; — Ebionistas (séc. I), seita judeu-cristã. Como os discípulos de Cerinto, os ebionistas afirmavam que Jesus não é Deus. E no batismo do Jordão, eleito pelo Espírito, tornou-se o Cristo; — Paulo de Samósata (séc. III), bispo de Antioquia, foi condenado pelo Sínodo, em 268, por erros trinitários e cristológicos.
[41] Provérbios 8,24.

maria non sumpsit. — Et licet haec, et alia similia testimonia depravare conati fuerint perversa expositione, dicentes haec secundum praedestinationem debere intelligi, quia scilicet ante mundi conditionem dispositum fuit ut ex maria virgine Dei filius nasceretur, non quod Dei filius fuerit ante mundum; convincantur quod non solum in praedestinatione, sed etiam realiter fuerit ante mariam. Nam post praemissa verba Salomonis subiungitur: quando appendebat fundamenta terrae, cum eo eram cuncta componens: si autem in sola praedestinatione fuisset, nihil agere potuisset. Hoc etiam ex verbis ioannis evangelistae habetur: nam cum praemisisset, in principio erat verbum, quo nomine filius intelligitur, ut ostensum est; ne quis hoc secundum praedestinationem accipere possit, subdit: omnia per ipsum facta sunt, et sine ipso factum est nihil, quod verum esse non posset nisi realiter ante mundum extitisset.

Item, filius Dei dicit, Ioan., 3,13: nemo ascendit in caelum nisi qui descendit de caelo, filius hominis, qui est in caelo; et iterum, Ioan. 6,38: descendi de caelo, non ut faciam voluntatem meam, sed voluntatem eius qui misit me. Apparet ergo eum fuisse antequam de caelo descenderet.

Praeterea. Secundum praedictam positionem, homo per vitae meritum profecit in Deum. Apostolus autem e converso ostendit quod, cum Deus esset, factus est homo. Dicit enim, ad philipp. 2,6 cum in forma Dei esset, non rapinam arbitratus est esse se aequalem Deo: sed semetipsum exinanivit, formam servi accipiens, in similitudinem hominum factus, et habitu inventus ut homo. Repugnat igitur praedicta positio apostolicae sententiae.

sulta que o Filho gerado por Deus não teve de Maria o início do seu ser. — E embora tentassem modificar este e outros testemunhos com perversa interpretação, dizendo que deveriam ser entendidos segundo a predestinação, isto é que antes da criação do mundo fora disposto que o Filho de Deus nasceria da Virgem Maria, e não que fosse Filho de Deus antes do mundo, contudo, estes testemunhos provam que Ele existiu antes de Maria não só quanto à predestinação, como realmente. Assim é que, após as citadas palavras, Salomão acrescenta: *Quando dava os fundamentos à terra, eu estava fazendo tudo com ele*[42]. Ora, se existisse somente segundo a predestinação, nada poderia fazer. Isto se tem também nas palavras de João; depois que colocou *No princípio era o Verbo*[43], e por esse nome se entende o Filho, como foi demonstrado[44], para que alguém não pudesse compreender segundo a predestinação, continua: *Tudo por ele foi feito e sem ele nada foi feito*[45], o que não poderia ser verdadeiro a não ser que existisse realmente antes do mundo.

Igualmente. O Filho de Deus diz: *Ninguém sobe ao céu senão quem veio do céu, o Filho do homem, que está no céu*[46], e novamente: *Vim do céu, não para fazer a minha vontade, mas a daquele que me enviou*[47]. Logo, é evidente que existiu antes que descesse do céu.

Além disso. Segundo a afirmação mencionada, o homem se elevou até Deus pelo merecimento da vida. Ora, o Apóstolo, ao contrário, mostra que, sendo Deus, fez-se homem, ao dizer: *Tendo a condição divina, não reivindicou o direito de ser equiparado a Deus, mas despojou-se a si mesmo, tomando a condição de servo, fez-se semelhante aos homens, e mostrou-se como homem*[48]. Logo, a afirmação mencionada repugna à sentença do Apóstolo.

---

[42] Provérbios 8, 29.30.
[43] João 1,1.
[44] Cf. capítulo anterior.
[45] João 1,3.
[46] João 3,13.
[47] João 6,38.
[48] Filipenses 2,6.

Adhuc. Inter ceteros qui Dei gratiam habuerunt, Moyses eam habuit copiose, de quo dicitur Exod. 33,11, quod loquebatur ei Dominus facie ad faciem, sicut loqui solet homo ad amicum suum. Si igitur Iesus Christus non diceretur Dei filius nisi propter gratiam adoptionis, sicut alii sancti, eadem ratione Moyses filius diceretur et Christus, licet etiam abundantiori gratia Christus fuerit dotatus: nam et inter alios sanctos, unus alio maiori gratia repletur, et tamen omnes eadem ratione filii Dei dicuntur. Moyses autem non eadem ratione dicitur filius qua Christus. Distinguit enim apostolus Christum a Moyse sicut filium a servo: dicitur enim ad Hebr. 3,5: Moyses quidem fidelis erat in tota domo eius tanquam famulus, in testimonium eorum quae dicenda erant: Christus autem tanquam filius in domo sua. Manifestum est ergo quod Christus non dicitur Dei filius per adoptionis gratiam, sicut alii sancti.

Similis etiam ratio ex pluribus aliis Scripturae locis colligi potest, quae quodam singulari modo Christum prae aliis Dei filium nominat, quandoque quidem, absque aliis, singulariter eum filium nominat: sicut vox patris intonuit in baptismo, hic est filius meus dilectus, in quo mihi complacui. Quandoque eum unigenitum nominat: sicut Ioan. 1,14, vidimus eum quasi unigenitum a patre; et iterum, unigenitus, qui est in sinu patris, ipse enarravit. Si autem communi modo, sicut et alii, filius diceretur, unigenitus dici non posset. — Quandoque etiam et primogenitus nominatur, ut quaedam derivatio filiationis ab eo in alios ostendatur: secundum illud Rom. 8,29: quos praescivit et praedestinavit fieri conformes imagini filii eius, ut sit ipse primogenitus in multis fratribus; et Gal. 4,4 dicitur: misit Deus filium suum ut adoptionem filiorum reciperemus. Alia ergo ratione ipse est

Ainda. Entre os demais que tiveram a graça de Deus, Moisés a teve em abundância, e dele é dito: *Deus falou com ele face a face tal como um amigo fala com outro*[49]. Portanto, se Jesus Cristo não fosse Filho de Deus senão pela graça de adoção, como os outros santos, pela mesma razão que Cristo, Moisés teria sido chamado de filho, embora Cristo também fosse dotado de mais abundante graça; entre os outros santos, com efeito, um é cumulado de maior graça que outro, e todos são chamados filhos de Deus pela mesma razão. Mas, Moisés não é chamado de filho pela mesma razão pela qual Cristo é chamado. Com efeito, o Apóstolo distingue Cristo de Moisés como o filho do servo: *Moisés era fiel em toda sua casa como servo, em testemunho das coisas que serão ditas, mas Cristo era na sua casa como filho*[50]. Logo, é manifesto que Cristo não é dito Filho de Deus pela graça da adoção, como os demais santos.

A mesma razão pode ser encontrada em muitos outros lugares da Escritura, que de uma maneira singular nomeiam Cristo Filho de Deus de preferência aos outros. Com efeito, algumas vezes e sem os outros, singularmente chamam-no Filho, como ressoou a voz do Pai que no batismo: *Este é meu filho dileto, no qual pus as minhas complacências*[51]. Outras vezes, nomeiam-no *Unigênito*: *Nós vimos sua glória, a glória que recebeu de seu Pai como Filho Unigênito*[52]. E novamente: *O Unigênito que está no seio do Pai, ele mesmo nos revelou*[53]. Ora, se fosse chamado Filho como os outros comumente o são, não poderia ser chamado Unigênito. — E outras vezes, também, nomeia-se *Primogênito*, para mostrar que há uma derivação da sua filiação para os outros, segundo este texto: *Aos que antes conheceu, a estes predestinou a serem semelhantes à imagem do seu Filho, para que este seja o primogênito de mui-

---

[49] Êxodo 33,11.
[50] Hebreus 3,5.
[51] Mateus 3,17.
[52] João 1,14.
[53] João 1,18.

filius, per cuius filiationis similitudinem alii filii dicuntur.

Amplius. Quaedam opera in Scripturis sacris ita Deo proprie attribuuntur quod alteri convenire non possunt, sicut sanctificatio animarum, et remissio peccatorum: dicitur enim Levit. 20,8: *ego Dominus, qui sanctifico vos*; et Isaiae 43,25: *ego sum qui deleo iniquitates vestras propter me*. Utrumque autem horum Christo Scriptura attribuit. Dicitur enim ad Hebr. 2,11: *qui sanctificat et qui sanctificantur, ex uno omnes*; et ad Hebr. Ult.: *Iesus, ut sanctificaret per suum sanguinem populum, extra portam passus est.* Ipse etiam Dominus de se protestatus est quod haberet potestatem remittendi peccata, et miraculo confirmavit, ut habetur Matth. 9,6. Hoc etiam Angelus de ipso praenuntiavit, ipse, inquiens, *salvum faciet populum suum a peccatis eorum*. Non igitur Christus, et sanctificans et peccata remittens, sic dicitur Deus sicut dicuntur dii hi qui sanctificantur, et quorum peccata remittuntur: sed sicut virtutem et naturam divinitatis habens.

Illa vero Scripturae testimonia quibus ostendere nitebantur quod Christus non esset Deus per naturam, efficacia non sunt ad eorum propositum ostendendum. Confitemur enim in Christo Dei filio, post incarnationis mysterium, duas naturas, humanam scilicet et divinam. Unde de eo dicuntur et quae Dei sunt propria, ratione divinae naturae; et quae ad defectum pertinere videntur, ratione humanae naturae, ut infra plenius explanabitur. Nunc autem, ad praesentem considerationem

tos irmãos[54]; e em Gálatas se diz: *Enviou Deus o seu Filho para que recebêssemos a adoção de filhos*[55]. Logo, ele é Filho de Deus por outra razão, pois os outros são filhos pela semelhança com a filiação de Cristo.

Ademais. Algumas obras, na Escritura, são atribuídas a Deus de tal modo, que não podem convir a outrem, como a santificação das almas e a remissão dos pecados, pois, assim se diz no Levítico: *Eu, o Senhor que vos santifico*[56]; e em Isaías: *Eu é que apago as vossas iniquidades*[57]. Ora, estas duas coisas a Escritura atribui a Cristo. Assim, lê-se na Carta aos Hebreus: *Todos, o que santifica e os santificados, vêm de um só*[58]; e ainda: *Jesus, para santificar com o seu sangue o povo, sofreu fora da porta*[59]. E o próprio Senhor afirmou de si que *tinha poder de perdoar os pecados*[60], e o confirmou pelos milagres. Isto também o anjo prenunciou a respeito d'Ele, quando disse: *Ele salvará o povo dos seus pecados*[61]. Logo, não foi porque santificava e perdoava os pecados que Cristo foi chamado Deus, como se dizem deuses aqueles que são santificados e aqueles dos quais os pecados são perdoados, mas porque tinha o poder e a natureza divina.

Os testemunhos da Escritura, pelos quais se esforçavam por mostrar que Cristo não seria Deus por natureza não são eficazes para demonstrar as afirmações deles. Ora, nós, após ter-se realizado o mistério da Encarnação, confessamos que em Cristo Filho de Deus há duas naturezas: a humana e a divina. Por isso, dizem-se d'Ele as coisas que são próprias de Deus, em razão da natureza divina, e as coisas que parecem pertencer às deficiências, em razão da natureza humana, como poste-

---

[54] Romanos 8,29.
[55] Gálatas 4,4.
[56] Levítico 20,8.
[57] Isaías 43,25.
[58] Hebreus 2,11.
[59] Hebreus 13,12.
[60] Mateus 9,6.
[61] Mateus 1,21.

de divina generatione, hoc sufficiat monstratum esse secundum Scripturas quod Christus Dei filius et Deus dicitur non solum sicut purus homo per gratiam adoptionis, sed propter divinitatis naturam.

Capitulum V
Opinio Sabelli de Filio Dei, et eius improbatio

Quia vero omnium de Deo recte sentientium haec est fixa mentis conceptio, quod non possit esse nisi unus Deus, quidam, ex Scripturis concipientes quod Christus sit vere et naturaliter Deus ac Dei filius, unum Deum esse confessi sunt Christum Dei filium et Deum patrem: nec tamen quod Deus filius dicatur secundum suam naturam aut ab aeterno, sed ex tunc filiationis nomen accepit ex quo de maria virgine natus est per incarnationis mysterium. Et sic omnia quae Christus secundum carnem sustinuit, Deo patri attribuebant: puta esse filium virginis, conceptum et natum esse ex ipsa, passum, mortuum et resurrexisse, et alia omnia quae Scripturae de Christo secundum carnem loquuntur.

Hanc autem positionem confirmare nitebantur Scripturae auctoritatibus. Dicitur enim Exod. 20: audi, Israel, Dominus Deus tuus Deus unus est. Et Deut. 32,39: videte quod ego sum solus, et non est alius praeter me. Et Ioan. 5: pater in me manens, ipse facit opera et 14,9 qui videt me, videt et patrem; et, ego in patre, et pater in me est. Ex quibus omnibus concipiebant Deum patrem ipsum filium dici ex virgine incarnatum. Haec autem fuit opinio sabellianorum, qui et patripassiani sunt dicti,

riormente se explanará melhor[62]. No entanto, agora, para a consideração presente sobre a geração divina, foi suficiente o que foi mostrado segundo as Escrituras que Cristo se diz Filho de Deus e Deus, não como puro homem pela graça da adoção, mas por causa da natureza de sua divindade.

Capítulo 5
A opinião de Sabélio[63] sobre o Filho de Deus, e a refutação da mesma

Uma vez que é invariável a compreensão de todos os que sentem retamente de Deus que não pode existir senão um só Deus, alguns, compreendendo pelas Escrituras que Cristo é verdadeiro e por natureza Deus e Filho de Deus, confessaram que Cristo Filho de Deus e o Deus Pai são um só Deus. Contudo, negaram que Deus seja chamado Filho por sua natureza e desde a eternidade, mas que recebeu o nome da filiação então quando nasceu da Virgem Maria, pelo mistério da Encarnação. E assim, tudo que Cristo suportou segundo a carne atribuíam a Deus Pai, a saber: ser filho da virgem, ser concebido, ter dela nascido, ter padecido, morto e ressuscitado, e tudo o mais que as Escrituras dizem de Cristo segundo a carne.

Com efeito, esforçavam-se por confirmar a sua opinião com autoridades da Escritura, pois nela está dito: *Ouve, Israel, o Senhor teu Deus é um só*[64]; em outro lugar: *Vede que eu sou único e não há outro além de mim*[65]; e em João: *O Pai, que está em mim, faz as obras*[66]; *quem me vê, vê o Pai*[67]; *Eu estou no Pai e o Pai em mim*[68]. Por todos estes textos compreendiam que Deus Pai é o mesmo Filho que recebeu da Virgem a carne. Esta foi a afirmação dos Sabelianos, chamados também de Patripassia-

---

[62] Cf. caps. 9-27.
[63] Sabélio (séc. III) — Líbio, chegou à Roma por 217. Ensinava que Deus é "uno": o Pai e o Filho são os aspectos diversos de uma mesma pessoa. É condenado pelo Papa Calixto I (155-222) em 220.
[64] Êxodo 20,2-3; cf. Deuteronômio 6, 4.
[65] Deuteronômio 32,39.
[66] João 5,19.
[67] João 14,9-11.
[68] João 14,11.

eo quod patrem passum esse confitentur, asserentes ipsum patrem esse Christum.

Haec autem positio, etsi a praedicta differat quantum ad Christi divinitatem, nam haec Christum verum et naturalem Deum esse confitetur, quod prima negabat; tamen quantum ad generationem et filiationem, utraque est conformis opinio: nam sicut prima positio asserit filiationem et generationem qua Christus filius dicitur, non fuisse ante mariam, ita et haec opinio confitetur. Neutra igitur positio generationem et filiationem ad divinam naturam refert, sed solum ad naturam humanam. Habet etiam et hoc proprium ista positio, quod, cum dicitur filius Dei, non designatur aliqua subsistens persona, sed quaedam proprietas superveniens praeexistenti personae: nam ipse pater, secundum quod carnem sumpsit ex virgine, filii nomen accepit; non quasi filius sit aliqua subsistens persona a persona patris distincta.

Huius autem positionis falsitas manifeste ostenditur auctoritate Scripturae. Nam Christus non solum virginis filius dicitur in Scripturis, sed etiam filius Dei: ut ex superioribus patet. Hoc autem esse non potest, ut idem sit filius sui ipsius: cum enim filius generetur a patre, generans autem det esse genito, sequeretur quod idem esset dans et accipiens esse; quod omnino esse non potest. Non est igitur Deus pater ipse filius, sed alius est filius et alius pater.

Item. Dominus dicit: descendi de caelo, non ut faciam voluntatem meam, sed voluntatem eius qui misit me, Ioan. 6,38; et 17,5: clarifica me, pater, apud temetipsum. Ex quibus omnibus, et similibus, ostenditur filius esse alius a patre. Potest autem dici secundum hanc positionem, quod Christus dicitur filius Dei patris solum secundum humanam naturam: quia scilicet ipse Deus pater humanam

nos, porque confessavam que o Pai padeceu, afirmando que o próprio Pai é o Cristo[69].

Embora esta afirmação difira da precedente[70] quanto à divindade de Cristo, pois esta confessa que Cristo é Deus verdadeiro e por natureza, que a primeira negava, contudo, quanto à geração e à filiação, a opinião das duas coincide. Com efeito, como a primeira afirmação diz que a filiação e a geração, segundo as quais Cristo é dito Filho, não existiram antes de Maria, assim também confessa essa. Por isso, nenhuma delas refere à geração e a filiação à natureza divina, mas só à natureza humana. Esta afirmação tem ainda de próprio que, quando fala do *Filho de Deus*, não designa uma pessoa subsistente, mas certa propriedade superveniente à pessoa já existente, pois o próprio Pai, ao tomar a carne da Virgem, recebeu o nome de Filho; não como se fosse o Filho distinto da pessoa do Pai.

A falsidade de tal afirmação, porém, é claramente demonstrada pela autoridade da Escritura. Pois, Cristo não só se diz Filho da Virgem nas Escrituras, mas também Filho de Deus, como está claro no que foi dito[71]. Ora, isto é impossível, que o mesmo seja filho de si mesmo, pois se o filho é gerado pelo pai e quem gera dá o ser ao gerado, disto resultaria que seriam o mesmo quem dá o ser e quem o recebe, o que é absolutamente impossível. Logo, Deus Pai não é o mesmo Filho, mas um é o Filho, e outro é o Pai.

Igualmente. O Senhor disse: *Desci do céu, não para fazer a minha vontade, mas, a do Pai que me enviou*[72]; *Glorifica-me, Pai, em ti mesmo*[73]. De todos estes e de outros textos semelhantes conclui-se que o Filho é outro que o Pai. No entanto, pode-se dizer, segundo esta sentença, que Cristo se diz Filho de Deus Pai somente segundo a natureza humana, porque Deus Pai criou e santificou a natureza humana

---

[69] Santo Agostinho de Hipona (354-431), em Sobre as Heresias a Quodvultdeus, 41.
[70] Cf. capítulo anterior.
[71] Cf. cap. 2.
[72] João 6,38.
[73] João 17,5.

naturam quam assumpsit, creavit et sanctificavit. Sic igitur ipse secundum divinitatem sui ipsius secundum humanitatem dicitur pater. Et ita etiam nihil prohibet eundem secundum humanitatem distinctum esse a seipso secundum divinitatem. Sed secundum hoc sequetur quod Christus dicatur filius Dei sicut et alii homines, vel ratione creationis, vel ratione sanctificationis. Ostensum est autem quod alia ratione Christus dicitur Dei filius quam alii sancti. Non igitur modo praedicto potest intelligi quod ipse pater sit Christus et filius sui ipsius.

Praeterea. Ubi est unum suppositum subsistens, pluralis praedicatio non recipitur. Christus, autem de se et de patre pluraliter loquitur, dicens: ego et pater unum sumus. Non est ergo filius ipse pater.

Adhuc. Si filius a patre non distinguitur nisi per incarnationis mysterium, ante incarnationem omnino nulla distinctio erat. Invenitur autem ex sacra Scriptura etiam ante incarnationem filius a patre fuisse distinctus. Dicitur enim Ioan. 1,1: in principio erat verbum, et verbum erat apud Deum, et Deus erat verbum. Verbum igitur, quod apud Deum erat, aliquam distinctionem ab ipso habebat: habet enim hoc consuetudo loquendi, ut alius apud alium esse dicatur. Similiter etiam Proverb. 8,30, genitus a Deo dicit: cum eo eram componens omnia. In quo rursus associatio et quaedam distinctio designatur. Dicitur etiam Osee 1,7: domui Iuda miserebor, et salvabo eos in Domino Deo suo: ubi Deus pater de salvandis in Deo filio populis loquitur quasi de persona a se distincta, quae Dei nomine digna habeatur. Dicitur etiam Gen. 1,26: faciamus hominem ad imaginem et similitudinem nostram: in quo expresse pluralitas et distinctio facientium hominem designatur. Homo autem per Scripturas a solo Deo conditus esse

que assumiu. Assim, segundo a divindade, Ele é chamado pai de si mesmo quanto à humanidade. E, sendo assim, nada impede que o mesmo segundo a humanidade, seja distinto de si segundo a divindade. Segundo esta sentença, porém, resulta que Cristo se diz Filho de Deus como os outros homens o são, ou por causa da criação, ou por causa da santificação. Ora, foi demonstrado[74] que Cristo se diz Filho de Deus por outra razão que a dos outros santos. Logo, pela maneira proposta, não se pode entender que o próprio Pai seja Cristo e filho de si mesmo.

Além disso. Onde há um sujeito subsistente, não são recebidas muitas predicações. Ora, Cristo fala de si e do Pai no plural, ao dizer: *Eu e o Pai somos um*[75]. Logo, o Filho não é o Pai.

Ainda. Se o Filho não se distingue do Pai a não ser pelo mistério da Encarnação, antes da Encarnação não havia distinção alguma. Ora, está na Escritura que antes da Encarnação o Filho era distinto do Pai, onde se lê: *No princípio era o Verbo, e o Verbo estava em Deus, e Deus era o Verbo*[76]. Por isso, o Verbo, que estava em Deus, tinha alguma distinção, pois a expressão *um estava no outro*, segundo a maneira usual de falar, dá-nos a entender. Lê-se, de modo semelhante, que o gerado de Deus disse: *Estava compondo tudo com ele*[77]. Nisto, de novo, é designada a associação e certa distinção. É dito, também, em Oseias: *Terei compaixão da casa de Judá, e os salvarei no Senhor seu Deus*[78], onde Deus Pai fala dos que hão de ser salvos no Deus Filho, como de uma pessoa distinta de si, e que é digna do nome de Deus. Ademais, lê-se no Gênese: *Façamos o homem à nossa imagem e semelhança*[79], no texto *designa-se expressamente* a pluralidade e distinção dos que criam o homem. Ora, ensina-nos a Escritura que o homem foi criado só por Deus. Por

---

[74] Cf. capítulo anterior.
[75] João 10,30.
[76] João 1,1.
[77] Provérbios 8,30.
[78] Oseias 1,7.
[79] Gênesis 1,26.

docetur. Et sic Dei patris et Dei filii pluralitas et distinctio fuit etiam ante Christi incarnationem. Non igitur ipse pater filius dicitur propter incarnationis mysterium.

Amplius. Vera filiatio ad ipsum suppositum pertinet eius qui dicitur filius: non enim manus vel pes hominis filiationis nomen proprie accipit, sed ipse homo, cuius ista sunt partes. Paternitatis autem et filiationis nomina distinctionem requirunt in illis de quibus dicuntur: sicut et generans et genitum. Oportet igitur, si aliquis vere dicitur filius, quod supposito a patre distinguatur. Christus autem vere est Dei filius: dicitur enim 1 Ioan. Ult.: ut simus in vero filio eius Iesu Christo. Oportet igitur quod Christus sit supposito distinctus a patre. Non igitur ipse pater est filius.

Adhuc. Post incarnationis mysterium pater de filio protestatur: hic est filius meus dilectus. Haec autem demonstratio ad suppositum refertur. Christus igitur secundum suppositum est alius a patre. Ea vero quibus Sabellius suam positionem nititur confirmare, id quod intendit non ostendunt, ut infra plenius ostendetur. Non enim per hoc quod Deus est unus, vel quod pater est in filio et filius in patre, habetur quod filius et pater sit unum supposito: potest enim et duorum supposito distinctorum aliqua unitas esse.

Capitulum VI
De opinione Arii circa filium Dei

Cum autem doctrinae sacrae non congruat quod filius Dei a maria initium sumpserit, ut Photinus dicebat; neque ut is qui ab aeterno

conseguinte, houve pluralidade e distinção entre Deus Pai e Deus Filho, antes da Encarnação de Cristo. Logo, o mesmo Pai não se diz Filho em razão do mistério da Encarnação.

Ademais. A verdadeira filiação pertence ao mesmo supósito de quem se diz Filho, pois, as mãos e os pés do homem não recebem propriamente a filiação, mas o próprio homem, do qual eles são partes. Ora, os nomes de *paternidade* e *filiação* requerem distinção naqueles a respeito dos quais se dizem, como *genitor* e *gerado*. Logo, se alguém se diz na verdade filho, é necessário que se distinga do pai pelo supósito. Ora, Cristo é verdadeiramente Filho de Deus, pois está dito: *Para que estejamos no seu verdadeiro Filho, Jesus Cristo*[80]. Logo, é necessário que Cristo seja distinto do Pai pelo supósito. Por conseguinte, o Pai não é o Filho.

Ainda. Depois do mistério da Encarnação, o Pai declara a respeito do Filho: *Este é o meu Filho dileto*[81]. Ora, tal designação refere-se ao supósito. Logo, o Filho é outro que o Pai, quanto ao supósito. Sem dúvida, pois, aquelas coisas com as quais Sabélio se esforça por confirmar suas afirmações não demonstram o que pretendeu, como abaixo será demonstrado mais amplamente[82]. Por isso, porque *Deus é uno* ou porque *O Pai está non Filho e o Filho no Pai*, não se tem que o Pai e o Filho sejam um pelo supósito, pois pode haver também uma unidade entre duas coisas distintas pelo supósito.

Capítulo 6
A opinião de Ario[83] a respeito do Filho de Deus

Uma vez que não concorda com a doutrina Sagrada que o Filho de Deus tivesse início de Maria, como dizia Fotino[84], e que aquele que

---

[80] 1 João 5,20.
[81] Mateus 3,17.
[82] Cf. cap. 9.
[83] Ario (256-336), sacerdote de Alexandria, quis adaptar a fé da Igreja ao Helenismo. Seguia as ideias neoplatônicas de que a divindade é "não criada" e "não gerada". Assim, na Trindade há três substâncias heterogêneas e distintas: o Pai, Deus sem começo; o Logus, teve começo e é o primogênito das criaturas; o Espírito Santo é a primeira das criaturas do Logus. Na Encarnação, o Logus fez-se carne. O Sínodo de Alexandria em 321 e o Concílio de Niceia, em 325, o condenaram.
[84] Cf. cap. 4.

Deus fuit et pater est, per carnis assumptionem filius esse coeperit, ut Sabellius dixerat: fuerunt alii hanc de divina generatione quam Scriptura tradit opinionem sumentes, quod filius Dei ante incarnationis mysterium extiterit, et etiam ante mundi conditionem; et quia iste filius a Deo patre est aliüs, aestimaverunt eum non esse eiusdem naturae cum Deo patre; non enim intelligere poterant, nec credere volebant, quod aliqui duo, secundum personam distincti, habeant unam essentiam et naturam. Et quia sola natura Dei patris, secundum fidei doctrinam, aeterna creditur, crediderunt naturam filii non ab aeterno extitisse, licet fuerit filius ante alias creaturas. Et quia omne quod non est aeternum, ex nihilo factum est et a Deo creatum, filium Dei ex nihilo factum esse, et creaturam praedicabant. Sed quia auctoritate Scripturae cogebantur ut etiam filium Deum nominarent, sicut in superioribus est expressum, dicebant eum unum cum Deo patre, non quidem per naturam, sed per quandam consensus unionem, et per divinae similitudinis participationem super ceteras creaturas. Unde, cum supremae creaturae, quas Angelos dicimus, in Scripturis et dii et filii Dei nominentur, secundum illud iob 38,4 ubi eras cum me laudarent astra matutina, et iubilarent omnes filii Dei? et in Psalmo, Deus stetit in synagoga deorum, hunc Dei filium et Deum prae aliis dici oportebat, utpote nobiliorem inter ceteras creaturas, in tantum quod per eum Deus pater omnem aliam condiderit creaturam. Hanc autem positionem confirmare nitebantur sacrae Scripturae documentis. Dicit enim filius, Ioan. 17,3, ad patrem loquens: haec est vita aeterna, ut cognoscant te solum Deum verum. Solus ergo pater Deus verus est. Cum ergo filius non sit pater, filius Deus verus esse non potest.

eternamente foi e é Pai começasse a ser Filho pela assunção da carne, como dizia Sabélio[85], houve outros que, tomando a doutrina que a Escritura ensina sobre a geração divina, isto é, que o Filho de Deus existiu antes do mistério da Encarnação e, também, antes da criação do mundo e porque este Filho é distinto de Deus Pai, julgaram que Ele não era da mesma natureza que Deus Pai. Com efeito, não podiam entender, nem queriam crer, que duas coisas distintas, enquanto pessoas, tivessem uma só essência e natureza. E porque, segundo a doutrina da fé, crê-se eterna a natureza única em Deus Pai, creram que a natureza do Filho não existiu desde a eternidade, embora o Filho existisse antes das demais criaturas. E, porque tudo que não é eterno foi feito do nada e criado por Deus, afirmavam que o Filho de Deus foi feito do nada e que era uma criatura. Mas, porque pela autoridade da Escritura eram obrigados a nomear o Filho também Deus, como já se esclareceu[86], diziam que Ele era um com Deus Pai, não pela natureza, mas por uma união de consentimento e por uma participação de semelhança divina, superior às demais criaturas. Por isso, uma vez que as criaturas superiores, que nomeamos anjos, são nomeadas *deuses e filhos de Deus*, nas Escrituras, segundo Jó: *Onde estavas quando as estrelas matutinas me louvavam, e quando se alegravam todos os filhos de Deus?*[87]; e no Salmo: *O Senhor assentou-se na assembleia dos deuses*[88], era necessário nomeá-lo Filho de Deus e Deus, de preferência aos outros por ser a mais nobre entre todas as criaturas, uma vez que por Ele Deus Pai criou todas as outras criaturas. Procuravam confirmar esta afirmação com documentos da Sagrada Escritura. Com efeito, diz o Filho falando ao Pai: *Esta é a vida eterna, que te conheçam como único Deus*[89]. Logo, só o Pai é verdadeiro Deus. E como o Filho não é o Pai, o Filho não pode ser verdadeiro Deus.

---

[85] Cf. cap. 5.
[86] Cf. cap. 3.
[87] Jó 38,7.
[88] Salmo 81,1.
[89] João 17,3.

Item. Apostolus dicit, I ad tim.Ult.: serves mandatum sine macula irreprehensibile usque in adventum Domini nostri Iesu Christi, quem suis temporibus ostendet beatus et solus potens rex regum et Dominus dominantium, qui solus habet immortalitatem et lucem habitat inaccessibilem, in quibus verbis ostenditur distinctio Dei patris ostendentis ad Christum ostensum.Solus ergo Deus pater ostendens est potens rex regum et Dominus dominantium, et solus habet immortalitatem et lucem habitat inaccessibilem. Solus ergo pater Deus verus est. Non ergo filius.

Praeterea. Dominus dicit, Ioan. 14,28: pater maior me est; et apostolus dicit filium patri esse subiectum, I ad Cor. 15,28: cum omnia subiecta illi fuerint, tunc ipse filius subiectus erit illi, scilicet patri, qui sibi subiecit omnia. Si autem esset una natura patris et filii, esset etiam una magnitudo et maiestas: non enim filius esset minor patre, nec patri subiectus. Relinquitur ergo ex Scripturis quod filius non sit eiusdem naturae cum patre ut credebant.

Adhuc. Natura patris non patitur indigentiam. In filio autem indigentia invenitur: ostenditur enim ex Scripturis quod a patre recipit; recipere autem indigentis est. Dicitur enim Matth. 11,27: omnia tradita sunt mihi a patre meo, et Ioan. 3,35: pater diligit filium, et omnia dedit in manu eius. Videtur igitur filius non esse eiusdem naturae cum patre.

Amplius. Doceri et adiuvari indigentis est. Filius autem a patre docetur et iuvatur. Dicitur enim Ioan. 5,19: non potest filius a se facere quicquam, nisi quod viderit patrem facientem; et infra: 20 pater diligit filium, et omnia demonstrat ei quae ipse facit; et Ioan. 15,15, filius dicit discipulis: omnia quaecumque audivi

Igualmente. Diz o Apóstolo: *Guarda sem mácula irrepreensível este mandamento até a aparição de nosso Senhor Jesus Cristo, o qual a seu tempo manifestará o bem-aventurado e único poderoso Senhor, Rei dos Reis e Senhor dos Senhores: aquele que imortal habita na luz inacessível*[90]. Nestas palavras demonstra-se a distinção entre o Deus Pai, que dá a conhecer, e o Filho conhecido. Logo, só o Deus Pai, que dá a conhecer, é poderoso Rei dos Reis e Senhor dos Senhores, e só Ele tem a imortalidade e habita em luz inacessível. Logo, só o Pai é verdadeiro Deus; não o Filho.

Além disso. O Senhor disse: *O Pai é maior que eu*[91], e o Apóstolo disse que o Filho é sujeito ao Pai: *Quando todas as coisas lhe estiverem sujeitas, então o Filho estará sujeito a Ele* (a saber, ao Pai), *que submeteu tudo a si*[92]. Ora, se a natureza do Pai e do Filho fosse uma só, haveria também uma só grandeza e majestade, pois o Filho não seria menor que o Pai, nem sujeito ao Pai. Por conseguinte, segundo a Escritura, o Filho não tem a mesma natureza do Pai, como acreditavam.

Ainda. A natureza do Pai não sofre indigência. Mas, no Filho encontra-se a indigência, pois a Escritura mostra que *recebe* do Pai, e receber é próprio do indigente. Está dito em Mateus: *Tudo me foi dado pelo Pai*[93]; e em João: *O Pai ama o Filho e tudo deu em sua mão*[94]. Logo, parece que o Filho não tem a mesma natureza do Pai.

Ademais. Ser ensinado e ser auxiliado são próprios do indigente. Ora, o Filho é ensinado e auxiliado pelo Pai, pois está dito em João: *O Filho nada pode fazer de si, senão o que tenha visto o Pai fazer e o Pai ama o Filho e lhe mostra tudo o que faz*[95]; disse ainda o Filho aos discípulos: *Tudo que ouvi do meu Pai, eu vos dei a

---

[90] 1 Timóteo 6,14.
[91] João 14,28.
[92] 1 Coríntios 15,28.
[93] Mateus 11,27.
[94] João 3,35.
[95] João 5,19.20.

a patre meo, nota feci vobis. Non igitur videtur esse eiusdem naturae filius cum patre.

Praeterea. Praeceptum recipere, obedire, orare, et mitti, inferioris esse videtur. Haec autem de filio leguntur. Dicit enim filius, Ioan. 14,31: sicut mandatum dedit mihi pater, sic facio. Et philipp. 2,8: factus est obediens patri usque ad mortem. Et Ioan. 14,16: ego rogabo patrem, et alium Paracletum dabit vobis. Et Galat. 4,4, dicit apostolus: cum venit plenitudo temporis, misit Deus filium suum. Est ergo filius minor patre, et ei subiectus.

Item. Filius clarificatur a patre: sicut ipse dicit, Ioan. 12,28: pater, clarifica nomen tuum; et sequitur: venit vox de caelo, et clarificavi, et iterum clarificabo. Apostolus etiam dicit, ad Rom. 8,11, quod Deus suscitavit Iesum Christum a mortuis. Et Petrus dicit, Act. 2,33, quod est dextera Dei exaltatus. Ex quibus videtur quod sit patre inferior.

Praeterea. In natura patris nullus defectus esse potest. In filio autem invenitur defectus potestatis: dicit enim Matth. 20,23: sedere ad dexteram meam vel sinistram, non est meum dare vobis, sed quibus paratum est a patre meo. Defectus etiam scientiae: dicit enim ipse, Marc. 13,32: de die autem illa et hora nemo scit, neque Angeli in caelo, neque filius, nisi pater. Invenitur etiam in eo defectus quietae affectionis: cum in eo Scriptura asserat tristitiam fuisse, et iram, et alias huiusmodi passiones. Non igitur videtur filius esse eiusdem naturae cum patre.

Adhuc. Expresse in Scripturis invenitur quod filius Dei sit creatura. Dicit enim Eccli. 24,12: dixit mihi creator omnium, et qui

conhecer[96]. Logo, não parece que o Filho tenha a mesma natureza do Pai.

Além disso. Receber ordens, obedecer, orar e ser enviado parece ser próprio do inferior. Ora, tais coisas são lidas do Filho, pois Ele mesmo disse: *Como o Pai me mandou, assim faço*[97]. E o Apóstolo escreve: *Fez-se obediente* (isto é, ao Pai) *até a morte*[98]; Disse ainda o Senhor: *Eu rogarei ao Pai, e outro Paráclito se vos dará*[99]. E diz o Apóstolo: *Quando veio a plenitude dos tempos, enviou Deus o seu Filho*[100]. Logo, o Filho é menor que o Pai e a Ele sujeito.

Igualmente. O Filho é glorificado pelo Pai, como Ele mesmo afirma: *Pai, glorifica o teu nome*[101]. E em seguida: *Veio uma voz do céu dizendo: eu clarifiquei e clarificarei novamente.* Diz também o Apóstolo: *Que Deus ressuscitou Jesus Cristo dos mortos*[102], e Pedro diz: *Foi exaltado à direita de Deus*[103]. Do que se depreende que o Filho é inferior ao Pai.

Além disso. Na natureza do Pai não pode haver defeito. No Filho, porém, encontra-se defeito de poder. Diz Mateus: *Não me compete dar-vos, mas é daqueles a quem foi preparado pelo Pai, sentar-se à minha direita ou à minha esquerda*[104]; e também defeito de ciência: *Quanto ao dia e à hora, ninguém sabe, nem mesmo os anjos no céu, e nem o Filho, mas só o Pai*[105]; Encontra-se também n'Ele defeito de afeição tranquila, pois a Escritura diz que teve tristeza, ira e outras paixões. Parece, pois, que o Filho não é da mesma natureza do Pai.

Ainda. Encontra-se expressamente nas Escrituras que o Filho de Deus é criatura. Diz o Eclesiástico: *Disse-me o Criador de todas as*

---

[96] João 15,15.
[97] João 14,31.
[98] Filipenses 2,8.
[99] João 14,16.
[100] Gálatas 4,4.
[101] João 12,28.
[102] Romanos 8,11.
[103] Atos 2,33.
[104] Mateus 20,23.
[105] Marcos 13,32.

creavit me, requievit in tabernaculo meo. Et iterum: ab initio et ante saecula creata sum. Est igitur filius creatura.

Praeterea. Filius creaturis connumeratur. Dicitur enim Eccli. 24,5, ex persona sapientiae: ego ex ore altissimi prodii, primogenita ante omnem creaturam. Et apostolus, ad Coloss. 1,15, dicit de filio quod est primogenitus creaturae. Videtur ergo quod filius ordinem cum creaturis habeat, quasi primum inter eas obtinens gradum.

Amplius. Filius dicit, Ioan. 17,22, pro discipulis ad patrem orans: ego claritatem quam dedisti mihi, dedi eis, ut sint unum, sicut et nos unum sumus. Sic igitur pater et filius unum sunt sicut discipulos unum esse volebat. Non autem volebat discipulos esse per essentiam unum. Non ergo pater et filius sunt per essentiam unum.Et sic sequitur quod sit creatura, et patri subiectus.

Est autem haec positio Arii et eunomii. Et videtur a Platonicorum dictis exorta, qui ponebant summum Deum, patrem et creatorem omnium rerum, a quo primitus effluxisse dicebant quandam mentem, in qua essent omnium rerum formae, superiorem omnibus aliis rebus, quam paternum intellectum nominabant; et post hanc, animam mundi; et deinde alias creaturas. Quod ergo in Scripturis sacris de Dei filio dicitur, hoc de mente praedicta intelligebant: et praecipue quia sacra Scriptura Dei filium Dei sapientiam nominat et verbum Dei. Cui etiam opinioni consonat positio Avicennae, qui supra animam primi caeli ponit intelligentiam primam, moventem primum caelum, supra quam ulterius Deum in summo ponebat.

coisas, quem me criou repousou no meu tabernáculo[106]; e novamente: *Desde o início, antes dos séculos, fui criada*[107]. Logo, o Filho é criatura.

Além disso. O Filho está enumerado entre as criaturas, pois, diz-se sobre a pessoa da Sabedoria: *Eu saí da boca do altíssimo; primogênito de todas as criaturas*[108]. Diz ainda o Apóstolo, que o Filho é *primogênito das criaturas*[109]. Portanto, parece que o Filho está na ordem das criaturas, ocupando o primeiro lugar entre elas.

Ademais. O Filho, orando ao Pai, disse aos discípulos: *A glória que me deste Eu dei a eles, para que sejam um assim como Nós somos um*[110]. Por conseguinte, o Pai e o Filho são um como queriam que os discípulos fossem um. Entretanto, não queriam que os discípulos fossem um por essência. Logo, o Pai e o Filho não são um por essência. E assim, segue-se que o Filho é criatura e sujeito ao Pai.

Esta é a sentença de Ario e de Eunômio[111], e parece originar-se dos platônicos, pois estes afirmavam que o Deus supremo, pai e criador de todas as coisas, de quem diziam que emanou primeiramente uma *inteligência* superior a todas as coisas, na qual estavam as formas de todas as coisas, e a chamavam de *intelecto paterno*; e depois dela, a alma do mundo e, em seguida, as outras criaturas. Por isso, referiam o que está dito nas Sagradas Escrituras a respeito do Filho de Deus à inteligência referida, e principalmente porque a Sagrada Escritura denomina o Filho de Deus a *Sabedoria de Deus* e o *Verbo de Deus*. Está em consonância também com esta opinião a afirmação de Avicena[112] que colocou a inteligência primeira sobre a alma do primeiro céu, que o move, e sobre ela colocava Deus, no ápice.

---

[106] Eclesiástico 24,12 (Vulgata).
[107] Eclesiástico 24,14 (Vulgata).
[108] Eclesiástico 24,5 (Vulgata).
[109] Colossenses 1,15.
[110] João 17,22.
[111] Eunômio (séc. IV) nasceu em Dacora, na Capadócia; sua obra mais conhecida é A Apologia (361), refutada por Basílio (Contra Eunômio) e respondida em Apologia em Defesa da Apologia. Morreu em 394 na sua cidade natal.
[112] Avicena (980-1037), em Metafísica, tratado 9, cap. 4.

Sic igitur Ariani de Dei filio suspicati sunt quod esset quaedam creatura supereminens omnibus aliis creaturis, qua mediante Deus omnia creasset: praecipue cum etiam quidam Philosophi posuerunt quodam ordine res a primo principio processisse, ita quod per primum creatum omnia alia sint creata.

Assim, os Arianos supuseram que o Filho de Deus fosse uma criatura superior às outras criaturas, pela qual Deus criou todas as coisas; principalmente porque alguns filósofos afirmavam também que as coisas procediam do primeiro princípio com alguma ordem, de modo que pelo primeiro ser criado, todas as outras coisas foram criadas.

Capitulum VII
Improbatio opinionis Arii de filio Dei

Hanc autem positionem divinae Scripturae repugnare manifeste potest percipere, si quis sacrarum Scripturarum dicta diligenter consideret.

Cum enim Scriptura divina et Christum Dei filium, et Angelos Dei filios nominet, alia tamen et alia ratione: unde apostolus, Hebr. 1,5, dicit: cui dixit aliquando Angelorum, filius meus es tu, ego hodie genui te? quod ad Christum asserit esse dictum. Secundum autem positionem praedictam, eadem ratione Angeli filii dicerentur et Christus: utrisque enim nomen filiationis competeret secundum quandam sublimitatem naturae, in qua creati sunt a Deo. Nec obstat si Christus sit excellentioris naturae prae aliis Angelis: quia etiam inter Angelos ordines diversi inveniuntur, ut ex superioribus patet, et tamen omnibus eadem filiationis ratio competit. Non igitur Christus filius Dei dicitur secundum quod asserit praedicta positio.

Item. Cum ratione creationis nomen filiationis divinae multis conveniat, quia omnibus Angelis et sanctis; si etiam Christus eadem ratione filius diceretur, non esset unigenitus, licet, propter excellentiam suae naturae, inter ceteros primogenitus posset dici. Asserit autem eum Scriptura esse unigenitum, Ioan. 1,14: vidimus eum quasi uni-

Capítulo 7
Refutação da opinião de Ario sobre o Filho de Deus

Se alguém considera diligentemente as palavras das Sagradas Escrituras, pode perceber claramente que essas afirmações são incompatíveis com a Escritura Divina.

Com efeito, quando a Escritura Divina denomina Cristo o Filho de Deus e os anjos também filhos de Deus, é por razões diversas. Por isso, diz o Apóstolo: *A qual dos anjos disse alguma vez: Tu és meu Filho, e eu te gerei?*[113], palavras que ele afirma referirem-se a Cristo. Mas, segundo a mencionada afirmação, os anjos e Cristo são chamados filhos de Deus pela mesma razão, pois a ambos competiria o nome da filiação segundo certa sublimidade da natureza, na qual foram criados por Deus. Nem a isto se opõe se Cristo tem uma natureza mais excelente em comparação com os outros anjos, porque também entre os anjos encontram-se ordens diversas, como está claro pelo que foi dito[114] e, no entanto, compete a todos a mesma razão de filiação. Logo, Cristo não é chamado de Filho de Deus segundo o que afirma a mencionada opinião.

Igualmente. Como o nome de filiação divina, em razão da criação, convém a muitos, aos anjos e aos santos, e se também Cristo fosse chamado de filho pela mesma razão ele não seria *unigênito*, embora, por causa da excelência da sua natureza, possa ser chamado de *primogênito* entre os demais. No entanto, a Escritura afirma que ele é unigênito: *Nós o*

---

113 Hebreus 1,5.
114 Livro III, cap. 80.

genitum a patre. Non igitur ratione creationis Dei filius dicit.

Amplius. Nomen filiationis proprie et vere generationem viventium consequitur, in quibus genitum ex substantia generantis procedit: alias enim nomen filiationis non secundum veritatem, sed potius secundum similitudinem accipitur, cum filios dicimus aut discipulos, aut hos quorum gerimus curam. Si igitur Christus non diceretur filius nisi ratione creationis, cum id quod creatur a Deo, non ex substantia Dei derivetur, Christus vere filius dici non posset. Dicitur autem verus filius, I ioan. Ult.: ut simus, inquit, in vero filio eius, Iesu Christo. Non igitur Dei filius dicitur, quasi a Deo creatus in quantacumque naturae excellentia, sed quasi ex Dei substantia genitus.

Praeterea. Si Christus ratione creationis filius dicitur, non erit verus Deus: nihil enim creatum Deus potest dici nisi per quandam similitudinem ad Deum. Ipse autem Iesus Christus est verus Deus: cum enim ioannes dixisset, ut simus in vero filio eius, subdit: hic est verus Deus et vita aeterna. Non igitur Christus filius Dei dicitur ratione creationis.

Amplius. Apostolus, ad Rom. 9,5, dicit: ex quibus Christus est secundum carnem, qui est super omnia Deus benedictus in saecula, amen. Et Tit. 2,13: expectantes beatam spem, et adventum gloriae magni Dei et salvatoris nostri Iesu Christi. Et Ierem. 23 dicitur: suscitabo David germen iustum et postea subditur, et hoc est nomen quod vocabunt eum, Dominus iustus noster, ubi in Hebraeo habetur nomen tetragrammaton, quod de solo Deo certum est dici. Ex quibus apparet quod filius Dei est verus Deus.

vimos como unigênito do Pai[115]. Logo, não é chamado Filho de Deus em razão da criação.

Ademais. O termo *filiação* diz respeito própria e verdadeiramente à geração dos seres vivos, nos quais o gerado procede da substância do genitor, de outro modo o termo *filiação* toma-se não segundo a verdade, mas antes por semelhança, quando chamamos filhos os discípulos e aqueles dos quais cuidamos. Portanto, se Cristo fosse dito Filho só em razão da criação, (uma vez que o que é criado por Deus não procede da substância divina), Cristo não poderia ser dito verdadeiramente Filho de Deus. Ora, Ele é chamado verdadeiro filho, em João: *Para estarmos no seu verdadeiro filho, Jesus Cristo*[116]. Logo, Cristo não é chamado Filho de Deus como sendo criado por Deus na mais excelente natureza que seja, mas como sendo gerado da substância de Deus.

Além disso. Se Cristo é dito Filho em razão da criação, não seria verdadeiro Deus, pois nenhuma coisa criada pode ser dita Deus, a não ser por certa semelhança com Deus. Ora, Jesus Cristo é verdadeiro Deus, uma vez que João disse: *Para estarmos no seu verdadeiro Filho*, acrescentou: *Este é o verdadeiro Deus, e a vida eterna*[117]. Logo, Cristo não é dito Filho de Deus em razão da criação.

Ademais. Diz o Apóstolo: *Dos quais vem Cristo segundo a carne, que está sobre todas as coisas, o Deus bendito pelos séculos. Amém*[118]; e ainda: *Esperando a santa esperança e a vinda gloriosa do grande Deus e nosso Salvador, Jesus Cristo*[119]. E Jeremias diz: *Eu suscitarei a Davi, um germe justo*, acrescentando logo: *E este é o nome segundo o qual o chamarão — o Senhor, o nosso justo*[120]. Neste texto, em hebraico, encontra-se o tetragrama que propriamente só é dito de Deus. De tudo isso se vê que o Filho de Deus é verdadeiro Deus.

---

[115] João 1,14.
[116] João 5,20.
[117] João 5,20.
[118] Romanos 9,5.
[119] Tito 2,13.
[120] Jeremias 23,5-6.

Praeterea. Si Christus verus filius est, de necessitate sequitur quod sit verus Deus. Non enim vere filius potest dici quod ab alio gignitur, etiam si de substantia generantis nascatur nisi in similem speciem generantis procedat: oportet enim quod filius hominis homo sit. Si igitur Christus est verus filius Dei, oportet quod sit verus Deus. Non est igitur aliquid creatum.

Item. Nulla creatura recipit totam plenitudinem divinae bonitatis: quia, sicut ex superioribus patet, perfectiones a Deo in creaturas per modum cuiusdam descensus procedunt. Christus autem habet in se totam plenitudinem divinae bonitatis: dicit enim apostolus, ad Coloss. 2,9: in ipso habitat omnis plenitudo divinitatis. Christus ergo non est creatura.

Adhuc. Licet intellectus Angeli perfectiorem cognitionem habeat quam intellectus hominis, tamen multum deficit ab intellectu divino. Intellectus autem Christi non deficit in cognitione ab intellectu divino: dicit enim apostolus, ad Coloss. 2,3, quod in Christo sunt omnes thesauri sapientiae et scientiae absconditi. Non est igitur Christus filius Dei creatura.

Amplius. Quicquid Deus habet in seipso, est eius essentia, ut in primo ostensum est. Omnia autem quae habet pater, sunt filii: dicit enim ipse filius, Ioan. 16,15: omnia quae habet pater, mea sunt; et Ioan. 17,10, ad patrem loquens, ait: mea omnia tua sunt, et tua mea sunt. Est ergo eadem essentia et natura patris et filii. Non est igitur filius creatura.

Praeterea. Apostolus dicit, philipp. 2, quod filius, antequam exinaniret semetipsum formam servi accipiens, in forma Dei erat. Per formam autem Dei non aliud intelligitur quam natura divina: sicut per formam servi non intelligitur aliud quam humana natura.

Além disso. Se Cristo é verdadeiro Filho, segue-se necessariamente que é verdadeiro Deus. Com efeito, quem é gerado de outro não pode ser chamado de filho verdadeiro, mesmo se tenha nascido da substância do genitor, a não ser que proceda deste por semelhança específica, pois, é necessário que o filho do homem seja homem. Logo, se Cristo é verdadeiro Filho de Deus, necessariamente será verdadeiro Deus. Portanto, não é algo criado.

Igualmente. Nenhuma criatura recebe toda a plenitude da bondade divina, porque, como está claro pelo que foi dito[121], as perfeições procedem de Deus para as criaturas pelo modo de certa descida. Ora, como diz o Apóstolo, Cristo tem em si toda a plenitude da bondade divina: *Nele habita toda a plenitude da divindade*[122]. Logo, Cristo não é criatura.

Ainda. Embora o intelecto do anjo seja mais perfeito que o do homem, contudo, muito lhe falta do intelecto divino. Ora, ao intelecto de Cristo nada falta do conhecimento divino, pois diz o Apóstolo: *Em Cristo estão escondidos todos os tesouros da sabedoria e da ciência*[123]. Logo, Cristo, Filho de Deus não é criatura.

Ademais. Tudo que Deus tem em si é sua essência, como foi demonstrado[124]. Ora, o próprio Filho disse que tudo que o Pai tem é do Filho: *Tudo que o Pai tem é meu*[125], e falando com o Pai, diz: *Tudo o que é meu é teu, e tudo o que é teu é meu*[126]. Logo, a natureza e a essência do Pai e do Filho são idênticas. Por isso, o Filho não é criatura.

Além disso. Diz o Apóstolo que o Filho, antes de se despojar de si mesmo, tomando a forma de servo, *tinha a forma de Deus*[127]. Ora, por forma de Deus não se entende senão a natureza divina, como também por forma de servo não se entende senão a natureza huma-

---

[121] Cf. cap. 1.
[122] Colossenses 2,9.
[123] Colossenses 2,3.
[124] Livro I, cap. 21 ss.
[125] João 16,16.
[126] João 17,10.
[127] Filipenses 2,6.

Est ergo filius in natura divina. Non est igitur creatura.

Item. Nihil creatum potest esse Deo aequale. Filius autem est patri aequalis. Dicitur enim Ioan. 5,18: quaerebant eum Iudaei interficere, quia non solum solvebat sabbatum, sed et patrem suum dicebat Deum, aequalem se Deo faciens. Haec est autem evangelistae narratio, cuius testimonium verum est, quod Christus filium Dei se dicebat et Deo aequalem, et propterea eum Iudaei persequebantur. Nec dubium est alicui christiano quin illud quod Christus de se dixit, verum sit: cum et apostolus dicat, philipp. 2,6, hoc non fuisse rapinam, quod aequalem se esse patri arbitratus est. Est ergo filius aequalis patri. Non est igitur creatura.

Amplius. In Psalmo legitur non esse similitudinem alicuius ad Deum etiam inter Angelos qui filii Dei dicuntur: quis, inquit, similis Deo in filiis Dei? et alibi: Deus, quis similis erit tibi? quod de perfecta similitudine accipi oportet: quod patet ex his quae in primo libro tractata sunt. Christus autem perfectam sui similitudinem ad patrem ostendit etiam in vivendo: dicitur enim Ioan. 5,26: sicut pater habet vitam in semetipso, sic dedit et filio vitam habere in semetipso. Non est igitur Christus computandus inter filios Dei creatos.

Adhuc. Nulla substantia creata repraesentat Deum quantum ad eius substantiam: quicquid enim ex perfectione cuiuscumque creaturae apparet, minus est quam quod Deus est; unde per nullam creaturam sciri potest de Deo quid est. Filius autem repraesentat patrem: dicit enim de eo apostolus, ad Coloss. 1,15, quod est imago invisibilis Dei. Et ne aes-

na. Logo, ele é Filho na natureza divina. Por isso, não é criatura.

Igualmente. Nenhuma coisa criada pode igualar-se a Deus. Ora, o Filho é igual ao Pai, pois está escrito: *Os judeus queriam matá-lo, não só porque desrespeitava o sábado, como também porque dizia ser Deus seu Pai, fazendo-se igual a Deus*[128]. Assim, a narrativa do Evangelista, cujo *testemunho é verdadeiro*[129], mostra que Cristo se dizia Filho de Deus e igual a Deus, e, por isso, os judeus o perseguiam. Ora, nenhum cristão duvida que aquilo que Cristo dizia de si seja verdadeiro, até porque escreve o Apóstolo: *Não foi usurpação ter sido considerado igual ao Pai*[130]. Por isso, o Filho é igual ao Pai. Logo, não é criatura.

Ademais. Lê-se no Salmo que não há semelhança de coisa alguma com Deus, mesmo entre os anjos, que são ditos filhos de Deus: *Quem é semelhante a Deus entre os filhos de Deus?*[131]. E em outro lugar: *Ó Deus, quem será semelhante a vós?*[132]. É necessário que isso seja tomado por semelhança perfeita, o que é claro pelo que foi tratado no livro I[133]. Ora, Cristo manifestou a sua perfeita semelhança com o Pai, mesmo no modo de viver, pois disse: *Como o Pai tem a vida em si, assim também deu ao Filho ter a vida em si*[134]. Logo, Cristo não pode ser enumerado entre os filhos criados por Deus.

Ainda. Nenhuma substância criada representa Deus quanto à sua substância, pois tudo que aparece de perfeição nas criaturas é menos do que Deus é. Por isso, não se pode saber de Deus *o que é* por meio de criatura alguma. Ora, o Filho representa o Pai, pois o Apóstolo diz que Ele é *a imagem de Deus invisível*[135]. E para que não se julgue que seja

---

[128] João 5,18.
[129] João 19,35.
[130] Filipenses 2,6.
[131] Salmos 88,7.
[132] Salmos 82,1.
[133] Livro I, cap. 29.
[134] João 5,26.
[135] Colossenses 1,15.

timetur esse imago deficiens, essentiam Dei non repraesentans, per quam non possit cognosci de Deo quid est, sicut vir dicitur imago Dei, I ad Cor. 11,7; ostenditur perfecta esse imago, ipsam Dei substantiam repraesentans, Hebr. 1,3, dicente apostolo: cum sit splendor gloriae, et figura substantiae eius. Non est igitur filius creatura.

Praeterea. Nihil quod est in aliquo genere, est universalis causa eorum quae sunt in genere illo, sicut universalis causa hominum non est aliquis homo, nihil enim est sui ipsius causa: sed sol, qui est extra genus humanum, est universalis causa generationis humanae, et ulterius Deus. Filius autem est universalis causa creaturarum: dicitur enim Ioan. 1,3: omnia per ipsum facta sunt; et Proverb. 8,30, dicit sapientia genita: cum eo eram componens omnia, et apostolus dicit, ad Coloss. 1,16: in ipso condita sunt universa in caelo et in terra. Ipse igitur non est de genere creaturarum.

Item. Ex ostensis in secundo libro manifestum est quod substantiae incorporeae, quas Angelos dicimus, non possunt aliter fieri quam per creationem; et etiam ostensum est quod nulla substantia potest creare nisi solus Deus. Sed Dei filius Iesus Christus est causa Angelorum, eos in esse producens: dicit enim apostolus: sive throni, sive dominationes, sive principatus, sive potestates, omnia per ipsum et in ipso creata sunt. Ipse igitur filius non est creatura.

Praeterea. Cum propria actio cuiuslibet rei sequatur naturam ipsius, nulli competit propria actio alicuius rei cui non competit illius rei natura: quod enim non habet humanam speciem, nec actionem humanam habere po-

uma imagem deficiente que não representa a essência de Deus, e pela qual não se pode conhecer *o que Deus é,* como o homem é dito *imagem de Deus*[136], o Apóstolo mostra que é uma imagem perfeita que representa a própria substância de Deus: *Sendo o esplendor da glória e a imagem da sua substância*[137]. Logo, o Filho não é criatura.

Além disso. Nenhuma coisa que está em um gênero é causa universal daquelas coisas que estão neste gênero, como a causa universal do homem não é um homem, porque nenhuma coisa é causa de si mesma. Mas, o sol, que está fora do gênero humano, é causa universal da geração humana e, muito mais além, Deus. Ora, o Filho é causa universal das criaturas, pois está dito: *Todas as coisas foram feitas por Ele*[138]; e, nos Provérbios, a Sabedoria gerada assim fala: *Com Ele estava compondo tudo*[139]. Diz também o Apóstolo: *N'Ele foram criadas todas as coisas, no céu e na terra*[140]. Logo, Ele não pertence ao gênero das criaturas.

Igualmente. É manifesto pelo que foi demonstrado no Livro II[141], que as substâncias incorpóreas, que chamamos de anjos, não podem ser feitas de outro modo senão por criação. E também foi demonstrado[142] que nenhuma substância pode criar, a não ser somente Deus. Ora, o Filho de Deus, Jesus Cristo, é causa dos anjos, conforme o que o Apóstolo diz: *Quer os tronos, quer as dominações, quer os principados, quer as potestades, todas as coisas por Ele e n'Ele foram criadas*[143]. Logo, o Filho não é criatura.

Além disso. Uma vez que a ação própria de cada coisa segue a natureza da mesma, a ninguém pertence a ação própria de uma coisa, se não lhe pertence a natureza daquela coisa; por exemplo, quem não pertence à espécie hu-

---

[136] Cf. 1 Coríntios 11,7.
[137] Hebreus 1,3.
[138] João 1,3.
[139] Provérbios 8,30.
[140] Colossenses 1,16.
[141] Livro II, cap. 98.
[142] Livro II, cap. 21.
[143] Colossenses 1,16.

test. Propriae autem actiones Dei conveniunt filio: sicut creare, ut iam ostensum est; continere et conservare omnia in esse; et peccata purgare; quae propria esse Dei ex superioribus patet. Dicitur autem de filio, ad Coloss. 1,17, quod omnia in ipso constant; et ad Hebr. 1,3, dicitur quod portat omnia verbo virtutis suae, purgationem peccatorum faciens. Filius igitur Dei est naturae divinae, et non est creatura.

Sed quia posset Arianus dicere quod haec filius facit non tanquam principale agens, sed sicut instrumentum principalis agentis, quod per propriam virtutem non agit, sed solum per virtutem principalis agentis, hanc rationem Dominus excludit, Ioan. 5,19, dicens: quaecumque pater facit haec et filius similiter facit. Sicut igitur pater per se operatur et propria virtute, ita et filius.

Ulterius etiam ex hoc verbo concluditur, quod sit eadem virtus et potestas filii et patris. Non solum enim dicit quod filius similiter operatur sicut et pater, sed quod eadem et similiter. Idem autem non potest esse operatum eodem modo a duobus agentibus nisi vel dissimiliter, sicut idem fit a principali agente et instrumento: vel, si similiter, oportet quod conveniant in una virtute. Quae quidem virtus quandoque congregatur ex diversis virtutibus in diversis agentibus inventis, sicut patet in multis trahentibus navem: omnes enim similiter trahunt, et quia virtus cuiuslibet imperfecta est et insufficiens ad istum effectum, ex diversis virtutibus congregatur una virtus omnium, quae sufficit ad trahendum navem. Hoc autem non potest dici in patre et filio: virtus enim Dei patris non est imperfecta, sed infinita, ut in primo ostensum est. Oportet igitur quod eadem numero sit virtus patris et filii. Et cum virtus consequatur naturam rei, oportet quod eadem numero sit natura et

mana, não pode ter uma ação humana. Ora, as ações próprias de Deus convêm ao Filho; por exemplo, criar, manter e conservar todas as coisas no ser, e purificar os pecados, coisas que são próprias de Deus, como está claro pelo já exposto[144]. Ora, foi dito a respeito do Filho: *Que todas as coisas n'Ele subsistem*[145], e que Ele *carrega todas as coisas pela palavra da sua força, purificando os pecados*[146]. Logo, o Filho de Deus é de natureza divina e não é criatura.

Mas porque Ario podia dizer que o Filho faz essas coisas não como agente principal, mas como instrumento principal do agente que não age por virtude própria, mas somente pela virtude do agente principal, o Senhor exclui esta razão ao dizer: *Tudo o que o Pai faz, o Filho também igualmente o faz*[147]. Logo, como o Pai opera por si mesmo e por virtude própria, assim também o Filho.

Conclui-se deste texto, novamente, que a força e o poder do Filho e do Pai são idênticos. Pois, não só diz que o Filho obra igualmente como o Pai, mas que o *mesmo* e *igualmente*. Ora, a mesma coisa não pode ser operada do mesmo modo por dois agentes, a saber: ou de modo desigual, quando uma mesma coisa é feita pelo agente principal e pelo instrumento; ou se de modo igual é necessário que convenham em uma só força. Esta força é, às vezes, a união de forças diversas em agentes diversos que se encontram, como se verifica quando muitos impulsionam a mesma nave e, neste caso, todos a impulsionam do mesmo modo. Ademais, como a força de cada um é imperfeita e insuficiente para tal efeito, com a união das diversas forças faz-se uma só força, e esta é suficiente para impulsionar a nave. Mas isto não pode ser aplicado ao Pai e ao Filho, pois a força de Deus Pai não é imperfeita, mas infinita, como foi demonstrado[148]. Por isso, é necessário que a força do Pai e do Filho seja nume-

---

[144] Livro III, caps. 65, 157.
[145] Colossenses 1,17.
[146] Hebreus 1,3.
[147] João 5,19.
[148] Livro I, cap. 43.

essentia patris et filii.Quod etiam ex praecedentibus concludi potest. Nam si in filio est natura divina, ut multipliciter ostensum est; cum natura divina multiplicari non possit, ut in primo libro ostensum est: sequitur de necessitate quod sit eadem numero natura et essentia in patre et filio.

Item. Ultima nostra beatitudo in solo Deo est; in quo etiam solo spes hominis debet poni; et cui soli est honor latriae exhibendus, ut in tertio libro ostensum est. Beatitudo autem nostra in Dei filio est. Dicit enim, Ioan. 17,3: haec est vita aeterna, ut cognoscant te, scilicet patrem, et quem misisti, Iesum Christum. Et I ioan. Ult., dicitur de filio quod est verus Deus et vita aeterna. Certum est autem nomine vitae aeternae in Scripturis sacris ultimam beatitudinem significari. — Dicit etiam Isaias de filio, ut apostolus inducit: erit radix iesse, et qui exurget regere gentes, in eo gentes sperabunt. — Dicitur etiam in Psalmo: et adorabunt eum omnes reges, omnes gentes servient ei. Et Ioan. 5,23 dicitur: omnes honorificent filium sicut honorificant patrem. Et iterum in Psalmo dicitur: adorate eum omnes Angeli eius: quod de filio apostolus introducit Hebr. 1,6. Manifestum est igitur filium Dei verum Deum esse.

Ad hoc etiam ostendendum valent ea quae superius contra Photinum inducta sunt ad ostendendum Christum Deum esse non factum, sed verum.

Ex praemissis igitur et consimilibus sacrae Scripturae documentis ecclesia catholi-

ricamente a mesma. Isto também se conclui do exposto anteriormente, pois, se há natureza divina no Filho, como foi demonstrado, várias vezes, e como a natureza divina não pode ser multiplicada, como já foi demonstrado[149], segue-se necessariamente que a natureza e a essência do Pai e do Filho é numericamente a mesma.

Igualmente. A nossa bem-aventurança última está somente em Deus, em Deus também unicamente deve ser posta a esperança do homem e só a Ele deve-se prestar o culto de latria como foi demonstrado[150]. Ora, a nossa bem-aventurança está no Filho de Deus, pois, lê-se em João: *Esta é a vida eterna que te conheçam* (isto é, o Pai) *e a quem enviaste, Jesus Cristo*[151], e é dito do Filho que *é verdadeiro Deus e vida eterna*[152]. Ora, é certo que, pela expressão *vida eterna* é significada nas Escrituras Sagradas a última bem-aventurança. — Diz também Isaías[153], a respeito do Filho, citado pelo Apóstolo: *Aparecerá a raiz de Jessé e o que surgirá para reger os povos, no qual estes esperavam*[154]. — Diz-se também no Salmo: *Todos os reis o adorarão, todos os povos o servirão*[155], e em João: *Todos honrem o Filho, como honraram o Pai*[156]. E novamente no Salmo: *Adorai-o todos os seus anjos*[157], texto que o Apóstolo atribui ao Filho na Carta aos Hebreus[158]. Logo, é manifesto que o Filho de Deus é verdadeiro Deus.

Para demonstrar esta verdade é também válido o que foi dito, contra Fotino[159], para provar que Cristo era Deus, não feito, mas verdadeiro.

A Igreja Católica, instruída pelos documentos supracitados da Sagrada Escritura

---

[149] Livro I, cap. 42.
[150] Livro III, caps. 37.52.120.
[151] João 17,3.
[152] 1 João 5,20.
[153] Isaías 11,10.
[154] Romanos 15,12.
[155] Salmo 71,11.
[156] João 5,23.
[157] Salmo 96,7.
[158] Hebreus 1,6.
[159] Cf. cap. 4.

ca docta, Christum verum et naturalem Dei filium confitetur, aeternum, patri aequalem, et verum Deum, eiusdem essentiae et naturae cum patre, genitum, non creatum nec factum. Unde patet quod sola ecclesiae catholicae fides vere confitetur generationem in Deo, dum ipsam generationem filii ad hoc refert quod filius accepit divinam naturam a patre. Alii vero haeretici ad aliquam extraneam naturam hanc generationem referunt: Photinus quidem et Sabellius ad humanam; Arius autem non ad humanam, sed ad quandam naturam creatam digniorem ceteris creaturis. — Differt etiam Arius a Sabellio et Photino quod hic generationem praedictam asserit ante mundum fuisse; illi vero eam fuisse negant ante nativitatem ex virgine. — Sabellius tamen a Photino differt in hoc, quod Sabellius Christum verum Deum confitetur et naturalem, non autem Photinus neque Arius: sed Photinus purum hominem; Arius autem quasi commixtum ex quadam excellentissima creatura divina et humana. Hi tamen aliam esse personam patris et filii confitentur, quod Sabellius negat.

Fides ergo catholica, media via incedens, confitetur, cum Ario et Photino, contra Sabellium, aliam personam patris et filii, et filium genitum, patrem vero omnino ingenitum: cum Sabellio vero, contra Photinum et Arium, Christum verum et naturalem Deum et eiusdem naturae cum patre, licet non eiusdem personae. — Ex quo etiam indicium veritatis catholicae sumi potest: nam vero, ut Philosophus dicit, etiam falsa attestantur: falsa vero non solum a veris, sed etiam ab invicem distant.

e por outros semelhantes, confessa Cristo verdadeiro e natural Filho de Deus, eterno, igual ao Pai e verdadeiro Deus, da mesma essência e natureza com o Pai, gerado, não criado, não feito. Donde, é claro que só a fé da Igreja Católica confessa verdadeiramente a geração em Deus, enquanto refere esta geração ao Filho, porque o Filho recebeu do Pai a natureza divina. Mas, outros heréticos referem esta geração a uma natureza estranha, a saber: Fotino e Sabélio, à natureza humana; Ario, não à humana, mas a uma natureza criada mais digna que as demais criaturas. — Diferencia-se também Ario de Sabélio e de Fotino, porque este afirma que aquela geração existia antes do mundo. E aqueles negam que foi antes de ter nascido da Virgem. — Entretanto, Sabélio diferencia-se de Fotino, em que Sabélio confessa Cristo verdadeiro e natural Deus, mas não Fotino nem Ario, e Fotino afirma que é puro homem; e Ario que é uma mescla de uma excelentíssima criatura divina e humana. Esses, no entanto, confessam que uma é a pessoa do Pai e outra a do Filho, o que Sabélio nega.

Mas a fé católica, andando por uma via média, confessa, com Ario e Fotino, contra Sabélio, que uma é a pessoa do Pai e outra a do Filho, e que o Filho é gerado, não sendo absolutamente gerado o Pai. Confessa ainda ela com Sabélio, contra Fotino e Ario, que Cristo é Deus verdadeiro e natural, da mesma natureza com o Pai, embora não da mesma pessoa. — Disto pode-se tomar, também, um sinal da verdade Católica, pois como diz o Filósofo[160], os erros também dão testemunho: pois os erros não só se distanciam da verdade, mas também uns dos outros.

Capitulum VIII
Solutio ad auctoritates quas Arius pro se inducebat

Quia vero veritas veritati contraria esse non potest, manifestum est ea quae ex Scripturis veritatis ab Arianis introducta sunt ad

Capítulo 8
Solução para os testemunhos que Ario induzia a seu favor

Uma vez que a verdade não pode ser contrária à verdade, é claro que os testemunhos de verdade tomados das Escrituras, propostos

---

[160] Aristóteles (384-322 a.C.), em Analíticos Posteriores II, 2-4, 53h, 4 — 57b, 17.

suum errorem confirmandum, eorum sententiae accommoda non esse.

Cum enim ex Scripturis divinis ostensum sit patris et filii eandem numero essentiam esse et naturam divinam, secundum quam uterque verus dicitur Deus, oportet patrem et filium non duos deos, sed unum Deum esse. Si enim plures dii essent, oporteret per consequens divinitatis essentiam in utroque partitam esse sicut in duobus hominibus est alia et alia humanitas numero: et praecipue cum non sit aliud divina natura et aliud ipse Deus, ut supra ostensum est; ex quo de necessitate consequitur quod, existente una natura divina in patre et filio, quod sint pater et filius unus Deus. Licet ergo patrem confiteamur Deum, et filium Deum, non tamen recedimus a sententia qua ponitur unus solus Deus, quam in primo et rationibus et auctoritatibus firmavimus. Unde, etsi sit unus solus verus Deus, tamen hoc et de patre et de filio praedicari confiteamur.

Cum ergo Dominus, ad patrem loquens, dicit, ut cognoscant te solum Deum verum, non sic intelligendum est quod solus pater sit verus Deus, quasi filius non sit verus Deus, quod tamen manifeste Scripturae testimonio probatur: sed quod illa quae est una sola vera deitas patri conveniat, ita tamen quod non excludatur inde et filius. Unde signanter non dicit Dominus, ut cognoscant solum Deum verum, quasi solus ipse sit Deus; sed dixit, ut cognoscant te, et addit solum verum Deum, ut ostenderet patrem, cuius se filium protestabatur, esse Deum in quo invenitur illa quae sola est vera divinitas. Et quia oportet verum filium eiusdem naturae esse cum patre, magis sequitur quod illa quae sola est vera divinitas filio conveniat, quam ab ea filius excludatur. Unde et ioannes, in fine primae suae cano-

pelos Arianos para confirmação do seu erro[161], não são convenientes para a sua intenção.

Com efeito, como foi demonstrado pelas Escrituras divinas[162], que a essência e a natureza do Pai e do Filho são uma mesma numericamente, e por isso ambos são ditos verdadeiro Deus, é necessário que o Pai e o Filho não sejam dois deuses, mas um só Deus. Ora, se houvesse muitos deuses, seria necessário, com razão, que a essência da divindade fosse dividida em cada um, assim como em dois homens há numericamente uma e outra humanidade, e principalmente porque não é um a natureza divina e outro o mesmo Deus, como foi demonstrado[163]; disso segue-se necessariamente que, por existir uma só natureza divina no Pai e no Filho, o Pai e o Filho são um só Deus. Embora confessemos que o Pai é Deus e que o Filho é Deus, não nos afastamos, porém, da sentença que afirma um só Deus, a qual já confirmamos[164], com testemunhos racionais. Por isso, embora seja um só o verdadeiro Deus, contudo confessamos que isso é predicado não só do Pai, mas também do Filho.

Por isso, quando o Senhor, falando para o Pai, diz: *Para que te conheçam a ti, único Deus verdadeiro*[165], isto não deve ser entendido como se apenas o Pai fosse verdadeiro Deus, e o Filho não o fosse, o que é ainda provado claramente pelo testemunho da Escritura; mas, deve-se entender que aquela que é única e verdadeira divindade convém ao Pai, de tal modo que o Filho não seja excluído dela. Por isso, o Senhor não disse expressamente: *Para que só conheçam ao Deus verdadeiro*, como se apenas o Pai fosse Deus, mas diz: *para que te conheçam*, e acrescenta: *o único verdadeiro Deus*, para demonstrar que o Pai, de quem se proclama Filho é o Deus, em quem se encontra a divindade única e verdadeira. E como é necessário que o filho verdadeiro tenha a mesma natureza com o pai, segue-se que a única e ver-

---

[161] Cf. cap. 6.
[162] Cf. capítulo anterior.
[163] Livro I, caps. 21 ss.
[164] Livro I, cap. 42.
[165] João 17,3.

nicae, quasi haec verba Domini exponens, utrumque istorum vero filio attribuit quae hic Dominus dicit de patre, scilicet quod sit verus Deus, et quod in eo sit vita aeterna, dicens: ut cognoscamus verum Deum, et simus in vero filio eius. Hic est verus Deus, et vita aeterna. — Si tamen confessus esset filius quod solus pater esset verus Deus, non propter hoc a vera divinitate filius excludi intelligendus esset: nam quia pater et filius sunt unus Deus, ut ostensum est, quicquid ratione divinitatis de patre dicitur, idem est ac si de filio diceretur, et e converso. Non enim propter hoc quod Dominus dicit, Matth. 11,27, nemo novit filium nisi pater, neque patrem quis novit nisi filius, intelligitur vel pater a sui cognitione excludi, vel filius.

Ex quo etiam patet quod vera filii divinitas non excluditur ex verbis apostoli quibus dicit, quem suis temporibus ostendet beatus et solus potens, rex regum et Dominus dominantium. Non enim in his verbis pater nominatur, sed id quod est commune patri et filio. Nam quod et filius sit rex regum et Dominus dominantium, manifeste ostenditur Apoc. 19,13, ubi dicitur: vestitus erat veste aspersa sanguine, et vocabatur nomen eius: verbum Dei et postea subditur: et habet in vestimento et in femore suo scriptum: rex regum et Dominus dominantium. — Nec ab hoc quod subditur, qui solus habet immortalitatem, excluditur filius: cum et sibi credentibus immortalitatem conferat; unde dicitur Ioan. 11,26: qui credit in me, non morietur in aeternum. Sed et hoc quod subditur, quem nemo hominum vidit, sed nec videre potest, certum est filio conve-

dadeira divindade convém ao Filho, mais do que ser o Filho dela excluído. Por isso, João, no fim de sua primeira carta, como se explicasse estas palavras do Senhor, atribui ao Filho duas coisas que o Senhor diz do Pai, isto é, que é verdadeiro Deus e que nele está a vida eterna, dizendo: *Para conhecermos o verdadeiro Deus e estarmos no seu Filho verdadeiro. Este é o verdadeiro Deus e a vida eterna*[166]. — No entanto, se o Filho confessasse que só o Pai é verdadeiro Deus, nem por isso se deveria entender o Filho excluído da verdadeira divindade, pois porque o Pai e o Filho são um só Deus, como foi demonstrado[167], tudo que fosse dito do Pai em razão da divindade seria como se dissesse o mesmo do Filho, e vice-versa. Não é porque o Senhor disse: *Ninguém conhece o Filho senão o Pai, e ninguém conhece o Pai senão o Filho*[168], que se entende que o Pai ou o Filho são impedidos de se conhecerem.

Disto também fica claro que a verdadeira divindade do Filho não está excluída das palavras do Apóstolo: *A quem fará aparecer a seu tempo, o bem-aventurado único poderoso, Rei dos reis e Senhor dos Senhores*[169]. Nestas palavras o Pai não é nomeado, mas o que é comum ao Pai e ao Filho. Pois, que também o Filho seja *Rei dos reis e Senhor dos senhores* está claramente expresso no Apocalipse: *Tinha a veste aspersa de sangue e tinha o nome de Verbo de Deus*, e acrescenta-se depois: *E tem no seu manto e na sua coxa esquerda escrito Rei dos reis e Senhor dos senhores*[170]. — Nem daquilo que se acrescenta: *O único imortal*[171], está o Filho excluído, porque Ele dá a imortalidade aos que n'Ele creem, por isso João diz: *Quem crê em mim não morrerá jamais*[172]. Também o que se segue: *A quem ninguém viu, nem poderá ver*[173], é certo que cabe ao Filho

---

[166] 1 João 5,20.
[167] Cf. capítulo anterior.
[168] Mateus 11,27.
[169] 1 Timóteo 6,15.
[170] Apocalipse 19,13-16.
[171] 1 Timóteo 6,16.
[172] João 11,26.
[173] 1 Timóteo 6,6.

nire: cum Dominus dicat, Matth. 11,27: nemo novit filium nisi pater. Cui non obstat quod visibilis apparuit: hoc enim secundum carnem factum est. Est autem invisibilis secundum deitatem, sicut et pater: unde apostolus, in eadem epistola, dicit: manifeste magnum est pietatis sacramentum, quod manifestatum est in carne. Nec cogit quod haec de solo patre dicta intelligamus quia dicitur quasi oportet alium esse ostendentem et alium ostensum. Nam et filius seipsum ostendit: dicit enim ipse, Ioan. 14,21: qui diligit me, diligetur a patre meo, et ego diligam eum, et manifestabo ei meipsum. Unde et ei dicimus: ostende faciem tuam, et salvi erimus.

Quod autem Dominus dicit, pater maior me est, qualiter sit intelligendum, apostolus docet. Cum enim maius referatur ad minus, oportet intelligi hoc dici de filio secundum quod est minoratus. Ostendit autem apostolus eum esse minoratum secundum assumptionem formae servilis, ita tamen quod Deo patri aequalis existat secundum formam divinam: dicit enim, ad philipp. 2,6 cum in forma Dei esset, non rapinam arbitratus est esse se aequalem Deo, sed semetipsum exinanivit, formam servi accipiens. Nec est mirum si ex hoc pater eo maior dicatur, cum etiam ab Angelis eum minoratum apostolus dicat, Hebr. 2,9: eum inquit, qui modico ab Angelis minoratus est, vidimus Iesum, propter passionem mortis, gloria et honore coronatum. Ex quo etiam patet quod secundum eandem rationem dicitur filius esse patri subiectus, scilicet secundum humanam naturam. Quod ex ipsa circumstantia litterae apparet. Praemiserat enim apostolus: per hominem mors, et per hominem resurrectio mortuorum; et postea

quando o Senhor disse: *Ninguém conhece o Filho senão o Pai*[174]. A isto não obsta que tenha aparecido visível, pois isso aconteceu segundo a carne. Ele é invisível segundo a divindade, como também o Pai. Donde dizer o Apóstolo, na mesma Carta: *É evidentemente um grande sacramento ter-se manifestado na carne*[175]. Mas Ele não obriga que entendamos essas coisas como ditas só ao Pai, porque afirma como se fosse necessário um o que manifesta, e outro o que é manifestado. Com efeito, manifesta-se também o Filho, pois diz Ele: *Quem me ama é amado do meu Pai, e Eu o amarei, e a ele me manifestarei*[176]. Por isso, também dizermos: *Mostrai-nos a vossa face e seremos salvos*[177].

Ensina o Apóstolo, como deva ser entendido o que disse o Senhor: *O Pai é maior do que eu*[178]. Como *maior* se refere a *menor*, deve-se entender que isso foi dito do Filho enquanto é *diminuído*. Com efeito, o Apóstolo demonstra que o Filho foi diminuído quando assumiu a forma de servo, de tal modo que existe igual a Deus Pai segundo a forma divina, pois diz: *Que estando na forma de Deus, no considerou usurpação continuar igual ao Pai antes de se aniquilar, tomando a forma de servo*[179]. Nem se deve admirar se, por isso, o Pai é chamado maior que Ele, porque o Apóstolo também o diz menor que os anjos, quando diz: *Vimo-lo um pouco menor que os anjos, a Jesus, coroado de glória e honra, por ter sofrido a morte*[180]. Fica claro disso, também, que pela mesma razão o Filho é dito *submetido ao Pai*[181], a saber, quanto à natureza humana, o que se vê pelo contexto. Com efeito, o Apóstolo antes escrevera: *Pelo homem a morte, e pelo homem a ressurreição dos mortos*[182], e depois acrescentara: *Cada qual ressurgirá na sua ordem: primeiro Cristo;*

---

[174] Mateus 11,27.
[175] 1 Timóteo 3,16.
[176] João 14,21.
[177] Salmos 79,14.
[178] João 14,28.
[179] Filipenses 2,67.
[180] Hebreus 2,9.
[181] 1 Coríntios 15,28.
[182] 1 Coríntios 15,21.

subiunxerat quod unusquisque resurget in suo ordine: primum Christus, deinde qui sunt Christi; et postea addit, deinde finis, cum tradiderit regnum Deo et patri; et ostenso quale sit hoc regnum, quia scilicet oportet ei omnia esse subiecta consequenter subiungit: cum subiecta illi fuerint omnia, tunc ipse filius subiectus erit ei qui subiecit sibi omnia. Ipse ergo contextus litterae, ostendit hoc de Christo debere intelligi secundum quod est homo: sic enim mortuus est et resurrexit. Nam secundum divinitatem, cum omnia faciat quae facit pater ut ostensum est, etiam ipse sibi subiecit omnia: unde apostolus dicit ad philipp. 3,20 salvatorem expectamus Dominum Iesum Christum, qui reformabit corpus humilitatis nostrae configuratum corpori claritatis suae, secundum operationem qua possit sibi subiicere omnia.

Ex eo autem quod pater filio dare dicitur in Scripturis, ex quo sequitur ipsum recipere, non potest ostendi aliqua indigentia esse in ipso, sed hoc requiritur ad hoc quod filius sit: non enim filius dici posset nisi a patre genitus esset; omne autem genitum a generante naturam recipit generantis. Per hoc ergo quod pater filio dare dicitur, nihil aliud intelligitur quam filii generatio, secundum quam pater filio dedit suam naturam.

Et hoc ipsum ex eo quod datur, intelligi potest. Dicit, enim Dominus, Ioan. 10,29: pater quod dedit mihi, maius omnibus est. Id autem quod maius omnibus est, divina natura est, in qua filius est patri aequalis. Quod ipsa verba Domini ostendunt. Praemiserat enim quod oves suas nullus de manu eius rapere posset; ad cuius probationem inducit verbum propositum, scilicet quod id quod est sibi a

depois, os que são de Cristo, e acrescenta ainda: *Depois virá o fim, quando entregará o reino a Deus e ao Pai*[183]. E tendo mostrado qual é este reino, a saber, que é necessário que todas as coisas sejam submetidas a Ele[184], acrescenta com razão: *Estando todas as coisas submetidas a Ele, então será o Filho submetido àquele que a si submeteu todas as coisas*[185]. Portanto, o mesmo contexto da palavra mostra que isso deve ser entendido de Cristo enquanto homem, pois assim morreu e ressuscitou. Pois, enquanto a divindade, uma vez que *faz todas as coisas que o Pai faz*[186], como foi demonstrado[187], também Ele submeteu a si todas as coisas. Por isso, o Apóstolo diz: *Esperemos o Salvador, o Senhor Jesus Cristo, que reformará o corpo da nossa humildade conforme o seu corpo glorioso, pelo poder que tem de submeter tudo a si*[188].

Nas Escrituras se diz que o Pai *dá* ao Filho, segue-se disso que Ele *recebe*. No entanto, não se pode mostrar que exista no Filho alguma indigência, mas isto é exigido em razão de ser Filho, porque não poderia ser dito Filho se não fosse gerado do Pai. Ora, todo gerado recebe de quem gera a natureza do genitor. Por isso, quando se diz que o Pai dá ao Filho, outra coisa não se entende senão a geração do Filho, segundo a qual o Pai deu sua natureza ao Filho.

E isso pode ser entendido pelo que se dá. Diz o Senhor: *O que o Pai me deu é maior que tudo*[189]. E isso que é maior que tudo é a natureza divina, na qual o Filho é igual ao Pai, como demonstram as palavras do Senhor. Pois, antes dissera que *ninguém poderá tirar de minhas mãos as minhas ovelhas*[190], e para prová-lo aduz o texto citado a saber: *O que o Pai me deu é maior que tudo*, e porque recebe

---

[183] 1 Coríntios 15,24.
[184] 1 Coríntios 15,25-27.
[185] 1 Coríntios 25,28.
[186] João 5,19.
[187] Cf. capítulo anterior.
[188] Filipenses 3,20-21.
[189] João 10,29.
[190] João 10,28.

patre datum, maius omnibus sit, et quia de manu patris, ut subiungit, nemo rapere potest. Ex hoc sequitur quod nec etiam de manu filii. Non autem sequeretur nisi per id quod est sibi a patre datum, esset patri aequalis. Unde, ad hoc clarius explicandum, subdit: ego et pater unum sumus. Similiter etiam apostolus, ad philipp. 2,9, dicit: et dedit illi nomen quod est super omne nomen, ut in nomine Iesu omne genu flectatur, caelestium, terrestrium et infernorum. Nomen autem omnibus nominibus altius, quod omnis creatura veneratur, non est aliud quam nomen divinitatis. Ex hac ergo datione generatio ipsa intelligitur, secundum quam pater filio veram divinitatem dedit. Idem etiam ostenditur ex hoc quod omnia sibi dicit esse data a patre. Non autem essent sibi data omnia, nisi omnis plenitudo divinitatis, quae est in patre, esset in filio.

Sic igitur ex hoc quod sibi patrem dedisse asserit, se verum filium confitetur, contra Sabellium. Ex magnitudine vero eius quod datur, patri se confitetur esse aequalem, ut Arius confundatur. Patet igitur quod talis donatio indigentiam in filio non designat. Non enim ante fuit filius quam sibi daretur: cum generatio eius sit ipsa donatio. Neque plenitudo dati hoc patitur, ut indigere possit ille cui constat esse donatum.

Nec obviat praedictis quod ex tempore filio pater dedisse legitur in Scripturis: sicut Dominus post resurrectionem dicit discipulis, data est mihi omnis potestas in caelo et in terra; et apostolus, ad philipp. 2, dicit quod propter hoc Deus Christum exaltavit et dedit illi nomen quod est super omne nomen, quia factus fuerat obediens usque ad mortem, quasi hoc nomen non habuerit ab aeterno. Est enim consuetus Scripturae modus ut aliqua

da mão do Pai, acrescenta: *Ninguém poderá tirar*. Segue-se disto que nem, também, da mão do Filho. Mas, não se seguiria se aquilo que lhe fora dado pelo Pai não fosse igual ao Pai. E, para explicá-lo mais claramente, acrescenta: *Eu e o Pai somos um*[191]. Igualmente diz o Apóstolo: *E lhe deu um nome que está acima de todo nome, para que ao nome de Jesus todo joelho se dobre, de tudo que há nos céus, na terra e nos infernos*[192]. Ora, o nome mais alto que todos os nomes, que toda criatura venera, outro não é que o nome da divindade. Portanto, por esta doação, entende-se a geração segundo a qual o Pai deu a verdadeira divindade ao Filho. Demonstra-se, também, o mesmo, pelo que diz: *todas as coisas lhe foram dadas pelo Pai*[193]. Ora, não lhe teriam sido dadas todas as coisas, se *toda a plenitude da divindade* que está no Pai não estivesse no Filho[194].

Assim, pois, por ter afirmado o que o Pai lhe dera, confessa-se verdadeiro Filho, contra Sabélio[195]. E pela grandeza daquilo que lhe fora dado, confessa-se igual ao Pai, contestando Ario. Portanto, fica claro que tal doação não significa indigência no Filho. Com efeito, o Filho não existiu antes de tal doação, uma vez que a sua geração é a própria doação. Nem a plenitude do que é dado admite que possa ser indigente aquele que consta ter sido beneficiado.

E não se opõe ao que foi dito o que se lê nas Escrituras que o Pai deu ao Filho no tempo, como o Senhor disse aos discípulos após a ressurreição: *Foi me dado todo poder nos céus e na terra*[196]. Diz também o Apóstolo: *Deus o exaltou e lhe deu um nome acima de todo nome, porque se fez obediente até a morte*[197], como se não tivesse tal nome desde a eternidade. Como efeito, é costume na Escritura dizer que uma coisa *é* ou *é feita* quando se torna

---

[191] João 10,30.
[192] Filipenses 2, 9.
[193] Mateus 11,27.
[194] Colossenses 2,9.
[195] Cf. cap. 5.
[196] Mateus 28,18.
[197] Filipenses 2,8-9.

dicantur esse vel fieri quando innotescunt. Hoc autem quod filius ab aeterno universalem potestatem et nomen divinum acceperit, post resurrectionem, praedicantibus discipulis, mundo est manifestatum. Et hoc etiam verba Domini ostendunt. Dicit enim Dominus, Ioan. 17,5: clarifica me, pater, apud temetipsum, claritate quam habui priusquam mundus fieret. Petit enim ut sua gloria, quam ab aeterno a patre recepit ut Deus, in eo iam homine facto esse declaretur.

Ex hoc autem manifestum est quomodo filius doceatur, cum non sit ignorans. Ostensum est enim in primo libro quod intelligere et esse in Deo idem sunt. Unde communicatio divinae naturae est etiam intelligentiae communicatio. Communicatio autem intelligentiae demonstratio, vel locutio, sive doctrina potest dici. Per hoc ergo quod filius sua nativitate a patre naturam divinam acceperit, dicitur vel a patre audivisse, vel pater ei demonstrasse, vel si quid aliud simile legitur in Scripturis: non quod prius filius ignorans aut nesciens fuerit, et postmodum eum pater docuerit. Confitetur enim apostolus, I ad Cor. 1,24, Christum Dei virtutem et Dei sapientiam: non est autem possibile quod sapientia sit ignorans, neque quod virtus infirmetur. Ideo etiam quod dicitur, non potest filius a se facere quicquam, nullam infirmitatem agendi demonstrat in filio: sed quia, cum Deo non sit aliud agere quam esse, nec sua actio sit aliud quam sua essentia ut supra probatum est, ita dicitur quod filius non possit a se agere sed agat a patre, sicut quod non potest a se esse, sed solum a patre: si enim a se esset, iam filius non esset. Sicut ergo filius non potest non esse filius, ita a se agere non potest. Quia vero eandem naturam accipit filius quam pater, et ex consequenti eandem virtutem, licet filius a

conhecida. Ora, que o Filho tivesse recebido desde a eternidade o poder universal e o nome divino, foi manifestado ao mundo após a ressurreição pela pregação dos discípulos. E isso as palavras do Senhor manifestam. Com efeito, diz Senhor: *Glorificai-me, ó Pai, junto de ti, com a glória que tive antes que o mundo fosse feito*[198]. Pede que a sua glória, que, como Deus, recebeu do Pai desde a eternidade, seja declarada n'Ele já feito homem.

Isso esclarece, também, como o Filho é ensinado, uma vez que não é ignorante. Foi demonstrado[199] que, em Deus, o entender e o ser identificam-se. Por isso, a comunicação da natureza divina é também comunicação da inteligência divina. Ora, a comunicação da inteligência pode-se dizer *demonstração, locução* ou *ensino*. Porque o Filho recebeu do Pai pelo nascimento a natureza divina, lê-se nas Escrituras que *ouviu do Pai*[200], ou que *o Pai lhe mostrou*[201], ou coisa semelhante, não porque o Filho antes ignorasse algo ou fosse nesciente, e depois o Pai lhe ensinou. Com efeito, Apóstolo confessa: *Cristo é o poder e a sabedoria de Deus*[202]. Ora, não é possível que a sabedoria seja ignorante, nem que o poder esteja enfraquecido. Por isso, também o que se diz: *Nenhuma coisa pode o Filho fazer por si mesmo*[203], não demonstra fraqueza alguma no Filho, porque, como em Deus, o ser e o agir se identificam; também a sua essência outra coisa não é que a sua ação, como foi demonstrado[204], assim, se diz que o Filho não pode agir por si mesmo, mas age pelo Pai, assim como, também, não pode ser por si mesmo, mas somente pelo Pai. Com efeito, se existisse por si, já não seria o Filho. Por isso, como o Filho não pode não ser Filho, também não pode agir por si mesmo. Mas, porque o Filho

---

[198] João 17,15.
[199] Livro I, cap. 45.
[200] João 15,15.
[201] João 5,20.
[202] 1 Coríntios 1,24.
[203] João 5,19.
[204] Livro I, cap. 45.

se non sit nec a se operetur, tamen per se est et per se operatur: quia sicut est per propriam naturam, quam accepit a patre, ita per propriam naturam, a patre acceptam, operatur. Unde postquam Dominus dixerat, non potest filius a se facere quicquam, ut ostenderet quod, licet non a se, tamen per se filius operatur, subiungit: quaecumque ille fecerit, scilicet pater, haec et filius similiter facit.

Ex praemissis etiam apparet qualiter pater praecipiat filio; aut filius obediat patri; aut patrem oret; aut mittatur a patre. Haec enim omnia filio conveniunt secundum quod est patri subiectus, quod non est nisi secundum humanitatem assumptam, ut ostensum est. Pater ergo filio praecipit ut subiecto sibi secundum humanam naturam. Et hoc etiam verba Domini manifestant. Nam cum Dominus dicat: ut cognoscat mundus quia diligo patrem, et sicut mandatum dedit mihi pater, sic facio, quod sit istud mandatum ostenditur per id quod subditur, surgite, eamus hinc: hoc enim dixit ad passionem accedens, mandatum autem patiendi manifestum est filio non competere nisi secundum humanam naturam.

Similiter, ubi ait, si praecepta mea servaveritis, manebitis in dilectione mea: sicut et ego praecepta patris mei servavi, et maneo in eius dilectione, manifestum est haec praecepta ad filium pertinere prout a patre diligebatur ut homo, sicut ipse discipulos ut homines diligebat. — Et quod praecepta patris ad filium accipienda sint secundum humanam naturam a filio assumptam, apostolus ostendit, dicens filium obedientem patri fuisse in his quae pertinent ad humanam naturam: dicit enim, ad philipp. 2,8: factus est obediens patri usque ad mortem. — Ostendit etiam apostolus quod orare

recebe a mesma natureza que a do Pai, e consequentemente, o mesmo poder, embora o Filho não exista por si mesmo nem opere por si mesmo, contudo, ele existe *por si* e opera *por si*, porque como é pela própria natureza que recebe do Pai, também opera pela própria natureza que recebe do Pai. Por isso, depois que Senhor disse: *O Filho nada pode fazer por si mesmo*, para manifestar que embora não *por si* mesmo, contudo opera *por si* mesmo, acrescenta: *Tudo que Ele fez* (isto é, o Pai), *o Filho igualmente o faz.*

Do que precede, é também evidente como *o Pai ordena ao Filho*, e como *o Filho obedece ao Pai* e como *ora ao Pai, e como seja por Ele enviado*. Com efeito, tudo isso convém ao Filho enquanto está sujeito ao Pai, o que somente ocorre segundo a humanidade assumida, como foi demonstrado. Portanto, o Pai *ordena* ao Filho como submetido a si em razão da natureza humana. E isto as palavras do Senhor deixam claro. Pois, quando o Senhor diz: *Para que o mundo conheça que eu amo o Pai, e como o Pai me deu o mandato, assim o faço*[205]; o que seja este mandato mostram as palavras que vêm em seguida: *Levantai-vos, saiamos daqui,* pois isto disse dirigindo-se para a paixão; é evidente, pois, que o mandato de sofrer não compete ao Filho a não ser segundo a sua natureza humana.

Igualmente. Quando diz: *Se guardardes os meus preceitos, permanecereis no meu amor, como também eu guardei os preceitos do meu Pai, e permaneço no seu Amor*[206], é evidente que estes preceitos pertencem ao Filho enquanto era amado pelo Pai, como homem, assim como *Ele* amava os discípulos, como homens. — E porque os preceitos do Pai ao Filho devem ser tomados segundo a natureza humana assumida, o Apóstolo demonstra dizendo que o Filho foi obediente ao Pai no que pertence à natureza humana: *Fez-se obediente ao Pai até a morte*[207]. — O Apósto-

---

[205] João 14,31.
[206] João 15,10.
[207] Filipenses 2,8.

filio conveniat secundum humanam naturam. Dicit enim, ad Hebr. 5,7, quod in diebus carnis suae preces supplicationesque ad eum qui possit eum salvum a morte facere, cum clamore valido et lacrimis offerens, exauditus est pro sua reverentia. — Secundum quid etiam missus a patre dicatur, apostolus ostendit, ad Gal. 4,4, dicens: misit Deus filium suum factum ex muliere. Eo ergo dicitur missus quo est factus ex muliere: quod quidem secundum carnem assumptam certum est sibi convenire.

Patet igitur quod per haec omnia non potest ostendi filius patri esse subiectus nisi secundum humanam naturam. Sed tamen sciendum est quod filius mitti a patre dicitur etiam invisibiliter inquantum Deus, sine praeiudicio aequalitatis quam habet ad patrem: ut infra ostendetur, cum agetur de missione spiritus sancti.

Similiter etiam patet quod per hoc quod filius a patre clarificatur; vel suscitatur; vel exaltatur, non potest ostendi quod filius sit minor patre, nisi secundum humanam naturam. Non enim filius clarificatione indiget quasi de novo claritatem accipiens, cum eam profiteatur se ante mundum habuisse: sed oportebat quod sua claritas, quae sub infirmitate carnis erat occultata, per carnis glorificationem et miraculorum operationem manifestaretur in fide credentium populorum. Unde de eius occultatione dicitur Isaiae 53,3: vere absconditus est vultus eius. Unde nec reputavimus eum. — Similiter autem secundum hoc Christus suscitatus est quod est passus et mortuus, idest secundum carnem. Dicitur enim I Petr. 4,1: Christo passo in carne, et vos eadem cogitatione armamini. Exaltari etiam eum oportuit secundum hoc quod fuit humiliatus. Nam et apostolus dicit, philipp. 2,8: humiliavit seme-

lo também mostra que orar convém ao Filho segundo a natureza humana; pois diz: *Tendo oferecido nos dias da sua vida mortal, orações e súplicas com grandes clamores, àquele que o poderia salvar da morte, foi ouvido por causa da sua reverência*[208]. — E também, segundo certo sentido se diz que foi enviado pelo Pai, o Apóstolo o mostra: *Deus enviou o seu Filho nascido de mulher*[209]. Portanto, é dito enviado porque nasceu da mulher, o que certamente lhe convém pela carne assumida.

Por conseguinte, é claro por todas essas citações que não se pode demonstrar que o Filho foi submetido ao Pai a não ser segundo a natureza humana. Entretanto, deve-se saber que se diz que o Filho é enviado pelo Pai, também, invisivelmente, enquanto Deus, sem prejuízo da igualdade com o Pai, como adiante será demonstrado[210], quando se tratar da missão do Espírito Santo.

Igualmente. É claro, também, que porque *o Filho é glorificado pelo Pai, ou ressuscitado, ou exaltado*, não se pode concluir que o Filho seja menor que o Pai, a não ser segundo a natureza humana. Ora, o Filho não necessita de glorificação como se a recebesse de novo, porque confessou que *Ele a tinha antes do mundo*[211]. No entanto, foi conveniente que a sua glória, ocultada sob a fraqueza da carne, fosse manifestada pela glorificação desta carne e pelos milagres para a fé dos povos crentes. Por isso, falou Isaías deste ocultamento: *Na verdade a sua face estava oculta, razão porque o desconsideramos*[212]. — Igualmente, foi pelo que padeceu e morreu que Cristo ressuscitou, isto é, segundo a carne. Por isso, diz S. Pedro: *Uma vez que Cristo padeceu na carne, armai-vos do mesmo pensamento*[213]. Foi necessário, também, ter sido *exaltado* de acordo com o que foi humilhado. O Apóstolo diz: *Humilhou-se*

---

[208] Hebreus 5,7.
[209] Gálatas 4,4.
[210] Cf. cap. 23.
[211] João 17,5.
[212] Isaías 53,3.
[213] 1 Pedro 4,1.

tipsum factus obediens usque ad mortem, propter quod Deus exaltavit illum.

Sic ergo per hoc quod pater clarificat filium, suscitat et exaltat, filius non ostenditur minor patre, nisi secundum humanam naturam. Nam secundum divinam naturam, qua est patri aequalis, est eadem virtus patris et filii, et eadem operatio. Unde et ipse filius propria virtute se exaltat: secundum illud Psalmi: exaltare, Domine, in virtute tua. Ipse seipsum suscitat: quia de se dicit, Ioan. 10,18: potestatem habeo ponendi animam meam, et iterum sumere eam.

Ipse etiam non solum seipsum clarificat, sed etiam patrem: dicit enim Ioan. 17,1: clarifica filium tuum, ut et filius tuus clarificet te; non quod pater velamine carnis assumptae sit occultatus, sed suae invisibilitate naturae. Quo etiam modo filius est occultus secundum divinam naturam: nam patri et filio commune est quod dicitur Isaiae 45,15: vere tu es Deus absconditus, sanctus Israel, salvator. Filius autem patrem clarificat, non claritatem ei dando, sed eum mundo manifestando: nam et ipse ibidem dicit: manifestavi nomen tuum hominibus.

Non est autem credendum quod in Dei filio sit aliquis potestatis defectus: cum ipse dicat: data est mihi omnis potestas in caelo et in terra. Unde quod ipse dicit: sedere ad dexteram meam vel sinistram non est meum dare vobis, sed quibus paratum est a patre meo, non ostendit quod filius distribuendarum caelestium sedium potestatem non habeat: cum per huiusmodi sessionem participatio vitae aeternae intelligatur, cuius collationem ad se pertinere ostendit cum dicit, Ioan. 10,27 oves meae vocem meam audiunt, et ego cognosco

a si mesmo, fazendo-se obediente até a morte, e, por isso, Deus o exaltou[214].

Assim, porque o Pai glorifica o Filho e o ressuscita e o exalta, o Filho não se mostra menor que o Pai, a não ser segundo a natureza humana. Porque, segundo a natureza divina, na qual é igual ao Pai, é o mesmo poder, o do Pai e o do Filho e a mesma operação. Por isso, o Filho exaltou-se, também, pelo seu próprio poder, segundo o Salmo: *Elevai-vos, Senhor, no vosso poder*[215]. Ele mesmo ressuscita a si, porque diz de si mesmo, em João: *Tenho o poder de dar a minha alma e de retomá-la*[216].

Ele não só, também, glorifica a si mesmo, mas também ao Pai, pois diz em João: *Glorifica o teu Filho para que o teu Filho também te glorifique*[217]. Não porque o Pai estivesse oculto pelo véu da carne assumida, mas pela invisibilidade da sua natureza. E deste modo também o Filho está oculto segundo a natureza divina, pois é comum ao Pai e ao Filho o que se diz em Isaías: *Na verdade sois um Deus escondido, ó Santo de Israel, Salvador*[218]. Portanto, o Filho glorifica o Pai, não lhe dando a glória, mas manifestando-o ao mundo, pois diz, no mesmo lugar: *Manifestei teu nome aos homens*[219].

Entretanto, não se deve pensar que no Filho de Deus haja alguma deficiência de poder, pois Ele disse: *Foi-me dado todo o poder no céu e na terra*[220]. Por isso, o que Ele disse: *Sentar-se à minha direita ou à minha esquerda não pertence a mim, mas para quem o meu Pai preparou*[221], não prova que o Filho não tenha o poder para distribuir os assentos do céu, uma vez que por este *sentar-se* entende-se a participação na vida eterna, cuja concessão mostra pertencer a si, quando diz: *As minhas ovelhas ouvem a minha voz, e eu as conheço, e elas me*

---

[214] Filipenses 2,8.
[215] Salmos 20,14.
[216] João 10,18.
[217] João 7,1.
[218] Isaías 45,15.
[219] João 17,6.
[220] Mateus 28,18.
[221] Mateus 20,23.

eas, et sequuntur me, et ego vitam aeternam do eis. Dicitur etiam Ioan. 5,22, quod pater omne iudicium dedit filio; ad iudicium autem pertinet ut pro meritis aliqui in caelesti gloria collocentur: unde et Matth. 25,33 dicitur quod filius hominis statuet oves a dextris et haedos a sinistris. Pertinet ergo ad potestatem filii statuere aliquem vel a dextris vel a sinistris: sive utrumque referatur ad differentem gloriae participationem; sive unum referatur ad gloriam, et alterum referatur ad poenam.

Oportet igitur ut verbi propositi sensus ex praemissis sumatur. Praemittitur namque quod mater filiorum zebedaei accesserat ad Iesum petens ut unus filiorum eius sederet ad dextram et alius ad sinistram: et ad hoc petendum mota videbatur ex quadam fiducia propinquitatis carnalis quam habebat ad hominem Christum. Dominus ergo sua responsione non dixit quod ad eius potestatem non pertineret dare quod petebatur, sed quod ad eum non pertinebat illis dare pro quibus rogabatur. Non enim dixit, sedere ad dextram meam vel sinistram non est meum dare alicui: quin potius ostendit quod suum erat hoc dare illis quibus erat paratum a patre suo. Non enim hoc dare ad eum pertinebat secundum quod erat filius virginis, sed secundum quod erat filius Dei. Et ideo non erat suum hoc dare aliquibus propter hoc quod ad eum pertinebant secundum quod erat filius virginis, scilicet secundum propinquitatem carnalem: sed propter hoc quod pertinebant ad eum secundum quod erat filius Dei, quibus scilicet paratum erat a patre per praedestinationem aeternam.

Sed quod etiam haec praeparatio ad potestatem filii pertineat, ipse Dominus confitetur dicens, Ioan. 14,2: in domo patris mei mansiones multae sunt. Si quo minus, dixissem vobis: quia vado parare vobis locum. Mansiones autem multae sunt diversi gradus partici-

seguem, e eu lhes dou a vida eterna[222]. É ainda dito em João: *O Pai deu ao Filho todo o julgamento*[223]. Ora, cabe ao julgamento colocar alguns na glória celeste por seus méritos, por isso, também em Mateus: *O Filho do homem colocará as ovelhas à direita, e os bodes à esquerda*[224]. Logo, pertence ao poder do Filho colocar alguém ou à direita, ou à esquerda, quer um e outro se refira à diferente participação na glória, quer um ser refira à glória, e o outro, à pena.

Por isso, é preciso que as palavras propostas sejam tomadas no sentido das que as precedem. Ora, anteriormente a mãe dos filhos de Zebedeu aproximara-se de Jesus, pedindo-lhe que um dos seus filhos se sentasse à direita e outro, à esquerda. E para pedir isso, parecia movida por certa confiança no parentesco que tinha com Cristo homem. Portanto, o Senhor não disse na sua resposta que não pertencia ao seu poder dar o que ela pedia, mas que a Ele não pertencia dar-lhes em razão do que era pedido. Com efeito, ele não disse: *Sentar-se à minha direita ou à minha esquerda, não me pertence dar a alguém,* mas, antes, mostrou que lhe pertencia dar àqueles *para os quais estava preparado por seu Pai.* Pois, não lhe pertencia dar isso na qualidade de filho da Virgem, mas na qualidade de Filho de Deus. Portanto, não lhe pertencia dar a alguns porque estavam ligados a Ele na qualidade de filho da Virgem, isto é, por parentesco carnal, mas porque estavam ligados a Ele na qualidade de Filho de Deus, para os quais o Pai o havia preparado por predestinação eterna.

E que essa preparação pertença ao poder do Filho, o mesmo Senhor confessa dizendo em João: *Há muitas moradas na casa do meu Pai; se assim não fosse, eu vos diria, porque vou preparar-vos o lugar*[225]. Ora, essas *muitas moradas* são os diversos graus de participa-

---

[222] João 10,27.
[223] João 5,22.
[224] Mateus 25,33.
[225] João 14,2.

pandae beatitudinis, qui ab aeterno a Deo in praedestinatione praeparati sunt. Cum ergo Dominus dicit, quod si in aliquo minus esset, idest, si deficerent praeparatae mansiones hominibus ad beatitudinem introducendis; et subdit, dixissem, quia vado parare vobis locum; ostendit huiusmodi praeparationem ad suam potestatem pertinere.

Neque etiam potest intelligi quod filius horam adventus sui ignoret: cum in eo sint omnes thesauri sapientiae et scientiae absconditi, ut apostolus dicit; et cum id quod maius est perfecte cognoscat, scilicet patrem. Sed hoc intelligendum est quia filius, inter homines homo constitutus, ad modum ignorantis se habuit, dum discipulis non revelavit. Est enim consuetus modus loquendi in Scripturis ut Deus dicatur aliquid cognoscere si illud cognoscere facit: sicut habetur Gen. 22,12: nunc cognovi quod timeas Dominum idest, nunc cognoscere feci. Et sic, per oppositum, filius nescire dicitur quod non facit nos scire.

Tristitia vero et timor, et alia huiusmodi, manifestum est ad Christum pertinere secundum quod homo. Unde per hoc nulla minoratio potest in divinitate filii deprehendi.

Quod autem dicitur sapientia esse creata primo quidem, potest intelligi, non de sapientia quae est filius Dei, sed de sapientia quam Deus indidit creaturis. Dicitur enim Eccli. 1,9 ipse creavit eam, scilicet sapientiam, spiritu sancto, et effudit illam super omnia opera sua. Potest etiam referri ad naturam creatam assumptam a filio: ut sit sensus, ab initio et ante saecula creata sum, idest, praevisa sum creaturae uniri. Vel, per hoc quod sapientia et creata et genita nuncupatur, modus divinae generationis nobis insinuatur. In generatione

ção da bem-aventurança, e estes graus foram preparados por Deus desde toda a eternidade na predestinação. Portanto, uma vez que o Senhor disse: *Se assim não fosse*, isto é, se faltassem moradas preparadas para os homens que hão de ser introduzidos na bem-aventurança; e acrescenta: *Eu vos diria, porque vou preparar-vos o lugar*, e isso demonstra que essa preparação pertence ao seu poder.

Também não se pode pensar que o Filho do Homem ignore a hora de sua vinda, uma vez que Nele estão *escondidos todos os tesouros da sabedoria e da ciência*, como diz o Apóstolo[226]; e uma vez que conhece perfeitamente o que é maior, isto é, o Pai[227]. Ora, isto deve ser entendido porque o Filho, constituído homem entre os homens, se teve por ignorante, enquanto não o revelou aos discípulos. Com efeito, é um modo frequente de falar nas Escrituras que Deus conhece algo, se o faz conhecer, como está no Gênesis: *Agora conheci que temes o Senhor*[228], isto é, *agora fiz conhecer*. E assim se diz, por oposição, que o Filho desconhece o que não nos faz conhecer.

A *tristeza, o temor* e coisas semelhantes, é evidente que pertencem a Cristo na qualidade de homem. Portanto, disso não se pode depreender diminuição alguma na divindade do Filho.

Quando se diz que *a sabedoria é criada*[229], isto pode ser entendido, em primeiro lugar não relativamente à Sabedoria que é o Filho de Deus, mas à sabedoria dada por Deus à criatura, pois é dito no Eclesiástico: *Ele criou* (isto é, a Sabedoria) *pelo Espírito Santo, e a difundiu sobre todas as suas outras obras*[230]. Em segundo lugar, pode ser referida à natureza criada assumida pelo Filho, com o seguinte sentido: *Desde o início e antes dos séculos fui criada*, isto é, *fui prevista para ser unida à criatura*. Em terceiro lugar, porque a sabedoria se cha-

---

[226] Colossenses 2,3.
[227] Mateus 11,27.
[228] Gênesis 22,12.
[229] Eclesiástico 24,12.14 (Vulgata).
[230] Eclesiástico 1,9 s. (Vulgata).

enim quod generatur accipit naturam generantis, quod perfectionis est: sed in generationibus quae sunt apud nos, generans ipse mutatur, quod imperfectionis est. In creatione vero creans non mutatur, sed creatum non recipit naturam creantis. Dicitur ergo simul filius creatus et genitus, ut ex creatione accipiatur immutabilitas patris, et ex generatione unitas naturae in patre et filio. Et sic huiusmodi Scripturae intellectum synodus exposuit: ut per Hilarium patet.

Quod vero filius dicitur primogenitus creaturae, non ex hoc est quod filius sit in ordine creaturarum: sed quia filius est a patre et a patre accipit, a quo sunt et accipiunt creaturae. Sed filius accipit a patre eandem naturam: non autem creaturae. Unde et filius non solum primogenitus dicitur, sed etiam unigenitus, propter singularem modum accipiendi.

Per hoc autem quod Dominus ad patrem dicit de discipulis, ut sint unum sicut et nos unum sumus, ostenditur quidem quod pater et filius sunt unum eo modo quo discipulos unum esse oportet, scilicet per amorem: hic tamen unionis modus non excludit essentiae unitatem, sed magis eam demonstrat. Dicitur enim Ioan. 3,35: pater diligit filium, et omnia dedit in manu eius: per quod plenitudo divinitatis ostenditur esse in filio, ut dictum est.

Sic igitur patet quod testimonia Scripturarum quae Ariani pro se assumebant, non repugnant veritati quam fides catholica confitetur.

ma *criada* e *gerada*[231], se nos insinua o modo da geração divina. Com efeito, na geração, o gerado recebe do genitor a natureza, e isto é uma perfeição; mas nas gerações existentes entre nós, o genitor é mudado, o que é uma imperfeição. Ora, na criação, o criador não muda, mas o criado não recebe a natureza do criador. Por isso, é dito ao mesmo tempo em que o Filho *é criado* e *gerado*, de modo que por criação se entenda a imutabilidade do Pai e, por *geração*, a unidade de natureza no Pai e no Filho. E assim, um Sínodo expôs o sentido dessa Escritura, como Hilário deixou claro[232].

Que o Filho tenha sido chamado *Primogênito das criaturas*[233], não é porque o Filho esteja na ordem das criaturas, mas porque o Filho procede do Pai e recebe do Pai, de quem as criaturas procedem e recebem. Mas, o Filho recebe a mesma natureza do Pai, as criaturas não. Portanto, o Filho não só é chamado *Primogênito*, como também *Unigênito*[234], por causa do modo singular de receber.

Por isso, o que o Senhor diz ao Pai dos discípulos, que *sejam um como também nós somos um*[235], demonstra na verdade que o Pai e o Filho são um segundo o modo pelo qual é necessário que os discípulos sejam um, isto é, pelo amor. Mas, esse modo de união não exclui a unidade de essência, antes a manifesta, pois está dito: *O Pai ama o Filho e tudo deu em suas mãos*[236]; o que demonstra que a plenitude da divindade existe no Filho, como foi dito.

Portanto, fica esclarecido que os testemunhos das Escrituras que os arianos assumiam em seu favor não contradizem a verdade confessada pela fé católica.

---

[231] Provérbios 8,24.25.
[232] Santo Hilário (315-367), em Sobre os Sínodos ou Sobre a Fé dos Orientais, 17; ML 10, 493C-494B.
[233] Eclesiástico 24,5 (Vulgata); Colossenses 1,15.
[234] João 1,18.
[235] João 17,22.
[236] João 3,35.

Capítulo 9
Solução das autoridades alegadas por Fotino e Sabélio

Fica claro do que foi considerado, que aquilo que Fotino[237] e Sabélio[238] aduziam das Sagradas Escrituras a favor de suas opiniões, não podem confirmam seus erros.

Com efeito, o que disse o Senhor, após a Ressurreição: *Foi-me dado todo o poder no céu e na terra*[239], não o disse, portanto, porque então recebera novamente o poder, mas porque o poder que o Filho de Deus recebera desde toda eternidade começava a aparecer no mesmo Filho feito homem pela vitória que ao ressurgir tivera sobre a morte.

O que o Apóstolo diz aos Romanos referindo-se ao Filho: *Que foi feito da geração de Davi*[240], mostra claramente de que modo deve ser entendido, pelo que é acrescentado: *segundo a carne*. Porque não disse que o Filho de Deus foi simplesmente feito, mas que foi feito da *geração de Davi segundo a carne*, pela assunção da natureza humana, como é dito em João: *O Verbo se fez carne*[241]. Por isso, fica claro, também, que o que se segue: *Que foi predestinado Filho de Deus no poder*, pertence ao Filho segundo a natureza humana. Que a natureza humana se unisse ao Filho de Deus, de modo que o homem pudesse ser chamado Filho de Deus, não foi pelos méritos humanos, mas pela graça de Deus que o predestinou.

Igualmente. O que o mesmo Apóstolo disse aos Filipenses que Deus *exaltou* Cristo, por causa do mérito da paixão[242] deve ser referido à natureza humana, na qual houve a humilhação da paixão. Por isso, também, o que se segue: *Deus deu-lhe um nome que está acima de todo nome,* deve ser referido a que o nome que convém ao Filho pelo nascimento eterno, convém também ao Filho encarnado quando fosse manifestado à fé dos povos. Por

---

[237] Cf. cap. 4.
[238] Cf. cap. 5.
[239] Mateus 28,18.
[240] Romanos 1,3.
[241] João 1,14.
[242] Filipenses 2, 9.

Petrus, quod Deus Iesum et Christum et Dominum fecit, ad filium referendum est secundum humanam naturam, in qua incoepit id habere ex tempore quod in natura divinitatis habuit ab aeterno.

Quod etiam Sabellius introducit de unitate deitatis, audi, Israel Dominus Deus tuus, Deus unus est; et, videte quod ego sim solus, et non sit alius Deus praeter me sententiae catholicae fidei non repugnat, quae patrem et filium non duos deos, sed unum Deum esse confitetur, ut dictum est.Similiter etiam quod dicitur, pater in me manens, ipse facit opera, et ego in patre, et pater in me est, non ostendit unitatem personae, ut volebat Sabellius, sed unitatem essentiae, quam Arius negabat. Si enim esset una persona patris et filii, non congrue diceretur pater esse in filio et filius in patre: cum non dicatur proprie idem suppositum in seipso esse, sed solum ratione partium; quia enim partes in toto sunt, et quod convenit partibus solet attribui toti, quandoque dicitur aliquod totum esse in seipso. Hic autem modus loquendi non competit in divinis, in quibus partes esse non possunt, ut in primo ostensum est. Relinquitur igitur, cum pater in filio et filius in patre esse dicatur quod pater et filius non sint idem suppositum.

Sed ex hoc ostenditur quod patris et filii sit essentia una. Hoc enim posito, manifeste apparet qualiter pater est in filio et filius in patre. Nam cum pater sit sua essentia, quia in Deo non est aliud essentia et essentiam habens, ut in primo ostensum est, relinquitur quod in quocumque sit essentia patris, sit pater: et eadem ratione, in quocumque est essen-

isso, também é claro que o que diz Pedro: *Deus fez a Jesus Cristo e Senhor*[243] deve ser referido ao Filho segundo a natureza humana, na qual começou a ter no tempo o que desde a eternidade possuiu na natureza divina.

Também o que Sabélio propõe sobre a unidade de Deus: *Ouve, Israel, o Senhor teu Deus é um só*[244]; *Vede como eu sou único, e não há outros além de mim*[245], não repugnam à doutrina da *fé católica*, que confessa não serem o Pai e o Filho dois deuses, mas um só Deus, como foi dito[246]. Igualmente o que é dito: *O Pai, que permanece em mim, Ele faz as obras*[247]; *Eu estou no Pai e o Pai em mim*[248], mas não demonstra a unidade de pessoa, como pretendia Sabélio, mas unidade de essência, negada por Ario[249]. Se fosse uma só a pessoa do Pai e a do Filho, não se diria convenientemente que o Pai está no Filho e o Filho, no Pai, uma vez que não se diz propriamente que o mesmo suposito está em si mesmo, mas somente em razão das partes, pois, porque as partes estão no todo, costuma-se também atribuir ao todo o que convém às partes, e às vezes, se diz que um todo está em si mesmo. Mas, este modo de falar não cabe às coisas divinas, nas quais não pode haver partes, como foi demonstrado Livro I[250]. Resulta, pois, uma vez que se diz que o *Pai está no Filho e o Filho, no Pai*, que o Pai e o Filho não são o mesmo suposito.

No entanto, demonstra-se do exposto que o Pai e o Filho são uma só essência. Afirmado isto, fica claro como o Pai está no Filho e o Filho, no Pai. Com efeito, como o Pai é a sua essência, porque em Deus não é uma coisa a essência e outra o que a tem, como no Livro I foi demonstrado[251], resulta que onde está a essência do Pai, está o Pai; e pela mesma razão,

---

[243] Atos 2,36.
[244] Deuteronômio 6,4.
[245] Deuteronômio 32,39.
[246] Cf. cap. 8, no início.
[247] João 14,10.
[248] João 14,11.
[249] Cf. cap. 6.
[250] Livro I, cap. 20.
[251] Livro I, cap. 21.

tia filii, est filius. Unde, cum essentia patris sit in filio, et essentia filii in patre, eo quod una est essentia utriusque, ut fides catholica docet; sequitur manifeste quod pater sit in filio et filius sit in patre. Et sic eodem verbo et Sabellii et Arii error confutatur.

Capitulum X
Rationes contra generationem et processionem divinam

Omnibus igitur diligenter consideratis, manifeste apparet hoc nobis de generatione divina in sacris Scripturis proponi credendum, quod pater et filius, etsi personis distinguantur, sunt tamen unus Deus, et unam habent essentiam seu naturam. Quia vero a creaturarum natura hoc invenitur valde remotum, ut aliqua duo supposito distinguantur et tamen eorum sit una essentia; humana ratio ex creaturarum proprietatibus procedens, multipliciter in hoc secreto divinae generationis patitur difficultatem.

Nam cum generatio nobis nota mutatio quaedam sit, cui opponitur corruptio, difficile videtur in Deo generationem ponere, qui est immutabilis, incorruptibilis, et aeternus, ut ex superioribus patet.

Amplius. Si generatio mutatio est, oportet omne quod generatur, mutabile esse. Quod autem mutatur, exit de potentia in actum: nam motus est actus existentis in potentia secundum quod huiusmodi. Si igitur filius Dei est genitus, videtur quod neque aeternus sit, tanquam de potentia in actum exiens; neque verus Deus, ex quo non est actus purus, sed aliquid potentialitatis habens.

Adhuc. Genitum naturam accipit a generante. Si ergo filius genitus est a Deo patre, oportet quod naturam quam habet, a patre acceperit. Non est autem possibile quod acceperit a patre aliam naturam numero quam

onde está a essência do Filho, está o Filho. Por isso, como a essência do Pai está no Filho, e a essência do Filho está no Pai, porque a essência de ambos é uma só, como ensina a fé católica, segue-se claramente que o Pai está no Filho e o Filho, no Pai. Assim, pelo mesmo argumento, refuta-se o erro de Sabélio e o de Ario.

Capítulo 10
Razões contra a geração e a processão divina

Consideradas todas as coisas diligentemente, aparece claro o que nas Sagradas Escrituras é proposto para ser crido sobre a geração divina, isto é, que o Pai e o Filho embora se distingam nas pessoas, são, contudo, um só Deus, e têm uma só essência ou natureza. Mas, por que, dada a natureza das criaturas, parece muito remoto que algumas coisas se distingam por dois supósitos e, entretanto, seja uma só a essência delas, a razão humana, procedendo das propriedades das criaturas, encontra múltiplas dificuldades sobre o mistério da geração divina.

Com efeito, uma vez que a geração que conhecemos é certa mudança à qual a corrupção se opõe, parece difícil afirmar uma geração em Deus, que é imutável, incorruptível e eterno, como fica claro pelo que foi dito[252].

Ademais. Se a geração é uma mudança, é necessário que tudo o que é gerado seja mutável. Ora, o que se muda passa da potência ao ato, pois *o movimento é o ato do que está em potência como tal*[253]. Portanto, se o Filho de Deus é gerado, parece que não seja nem eterno, passando da potência ao ato, nem verdadeiro Deus, por não ser ato puro, mas algo dotado de potencialidade[254].

Ainda. O gerado recebe a natureza do genitor. Portanto, se o Filho é gerado por Deus Pai, é preciso que a natureza que tem a tenha recebido do Pai. Mas, não é possível que tenha recebido do Pai uma natureza distinta em

---

[252] Livro I, caps. 13 e 15.
[253] Aristóteles (384-322 a.C.), em Física III, 1, 201a, 202a.
[254] Livro I, cap. 16.

pater habet et similem specie, sicut fit in generationibus univocis, ut cum homo generat hominem, et ignis ignem: supra enim ostensum est quod impossibile est esse plures numero deitates. — Videtur etiam esse impossibile quod receperit eandem naturam numero quam pater habet. Quia si recipit partem eius, sequitur divinam naturam esse divisibilem; si autem totam, videtur sequi quod natura divina, si sit tota transfusa in filium, desinat esse in patre; et sic pater generando corrumpitur. — Neque iterum potest dici quod natura divina per quandam exuberantiam effluat a patre in filium, sicut aqua fontis effluit in rivum et fons non evacuatur: quia natura divina, sicut non potest dividi, ita nec augeri. — Videtur ergo reliquum esse quod filius naturam a patre acceperit, non eandem numero nec specie quam pater habet, sed omnino alterius generis: sicut accidit in generatione aequivoca, ut, cum animalia ex putrefactione nata virtute solis generantur, ad huius speciem non attingunt. Sequitur ergo quod Dei filius neque verus filius sit, cum non habeat speciem patris: neque verus Deus, cum non recipiat divinam naturam.

Item. Si filius recipit naturam a Deo patre, oportet quod in eo aliud sit recipiens, et aliud natura recepta: nihil enim recipit seipsum. Filius igitur non est sua essentia vel natura. Non est igitur verus Deus.

Praeterea. Si filius non est aliud quam essentia divina; cum essentia divina sit subsistens, ut in primo probatum est; constat autem quod etiam pater est ipsa essentia divina: videtur relinqui quod pater et filius conveniant in eadem re subsistente. Res autem subsistens in intellectualibus naturis vocatur persona. Sequitur igitur, si filius est ipsa divina essentia,

número da que tem o Pai, e semelhante em espécie, como ocorre nas gerações unívocas; como quando o homem gera outro homem, e o fogo, outro fogo, porque foi demonstrado[255], que é impossível haver numericamente muitos deuses. — Parece também ser impossível que tenha recebido uma natureza que seja numericamente a mesma que aquela do Pai. Porque se recebe parte dela, segue-se que a natureza divina é divisível; se a recebe toda, parece seguir-se que a natureza divina, passando toda ela para o Filho, deixa de estar no Pai; E assim, o Pai ao gerar se corrompe. — Nem ainda se pode dizer que a natureza divina flua do Pai ao Filho por certa exuberância, como a água da fonte flui para o rio sem que fonte se esgote, porque a natureza divina assim como não se pode dividir, tampouco pode aumentar. — Portanto, parece resultar que o Filho recebeu do Pai uma natureza que não é idêntica em número e em espécie à que o Pai tem, mas totalmente de outro gênero, como acontece na geração equívoca que, quando os animais nascidos da putrefação são gerados pelo poder do sol, não alcançam a sua espécie. Logo, segue-se que o Filho de Deus nem é verdadeiro filho, uma vez que não tem a espécie do Pai, nem verdadeiro Deus, uma vez que não recebe a natureza divina.

Igualmente. Se o Filho recebe a natureza de Deus Pai, é necessário que n'Ele uma coisa seja o receptor e outra coisa a natureza recebida, porque nenhuma coisa recebe a si mesma. Portanto, o Filho não é a sua essência ou a sua natureza. Logo, não é verdadeiro Deus.

Além disso. Se o Filho não se distingue da essência divina, uma vez que a essência divina subsiste, como foi provado[256], e que também o Pai é a mesma essência divina, parece disto resultar que o Pai e o Filho convêm na mesma realidade subsistente. Ora, *nas naturezas inteligentes a realidade subsistente se chama pessoa*[257]. Portanto, se o Filho é a mesma es-

---

[255] Livro I, cap. 42.
[256] Livro I, cap. 22.
[257] Boécio (480-524), em As duas Naturezas 3, ML 64, 1343 CD.

quod pater et filius conveniant in persona. Si autem filius non est ipsa divina essentia, non est verus Deus: hoc enim de Deo probatum est in primo libro. Videtur igitur quod vel filius non sit verus Deus, ut dicebat Arius: vel non sit alius personaliter a patre, ut Sabellius asserebat.

Adhuc. Illud quod est principium individuationis in unoquoque, impossibile est inesse alteri quod supposito distinguatur ab eo: quod enim in multis est, non est individuationis principium. Ista autem essentia Dei est per quam Deus individuatur: non enim essentia Dei est forma in materia, ut per materiam individuari posset. Non est igitur aliud in Deo patre per quod individuetur, quam sua essentia. Eius igitur essentia in nullo alio supposito esse potest. Aut igitur non est in filio: et sic filius non est verus Deus, secundum Arium. Aut filius non est alius supposito a patre: et sic est eadem persona utriusque, secundum Sabellium.

Amplius. Si pater et filius sunt duo supposita, sive duae personae, et tamen sunt in essentia unum, oportet in eis esse aliquid praeter essentiam per quod distinguantur: nam essentia communis utrique ponitur; quod autem commune est, non potest esse distinctionis principium. Oportet igitur id quo distinguuntur pater et filius, esse aliud ab essentia divina. Est ergo persona filii composita ex duobus, et similiter persona patris: scilicet ex essentia communi, et ex principio distinguente. Uterque igitur est compositus. Neuter ergo est verus Deus. — Si quis autem dicat quod distinguuntur sola relatione, prout unus est pater et alius filius; quae autem relative praedicantur, non aliquid videntur praedicare in eo de quo dicuntur, sed magis ad aliquid; et sic per hoc compositio non inducitur.

Videtur quod haec responsio non sit sufficiens ad praedicta inconvenientia vitanda.

sência divina, segue-se que o Filho e o Pai convêm em uma só Pessoa. Ora, se o Filho não é a mesma essência divina, não é verdadeiro Deus, como foi provado[258]. Logo, parece que ou o Filho não é verdadeiro Deus, como dizia Ario; ou não se distingue pessoalmente do Pai, como afirmava Sabélio.

Ainda. Aquilo que é o princípio de individuação em uma coisa não pode ser inerente à outra distinta pelo supósito, pois o que está em muitas coisas não é princípio de individuação. Ora, é pela essência própria de Deus que Deus é individualizado, pois a essência divina não é uma forma na matéria[259], para que possa ser individualizada pela matéria. Portanto, nada há em Deus Pai pelo qual seja individualizado senão sua essência. Por isso, a essência de Deus não pode estar em nenhum outro supósito. Logo, ou não está no Filho e, assim, o Filho não é verdadeiro Deus, segundo Ario; ou o Filho não se distingue do Pai pelo supósito e, assim é a mesma pessoa de ambos, segundo Sabélio.

Ademais. Se o Pai e o Filho são dois supósitos ou duas pessoas, e, contudo, são um na essência, é necessário haver neles algo além da essência pelo qual se distinguem, porque a essência comum é afirmada em ambos, e o que é comum não pode ser princípio da distinção. Por isso, é necessário que o que distingue o Pai e o Filho seja também distinto da essência divina. Portanto, a pessoa do Filho é composta de duas coisas; e igualmente a pessoa do Pai, a saber, da essência comum e do princípio da distinção. Logo, ambos são compostos e nenhum dos dois é verdadeiro Deus. — E se alguém disser que se distinguem só pela relação, enquanto um é o Pai e o outro, o Filho; as coisas que se predicam relativamente não parecem predicar *algo* inerente àquele do qual são ditas, mas antes referência *para algo*, e assim disso não resulta composição.

Parece que esta resposta não é suficiente para evitar os inconvenientes ditos. Com efeito,

---

[258] Livro I, cap. 21.
[259] Livro I, cap. 27.

Nam relatio non potest esse absque aliquo absoluto: in quolibet enim relativo oportet intelligi quod ad se dicitur, praeter id quod ad aliud dicitur; sicut servus aliquid est absolute, praeter id quod ad Dominum dicitur. Relatio igitur illa per quam pater et filius distinguuntur, oportet quod habeat aliquod absolutum in quo fundetur. Aut igitur illud absolutum est unum tantum: aut sunt duo absoluta. Si est unum tantum, in eo non potest fundari duplex relatio: nisi forte sit relatio identitatis, quae distinctionem operari non potest, sicut dicitur idem eidem idem. Si ergo sit talis relatio quae distinctionem requirat, oportet quod praeintelligatur absolutorum distinctio. Non ergo videtur possibile quod personae patris et filii solis relationibus distinguantur.

Praeterea. Oportet dicere quod relatio illa quae filium distinguit a patre, aut sit res aliqua: aut sit in solo intellectu. Si autem sit res aliqua; non autem videtur esse illa res quae est divina essentia, quia divina essentia communis est patri et filio; erit ergo in filio aliqua res quae non est eius essentia. Et sic non est verus Deus: ostensum est enim in primo quod nihil est in Deo quod non sit sua essentia. Si autem illa relatio sit in intellectu tantum, non ergo potest personaliter distinguere filium a patre: quae enim personaliter distinguuntur, realiter oportet distingui.

Item. Omne relativum dependet a suo correlativo. Quod autem dependet ab altero, non est verus Deus. Si igitur personae patris et filii relationibus distinguantur, neuter erit verus Deus.

Adhuc. Si pater est Deus et filius est Deus, oportet quod hoc nomen Deus de patre et filio substantialiter praedicetur: cum divinitas accidens esse non possit. Praedicatum autem substantiale est vere ipsum de quo praedicatur: nam cum dicitur, homo est animal, quod vere homo est, animal est; et similiter, cum

não pode existir uma relação sem algo absoluto, pois, em qualquer relação, é necessário entender o que se diz em relação a si, além do que se diz em relação a outro, por exemplo, o servo é absolutamente algo, além do que se diz em relação ao senhor. Portanto, aquela relação pela qual Pai e Filho se distinguem, é necessário que tenha algo absoluto no qual se fundamenta. Logo, ou aquele absoluto é um somente, ou são dois absolutos. Se é um só, nele não se pode fundar uma dupla relação, a não ser talvez que seja a relação de identidade, que não pode produzir uma distinção; por exemplo, dizer que uma mesma coisa é idêntica à mesma coisa. Por isso, se é uma relação que requer distinção, é necessário que se pressuponha a distinção dos absolutos. Logo, não parece possível que as pessoas do Pai e do Filho se distingam só pelas relações.

Além disso. É necessário dizer que a relação que distingue o Filho do Pai ou é real, ou é de razão. Se é uma relação real, não parece ser aquilo que é a essência divina, porque a essência divina é comum ao Pai e ao Filho. Portanto, existirá no Filho algo que não é a sua essência. E assim, não é verdadeiro Deus, pois foi demonstrado[260], que nada existe em Deus que não seja sua essência. Mas, se é uma relação de razão, não pode distinguir pessoalmente o Filho do Pai, pois as coisas que se distinguem pessoalmente, é necessário que se distingam realmente.

Igualmente. Todo relativo depende de seu correlativo. E o que depende de outro não é verdadeiro Deus. Portanto, se as pessoas do Pai e do Filho se distinguem por relações, nenhum d'Eles será verdadeiramente Deus.

Ainda. Se o Pai é Deus e o Filho é Deus, é necessário que este nome de Deus seja predicado substancialmente do Pai e do Filho, uma vez que a divindade não pode ser um acidente[261]. O predicado substancial é verdadeiramente aquilo mesmo de que se predica; por exemplo, quando se diz, *o homem é animal*, o

---

[260] Livro I, cap. 23.
[261] Livro I, cap. 23.

dicitur, socrates est homo, quod vere socrates est, homo est. Ex quo videtur sequi quod impossibile sit ex parte subiectorum inveniri pluralitatem, cum unitas sit ex parte substantialis praedicati: non enim socrates et Plato sunt unus homo, licet sint unum in humanitate; neque homo et asinus sunt unum animal, licet sint unum in animali. Si ergo pater et filius sunt duae personae, impossibile videtur quod sint unus Deus.

Amplius. Opposita praedicata pluralitatem ostendunt in eo de quo praedicantur. De Deo autem patre et de Deo filio opposita praedicantur: nam pater est Deus ingenitus et generans, filius autem est Deus genitus. Non igitur videtur esse possibile quod pater et filius sint unus Deus.

Haec igitur et similia sunt ex quibus aliqui, divinorum mysteria propria ratione metiri volentes, divinam generationem impugnare nituntur. Sed quia veritas in seipsa fortis est et nulla impugnatione convellitur, oportet intendere ad ostendendum quod veritas fidei ratione superari non possit.

Capitulum XI
Quomodo accipienda sit generatio in divinis, et quae de filio Dei dicuntur in Scripturis

Principium autem huius intentionis hinc sumere oportet, quod secundum diversitatem naturarum diversus emanationis modus invenitur in rebus: et quanto aliqua natura est altior, tanto id quod ex ea emanat, magis ei est intimum.

In rebus enim omnibus inanimata corpora infimum locum tenent: in quibus emanationes aliter esse non possunt nisi per actionem unius eorum in aliquod alterum. Sic enim ex igne generatur ignis, dum ab igne corpus extraneum alteratur, et ad qualitatem et speciem ignis perducitur.

que o homem é verdadeiramente, é animal, e igualmente quando se diz, *Sócrates é homem*, o que Sócrates é verdadeiramente, é homem. Por isso, parece seguir-se que é impossível encontrar pluralidade por parte dos sujeitos, quando existe unidade por parte do predicado substancial, pois Sócrates e Platão não são um só homem, embora sejam um na humanidade, nem o homem e o asno são um só animal, embora sejam um na animalidade. Portanto, se o Pai e o Filho são duas pessoas, parece impossível que sejam um só Deus.

Ademais. Os predicados opostos demonstram pluralidade naquilo de quem se predicam. Ora, coisas opostas se predicam de Deus Pai e de Deus Filho, pois o Pai é Deus não gerado e genitor. Ora, o Filho é Deus gerado. Logo, não parece ser possível que o Pai e o Filho sejam um só Deus.

Portanto, são estas e semelhantes razões pelas quais alguns que, querendo medir os mistérios divinos com a própria razão, se esforçam por impugnar a geração divina. Mas, porque a verdade é forte em si mesma, e resiste a toda impugnação[262], é necessário intentar a demonstração de que a verdade da fé não pode ser superada pela razão.

Capítulo 11
Como deve ser entendida a geração em Deus, e o que as Escrituras dizem do Filho de Deus

Deve-se tomar como princípio desta intenção, que segundo a diversidade das naturezas, encontram-se nas coisas diversos modos de emanação e quanto mais alta é uma natureza, tanto mais íntimo é aquilo que dela emana.

Com efeito, em todas as coisas os corpos inanimados ocupam o lugar mais baixo, nos quais não podem existir emanações a não ser pela ação de um deles em outro. Assim, o fogo é gerado pelo fogo quando este altera um corpo estranho e é levado à qualidade e espécie do fogo.

---

[262] Santo Agostinho de Hipona (354-431), em Epístola CCXXXVIII, 5, 29; ML 33, 1049.

Inter animata vero corpora proximum locum tenent plantae, in quibus iam emanatio ex interiori procedit inquantum scilicet humor plantae intraneus in semen convertitur, et illud semen, terrae mandatum, crescit in plantam. Iam ergo hic primus gradus vitae invenitur: nam viventia sunt quae seipsa movent ad agendum; illa vero quae non nisi exteriora movere possunt, omnino sunt vita carentia. In plantis vero hoc indicium vitae est, quod id quod in ipsis est, movet ad aliquam formam.

Est tamen vita plantarum imperfecta: quia emanatio in eis licet ab interiori procedat, tamen paulatim ab interioribus exiens quod emanat, finaliter omnino extrinsecum invenitur. Humor enim arboris primo ab arbore egrediens fit flos; et tandem fructus ab arboris cortice discretus, sed ei colligatus; perfecto autem fructu, omnino ab arbore separatur, et in terram cadens, sementina virtute producit aliam plantam. — Si quis etiam diligenter consideret, primum huius emanationis principium ab exteriori sumitur: nam humor intrinsecus arboris per radices a terra sumitur, de qua planta suscipit nutrimentum.

Ultra plantarum vero vitam, altior gradus vitae invenitur, qui est secundum animam sensitivam: cuius emanatio propria, etsi ab exteriori incipiat, in interiori terminatur; et quanto emanatio magis processerit, tanto magis ad intima devenitur. Sensibile enim exterius formam suam exterioribus sensibus ingerit; a quibus procedit in imaginationem; et ulterius in memoriae thesaurum. In quolibet tamen huius emanationis processu, principium et terminus pertinent ad diversa: non enim aliqua potentia sensitiva in seipsam reflectitur. Est ergo hic gradus vitae tanto altior quam vita plantarum, quanto operatio huius vitae magis in intimis continetur: non tamen est omnino vita perfecta, cum emanatio semper fiat ex uno in alterum.

Entre os corpos animados as plantas têm o próximo lugar; nelas a emanação já procede do interior[263], enquanto a seiva interior da planta se converte em semente, e a semente, posta na terra, cresce em planta. Aqui já se vê um primeiro grau da vida, pois os viventes são os seres que se movem por si mesmos para operar. Contudo, as coisas que não podem se mover a não ser exteriormente são totalmente carentes de vida. Mas, nas plantas existe este indício de vida, pois aquilo que nelas existe move para uma forma.

Entretanto, a vida das plantas é imperfeita, porque embora a emanação proceda nelas pelo interior, contudo, o que emana, saindo lentamente do interior, encontra-se finalmente toda no exterior. Por exemplo, a seiva da árvore, saindo primeiro dela, se faz uma flor e depois, o fruto, separado do córtice da árvore, mas sujeito a ele. E amadurecido o fruto separa-se totalmente da árvore e, caindo na terra, produz, pela virtude da semente, outra planta. — Se alguém considerar diligentemente, o primeiro princípio desta emanação toma-se do exterior, uma vez que a seiva interior da árvore é tomada pelas raízes da terra, da qual a planta recebe o nutrimento.

Além da vida das plantas, encontra-se um grau mais alto de vida, que corresponde à alma sensitiva, cuja emanação própria, embora começa no exterior, termina no interior, e quanto mais proceder a emanação, tanto mais íntima ela se torna. Pois, o sensível exterior imprime sua forma pelos sentidos exteriores, a partir dos quais prossegue na imaginação e, finalmente, no tesouro da memória. Entretanto, em qualquer processo dessa emanação, o princípio e o termo pertencem a coisas diversas, uma vez que nenhuma potência sensitiva reflete sobre si mesma. Portanto, este grau de vida é tanto mais alto que o das plantas, quanto mais intimamente se realiza a operação dessa vida. No entanto, não é ainda a vida totalmente perfeita, porque a emanação sempre se faz de um para o outro.

---

[263] S. Tomás de Aquino (1225-1274), em Questão disputada sobre o Poder de Deus, 10, 1.

Est igitur supremus et perfectus gradus vitae qui est secundum intellectum: nam intellectus in seipsum reflectitur, et seipsum intelligere potest. Sed et in intellectuali vita diversi gradus inveniuntur. Nam intellectus humanus, etsi seipsum cognoscere possit, tamen primum suae cognitionis initium ab extrinseco sumit: quia non est intelligere sine phantasmate, ut ex superioribus patet. — Perfectior igitur est intellectualis vita in Angelis, in quibus intellectus ad sui cognitionem non procedit ex aliquo exteriori, sed per se cognoscit seipsum. Nondum tamen ad ultimam perfectionem vita ipsorum pertingit: quia, licet intentio intellecta sit eis omnino intrinseca, non tamen ipsa intentio intellecta est eorum substantia; quia non est idem in eis intelligere et esse, ut ex superioribus patet. — Ultima igitur perfectio vitae competit Deo, in quo non est aliud intelligere et aliud esse, ut supra ostensum est, et ita oportet quod intentio intellecta in Deo sit ipsa divina essentia.

Dico autem intentionem intellectam id quod intellectus in seipso concipit de re intellecta. Quae quidem in nobis neque est ipsa res quae intelligitur; neque est ipsa substantia intellectus; sed est quaedam similitudo concepta in intellectu de re intellecta, quam voces exteriores significant; unde et ipsa intentio verbum interius nominatur, quod est exteriori verbo significatum. Et quidem quod praedicta intentio non sit in nobis res intellecta, inde apparet quod aliud est intelligere rem, et aliud est intelligere ipsam intentionem intellectam, quod intellectus facit dum super suum opus reflectitur: unde et aliae scientiae sunt de rebus, et aliae de intentionibus intellectis. Quod autem intentio intellecta non sit ipse intellectus in nobis, ex hoc patet quod esse intentionis intellectae in ipso intelligi consistit: non

Há um grau supremo e perfeito da vida, que corresponde ao intelecto, porque o intelecto reflete sobre si mesmo e pode entender-se. Também na vida intelectiva encontram-se diversos graus. Pois, o intelecto humano, embora possa conhecer a si mesmo, entretanto, toma do exterior o primeiro início do seu conhecimento, porque não existe entender sem os fantasmas, como está claro pelo que foi dito[264]. — Nos anjos há uma vida intelectual mais perfeita. Neles o intelecto não procede de algo exterior para o conhecimento de si mesmo, mas por si conhece a si mesmo[265]. Entretanto, a vida deles não atinge a última perfeição, porque, embora a intenção entendida seja-lhes totalmente intrínseca, contudo, esta intenção entendida não é a substância deles, porque nos anjos o ser e o entender não se identificam, como está claro pelo que foi dito[266]. — Finalmente, a última perfeição da vida cabe a Deus, no qual o entender e o existir se identificam, como foi demonstrado[267], e assim, é necessário que a intenção entendida em Deus seja a mesma essência divina.

Digo *intenção entendida*, aquilo que o intelecto concebe em si mesmo da coisa entendida. Esta intenção, em nós, não é mesma a coisa que se entende, nem a mesma substância do intelecto, mas é uma semelhança concebida no intelecto da coisa entendida, que as palavras exteriores significam. Por isso, a mesma intenção também se nomeia *palavra (verbum) interior*, que é significada pela palavra (verbum) exterior. E que esta intenção referida não seja em nós a coisa entendida, aparece porque uma coisa é entender a coisa, e outra coisa é entender a mesma intenção entendida, que o intelecto produz enquanto reflete sobre a sua obra. Por isso, uma coisa são as ciências das coisas e outra coisa são as intenções entendidas. Que a intenção entendida não seja o mesmo intelecto em nós, fica claro porque o

---

[264] Livro II, cap. 60.
[265] Ibidem, cap. 96 ss.
[266] Ibidem, cap. 52.
[267] Livro I, cap. 45.

autem esse intellectus nostri, cuius esse non est suum intelligere.

Cum ergo in Deo sit idem esse et intelligere, intentio intellecta in ipso est ipse eius intellectus. Et quia intellectus in eo est res intellecta, intelligendo enim se intelligit omnia alia, ut in primo ostensum est; relinquitur quod in Deo intelligente seipsum sit idem intellectus, et res quae intelligitur, et intentio intellecta.

His igitur consideratis, utcumque concipere possumus qualiter sit divina generatio accipienda. Patet enim quod non est possibile sic accipi generationem divinam sicut in rebus inanimatis generatio invenitur, in quibus generans imprimit suam speciem in exteriorem materiam. Oportet enim, secundum positionem fidei, quod filius a Deo genitus veram habeat deitatem, et sit verus Deus. Ipsa autem deitas non est forma materiae inhaerens; neque Deus est ex materia existens; ut in primo probatum est.

Similiter autem non potest accipi divina generatio ad modum generationis quae in plantis invenitur, et etiam in animalibus, quae communicant cum plantis in nutritiva et generativa virtute. Separatur enim aliquid quod erat in planta vel animali, ad generationem similis in specie, quod in fine generationis est omnino extra generantem. A Deo autem, cum indivisibilis sit, non potest aliquid separari. Ipse etiam filius a Deo genitus non est extra patrem generantem, sed in eo: sicut ex superioribus auctoritatibus patet.

Neque etiam potest generatio divina intelligi secundum modum emanationis quae invenitur in anima sensitiva. Non enim Deus ab aliquo exteriori accipit ut in alterum influere possit: non enim esset primum agens. Operationes etiam animae sensitivae non complentur sine corporalibus instrumentis:

ser da intenção entendida consiste no mesmo entender-se; mas, não o ser do nosso intelecto, pois este ser não é o seu entender.

Portanto, uma vez que em Deus o ser e o entender se identificam, a intenção entendida e o intelecto são n'Ele a mesma coisa. E porque n'Ele o intelecto é a coisa entendida, ao se conhecer, conhece todas as outras coisas, como foi demonstrado[268]. Resulta, pois, que em Deus são a mesma coisa o sujeito que se conhece, o intelecto, a coisa conhecida e a intenção entendida.

Consideradas essas coisas, podemos conceber de algum modo como se deve entender a geração divina. Fica claro, portanto, que não é possível que geração divina seja concebida como a geração se dá nas coisas inanimadas, nas quais quem gera imprime a sua espécie na matéria exterior. É necessário, pois, que segundo a afirmação da fé, que o Filho gerado por Deus tenha verdadeira divindade e seja verdadeiro Deus. E a mesma divindade não é uma forma inerente à matéria, nem Deus é algo que existe pela matéria, como foi provado[269].

Igualmente, não se pode conceber a geração divina à maneira da geração que se dá nas plantas, e também nos animais, os quais têm em comum com as plantas a vida nutritiva e generativa. Nas plantas ou nos animais separa-se algo para a geração de um semelhante na espécie, o que no fim da geração está totalmente fora de quem gera. Ora, nada pode se separar de Deus, uma vez que é indivisível. O mesmo Filho gerado por Deus não existe fora do Pai que o gera, mas n'Ele, como ficou claro pelos textos supracitados[270].

Tampouco, se pode entender a geração divina à maneira da emanação que se dá na alma sensitiva. Ora, Deus, para influir em outro, nada recebe de alguma coisa exterior, pois não seria o primeiro agente. As operações da alma sensitiva, também, não se completam sem os instrumentos corpóreos, e é manifesto

---

[268] Livro I, cap. 49.
[269] Livro I, caps. 17.27.
[270] Cf. cap. 9.

Deum autem manifestum est incorporeum esse. Relinquitur igitur quod generatio divina secundum intellectualem emanationem sit intelligenda.

Hoc autem sic manifestari oportet. Manifestum est enim ex his quae in primo declarata sunt, quod Deus seipsum intelligit. Omne autem intellectum, inquantum intellectum, oportet esse in intelligente: significat enim ipsum intelligere apprehensionem eius quod intelligitur per intellectum; unde etiam intellectus noster, seipsum intelligens, est in seipso, non solum ut idem sibi per essentiam, sed etiam ut a se apprehensum intelligendo. Oportet igitur quod Deus in seipso sit ut intellectum in intelligente. Intellectum autem in intelligente est intentio intellecta et verbum. Est igitur in Deo intelligente seipsum verbum Dei quasi Deus intellectus: sicut verbum lapidis in intellectu est lapis intellectus. Hinc est quod Ioan. 1,1 dicitur: verbum erat apud Deum.

Quia vero intellectus divinus non exit de potentia in actum, sed semper est actu existens, ut in primo probatum est; ex necessitate oportet quod semper seipsum intellexerit. Ex hoc autem quod se intelligit, oportet quod verbum ipsius in ipso sit, ut ostensum est. Necesse est igitur semper verbum eius in Deo extitisse. Est igitur coaeternum Deo verbum ipsius, nec accedit ei ex tempore, sicut intellectui nostro accedit ex tempore verbum interius conceptum, quod est intentio intellecta. Hinc est quod Ioan. 1,1 dicitur: in principio erat verbum.

Cum autem intellectus divinus non solum sit semper in actu, sed etiam sit ipse actus purus, ut in primo probatum est; oportet quod substantia intellectus divini sit ipsum suum intelligere, quod est actus intellectus; esse

que Deus é incorpóreo. Resulta, pois, que a geração divina deve ser entendida à maneira da emanação intelectual.

É necessário que isto seja assim esclarecido. Com efeito, é manifesto pelo que foi declarado[271], que Deus se entende a si mesmo. Ora, tudo o que é entendido, enquanto tal, é necessário que esteja em quem entende, pois o mesmo entender significa a apreensão daquilo que é entendido pelo intelecto. Por isso, também o nosso intelecto, ao se entender, está em si mesmo, não só como identificado a si mesmo pela essência, mas também como apreendido por si ao entender. É necessário, pois, que Deus esteja em si mesmo como o que é entendido está em quem entende. Ora, o que é entendido em que entende é a intenção entendida ou a palavra (*verbum*). Portanto, em Deus, que se entende a si mesmo, está o Verbo de Deus como Deus entendido, assim como também a palavra de pedra no intelecto é a pedra entendida. Por isso, está aquilo que se diz em João: *O Verbo estava em Deus*[272].

Porque o intelecto divino não passa da potência ao ato, mas está sempre em ato, como foi provado[273], é totalmente necessário que sempre se entenda a si mesmo. E pelo fato de se entender, é necessário que o seu Verbo esteja n'Ele, como foi demonstrado. Portanto, é necessário que o seu Verbo existisse sempre em Deus. Logo, o seu Verbo é coeterno com Deus e não lhe sobreveio no tempo, como ao nosso intelecto sobreveio no tempo o verbo interiormente concebido, que é a intenção entendida. Por isso, está aquilo que se diz em João: *No princípio era o Verbo*[274].

Uma vez que o intelecto divino não só está sempre em ato, mas que também é o mesmo ato puro, como foi provado[275], é necessário que a substância do intelecto divino seja o seu mesmo entender, que é o ato do intelecto. Ora,

---

[271] Livro I, cap. 47.
[272] João 1,1.
[273] Livro I, cap. 55 ss.
[274] João 1,1.
[275] Livro I, cap. 16.

autem verbi interius concepti, sive intentionis intellectae, est ipsum suum intelligi. Idem ergo esse est verbi divini, et intellectus divini; et per consequens ipsius Dei, qui est suus intellectus. Esse autem Dei est eius essentia vel natura, quae idem est quod ipse Deus, ut in primo ostensum est. Verbum igitur Dei est ipsum esse divinum et essentia eius, et ipse verus Deus.

Non autem sic est de verbo intellectus humani. Cum enim intellectus noster seipsum intelligit, aliud est esse intellectus, et aliud ipsum eius intelligere: substantia enim intellectus erat in potentia intelligens antequam intelligeret actu. Sequitur ergo quod aliud sit esse intentionis intellectae, et aliud intellectus ipsius: cum intentionis intellectae esse sit ipsum intelligi. Unde oportet quod in homine intelligente seipsum, verbum interius conceptum non sit homo verus, naturale hominis esse habens; sed sit homo intellectus tantum, quasi quaedam similitudo hominis veri ab intellectu apprehensa.

Ipsum vero verbum Dei, ex hoc ipso quod est Deus intellectus, est verus Deus, habens naturaliter esse divinum: eo quod non est aliud naturale esse Dei et aliud eius intelligere, ut dictum est. Hinc est quod Ioan. 1,1 dicitur: Deus erat verbum. Quod quia absolute dicitur, demonstrat verbum Dei verum Deum debere intelligi. Verbum enim hominis non posset dici simpliciter et absolute homo, sed secundum quid, scilicet homo intellectus: unde haec falsa esset, homo est verbum; sed haec vera potest esse, homo intellectus est verbum. Cum ergo dicitur, Deus erat verbum, ostenditur verbum divinum non solum esse intentionem intellectam, sicut verbum nostrum; sed etiam rem in natura existentem et subsistentem. Deus enim verus res subsistens est: cum maxime sit per se ens.

o ser do Verbo concebido interiormente, ou da intenção entendida, é o seu mesmo entender-se. Logo, o ser do Verbo divino é idêntico ao intelecto divino, e consequentemente, ao mesmo Deus, que é o seu intelecto. Ora, o ser de Deus é a sua essência ou natureza, que se identificam com o mesmo Deus, como foi demonstrado[276]. Portanto, o Verbo de Deus é o mesmo ser divino e a sua essência, e também verdadeiro Deus.

Com o verbo do intelecto humano não é da mesma maneira. Porque, quando o nosso intelecto entende a si mesmo, um é o ser do intelecto e outro, do seu entender, pois, a substância do intelecto era inteligente em potência antes do entender em ato. Segue-se, portanto, que um é o ser da intenção entendida e outro, do mesmo intelecto, uma vez que o ser da intenção entendida é o próprio entender-se. Por isso, é necessário que o verbo interiormente concebido no homem que se entende, não seja homem verdadeiro, que tenha o ser natural do homem, mas que seja somente *homem entendido*, como uma semelhança do homem verdadeiro apreendida pelo intelecto.

Entretanto, o Verbo de Deus, pelo fato de que é Deus entendido, é verdadeiro Deus, tendo naturalmente o ser divino, porque, como foi dito, o ser natural de Deus não é outro que o seu entender. Por isso, está aquilo que se diz em João: *Deus era o Verbo*[277]. Porque isto se diz de maneira absoluta, demonstra-se que o Verbo de Deus se deve entender verdadeiro Deus. Ora, o verbo do homem não se poderia dizer simplesmente e absolutamente, mas em certo sentido, a saber, *homem entendido*. Por isso, seria isso falso: *O homem é o verbo*; mas pode ser isso verdadeiro: *O homem entendido é verbo*. Portanto, quando se diz: *Deus era o Verbo*, demonstra-se que o Verbo divino não só é intenção entendida como o nosso verbo, mas também é uma coisa existente e subsistente na natureza. Ora, Deus verdadeiro é

---

[276] Livro I, cap. 22.
[277] João 1,1.

Non sic autem natura Dei est in verbo ut sit una specie et numero differens. Sic enim verbum habet naturam Dei sicut intelligere Dei est ipsum esse eius, ut dictum est. Intelligere autem est ipsum esse divinum. Verbum igitur habet ipsam essentiam divinam non solum specie, sed numero eandem. — Item, natura quae est una secundum speciem, non dividitur in plura secundum numerum nisi propter materiam. Divina autem natura omnino immaterialis est. Impossibile est igitur quod natura divina sit una specie et numero differens. Verbum igitur Dei in eadem natura numero communicat cum Deo.

Propter quod verbum Dei, et Deus cuius est verbum, non sunt duo dii, sed unus Deus. Nam quod apud nos duo habentes humanam naturam sint duo homines, ex hoc contingit quod natura humana numero dividitur in duobus. Ostensum est autem in primo libro ea quae in creaturis divisa sunt, in Deo simpliciter unum esse: sicut in creatura aliud est essentia et esse; et in quibusdam est etiam aliud quod subsistit in sua essentia, et eius essentia sive natura, nam hic homo non est sua humanitas nec suum esse; sed Deus est sua essentia et suum esse.

Et quamvis haec in Deo unum sint verissime, tamen in Deo est quicquid pertinet ad rationem vel subsistentis, vel essentiae, vel ipsius esse: convenit enim ei non esse in aliquo, inquantum est subsistens; esse quid, inquantum est essentia; et esse in actu, ratione ipsius esse. Oportet igitur, cum in Deo sit idem intelligens, et intelligere, et intentio intellecta, quod est verbum ipsius; quod verissime in Deo sit et quod pertinet ad rationem intelligentis; et quod pertinet ad rationem eius quod est intelligere; et quod pertinet ad rationem intentionis intellectae, sive verbi. Est autem de

uma realidade subsistente, uma vez que é por excelência ente por si (*ens per se*)[278].

Mas, a natureza de Deus não está no Verbo de tal modo que seja especificamente uma e numericamente diferente. Ora, o Verbo tem a natureza de Deus assim como o entender de Deus é o seu próprio ser, como foi dito. Entender é o próprio ser divino. Por isso, o Verbo tem a mesma natureza divina não só específica, mas também numericamente. — Igualmente, a natureza que é única especificamente não se divide em muitas numericamente a não ser pela matéria. Ora, a natureza divina é totalmente imaterial. Portanto, é impossível que a natureza divina seja uma especificamente e diferente numericamente. Por isso, o Verbo de Deus se comunica com Deus na mesma natureza numericamente.

Por isso, o Verbo de Deus e Deus de quem é o Verbo não são dois deuses, mas um único Deus. Pois, entre nós, dois que têm a natureza humana são dois homens, porque acontece que a natureza humana se divide numericamente em duas. Ora, foi demonstrado[279] que aquilo que é dividido nas criaturas, é simplesmente um em Deus; por exemplo, nas criaturas a essência difere do ser; e em algumas, o que subsiste em sua essência difere de sua essência, ou natureza, pois este homem não é a sua humanidade, nem o seu ser; mas, Deus é a sua essência e o seu ser.

E ainda que essas coisas sejam uma só verdadeiramente em Deus, não obstante, em Deus está o que pertence à razão ou de subsistente, ou de essência, ou do próprio ser. E assim, convêm a Deus não estar em algo, enquanto é subsistente; ser algo, enquanto é essência, e ser em ato em razão do próprio ser. Portanto, uma vez que em Deus identificam-se o sujeito inteligente, e o entender, e a intenção entendida, que é o seu Verbo, é necessário que haja em Deus verdadeiramente o que pertence à razão do ser inteligente, e o que pertence à razão de entender, e o que pertence à razão da inten-

---

[278] Livro I, cap. 13.
[279] Livro I, cap. 31.

ratione interioris verbi, quod est intentio intellecta, quod procedat ab intelligente secundum suum intelligere, cum sit quasi terminus intellectualis operationis: intellectus enim intelligendo concipit et format intentionem sive rationem intellectam, quae est interius verbum. Oportet igitur quod a Deo secundum ipsum suum intelligere procedat verbum ipsius. Comparatur igitur verbum Dei ad Deum intelligentem, cuius est verbum, sicut ad eum a quo est: hoc enim est de ratione verbi. Cum igitur in Deo intelligens, intelligere, et intentio intellecta, sive verbum, sint per essentiam unum, et per hoc necesse sit quod quodlibet horum sit Deus; remanet tamen sola distinctio relationis, prout verbum refertur ad concipientem ut a quo est. Hinc est quod evangelista, quia dixerat, Deus erat verbum; ne omnino distinctio sublata intelligeretur verbi a Deo dicente sive concipiente verbum, subiunxit: hoc erat in principio apud Deum: quasi dicat: hoc verbum, quod Deum esse dixi, aliquo modo distinctum est a Deo dicente, ut sic possit dici apud Deum esse.

ção entendida, ou seja, do Verbo. Cabe, pois, à razão do Verbo interior, que é a intenção entendida, que proceda de quem entende segundo o seu entender, por ser quase o termo da operação intelectual. Com efeito, o intelecto entendendo concebe e forma a intenção, ou a razão entendida, que é o Verbo interior. Logo, é necessário que proceda de Deus o seu Verbo, conforme o seu próprio entender. Portanto, o Verbo de Deus é comparado com Deus inteligente, do qual é o Verbo, como aquilo do qual provém, e isto pertence à razão do Verbo. Por isso, uma vez que em Deus é uma só coisa essencialmente o ser inteligente, o entender e a intenção entendida, ou o Verbo, é necessário que cada uma dessas coisas seja Deus; entretanto, resta somente a distinção de relação, enquanto o Verbo se refere ao que concebe, como àquilo do qual é. Por isso, o Evangelista, que dissera *Deus era o Verbo*[280], para que não se entendesse totalmente abolida a distinção entre o Verbo e Deus, que concebe e pronuncia o Verbo, acrescenta: *Estava no princípio em Deus*[281], como se dissesse: Este Verbo que disse ser Deus é, de algum modo, distinto do Deus que pronuncia, para que assim se pudesse dizer que *estava em Deus*.

Verbum autem interius conceptum est quaedam ratio et similitudo rei intellectae. Similitudo autem alicuius in altero existens vel habet rationem exemplaris, si se habeat ut principium: vel habet potius rationem imaginis, si se habeat ad id cuius est similitudo sicut ad principium. Utriusque autem exemplum in nostro intellectu perspicitur. Quia enim similitudo artificiati existens in mente artificis est principium operationis per quam artificiatum constituitur, comparatur ad artificiatum ut exemplar ad exemplatum. Sed similitudo rei naturalis in nostro intellectu concepta comparatur ad rem cuius similitudo existit ut ad suum principium, quia nostrum intelligere a sensibus principium accipit, qui per res naturales immutantur. Cum autem Deus et seip-

O Verbo concebido interiormente é certa razão e semelhança da coisa entendida. E a semelhança de uma coisa existente em outra, ou tem razão de *exemplar*, se se tem como princípio, ou antes, razão de imagem, se se tem em relação com aquilo de que é semelhança, como princípio. Em nosso intelecto, percebe-se o exemplo de ambas. Porque a semelhança da obra de arte existente na alma do artista é o princípio da operação pela qual se constitui a obra de arte, e refere-se à obra de arte como o *exemplar* com a sua cópia. Mas, a semelhança da coisa natural concebida em nosso intelecto refere-se à coisa de que é semelhança como ao seu princípio, porque o nosso entender começa pelos sentidos, que são modificados pelas coisas naturais. E, como Deus não só se co-

---

[280] João 1,1.
[281] João 1,2.

sum intelligat et alia, ut in primo ostensum est, eius intelligere principium est rerum intellectarum ab ipso, cum ab eo causentur per intellectum et voluntatem: sed ad intelligibile quod est ipse, comparatur ut ad principium; est enim hoc intelligibile idem cum intellectu intelligente, cuius quaedam emanatio est verbum conceptum. Oportet igitur quod verbum Dei comparetur ad res alias intellectas a Deo sicut exemplar; et ad ipsum Deum, cuius est verbum, sicut eius imago. Hinc est quod de verbo Dei dicitur, Coloss. 1,15, quod est imago invisibilis Dei.

Est autem differentia inter intellectum et sensum: nam sensus apprehendit rem quantum ad exteriora eius accidentia, quae sunt color, sapor, quantitas, et alia huiusmodi; sed intellectus ingreditur ad interiora rei. Et quia omnis cognitio perficitur secundum similitudinem quae est inter cognoscens et cognitum, oportet quod in sensu sit similitudo rei sensibilis quantum ad eius accidentia: in intellectu vero sit similitudo rei intellectae quantum ad eius essentiam. Verbum igitur in intellectu conceptum est imago vel exemplar substantiae rei intellectae. Cum ergo verbum Dei sit imago Dei, ut ostensum est, necesse est quod sit imago Dei quantum ad eius essentiam. Hinc est quod apostolus dicit, Hebr. 1,3, quod est figura substantiae Dei.

Imago autem alicuius rei est duplex. Est enim aliqua imago quae non communicat in natura cum eo cuius est imago: sive sit imago eius quantum ad exteriora accidentia, sicut statua aenea est imago hominis, nec tamen est homo; sive sit imago quantum ad substantiam rei; ratio enim hominis in intellectu non est homo, nam, ut Philosophus dicit, lapis non est in anima sed species lapidis. Imago autem alicuius rei quae eandem naturam habet cum re cuius est imago, est sicut filius regis, in quo

nhece, mas também as outras coisas, como foi demonstrado[282], o seu entender é o princípio das coisas entendidas por Ele, uma vez que são causadas pelo seu intelecto e pela sua vontade. Mas, ao inteligível, que é Ele mesmo, refere-se como ao princípio, pois este inteligível identifica-se com o intelecto que conhece, do qual o Verbo concebido é certa emanação. Portanto, é necessário que o Verbo de Deus se refira às outras coisas entendidas por Deus como *exemplar*; e ao próprio Deus, de quem é o Verbo, como sua *imagem*. Por isso, se diz do Verbo de Deus que é *imagem invisível de Deus*[283].

O intelecto e o sentido diferem entre si, pois o sentido apreende as coisas nos seus acidentes exteriores, como são a cor, o sabor, a quantidade, e outros semelhantes; o intelecto, porém, entra no interior das coisas. Uma vez que todo conhecimento se perfaz conforme a semelhança que existe entre o que conhece e o que é conhecido, é necessário que no sentido exista a semelhança do que é sensível quanto aos seus acidentes; e que no intelecto exista a semelhança do que é entendido quanto à sua essência. Portanto, o verbo concebido no intelecto é a imagem ou o exemplar da substância do que é entendido. Uma vez que o Verbo de Deus é a imagem de Deus, como foi demonstrado, é necessário que seja a imagem de Deus quanto á sua essência. Por isso, o Apóstolo diz que é *a figura da sustância de Deus*[284].

A imagem de uma coisa é dupla. Há uma imagem que não tem uma natureza comum com aquilo do qual é imagem: ou é uma sua imagem quanto aos acidentes exteriores, como a estátua de bronze é a imagem de um homem, mas não é um homem; ou é uma sua imagem quanto à substância da coisa, assim a razão de homem no intelecto não é um homem porque, como diz o Filósofo[285]: *O que está na alma não é a pedra, mas a representação da pedra*. A imagem de alguma coisa que tem a mesma

---

[282] Livro I, cap. 47 ss.
[283] Colossenses 1,15.
[284] Hebreus 1,3.
[285] Aristóteles (384-322 a.C.), em Sobre a Alma III, 8, 431b, 29-432a, 1.

imago patris apparet et est eiusdem naturae cum ipso. Ostensum est autem quod verbum Dei est imago dicentis quantum ad ipsam eius essentiam; et quod in eadem natura cum dicente communicat. Relinquitur igitur quod verbum Dei non solum sit imago, sed etiam filius. Non enim sic esse imaginem alicuius ut eiusdem naturae cum illo sit, in aliquo invenitur qui filius dici non possit, dummodo hoc in viventibus accipiatur: nam quod procedit ex aliquo vivente in similitudinem speciei, dicitur filius eius. Hinc est quod in Psalmo dicitur: Dominus dixit ad me, filius meus es tu.

Rursus considerandum est quod, cum in qualibet natura processio filii a patre sit naturalis, ex quo verbum Dei filius Dei dicitur, oportet quod naturaliter a patre procedat. Et hoc quidem supra dictis convenit: ut ex his quae in intellectu nostro accidunt, perspici potest. Intellectus enim noster aliqua naturaliter cognoscit: sicut prima intelligibilium principia, quorum intelligibiles conceptiones, quae verba interiora dicuntur, naturaliter in ipso existunt et ex eo procedunt. Sunt etiam quaedam intelligibilia quae non naturaliter intellectus noster cognoscit, sed in eorum cognitionem ratiocinando pertingit: et horum conceptiones in intellectu nostro naturaliter non existunt, sed cum studio quaeruntur. Manifestum est autem quod Deus seipsum naturaliter intelligit, sicut et naturaliter est: suum enim intelligere est suum esse, ut in primo probatum est. Verbum igitur Dei seipsum intelligentis naturaliter ab ipso procedit. Et cum verbum Dei sit eiusdem naturae cum Deo dicente, et sit similitudo ipsius; sequitur quod hic naturalis processus sit in similitudinem eius a quo est processio cum identitate naturae. Haec est autem verae generationis ratio in rebus viventibus, quod id quod generatur, a generante procedat ut similitudo ipsius et

natureza da coisa da qual é imagem é como um filho de rei, em quem aparece a imagem do pai e é da mesma natureza que ele. Ora, demonstrou-se que o Verbo de Deus é a imagem de quem o pronuncia quanto à sua mesma essência e que tem uma natureza comum com quem o pronuncia. Portanto, resulta que o Verbo de Deus não é somente imagem, mas também Filho. Ora, ser a imagem de uma coisa sem que seja da mesma natureza com ela, se encontra em algo que não pode ser chamado de filho, desde que isso seja considerado nos seres vivos; pois o que procede de um ser vivo e se assemelha pela espécie, é chamado de seu filho. Daí ser dito no Salmo: *O Senhor disse ao meu Senhor, tu és o meu Filho*[286].

Deve-se considerar de novo que, como em qualquer natureza a processão do filho pelo pai é natural, por isso o Verbo de Deus é chamado Filho de Deus, e assim deve proceder do Pai. E isto está de acordo com o que foi dito, como se pode ver no que acontece em nosso intelecto. Com efeito, o nosso intelecto conhece naturalmente algumas coisas, como os primeiros princípios inteligíveis, cujos conceitos inteligíveis, chamados de verbos internos, naturalmente nele existem e dele procedem. Há também inteligíveis que nosso intelecto não conhece naturalmente, mas chega ao conhecimento deles pelo raciocínio. Os conceitos destes inteligíveis não existem naturalmente em nosso intelecto, mas são adquiridos pelo estudo. Ora é evidente que Deus se conhece naturalmente, tal qual naturalmente é, pois o seu entender é o seu ser, como foi provado[287]. Por isso, o Verbo de Deus que se conhece a si mesmo naturalmente procede de d'Ele. E como o Verbo de Deus é da mesma natureza de Deus que o pronuncia, e é à sua semelhança, segue-se que este processo natural se assemelha àquele no qual se dá a processão com identidade de natureza. Esta é a razão da verdadeira da geração nos seres vivos, a saber, que aquilo que é gerado procede do genitor semelhante

---

[286] Salmos 2,7.
[287] Livro I, cap. 45.

eiusdem naturae cum ipso. Est ergo verbum Dei genitum vere a Deo dicente: et eius processio generatio vel nativitas dici potest. Hinc est quod in Psalmo dicitur: ego hodie genui te: idest, in aeternitate, quae semper est praesens, et nulla est in ea ratio praeteriti et futuri. Unde patet falsum esse quod Ariani dixerunt, quod pater genuit filium voluntate. Quae enim voluntate sunt, non naturalia sunt.

Considerandum est etiam quod id quod generatur, quandiu in generante manet, dicitur esse conceptum. Verbum autem Dei ita est a Deo genitum quod tamen ab ipso non recedit, sed in eo manet, ut ex superioribus patet. Recte ergo verbum Dei potest dici a Deo conceptum. Hinc est quod Proverb. 8,24, Dei sapientia dicit: nondum erant abyssi, et ego iam concepta eram. Est autem differentia inter conceptionem verbi Dei, et materialem conceptionem quae apud nos in animalibus invenitur.

Nam proles, quandiu concepta est et in utero clauditur, nondum habet ultimam perfectionem, ut per se subsistat a generante secundum locum distinctum: unde oportet quod in corporali generatione animalium aliud sit genitae prolis conceptio, atque aliud partus ipsius, secundum quem etiam loco separatur proles genita a generante, ab utero generantis egrediens. Verbum autem Dei, in ipso Deo dicente existens, est perfectum, in se subsistens, distinctum a Deo dicente: non enim expectatur ibi localis distinctio, sed sola relatione distinguuntur, ut dictum est. Idem est ergo in generatione verbi Dei et conceptio et partus. Et ideo, postquam ex ore sapientiae dictum est, ego iam concepta eram, post pauca subditur: ante colles ego parturiebar.

Sed quia conceptio et partus in rebus corporalibus cum motu sunt, oportet in eis

a ele e da mesma natureza dele. Portanto, o Verbo de Deus é *gerado* verdadeiramente de Deus que o pronuncia, e sua processão pode ser chamada de *geração* ou *natividade*. Daí ser dito no Salmo: *Eu hoje te gerei*[288], isto é, na eternidade, que sempre está presente, e onde não existe razão de passado e futuro. Logo, é claro ser falso o que os Arianos disseram que o Pai gera o Filho pela vontade, porque as coisas que vêm da vontade não são naturais.

Deve-se, também, considerar que o gerado, enquanto permanece no genitor, é dito *concebido*. Ora, o Verbo de Deus é gerado de Deus de tal modo que não se afasta de Deus, mas permanece n'Ele, como está claro pelo que foi dito. Portanto, pode-se dizer retamente que o Verbo de Deus foi *concebido* por Deus. Daí dizer a Sabedoria de Deus: *Não existiam os abismos e eu já estava concebida*[289]. No entanto, há diferença entre a concepção do Verbo de Deus e a concepção material que existe nos homens e nos animais.

Pois a prole, enquanto é concebida e permanece no útero, ainda não tem a última perfeição para que subsista por si mesma em um lugar distinto do genitor. Por isso, é necessário que, na geração corpórea dos animais, a *concepção* da prole gerada seja distinta do *parto*, pelo qual a prole gerada separa-se localmente do genitor, saindo do seu útero. Ora, o Verbo de Deus, que existe no próprio Deus que o pronuncia, é perfeito, subsistindo em si mesmo e distinto de Deus que o pronuncia, pois não se espera aí uma distinção local, mas que se distingam somente pela relação, como foi dito. Portanto, na geração do Verbo de Deus, identificam-se a concepção e o parto. Por isso, depois que foi dito pela boca da Sabedoria: *Eu já estava concebida*, após algumas palavras acrescenta: *Antes das colinas eu já tinha sido dada à luz*[290].

Mas, porque a concepção e o parto, nas coisas corpóreas, se fazem com movimento,

---

[288] Salmos 2,7.
[289] Provérbios 8,24.
[290] Provérbios 8,25.

quandam successionem esse: cum conceptionis terminus sit esse concepti in concipiente; terminus autem partus sit esse eius qui paritur distinctum a pariente. Necesse est igitur in corporalibus quod id quod concipitur, nondum sit; et id quod parturitur, in parturiendo non sit a parturiente distinctum. Conceptio autem et partus intelligibilis verbi non est cum motu, nec cum successione: unde simul dum concipitur, est; et simul dum parturitur, distinctum est; sicut quod illuminatur, simul dum illuminatur, illuminatum est, eo quod in illuminatione successio nulla est. Et cum hoc inveniatur in intelligibili verbo nostro, multo magis competit verbo Dei: non solum quia intelligibilis conceptio et partus est; sed quia in aeternitate existit utrumque, in qua prius et posterius esse non possunt. Hinc est quod, postquam ex ore sapientiae dictum est, *ante colles ego parturiebar*; ne intelligeretur quod, dum parturiretur, non esset, subditur: *quando praeparabat caelos, aderam*: ut sic, cum in generatione carnali animalium prius aliquid concipiatur, deinde parturiatur, et deinde conveniat sibi adesse parturienti, quasi sibi consociatum ut ab eo distinctum; haec omnia in divina generatione simul esse intelligantur; nam verbum Dei simul concipitur, parturitur et adest.

é necessário que neles haja alguma sucessão, uma vez que o termo da concepção é que o ser do concebido exista em quem o concebe; e o termo do parto é que o ser do nascido seja distinto da parturiente. É necessário, pois, que, nas coisas naturais, o que é concebido ainda não exista, e o que nasce, no ato do parto, não seja distinto da parturiente. Mas, a concepção e o parto do Verbo inteligível não se fazem com movimento, nem com sucessão, por isso, ao mesmo tempo em que é concebido, existe; e, ao mesmo tempo em que nasce é distinto; como aquilo que é iluminado ao mesmo tempo em que se ilumina é iluminado, porque na iluminação não há sucessão. E como isto se encontra em nosso verbo inteligível, com maior razão compete ao Verbo de Deus, não somente porque é inteligível a sua concepção e o seu parto, mas porque ambas as coisas existem na eternidade, na qual não podem existir antes e depois. Por isso, depois que foi dito pela boca da Sabedoria: *Antes das colinas eu tinha sido gerada*, para que não se entenda que enquanto nascia, não existia, acrescenta: *Quando se prepararam os céus, eu estava presente*[291]. Assim, uma vez que na geração carnal dos animais, primeiramente se concebe algo, depois nasce e, em seguida, convém ao que nasce estar junto da parturiente, como se associasse a ele, mas de maneira que seja distinto dele; tudo isso se entende na geração divina simultaneamente, pois o Verbo de Deus é simultaneamente concebido, nascido e presente.

Et quia quod paritur, ex utero procedit, sicut generatio verbi Dei, ad insinuandam perfectam distinctionem eius a generante, dicitur partus, simili ratione dicitur generatio ex utero, secundum illud Psalmi: *ex utero ante luciferum genui te*. Quia tamen non est talis distinctio verbi a dicente quae impediat verbum esse in dicente, ut ex dictis patet; sicut ad insinuandam distinctionem verbi, dicitur parturiri, vel ex utero genitum esse; ita, ad ostendendum quod talis distinctio non exclu-

E porque o que nasce procede do útero, como a geração do Verbo de Deus é chamada de parto, para insinuar a perfeita distinção d'Ele do genitor, por uma razão semelhante, é chamada de *geração pelo útero*, segundo aquilo do Salmo: *Eu te gerei no meu seio antes da estrela da manhã*[292]. Entretanto, porque não existe tal distinção do Verbo e de quem o pronuncia que impeça que o Verbo esteja em quem o pronuncia, como está claro pelo que foi dito; assim para insinuar a distinção do

---

[291] Provérbios 8,27.
[292] Salmos 109,3 (Vulgata).

dit verbum esse in dicente, dicitur Ioan. 1,18, quod est in sinu patris.

Attendendum est autem quod generatio carnalis animalium perficitur per virtutem activam et passivam: et ab activa quidem virtute dicitur pater, a passiva vero dicitur mater. Unde eorum quae ad generationem prolis requiruntur, quaedam conveniunt patri, quaedam conveniunt matri: dare enim naturam et speciem prolis competit patri; concipere autem et parturire competit matri, tanquam patienti et recipienti.

Cum autem processio verbi secundum hoc dicta sit esse quod Deus seipsum intelligit; ipsum autem divinum intelligere non est per aliquam virtutem passivam, sed quasi activam, quia intellectus divinus non est in potentia, sed actu tantum: in generatione verbi Dei non competit ratio matris, sed solum patris. Unde quae in generatione carnali distinctim patri et matri conveniunt, omnia in generatione verbi patri attribuuntur in sacris Scripturis: dicitur enim pater et dare filio vitam, et concipere et parturire.

Capitulum XII
Quomodo filius Dei dicatur Dei sapientia

Quia vero ea quae de sapientia divina dicuntur, ad generationem verbi adduximus, consequens est ostendere quod per divinam sapientiam, ex cuius persona, praemissa verba proponuntur, verbum Dei intelligi possit.

Et ut a rebus humanis ad divinorum cognitionem perveniamus, considerare oportet quod sapientia in homine dicitur habitus quidam quo mens nostra perficitur in cognitione altissimorum: et huiusmodi sunt divina. Cum vero secundum sapientiae habitum in intellectu nostro aliqua formatur conceptio de divinis, ipsa conceptio intellectus, quae est interius verbum, sapientiae nomen accipere

Verbo se diz que nasceu ou que foi gerado no útero, e sim para demonstrar que tal distinção não exclui que o Verbo esteja em quem o pronuncia, está escrito: *Está no seio do Pai*[293].

Deve-se dar atenção à geração carnal dos animais que se perfaz por uma potência ativa e outra passiva. Pela potência ativa, alguém se diz pai; e pela passiva, se diz mãe. Por isso, entre as coisas que são requeridas para a geração da prole, algumas são próprias do pai, e outras são próprias da mãe: dar a natureza e a espécie da prole é próprio do pai, e conceber e parir são próprios da mãe, como paciente e recipiente.

Uma vez que se diz que a processão do Verbo existe conforme Deus se entende, e como o mesmo entender divino não é por alguma potência passiva, mas por uma potência quase-ativa, porque o intelecto divino não está em potência, mas somente em ato, na geração do Verbo de Deus não cabe a razão de mãe, mas só de pai. Por isso, tudo o que na geração carnal é próprio distintamente do pai e da mãe; na geração do Verbo, tudo é atribuído ao Pai na Sagrada Escritura, pois se diz que o Pai *dá a vida ao Filho*[294] e que *concebe* e *dá à luz*.

Capítulo 12
Como o Filho de Deus é chamado Sabedoria de Deus

Porque aplicamos à geração do Verbo o que se diz da Sabedoria divina, devemos mostrar que por Sabedoria divina, de cuja pessoa foram propostas as palavras citadas, se pode entender o Verbo de Deus.

E, para que cheguemos ao conhecimento das coisas divinas pelas humanas, é necessário considerar que no homem se chama sabedoria um hábito pelo qual a nossa alma aperfeiçoa-se no conhecimento das coisas mais elevadas, e tais são as divinas. Com efeito, uma vez que conforme o hábito da sabedoria se forma em nosso intelecto um conceito de coisas divinas, este conceito do intelecto, que é o verbo inte-

---

[293] João 1,18.
[294] João 5,26.

solet: secundum illum modum loquendi quo actus et effectus nominibus habituum a quibus procedunt, nominantur; quod enim iuste fit, interdum iustitia dicitur; et quod fit fortiter, fortitudo; et generaliter quod virtuose fit, virtus dicitur. Et per hunc modum, quod sapienter excogitatur, dicitur sapientia alicuius. In Deo autem sapientiam quidem oportet dici, ex eo quod seipsum cognoscit: sed quia non cognoscit se per aliquam speciem nisi per essentiam suam, quinimmo et ipsum eius intelligere est eius essentia, sapientia Dei habitus esse non potest, sed est ipsa Dei essentia. Manifestum est autem ex dictis quod Dei filius est verbum et conceptio Dei intelligentis seipsum. Sequitur igitur quod ipsum Dei verbum, tanquam sapienter mente divina conceptum, proprie concepta seu genita sapientia dicatur: unde apostolus Christum Dei sapientiam nominat, I ad Cor. 1,24.

Ipsum autem sapientiae verbum mente conceptum est quaedam manifestatio sapientiae intelligentis: sicut et in nobis omnes habitus per actus manifestantur. Quia ergo divina sapientia lux dicitur, prout in puro actu cognitionis consistit; lucis autem manifestatio splendor ipsius est ab ea procedens: convenienter et verbum divinae sapientiae splendor lucis nominatur, secundum illud apostoli de filio dicentis: cum sit splendor gloriae. Unde et filius manifestationem patris sibi adscribit, Ioan. 17,6, dicens: pater, manifestavi nomen tuum hominibus.

Sed tamen, licet filius, qui est Dei verbum, proprie sapientia concepta dicatur; nomen tamen sapientiae absolute dictum oportet esse commune patri et filio: cum sapientia quae per verbum resplendet sit patris essentia, ut

rior, costuma receber o nome de sabedoria, segundo a maneira de falar, pela qual os atos e os efeitos são denominados pelos nomes dos hábitos dos quais procedem. Assim, o que se faz justamente, às vezes, chama-se justiça e o que se faz fortemente, fortaleza; e geralmente o que se faz virtuosamente, chama-se virtude. E dessa maneira, o que se pensa sabiamente chama-se sabedoria de alguém. Ora, é necessário que se diga que em Deus há sabedoria, porque Ele se conhece; mas, porque não se conhece por alguma espécie a não ser pela sua essência e, o que é mais, o seu mesmo entender é a sua essência, a Sabedoria de Deus não pode ser um hábito, mas é a própria essência de Deus. É claro, pelo que foi dito[295], que o Filho de Deus é o Verbo e o conceito de Deus que se conhece. Segue-se, pois, que o Verbo, enquanto sabiamente concebido na mente divina, é chamado propriamente de *Sabedoria concebida*, ou *gerada*[296]. Por isso, o Apóstolo nomeia Cristo *Sabedoria de Deus*[297].

Ora, a mesma palavra da Sabedoria concebida na alma é uma manifestação da sabedoria do inteligente, assim como em nós todos os hábitos se manifestam pelos atos. Portanto, porque a Sabedoria divina é chamada de luz, enquanto consiste no ato puro de conhecimento, e como a manifestação da luz é o esplendor que dela procede, é conveniente que o Verbo da Sabedoria divina seja chamado de *esplendor da luz*, segundo o que o Apóstolo diz do Filho: *Por ser o esplendor da glória*[298]. Por isso, o Filho se atribui a manifestação do Pai, dizendo: *Pai, manifestei o teu nome aos homens*[299].

Entretanto, embora o Filho, que é Verbo de Deus, seja propriamente dito *Sabedoria concebida*, contudo, o nome de sabedoria dito de modo absoluto deve ser comum ao Pai e ao Filho, uma vez que a sabedoria que resplandece

---

[295] Cf. capítulo anterior.
[296] Santo Agostinho de Hipona (354-431), em Sobre a Trindade VII, 2, ML 42, 936.
[297] 1 Coríntios 1,24.
[298] Hebreus 1,3.
[299] João 17,6.

dictum est essentia vero patris sit sibi et filio communis.

Capitulum XIII
Quod non est nisi unus filius in divinis

Quia vero Deus, intelligendo seipsum omnia alia intelligit, ut in primo ostensum est; seipsum autem uno et simplici intuitu intelligit, cum suum intelligere sit suum esse necesse est verbum Dei esse unicum tantum. Cum autem in divinis nihil aliud sit filii generatio quam verbi conceptio, sequitur quod una sola sit generatio in divinis, et unicus filius solus a patre genitus. Unde Ioan. 1,14 dicitur: vidimus eum quasi unigenitum a patre; et iterum: unigenitus, qui est in sinu patris, ipse nobis enarravit.

Videtur tamen ex praemissis sequi quod et verbi divini sit aliud verbum, et filii sit alius filius. Ostensum est enim quod verbum Dei sit verus Deus. Oportet igitur omnia quae Deo conveniunt, verbo Dei convenire. Deus autem ex necessitate seipsum intelligit. Et verbum igitur Dei seipsum intelligit. Si igitur ex hoc quod Deus seipsum intelligit, verbum ab eo genitum in Deo ponitur, consequi videtur quod etiam et verbo, inquantum seipsum intelligit, aliud verbum attribuatur. Et sic verbi erit verbum, et filii filius; et illud verbum, si Deus est, iterum seipsum intelliget et habebit aliud verbum; et sic in infinitum generatio divina procedet.

Huius autem solutio ex praemissis haberi potest. Cum enim ostensum sit quod verbum Dei sit Deus, ostensum tamen est quod non est alius Deus a Deo cuius est verbum, sed unus omnino, hoc solo ab eo distinctum quod ab eo est ut verbum procedens. Sicut autem verbum non est alius Deus, ita nec est alius intellectus,

pelo Verbo é a essência do Pai, e, como foi dito[300], a essência do Pai é comum a si e ao Filho.

Capítulo 13
Só há um Filho em Deus

Uma vez que Deus ao se conhecer conhece todas as outras coisas, como foi provado[301] e que se conhece em um único e simples olhar, e que o seu entender é o seu ser[302], por isso, é necessário que o Verbo de Deus seja somente um. E uma vez que em Deus a geração do Filho nada mais é que a concepção do Verbo[303], segue-se que há somente uma geração na divindade, e apenas um único Filho gerado do Pai. Por isso, diz-se em João: *Vimo-lo como o Unigênito do Pai*[304] e outra vez: *O Unigênito que está no seio do Pai, nos contou*[305].

Entretanto, parece seguir-se do que foi dito[306], que não só há outro verbo do Verbo divino, mas também outro filho do Filho. Ora, foi demonstrado que o Verbo de Deus é verdadeiro Deus. Portanto, é necessário que tudo que é próprio de Deus, seja próprio do Verbo. Ora, Deus necessariamente se conhece a si mesmo. Logo, o Verbo de Deus se conhece a si mesmo. Por isso, se porque Deus se conhece afirma-se em Deus um Verbo, gerado por Ele, parece seguir-se que também do Verbo, enquanto se conhece, seja atribuído outro verbo. E assim, haverá um verbo do Verbo e um filho do Filho. E aquele verbo, se é Deus, de novo se conhece e terá outro verbo, e, desse modo, a geração divina procederá ao infinito.

Pode-se ter a solução dessa dificuldade pelo que antecedeu. Uma vez que foi demonstrado que o Verbo de Deus é Deus, também foi demonstrado que não há outro Deus distinto do Deus do qual é o Verbo, mas é inteiramente um e somente se distingue d'Ele porque procede d'Ele como Verbo. Ora, assim, como o Verbo

---

[300] Cf. capítulo 9,5.
[301] Livro I, cap. 49.
[302] Livro I, cap. 45.
[303] Cf. cap. 11.
[304] João 1,14.
[305] João 1,18.
[306] Cf. cap. 11.

et per consequens nec aliud intelligere: unde nec aliud verbum. Nec tamen sequitur quod sit verbum sui ipsius, secundum quod verbum seipsum intelligit. Nam in hoc solo verbum a dicente distinguitur, ut dictum est, quod est ab ipso. Omnia ergo alia communiter attribuenda sunt Deo dicenti, qui est pater, et verbo, quod est filius, propter hoc quod etiam verbum est Deus: sed hoc solum, ut ab eo sit verbum, adscribendum est proprie patri; et hoc quod est esse a Deo dicente, attribuendum est proprie filio.

Ex quo etiam patet quod filius non est impotens, etsi generare filium non possit, cum tamen pater generet filium. Nam eadem potentia est patris et filii, sicut et eadem divinitas. Et cum generatio in divinis sit intelligibilis verbi conceptio, secundum scilicet quod Deus intelligit seipsum, oportet quod potentia ad generandum in Deo sit sicut potentia ad intelligendum seipsum. Et cum intelligere seipsum in Deo sit unum et simplex, oportet et potentiam intelligendi seipsum, quae non est aliud quam suus actus, esse unam tantum. Ex eadem ergo potentia est et quod verbum concipiatur et quod dicens verbum concipiat. Unde ex eadem potentia est quod pater generet, et quod filius generetur. Nullam ergo potentiam habet pater quam non habeat filius; sed pater habet ad generare generativam potentiam, filius autem ad generari; quae sola relatione differre ex dictis patet.

Sed quia apostolus filium Dei dicit verbum habere, ex quo sequi videtur quod filii sit filius, et verbi verbum; considerandum est qualiter verba apostoli hoc dicentis sint intelligenda. Dicit enim Hebr. 1,2 diebus istis locutus est nobis in filio, et postea: qui, cum sit splendor gloriae et figura substantiae eius, portans omnia verbo virtutis suae, etc.. Huius autem intellectum sumere oportet ex his quae iam dicta sunt. Dictum est enim quod concep-

não é outro Deus, assim também não é outro intelecto e, por consequência, não é outro entender, nem outro Verbo. E nem mesmo se segue que seja um Verbo de si mesmo, porque o Verbo conhece a si mesmo. Com efeito, como foi dito, o Verbo se distingue de quem o pronuncia somente porque d'Ele procede. Logo, todas as outras coisas são atribuídas, em comum, ao Deus que pronuncia, que é o Pai, e ao Verbo, que é o Filho, porque o Verbo também é Deus. Mas, somente isso se deve atribuir propriamente ao Pai, a saber, que o Verbo procede d'Ele; e ao Filho só se deve atribuir propriamente que Ele procede do Pai, que o pronuncia.

Disto fica claro, também, que o Filho não é impotente, embora não possa gerar um filho, como o Pai o gera. Com efeito, é o mesmo a poder do Pai e do Filho, como também é a mesma divindade. E como a geração em Deus é a concepção do Verbo inteligível, isto é, enquanto Deus se entende a si mesmo, é necessário que o poder para gerar em Deus seja como o poder para se entender. E como, em Deus, entender-se a si mesmo é um ato único e simples, é necessário que o poder de se entender a si mesmo, que não é senão o seu ato, seja um só. Portanto, do mesmo poder procede não só que o Verbo seja concebido, mas também que aquele que profere o Verbo o conceba. Por isso, do mesmo poder procede que o Pai gere e que o Filho seja gerado. Logo, nenhum poder tem o Pai que o Filho não tenha. Mas, o Pai tem o poder generativo para gerar; o Filho, para ser gerado; estes poderes diferenciam-se só pela relação, como está claro pelo que foi dito.

Mas, porque o Apóstolo diz que o Filho de Deus tem um verbo de modo que parece seguir-se que exista um filho do Filho e um verbo do Verbo, deve-se considerar como devem ser entendidas as palavras do Apóstolo. Com efeito, diz-se na Carta aos Hebreus: *Nestes dias falou-nos no Filho*, e depois: *O qual sendo o esplendor da sua glória e imagem da sua substância, sustenta tudo com o seu verbo poderoso, etc.*[307]. É necessário entender isso com o que já

---

[307] Hebreus 1,2-3.

tio sapientiae, quae est verbum, sapientiae sibi vindicat nomen. Ulterius autem procedentibus apparet quod etiam exterior effectus ex conceptione sapientiae proveniens sapientia dici potest, per modum quo effectus nomen causae sibi assumit: dicitur enim sapientia alicuius esse non solum id quod sapienter excogitat, sed etiam id quod sapienter facit. Ex quo contingit ut etiam explicatio divinae sapientiae per opus in rebus creatis Dei sapientia dicatur: secundum illud Eccli. 1,9 ipse creavit illam, scilicet sapientiam, spiritu sancto et postea dicit, et effudit illam super omnia opera sua. Sic igitur et id quod ex verbo efficitur, verbi accipit nomen: nam et in nobis expressio interioris verbi per vocem, dicitur verbum, quasi sit verbum verbi, quia est interioris verbi ostensivum. Sic igitur non solum divini intellectus conceptio dicitur verbum, quod est filius, sed etiam explicatio divini conceptus per opera exteriora, verbum verbi nominatur. Et sic oportet intelligi quod filius portet omnia verbo virtutis suae, sicut et id quod in Psalmo legitur: ignis, grando, nix, glacies, spiritus procellarum, quae faciunt verbum eius: quia scilicet per virtutes creaturarum explicantur divinae conceptionis effectus in rebus.

Cum vero Deus, intelligendo seipsum, omnia alia intelligat, ut dictum est, oportet quod verbum in Deo conceptum ex eo quod seipsum intelligit, sit etiam verbum omnium rerum. Non tamen eodem modo est verbum Dei, et aliarum rerum. Nam Dei quidem verbum est ex eo procedens: aliarum autem rerum, non sicut ex eis procedens, non enim Deus a rebus scientiam sumit, sed magis per suam scientiam res in esse producit, ut supra ostensum est. Oportet igitur quod verbum Dei omnium quae facta sunt, ratio perfecta

foi dito[308]. Foi dito que a concepção de sabedoria, que é o Verbo, reivindica para si o nome de Sabedoria. Entretanto, prosseguindo ulteriormente, aparece também que um efeito exterior proveniente da concepção de sabedoria pode ser chamado de sabedoria, na maneira pela qual um efeito toma para si o nome de causa, pois se diz sabedoria de alguém não só o que pensa sabiamente, como também o que sabiamente faz. Por isso, acontece que seja chamada também de sabedoria, a exibição da sabedoria divina, nas obras criadas por Deus, ser chamada de sabedoria, conforme se lê: *Ele criou (isto é, a sabedoria) pelo Espírito Santo*[309], e depois diz: *Derramou-a sobre todas as suas obras*. Em suma, o que se faz pelo Verbo recebe o nome de verbo, pois, também em nós a expressão do verbo interior pela voz se diz verbo, como sendo um *verbo de verbo*, porque é a demonstração do verbo interior. E não só a concepção do intelecto divino se diz Verbo, que é o Filho, mas também a exibição do conceito divino nas obras exteriores nomeia-se *verbo do Verbo*. E é assim que se deve entender que o Filho *sustenta tudo pelo poder do seu verbo*, como, também, o que se lê no Salmo: *O fogo, o granizo, a neve, a geada, o vento impetuoso, que executam o seu Verbo*[310], porque pelos poderes das criaturas são exibidos nas coisas os efeitos da concepção divina.

Mas, uma vez que Deus, conhecendo-se, conhece todas as outras coisas, como foi dito, é necessário que o Verbo concebido em Deus, porque se conhece a si mesmo, seja também verbo de todas as coisas. Entretanto, não é da mesma maneira Verbo de Deus e das outras coisas. Pois, é Verbo de Deus porque procede d'Ele; das outras coisas, não como procedendo delas: pois, Deus não adquire a ciência das coisas, mas antes pela sua ciência as produz no ser, como foi demonstrado[311]. Portanto, é necessário que o Verbo de Deus seja a razão

---

[308] Cf. capítulo anterior.
[309] Eclesiástico 1,9.
[310] Salmos 148,8 (Vulgata).
[311] Cf. cap. 11.

existat. Qualiter autem singulorum ratio esse possit, ex his quae in primo libro tractata sunt, manifestum est, ubi ostensum est quod Deus omnium propriam cognitionem habet.

Quicumque autem facit aliquid per intellectum, operatur per rationem rerum factarum quam apud se habet: domus enim quae est in materia, fit ab aedificatore per rationem domus quam habet in mente. Ostensum est autem supra quod Deus res in esse produxit, non naturali necessitate, sed quasi per intellectum et voluntatem agens. Fecit igitur Deus omnia per verbum suum, quod est ratio rerum factarum ab ipso. Hinc est quod dicitur Ioan. 1,3: omnia per ipsum facta sunt. Cui consonat quod Moyses, mundi originem describens, in singulis operibus tali utitur modo loquendi, dixit Deus, fiat lux, et facta est lux; dixit Deus, fiat firmamentum; et sic de aliis. Quae omnia Psalmista comprehendit, dicens, dixit, et facta sunt: dicere enim est verbum producere. Sic ergo intelligendum est quod Deus dixit et facta sunt, quia verbum produxit, per quod res in esse produxit, sicut per earum rationem perfectam.

Sed quia idem est causa conservationis rerum et productionis ipsarum, sicut omnia per verbum facta sunt, ita omnia per Dei verbum conservantur in esse. Unde Psalmista dicit: verbo Domini caeli firmati sunt; et apostolus dicit, ad Hebr. 1,3, de filio, quod portat omnia verbo virtutis suae; quod quidem qualiter accipi oportet, iam dictum est.

Sciendum tamen quod verbum Dei in hoc differt a ratione quae est in mente artificis, quia verbum Dei Deus subsistens est: ra-

perfeita de todas as coisas que foram feitas. Como possa ser a razão de cada uma das coisas, isto foi esclarecido no Livro Primeiro[312], onde foi demonstrado que Deus tem conhecimento particular de todas as coisas.

Quem quer que faça algo pelo intelecto opera conforme razão das coisas a fazer que tem em si; por exemplo, a casa, realidade material, foi construída conforme a razão da casa que o arquiteto tinha na mente. Ora, foi demonstrado[313], que Deus produz as coisas no ser não por necessidade natural, mas como agindo pelo intelecto e pela vontade. Portanto, Deus fez todas as coisas pelo seu Verbo, que é a razão das coisas a fazer por Ele. Por isso, se diz: *Todas as coisas foram feitas por Ele*[314]. Com isto concorda a maneira de Moisés descrever a origem do mundo, pois se utiliza de um mesmo modo de falar em cada uma das coisas: *Deus disse: Faça-se a luz, e a luz foi feita*[315]; *Deus disse: Faça-se o firmamento*[316] etc. E o Salmista resume todas essas coisas: *Disse e as coisas foram feitas*[317], pois dizer significa produzir um verbo. Portanto, assim se deve entender que Deus disse e as coisas foram feitas, porque proferiu o Verbo pelo qual produziu as coisas no ser, como por uma razão perfeita das mesmas.

Mas, como a causa da conservação das coisas e da produção delas é a mesma[318], e como todas elas foram feitas pelo Verbo, assim todas são conservadas no ser pelo Verbo. Donde dizer o Salmista: *Pelo Verbo do Senhor foram os céus estabelecidos*[319], e também o Apóstolo: *Tudo sustenta com o seu poderoso Verbo*[320]; como isso deve ser entendido já foi explicado.

No entanto, deve-se saber em que o Verbo de Deus diferencia-se da razão que está na mente do artista, porque o Verbo de Deus é

---

[312] Livro I, cap. 50.
[313] Livro II, cap. 23.
[314] João 1,3.
[315] Gênese 1,3.
[316] Gênese 1,6.
[317] Salmos 148,5.
[318] Livro III, cap. 65.
[319] Salmos 32,6.
[320] Hebreus 1,3.

tio autem artificiati in mente artificis non est res subsistens, sed solum intelligibilis forma. Formae autem non subsistenti non competit proprie ut agat, agere enim rei perfectae et subsistentis est: sed est eius ut ea agatur, est enim forma principium actionis quo agens agit. Ratio igitur domus in mente artificis non agit domum: sed artifex per eam domum facit. Verbum autem Dei, quod est ratio rerum factarum a Deo, cum sit subsistens, agit, non solum per ipsum aliquid agitur.

Et ideo Dei sapientia loquitur, Proverb. 8,30: cum eo eram cuncta componens; et Ioan. 5,17, Dominus dicit: pater meus operatur, et ego operor.

Considerandum est etiam quod res facta per intellectum praeexistit in ratione intellecta ante etiam quam sit in seipsa: prius enim domus est in ratione artificis quam perducatur in actum, verbum autem Dei est ratio omnium eorum quae a Deo sunt facta, ut ostensum est. Oportet igitur quod omnia quae sunt facta a Deo, praeextiterint in verbo Dei antequam sint etiam in propria natura. Quod autem est in aliquo est in eo per modum eius in quo est, et non per proprium modum: domus enim in mente artificis intelligibiliter et immaterialiter existit. Res igitur intelligendae sunt in verbo Dei praeextitisse secundum modum verbi ipsius. Est autem modus ipsius verbi quod sit unum, simplex, immateriale, et non solum vivens, sed etiam vita: cum sit suum esse. Oportet igitur quod res factae a Deo praeextiterint in verbo Dei ab aeterno, immaterialiter, et absque omni compositione, et quod nihil aliud in eo sint quam ipsum verbum, quod est vita. Propter quod dicitur Ioan. 1,3 quod factum est, in ipso vita erat, idest, in verbo.

Sicut autem operans per intellectum per rationem quam apud se habet, res in esse pro-

subsistente, e a razão da obra na mente do artista não é uma coisa subsistente, mas somente uma forma inteligível. Ora, não cabe propriamente à forma não subsistente o agir, pois agir é próprio de uma coisa perfeita e subsistente, mas é próprio dela que se obre por ela, pois a forma é princípio da ação pela qual o agente age. Por isso, a razão da casa na mente do artífice não faz a casa, mas o artífice por meio dela faz a casa. Ora, o Verbo de Deus, que é a razão das coisas a serem feitas por Deus, como é subsistente, não é somente aquele pelo qual as coisas são feitas, mas Ele age. Por isso, diz a Sabedoria de Deus: *Estava com Ele compondo todas as* coisas[321]; e o Senhor diz: *O meu Pai opera, e eu opero*[322].

Deve-se considerar, também, que a coisa feita pelo intelecto preexiste na razão entendida antes também de ser em si mesma; por exemplo, a casa está na razão do artífice, antes de ser levada a ato. Mas, o Verbo de Deus é a razão de todas as coisas que são feitas por Deus, com foi demonstrado. É necessário, portanto, que todas as coisas feitas por Deus preexistissem no Verbo de Deus, antes de existirem na natureza própria. Ora, o que está em algo, nele está segundo o modo daquilo em que está e não segundo o próprio modo; assim, a casa na mente do artífice, existe de modo inteligível e imaterial. Portanto, deve-se entender que as coisas preexistiriam no Verbo de Deus segundo o modo do Verbo de Deus. Ora, o modo do mesmo Verbo é ser uno, simples, imaterial, e não somente vivente, mas também a própria vida, uma vez que é o seu ser. Por isso, é necessário que as coisas feitas por Deus tenham preexistido no Verbo desde eternidade, imaterialmente, sem composição alguma, e que em Deus outra coisa não exista senão o mesmo Verbo, que é a *vida*. Por isso, é dito: O que foi feito era vida n'Ele[323], isto é, no Verbo.

Como o que opera pelo intelecto produz a coisa no ser pela razão que tem em si, também

---

[321] Provérbios 8,30.
[322] João 5,17.
[323] João 1,35.

ducit; ita etiam qui alium docet, per rationem quam apud se habet, scientiam causat in illo: cum scientia discipuli sit deducta a scientia docentis, sicut imago quaedam ipsius. Deus autem non solum est causa per intellectum suum omnium quae naturaliter subsistunt, sed etiam omnis intellectualis cognitio ab intellectu divino derivatur, sicut ex superioribus patet. Oportet igitur quod per verbum Dei, quod est ratio intellectus divini, causetur omnis intellectualis cognitio. Propter quod dicitur Ioan. 1,4: vita erat lux hominum: quia scilicet ipsum verbum, quod vita est, et in quo omnia vita sunt, manifestat, ut lux quaedam, mentibus hominum veritatem.

Nec est ex defectu verbi quod non omnes homines ad veritatis cognitionem perveniunt, sed aliqui tenebrosi existunt. Provenit autem hoc ex defectu hominum, qui ad verbum non convertuntur, nec eum plene capere possunt: unde adhuc in hominibus tenebrae remanent, vel maiores vel minores, secundum quod magis et minus convertuntur ad verbum et capiunt ipsum. Unde ioannes, ut omnem defectum a manifestativa verbi virtute excludat, cum dixisset quod vita est lux hominum, subiungit quod in tenebris lucet, et tenebrae eam non comprehenderunt. Non enim tenebrae sunt ex hoc quod verbum non luceat, sed ex hoc quod aliqui lucem verbi non capiunt: sicut, luce corporei solis per orbem diffusa, tenebrae sunt ei qui oculos vel clausos vel debiles habet.

Haec igitur sunt quae de generatione divina, et de virtute unigeniti filii Dei, ex sacris Scripturis edocti, utcumque concipere possumus.

Capitulum XIV
Solutio ad rationes supra inductas contra generationem divinam

Quia vero veritas omnem falsitatem excludit et dubitatem dissolvit, in promptu iam fit

quem ensina a outrem, pela razão que tem em si, causa nele a ciência, uma vez que a ciência do discípulo deriva da ciência do mestre, como imagem dele. Ora, Deus, pelo seu intelecto, não é somente causa de todas as coisas que subsistem na natureza, como também de todo conhecimento intelectual que deriva do intelecto divino, como está claro do que já foi dito[324]. Por isso, é necessário que pelo Verbo de Deus, que é a razão do intelecto divino, seja causado todo conhecimento intelectual. Donde estar dito: *A vida era a luz dos homens*[325], porque o Verbo, que é vida, e no qual todas as coisas são vida, manifesta, como uma luz, a verdade à alma dos homens.

Nem é por defeito do Verbo que todos os homens não cheguem ao conhecimento da verdade, alguns existem imersos nas trevas. Isto provém do defeito dos homens, que não se convertem ao Verbo e que não o podem compreender plenamente. Por isso, ainda permanecem nos homens trevas maiores ou menores, segundo mais ou menos se convertem ao Verbo, e O compreendem. Donde, João, para excluir todo defeito do poder de manifestação do Verbo, como dissera que a *vida é luz dos homens*, acrescenta: *ilumina nas trevas e as trevas não O compreenderam*[326]. Com efeito, há trevas, não porque o Verbo não ilumine, mas porque alguns não compreendem a luz do Verbo, assim, embora haja a luz do sol difundida pelo universo, há trevas para os que têm olhos fechados ou enfraquecidos.

Portanto, o que se escreveu sobre a geração divina e sobre o poder do Filho Unigênito de Deus, podemos conceber de alguma maneira, instruídos pelas Sagradas Escrituras.

Capítulo 14
Solução das razões aduzidas contra a geração divina

Porque a verdade exclui toda falsidade e dissipa toda dúvida, torna-se fácil agora dis-

---

[324] Livro III, caps. 67, 75.
[325] João 1,4.
[326] João 1,5.

ea dissolvere quae circa generationem divinam difficultatem afferre videbantur.

Iam enim ex dictis patet quod in Deo generationem intelligibilem ponimus, non autem talem qualis est in materialibus rebus, quarum generatio mutatio quaedam est, corruptioni opposita: quia neque verbum in intellectu nostro cum aliqua mutatione concipitur, neque habet oppositam corruptionem; cui quidem conceptioni similem esse filii Dei generationem, iam patet ex dictis.

Similiter etiam verbum quod in mente nostra concipitur, non exit de potentia in actum nisi quatenus intellectus noster procedit de potentia in actum. Nec tamen verbum oritur ex intellectu nostro nisi prout existit in actu: simul autem cum in actu existit, est in eo verbum conceptum. Intellectus autem divinus nunquam est in potentia, sed solum in actu ut supra ostensum est. Generatio igitur verbi ipsius non est secundum exitum de potentia in actum: sed sicut oritur actus ex actu, ut splendor ex luce, et ratio intellecta ex intellectu in actu. Unde etiam apparet quod generatio non prohibet Dei filium esse verum Deum, aut ipsum esse aeternum. Quin magis necesse est ipsum esse coaeternum Deo, cuius est verbum: quia intellectus in actu nunquam est sine verbo.

Et quia filii Dei generatio non est materialis, sed intelligibilis, stulte iam dubitatur si pater totam naturam dedit aut partem. Manifestum est enim quod, si Deus se intelligit, oportet quod tota plenitudo ipsius contineatur in verbo. Nec tamen substantia filio data desinit esse in patre: quia nec etiam apud nos desinit esse propria natura in re quae intelligitur, ex hoc quod verbum nostri intellectus ex ipsa re intellecta habet ut intelligibiliter eandem naturam contineat.

sipar aquilo que parece trazer dificuldade a respeito da geração divina[327].

Com efeito, do que foi dito[328], fica claro que afirmamos haver em Deus uma geração inteligível que não é tal qual nas coisas materiais, em cuja geração há uma mudança oposta à corrupção, porque nem o verbo no nosso intelecto é concebido com alguma mutação, nem tem uma corrupção oposta. A esta concepção é semelhante à geração do Filho de Deus, como está claro do que foi exposto.

Igualmente, também o verbo que é concebido em nossa mente não passa da potência a ato a não ser que o nosso intelecto proceda da potência ao ato. Entretanto, não nasce o verbo no nosso intelecto a não ser que esteja em ato, pois é simultâneo que esteja em ato o intelecto e que esteja nele o verbo concebido. Ora, o intelecto divino nunca está em potência, mas somente em ato, como foi demonstrado[329]. Portanto, a geração do mesmo Verbo não acontece segundo passagem da potência ao ato, mas, nasce como o ato do ato, como o esplendor da luz e como a razão entendida do intelecto em ato. Daí fica claro que a geração não impede que o Filho de Deus seja verdadeiro Deus, ou que seja eterno. Antes, é necessário que seja coeterno com Deus, de quem é Verbo, porque o intelecto em ato nunca está sem o verbo.

E porque a geração do Filho de Deus não é material[330], mas inteligível, é uma estultice duvidar se o Pai dá toda a natureza, ou parte dela. Com efeito, é manifesto que se Deus se entende, é necessário que toda plenitude d'Ele esteja contida no Verbo. Entretanto, nem a substância dada ao Filho deixa de estar no Pai, porque também em nós a natureza própria não deixa de existir na coisa que se entende, pelo fato de que o verbo de nosso intelecto tem, pela mesma coisa entendida, a faculdade de conter a mesma natureza de modo intelectivo.

---

[327] Cf. cap. 10.
[328] Cf. cap. 11.
[329] Livro I, cap. 45.
[330] Cf. cap. 10,3.

Ex hoc etiam quod divina generatio non est materialis, manifestum est quod non oportet in filio Dei esse aliud recipiens, et aliud naturam receptam. Hoc enim in materialibus generationibus accidere necesse est inquantum materia generati recipit formam generantis. In generatione autem intelligibili non sic est. Non enim sic verbum ab intellectu exoritur quod pars eius praeintelligatur ut recipiens, et pars eius ab intellectu effluat, sed totaliter verbum ab intellectu originem habet: sicut et in nobis totaliter unum verbum ex aliis oritur, ut conclusio ex principiis. Ubi autem totaliter aliquid ex alio oritur, non est assignare recipiens et receptum, sed totum quod exoritur ab eo est a quo oritur.

Similiter etiam patet quod non excluditur divinae generationis veritas ex hoc quod in Deo plurium subsistentium distinctio esse non possit. Essentia enim divina, etsi subsistens sit, non tamen potest separari a relatione quam oportet in Deo intelligi ex hoc quod verbum conceptum divinae mentis est ab ipso Deo dicente. Nam et verbum est divina essentia, ut ostensum est; et Deus dicens, a quo est verbum, est etiam divina essentia; non alia et alia, sed eadem numero. Huiusmodi autem relationes non sunt accidentia in Deo, sed res subsistentes: Deo enim nihil accidere potest, ut supra probatum est. Sunt igitur plures res subsistentes, si relationes considerentur: est autem una res subsistens, si consideretur essentia. Et propter hoc dicimus unum Deum, quia est una essentia subsistens: et plures personas, propter distinctionem subsistentium relationum. Personarum enim distinctio, etiam in rebus humanis, non attenditur secundum essentiam speciei, sed secundum ea quae sunt naturae speciei adiuncta: in omnibus enim personis hominum est una speciei natura, sunt tamen plures personae, propter hoc quod distinguuntur homines in his quae

Pelo fato de que, também, a geração divina não é material[331], é claro que no Filho de Deus não é necessário distinguir o receptor e a natureza recebida. Com efeito, é necessário que isso aconteça nas gerações materiais, enquanto a matéria do gerado recebe a forma do genitor. Mas, na geração inteligível, assim não acontece. Pois, o verbo não nasce do intelecto de modo que uma sua parte seja pressuposta como receptora, e outra emane do intelecto, mas, o verbo tem toda a sua origem do intelecto; como também em nós um verbo nasce totalmente de outros, como a conclusão dos princípios. Ora, onde totalmente uma coisa nasce da outra, não se deve designar receptor e recebido, mas o todo que se origina é daquilo do qual se origina.

Igualmente, fica claro, também, que não se exclui da geração divina a verdade[332] pela qual em Deus não pode existir muitos subsistentes. Ora, a essência divina embora seja subsistente, entretanto, não pode ser separada da relação que deve ser entendida em Deus, pelo fato de que o Verbo concebido da mente divina procede de Deus, que o pronuncia. Com efeito, o Verbo é a essência divina, como foi demonstrado; e Deus, que o pronuncia, e de quem procede o Verbo, é também a essência divina; não duas, mas a mesma numericamente. Ora, tais relações não são acidentes em Deus, mas realidades subsistentes, pois em Deus nada é acidente, como foi provado[333]. Por conseguinte, há muitas realidades subsistentes, se se consideram as relações; mas é uma a realidade subsistente, se se considera a essência. Por isso, dizemos um só Deus porque é uma só a essência subsistente; e muitas pessoas, devido à distinção das relações subsistentes. Com efeito, também nas coisas humanas, a distinção das pessoas não se considera segundo a essência da específica, mas segundo o que é acrescido à natureza da espécie; por exemplo; em todas as pessoas humanas há uma só na-

---

[331] Cf. cap. 10,4.
[332] Cf. cap. 10,5.
[333] Livro I, cap. 22.

sunt adiuncta naturae. Non ergo in divinis dicenda est una persona propter unitatem essentiae subsistentis: sed plures, propter relationes.

Ex hoc autem patet quod id quod est quasi individuationis principium, non sequitur esse in alio: nam neque essentia divina est in alio Deo, neque paternitas est in filio.

Quamvis autem duae personae, patris scilicet et filii, non distinguantur essentia, sed relatione, non tamen relatio est aliud quam essentia secundum rem: cum relatio in Deo accidens esse non possit. Nec hoc impossibile reputabitur si quis diligenter consideret ea quae in primo determinata sunt, ubi ostensum est quod in Deo sunt omnium entium perfectiones, non secundum compositionem aliquam, sed secundum simplicis essentiae unitatem. Nam diversae perfectiones quas res creata per multas obtinet formas, Deo competunt secundum unam et simplicem eius essentiam. Homo enim aliquis per aliam formam vivit, et per aliam est sapiens, et per aliam est iustus: quae omnia Deo per essentiam suam conveniunt. Sicut igitur sapientia et iustitia in homine quidem sunt accidentia, in Deo autem sunt idem quod divina essentia: sic aliqua relatio, puta paternitatis et filiationis, etsi in hominibus sit accidens, in Deo est divina essentia.

Non autem ideo dicitur quod divina sapientia sit eius essentia, cum in nobis sapientia super essentiam addat, quasi divina sapientia a nostra sapientia deficiat: sed quia eius essentia nostram essentiam excedit, ita quod id ad quod essentia nostra non sufficit, scilicet scire et iustum esse, Deus secundum suam essentiam habet perfecte. Oportet igitur quod quicquid nobis convenit secundum essentiam et sapientiam distinctum, simul Deo secundum essentiam suam attribuatur. Et similis ratio in

tureza da espécie, mas muitas pessoas, porque os homens distinguem-se por algo acrescido à natureza. Logo, não se deve dizer que em Deus há uma só pessoa em razão da unidade da essência subsistente, mas que há muitas, em razão das relações.

Fica claro do que foi visto que aquilo que é como princípio de individuação[334] não resulta estar em outro, pois nem a essência divina está em outro Deus, nem a paternidade está no Filho.

Embora as duas pessoas, Pai e Filho[335], não se distingam pela essência, mas pela relação, entretanto, a relação não se distingue realmente da essência, uma vez que em Deus a relação não pode ser acidente. E não se julga isso impossível, se alguém considera com diligência o que foi determinado[336], a saber, que em Deus existem as perfeições de todos os entes, não segundo alguma composição, mas segundo a unidade de essência simples. Com efeito, as diversas perfeições, que uma coisa criada obtém por muitas formas, cabem a Deus por sua única e simples essência. O homem, no entanto, vive por outra forma; e é por outra que é sábio e justo, e tudo isto convém a Deus pela sua essência. Portanto, como a sabedoria e a justiça no homem são acidentes e em Deus se identificam com a essência divina; assim uma relação, por exemplo, de paternidade e filiação, embora nos homens seja acidente, em Deus é a sua essência.

Dado que em nós a sabedoria acrescenta algo à essência, por isso, não se diz que a sabedoria divina é a sua essência, como se a sabedoria divina fosse inferior à nossa sabedoria; mas, porque a sua essência ultrapassa a nossa essência, Deus possui perfeitamente na sua essência tudo aquilo para o que a nossa essência não é suficiente, a saber, para ser sábio e ser justo. Portanto, é necessário que aquilo que nos convém distintamente segundo a essência e a sabedoria seja atribuído a

---

[334] Cf. cap. 10,6.
[335] Cf. cap. 10,7.
[336] Livro I, cap. 30 ss.

aliis est observanda. Cum igitur divina essentia sit ipsa paternitatis vel filiationis relatio, oportet quod quicquid est paternitatis proprium Deo conveniat, licet paternitas sit ipsa essentia. Est autem hoc proprium paternitatis, ut a filiatione distinguatur: dicitur enim pater ad filium quasi ad alium, et haec est ratio patris ut sit filii pater. Licet ergo Deus pater sit divina essentia, et similiter Deus filius, ex hoc tamen quod est pater, distinguitur a filio, licet sint unum ex hoc quod uterque est divina essentia.

Ex hoc etiam patet quod relatio in divinis non est absque absoluto. Aliter tamen comparatur ad absolutum in Deo quam in rebus creatis. Nam in rebus creatis comparatur relatio ad absolutum sicut accidens ad subiectum: non autem in Deo, sed per modum identitatis, sicut est et de aliis quae de Deo dicuntur. Idem autem subiectum non potest oppositas relationes in se habere, ut sit idem homo pater et filius. Sed essentia divina, propter omnimodam eius perfectionem, idem est et sapientiae et iustitiae et aliis huiusmodi, quae apud nos in diversis generibus continentur. Et similiter nihil prohibet unam essentiam esse idem et paternitati et filiationi, et patrem et filium unum Deum esse, licet pater non sit filius: eadem enim essentia est quae est res habens esse naturaliter, et verbum intelligibile sui ipsius.

Ex his etiam quae dicta sunt, potest esse manifestum quod relationes in Deo sunt secundum rem, et non solo intellectu. Omnis enim relatio quae consequitur propriam operationem alicuius rei, aut potentiam aut quantitatem aut aliquid huiusmodi, realiter in eo existit: aliter enim esset in eo solo intellectu, sicut apparet de scientia et scibili. Relatio enim scientiae ad scibile consequitur actio-

Deus simultaneamente, segundo a sua essência. E semelhante razão deve ser observada em outras atribuições. Logo, uma vez que a essência divina é a mesma relação de paternidade e ou de filiação, é necessário que tudo o que é próprio da paternidade convenha a Deus, embora a paternidade seja a mesma essência. Ora, é próprio da paternidade que se distinga da filiação, pois se diz pai em relação ao filho como a um outro, e esta é a razão de pai, que seja pai do filho. Logo, embora Deus Pai seja a essência divina e igualmente Deus Filho, entretanto, pelo fato mesmo de ser Pai distingue-se do Filho, embora sejam um porque um e outro é a essência divina.

Fica claro disso, também, que a relação nas coisas divinas não se dá sem o absoluto[337]. No entanto, em Deus, a relação se refere ao absoluto diferentemente que nas criaturas. Nestas, a relação refere-se ao absoluto como o acidente ao sujeito; mas, não em Deus que é por identidade, como acontece com as outras coisas que se dizem sobre Deus. Ora, o mesmo sujeito não pode ter em si relações opostas; por exemplo, que seja o mesmo homem, pai e filho. Mas, a essência divina, em razão de sua perfeição absoluta, identifica-se com a sabedoria e a justiça e com outras coisas semelhantes, que, em nós, estão contidas em gêneros diversos. E, de modo semelhante, nada impede que uma essência seja idêntica com a paternidade e com a filiação, e que o Pai e o Filho sejam um só Deus, embora o Pai não seja o Filho, pois a mesma essência é aquela que tem o ser natural e o verbo inteligível de si mesma.

Do que está dito, é claro que as relações em Deus[338] são reais e não apenas relações de razão. Com efeito, toda relação que se segue à própria operação de alguma coisa, ou à potência, ou à quantidade, ou a algo semelhante, nela existe realmente, pois, de outro modo existiria nela somente uma relação de razão, como aparece na relação entre a ciência e o objeto cognoscível. Assim, a relação da ciência com

---

[337] Cf. cap. 10,8.
[338] Cf. cap. 10,9.

nem scientis, non autem actionem scibilis, scibile enim eodem modo se habet, quantum in se est, et quando intelligitur et quando non intelligitur: et ideo relatio in sciente realiter est, in scibili autem secundum intellectum tantum; dicitur enim quod intelligitur scibile ad scientiam relative ex eo quod scientia refertur ad ipsum. Simile quoque apparet in dextro et sinistro. In animalibus enim distinctae sunt virtutes ex quibus relatio dextri et sinistri consurgit: propter quod talis relatio vere et realiter in animali existit; unde, qualitercumque vertatur animal, semper relatio eodem modo manet, nunquam enim pars dextra sinistra dicetur. Res vero inanimatae, quae praedictis virtutibus carent, non habent in se huiusmodi relationem realiter existentem sed nominantur secundum relationem dextri aut sinistri ex eo quod animalia aliquo modo se habent ad ipsam: unde eadem columna nunc dextra, nunc sinistra dicitur, secundum quod animal ex diverso situ ei comparatur. Relatio autem verbi ad Deum dicentem, cuius est verbum, in Deo ponitur ex hoc quod Deus seipsum intelligit, quae quidem operatio in Deo est, vel magis est ipse Deus, ut supra ostensum est. Relinquitur igitur praedictas relationes in Deo esse vere et realiter, et non solum secundum intellectum nostrum.

Quamvis autem in Deo ponatur esse relatio, non tamen sequitur quod in Deo sit aliquid habens esse dependens. In nobis enim relationes habent esse dependens, quia earum esse est aliud ab esse substantiae: unde habent proprium modum essendi secundum propriam rationem, sicut et in aliis accidentibus contingit. Quia enim omnia accidentia sunt formae quaedam substantiae superadditae, et a principiis substantiae causatae; oportet quod eorum esse sit superadditum supra esse substantiae, et ab ipso dependens; et tan-

o objeto cognoscível segue-se à ação do que sabe, e não à ação do objeto cognoscível, pois o objeto cognoscível se tem do mesmo modo, quanto é em si, seja quando é entendido, seja quando não é entendido; e, por isso, a relação no que sabe é real; mas, no objeto cognoscível, é somente segundo a razão, por isso se diz que se entende o objeto cognoscível em relação à ciência, porque esta se refere a ele. O mesmo, também, aparece nas relações de direita e de esquerda. Nos animais, são distintas as potências das quais procede a relação de direita e esquerda, por isso essa relação verdadeira e realmente existe neles. Donde, de qualquer maneira que se gire o animal, a relação permanece sempre do mesmo modo, pois jamais o lado direito será dito esquerdo. Mas, as coisas inanimadas, que carecem de tais potências, não têm em si esta relação realmente existente, mas, são denominadas relações de direita ou de esquerda, o fato de que os animais se têm de algum modo em relação a elas; por exemplo, a mesma coluna é dita à direita ou à esquerda, segundo ela se compara com um animal em diversos lugares posições. Mas a relação do Verbo com Deus que o pronuncia, de quem é Verbo, põe-se em Deus, pelo fato de que Deus se conhece a si mesmo; e esta operação está em Deus, ou melhor: é o mesmo Deus, como foi demonstrado[339]. Conclui-se, pois, que as referidas relações são, em Deus, verdadeiras e reais, não apenas relações de razão.

Embora, se afirme que em Deus há relações[340], entretanto, não se segue que em Deus exista algo que tenha o ser dependente. Com efeito, as nossas relações têm o ser dependente, porque o ser delas é distinto do ser da substância; por isso, elas têm o modo próprio de ser segundo a sua própria razão, como acontece nos outros acidentes. Ora, porque todos os acidentes são formas daquela substância citada e causados pelos princípios da substância, é necessário que o ser deles seja acrescido ao ser da substância, e dependente dele, e tanto mais

---

[339] Livro I, cap. 45.
[340] Cf. cap. 10,10.

to uniuscuiusque eorum esse est prius vel posterius, quanto forma accidentalis, secundum propriam rationem, fuerit propinquior substantiae vel magis perfecta. Propter quod et relatio realiter substantiae adveniens et postremum et imperfectissimum esse habet: postremum quidem, quia non solum praeexigit esse substantiae, sed etiam esse aliorum accidentium, ex quibus causatur relatio, sicut unum in quantitate causat aequalitatem, et unum in qualitate similitudinem; imperfectissimum autem, quia propria relationis ratio consistit in eo quod est ad alterum, unde esse eius proprium, quod substantiae superaddit, non solum dependet ab esse substantiae, sed etiam ab esse alicuius exterioris.

Haec autem in divinis locum non habent: quia non est in Deo aliquod aliud esse quam substantiae; quicquid enim in Deo est, substantia est. Sicut igitur esse sapientiae in Deo non est esse dependens a substantia, quia esse sapientiae est esse substantiae; ita nec esse relationis est esse dependens neque a substantia, neque ab alio exteriori, quia etiam esse relationis est esse substantiae. Non igitur per hoc quod relatio in Deo ponitur, sequitur quod sit in eo aliquod esse dependens; sed solum quod in Deo sit respectus aliquis, in quo ratio relationis consistit; sicut ex hoc quod sapientia in Deo ponitur, non sequitur quod sit in eo aliquid accidentale, sed solum perfectio quaedam in qua ratio sapientiae consistit.

Per quod etiam patet quod ex imperfectione quae in relationibus creatis esse videtur, non sequitur quod personae divinae sint imperfectae, quae relationibus distinguuntur: sed sequitur quod divinarum personarum minima sit distinctio.

Patet etiam ex praedictis quod, licet Deus de patre et filio substantialiter praedicetur, non tamen sequitur, si pater et filius sint plures quidam, quod sint plures dii. Sunt enim plures propter distinctionem subsistentium relationum: sed tamen sunt unus Deus prop-

é anterior ou posterior o ser de cada um deles, quanto à forma acidental, segundo a própria razão, for mais próxima da substância ou mais perfeita. Por este motivo, também a relação acrescida realmente à substância tem o último imperfeitíssimo ser; *último*, não somente porque pressupõe o ser da substância, como também o ser dos outros acidentes pelos quais se causa a relação, como a unidade quantitativa, que causa a igualdade e a unidade qualitativa, que causa a semelhança; *imperfeitíssimo*, porque a própria razão da relação consiste em ser para outro, por isso, o próprio ser que ela acrescenta à substância, não só depende do ser da substância, como também, do ser de alguma coisa extrínseca.

Entretanto, isto não tem lugar nas coisas divinas, porque em Deus não há algo que seja distinto da substância, pois tudo que existe em Deus é a substância. Portanto, como o ser da sabedoria em Deus não é ser dependente da substância, porque o ser da sabedoria é o ser substância; assim, nem o ser da relação é dependente ou da substância, ou de algo exterior, porque o ser da relação é também o ser da substância. Por isso, pelo fato de que se afirma a relação em Deus, não se segue que haja n'Ele algum ser dependente, mas somente que em Deus há alguma referência, e nesta consiste a razão da relação, assim como pelo fato de que se afirma a sabedoria em Deus, não segue que haja n'Ele algo acidental, mas somente certa perfeição, e nesta consiste a razão da sabedoria.

Por isso, fica claro, que pelas imperfeições que parecem existir nas relações criadas, não se segue que as pessoas divinas, que se distinguem pelas relações, sejam imperfeitas; segue-se, porém, que a distinção das pessoas divinas é mínima.

Fica claro, também, do que foi dito que, embora Deus[341] se predique substancialmente do Pai e do Filho, contudo não se segue, se o Pai e o Filho são muitos, que existem muitos deuses. São muitos por causa da distinção das relações subsistentes, entretanto, são um só

---

[341] Cf. cap. 10 ss.

ter unitatem essentiae subsistentis. Hoc autem in hominibus non contingit, ut plures aliqui sint unus homo: quia essentia humanitatis non est una numero in utroque; neque essentia humanitatis est subsistens, ut humanitas sit homo.

Ex hoc autem quod in Deo est essentiae unitas et relationum distinctio, manifestum fit quod nihil prohibet in uno Deo opposita quaedam inveniri: illa dumtaxat opposita quae relationis distinctionem consequuntur, ut generans et genitum, quae opponuntur relative, et genitum et ingenitum, quae opponuntur ut affirmatio et negatio. Ubicumque enim est aliqua distinctio, oportet inveniri negationis et affirmationis oppositionem. Quae enim secundum nullam affirmationem et negationem differunt, penitus indistincta sunt: oportet enim quod quantum ad omnia unum esset quod et alterum, et sic essent penitus idem, et nullo modo distincta.

Haec igitur de generatione divina dicta sufficiant.

Deus por causa da unidade da essência subsistente. E isto não acontece nos homens, que muitos sejam um só homem, porque a essência da humanidade não é una em número em cada um, nem a essência da humanidade é subsistente para que a humanidade seja homem.

Pelo fato de que em Deus há unidade de essência e distinção de relações, resulta claro que nada impede que em um só Deus se encontrem coisas opostas, a saber, aquelas oposições que se seguem à distinção das relações como *genitor* e *gerado*, que se opõem relativamente, e *gerado* e *não gerado*, que se opõem como afirmação e negação. Com efeito, onde quer que haja distinção é necessário que se encontre a oposição de afirmação e negação. Pois, as coisas que se diferenciam por nenhuma afirmação e negação são totalmente indistintas, porque é necessário que uma seja em tudo o que a outra é e assim serão totalmente idênticas e de nenhum modo distintas.

Portanto, é suficiente o que foi dito sobre a geração divina.

A geração do Espírito Santo (15 a 25)

Capitulum XV
De spiritu sancto, quod sit in divinis

Divinae autem Scripturae auctoritas non solum nobis in divinis patrem et filium annuntiat, sed his duobus spiritum sanctum connumerat. Dicit enim Dominus, matthaei ult.: euntes docete omnes gentes, baptizantes eos in nomine patris et filii et spiritus sancti; et I ioannis 5,7: tres sunt qui testimonium dant in caelo, pater, verbum et spiritus sanctus. Huius etiam spiritus sancti processionem quandam sacra Scriptura commemorat. Dicit enim ioannis 15,26: cum venerit Paraclitus, quem ego mittam vobis a patre, spiritum veritatis, qui a patre procedit, ille testimonium perhibebit de me.

Capitulum XVI
Rationes ex quibus aliqui spiritum sanctum existimaverunt esse creaturam

Opinati sunt autem quidam spiritum sanctum creaturam esse, aliis creaturis excelsiorem: ad cuius assertionem sacrae Scripturae testimoniis utebantur.

Dicitur enim Amos 4,13, secundum litteram septuaginta: ecce formans montes, et creans spiritum, et annuntians homini verbum eius. Et Zach. 12,1: dicit Dominus, extendens caelum, et fundans terram, et creans spiritum hominis in eo. Videtur igitur quod spiritus sanctus sit creatura.

Adhuc. Dicit Dominus, Ioan. 16,13, de spiritu sancto loquens: non loquetur a semetipso, sed quaecumque audiet, loquetur: ex quo videtur quod nihil ultroneae potestatis auctoritate loquatur, sed iubenti per ministerium famuletur; loqui enim quae quis audit,

Capítulo 15
Em Deus há o Espírito Santo

A autoridade das divinas Escrituras não só nos comunica que em Deus existe o Pai e o Filho, como também enumera com eles o Espírito Santo. Com efeito, diz o Senhor: *Ide, ensinai a todos os povos, batizando-os em nome do Pai, do Filho e do Espírito Santo*[1]. Escreve João: *Três são os testemunhos no céu: Pai, Verbo e Espírito Santo*[2]. A Sagrada Escritura menciona, também, certa processão deste Espírito Santo. Pois, diz: *Quando vier o Paráclito, que eu vos mandarei do Pai, o Espírito da Verdade, que procede do Pai, ele dará testemunho de mim*[3].

Capítulo 16
Razões pelas quais alguns julgaram que o Espírito Santo era uma criatura

Alguns pensaram que o Espírito Santo fosse uma criatura, a mais excelsa entre todas. Utilizaram testemunhos da Sagrada Escritura para suas afirmações.

Com efeito, diz-se em Amós, segundo o texto da Septuaginta: *Eis quem forma os montes e cria o Espírito, e anuncia o seu Verbo aos homens*[4]. E em Zacarias: *O Senhor falou, estendendo os céus, fundando a terra e criando o espírito no homem*[5]. Vê-se, pois, que o Espírito Santo é criatura.

Ainda. Diz o Senhor, falando do Espírito Santo: *Não falará por si mesmo, falará sobre tudo o que ouviu*[6]. Disso parece que nada fala com a autoridade do próprio poder, mas, exercendo o serviço de quem manda, pois falar alguém do que ouve parece ser próprio do

---

[1] Mateus 28,19.
[2] 1 João 5,7.
[3] João 15,26.
[4] Amós 4,13.
[5] Zacarias 12,1.
[6] João 16,3.

famulantis esse videtur. Videtur igitur spiritus sanctus esse creatura Deo subiecta.

Item. Mitti inferioris esse videtur: cum in mittente importetur auctoritas.Spiritus autem sanctus a patre et filio mittitur. Dicit enim Dominus, Ioan. 14,26: Paraclitus spiritus sanctus, quem mittet pater in nomine meo, ille vos docebit omnia; et Ioan. 15,26: cum venerit Paraclitus, quem ego mittam vobis a patre. Spiritus ergo sanctus et patre et filio minor esse videtur.

Adhuc. Scriptura divina, filium patri associans in his quae divinitatis esse videntur, de spiritu sancto mentionem non facit: ut patet Matth. 11,27, cum Dominus dicit: nemo novit filium nisi pater, neque patrem quis novit nisi filius, de spiritu sancto mentione non facta. Et Ioan. 17,3 dicitur: haec est vita aeterna, ut cognoscant te, solum Deum verum, et quem misisti, Iesum Christum, ubi etiam de spiritu sancto mentio non fit. Apostolus etiam, ad Rom. 1,7, dicit: gratia vobis et pax a Deo patre nostro, et Domino Iesu Christo; et I ad Cor. 8,6: nobis unus Deus pater, ex quo omnia et nos in illo et unus Dominus Iesus Christus, per quem omnia et nos per ipsum: in quibus etiam nihil de spiritu sancto dicitur. Videtur igitur spiritus sanctus Deus non esse.

Amplius. Omne quod movetur creatum est: ostensum est enim in primo Deum immobilem esse. Spiritui autem sancto Scriptura divina motum attribuit.Dicitur enim Gen. 1,2: spiritus Domini ferebatur super aquas. Et Ioel. 2,28: effundam de spiritu meo super omnem carnem. Videtur igitur spiritus sanctus creatura esse.

Praeterea. Omne quod potest augeri vel dividi, mutabile est et creatum. Haec autem

fâmulo. Logo, parece que o Espírito Santo é criatura sujeita a Deus.

Igualmente. *Ser enviado* parece ser próprio do inferior, uma vez que a autoridade cabe a quem manda. Ora, o Espírito Santo é enviado pelo Pai e pelo Filho, pois o Senhor disse: *O Espírito Paráclito, que o Pai enviará em seu nome, ele vos ensinará*[7]; e *Quando vier o Paráclito que eu vos enviarei do Pai*[8]. Logo, parece que o Espírito Santo é menor que o Pai e que o Filho.

Ainda. A Escritura divina, associando o Filho ao Pai naquilo que parece que é próprio da divindade, não faz menção do Espírito Santo, o que é claro quando o Senhor diz: *Ninguém conhece o Filho senão o Pai, e ninguém conhece o Pai senão o Filho*[9], pois aí não é mencionado o Espírito Santo. E em João: *Esta é a vida eterna, que te conheça, como único Deus verdadeiro, a quem enviaste, Jesus Cristo*[10], onde também não se faz menção ao Espírito Santo. E ainda diz o Apóstolo: *A graça e a paz de Deus, nosso Pai, e do Senhor Jesus Cristo*[11]; e *Para nós há um só Deus, o Pai, do qual tudo vem e para o qual fomos feitos. E há um só Senhor, Jesus Cristo, por quem tudo existe e por quem nós somos*[12]. Ora, nestes textos nada se diz do Espírito Santo. Logo, parece que o Espírito Santo não é Deus.

Ademais. Tudo o que se move é criado, que Deus é imóvel, já foi demonstrado[13]. Ora, a Sagrada Escritura atribui movimento ao Espírito Santo, quando diz: *O Espírito do Senhor movia-se sobre as águas*[14]; e *Derramarei o meu Espírito sobre toda carne*[15]. Parece, pois, que o Espírito Santo é criatura.

Além disso. Tudo que pode ser aumentado ou diminuído é mutável e criado. Ora, parece

---

[7] João 14,26.
[8] João 15,26.
[9] Mateus 11,27.
[10] João 17,3.
[11] Romanos 1,7.
[12] 1 Coríntios 8,6.
[13] Livro I, cap. 13.
[14] Gênese 1,2.
[15] Joel 2,28.

spiritui sancto in Scripturis sacris attribui videntur. Dicit enim Dominus, Num. 11, ad Moysen: congrega mihi septuaginta viros de senioribus Israel, et auferam de spiritu tuo, tradamque eis. Et IV Reg. 2, dicitur quod eliseus ab elia petiit, obsecro quod fiat spiritus tuus duplex in me et elias respondit, si videris quando tollar a te, erit quod petisti. Videtur ergo spiritus sanctus esse mutabilis, et non esse Deus.

Item. In Deum tristitia cadere non potest: cum tristitia passio quaedam sit, Deus autem impassibilis est. Cadit autem tristitia in spiritum sanctum. Unde apostolus dicit, Ephes. 4,30: nolite contristare spiritum sanctum Dei. Et Isaiae 63,10 dicitur: ipsi ad iracundiam provocaverunt, et afflixerunt spiritum sanctum eius. Videtur igitur spiritus sanctus Deus non esse.

Adhuc. Deo non convenit orare, sed magis orari. Spiritui autem sancto orare convenit: dicitur enim ad Rom. 8,26: ipse spiritus postulat pro nobis gemitibus inenarrabilibus. Spiritus ergo sanctus non esse Deus videtur.

Amplius. Nullus congrue donat nisi id cuius habet dominium. Sed Deus pater dat spiritum sanctum, et similiter filius. Dicit enim Dominus, Lucae 11,13: pater vester de caelo dabit spiritum bonum petentibus se; et Act. 5,32, Petrus dicit quod Deus spiritum sanctum dedit obedientibus sibi. Ex his igitur videtur quod spiritus sanctus Deus non sit.

Item. Si spiritus sanctus verus Deus est, oportet quod naturam divinam habeat: et sic, cum spiritus sanctus a patre procedat, ut dicitur Ioan. 15,26, necesse est quod ab eo naturam divinam accipiat. Quod autem accipit

que essas mudanças são atribuídas ao Espírito Santo nas Sagradas Escrituras. Com efeito, diz o Senhor: *Convoca para mim setenta varões dos mais velhos de Israel, e tirarei do teu espírito e levarei a eles*[16]. É também no livro dos Reis: *Peço-te que eu tenha duplo espírito como o teu*[17]. Elias, então, respondeu: *Se me vires quando eu for arrebatado de junto de ti, então acontecerá o que pedes*[18]. Logo, parece que o Espírito Santo é mutável, e que não é Deus.

Igualmente. Em Deus, não pode afetar a tristeza, uma vez que a tristeza é uma paixão e Deus é impassível[19]. Ora, segundo o Apóstolo, a tristeza afeta o Espírito Santo: *Não contristeis o Espírito Santo de Deus*[20]. E diz-se em Isaías: *Provocaram-no à ira e afligiram o seu Espírito Santo*[21]. Logo, parece que o Espírito Santo não é Deus.

Ainda. Não convém a Deus rogar, mas, antes ser rogado. Mas, ao Espírito Santo convém rogar, pois o Apóstolo escreve: *O Espírito pede por nós com gemidos inenarráveis*[22]. Logo, parece que o Espírito não é Deus.

Ademais. Ninguém dá legitimidade senão àquilo sobre o qual tem domínio. Ora, Deus Pai e o Filho dão o Espírito Santo, pois o Senhor diz: *O vosso Pai celeste dará o bom Espírito a quem lhe pede*[23]. E Pedro diz: *Deus concedeu o Espírito Santo aos que obedeceram*[24]. Portanto, do que foi dito parece que o Espírito Santo não é Deus.

Igualmente. Se o Espírito Santo é Deus verdadeiro, deve ter a natureza divina. Como, no entanto, *procede do Pai*, segundo se lê em João[25], é necessário que d'Ele receba a natureza divina. Ora, quem recebe a natureza de quem

---

[16] Números 11,16-17.
[17] 4 Reis 2, 9.
[18] Ibidem 10.
[19] Livro I, caps. 16, 89.
[20] Efésios 4,30.
[21] Isaías 63,10.
[22] Romanos 8,26.
[23] Lucas 11,13.
[24] Atos 5,32.
[25] João 15,26.

a produz é gerado por ele. Pois, é próprio do gerado que seja produzido numa espécie semelhante a do seu princípio. Logo, o Espírito Santo é gerado e, por isso, filho. O que repugna a uma fé sadia.

Além disso. Se o Espírito Santo recebe do Pai a natureza divina, não, porém, como gerado, a natureza divina deve comunicar-se de dois modos: por modo de geração, segundo o qual o Filho procede; e pelo modo segundo o qual o Espírito Santo procede. Ora, isso não parece competir a uma única natureza, de modo que se comunique de ambos os modos, se alguém considera todas as naturezas. Portanto, uma vez que o Espírito Santo não recebe a natureza por geração, parece que é necessário que não a receba de modo algum. Com efeito, assim parece que o Espírito Santo não é verdadeiro Deus.

Esta foi a afirmação de Ario que disse que o Filho e o Espírito Santo eram criaturas, e que o Filho era superior ao Espírito Santo, e que este era seu ministro. E ainda dizia que o Filho é menor que o Pai. — Macedônio o seguiu, no que toca ao Espírito Santo: Ele sentiu retamente que o Pai e o Filho têm uma única e mesma substância, mas não quis creditar isto ao Espírito Santo, dizendo que Ele era uma criatura. Por isso, muitos há que chamam os macedonianos de semiarianos, porque em parte concordam com os arianos, mas, em parte discordam deles.

Capítulo 17
O Espírito Santo é verdadeiro Deus

Demonstra-se, com evidentes testemunhos da Escritura, que o Espírito Santo é Deus.

Com efeito, a ninguém se consagra um templo senão a Deus. Por isso, no Salmo se diz: *Deus está no seu templo santo*[26]. Ora, segundo o apóstolo, dedica-se o templo ao Espírito Santo: *Não sabeis que vossos membros são templos do Espírito Santo?*[27]. Logo, o Espírito Santo é Deus. E principalmente porque

---

[26] Salmos 10,5.
[27] 1 Coríntios 6,19.

templum spiritus sancti esse dicit, sint membra Christi: nam supra praemiserat: nescitis quoniam corpora vestra membra sunt Christi? inconveniens autem esset, cum Christus sit verus Deus, ut ex superioribus patet, quod membra Christi templum spiritus sancti essent, nisi spiritus sanctus Deus esset.

Item. A sanctis latriae servitus non nisi vero Deo exhibetur: dicitur enim Deut. 6,13: Dominum Deum tuum timebis, et illi soli servies. Serviunt autem sancti spiritui sancto: dicit enim apostolus, philipp. 3,3: nos sumus circumcisio, qui spiritui Deo servimus. Et licet quidam libri habeant, qui spiritu Domini servimus, tamen Graeci libri, et antiquiores Latini, habent, qui spiritui Deo servimus. Et ex ipso Graeco apparet quod hoc de servitute latriae intelligendum est, quae soli Deo debetur. Est igitur spiritus sanctus verus Deus, cui latria debetur.

Adhuc. Sanctificare homines proprium Dei opus est: dicitur enim Levit. 22,32: ego Dominus, qui sanctifico vos. Est autem spiritus sanctus qui sanctificat: dicit enim apostolus, I Cor. 6,11: abluti estis, sanctificati estis, iustificati estis, in nomine Domini nostri Iesu Christi, et in spiritu Dei nostri; et II ad Thess. 2,13, dicitur: elegit nos Deus primitias in salutem in sanctificatione spiritus et fide veritatis. Oportet igitur spiritum sanctum Deum esse.

Amplius. Sicut vita naturae corporis est per animam, ita vita iustitiae ipsius animae est per Deum: unde Dominus dicit, Ioan. 6,58: sicut misit me vivens pater, et ego vivo propter patrem, et qui manducat me, et ipse vivet propter me. Huiusmodi autem vita est per spiritum sanctum: unde ibidem subditur: spiritus est qui vivificat; et ad Rom. 8,13, dicit

os nossos membros que diz ser templo do Espírito Santo, são membros de Cristo, pois antes afirmara: *Não sabeis que vossos corpos são membros de Cristo?*[28]. Ora, seria inconveniente, uma vez que Cristo é verdadeiro Deus, como está claro do que foi dito[29], que os membros de Cristo fossem templo do Espírito Santo, se o Espírito Santo não fosse Deus.

Igualmente. O culto de latria é prestado pelos santos só a Deus. Com efeito, está escrito: *Temerás o Senhor teu Deus e só a Ele servirás*[30]. Ora, os santos servem ao Espírito Santo, pois, o Apóstolo diz: *A circuncisão somos nós, que servimos ao Espírito de Deus*[31]. E, embora alguns textos digam *que servimos ao Espírito do Senhor*, contudo, os textos gregos e latinos dizem *que servimos ao Espírito Deus*. E o mesmo texto grego mostra que isto deve ser entendido do culto de latria, que só se deve a Deus. Logo, o Espírito Santo é verdadeiro Deus, e a Ele se deve o culto de latria.

Ainda. É obra própria de Deus santificar os homens; pois se diz: *Eu, o Senhor, que vos santifico*[32]. Ora, é o Espírito Santo que santifica, pois diz o Apóstolo: *Fostes lavados, fostes santificados e fostes justificados em nome de Nosso Senhor Jesus Cristo e no Espírito de nosso Deus*[33]; e em outro lugar: *Elegeu-nos Deus, primícias para sermos salvos na santificação do Espírito e na fé da verdade*[34]. Portanto, é necessário que o Espírito Santo seja Deus.

Ademais, assim como a vida do corpo é pela alma, também a vida da justiça da alma é por Deus, donde o Senhor dizer: *Assim como o Pai que vive me enviou, eu vivo pelo Pai, também quem se alimenta de mim, viverá por mim*[35]. Ora, esta vida é pelo Espírito Santo, por isso logo se acrescenta: *O Espírito é que vivifica* e, Carta aos Romanos: *Vivereis, se mortifi-*

---

[28] 1 Coríntios 6,15.
[29] Cf. cap. 3.
[30] Deuteronômio 6,13.
[31] Filipenses 3,3.
[32] Levítico 22,32.
[33] 1 Coríntios 6,11.
[34] 2 Tessalonicenses 2,13.
[35] João 6,58.

apostolus: si spiritu facta carnis mortificaveritis, vivetis. Spiritus ergo sanctus divinae naturae est.

Praeterea. Dominus, in argumentum suae divinitatis contra Iudaeos, qui sustinere non poterant ut se Deo aequalem faceret, asserit in se esse resuscitandi virtutem: dicens, Ioan. 5,21: sicut pater suscitat mortuos et vivificat, sic et filius quos vult vivificat. Virtus autem resuscitativa ad spiritum sanctum pertinet: dicit enim apostolus, Rom. 8,11: si spiritus eius qui suscitavit Iesum Christum a mortuis, habitat in vobis, qui suscitavit Iesum Christum a mortuis, vivificabit et mortalia corpora vestra, propter inhabitantem spiritum eius in vobis. Spiritus ergo sanctus est divinae naturae.

Item. Creatio solius Dei opus est, ut supra ostensum est. Pertinet autem creatio ad spiritum sanctum: dicitur enim in Psalmo: emitte spiritum tuum, et creabuntur; et iob 33,4, dicitur: spiritus Dei fecit me; et Eccli. 1,9, dicitur de Deo: ipse creavit illam, scilicet sapientiam, spiritu sancto. Est ergo spiritus sanctus divinae naturae.

Adhuc. Apostolus dicit, I ad Cor. 2,10 spiritus omnia scrutatur, etiam profunda Dei. Quis enim scit quae sunt hominis nisi spiritus hominis, qui in ipso est? ita et quae Dei sunt nemo cognovit nisi spiritus Dei. Comprehendere autem omnia profunda Dei non est alicuius creaturae: quod patet ex hoc quod Dominus dicit, Matth. 11,27: nemo novit filium nisi pater, neque patrem quis novit nisi filius. Et Isaiae 24,16, ex persona Dei, dicitur: secretum meum mihi. Ergo spiritus sanctus non est creatura.

Praeterea. Secundum praedictam apostoli comparationem, spiritus sanctus se habet ad

cardes as obras da carne pelo Espírito[36]. Logo, o Espírito Santo é de natureza divina.

Além disso. O Senhor, a favor do argumento de sua divindade contra os Judeus, que não podiam suportar que se fizesse igual a Deus, afirma ter o poder de ressuscitar, ao dizer: *Assim como o Pai ressuscita e vivifica os mortos, o Filho vivifica quem quer*[37]. Ora, o poder de ressurreição cabe ao Espírito Santo, pois o Apóstolo diz: *Se o seu Espírito que ressuscitou Jesus Cristo dos mortos habita em vós, aquele que ressuscitou Jesus dos mortos vivificará também os vossos corpos mortais pelo seu Espírito que habita em vós*[38]. Logo, o Espírito Santo tem natureza divina.

Igualmente. A criação é obra só de Deus, como foi demonstrado[39]. Ora, criação cabe ao Espírito Santo, pois se diz no Salmo: *Enviai o vosso Espírito e tudo será criado*[40]; e, em Jó: *O Espírito de Deus me fez*[41]; e no Eclesiástico é dito de Deus: *Deus a criou* (isto é, a sabedoria) *pelo Espírito Santo*[42]. Logo, o Espírito Santo é de natureza divina.

Ainda. Diz o Apóstolo: *O Espírito perscruta tudo, até as profundezas de Deus. Quem sabe das coisas do homem senão o espírito do homem que nele está? Igualmente, ninguém conhece as coisas de Deus, senão o Espírito de Deus*[43]. Ora, compreender todas as profundezas de Deus não cabe a nenhuma criatura, o que está claro pelo que o Senhor diz: *Ninguém conhece o Filho senão o Pai, nem alguém conhece o Pai, senão o Filho*[44]. E Isaías, da pessoa de Deus diz: *O meu segredo está comigo*[45]. Logo, o Espírito Santo não é criatura.

Além disso. Segundo a referida comparação do Apóstolo, o Espírito Santo está para

---

36 Romanos 8,13.
37 João 5,21.
38 Romanos 8,11.
39 Livro II, cap. 21.
40 Salmos 103,30.
41 Jó 33,4.
42 Eclesiástico 1,9.
43 1 Coríntios 2,10-11.
44 Mateus 11,27.
45 Isaías 24,16.

Deum sicut spiritus hominis ad hominem. Spiritus autem hominis intrinsecus est homini, et non est extraneae naturae ab ipso, sed est aliquid eius. Igitur et spiritus sanctus non est naturae extraneae a Deo.

Amplius. Si quis conferat verba apostoli praemissa verbis Isaiae prophetae, manifeste percipiet spiritum sanctum Deum esse. Dicitur enim Isaiae 64,4: *oculus non vidit, Deus, absque te, quae praeparasti expectantibus te*. Quae quidem verba apostolus cum introduxisset, subiungit verba praemissa scilicet quod spiritus scrutatur profunda Dei. Unde manifestum est quod spiritus sanctus illa profunda Dei cognoscit quae praeparavit expectantibus eum. Si ergo haec nullus vidit praeter Deum, ut Isaias dicit, manifestum est spiritum sanctum Deum esse.

Item. Isaiae 6 dicitur: *audivi vocem Dei dicentis: quem mittam, et quis ibit nobis? et dixi: ecce ego sum, mitte me. Et dixit: vade, et dices populo huic: audite audientes et nolite intelligere*. Haec autem verba Paulus spiritui sancto attribuit: unde dicitur Act. Ult., quod Paulus dixit Iudaeis: *bene spiritus sanctus locutus est per Isaiam prophetam dicens: vade ad populum istum et dic ad eos: aure audietis et non intelligetis*. Manifestum est ergo spiritum sanctum Deum esse.

Adhuc. Ex sacris Scripturis apparet Deum esse qui locutus est per prophetas: dicitur enim Num. 12,6, ex ore Dei: *si quis fuerit inter vos propheta Domini, in visione apparebo ei, vel per somnium loquar ad illum*; et in Psalmo dicitur: *audiam quid loquatur in me Dominus Deus*. Manifeste autem ostenditur spiritum sanctum locutum esse in prophetis. Dicitur enim Act. 1,16: *oportet enim impleri Scripturam quam praedixit spiritus sanctus per os David*. Et Matth. 22, Dominus dicit: *quomodo*

Deus, como o espírito do homem está para o homem. Ora, o espírito do homem lhe é intrínseco, e não uma natureza estranha; mas algo dele. Portanto, o Espírito Santo também não é uma natureza estranha a Deus.

Ademais. Se alguém conferir as palavras citadas do Apóstolo com as do profeta Isaías, perceberá claramente que o Espírito Santo é Deus. Com efeito, diz Isaías: *Os olhos não viram, sem vós, ó Deus, o que preparastes para os que vos esperam*[46]. Ora, o Apóstolo, ao inserir essas palavras, acrescenta as palavras citadas, isto é, que o Espírito Santo *perscruta as profundezas de Deus*. Donde, fica claro que o Espírito Santo conhece as profundezas de Deus *que preparou para os que o esperam*. Portanto, se tais coisas ninguém viu, afora Deus, como diz Isaías, é claro que o Espírito Santo é Deus.

Igualmente. Diz-se em Isaías: *Ouvi a voz do Senhor, que dizia: A quem enviarei? E quem irá por nós? E eu disse: aqui estou, enviai-me. E o Ele disse: Vai, dirás a este povo: escutai ouvintes, e não entendereis*[47]. Ora, estas palavras o Apóstolo atribui ao Espírito Santo; e nos Atos se diz o que Paulo falou aos judeus: *Falou bem o Espírito Santo, pelo profeta Isaías, dizendo: Vai a este povo e diz-lhe: ouvireis com o ouvido, e não entendereis*[48]. Logo, é claro que o Espírito Santo é Deus.

Ainda. Pelas Sagradas Escrituras é evidente que é Deus que falou pelos profetas, pois está dito pela boca de Deus: *Se entre vós houver algum profeta do Senhor, aparecer-lhe-ei em visão, ou falar-lhe-ei em sonho*[49]; e no Salmo se diz: *Ouvirei o que fala em mim o Senhor Deus*[50]. Ora, mostra-se claramente que o Espírito Santo falou pelos profetas, pois está dito: *Deve ser cumprido o que, na Escritura, o Espírito Santo predisse pela boca de Davi*[51]. Disse ainda o Senhor: *Como afirmam as Escri-*

---

[46] Isaías 64,4.
[47] Isaías 6,8-9.
[48] Atos 28,25.
[49] Números 12,6.
[50] Salmos 84,9.
[51] Atos 1,16.

dicunt Scribae Christum filium David esse? ipse enim dicebat in spiritu sancto: dixit Dominus Domino meo, sede a dextris meis. Et II Petr. 1,21 dicitur: non enim voluntate humana allata est aliquando prophetia, sed spiritu sancto inspirati locuti sunt sancti Dei homines. Manifeste ergo ex Scripturis colligitur spiritum sanctum Deum esse.

Item. Revelatio mysteriorum proprium opus Dei ostenditur in Scripturis: dicitur enim Dan. 2,28: est Deus in caelo revelans mysteria. Mysteriorum autem revelatio opus spiritus sancti ostenditur: dicitur enim I ad Cor. 2,10: nobis revelavit Deus per spiritum suum; et 14,2 dicitur: spiritus loquitur mysteria. Spiritus ergo sanctus Deus est.

Praeterea. Interius docere proprium opus Dei est: dicitur enim in Psalmo de Deo: qui docet hominem scientiam; et Dan. 2,21: dat sapientiam sapientibus, et scientiam intelligentibus disciplinam. Hoc autem proprium opus spiritus sancti esse manifestum est: dicit enim Dominus, Ioan. 14,26: Paraclitus spiritus sanctus, quem mittet pater in nomine meo, ille vos docebit omnia. Spiritus ergo sanctus est divinae naturae.

Adhuc. Quorum est eadem operatio, oportet esse eandem naturam. Est autem eadem operatio filii et spiritus sancti. Quod enim Christus in sanctis loquatur, apostolus ostendit, II ad Cor. Ult., dicens: an experimentum quaeritis eius qui in me loquitur, Christus? hoc etiam opus spiritus sancti esse manifeste apparet: dicitur enim Matth. 10,20: non vos estis qui loquimini, sed spiritus patris vestri, qui loquitur in vobis. Est ergo eadem natura filii et spiritus sancti, et per consequens patris:

bas que o Messias é o Filho de Davi? Com efeito, Ele falava no Espírito Santo: Disse o Senhor ao meu Senhor, senta-te à minha direita[52]. E Pedro escreve: *Jamais uma profecia foi trazida pela vontade humana, mas santos homens de Deus falaram inspirados pelo Espírito Santo*[53]. Portanto, resulta claramente das Escrituras que o Espírito Santo é Deus.

Igualmente. Mostra-se nas Escrituras, que a revelação dos mistérios é obra própria de Deus, como se lê: *Deus, no céu, revela os mistérios*[54]. Ora, mostra-se que a revelação dos mistérios é obra do Espírito Santo, conforme se lê: *Deus nos revelou pelo seu Espírito*[55]; e *O Espírito fala os mistérios*[56]. Logo, o Espírito Santo é Deus.

Além disso. Ensinar interiormente é obra própria de Deus, pois, a respeito de Deus, diz o Salmo: *Ensina a ciência ao homem*[57]. E Daniel: *Dá sabedoria aos sábios e o saber aos que tem inteligência*[58]. Ora, é evidente que esta obra é própria do Espírito Santo, pois diz o Senhor: *O Espírito Santo Paráclito, que o Pai enviará em meu nome, ensinar-vos-á todas as coisas*[59]. Logo, o Espírito Santo é de natureza divina.

Ainda. Aqueles que têm a mesma operação, é necessário que tenham a mesma natureza. Ora, é a mesma a operação do Filho e do Espírito Santo. Com efeito, o Apóstolo demonstra que Cristo fala nos santos, ao dizer: *Por acaso buscais prova de que Cristo fala em mim?*[60] É evidente, também, que esta obra é do Espírito Santo, pois se diz: *Não sereis vós que falareis, mas o Espírito de vosso Pai que falará em vós*[61]. Logo, há a mesma natureza no Filho e no Espírito Santo e, consequentemente, no

---

[52] Mateus 22,43 ss.
[53] 2 Pedro 1,21.
[54] Daniel 2,28.
[55] 1 Coríntios 2,10.
[56] 1 Coríntios 14,2.
[57] Salmos 93,10.
[58] Daniel 2,21.
[59] João 14,26.
[60] 2 Coríntios 13,3.
[61] Mateus 10,20.

cum ostensum sit patrem et filium unam esse naturam.

Amplius. Inhabitare mentes sanctorum proprium Dei est: unde apostolus dicit, II ad Cor. 6,16: vos estis templum Dei vivi, sicut dicit Dominus. Quoniam inhabitabo in illis. Hoc autem idem apostolus spiritui sancto attribuit: dicit enim, I ad Cor. 3,16: nescitis quia templum Dei estis, et spiritus sanctus habitat in vobis? est ergo spiritus sanctus Deus.

Item. Esse ubique proprium Dei est, qui dicit Ier. 23,24: caelum et terram ego impleo. Hoc spiritui sancto convenit. Dicitur enim Sap. 1,7: spiritus Domini replevit orbem terrarum; et in Psalmo: quo ibo a spiritu tuo? et quo a facie tua fugiam? si ascendero in caelum, tu illic es, etc.. Dominus etiam discipulis dicit, Act. 1,8: accipietis virtutem supervenientis spiritus sancti in vos, et eritis mihi testes in ierusalem, et in omni Iudaea et Samaria, et usque ad ultimum terrae. Ex quo patet quod spiritus sanctus ubique est, qui ubicumque existentes inhabitat. Spiritus ergo sanctus Deus est.

Praeterea. Expresse in Scriptura spiritus sanctus Deus nominatur. Dicit enim Petrus, Act. 5,3: Anania, cur tentavit Satanas cor tuum mentiri te spiritui sancto? et postea subdit: non es mentitus hominibus, sed Deo. Spiritus ergo sanctus est Deus.

Item. I ad Cor. 14,2 dicitur: qui loquitur lingua, non hominibus loquitur, sed Deo: nemo enim audit, spiritus autem loquitur mysteria, ex quo dat intelligere quod spiritus sanctus loquebatur in his qui variis linguis loquebantur. Postmodum autem dicit: in lege scriptum est: quoniam in aliis linguis et labiis

Pai, uma vez que foi demonstrado[62] que o Pai e o Filho têm a mesma natureza.

Ademais. Habitar nas almas dos santos é próprio de Deus, pois o Apóstolo diz: *Vós sois o templo de Deus vivo, como disse o Senhor: Porque neles habitarei*[63]. E isso mesmo o Apóstolo atribui ao Espírito Santo, pois diz: *Não sabeis que sois templo de Deus, e que o Espírito Santo habita em vós?*[64]. Logo, o Espírito Santo é Deus.

Igualmente. Estar em toda parte é próprio de Deus, que disse: *Eu encho o céu e a terra*[65]. Ora, isto convém ao Espírito Santo, pois foi dito: *O Espírito do Senhor encheu o orbe terrestre*[66]; e no Salmo: *Para onde irei longe do vosso Espírito? E para onde fugirei da vossa face? Se subir aos céus, lá estareis etc.*[67]. Disse o Senhor aos discípulos: *Recebereis a força do Espírito Santo, que virá sobre vós, e sereis minhas testemunhas em Jerusalém, e em toda a Judéia e Samaria, e até os confins da terra*[68]. É evidente, pois, que o Espírito Santo está em toda parte, e que habita nos que estão em todas as partes. Logo, o Espírito Santo é Deus.

Além disso. Na Escritura o Espírito Santo é denominado explicitamente Deus, pois, assim diz Pedro: *Ananias, porque satanás tentou o teu coração para mentires ao Espírito Santo?*[69], e acrescenta, depois: *Não mentiste aos homens, mas a Deus*[70]. Logo, o Espírito Santo é Deus.

Igualmente. Diz o Apóstolo: *Quem fala em línguas, não fala aos homens, mas a Deus; e ninguém escuta, porque o Espírito fala mistérios*[71]. Com isso dá a entender que o Espírito Santo falava naqueles que falavam várias línguas. E logo depois diz: *Está escrito na Lei: porque em outras línguas e por outras bocas fa-*

---

[62] Cf. cap. 11.
[63] 2 Coríntios 6,16.
[64] 1 Coríntios 3,16.
[65] Jeremias 23,24.
[66] Sabedoria 1,7.
[67] Salmos 138,7.
[68] Atos 1,8.
[69] Atos 5,3.
[70] Atos 5,4.
[71] 1 Coríntios 14,2.

aliis loquar populo huic, et nec sic exaudiet me, dicit Dominus. Spiritus ergo sanctus, qui loquitur mysteria diversis labiis et linguis, Deus est.

Adhuc. Post pauca subditur: si omnes prophetent, intret autem quis infidelis vel idiota, convincitur ab omnibus, diiudicatur ab omnibus: occulta enim cordis eius manifesta fiunt, et ita, cadens in faciem, adorabit Deum, pronuntians quod vere Deus in vobis sit. Patet autem per id quod praemisit, quod spiritus loquitur mysteria, quod manifestatio occultorum cordis a spiritu sancto sit. Quod est proprium divinitatis signum: dicitur enim Ierem. 17,9 pravum est cor hominis et inscrutabile: quis cognoscet illud? ego Dominus, scrutans corda et probans renes. Unde ex hoc indicio etiam infidelis perpendere dicitur quod ille qui haec occulta cordium loquitur, sit Deus. Ergo spiritus sanctus Deus est.

Item. Parum post dicit: spiritus prophetarum prophetis subiecti sunt; non enim est dissensionis Deus, sed pacis. Gratiae autem prophetarum, quas spiritus prophetarum nominavit, a spiritu sancto sunt. Spiritus ergo sanctus, qui huiusmodi gratias sic distribuit ut ex eis non dissensio, sed pax sequatur, Deus esse ostenditur in hoc quod dicit, non est dissensionis Deus, sed pacis.

Amplius. Adoptare in filios Dei non potest esse opus alterius nisi Dei. Nulla enim creatura spiritualis dicitur filius Dei per naturam, sed per adoptionis gratiam: unde et hoc opus filio Dei, qui verus Deus est, apostolus attribuit, ad Gal. 4, dicens: misit Deus filium suum, ut adoptionem filiorum reciperemus. Spiritus autem sanctus est adoptionis causa: dicit enim apostolus, ad Rom. 8,15: accepistis spiritum adoptionis filiorum, in quo clama-

larei a este povo, também assim não me ouvirá. Disse o Senhor[72]. Logo, o Espírito Santo, que fala mistérios por diversas bocas e línguas, é Deus.

Ainda. Pouco depois acrescenta: *Se todos profetizam, e entra alguém infiel ou não iniciado, ele é convencido por todos e julgado por todos e os segredos do seu coração são manifestados e, então, caindo com a face em terra, adorará a Deus, afirmando que o verdadeiro Deus está em vós*[73]. Com efeito, é claro que, por aquilo precedeu, *o Espírito fala mistérios* e que a manifestação dos segredos do coração são do Espírito Santo. Ora, isto é um sinal próprio da divindade, pois está dito: *Tortuoso e impenetrável o coração do homem. Quem o conhece? Eu, o Senhor que perscruto os corações e provo os rins*[74]. E por este indício, se diz que também o infiel pondera que aquele que fala sobre os segredos do coração é Deus. Logo, o Espírito Santo é Deus.

Igualmente. Pouco depois diz: *Os espíritos dos profetas são sujeitos aos profetas, porque Deus não é da discórdia, mas da paz*[75]. Ora, as graças dos profetas, que denominou de *espírito dos profetas*, são do Espírito Santo. Portanto, o Espírito Santo, que distribui as graças de tal modo que delas não se siga discórdia, mas paz, é comprovado ser Deus, segundo o que diz: *Não é Deus da discórdia, mas da paz*.

Ademais. Adotar como filhos de Deus, só pode ser obra de Deus. Ora, nenhuma criatura espiritual se diz filho de Deus por natureza, mas pela graça de adoção. Por isso, o Apóstolo atribui essa obra ao Filho de Deus, que é verdadeiro Deus, ao dizer: *Deus enviou o seu Filho, para que recebêssemos a adoção de filhos*[76]. Ora, o Espírito Santo é causa da adoção, pois diz o Apóstolo: *Recebestes o Espírito de adoção de filhos, no qual chamamos Abba*

---

[72] 1 Coríntios 4,21.
[73] 1 Coríntios 14,24-25.
[74] Jeremias 17,9.
[75] 1 Coríntios 14,32-33.
[76] Gálatas 4,4-5.

mus, abba (pater)p ergo spiritus sanctus non est creatura, sed Deus.

Item. Si spiritus sanctus non est Deus, oportet quod sit aliqua creatura. Planum est autem quod non est creatura corporalis. Nec etiam spiritualis. Nulla enim creatura spirituali creaturae infunditur: cum creatura non sit participabilis sed magis participans. Spiritus autem sanctus infunditur sanctorum mentibus, quasi ab eis participatus: legitur enim et Christus eo plenus fuisse, et etiam apostoli. Non est ergo spiritus sanctus creatura, sed Deus.

Si quis autem dicat praedicta opera, quae sunt Dei, spiritui sancto attribui non per auctoritatem ut Deo, sed per ministerium quasi creaturae: expresse hoc esse falsum apparet ex his quae apostolus dicit, I Cor. 12,6, dicens: divisiones operationum sunt, idem vero Deus qui operatur omnia in omnibus; et postea, connumeratis diversis donis Dei, subdit: haec omnia operatur unus atque idem spiritus, dividens singulis prout vult. Ubi manifeste expressit spiritum sanctum Deum esse: tum ex eo quod spiritum sanctum operari dicit quae supra dixerat Deum operari; tum ex hoc quod eum pro suae voluntatis arbitrio operari confitetur. Manifestum est igitur spiritum sanctum Deum esse.

Capitulum XVIII
Quod spiritus sanctus sit subsistens persona

Sed quia quidam spiritum sanctum asserunt non esse personam subsistentem, sed vel ipsam divinitatem patris et filii, ut quidam macedoniani dixisse perhibentur; vel etiam aliquam accidentalem perfectionem mentis a Deo nobis donatam, puta sapientiam vel caritatem, vel aliquid huiusmodi, quae par-

(Pai)[77]. Logo, o Espírito Santo não é criatura, mas Deus.

Igualmente. Se o Espírito Santo não é Deus, é necessário que seja criatura. É certo, porém, que não é criatura corpórea, nem também criatura espiritual. Com efeito, nenhuma criatura é *infundida* em uma criatura espiritual, uma vez que a criatura não é participável, mas, antes, participante. Ora, o Espírito Santo é infundido no *espírito dos santos*, como participado por eles, pois se lê ter sido Cristo pleno do Espírito Santo[78], e também os apóstolos[79]. Logo, o Espírito Santo não é criatura, mas Deus.

Se alguém disser, porém, que as citadas obras que são próprias de Deus são atribuídas ao Espírito Santo, não enquanto é delas autor como Deus, mas enquanto as ministra como criatura, vê-se que isso é claramente falso, pelo que diz o Apóstolo: *Há divisão de operações, mas o mesmo Deus que opera tudo em todos*[80]. E depois, enumerados os diversos dons de Deus, acrescenta: *O único e mesmo Espírito opera todas estas coisas, distribuindo-as a cada um como quer*. Está aí claramente manifestado que o Espírito Santo é Deus, seja porque diz que o Espírito Santo opera aquilo que antes dissera Deus operar, seja porque reconhece que Ele opera segundo o arbítrio de sua vontade. Logo, é evidente que o Espírito Santo é Deus.

Capítulo 18
O Espírito Santo é pessoa subsistente

Como alguns afirmaram que o Espírito Santo não é pessoa subsistente, mas ou a própria divindade do Pai e do Filho, como disseram alguns Macedonianos[81], ou também uma perfeição acidental de nossa alma dada por Deus, por exemplo, a sabedoria ou a caridade, ou algo semelhante, do qual participamos

---

[77] Romanos 8,15.
[78] Lucas 4,1.
[79] Atos 2,4.
[80] 1 Coríntios 12,6.
[81] Santo Agostinho de Hipona (354-431), em Sobre as Heresias a Quodvultdeus, ML 32, 52. — Discípulos de Macedônio († 360 d.C.) Patriarca de Constantinopla, que afirmava que o Filho era inferior ao Pai e que o Espírito Santo não era igual em substância e dignidade ao Pai.

ticipantur a nobis sicut quaedam accidentia creata: contra hoc ostendendum est spiritum sanctum non esse aliquid huiusmodi.

Non enim formae accidentales proprie operantur, sed magis habens eas pro suae arbitrio voluntatis: homo enim sapiens utitur sapientia cum vult. Sed spiritus sanctus operatur pro suae arbitrio voluntatis, ut ostensum est.Non igitur est aestimandus spiritus sanctus velut aliqua accidentalis perfectio mentis.

Item. Spiritus sanctus, ut ex Scripturis docemur, causa est omnium perfectionum humanae mentis. Dicit enim apostolus, ad Rom. 5,5: caritas Dei diffusa est in cordibus nostris per spiritum sanctum, qui datus est nobis; et I ad Cor. 12,8 alii per spiritum datur sermo sapientiae, alii sermo scientiae, secundum eundem spiritum, et sic de aliis. Non ergo spiritus sanctus est aestimandus quasi aliqua accidentalis perfectio mentis humanae, cum ipse omnium huiusmodi perfectionum causa existat.

Quod autem in nomine spiritus sancti designetur essentia patris et filii, ut sic a neutro personaliter distinguatur, repugnat his quae divina Scriptura de spiritu sancto tradit. Dicitur enim Ioan. 15,26, quod spiritus sanctus procedit a patre; et Ioan. 16,14, quod accipit a filio: quod non potest de divina essentia intelligi, cum essentia divina a patre non procedat, nec a filio accipiat. Oportet igitur dicere quod spiritus sanctus sit subsistens persona.

Item. Sacra Scriptura manifeste de spiritu sancto loquitur tanquam de persona divina subsistente: dicitur enim Act. 13,2: ministrantibus illis Domino et ieiunantibus, dicit illis spiritus sanctus: segregate mihi barnabam et Saulum in opus ad quod assumpsi eos; et infra: et ipsi quidem, missi a spiritu sancto, abie-

como acidentes criados. Contra isso se deve demonstrar que o Espírito Santo não é tais coisas.

Com efeito, as formas acidentais propriamente não operam, mas antes é quem as tem segundo o arbítrio de sua vontade, pois o homem sábio serve-se da sabedoria quando quer. Ora, o Espírito Santo opera segundo o arbítrio de sua vontade divina, como foi demonstrado[82]. Logo, não se deve julgar que o Espírito Santo seja uma perfeição acidental da mente.

Igualmente. O Espírito Santo, segundo as Escrituras nos ensinam, é causa de todas as perfeições da alma humana, pois o Apóstolo diz: *A caridade de Deus foi difundida em nossos corações pelo Espírito Santo que nos foi dado*[83]; e ainda: *A outro é dada a palavra de sabedoria, pelo Espírito; a outro, a da ciência, pelo mesmo Espírito. E assim de outras*[84]. Logo, o Espírito Santo não deve ser julgado como uma perfeição acidental da alma humana, porque Ele é a causa de todas essas perfeições.

Que pelo nome de Espírito Santo seja designada a essência do Pai e do Filho, de modo que Ele não se distinga pessoalmente de nenhum d'Eles, isto é incompatível com o que a divina Escritura diz a respeito do Espírito Santo. Com efeito, diz-se que o Espírito Santo *procede do Pai*[85] e ainda, *que recebe do Filho*[86], o que não pode ser entendido a respeito da essência divina, uma vez que a essência divina não procede do Pai, nem recebe do Filho. Logo, é necessário afirmar que o Espírito Santo é pessoa subsistente.

Igualmente, a Sagrada Escritura fala claramente do Espírito Santo como de uma pessoa divina subsistente, pois dizem os Atos: *Enquanto celebravam o culto ao Senhor e jejuavam, disse-lhes o Espírito Santo: Separai-me Barnabé e Paulo para a obra para a qual os assumi*[87]; e depois: *Eles, enviados pelo Es-*

---

[82] Cf. capítulo anterior.
[83] Romanos 5,5.
[84] 1 Coríntios 12,8.
[85] João 15,26.
[86] João 16,14.
[87] Atos 13,2.

runt; et Act. 15,28, dicunt apostoli: visum est spiritui sancto et nobis nihil ultra imponere oneris vobis etc.; quae de spiritu sancto non dicerentur nisi esset subsistens persona. Est igitur spiritus sanctus subsistens persona.

Amplius. Cum pater et filius sint personae subsistentes et divinae naturae, spiritus sanctus non connumeraretur eisdem nisi et ipse esset persona subsistens in divina natura. Connumeratur autem eisdem: ut patet Matth. Ult., dicente Domino discipulis, euntes docete omnes gentes, baptizantes eos in nomine patris et filii et spiritus sancti; et II ad Cor. Ult., gratia Domini nostri Iesu Christi, et caritas Dei, et communicatio sancti spiritus, sit semper cum omnibus vobis; et I Ioan. Ult., tres sunt qui testimonium dant in caelo, pater, verbum et spiritus sanctus, et hi tres unum sunt. Ex quo manifeste ostenditur quod non solum sit persona subsistens, sicut pater et filius, sed etiam cum eis essentiae habeat unitatem.

Posset autem aliquis contra praedicta calumniari, dicens aliud esse spiritum Dei, et aliud spiritum sanctum. Nam in quibusdam praemissarum auctoritatum nominatur spiritus Dei, in quibusdam vero spiritus sanctus. Sed quod idem sit spiritus Dei et spiritus sanctus, manifeste ostenditur ex verbis apostoli dicentis, I ad Cor. 2,10, ubi, cum praemisisset, nobis revelavit Deus per spiritum sanctum, ad huius confirmationem inducit: spiritus enim omnia scrutatur, etiam profunda Dei; et postea concludit: ita et quae sunt Dei, nemo novit nisi spiritus Dei; ex quo manifeste apparet quod idem sit spiritus sanctus et spiritus Dei. Idem apparet ex hoc quod Matth. 10,20, Dominus dicit: non estis vos qui loquimini, sed spiritus patris vestri qui loquitur in vobis. Loco autem

pírito Santo, partiram[88]. Foi dito, ainda, pelos apóstolos: *Pareceu ao Espírito Santo e a nós nenhum outro ônus vos impor etc.*[89] Ora, estas coisas não seriam ditas do Espírito Santo, se não fosse pessoa subsistente. Logo, o Espírito Santo é pessoa subsistente.

Ademais. Uma vez que o Pai e o Filho são pessoas subsistentes e de natureza divina, o Espírito Santo não seria enumerado com eles se não fosse também pessoa subsistente na natureza divina. Ora, foi enumerado com eles, como está claro em Mateus quando o Senhor diz aos discípulos: *Ide, ensinai a todos os povos, batizando-os em nome do Pai, do Filho e do Espírito Santo*[90]. E Paulo: *A graça de Nosso Senhor Jesus Cristo, a caridade de Deus e a comunhão do Espírito Santo estejam sempre com vós todos*[91]. E ainda João: *Três são os que dão testemunho no céu, o Pai, o Verbo e o Espírito Santo, e os três são um só*[92]. Donde claramente se demonstra que o Espírito Santo não só é pessoa subsistente, como o Pai e o Filho, mas também tem com Eles unidade de essência.

No entanto, poderia alguém objetar falsamente o que está escrito, dizendo que uma coisa é o Espírito de Deus e outra o Espírito Santo, pois em alguns dos textos citados é denominado de Espírito de Deus, em outros de Espírito Santo. Contudo, que se identificam o Espírito de Deus e o Espírito Santo, demonstra-se claramente pelas palavras do Apóstolo na Carta aos Coríntios, onde, após ter escrito: *Revelou-nos Deus pelo Espírito Santo*[93], para confirmação acrescenta: *O Espírito perscruta todas as coisas, até as profundezas de Deus, e conclui: Assim as coisas de Deus ninguém conheceu, senão o Espírito de Deus*[94]. Disto se vê claramente que se identificam o Espírito Santo e o Espírito de Deus. O mesmo se vê no texto de Mateus: *O Senhor disse: Não sois*

---

[88] Atos 13,4.
[89] Atos 15,25.
[90] Mateus 28,19.
[91] 2 Coríntios 13,13.
[92] 1 João 5,7.
[93] 1 Coríntios 2,10.
[94] 1 Coríntios 2,11.

horum verborum marcus dicit: non estis vos loquentes, sed spiritus sanctus. Manifestum est igitur idem esse spiritum sanctum et spiritum Dei.

Sic ergo, cum ex praemissis auctoritatibus multipliciter appareat spiritum sanctum non esse creaturam, sed verum Deum; manifestum est quod non cogimur dicere eodem modo esse intelligendum quod spiritus sanctus mentes sanctorum impleat et eos inhabitet, sicut diabolus aliquos implere vel inhabitare dicitur: habetur enim Ioan. 13,27, de Iuda, quod post bucellam introivit in eo Satanas; et Act. 5,3 dicit Petrus, ut quidam libri habent: Anania, cur implevit Satanas cor tuum? cum enim diabolus creatura sit, ut ex superioribus est manifestum, non implet aliquem participatione sui; neque potest mentem inhabitare per suam substantiam; sed dicitur aliquos implere per effectum suae malitiae, unde et Paulus dicit ad quendam, Act. 13,10: o plene omni dolo et omni fallacia. Spiritus autem sanctus, cum Deus sit, per suam substantiam mentem inhabitat, et sui participatione bonos facit: ipse enim est sua bonitas, cum sit Deus; quod de nulla creatura verum esse potest. Nec tamen per hoc removetur quin per effectum suae virtutis sanctorum impleat mentes.

Capitulum XIX
Quomodo intelligenda sunt quae de spiritu sancto dicuntur

Sanctarum igitur Scripturarum testimoniis edocti, hoc firmiter de spiritu sancto tenemus, quod verus sit Deus, subsistens, et personaliter distinctus a patre et filio. Oportet autem considerare qualiter huiusmodi veritas

vós que falareis, mas é o Espírito de vosso Pai que falará em vós[95]. Em lugar destas palavras Marcos diz: *Não sereis vós a falar, mas é o Espírito Santo*[96]. Logo, é claro que se identificam o Espírito Santo e o Espírito de Deus.

Assim, uma vez que dos textos citados[97] verifica-se muitas vezes que o Espírito Santo não é criatura, mas verdadeiro Deus, é evidente que não somos obrigados a afirmar que se deva entender da mesma maneira como o Espírito Santo enche as mentes dos santos e nelas habite, e como é dito que o diabo habita em alguns e os enche. Com efeito, João diz a respeito de Judas: *Tenho recebido o pedaço de pão, Satanás nele entrou*[98]. No livro dos Atos, Pedro disse, como consta em alguns livros: *Ananias, por que entrou Satanás no teu coração?*[99]. Ora, uma vez que o diabo é uma criatura, como está claro do que foi dito[100], não enche alguém com a sua participação, nem pode habitar uma mente, pela sua substância. Diz-se, no entanto, que enche alguns pelo efeito da sua maldade, como Paulo disse a alguém: *Ó repleto de todo dolo e de toda falsidade*[101]. Ora, o Espírito Santo, por ser Deus, habita na alma pela sua essência, e torna as pessoas boas pela sua participação, pois Ele é a sua bondade, por ser Deus. E isto não pode ser verdadeiro de criatura alguma. Nem por isso se exclui que encha as mentes dos santos por efeito de seu poder.

Capítulo 19
Como se deve entender o que se afirma do Espírito Santo

Instruídos pelos testemunhos das Santas Escrituras, temos firmemente que o Espírito Santo é verdadeiro Deus, subsistente e pessoalmente distinto do Pai e do Filho. É necessário considerar, ainda, como tal verdade deve

---

[95] Mateus 10,20.
[96] Marcos 13,11.
[97] No capítulo anterior e neste capítulo.
[98] João 13,27.
[99] Atos 5,3.
[100] Livro II, cap. 15.
[101] Atos 13,10.

utcumque accipi debeat, ut ab impugnationibus infidelium defendatur.

Ad cuius evidentiam praemitti oportet quod in qualibet intellectuali natura oportet inveniri voluntatem. Intellectus enim fit in actu per formam intelligibilem inquantum est intelligens, sicut res naturalis fit actu in esse naturali per propriam formam. Res autem naturalis per formam qua perficitur in sua specie, habet inclinationem in proprias operationes et proprium finem, quem per operationes consequitur: quale enim est unumquodque, talia operatur, et in sibi convenientia tendit. Unde etiam oportet quod ex forma intelligibili consequatur in intelligente inclinatio ad proprias operationes et proprium finem. Haec autem inclinatio in intellectuali natura voluntas est, quae est principium operationum quae in nobis sunt, quibus intelligens propter finem operatur: finis enim et bonum est voluntatis obiectum. Oportet igitur in quolibet intelligente inveniri etiam voluntatem.

Cum autem ad voluntatem plures actus pertinere videantur, ut desiderare, delectari, odire, et huiusmodi, omnium tamen amor et unum principium et communis radix invenitur. Quod ex his accipi potest. Voluntas enim, ut dictum est, sic se habet in rebus intellectualibus sicut naturalis inclinatio in rebus naturalibus, quae et naturalis appetitus dicitur. Ex hoc autem oritur inclinatio naturalis, quod res naturalis habet affinitatem et convenientiam secundum formam, quam diximus esse inclinationis principium, cum eo ad quod movetur, sicut grave cum loco inferiori. Unde etiam hinc oritur omnis inclinatio voluntatis, quod per formam intelligibilem aliquid apprehenditur ut conveniens vel afficiens. Affici autem ad aliquid, inquantum huiusmodi, est amare ipsum. Omnis igitur inclinatio voluntatis, et etiam appetitus sensibilis, ex amore originem habet. Ex hoc enim quod aliquid amamus, desideramus illud si absit, gaudemus autem cum adest, et tristamur cum ab eo impedimur, et

ser entendida, em seus diversos aspectos, para ser defendida das impugnações dos infiéis.

Para cuja evidência é preciso dizer antes que em toda natureza intelectual deve-se encontrar a vontade. Com efeito, o intelecto passa a ato mediante uma forma inteligível enquanto entende, como uma coisa natural passa a ato em seu ser natural pela sua própria forma. Ora, a coisa natural, pela forma pela qual se constitui em sua espécie, tem inclinação para as suas operações e para o seu fim, que alcança mediante as operações, pois *qual é uma coisa tal é a sua obra*[102] e tende para o que lhe convém. Por isso, é necessário, também, que da forma inteligível se siga no inteligente a inclinação para as operações próprias e para o fim próprio. Ora, esta inclinação na natureza intelectual é a vontade, que é o princípio das nossas operações, mediante as quais o inteligente opera em vista do fim, pois o objeto da vontade é o fim e o bem. Logo, em todo inteligente deve-se encontrar também a vontade.

Uma vez que muitos atos parecem pertencer à vontade: o desejar, o deleitar-se, o odiar, e outros semelhantes, no entanto, se reconhece o amor como o único princípio e a raiz comum de todos. E isto, pode-se entender da seguinte maneira: a vontade, como foi dito, refere-se às coisas intelectuais assim como a inclinação natural, às naturais, e esta inclinação chama-se apetite natural. Ora, a inclinação natural nasce de que, a coisa natural tem, em virtude de sua forma (que dissemos ser o princípio da inclinação) uma afinidade e uma conveniência com aquilo para o que é movida, assim como o corpo pesado para um lugar mais baixo. Por isso, também, toda inclinação da vontade nasce da apreensão de algo como conveniente ou atraente mediante a forma inteligível. Ora, *ser atraído para algo, enquanto tal, é amá-lo*[103]. Portanto, toda inclinação da vontade e também do apetite sensitivo tem a origem no amor. Assim, porque amamos uma coisa, desejamo-la se está ausente; alegramo-

---

[102] (*Tudo age segundo a natureza do seu ser*), Aristóteles (384-322 a.C.), em Ética III, 7, 1114a, 32b.
[103] S. Tomás de Aquino (1225-1274), em Compêndio Teológico, cap. 46, (83).

odimus quae nos ab amato impediunt, et irascimur contra ea.

Sic igitur quod amatur non solum est in intellectu amantis, sed etiam in voluntate ipsius: aliter tamen et aliter. In intellectu enim est secundum similitudinem suae speciei: in voluntate autem amantis est sicut terminus motus in principio motivo proportionato per convenientiam et proportionem quam habet ad ipsum. Sicut in igne quodammodo est locus sursum ratione levitatis, secundum quam habet proportionem et convenientiam ad talem locum: ignis vero generatus est in igne generante per similitudinem suae formae.

Quia igitur ostensum est quod in omni natura intellectuali est voluntas; Deus autem intelligens est, ut in primo ostensum est: oportet quod in ipso sit voluntas: non quidem quod voluntas Dei sit aliquid eius essentiae superveniens, sicut nec intellectus, ut supra ostensum est, sed voluntas Dei est ipsa eius substantia. Et cum intellectus etiam Dei sit ipsa eius substantia, sequitur quod una res sint in Deo intellectus et voluntas. Qualiter autem quae in aliis rebus plures res sunt, in Deo sint una res, ex his quae in primo dicta sunt, potest esse manifestum.

Et quia ostensum est in primo quod operatio Dei sit ipsa eius essentia; et essentia Dei sit eius voluntas: sequitur quod in Deo non est voluntas secundum potentiam vel habitum, sed secundum actum. Ostensum est autem quod omnis actus voluntatis in amore radicatur. Unde oportet quod in Deo sit amor.

Et quia, ut in primo ostensum est, proprium obiectum divinae voluntatis est eius

nos quando ela está presente; entristecemo-nos quando estamos separados dela; e odiamos aquilo que nos desviam do amado, e nos enraivecemos contra isso.

Assim, o que se ama não está somente no intelecto do amante, mas também na sua vontade, entretanto, de maneira muito diferente em uma e no outro. No intelecto, está segundo a semelhança de sua espécie; na vontade do amante, está como o termo do movimento no princípio motor proporcionado pela conveniência e conformidade que tem com ele[104]. Assim como no fogo há, de algum modo, um lugar ao qual tende, por causa da leveza, segundo a qual está em conveniência e proporção para tal lugar; ao contrário, o fogo gerado está no fogo que o gera pela semelhança de sua forma.

Foi demonstrado que em toda criatura inteligente há vontade. Ora, Deus é inteligente, como também foi demonstrado[105]. É necessário, pois, que Ele tenha vontade. No entanto, a vontade de Deus não é algo acrescido à sua essência, como tampouco o intelecto, como foi demonstrado[106], pois a vontade de Deus é a sua mesma substância. E como o intelecto de Deus é a sua mesma substância, segue-se que em Deus o intelecto e a vontade são uma só coisa. De que modo aquilo é múltiplo nas outras coisas é uma única coisa em Deus, pode-se esclarecer pelo que foi dito no Livro Primeiro[107].

E porque já foi demonstrado[108] que a operação de Deus é sua mesma essência, e a essência de Deus é a sua vontade[109], segue-se que em Deus não há vontade como potência ou hábito, mas como ato. Foi também demonstrado que todo ato da vontade tem a sua raiz no amor. Logo, em Deus, deve haver amor.

Foi também demonstrado[110] que o objeto próprio da vontade divina é a sua bondade. É

---

[104] S. Tomás de Aquino (1225-1274), em Questão Disputada sobre o Poder de Deus, q. 10, a. 2-ad. 11.
[105] Livro I, cap. 44.
[106] Livro I, caps. 45 e 73.
[107] Livro I, cap. 31.
[108] Livro I, cap. 45.
[109] Livro I, cap. 73.
[110] Livro I, cap. 74.

bonitas, necesse est quod Deus primo et principaliter suam bonitatem et seipsum amet. Cum autem ostensum sit quod amatum necesse est aliqualiter esse in voluntate amantis; ipse autem Deus seipsum amat: necesse est quod ipse Deus sit in sua voluntate ut amatum in amante. Est autem amatum in amante secundum quod amatur; amare autem quoddam velle est; velle autem Dei est eius esse, sicut et voluntas eius est eius esse; esse igitur Dei in voluntate sua per modum amoris, non est esse accidentale, sicut in nobis, sed essentiale. Unde oportet quod Deus, secundum quod consideratur ut in sua voluntate existens, sit vere et substantialiter Deus.

Quod autem aliquid sit in voluntate ut amatum in amante, ordinem quendam habet ad conceptionem qua ab intellectu concipitur, et ad ipsam rem cuius intellectualis conceptio dicitur verbum: non enim amaretur aliquid nisi aliquo modo cognosceretur; nec solum amati cognitio amatur, sed secundum quod in se bonum est. Necesse est igitur quod amor quo Deus est in voluntate divina ut amatum in amante, et a verbo Dei, et a Deo cuius est verbum, procedat.

Cum autem ostensum sit quod amatum in amante non est secundum similitudinem speciei, sicut intellectum in intelligente; omne autem quod procedit ab altero per modum geniti, procedit secundum similitudinem speciei a generante: relinquitur quod processus rei ad hoc quod sit in voluntate sicut amatum in amante, non sit per modum generationis, sicut processus rei ad hoc quod sit in intellectu habet rationem generationis, ut supra ostensum est. Deus igitur procedens per modum amoris, non procedit ut genitus. Neque igitur filius dici potest.

Sed quia amatum in voluntate existit ut inclinans, et quodammodo impellens intrinsecus amantem in ipsam rem amatam; impulsus

necessário, pois, que Deus ame a sua bondade e a si mesmo em primeiro lugar e acima de tudo. Ora, como também foi demonstrado que o amado deve estar de certo modo na vontade do amante, e que o próprio Deus ama a si mesmo, é necessário que Deus esteja na sua vontade como o amado no amante. Ora, o amado está no amante, enquanto é por este amado. E, o amar é certo querer; e o querer de Deus é o seu ser, assim como a sua vontade é o seu ser. Portanto, o ser de Deus na vontade divina por modo de amor não é um ser acidental, como em nós, mas essencial. Logo, é necessário que Deus, considerado enquanto existe na sua vontade, seja verdadeira e substancialmente Deus.

Que algo esteja na vontade como o amado no amante, ordena-se de algum modo a um conceito pelo qual é concebido pelo intelecto e à mesma coisa, cujo conceito intelectual se chama verbo, pois não se amaria uma coisa se de algum modo não fosse conhecida; e não somente é amado o conhecimento do amado, mas também enquanto ele é bom em si mesmo. Portanto, é necessário que o amor pelo qual Deus esteja na vontade divina como o amado no amante, proceda do Verbo de Deus e do Deus de quem é o Verbo.

Uma vez que foi demonstrado que o amado não está no amante, segundo uma semelhança de espécie, como está o que é entendido naquele que entende, tudo aquilo que procede de outro como gerado, procede do genitor segundo uma semelhança de espécie. Resulta, pois, que o processo de uma coisa pelo qual está na vontade, como o amado no amante, não é à maneira de geração, como é o processo de uma coisa, pelo qual está no intelecto, o qual tem a razão de geração, como foi demonstrado[111]. Logo, Deus que procede como amor, não procede como gerado. E não pode ser chamado de Filho.

E porque o amado está na vontade como para inclinar, e de algum modo impelir intrinsecamente o amante para a coisa amada,

---

[111] Cf. cap. 11.

autem rei viventis ab interiori ad spiritum pertinet: convenit Deo per modum amoris procedenti ut spiritus dicatur eius, quasi quadam spiratione existente. Hinc est quod apostolus spiritui et amori impulsum quendam attribuit: dicit enim, Rom. 8,14: qui spiritu Dei aguntur, hi filii Dei sunt; et II ad Cor. 5,14. Caritas Christi urget nos.

Quia vero omnis intellectualis motus a termino denominatur; amor autem praedictus est quo Deus ipse amatur: convenienter Deus per modum amoris procedens dicitur spiritus sanctus; ea enim quae Deo dicata sunt, sancta dici consueverunt.

Capitulum XX
De effectibus attributis spiritui sancto in Scripturis respectu totius creaturae

Oportet autem, secundum convenientiam praedictorum, considerare effectus quos spiritui sancto sacra Scriptura attribuit.

Ostensum est enim in superioribus quod bonitas Dei est eius ratio volendi quod alia sint, et per suam voluntatem res in esse producit. Amor igitur quo suam bonitatem amat, est causa creationis rerum; unde et quidam antiqui Philosophi amorem deorum causam omnium esse posuerunt, ut patet in I metaph.; et dionysius dicit, IV cap. De div. Nom., quod divinus amor non permisit ipsum sine germine esse. Habitum est autem ex praemissis quod spiritus sanctus procedit per modum amoris quo Deus amat seipsum. Igitur spiritus sanctus est principium creationis rerum. Et hoc significatur in Psalmo: emitte spiritum tuum et creabuntur.

Ex hoc etiam quod spiritus sanctus per modum amoris procedit; amor autem vim quandam impulsivam et motivam habet: motus qui est a Deo in rebus, spiritui sancto proprie attribui videtur. Prima autem mutatio

assim como o impulso interior de um ser vivo pertence ao espírito, convém a Deus, que procede como amor, seja denominado *Espírito*, o qual existe como uma expiração. Por isso, o Apóstolo atribui ao Espírito e ao Amor, certo impulso: *Os que agem segundo o Espírito são filhos de Deus*[112]; e ainda: *A caridade de Cristo nos impele*[113].

E porque todo movimento intelectual é denominado pelo termo, e o amor citado é aquele pelo qual Deus se ama, convém que o Deus que procede por amor seja chamado *Espírito Santo*, pois tudo o que é dedicado a Deus costuma chamar-se santo.

Capítulo 20
Efeitos atribuídos nas Escrituras ao Espírito Santo em relação a toda criatura

Tendo em conta o que foi dito, é necessário considerar os efeitos que a Sagrada Escritura atribui ao Espírito Santo.

Com efeito, foi demonstrado[114], que a bondade de Deus é a sua razão de querer que as outras coisas existam, e que, por sua vontade, dá existência às coisas. Portanto, o amor com que ama sua bondade é a causa da criação das coisas. Por isso, alguns filósofos antigos afirmaram que *o amor dos deuses* era a causa de todas as coisas, como está claro no Filósofo[115]. Diz também Dionísio, que *o amor divino não se permitiu ser estéril*[116]. Ora, foi dito que o Espírito Santo procede como amor, com o qual Deus se ama a si mesmo. Logo, o Espírito Santo é o princípio da criação das coisas. E isto é afirmado no Salmo: *Enviai o vosso Espírito e todas as coisas serão criadas*[117].

E como o Espírito Santo procede como amor, e o amor tem certa força impulsiva e motora, o movimento que é dado por Deus às coisas propriamente é atribuído ao Espírito Santo. Ora, deve-se entender que o primeiro

---

[112] Romanos 8,14.
[113] 2 Coríntios 5,14.
[114] Livro I, cap. LXXV.
[115] Aristóteles (384-322 a.C.), em Metafísica I, 4, 984b, 27.
[116] Dionísio Areopagita (séc. V-VI), em Os Nomes Divinos, 4, MG 3, 708B.
[117] Salmos 103,30.

in rebus a Deo existens intelligitur secundum quod ex materia creata informi species diversas produxit. Unde hoc opus spiritui sancto sacra Scriptura attribuit: dicitur enim Gen. 1,2: spiritus Domini ferebatur super aquas. Vult enim Augustinus per aquas intelligi materiam primam super quam spiritus Domini ferri dicitur, non quasi ipse moveatur, sed quia est motionis principium.

Rursus. Rerum gubernatio a Deo secundum quandam motionem esse intelligitur, secundum quod Deus omnia dirigit et movet in proprios fines. Si igitur impulsus et motio ad spiritum sanctum ratione amoris pertinet, convenienter rerum gubernatio et propagatio spiritui sancto attribuitur. Unde iob 33,4 dicitur: spiritus Domini fecit me et in Psalmo: spiritus tuus bonus deducet me in terram rectam. Et quia gubernare subditos proprius actus Domini est, convenienter spiritui sancto dominium attribuitur. Dicit enim apostolus, II ad Cor. 3,17: spiritus autem Dominus est. Et in symbolo fidei dicitur: credo in spiritum sanctum Dominum.

Item. Vita maxime in motu manifestatur: moventia enim seipsa vivere dicimus, et universaliter quaecumque a seipsis aguntur ad operandum. Si igitur ratione amoris spiritui sancto impulsio et motio competit, convenienter etiam sibi attribuitur vita. Dicitur enim Ioan. 6,64: spiritus est qui vivificat; et Ezech. 37,6: dabo vobis spiritum et vivetis, et in symbolo fidei nos in spiritum sanctum vivificantem credere profitemur. Quod etiam et nomini spiritus consonat: nam etiam corporalis vita animalium est per spiritum vitalem a principio vitae in cetera membra diffusum.

movimento dessas coisas feitas por Deus foi a produção das diversas espécies, a partir da matéria criada e informe. Por isso, a Sagrada Escritura atribui esta operação ao Espírito Santo: *O Espírito de Deus movia-se por sobre as águas*[118]. Santo Agostinho[119] entende que *as águas* são a matéria-prima, sobre a qual o Espírito Santo é dito mover-se, não como sendo movido, mas como princípio do movimento.

Por outro lado. O governo das coisas realizado por Deus é entendido como uma moção, enquanto Deus dirige todas as coisas e as move para os próprios fins. Portanto, se o impulso e a moção pertencem ao Espírito Santo em razão do amor, é conveniente que o governo e a propagação das coisas sejam atribuídos ao Espírito Santo: *O Espírito do Senhor me fez*[120]; e ainda: *O teu bom Espírito me levará a uma terra plana*[121]. E porque governar os súditos é ato próprio do Senhor, convenientemente atribui-se o domínio ao Espírito Santo, pois diz o Apóstolo: *O Espírito é Senhor*[122], e o Símbolo da Fé: *Creio no Espírito Santo, Senhor*[123].

Igualmente. É o movimento, sobretudo, que manifesta a vida, pois dizemos viver às coisas que se movem por si mesmas e, em geral, às coisas agem por si mesmas. Portanto, se, em razão do amor, o impulso e o movimento são próprios do Espírito Santo, também é conveniente que a vida lhe seja atribuída. Lê-se em João: *O Espírito é que vivifica*[124]; e em Ezequiel: *Dar-vos-ei o Espírito, e vivereis*[125], e no Símbolo da Fé que nós professamos crer no Espírito Santo que dá a vida. Isto, também, concorda com o termo espírito, pois a vida corpórea dos animais existe pelo espírito vital, que se difunde aos demais membros pelo princípio da vida.

---

[118] Gênese 1,2.
[119] Santo Agostinho de Hipona (354-431), em O Gênese literalmente, 15, 29; ML 34, 257.
[120] Jó 33,4.
[121] Salmo 142,10 (Vulgata).
[122] 2 Coríntios 3,17.
[123] Denzinger, H-Barwart (1819-1883), em Símbolo Niceno-Constantinopolitano, 86.
[124] João 6,64.
[125] Ezequiel 37,6.

Capitulum XXI
De effectibus attributis spiritui sancto in sacra Scriptura respectu rationalis creaturae, quantum ad ea quae Deus nobis largitur

Considerandum est etiam, quantum ad effectus quos proprie in natura rationali facit, quod ex hoc quod divinae perfectioni utcumque assimilamur, huiusmodi perfectio a Deo nobis dari dicitur: sicut sapientia a Deo nobis donatur secundum quod divinae sapientiae utcumque assimilamur. Cum igitur spiritus sanctus procedat per modum amoris quo Deus seipsum amat, ut ostensum est; ex hoc quod huic amori assimilamur Deum amantes, spiritus sanctus a Deo nobis dari dicitur. Unde apostolus dicit, Rom. 5,5: caritas Dei diffusa est in cordibus nostris per spiritum sanctum, qui datus est nobis.

Sciendum tamen est quod ea quae a Deo in nobis sunt, reducuntur in Deum sicut in causam efficientem et exemplarem. In causam quidem efficientem, inquantum virtute operativa divina aliquid in nobis efficitur. In causam quidem exemplarem, secundum quod id quod in nobis a Deo est, aliquo modo Deum imitatur. Cum ergo eadem virtus sit patris et filii et spiritus sancti, sicut et eadem essentia; oportet quod omne id quod Deus in nobis efficit, sit, sicut a causa efficiente, simul a patre et filio et spiritu sancto. Verbum tamen sapientiae, quo Deum cognoscimus, nobis a Deo immissum, est proprie repraesentativum filii. Et similiter amor quo Deum diligimus, est proprium repraesentativum spiritus sancti. Et sic caritas quae in nobis est, licet sit effectus patris et filii et spiritus sancti, tamen quadam speciali ratione dicitur esse in nobis per spiritum sanctum.

Quia vero effectus divini non solum divina operatione esse incipiunt, sed etiam per eam tenentur in esse, ut ex superioribus patet,

Capítulo 21
Os efeitos atribuídos ao Espírito Santo na Sagrada Escritura, relativamente às criaturas racionais e aos dons divinos a elas concedidas

A respeito dos efeitos que propriamente faz na natureza racional, deve-se também considerar que, porque de algum modo nos assemelhamos à perfeição divina, se diz que Deus nos dá tais perfeições. Por exemplo; a sabedoria nos é dada por Deus, enquanto de algum modo nos assemelhamos à sabedoria divina. Portanto, uma vez que o Espírito Santo procede como o amor, com que Deus se ama, como foi demonstrado[126], e porque, nos assemelhamos a este amor, amando a Deus, diz-se que o Espírito Santo nos é dado por Deus. Donde, o Apóstolo diz: *A caridade de Deus foi difundida em nossos corações pelo Espírito Santo, que nos foi dado*[127].

No entanto, deve-se saber que aquelas coisas que temos de Deus reportam a Deus como causa eficiente e exemplar. Como causa eficiente, enquanto, pelo poder operativo divino, algo é efetuado em nós; como causa exemplar, enquanto o que existe em nós por Deus, imita a Deus de certo modo. Portanto, uma vez que o mesmo poder é do Pai, do Filho e do Espírito Santo, assim como também a mesma essência, é necessário que tudo aquilo que Deus efetua em nós como causa eficiente seja simultaneamente do Pai, e do Filho e do Espírito Santo. Contudo, *a Palavra de Sabedoria*[128], que nos foi infundida por Deus e pela qual o conhecemos, representa propriamente Filho. E igualmente o amor, pelo qual amamos a Deus, representa propriamente o Espírito Santo. E, assim a caridade que há em nós, embora seja efeito do Pai, e do Filho e do Espírito Santo, contudo, por uma razão especial, se diz que está em nós pelo Espírito Santo.

Mas, porque os efeitos divinos não só começam a ser pela operação divina, mas também por ela são mantidos no ser, como está

---

[126] Cf. cap. 19.
[127] Romanos 5,5.
[128] Daniel 1,20; 1 Coríntios 1,24.30.

nihil autem operari potest ubi non est, oportet enim operans et operatum in actu esse simul, sicut movens et motum: necesse est ut, ubicumque est aliquis effectus Dei, ibi sit ipse Deus effector. Unde, cum caritas, qua Deum diligimus, sit in nobis per spiritum sanctum, oportet quod ipse etiam spiritus sanctus in nobis sit, quandiu caritas in nobis est. Unde apostolus dicit, I Cor. 3,16: nescitis quoniam templum Dei estis, et spiritus sanctus habitat in vobis? cum igitur per spiritum sanctum Dei amatores efficiamur; omne autem amatum in amante est, inquantum huiusmodi: necesse est quod per spiritum sanctum pater etiam et filius in nobis habitent. Unde Dominus dicit, Ioan. 14,23: ad eum veniemus, scilicet diligentem Deum, et mansionem apud eum faciemus. Et I Ioan. 3,24, dicitur: in hoc scimus quoniam manet in nobis de spiritu quem dedit nobis.

Rursus. Manifestum est quod Deus maxime amat illos quos sui amatores per spiritum sanctum constituit, non enim tantum bonum nisi amando conferret, unde Proverb. 8,17 dicitur ex persona Domini: ego diligentes me diligo; non quasi nos prius dilexerimus Deum, sed quoniam ipse prior dilexit nos, ut dicitur I Ioan. 4,10. Omne autem amatum in amante est. Necesse est igitur quod per spiritum sanctum non solum Deus sit in nobis, sed etiam nos in Deo. Unde dicitur I Ioan. 4,16: qui manet in caritate in Deo manet, et Deus in eo; et iterum: in hoc intelligimus quoniam in eo manemus, et ipse in nobis, quoniam de spiritu suo dedit nobis.

Est autem hoc amicitiae proprium, quod amico aliquis sua secreta revelet. Cum enim

claro do que foi dito[129], e como nada pode operar onde não está, é necessário, pois, que o operante e a sua obra estejam juntamente em ato, como movente e movido[130]; portanto, é necessário que onde quer que exista um efeito de Deus, aí esteja o próprio Deus como operador. Por conseguinte, como a caridade, com a qual amamos a Deus, está em nós pelo Espírito Santo, é necessário que também o próprio Espírito Santo esteja em nós, enquanto a caridade está em nós. Donde, o Apóstolo dizer: *Não sabeis que sois templo de Deus, e que o Espírito Santo habita em vós?*[131]. Portanto, uma vez que pelo Espírito Santo nos tornamos amantes de Deus, e que todo amado, enquanto tal, está no amante, é necessário que pelo Espírito Santo habitem em nós o Pai e o Filho. Por isso, diz o Senhor: *A ele viremos* (isto é, ao que ama a Deus), *e nele faremos nossa morada*[132]. E diz João: *Nisto sabemos que permanece em nós pelo Espírito que nos foi dado*[133].

Por outro lado. É manifesto que Deus ama, sobretudo, aos que constitui amantes seus pelo Espírito Santo, pois, não concederia um bem tão grande a não ser por amor; por isso, dizem os Provérbios, da pessoa do Senhor: *Eu amo os que me amam*[134]. E João: *Não como se antes tivéssemos amado a Deus, mas porque Deus nos amou primeiro*[135]. Ora, todo amado está no amante. Portanto, é necessário não só que Deus esteja em nós, pelo Espírito Santo como, também, nós em Deus. Donde ser dito: *Quem permanece na caridade permanece em Deus e Deus nele*[136]; e novamente: Entendemos porque *permanecemos n'Ele, e Ele em nós, porque nos deu o Espírito*[137].

É próprio da amizade que alguém revele ao amigo os seus segredos. Uma vez que a ami-

---

[129] Livro III, cap. 65.
[130] Aristóteles (384-322 a.C.), em Física VII, 2, 243a, 3-6.
[131] 1 Coríntios 3,16.
[132] João 14,23.
[133] 1 João 3,24.
[134] Provérbios 8,17.
[135] 1 João 4,10.
[136] 1 João 4,16.
[137] 1 João 4,13.

amicitia coniungat affectus, et duorum faciat quasi cor unum, non videtur extra cor suum aliquis illud protulisse quod amico revelat: unde et Dominus dicit discipulis, Ioan. 15,15: iam non dicam vos servos, sed amicos meos: quia omnia quae audivi a patre meo, nota feci vobis. Quia igitur per spiritum sanctum amici Dei constituimur, convenienter per spiritum sanctum hominibus dicuntur revelari divina mysteria. Unde apostolus dicit, I ad Cor. 2,9 scriptum est quod oculus non vidit, nec auris audivit, nec in cor hominis ascendit, quae praeparavit Deus diligentibus se; nobis autem revelavit Deus per spiritum sanctum. Et quia ex his quae homo novit, formatur eius loquela, convenienter etiam per spiritum sanctum homo loquitur divina mysteria: secundum illud I Cor. 14,2: spiritu loquitur mysteria; et Matth. 10,20: non enim vos estis qui loquimini, sed spiritus patris vestri qui loquitur in vobis. Et de prophetis dicitur II Petr. 1,21, quod spiritu sancto inspirati locuti sunt sancti Dei homines. Unde etiam in symbolo fidei dicitur de spiritu sancto: qui locutus est per prophetas.

Non solum autem est proprium amicitiae quod amico aliquis revelet sua secreta propter unitatem affectus, sed eadem unitas requirit quod etiam ea quae habet, amico communicet: quia, cum homo amicum habeat ut se alterum, necesse est quod ei subveniat sicut et sibi sua ei communicans; unde et proprium amicitiae esse ponitur velle et facere bonum amico; secundum illud I Ioan. 3,17: qui habuerit substantiam huius mundi, et viderit fratrem suum necessitatem habentem, et clauserit viscera sua ab eo: quomodo caritas Dei manet in eo? hoc autem maxime in Deo habet locum, cuius velle est efficax ad effectum. Et

zade une os afetos e de dois corações faz como um único, não parece que alguém profira aquilo que revela ao amigo negando o seu coração. Por isso, o Senhor disse aos discípulos: *Já não vos chamarei de servos, mas de amigos, porque vos fiz cientes de tudo que ouvi do meu Pai*[138]. Ora, porque pelo Espírito Santo fomos constituídos amigos de Deus, convenientemente se diz que é pelo Espírito Santo que os mistérios divinos são revelados aos homens. Por isso o Apóstolo diz: *Está escrito que os olhos não viram, nem os ouvidos ouviram, nem o coração humano imaginou o que Deus preparou para os que o amam; e a nós Deus revelou pelo Espírito Santo*[139]. E porque a linguagem humana se forma daquelas coisas que o homem conhece, convenientemente, também, o homem fala dos mistérios divinos pelo Espírito Santo, segundo aquilo: *Pelo Espírito fala mistérios*[140]; e em Mateus: *Não falareis vós, mas é o Espírito de vosso Pai que fala em vós*[141]. E sobre os profetas, diz Pedro: *Os santos homens de Deus falam inspirados pelo Espírito Santo*[142]. Por isso, diz também o Símbolo da Fé[143], a respeito do Espírito Santo: *Que falou pelos profetas*.

Não é somente próprio da amizade que alguém revele ao amigo os seus segredos, devido à unidade de afeto, mas a mesma unidade exige ainda que aquilo que tem se partilhe com o amigo, porque, uma vez que o homem tem o amigo como outro eu[144], é necessário que deve auxiliá-lo como se fosse a si mesmo, partilhando com ele a suas coisas. Por isso, afirma-se ser próprio, também, da amizade querer e fazer o bem ao amigo, segundo o texto de João: *Quem possuir os bens deste mundo, e vir o seu irmão tendo necessidade, e fechar-lhe as entranhas, como permanecerá a caridade de Deus nele?*[145]. Isto tem lugar principalmen-

---

[138] João 15,15.
[139] 1 Coríntios 2,9.
[140] 1 Coríntios 14,2.
[141] Mateus 10,20.
[142] 2 Pedro 2,21.
[143] Denzinger, H-Barwart (1819-1883), em Símbolo Niceno-Constantinopolitano, 86.
[144] Aristóteles (384-322 a.C.), em Ética IX, 4, 1166a, 30-31.
[145] 1 João 3,17.

ideo convenienter omnia dona Dei per spiritum sanctum nobis donari dicuntur: secundum illud I Cor. 12,8: *alii datur per spiritum sermo sapientiae; alii autem sermo scientiae secundum eundem spiritum;* et postea, multis enumeratis: *haec omnia operatur unus atque idem spiritus, dividens singulis prout vult.*

Manifestum est autem quod, sicut ad hoc quod corpus aliquod ad locum ignis perveniat, oportet quod igni assimiletur levitatem acquirens, ex qua motu ignis proprio moveatur; ita ad hoc quod homo ad beatitudinem divinae fruitionis, quae Deo propria est secundum suam naturam, perveniat, necesse est, primo quidem quod per spirituales perfectiones Deo assimiletur; et deinde secundum eas operetur; et sic tandem praedictam beatitudinem consequetur. Dona autem spiritualia nobis per spiritum sanctum dantur, ut ostensum est. Et sic per spiritum sanctum Deo configuramur; et per ipsum ad bene operandum habiles reddimur; et per eundem ad beatitudinem nobis via paratur. Quae tria apostolus insinuat nobis, II Cor. 1, dicens: *unxit nos Deus; et signavit nos; et dedit pignus spiritus in cordibus nostris.* Et Ephes. 1,13 *signati estis spiritu promissionis sancto, qui est pignus hereditatis nostrae.* Signatio enim ad similitudinem configurationis pertinere videtur; unctio autem ad habilitatem hominis ad perfectas operationes; pignus autem ad spem qua ordinamur in caelestem hereditatem, quae est beatitudo perfecta.

Et quia ex benevolentia quam quis habet ad aliquem, contingit quod eum sibi adoptat in filium, ut sic ad eum hereditas adoptantis pertineat; convenienter spiritui sancto adoptio filiorum Dei attribuitur; secundum illud Rom. 8,15: *accepistis spiritum adoptionis filiorum, in quo clamamus, abba (pater).*

te em Deus, cujo querer eficaz em operar o efeito. Por isso, diz-se convenientemente que todos os dons de Deus nos são dados pelo Espírito Santo, segundo este texto: *A uns é dada a palavra de sabedoria; a outros a palavra da ciência, segundo o mesmo Espírito*[146] e depois da enumeração de muitos dons: *Um e mesmo Espírito realiza todas essas coisas, distribuindo-as cada um como quer*[147].

É claro que, assim como, para que um corpo se aproxime do fogo deve assemelhar-se a ele, adquirindo a sua leveza, para que se mova com o movimento próprio do fogo, assim, para que o homem chegue à bem-aventurança da fruição divina, que é própria de Deus, segundo a sua natureza, é necessário que primeiro se assemelhe a Deus pelas perfeições espirituais; e, em seguida, que opere segundo elas e, assim, finalmente, conseguirá a referida bem-aventurança. Ora, os dons espirituais nos são dados pelo Espírito Santo, como foi demonstrado. E, assim, somos configurados com Deus pelo Espírito Santo, e por Ele tornamo-nos capazes de operar o bem e, por Ele mesmo nos é preparado o caminho para a bem-aventurança. Estas três coisas nos são insinuadas pelo Apóstolo: *Deus nos ungiu e nos assinalou e nos deu o penhor do Espírito no coração*[148]; e em outro lugar: *Fostes assinalados pela promessa do Espírito Santo, que é o penhor da nossa herança*[149]. Assim, o *assinalar* parece pertencer à semelhança de configuração; a *unção*, à habilitação do homem para as obras perfeitas; o *penhor*, à esperança pela qual somos ordenados à herança celeste, que é a bem-aventurança perfeita.

Acontece que, pela benevolência que se tem a outro, este seja adotado como filho, de modo que a herança do adotante lhe pertença; assim, atribui-se, convenientemente, ao Espírito Santo a adoção dos filhos de Deus, conforme diz o Apóstolo: *Recebestes o Espírito de adoção de filhos, na qual chamamos Abba, Pai*[150].

---

[146] 1 Coríntios 12,8.
[147] 1 Coríntios 12,11.
[148] 2 Coríntios 1,21-22.
[149] Efésios 1,13.
[150] Romanos 8,15.

Per hoc autem quod aliquis alterius amicus constituitur, omnis offensa removetur, amicitiae enim offensa contrariatur: unde dicitur Proverb. 10,12: universa delicta operit caritas. Cum igitur per spiritum sanctum Dei amici constituamur, consequens est quod per ipsum nobis a Deo remittantur peccata: et ideo Dominus dicit discipulis, Ioan. 20,22: accipite spiritum sanctum: quorum remiseritis peccata, remittentur. Et ideo Matth. 12,31, blasphemantibus in spiritum sanctum peccatorum remissio denegatur, quasi non habentibus illud per quod homo remissionem consequitur peccatorum. Inde etiam est quod per spiritum sanctum dicimur renovari, et purgari, sive lavari: secundum illud Psalmi: emitte spiritum tuum et creabuntur, et renovabis faciem terrae; et Ephes. 4,23: renovamini spiritu mentis vestrae; et Isaiae 4,4: si abluerit Dominus sordes filiorum sion, et sanguinem filiarum laverit de medio eius, in spiritu iudicii et spiritu ardoris.

O fato de que alguém se constitui amigo de outro remove toda ofensa, pois são contrárias a amizade e a ofensa, como foi dito: *A caridade cobre todos os pecados*[151]. Portanto, como pelo Espírito Santo somos constituídos amigos de Deus, segue-se que, mediante ele, Deus nos perdoa os pecados, e por isso disse o Senhor aos discípulos: *Recebei o Espírito Santo, a quem perdoardes os pecados ser-lhes-ão perdoados*[152]. Em razão disso, em Mateus[153] se diz que se negará a remissão dos pecados aos que blasfemarem contra o Espírito Santo, como se não tivessem aquilo pelo qual o homem consegue a remissão dos pecados. Daí também se dizer que pelo Espírito Santo somos renovados, purificados ou lavados, segundo o Salmo: *Enviai o vosso Espírito e tudo será criado e renovareis a face da terra*[154]; em Efésios: *Renovai pelo Espírito a vossa mente*[155]; e em Isaías: *Se Deus lavar a sujeira dos filhos de Sião, e afastar a imundície de suas filhas do seu meio, no Espírito de justiça, e de ardor*[156].

Capitulum XXII
De effectibus attributis spiritui sancto secundum quod movet creaturam in Deum

His igitur consideratis quae per spiritum sanctum in sacris Scripturis nobis a Deo fieri dicuntur, oportet considerare quomodo per spiritum sanctum moveamur in Deum.

Et primo quidem, hoc videtur esse amicitiae maxime proprium, simul conversari ad amicum. Conversatio autem hominis ad Deum est per contemplationem ipsius: sicut et apostolus dicebat, philipp. 3,20: nostra conversatio in caelis est. Quia igitur spiritus sanctus nos amatores Dei facit, consequens est quod per spiritum sanctum Dei contemplatores constituamur. Unde apostolus dicit, II Cor. 3,18: nos autem omnes, revelata facie gloriam

Capítulo 22
Os efeitos atribuídos ao Espírito Santo enquanto move a criatura para Deus

Considerado o que as Sagradas Escrituras dizem que Deus nos fez pelo Espírito Santo, é necessário considerar como somos movidos a Deus pelo Espírito Santo.

Em primeiro lugar, parece ser o mais próprio da amizade a conversação junto com o amigo. Ora, a conversação do homem com Deus faz-se pela contemplação d'Ele, como dizia o Apóstolo: *A nossa conversação está no céu*[157]. Portanto, uma vez que o Espírito Santo nos faz amigos de Deus, segue-se que pelo Espírito Santo nos constituímos contempladores de Deus. Por isso, o Apóstolo diz: *Todos nós que, de rosto descoberto, contemplamos a glória*

---

[151] Provérbios 10,12.
[152] João 20,22.
[153] Mateus 12,31.
[154] Salmos 103,30.
[155] Efésios 4,23.
[156] Isaías 4,4.
[157] Filipenses 3,20.

Dei speculantes, in eandem imaginem transformamur a claritate in claritatem, tanquam a Domini spiritu.

Est autem et amicitiae proprium quod aliquis in praesentia amici delectetur, et in eius verbis et factis gaudeat, et in eo consolationem contra omnes anxietates inveniat: unde in tristitiis maxime ad amicos consolationis causa confugimus. Quia igitur spiritus sanctus Dei nos amicos constituit, et eum in nobis habitare facit et nos in ipso, ut ostensum est, consequens est ut per spiritum sanctum gaudium de Deo et consolationem habeamus contra omnes mundi adversitates et impugnationes. Unde et in Psalmo dicitur: redde mihi laetitiam salutaris tui, et spiritu principali confirma me; et Rom. 14,17: regnum Dei est iustitia et pax et gaudium in spiritu sancto, et Act. 9,31 dicitur: ecclesia habebat pacem et aedificabatur, ambulans in timore Dei, et consolatione spiritus sancti replebatur. Et ideo Dominus spiritum sanctum Paraclitum, idest consolatorem, nominat, Ioan. 14,26: Paraclitus autem spiritus sanctus, etc.

Similiter autem et amicitiae proprium est consentire amico in his quae vult. Voluntas autem Dei nobis per praecepta ipsius explicatur. Pertinet igitur ad amorem quo Deum diligimus, ut eius mandata impleamus: secundum illud Ioan. 14,15: si diligitis me, mandata mea servate. Unde, cum per spiritum sanctum Dei amatores constituamur, per ipsum etiam quodammodo agimur ut praecepta Dei impleamus: secundum illud apostoli, Rom. 8,14: qui spiritu Dei aguntur, hi filii Dei sunt.

Considerandum tamen est quod a spiritu sancto filii Dei aguntur non sicut servi, sed si-

de Deus como num espelho, somos transformados em sua imagem de claridade em claridade, como pelo Espírito do Senhor[158].

É próprio, também, da amizade que alguém se deleite na presença do amigo e se alegre com suas palavras e feitos, e que encontre nele consolo em todas as ansiedades. Por isso, sobretudo nas tristezas refugiamo-nos nos amigos em busca de consolo. Portanto, uma vez que o Espírito Santo nos constitui amigos de Deus, e O faz habitar em nós e nós n'Ele, como foi demonstrado, segue-se que pelo Espírito Santo, teremos a alegria e o consolo de Deus contra todas as adversidades e impugnações do mundo. Por isso, no Salmo se diz: *Devolve-me a alegria de tua salvação e confirma-me no Espírito principal*[159], e em Romanos: *O reino de Deus é justiça e paz e alegria no Espírito Santo*[160]; e nos Atos: *A Igreja tinha paz e crescia, andando no temor do Senhor e estava plena do consolo do Espírito Santo*[161]. Por isso, o Senhor chama o Espírito Santo *Paráclito*, isto é, *Consolador*. Em João[162]: *O Consolador, o Espírito Santo...*

Igualmente é próprio, também, da amizade consentir com o amigo naquelas coisas que ele quer. Ora, a vontade de Deus nos explicada pelos preceitos d'Ele. Portanto, pertence ao amor com o qual amamos Deus que nós cumpramos os seus mandamentos, conforme o que diz João: *Se me amais, observai os meus mandamentos*[163]. E, uma vez que nos constituímos amigos de Deus pelo Espírito Santo, também por Ele somos induzidos de alguma maneira a cumprir os preceitos de Deus, conforme o que diz o Apóstolo: *Os que são induzidos a agir pelo Espírito de Deus, estes são filhos de Deus*[164].

Entretanto, deve-se considerar que os filhos de Deus são induzidos a agir não como

---

[158] 2 Coríntios 3,18.
[159] Salmo 50,14.
[160] Romanos 14,17.
[161] Atos 9,31.
[162] João 14,26.
[163] João 14,15.
[164] Romanos 8,14.

cut liberi. Cum enim liber sit qui sui causa est, illud libere agimus quod ex nobis ipsis agimus. Hoc vero est quod ex voluntate agimus: quod autem agimus contra voluntatem, non libere, sed serviliter agimus; sive sit violentia absoluta, ut quando totum principium est extra, nihil conferente vim passo, puta cum aliquis VI impellitur ad motum; sive sit violentia voluntario mixta, ut cum aliquis vult facere vel pati quod minus est contrarium voluntati, ut evadat quod magis voluntati contrariatur. Spiritus autem sanctus sic nos ad agendum inclinat ut nos voluntarie agere faciat, inquantum nos amatores Dei constituit. Filii igitur Dei libere a spiritu sancto aguntur ex amore, non serviliter ex timore. Unde apostolus, Rom. 8,15, dicit: non accepistis spiritum servitutis iterum in timore, sed spiritum adoptionis filiorum.

Cum autem voluntas ordinetur in id quod est vere bonum, sive propter passionem sive propter malum habitum aut dispositionem homo ab eo quod est vere bonum avertatur, serviliter agit, inquantum a quodam extraneo inclinatur, si consideretur ipse ordo naturalis voluntatis. Sed si consideretur actus voluntatis ut inclinatae in apparens bonum, libere agit cum sequitur passionem aut habitum corruptum; serviliter autem agit si, tali voluntate manente, propter timorem legis in contrarium positae, abstinet ab eo quod vult. Cum igitur spiritus sanctus per amorem voluntatem inclinet in verum bonum, in quod naturaliter ordinatur, tollit et servitutem qua, servus passionis et peccati effectus, contra ordinem voluntatis agit; et servitutem qua, contra motum suae voluntatis, secundum legem agit, quasi legis servus, non amicus. Propter quod apostolus dicit, II Cor. 3,17: ubi spiritus Domini, ibi li-

servos, mas como livres. E, como é livre aquele que é causa de si mesmo[165], fazemos livremente aquilo que fazemos por nós mesmos, a saber: o que fazemos voluntariamente. Mas, o que fazemos, contra a vontade, isso fazemos servilmente; ou porque a violência é absoluta, como *quando o princípio é totalmente extrínseco, não cooperando o paciente em nada com a violência*[166], por exemplo: quando alguém é impelido ao movimento pela força, ou porque a violência é misturada de voluntariedade, como quando alguém quer fazer ou padecer o que é menos contrário à vontade para evitar o que é mais contrário à vontade. Mas, o Espírito Santo, ao nos constituir amigos de Deus, de tal modo nos inclina a agir que nos faz agir voluntariamente. Portanto, os filhos de Deus são induzidos a agir pelo Espírito Santo livremente por amor, não servilmente por temor. Por isso, diz o Apóstolo: *Não recebestes o espírito de servidão para novamente caíres no temor, mas o Espírito de adoção de filhos*[167].

A vontade se ordena àquilo que é verdadeiramente bom. Se se considera a ordem natural da vontade, seja que por uma paixão, ou por um mau hábito ou uma má disposição, um homem se afaste daquilo que é verdadeiramente bom, agirá servilmente, enquanto for inclinado a isso. Mas, se se considera o ato da vontade, da vontade inclinada para um bem aparente, o homem agirá livremente quando segue uma paixão ou um hábito mau; agirá servilmente se, permanecendo tal vontade, se abstiver do que quer, pelo temor de uma lei que afirma o contrário. Logo, quando o Espírito Santo, por amor, inclina a vontade para o verdadeiro bem, ao qual se inclina naturalmente, livra-a não só da servidão pela qual o homem, feito servo da paixão e do pecado, agia contra a ordem da vontade; mas também da servidão pela qual o homem, contra o movimento de sua vontade, agia segundo a lei,

---

[165] Aristóteles (384-322 a.C.), em Metafísica I, 2, 982b, 26. Traduz-se comumente: *Como é livre aquele que é senhor de si mesmo.*
[166] Aristóteles (384-322 a.C.), em Ética III, 1, 1110b, 15-17.
[167] Romanos 8,15.

bertas; et Galat. 5,18: si spiritu ducimini, non estis sub lege.

Hinc est quod spiritus sanctus facta carnis mortificare dicitur, secundum quod per passionem carnis a vero bono non avertimur, in quod spiritus sanctus per amorem nos ordinat: secundum illud Rom. 8,13: si spiritu facta carnis mortificaveritis, vivetis.

Capitulum XXIII
Solutio rationum supra inductarum contra divinitatem spiritus sancti

Restat autem solvere supra positas rationes, quibus concludi videbatur quod spiritus sanctus sit creatura, et non Deus.

Circa quod considerandum est primo, quod nomen spiritus a respiratione animalium sumptum videtur, in qua aer cum quodam motu infertur et emittitur. Unde nomen spiritus ad omnem impulsum et motum vel cuiuscumque aerei corporis trahitur: et sic ventus dicitur spiritus, secundum illud Psalmi, ignis, grando, nix, glacies, spiritus procellarum, quae faciunt verbum eius. Sic etiam vapor tenuis diffusus per membra ad eorum motus, spiritus vocatur.

Rursus, quia aer invisibilis est, translatum est ulterius spiritus nomen ad omnes virtutes et substantias invisibiles et motivas. Et propter hoc et anima sensibilis, et anima rationalis, et Angeli, et Deus, spiritus dicuntur: et proprie Deus per modum amoris procedens, quia amor virtutem quandam motivam insinuat. Sic igitur quod Amos dicit, creans spiritum, de vento intelligit: ut nostra translatio expressius habet; quod etiam consonat ei quod praemittitur, formans montes. Quod vero zacharias de Deo dicit, quod est creans, vel fingens

não como amigo dela, mas como servo. Por isso, o Apóstolo diz: *Onde está o Espírito do Senhor, aí está a liberdade*[168]; *Se vos guiais pelo Espírito, não estais sob a lei*[169].

Por isso, se diz que o Espírito Santo mortifica as obras da carne; porque enquanto as paixões da carne nos afastam do verdadeiro bem, o Espírito Santo, por amor, nos ordena para ele, segundo o Apóstolo: *Se com o Espírito mortificais as obras da carne, vivereis*[170].

Capítulo 23
Solução das razões antes aduzidas contra a divindade do Espírito Santo

Resta solucionar as razões afirmadas acima, das quais parecia concluir que o Espírito Santo é uma criatura, e não Deus.

Sobre isso, deve-se considerar, em primeiro lugar, que nome espírito parece ser tomado da respiração dos animais, na qual o ar é aspirado e espirado com algum movimento. Por isso, o nome espírito é aplicado a todo impulso e movimento de qualquer corpo aéreo. E assim se chama ao vento de espírito, como diz o Salmo: *O fogo, o granizo, a neve, o gelo, espírito das tempestades que realizam a sua palavra*[171]. Ainda, o vapor subtil, difundido entre os membros dos animais para os seus movimentos, chama-se espírito.

Por outro lado, porque o ar é invisível, se transferiu depois o nome espírito para todas as potências e substâncias invisíveis e motoras. Em razão disso, não só a alma sensitiva e a alma racional, mas também os anjos e Deus são chamados espíritos; e propriamente Deus que procede por modo de amor, porque o amor insinua uma potência motora. Assim, quando Amós diz: *Quem cria o espírito*[172], entende o vento, como a nossa tradução (a Vulgata) expressamente tem; o que também concorda com o que precede: *quem forma os montes*. O

---

[168] 2 Coríntios 3,17.
[169] Gálatas 5,18.
[170] Romanos 8,13.
[171] Salmo 148,8.
[172] Amos 4,13. O texto da Vulgata diz: ecce formans montes et creans ventum; eis quem forma os montes e cria o vento.

spiritum hominis in eo, de anima humana intelligit. Unde concludi non potest quod spiritus sanctus sit creatura. Similiter autem nec ex hoc quod Dominus dicit de spiritu sancto, non loquetur a semetipso, sed quaecumque audiet loquetur, concludi potest quod sit creatura. Ostensum est enim quod spiritus sanctus est Deus de Deo procedens. Unde oportet quod essentiam suam ab alio habeat: sicut et de filio Dei dictum est supra. Et sic, cum in Deo et scientia et virtus et operatio Dei sit eius essentia, omnis filii et spiritus sancti scientia et virtus et operatio est ab alio: sed filii a patre tantum, spiritus autem sancti a patre et filio. Quia igitur una de operationibus spiritus sancti est quod loquatur in sanctis viris, ut ostensum est, propter hoc dicitur quod non loquitur a semetipso, quia a se non operatur. Audire autem ipsius est accipere scientiam, sicut et essentiam, a patre et filio, eo quod nos per auditum scientiam accipimus: est enim consuetum in Scriptura ut divina per modum humanorum tradantur. Nec movere oportet quod dicit, audiet, quasi de futuro loquens, cum accipere spiritum sanctum sit aeternum: nam aeterno verba cuiuslibet temporis aptari possunt, eo quod aeternitas totum tempus complectitur.

Secundum eadem etiam apparet quod missio qua spiritus sanctus mitti dicitur a patre et filio, non potest concludere eum esse creaturam. Dictum est enim supra quod filius Dei secundum hoc missus fuisse dicitur, quod in carne visibili hominibus apparuit, et sic novo quodam modo fuit in mundo, quo prius non fuerat, scilicet visibiliter, in quo ta-

que Zacarias diz de Deus que é o que *cria ou forma o espírito do homem* nele, certamente entende da alma humana[173]. Por isso, não se pode concluir que o Espírito Santo seja uma criatura. Igualmente, pelo fato de que o Senhor disse do Espírito Santo: *Não falará por si mesmo, mas dirá o que tiver ouvido*[174], não se pode concluir que seja uma criatura, pois se demonstrou que o Espírito Santo é Deus[175] procedendo de Deus[176]. Portanto, é necessário que tenha a sua essência de outro, como foi dito também do Filho de Deus. E, uma vez que em Deus não só a ciência, mas também a potência e a operação de Deus são a sua essência, assim o Filho e o Espírito Santo têm de outro toda ciência, potência e operação; mas o Filho somente do Pai e o Espírito Santo do Pai e do Espírito Santo. Portanto, porque uma das operações de Espírito Santo é que fale nos santos, como foi demonstrado[177], por isso se diz que *não fala por si mesmo*, porque não opera por si. E o *ouvir* do Espírito Santo é receber a ciência, como a ciência mesma, do Pai e do Filho, porque nós recebemos a ciência pelo ouvido; com efeito, é costume da Escritura revelar as coisas divinas à maneira dos humanos. Nem é necessário se perturbar pelo que diz no futuro: *o que tiver ouvido*, uma vez que o receber do Espírito Santo é eterno, e ao que é *eterno* se podem adaptar as palavras em qualquer tempo, porque eternidade abraça todos os tempos.

Pelo mesmo motivo, também, parece que a missão pela qual o Espírito Santo se diz enviado pelo Pai e pelo Filho não pode concluir que Ele seja uma criatura[178]. Foi dito acima[179] que o Filho de Deus foi enviado porque apareceu em carne visível aos homens, e assim esteve no mundo de uma maneira nova, na qual antes não estivera, a saber, visivelmente, embora es-

---

[173] Zacarias 12,1.
[174] João 16,13.
[175] Cf. cap. 17.
[176] Cf. cap. 19.
[177] Cf. cap. 21.
[178] Cf. cap. 16.
[179] Cf. cap. 8.

men fuerat semper invisibiliter ut Deus. Quod autem hoc filius ageret, ei a patre fuit: unde et secundum hoc a patre dicitur missus. Sic autem et spiritus sanctus visibiliter apparuit: vel in specie columbae super Christum in baptismo; vel in linguis igneis super apostolos. Et licet non fuerit factus columba vel ignis, sicut filius factus est homo; tamen sicut in signis quibusdam ipsius in huiusmodi visibilibus speciebus apparuit; et sic etiam ipse quodam novo modo, scilicet visibiliter, in mundo fuit. Et hoc ei fuit a patre et filio: unde et ipse a patre et filio dicitur missus. Quod non minorationem in ipso, sed processionem ostendit.

Est tamen et alius modus quo tam filius quam spiritus sanctus invisibiliter mitti dicuntur. Patet enim ex dictis quod filius procedit a patre per modum notitiae, qua Deus cognoscit seipsum; et spiritus sanctus procedit a patre et filio per modum amoris, quo Deus amat seipsum. Unde, sicut dictum est, cum aliquis per spiritum sanctum amator Dei efficitur, spiritus sanctus est inhabitator ipsius: et sic quodam novo modo in homine est, scilicet secundum novum proprium effectum ipsum inhabitans. Et quod hunc effectum in homine faciat spiritus sanctus, est ei a patre et filio: et propter hoc a patre et filio invisibiliter dicitur mitti. Et pari ratione, in mente hominis filius dicitur mitti invisibiliter, cum aliquis sic in divina cognitione constituitur quod ex tali cognitione Dei amor procedat in homine. Unde patet quod nec iste etiam modus missionis in filio aut spiritu sancto minorationem inducit, sed solum processionem ab alio.

Similiter etiam nec spiritum sanctum a divinitate excludit quod pater et filius interdum connumerantur, non facta mentione de spiritu sancto: sicut nec filium a divinitate excludit

tivesse sempre invisível como Deus. Ora, que o Filho fizesse isso, veio do Pai; por isso, se diz que foi enviado pelo Pai. — Assim, também, o Espírito Santo apareceu visivelmente: ou em figura de pomba sobre Cristo no batismo[180]; ou em línguas de fogo sobre os apóstolos[181]. E embora não se fizesse pomba ou fogo, como o Filho se fez homem, entretanto, apareceu em tais aparências como sinais de si mesmo e assim, Ele esteve no mundo de um modo novo, a saber, visivelmente. E isso veio do Pai e do Filho, por isso se diz que Ele foi enviado pelo Pai e o Filho, o que demonstra a sua processão e não a sua diminuição.

Há também outro modo pelo qual tanto o Filho quanto o Espírito Santo se dizem enviados invisivelmente. Com efeito, fica claro, pelo que foi dito, que o Filho procede do Pai por via de conhecimento pelo qual Deus se conhece a si mesmo[182]; e o Espírito Santo procede do Pai e do Filho por via de amor, pelo qual Deus ama a si mesmo[183]. Por isso, como foi dito[184], quando alguém se torna amigo de Deus pelo Espírito Santo, o Espírito Santo habita nele; e assim, está no homem de maneira nova, a saber, habitando nele segundo um efeito novo e próprio. E ao fazer este efeito no homem o Espírito Santo está nele pelo Pai e pelo Filho, e por isso, diz-se que é enviado invisivelmente pelo Pai e pelo Filho. E pela mesma razão, o Filho se diz ser enviado invisivelmente à alma do homem, quando alguém é constituído de tal modo no conhecimento divino que de tal conhecimento procede o amor de Deus no homem. Portanto, fica claro que nem este modo de missão induz diminuição no Filho ou no Espírito Santo, mas somente processão de outro.

Igualmente, nem a Escritura exclui o Espírito Santo da divindade porque o Pai e o Filho são enumerados, às vezes, sem a menção do Espírito Santo, assim como não exclui o Filho

---

[180] Mateus 3,16.
[181] Atos 2,3.
[182] Cf. cap. 11.
[183] Cf. cap. 19.
[184] Cf. cap. 21.

quod interdum fit mentio de patre, non facta mentione de filio. Per hoc enim tacite Scriptura insinuat quod quicquid, ad divinitatem pertinens, de uno trium dicitur, de omnibus est intelligendum, eo quod sunt unus Deus. Nec etiam potest Deus pater sine verbo et amore intelligi, nec e converso: et propter hoc in uno trium omnes tres intelliguntur. Unde et interdum fit mentio de solo filio, in eo quod commune est tribus: sicut est illud Matth. 11,27, neque patrem quis novit nisi filius: cum tamen et pater et spiritus sanctus patrem cognoscant. Similiter etiam de spiritu sancto dicitur I Cor. 2,11: quae sunt Dei, nemo novit nisi spiritus Dei, cum tamen certum sit quod ab hac cognitione divinorum neque pater neque filius excludantur.

Patet etiam quod non potest ostendi spiritus sanctus esse creatura per hoc quod de ipso in Scriptura sacra aliqua ad motum pertinentia dicta inveniuntur. Sunt enim accipienda metaphorice. Sic enim et Deo aliquando Scriptura sacra motum attribuit: ut est illud Gen. 3,8, cum audissent vocem Domini deambulantis in Paradiso; et 18,21, descendam, et videbo utrum clamorem opere compleverint. Quod ergo dicitur, spiritus Domini ferebatur super aquas, intelligendum est eo modo dictum esse sicut dicitur quod voluntas fertur in volitum, et amor in amatum. Quamvis et hoc quidam non de spiritu sancto, sed de aere intelligere velint, qui habet naturalem locum super aquam, unde ad eius multimodas transmutationes significandas, dictum est quod ferebatur super aquas. Quod etiam dicitur, effundam de spiritu meo super omnem carnem, ea ratione dictum esse oportet intelligi qua spiritus sanctus dicitur mitti hominibus a patre vel filio, ut dictum est. In verbo autem effusionis abundantia effectus spiritus sancti intelligitur; et quod non stabit in uno, sed ad

da divindade por mencionar, às vezes, o Pai, sem a menção do Filho. Por isso, a Escritura insinua tacitamente que tudo aquilo que, pertinente à divindade, é dito de um dos três, deve-se entender de todos, porque são um único Deus. Tampouco pode-se entender Deus Pai sem o Verbo e sem o Amor, nem vice-versa, porque em cada um dos três são entendidos todos os três. Assim, menciona-se, às vezes, somente o Filho, no que é comum aos três; por exemplo, em Mateus: *Ninguém conhece o Pai senão o Filho*[185], entretanto, o Pai e o Espírito Santo conhecem, também, o Filho. Igualmente se diz do Espírito Santo: *Ninguém conhece o que é de Deus, senão o Espírito Santo*[186], entretanto, é certo que nem o Pai, nem o Filho são excluídos do conhecimento do que é de Deus.

É claro que não se pode demonstrar que o Espírito Santo é criatura, porque na Sagrada Escritura se encontram sobre Ele alguns textos pertinentes ao movimento. Tais textos devem ser tomados como metáforas. É assim que a Sagrada Escritura, às vezes, atribui o movimento também a Deus: *Quando ouviram a voz do Senhor que passeava no Paraíso*[187]; e ainda: *Descerei e verei se eles agem conforme o clamor*[188]. Portanto, o que se diz: *O Espírito do Senhor se movia sobre as águas*[189], deve-se entender do mesmo modo quando se diz que a vontade se move para o querido e o amor para o amado. Embora alguns queiram entender isso não do Espírito Santo, mas do ar cujo lugar natural está sobre a água, por isso para significar suas múltiplas transformações, foi dito: *Se movia sobre as águas*. — E o que também se diz: *Derramarei meu Espírito sobre toda a carne*[190], é necessário que seja entendido pela mesma razão pela qual o Espírito Santo se diz enviado aos homens pelo Pai ou pelo Filho, como já foi dito. Na palavra *derramarei* se entende abundância do efeito do Espírito

---

[185] Mateus 11,27.
[186] 1 Coríntios 2,11.
[187] Gênese 3,8.
[188] Gênese 18,21.
[189] Gênese 1,2.
[190] Atos 2,17.

plures deveniet, a quibus etiam quodammodo in alios derivetur, sicut patet in his quae corporaliter effunduntur.

Similiter autem quod dicitur, auferam de spiritu tuo tradamque eis, non ad ipsam essentiam seu personam spiritus sancti referendum est, cum indivisibilis sit: sed ad ipsius effectus, secundum quos in nobis habitat, qui in homine possunt augeri et minui; non tamen ita quod id quod subtrahitur uni, idem numero alteri conferatur sicut in rebus corporalibus accidit; sed quia aliquid simile potest accrescere uni in quo alii decrescit. Nec tamen requiritur quod ad hoc quod accrescat uni, alteri subtrahatur: quia res spiritualis potest simul absque detrimento cuiuslibet a pluribus possideri. Unde nec intelligendum est quod de donis spiritualibus oportuerit aliquid subtrahi Moysi ad hoc quod aliis conferretur, sed ad actum sive ad officium referendum est: quia quod spiritus sanctus prius per solum Moysen effecerat, postea per plures implevit. — Sic etiam nec elisaeus petiit ut spiritus sancti essentia seu persona duplicata augeretur: sed ut duos effectus spiritus sancti qui fuerant in elia, scilicet prophetia et operatio miraculorum, essent etiam in ipso. — Quamvis etiam non sit inconveniens quod effectum spiritus sancti unus alio abundantius participet, secundum duplam vel quantamcumque aliam proportionem: cum mensura utriusque sit finita. Non tamen hoc praesumpsisset elisaeus petere, ut in effectu spirituali superaret magistrum.

Patet etiam ex consuetudine sacrae Scripturae quod per quandam similitudinem humani animi passiones transferuntur in Deum: sicut dicitur in Psalmo: iratus est furore Dominus in populum suum. Dicitur enim Deus iratus per similitudinem effectus: punit enim, quod et irati faciunt; unde et ibidem subditur:

Santo, que não se estabelecerá em um só, mas que chegará a muitos, dos quais de algum modo derivará para outros, como é claro naquelas coisas que se derramam corporalmente.

Igualmente, o que se diz: *Tomarei do teu espírito e darei a eles*[191], não se deve referir à essência ou à pessoa do Espírito Santo, uma vez que é indivisível, mas aos seus efeitos pelos quais habita em nós, os quais podem aumentar e diminuir no homem; mas não de tal modo que aquilo que é subtraído a um, seja o mesmo numericamente conferido a outro, como acontece nas coisas corporais; mas antes, porque algo semelhante pode crescer em um decrescer em outro. Entretanto, não se requer que para que cresça em um seja subtraído de outro, pois uma coisa espiritual pode ser possuída simultaneamente de muitos sem detrimento de ninguém. Por isso, não se deve entender que fosse necessário subtrair de Moisés algo dos dons espirituais para que fossem conferidos a outros, mas deve-se referir a uma ação ou a uma função, porque o que o Espírito Santo antes fizera apenas por Moisés, depois realizou por muitos. — Assim também, Eliseu não pediu que a essência ou que a pessoa do Espírito Santo fosse duplicada, mas que os dois efeitos do Espírito Santo que estiveram em Elias, a profecia e a obra dos milagres, estivessem também nele. — Embora não seja inconveniente que alguém participe mais abundantemente do efeito do Espírito Santo do que outra pessoa, segundo uma proporção dupla ou maior, uma vez que a medida de uma e outra é finita, entretanto, Eliseu não pretendeu pedir isso para que superasse o mestre no efeito espiritual.

É claro, também, nos textos da Sagrada Escritura que as paixões da alma humana, por uma semelhança, são transferidas para Deus. Por exemplo: *O Senhor se encheu de pudor contra o seu povo*[192]. Diz-se que Deus se irou pela semelhança do efeito, pois, pune, como as pessoas iradas fazem, e aí mesmo acrescenta: *E*

---

[191] Números 11,17.
[192] Salmo 105,40.

et tradidit eos in manus gentium. Sic et spiritus sanctus contristari dicitur per similitudinem effectus: deserit enim peccatores, sicut contristati deserunt contristantes. Est etiam consuetus modus loquendi in sacra Scriptura ut illud Deo attribuatur quod in homine facit: secundum illud Gen. 22,12: nunc cognovi quod timeas Dominum, idest, nunc cognoscere feci. Et hoc modo dicitur quod spiritus sanctus postulat, quia postulantes facit: facit enim amorem Dei in cordibus nostris, ex quo desideramus ipso frui, et desiderantes postulamus.

Cum autem spiritus sanctus procedat per modum amoris quo seipsum Deus amat; eodem autem amore Deus se et alia propter suam bonitatem amat: manifestum est quod ad spiritum sanctum pertinet amor quo Deus nos amat. Similiter etiam et amor quo nos Deum amamus: cum nos Dei faciat amatores, ut ex dictis patet. Et quantum ad utrumque, spiritui sancto competit donari. Ratione quidem amoris quo Deus nos amat, eo modo loquendi quo unusquisque dicitur dare amorem suum alicui cum eum amare incipit: — quamvis Deus neminem ex tempore amare incipiat, si respiciatur ad voluntatem divinam qua nos amat; effectus tamen sui amoris ex tempore causatur in aliquo, cum eum ad se trahit. Ratione autem amoris quo nos Deum amamus, quia hunc amorem spiritus sanctus facit in nobis: unde secundum hunc amorem in nobis habitat, ut ex dictis patet, et sic eum habemus ut cuius ope fruimur. Et quia hoc est spiritui sancto a patre et filio, quod per amorem quem in nobis causat, in nobis sit et habeatur a nobis, convenienter dicitur a patre et filio nobis dari. Nec per hoc patre et filio minor ostenditur: sed ab ipsis habet originem. Dicitur etiam et a seipso dari nobis, inquantum amorem secundum quem nos inhabitat, simul cum patre et filio in nobis causat.

entregou-os nas mãos das gentes[193]. Assim também, se diz que o Espírito Santo se entristece pela semelhança do efeito, pois abandona os pecadores como os entristecidos abandonam os entristecedores. Assim, o modo habitual de falar da Sagrada Escritura atribui a Deus o que Ele faz nos homens: *Agora conheci que temes o Senhor*[194], isto é, *agora Eu fiz conhecer*. E deste modo se diz que o Espírito Santo *pede*, porque *faz que se peça*; pois causa o amor de Deus nos nossos corações, pelo qual desejamos fruir d'Ele, e quando desejamos, pedimos.

Uma vez que o Espírito Santo procede pelo modo de amor, pelo qual Deus se ama; pelo mesmo amor Deus se ama e as outras coisas em razão de sua bondade; é claro, pois, que pertence ao Espírito Santo o amor pelo qual Deus nos ama. Igualmente, também, o amor pelo qual amamos a Deus, uma vez que nos faz amigos de Deus. E com respeito a uma e outra coisa, cabe ao Espírito Santo o *ser dado*. Pela razão do amor pelo qual Deus nos ama, o modo de falar de alguém diz que dá o seu amor a alguém, quando começa a amá-lo, embora Deus não comece a amar no tempo, se se considera a vontade divina pela qual nos ama, entretanto, os efeitos do seu amor são causados no tempo em alguém, quando o atrai a Si. Em razão do amor pelo qual amamos a Deus, porque o Espírito Santo causa em nós este amor, por isso habita em nós conforme este amor, como está claro pelo que foi dito[195], e assim nós o temos de tal modo que fruímos de sua obra em nós. E uma vez que estar em nós e ser tido por nós, e pelo amor que causa em nós, isso provém do Espírito Santo pelo Pai e pelo Filho e, assim, convenientemente se diz ser *dado para nós* pelo Pai e pelo Filho. E não por isso se demonstra que seja menor do que o Pai e do que o Filho, mas que procede de ambos. Diz-se, também, que Ele se dá a nós por si mesmo, uma vez que causa em nós, simultaneamente com o Pai e com o Filho, o amor com o qual habita em nós.

---

[193] Salmo 105,41.
[194] Gênese 22.12.
[195] Cf. cap. 21.

Quamvis autem spiritus sanctus verus sit Deus, et veram naturam divinam habeat a patre et filio, non tamen oportet quod filius sit. Filius enim dicitur aliquis ex eo quod genitus est: unde, si res aliqua naturam alterius ab eo acciperet non per genituram, sed per alium quemcumque modum, ratione filiationis careret; ut puta si aliquis homo, virtute sibi divinitus ad hoc concessa, faceret hominem ex aliqua sui corporis parte, vel etiam exteriori modo, sicut facit artificiata, productus homo producentis filius non diceretur, quia non procederet ab eo ut natus. Processio autem spiritus sancti rationem nativitatis non habet, ut supra ostensum est. Unde spiritus sanctus, licet a patre et filio divinam naturam habeat, non tamen eorum filius dici potest.

Quod autem in sola natura divina pluribus modis natura communicatur, rationabile est. Quia in solo Deo eius operatio est suum esse. Unde, cum in eo, sicut in qualibet intellectuali natura, sit intelligere et velle, id quod procedit in eo per modum intellectus ut verbum, aut amoris et voluntatis ut amor, oportet quod habet esse divinum, et sit Deus. Et sic tam filius quam spiritus sanctus est verus Deus.

Haec igitur de spiritus sancti divinitate dicta sint. Alia vero quae circa eius processionem difficultatem habent, ex his quae de nativitate filii dicta sunt, considerare oportet.

Embora o Espírito Santo seja verdadeiro Deus e tenha a natureza divina verdadeira pelo Pai e pelo Filho, entretanto, não é necessário que seja Filho[196]. Chama-se filho alguém que é gerado, por isso, careceria da razão de filiação uma coisa que recebesse uma natureza de outro, não por geração, mas por qualquer outro modo. Por exemplo, se um homem, por uma força divina concedida a ele, fizesse um homem de alguma parte do seu corpo ou de uma maneira exterior, como faz as obras artificiais, este homem produzido não se diria filho de quem o produziu, porque não teria procedido dele como nascido. Ora, a processão do Espírito Santo não tem a razão de nascimento, como foi demonstrado[197]. Por isso, o Espírito Santo, embora tenha a natureza divina pelo Pai e pelo Filho, não pode chamar-se Filho.

É razoável que na natureza divina somente, a natureza se comunique de muitos modos[198]. Porque somente em Deus o seu operar é o seu ser. Por isso, uma vez que n'Ele, como em qualquer natureza intelectual há entender e querer, aquilo que procede n'Ele pelo modo do intelecto como o Verbo ou do amor e da vontade como o Amor, é necessário que tenham o ser divino e que sejam Deus. E assim, tanto o Filho quanto o Espírito Santo é Deus verdadeiro.

Estas são as coisas, portanto, afirmadas sobre a divindade do Espírito Santo. Entretanto, outras que tratam de sua processão têm dificuldades, é necessário, pois, considerá-las a partir do que foi dito a respeito do nascimento do Filho[199].

Capitulum XXIV
Quod spiritus sanctus procedat a filio

Quidam vero circa spiritus sancti processionem errare inveniuntur, dicentes spiritum sanctum a filio non procedere. Et ideo ostendendum est spiritum sanctum a filio procedere.

Capítulo 24
O Espírito Santo procede do Filho

Alguns erraram a respeito da processão do Espírito Santo, dizendo que não procedia do Filho. Por isso, deve-se demonstrar que o Espírito Santo procede do Filho.

---

[196] Cf. cap. 16.
[197] Cf. cap. 19.
[198] Cf. cap. 16.
[199] Cf. caps. 13 e 14.

Manifestum est enim ex sacra Scriptura quod spiritus sanctus est spiritus filii: dicitur enim Rom. 8,9: si quis spiritum Christi non habet, hic non est eius. Sed ne aliquis posset dicere quod alius sit spiritus qui procedit a patre, et alius qui est filii, ostenditur ex verbis eiusdem apostoli quod idem spiritus sanctus sit patris et filii. Nam hoc quod inductum est, si quis spiritum Christi non habet, hic non est eius, subiunxit postquam dixerat, si spiritus Dei habitat in nobis, etc. — Non autem potest dici spiritus sanctus esse spiritus Christi ex hoc solo quod eum habuit tanquam homo, secundum illud Luc. 4,1, Iesus, plenus spiritu sancto, regressus est a iordane. Dicitur enim Galat. 4,6: quoniam estis filii Dei, misit Deus spiritum filii sui in corda vestra, clamantem, abba (pater)p ex hoc ergo spiritus sanctus nos facit filios Dei, inquantum est spiritus filii Dei. Efficimur autem filii Dei adoptivi per assimilationem ad filium Dei naturalem: secundum illud Rom. 8,29: quos praescivit, et praedestinavit fieri conformes imaginis filii eius, ut sit ipse primogenitus in multis fratribus. Sic igitur est spiritus sanctus spiritus Christi, inquantum est filius Dei naturalis. Non potest autem secundum aliam habitudinem spiritus sanctus dici spiritus filii Dei nisi secundum aliquam originem: quia haec sola distinctio in divinis invenitur. Necesse est igitur dicere quod spiritus sanctus sic sit filii quod ab eo procedat.

Item. Spiritus sanctus a filio mittitur: secundum illud Ioan. 15,26: cum venerit Paraclitus, quem ego mittam vobis a patre. Mittens autem auctoritatem aliquam habet in missum. Oportet igitur dicere quod filius habeat aliquam auctoritatem respectu spiritus sancti. Non autem dominii vel maioritatis, sed secundum solam originem. Sic igitur spiritus sanctus est a filio. — Si quis autem dicat quod etiam filius mittitur a spiritu sancto, quia di-

Com efeito, é claro, na Sagrada Escritura, que o Espírito Santo é o Espírito do Filho: *Se alguém não tem o Espírito de Cristo, este não é de Cristo*[200]. Mas, para que ninguém possa dizer que um é o Espírito que procede do Pai, e outro o que procede do Filho, prova-se pelas palavras do Apóstolo que o Espírito Santo é o mesmo do Pai e do Filho. Assim, àquilo que foi dito: *Se alguém não tem o Espírito de Cristo, este não é de Cristo*, precediam as palavras: *Se o Espírito de Deus habita em nós etc.* — Não se pode dizer que o Espírito Santo é o Espírito de Cristo somente pelo fato de que o teve como homem: *Jesus, cheio do Espírito Santo, voltou do Jordão*[201]. E em Gálatas: *Porque sois filhos de Deus, enviou Deus o Espírito do seu Filho aos vossos corações clamando Aba, Pai*[202]. Portanto, o Espírito Santo nos faz filhos de Deus, enquanto é o Espírito do Filho de Deus. E nos fazemos filhos de Deus adotivos por semelhança com o Filho de Deus natural: *Aos que antes conheceu e predestinou a serem conformes à imagem do seu Filho, para que Este seja o primogênito entre muitos irmãos*[203]. Portanto, o Espírito Santo é o Espírito de Cristo enquanto é o Filho natural de Deus. Ora, o Espírito Santo não se pode dizer Filho de Deus segundo alguma outra relação a não ser segundo a relação de origem, porque é a única relação que se encontra em Deus. É necessário, pois, dizer que o Espírito Santo é o Espírito do Filho porque procede d'Ele.

Igualmente. O Espírito Santo enviado pelo Filho, segundo João: *Quando vier o Paráclito que eu vos enviarei do Pai*[204]. Ora, quem envia tem alguma autoridade sobre quem é enviado. Portanto, é necessário dizer que o Filho tem alguma autoridade com respeito ao Espírito Santo. Não de domínio ou de superioridade, mas somente de origem. Logo, o Espírito Santo procede do Filho. — Se alguém diz que o Filho é também enviado pelo Espírito Santo,

---

[200] Romanos 8,9.
[201] Lucas 4,1.
[202] Gálatas 4,6.
[203] Romanos 8,29.
[204] João 15,26.

citur Luc. 4,18.21, quod Dominus dixit in se impletum illud Isaiae, spiritus Domini super me, evangelizare pauperibus misit me: sed considerandum est quod filius a spiritu sancto mittitur secundum naturam assumptam. Spiritus autem sanctus non assumpsit naturam creatam, ut secundum eam possit dici missus a filio, vel filius habere auctoritatem respectu ipsius. Relinquitur igitur quod respectu personae aeternae filius super spiritum sanctum auctoritatem habeat.

Amplius. Ioan. 16,14, dicit filius de spiritu sancto: ille me clarificabit, quia de meo accipiet. Non autem potest dici quod accipiat id quod est filii, non tamen accipiat a filio: utputa si dicatur quod accipiat essentiam divinam, quae est filii a patre; unde et subditur, omnia quaecumque habet pater, mea sunt. Propterea dixi vobis quia de meo accipiet:- si enim omnia quae patris sunt et filii sunt, oportet quod auctoritas patris, secundum quam est principium spiritus sancti, sit et filii. Sicut ergo spiritus sanctus accipit de eo quod est patris a patre, ita accipit de eo quod est filii a filio. — Ad hoc etiam induci possunt auctoritates doctorum ecclesiae, etiam Graecorum. Dicit enim Athanasius: spiritus sanctus a patre et filio, non factus nec creatus nec genitus, sed procedens. Cyrillus etiam, in epistola sua, quam synodus chalcedonensis recepit, dicit: spiritus veritatis nominatur et est spiritus veritatis et profluit ab eo, sicut denique et ex Deo patre. — Didymus etiam dicit, in libro de spiritu sancto: neque quid est aliud filius exceptis his quae ei dantur a patre; neque alia est spiritus sancti substantia praeter id quod ei datur a

segundo Lucas[205], ao dizer que o Senhor falou que n'Ele se cumpria aquilo de Isaías: *O Espírito do Senhor que está sobre mim, me enviou a evangelizar os pobres*[206], deve-se considerar que o Filho é enviado pelo Espírito Santo segundo a natureza humana assumida. Ora, o Espírito Santo não assumiu a natureza criada para que, segundo ela, pudesse ser dito enviado pelo Filho, ou que o Filho tivesse autoridade sobre Ele. Portanto, conclui-se que com respeito à pessoa eterna o Filho tem autoridade sobre o Espírito Santo.

Ademais. Segundo João, o Filho diz sobre o Espírito Santo: *Ele me glorificará, porque receberá do que é meu*[207]. Não se pode dizer que recebe aquilo que é próprio do Filho, por exemplo: a essência divina que o Filho recebe do Pai, sem que a receba do Filho. Por isso, se acrescenta: *Tudo o que o Pai possui, é meu. Por isso, vos disse que receberá do que é meu*[208]. Portanto, se tudo o que é do Pai é do Filho, é necessário que a autoridade do Pai, segundo a qual é princípio do Espírito Santo, seja também do Filho. Como o Espírito Santo recebe do Pai o que é do Pai, assim recebe do Filho o que é do Filho. — Para o que foi dito, podem ser aduzidas as autoridades dos Doutores da Igreja e também dos Gregos. Atanásio diz: *O Espírito Santo não feito, nem criado, nem gerado, procede do Pai e do Filho*[209]. — E Cirilo, na carta que o Sínodo de Calcedônia acolheu, diz: *Chama-se Espírito de Verdade e é Espírito de Verdade e decorre d'Ele, como também de Deus Pai*[210]. — Dídimo em seu livro sobre o Espírito Santo diz: *Nem outra coisa é o Filho senão o que lhe deu o Pai; nem outra coisa é o Espírito Santo além daquilo que lhe deu o Filho*[211]. — É ridí-

---

[205] Lucas 4,18.
[206] Isaías 61,1.
[207] João 16,14.
[208] João 16,15.
[209] Santo Atanásio (295-373), em Símbolo pseudoatanasiano "Quicumque", 75, (23). Denzinger-Hünermann (1819-1883), Compêndio dos símbolos, definições e declarações da fé e moral. Tradução de José Marino e Johan Konings. São Paulo: Paulinas, Loyola, 2007, p. 40.
[210] São Cirilo de Alexandria (380-444), em Carta Sinodal contra Nestório, traduzida por Mário Mercator, ML 48 e em grego MG 84, 571B.
[211] Dídimo, o Cego (313-398), em Sobre o Espírito Santo, traduzido por São Jerônimo, ML 23, 135A.

filio. — Ridiculosum est autem quod quidam concedunt spiritum sanctum esse a filio, vel profluere ab ipso, sed non procedere ab ipso. Verbum enim processionis inter omnia quae ad originem pertinent, magis invenitur esse commune: quicquid enim quocumque modo est ab aliquo, ab ipso procedere dicimus. Et quia divina melius per communia quam per specialia designantur, verbum processionis in origine divinarum personarum maxime est accommodum. Unde si concedatur quod spiritus sanctus sit a filio, vel profluat ab eo, sequitur quod ab eo procedat.

Item. Habetur in determinatione quinti Concilii: sequimur per omnia sanctos patres et doctores ecclesiae, Athanasium, Hilarium, basilium, Gregorium theologum et Gregorium Nyssenum, Ambrosium, Augustinum, theophilum, ioannem constantin., Cyrillum, leonem, Proclum: et suscipimus omnia quae de recta fide et condamnatione haereticorum exposuerunt. Manifestum est autem ex multis auctoritatibus Augustini, et praecipue in libro de trinitate, et super ioannem, quod spiritus sanctus sit a filio. Oportet igitur concedi quod spiritus sanctus sit a filio sicut et a patre.

Hoc etiam evidentibus rationibus apparet. In rebus enim, remota materiali distinctione, quae in divinis personis locum habere non potest, non inveniuntur aliqua distingui nisi per aliquam oppositionem. Quae enim nullam oppositionem habent ad invicem, simul esse possunt in eodem, unde per ea distinctio causari non potest: album enim et triangulare, licet diversa sint, quia tamen non opponuntur, in eodem esse contingit. Oportet autem supponere, secundum fidei catholicae documenta, quod spiritus sanctus a filio distinguatur: aliter enim non esset trinitas, sed dualitas in personis. Oportet igitur huiusmodi distinctionem per aliquam oppositionem fieri. Non autem oppositione affirmationis et negationis: quia sic distinguuntur entia a non entibus. Nec etiam oppositione privationis

culo o que alguns concedem sobre o Espírito Santo: que Ele é do Filho ou que frui d'Ele, mas que não procede d'Ele mesmo. Ora, a palavra *processão* parecer ser a mais comum entre todas que dizem respeito à origem. Pois, tudo o que de qualquer modo é por outro dizemos que procede dele. E porque as coisas divinas são designadas melhor pelas palavras comuns do que pelas especiais, a palavra *processão* é muito apropriada quando se fala da origem das pessoas divinas. Portanto, se se concede que o Espírito Santo é do Filho ou que frui d'Ele, segue-se que *procede d'Ele*.

Igualmente. Temos na definição do Concílio V: *Seguimos em tudo os Santos Padres e Doutores Atanásio, Hilário, Basílio, Gregório, o teólogo e Gregório Niceno, Ambrósio, Agostinho, Teófilo, João de Constantinopla, Cirilo, Leão, Próculo, e acolhemos tudo o que expuseram sobre a fé ortodoxa e a condenação dos heréticos*[212]. Ora, é manifesto pelos muitos testemunhos de Agostinho, principalmente no livro *Sobre a Trindade* e *Sobre João*, que o Espírito Santo é do Filho. Portanto, é necessário conceder que o Espírito Santo procede do Filho como também procede do Pai.

Razões evidentes esclarecem, também, tudo isso. Nas coisas, removida a distinção material, que não pode ter lugar nas pessoas divinas, não se encontram outras que se distingam a não ser por alguma oposição. Ora, aquelas coisas, que não têm oposição entre si, podem existir simultaneamente num mesmo sujeito, portanto nenhuma distinção pode ser causada por elas; por exemplo, a brancura e o triângulo, embora sejam diversos, entretanto, porque não se opõem, acontece que existam no mesmo sujeito. Com efeito, segundo os ensinamentos da fé católica, deve-se supor que o Espírito Santo se distingue do Filho, pois, de outro modo, não haveria a trindade, mas uma dualidade nas pessoas. Logo, é necessário que tal distinção se faça por alguma oposição, não por uma oposição de *afirmação* e

---

[212] Segundo Concílio de Constantinopla, em 553. Foi obra do Imperador Justiniano I, desejando acabar com as controvérsias cristológicas, originadas pelos nestorianos.

et habitus: quia sic distinguuntur perfecta ab imperfectis. Neque etiam oppositione contrarietatis. Quia sic distinguuntur quae sunt secundum formam diversa: nam contrarietas, ut Philosophi docent, est differentia secundum formam. Quae quidem differentia divinis personis non convenit, cum earum sit una forma, sicut una essentia: secundum illud apostoli, philipp. 2,6, de filio dicentis, qui cum in forma Dei esset, scilicet patris. Relinquitur igitur unam personam divinam ab alia non distingui nisi oppositione relationis: sic enim filius a patre distinguitur secundum oppositionem relativam patris et filii. Non enim in divinis personis alia relativa oppositio esse potest nisi secundum originem. Nam relative opposita vel supra quantitatem fundatur, ut duplum et dimidium; vel super actionem et passionem, ut Dominus et servus, movens et motum, pater et filius. Rursus, relativorum quae super quantitatem fundantur, quaedam fundantur super diversam quantitatem, ut duplum et dimidium, maius et minus; quaedam super ipsam unitatem, ut idem, quod significat unum in substantia; et aequale, quod significat unum in quantitate; et simile, quod significat unum in qualitate. Divinae igitur personae distingui non possunt relationibus fundatis super diversitatem quantitatis: quia sic tolleretur trium personarum aequalitas. Neque iterum relationibus quae fundantur super unum: quia huiusmodi relationes distinctionem non causant, immo magis ad convenientiam pertinere inveniuntur, etsi forte aliqua eorum distinctionem praesupponunt. In relationibus vero omnibus super actionem vel passionem fundatis, semper alterum est ut subiectum, et inaequale secundum virtutem, nisi solum in relationibus originis, in quibus nulla minoratio designatur, eo quod invenitur aliquid producere sibi simile et aequale secundum naturam et virtutem. Relinquitur igitur quod divinae personae distingui non possunt

de *negação*[213], porque assim se distinguem os entes dos não entes. Nem por uma oposição *de privação* e *de hábito*, porque assim se distinguem as coisas perfeitas das imperfeitas. E nem por *oposição de contrariedade*, porque assim se distinguem aquelas coisas que são diversas pela forma, pois, como ensinam os Filósofos: a contrariedade *é a diferença segundo a forma*[214]. Ora, esta distinção não convém às pessoas divinas, uma vez que a forma delas é uma única, assim como é uma única a essência, segundo o que diz o Apóstolo sobre o Filho: O qual, *como existisse na forma de Deus*, isto é, na forma do Pai[215]. Portanto, resulta que uma pessoa divina não se distingue de outra a não ser *por oposição de relação*; por exemplo, o filho distingue-se do pai por uma oposição relativa de pai e filho. Assim, nas pessoas divinas não pode haver outra oposição relativa senão aquela segundo a origem. As coisas ou se fundam na *quantidade*, como duplo e metade, maior e menor, ou sobre a *ação* e a *paixão*, como senhor e servo, motor e movido, pai e filho. Entre as coisas opostas relativamente que se fundam na quantidade, umas fundam-se na diversa quantidade, como *duplo e metade*, *maior e menor*; outras fundam-se na mesma unidade, como o *idêntico* que significa unidade na substância, ou o *igual* que significa unidade na quantidade e o *semelhante* que significa unidade na qualidade. Portanto, as pessoas divinas não podem se distinguir pelas relações fundadas na diversidade da quantidade, porque assim seria eliminada a igualdade das três pessoas. Nem pelas relações fundadas na *unidade*, porque tais relações não causam distinção, mas parecem antes pertencer à conformidade, embora, às vezes, algumas pressuponham distinção. Mas, em todas as relações fundadas na *ação* ou *paixão*, sempre um dos dois relativos é como sujeito e desigual em potência, salvas, somente, as relações *de origem*, em que não é designada inferioridade alguma,

---

[213] Aristóteles (384-322 a.C.), em Categorias, 10, 11b, 19.
[214] Aristóteles (384-322 a.C.), em Metafísica IX, 9, 1058b, 1-2.
[215] Filipenses 2,6.

nisi oppositione relativa secundum originem. Oportet igitur quod, si spiritus sanctus a filio distinguitur, quod sit ab eo: non enim est dicere quod filius sit a spiritu sancto, cum spiritus sanctus magis filii esse dicatur, et a filio detur.

Item. A patre est filius et spiritus sanctus. Oportet igitur patrem referri et ad filium et ad spiritum sanctum ut principium ad id quod est a principio. Refertur autem ad filium ratione paternitatis, non autem ad spiritum sanctum: quia tunc spiritus sanctus esset filius; paternitas enim non dicitur nisi ad filium. Oportet igitur in patre esse aliam relationem qua referatur ad spiritum sanctum, et vocetur spiratio. Similiter, cum in filio sit quaedam relatio qua refertur ad patrem, quae dicitur filiatio, oportet quod in spiritu sancto sit etiam alia relatio qua referatur ad patrem, et dicatur processio. Et sic secundum originem filii a patre sint duae relationes, una in originante, alia in originato, scilicet paternitas et filiatio; et aliae duae ex parte originis spiritus sancti, scilicet spiratio et processio. Paternitas igitur et spiratio non constituunt duas personas, sed ad unam personam patris pertinent: quia non habent oppositionem ad invicem. Neque igitur filiatio et processio duas personas constituerent, sed ad unam pertinerent, nisi haberent oppositionem ad invicem. Non est autem dare aliam oppositionem nisi secundum originem. Oportet igitur quod sit oppositio originis inter filium et spiritum sanctum, ita quod unus sit ab alio.

Adhuc. Quaecumque conveniunt in aliquo communi, si distinguantur ad invicem, oportet quod distinguantur secundum aliquas differentias per se, et non per accidens, pertinentes ad illud commune: sicut homo et equus conveniunt in animali, et distinguuntur ab invicem, non per album et nigrum, quae se habent

porque nelas encontra-se algo que produz um semelhante a si e igual em natureza e potência. É necessário, pois, que as pessoas divinas somente podem se distinguir *pela oposição relativa de origem*. Portanto, é necessário, se o Espírito Santo se distingue do Filho, que proceda d'Ele, e não se pode dizer que o Filho procede do Espírito Santo, uma vez que antes se diz que o Espírito Santo é do Filho e que é dado pelo Filho.

Igualmente. Do Pai procede o Filho e o Espírito Santo. Portanto, é necessário que o Pai se refira não só ao Filho, mas também ao Espírito Santo, como o princípio se refere ao que dele procede. Refere-se ao Filho em razão da paternidade, e não ao Espírito Santo, porque assim o Espírito Santo seria Filho; com efeito, a paternidade se diz somente em relação ao filho. Portanto, é necessário que exista no Pai outra relação pela qual se refira ao Espírito Santo, e se chama expiração. De modo semelhante, como no filho existe uma relação pela qual se refere ao pai, e se diz *filiação*, é necessário que no Espírito Santo exista, também, outra relação pela qual se refira ao Pai, e se diz processão. E assim são duas as relações de origem do Filho pelo Pai, uma no genitor, outra no gerado, a saber, *paternidade e filiação*; e outras duas em razão da origem do Espírito Santo, a saber, expiração e processão. Portanto, paternidade e expiração não constituem duas pessoas, mas pertencem à única pessoa do Pai, porque não têm oposição entre si. Nem filiação e processão constituiriam duas pessoas, mas a uma única pertenceriam, a não ser que se opusessem entre si. Ora, não se apresenta outra oposição senão a de origem. É necessário, pois, que haja oposição de origem entre o Filho e o Espírito Santo de modo que um proceda do outro.

Ainda. As coisas que convêm em algo comum, se se distinguem entre si, é necessário que se distingam por algumas diferenças essenciais e não acidentais, que pertencem ao dado comum; por exemplo, o homem e o cavalo convêm em animal, e se distinguem entre si, não pelo branco ou pelo negro, que se re-

per accidens ad animal, sed per rationale et irrationale, quae per se animal pertinent; quia, cum animal sit quod habet animam, oportet quod hoc distinguatur per hoc quod est habere animam talem vel talem, utputa rationalem vel irrationalem. Manifestum est autem quod filius et spiritus sanctus conveniunt in hoc quod est esse ab alio, quia uterque est a patre: et secundum hoc pater convenienter differt ab utroque, inquantum est innascibilis. Si igitur spiritus sanctus distinguatur a filio, oportet quod hoc sit per differentias quae per se dividant hoc quod est ens ab alio. Quae quidem non possunt esse nisi differentiae eiusdem generis scilicet ad originem pertinentes, ut unus eorum sit ab alio. Relinquitur igitur quod ad hoc quod spiritus sanctus distinguatur a filio, necesse est quod sit a filio.

Amplius. Si quis dicat spiritum sanctum distingui a filio, non quia sit a filio, sed propter diversam originem utriusque a patre:- in idem hoc realiter redire necesse est. Si enim spiritus sanctus est alius a filio, oportet quod alia sit origo vel processio utriusque. Duae autem origines non possunt distingui nisi per terminum, vel principium, vel subiectum. Sicut origo equi differt ab origine bovis ex parte termini: secundum quod hae duae origines terminantur ad naturas specie diversas. Ex parte autem principii: ut si supponamus in eadem specie animalis quaedam generari ex virtute activa solis tantum; quaedam autem, simul cum hac, ex virtute activa seminis. Ex parte vero subiecti, differt generatio huius equi et illius secundum quod natura speciei in diversa materia recipitur. Haec autem distinctio quae est ex parte subiecti, in divinis personis locum habere non potest: cum sint omnino immateriales. Similiter etiam ex parte termini, ut ita liceat loqui, non potest esse processionum distinctio: quia unam et eandem divinam naturam quam accipit filius nascendo, accipit spiritus sanctus procedendo. Relinquitur igitur quod utriusque originis distinctio esse non potest nisi ex parte principii. Manifestum est autem quod principium originis filii est pater solus. Si igitur processionis spiritus sancti

ferem acidentalmente a animal, mas racional e irracional, que essencialmente pertencem a animal; porque como o animal é o que tem alma, é necessário que se distingam por ter esta ou aquela alma, a saber, racional ou irracional. É claro que o Filho e o Espírito Santo convêm *em que são por outro* porque ambos são pelo Pai, e por isso, o Pai difere de ambos, enquanto é sem possibilidade de nascimento. Portanto, se o Espírito Santo se distingue do Filho, é necessário que seja por diferenças que dividam essencialmente o que é *ente por outro*. Essas diferenças não podem ser senão diferenças do mesmo gênero, isto é, pertinentes à origem, para que um deles exista por outro. Resta, pois, que para que o Espírito Santo se distinga do Filho, é necessário que exista pelo Filho.

Ademais. Se alguém disser que o Espírito Santo se distingue do Filho, não porque exista pelo Filho, mas em razão de uma origem diferente de ambos em relação ao Pai, será necessário realmente voltar ao mesmo ponto de partida. Se, pois, o Espírito Santo é distinto do Filho, é necessário que seja outra a origem ou a processão de ambos. Ora, duas origens não podem se distinguir a não ser pelo término, ou pelo princípio, ou pelo sujeito. Assim como a origem do cavalo se diferencia da origem do boi pelo término, isto é, estas duas origens terminam em naturezas diversas pela espécie. Distingue-se pelo princípio, se supusermos que na mesma espécie do animal alguns são gerados somente pela potência ativa do sol e outros pela potência ativa da semente juntamente com a anterior. Distingue-se pelo sujeito, por exemplo, a geração de um cavalo e de outro em razão da natureza da espécie recebida em distinta matéria. Ora, esta distinção por parte do sujeito não pode ter lugar nas pessoas divinas, uma vez que são totalmente imateriais. Igualmente por parte do término, se assim é lícito falar, não pode haver distinção de processões, porque o Espírito Santo, procedendo, recebe a única e a mesma natureza divina que o Filho recebe nascendo. Portanto, resta que a distinção de origem de um e de

principium sit solus pater, non erit alia processio spiritus sancti a generatione filii: et sic nec spiritus sanctus distinctus a filio. Ad hoc igitur quod sint aliae processiones et alii procedentes, necesse est dicere quod spiritus sanctus non sit a solo patre, sed a patre et filio.

Si quis vero iterum dicat quod differunt processiones secundum principium inquantum pater producit filium per modum intellectus ut verbum, spiritum autem sanctum per modum voluntatis quasi amorem:- secundum hoc oportebit dici quod secundum differentiam voluntatis et intellectus in Deo patre distinguantur duae processiones et duo procedentes. Sed voluntas et intellectus in Deo patre non distinguuntur secundum rem, sed solum secundum rationem: ut in primo libro ostensum est. Sequitur igitur quod duae processiones et duo procedentes differant solum ratione. Ea vero quae solum ratione differunt, de se invicem praedicantur: verum enim dicetur quod divina voluntas est intellectus eius, et e converso. Verum ergo, erit dicere quod spiritus sanctus est filius et e converso: quod est sabellianae impietatis. Non igitur sufficit ad distinctionem spiritus sancti et filii dicere quod filius procedat per modum intellectus, et spiritus sanctus per modum voluntatis, nisi cum hoc dicatur quod spiritus sanctus sit a filio.

Praeterea. Ex hoc ipso quod dicitur quod spiritus sanctus procedit per modum voluntatis, et filius per modum intellectus, sequitur quod spiritus sanctus sit a filio. Nam amor procedit a verbo: eo quod nihil amare possumus nisi verbo cordis illud concipiamus.

Item. Si quis diversas species rerum consideret, in eis quidam ordo ostenditur: prout viventia sunt supra non viventia, et animalia

outro não pode ser senão por parte do princípio. Ora, é claro que o princípio de origem do Filho é somente o Pai. Portanto, se o princípio da processão do Espírito Santo fosse somente o Pai, a processão do Espírito Santo não seria diferente da geração do Filho, e assim o Espírito Santo não seria distinto do Filho. Para que haja processões diferentes e outros sujeitos de processão, é necessário dizer que o Espírito Santo não procede somente do Pai, mas do Pai e do Filho.

Se alguém disser novamente que as processões segundo o princípio diferem, enquanto o Pai produz o Filho por modo de intelecto, como Verbo, e o Espírito Santo por modo de vontade, como Amor, será necessário dizer, de acordo com isso, que conforme a diferença de vontade e intelecto em Deus Pai, se distinguem duas processões e dois sujeitos procedentes. Ora, a vontade e o intelecto em Deus Pai não se distinguem realmente, mas só por razão, como foi mostrado no Livro I[216]. Portanto, segue-se que duas processões e dois sujeitos procedentes diferem somente por razão. Ora, aquelas coisas que diferem somente por razão predicam-se mutuamente, pois é verdadeiro dizer que a vontade divina é o seu intelecto, e vice-versa. Portanto, será verdadeiro dizer que o Espírito Santo é o Filho, e vice-versa; o que é a heresia Sabeliana[217]. Portanto, não basta para a distinção do Espírito Santo do Filho dizer que o Filho procede por modo de intelecto e que o Espírito Santo por modo de vontade, a não ser que com isso se diga que o Espírito Santo proceda do Filho.

Além disso. Se se diz que o Espírito Santo procede por modo de vontade e que o Filho por modo de intelecto, segue-se que o Espírito Santo procede do Filho, pois o amor procede do verbo, uma vez que nada podemos amar se não o concebemos com o verbo do coração.

Igualmente. Se alguém considera as distintas espécies de coisas, nelas aparece uma ordem, a saber, os vivos estão sobre os não

---

[216] Livro I, caps. 45.73.
[217] Cf. cap. 5.

supra plantas, et homo super alia animalia, et in singulis horum diversi gradus inveniuntur secundum diversas species; unde et Plato species rerum dixit esse numeros qui specie variantur per additionem vel subtractionem unitatis. Unde in substantiis immaterialibus non potest esse distinctio nisi secundum ordinem. In divinis autem personis, quae sunt omnino immateriales, non potest esse alius ordo nisi originis. Non igitur sunt duae personae ab una procedentes, nisi una earum procedat ab altera. Et sic oportet spiritum sanctum procedere a filio.

Adhuc. Pater et filius, quantum ad unitatem essentiae, non differunt nisi in hoc quod hic est pater et hic est filius. Quicquid igitur praeter hoc est, commune est patri et filio. Esse autem principium spiritus sancti est praeter rationem paternitatis et filiationis: nam alia relatio est qua pater est pater, et qua pater est principium spiritus sancti, ut supra dictum est. Esse igitur principium spiritus sancti est commune patri et filio.

Amplius. Quicquid non est contra rationem alicuius, non est impossibile ei convenire, nisi forte per accidens. Esse autem principium spiritus sancti non est contra rationem filii. Neque inquantum est Deus: quia pater est principium spiritus sancti. Neque inquantum est filius: eo quod alia est processio spiritus sancti et filii; non est autem repugnans id quod est a principio secundum unam processionem, esse principium processionis alterius. Relinquitur igitur quod non sit impossibile filium esse principium spiritus sancti. Quod autem non est impossibile, potest esse. In divinis autem non differt esse et posse. Ergo filius est principium spiritus sancti.

vivos, os animais sobre as plantas e o homem sobre todos os animais; e em cada um desses diversos graus se encontram diversas espécies, por isso Platão[218] disse que as espécies das coisas eram números, uma vez que variam em espécie por adição ou subtração da unidade. Por isso, nas substâncias imateriais não pode haver distinção a não ser segundo a ordem. Ora, nas pessoas divinas que são totalmente imateriais não pode haver outra ordem a não ser de origem. Portanto, não são duas pessoas procedentes de uma, a não ser que uma delas proceda de outra. E assim, é necessário que o Espírito Santo proceda do Filho.

Ainda. O Pai e o Filho, quanto à unidade de essência, não diferem a não ser que este é o Pai e o outro é o Filho. Portanto, tudo o que está, além disso, é comum ao Pai e ao Filho. Ora, ser princípio do Espírito Santo está além da razão de paternidade e de filiação, pois uma é a relação pela qual o Pai é Pai, e pela qual o Pai é princípio do Espírito Santo, como foi dito neste capítulo. Logo, ser princípio do Espírito Santo é comum ao Pai e ao Filho.

Ademais. Tudo o que não é contra a razão de alguém, não é impossível que lhe convenha, a não ser talvez acidentalmente. Ora, ser princípio do Espírito Santo não é contra a razão do Filho, nem enquanto é Deus, porque o Pai é princípio do Espírito Santo. Nem enquanto é Filho, porque uma é a processão do Espírito Santo e outra a do Filho. E não é incompatível que aquilo que provém de um princípio segundo uma processão, seja princípio da processão de outro. Portanto, resulta que não é impossível que o Filho seja princípio do Espírito Santo. Ora, o que não é impossível, pode ser. E *em Deus não difere o ser e o poder*[219]. Logo, o Filho é princípio do Espírito Santo.

---

[218] Platão (427-347 a.C.) citado por Santo Tomás de Aquino (1225-1274), em Física VII, 4, 249b, 23-26.
[219] Aristóteles (384-322 a.C.), em Física III, 4, 203b, 30.

Capítulo 25
Razões dos que querem demonstrar que o Espírito Santo não procede do Filho, e a solução das razões

Alguns, querendo resistir pertinazmente à verdade, induzem ao contrário algumas coisas, que nem dignas são de resposta.

Com efeito, dizem que o Senhor, falando sobre a processão do Espírito Santo, disse que Ele procede do Pai, sem fazer menção alguma sobre o Filho: *Quando vier o Paráclito, que eu vos enviarei do Pai, o Espírito de verdade que procede do Pai*[220]. Portanto, uma vez que nada se deve pensar de Deus que não conste na Escritura, não se deve dizer que o Espírito Santo procede do Filho. — Mas isso é totalmente leviano. Porque, em razão da unidade de essência, o que se diz de uma pessoa nas Escrituras, é necessário, também, que se entenda de outra, a não ser que seja incompatível com o que é próprio pessoalmente dela, ainda quando fosse acrescentada uma expressão exclusiva. Embora se diga em Mateus que *ninguém conheceu o Filho senão o Pai*[221], entretanto, do conhecimento do Filho não estão excluídos nem o mesmo Filho, nem o Espírito Santo. — Por isso, embora fosse dito no Evangelho que o Espírito Santo não procede senão do Pai, não por isso seria excluído que Ele procedesse do Filho, uma vez que isso não é incompatível com o que é próprio do Filho, como foi demonstrado[222]. — Nem é motivo de admiração se o Senhor disse que o Espírito Santo procede do Pai, sem fazer menção de si, porque costuma referir tudo ao Pai, de quem tem tudo o que tem; como quando diz: *A minha doutrina não é minha, mas daquele que me enviou, do Pai*[223]. Muitas coisas semelhantes se encontram nas palavras do Senhor, que salientam no Pai a autoridade de princípio. Entretanto, nem nas palavras citadas deixou de falar que é o princípio do Espírito Santo, pois quando O chamou de *Espírito de Verdade*, dissera antes que Ele era a *Verdade*.

---

[220] João 15,26.
[221] Mateus 11,27.
[222] Cf. capítulo anterior.
[223] João 7,16.

Obiiciunt etiam quod in quibusdam Conciliis invenitur sub interminatione anathematis prohibitum ne aliquid addatur in symbolo in Conciliis ordinato: in quo tamen de processione spiritus sancti a filio mentio non habetur. Unde arguunt Latinos anathematis reos, qui hoc in symbolo addiderunt. Sed haec efficaciam non habent. — Nam in determinatione synodi chalcedonensis, dicitur quod patres apud constantinopolim congregati doctrinam nicaenae synodi corroboraverunt, non quasi aliquid minus esset inferentes, sed de spiritu sancto intellectum eorum, adversum eos qui Dominum eum respuere tentaverunt, Scripturarum testimoniis declarantes. Et similiter dicendum est quod processio spiritus sancti a filio implicite continetur in constantinopolit. Symbolo, in hoc quod ibi dicitur quod procedit a patre: quia quod de patre intelligitur, oportet et de filio intelligi, ut dictum est. Et ad hoc addendum sufficit auctoritas Romani pontificis, per quam etiam inveniuntur antiqua Concilia esse confirmata.

Inducunt etiam quod spiritus sanctus, cum sit simplex, non potest esse a duobus; et quod spiritus sanctus, si perfecte procedat a patre, non procedit a filio; et alia huiusmodi. Quae facile est solvere etiam parum in theologicis exercitato. Nam pater et filius sunt unum principium spiritus sancti, propter unitatem divinae virtutis, et una productione producunt spiritum sanctum: sicut etiam tres personae sunt unum principium creaturae, et una actione creaturam producunt.

Objetam, também, que em alguns Concílios encontra-se proibido sob pena de anátema que alguém acrescente algo no Símbolo ordenado nos Concílios; no qual, entretanto, não se faz menção da processão do Espírito Santo do Filho. Por isso, acusam os Latinos de réus de anátema. Estas razões, porém, são ineficazes. — Porque na definição do Concílio de Calcedônia[224] se diz que os padres congregados em Constantinopla[225] corroboraram a doutrina do Concílio de Niceia[226] *não em sentido deprimente, mas declarando com testemunhos da Escritura o que pensavam a respeito do Espírito Santo contra aqueles que tentaram negar que fosse Senhor.* E igualmente deve-se dizer que a processão do Espírito Santo do Filho está contida implicitamente no Símbolo de Constantinopla quando diz *procede do Pai,* porque o que se entende do Pai, é necessário que se entenda do Filho, como foi dito[227]. E a autoridade do Pontífice Romano basta para esse acréscimo; por essa autoridade os antigos Concílios foram confirmados.

Chegam a dizer, também, que o Espírito Santo, porque é simples, não pode proceder de dois; e que o Espírito Santo, se procede perfeitamente do Pai, não procede do Filho e outras coisas semelhantes. O que pode ser resolvido facilmente mesmo por quem é pouco exercitado na teologia. Porque o Pai e o Filho são o único princípio do Espírito Santo, em razão da unidade da potência divina, e com uma única produção produzem o Espírito Santo, assim como as três pessoas são, também, o único princípio da criatura e com uma única ação a produzem.

---

[224] Concílio de Calcedônia (451), em Símbolo de Fé de Calcedônia, 300-303. Em Denzinger-Hünermann (1819-1883), Compêndio dos símbolos, definições e declarações da fé e moral. Tradução de José Marino e Johan Konings. São Paulo: Paulinas, Loyola, 2007, p. 112.

[225] II Concílio de Constantinopla (553) — Foi obra do Imperador Justiniano I (482-565), desejando acabar com as controvérsias cristológicas, originadas pelas nestorianos. O Concílio condenou Teodoro de Mopsuestia, Teodoreto de Ciro e Ibas de Edessa, todos nestorianos. E o Papa Vigílio (537-555) aprovou essa condenação, dando legitimidade ao Concílio e à condenação.

[226] Concílio de Niceia (325), em I Concílio de Niceia, 125-130, em Denzinger-Hünermann (1819-1883), Compêndio dos símbolos, definições e declarações da fé e moral. Tradução de José Marino e Johan Konings. São Paulo: Paulinas, Loyola, 2007, p. 50-53.

[227] Cf. cap. 8.

Conclusão (26)

Capitulus XXVI
Quod non sunt nisi tres personae in divinis pater, filius et spiritus sanctus

Ex his igitur quae dicta sunt, accipere oportet quod in divina natura tres personae subsistunt, pater et filius et spiritus sanctus, et quod hi tres sunt unus Deus, solis relationibus ad invicem distincti.

Pater enim a filio distinguitur paternitatis relatione, et innascibilitate; filius autem a patre relatione filiationis; pater autem et filius a spiritu sancto spiratione, ut dicatur; spiritus autem sanctus a patre et filio processione amoris, qua ab utroque procedit.

Praeter has tres personas non est quartam in divina natura ponere. Personae enim divinae, cum in essentia conveniant, non possunt distingui nisi per relationem originis, ut ex dictis patet. Has autem originis relationes accipere oportet, non secundum processionem in exteriora tendentem, sic enim procedens non esset coessentiale suo principio: sed oportet quod processio interius consistat. Quod autem aliquid procedat manens intra suum principium, invenitur solum in operatione intellectus et voluntatis, ut ex dictis patet. Unde personae divinae multiplicari non possunt nisi secundum quod exigit processio intellectus et voluntatis in Deo. Non est autem possibile quod in Deo sit nisi una processio secundum intellectum: eo quod suum intelligere est unum et simplex et perfectum, quia intelligendo se intelligit omnia alia. Et sic non potest esse in Deo nisi una verbi processio. Similiter autem oportet et processionem amoris esse unam tantum: quia etiam divinum velle est unum et simplex, amando enim se amat omnia alia. Non est igitur possibile quod sint

Capítulo 26
Em Deus só há três pessoas: O Pai, o Filho e o Espírito Santo

De tudo isso, deve-se entender que na natureza divina subsistem três pessoas: O Pai, o Filho e o Espírito Santo, e que estes três são um único Deus, distintas entre elas somente por relações.

Com efeito, o Pai distingue-se do Filho pela relação de paternidade e por sua inascibilidade; o Filho distingue-se do Pai pela relação de filiação; e o Pai e o Filho distinguem-se do Espírito Santo pelo que se diz: pela expiração; e o Espírito Santo se distingue do Pai e do Filho pela processão de amor, pela qual procede de ambos.

Além destas três pessoas não se pode afirmar uma quarta. Porque, uma vez que as pessoas divinas convêm na essência, não podem se distinguir senão pela relação de origem, como fica claro pelo que foi dito[1]. Devem-se entender essas relações de origem, não segundo uma processão que tende ao exterior, porque assim o procedente não seria coessencial com o seu princípio; entretanto, é necessário que a processão se constitua interiormente. Que algo proceda permanecendo dentro de seu princípio, encontra-se somente na operação do intelecto e da vontade, com fica claro pelo que foi dito[2]. Por isso, as pessoas divinas não se podem multiplicar a não ser segundo as exigências da processão do intelecto e da vontade em Deus[3]. E não é possível que em Deus exista mais de uma processão segundo o intelecto, porque o seu entender é único, simples e perfeito, uma vez que entendendo a si mesmo entende todas as outras coisas. E assim, não pode haver em Deus a não ser uma processão do Verbo. Igualmente, é necessário que também a processão de amor seja somente uma, por-

---

[1] Cf. cap. 24.
[2] Cf. caps. 11.19.
[3] Aristóteles (384-322 a.C.), em Sobre as Razões da Fé, 4 (967).

in Deo nisi duae personae procedentes: una per modum intellectus ut verbum, scilicet filius; et alia per modum amoris, ut spiritus sanctus. Est etiam et una persona non procedens, scilicet pater. Solum igitur tres personae in trinitate esse possunt.

Item. Si secundum processionem oportet personas divinas distingui; modus autem personae quantum ad processiones non potest esse nisi triplex; ut scilicet sit aut omnino non procedens, quod patris est; aut a non procedente procedens, quod filii est; aut a procedente procedens, quod spiritus sancti est: impossibile est igitur ponere plures quam tres personas.

Licet autem in aliis viventibus possint relationes originis multiplicari, ut scilicet sint in natura humana plures patres et plures filii, in divina natura hoc omnino impossibile est esse. Nam filiatio, cum in una natura sit unius speciei, non potest multiplicari nisi secundum materiam aut subiectum, sicut est etiam de aliis formis. Unde, cum in Deo non sit materia aut subiectum; et ipsae relationes sint subsistentes, ut ex supra dictis patet: impossibile est quod in Deo sint plures filiationes. Et eadem ratio est de aliis. Et sic in Deo sunt solum tres personae.

Si quis autem obiiciens dicat quod in filio, cum sit perfectus Deus, est virtus intellectiva perfecta, et sic potest producere verbum; et similiter, cum in spiritu sancto sit bonitas infinita, quae est communicationis principium, poterit alteri divinae personae naturam divinam communicare:- considerare debet quod filius est Deus ut genitus, non ut generans: unde virtus intellectiva est in eo ut in procedente per modum verbi, non ut in producente verbum. Et similiter, cum spiritus sanctus sit Deus ut procedens, est in eo bonitas infinita ut in persona accipiente, non ut in communicante alteri bonitatem infinitam. Non enim

que também o querer divino é único, simples, uma vez que amando-se ama todas as outras coisas. Portanto, não é possível que em Deus existam mais de duas pessoas que procedem: uma pelo modo do intelecto como o Verbo, isto é, o Filho; e outra pelo modo de Amor, como o Espírito Santo. Existe também uma pessoa que não procede, isto é, o Pai. Logo, na Trindade só podem existir três pessoas.

Igualmente. Se as pessoas divinas se distinguem segundo a processão, o modo da pessoa, em relação às processões, não pode senão tríplice, a saber, ou totalmente não procedente, o que é o Pai; ou procedente do não procedente, o que é o Filho; ou procedente do procedente, o que é o Espírito Santo. Logo, é impossível afirmar mais de três pessoas.

Embora as relações de origem possam se multiplicar nos outros entes vivos, como por exemplo: existem na natureza humana muitos pais e muitos filhos, mas isso na natureza divina é totalmente impossível. Porque a filiação, que na natureza existe de uma só espécie, não pode multiplicar-se senão segundo a matéria ou sujeito, como acontece também com as outras formas. Por isso, uma vez que em Deus não existe matéria ou sujeito e as mesmas relações sejam subsistentes, como fica claro pelo que foi dito[4], é impossível que em Deus existam muitas filiações. E a mesma razão vale para as outras. E assim, em Deus há somente três pessoas.

Se alguém objetando diz que no Filho, por ser perfeito Deus, há uma potência intelectiva perfeita e assim sendo pode produzir o verbo; e igualmente, por ser o Espírito Santo, bondade infinita, que é princípio de comunicação, poderia comunicar a natureza divina a outra pessoa divina, deve-se considerar que o Filho é Deus como gerado e não como genitor, por isso, a potência intelectiva está n'Ele como procedente pelo modo de verbo, e não como em quem produz o verbo. E igualmente, por ser o Espírito Santo Deus, como procedente, n'Ele há a bondade infinita como na pessoa que a recebe, e não como na pessoa que comunica a bondade

---

[4] Cf. cap. 14.

distinguuntur ab invicem nisi solis relationibus, ut ex supra dictis patet. Tota igitur plenitudo divinitatis est in filio, et eadem numero quae est in patre: sed cum relatione nativitatis, sicut in patre cum relatione generationis activae. Unde, si relatio patris attribueretur filio, omnis distinctio tolleretur. Et eadem ratio est de spiritu sancto.

Huius autem divinae trinitatis similitudinem in mente humana possumus considerare. Ipsa enim mens, ex hoc quod se actu intelligit, verbum suum concipit in seipsa: quod nihil aliud est quam ipsa intentio intelligibilis mentis, quae et mens intellecta dicitur, in mente existens. Quae dum ulterius seipsam amat, seipsam producit in voluntate ut amatum. Ulterius autem non procedit intra se, sed concluditur circulo, dum per amorem redit ad ipsam substantiam a qua processio incoeperat per intentionem intellectam: sed fit processio ad exteriores effectus, dum ex amore sui procedit ad aliquid faciendum. Et sic tria in mente inveniuntur: mens ipsa, quae est processionis principium, in sua natura existens; et mens concepta in intellectu; et mens amata in voluntate. Non tamen haec tria sunt una natura: quia intelligere mentis non est eius esse, nec eius velle est eius esse aut intelligere. Et propter hoc etiam mens intellecta et mens amata non sunt personae: cum non sint subsistentes. Mens etiam ipsa, in sua natura existens, non est persona: cum non sit totum quod subsistit, sed pars subsistentis, scilicet hominis.

In mente igitur nostra invenitur similitudo trinitatis divinae quantum ad processio-

infinita a outro. Assim, as pessoas só se distinguem pelas relações, como fica claro pelo que foi dito[5]. Portanto, toda plenitude da divindade está no Filho, numericamente a mesma que está no Pai, mas com a relação de nascimento, e assim como está no Pai com a relação de geração ativa. Por isso, se a relação do Pai fosse atribuída ao Filho, seria eliminada toda distinção. E é a mesma razão para o Espírito Santo.

Podemos considerar no espírito[6] do homem uma semelhança desta Trindade divina. O mesmo espírito, pelo fato de que se entende em ato, concebe em si mesmo o seu verbo, que nada mais é do que a mesma intenção inteligível do espírito, que se diz também *espírito entendido*, existente no espírito. O qual quando ulteriormente se ama, produz a si mesmo na vontade como amado. E não procede ulteriormente dentro de si, mas se encerra em um círculo, quando por amor volta à mesma substância da qual começara a processão pela intenção entendida; mas, há, entretanto, processão para efeitos exteriores quando por amor de si procede a fazer algo. E assim, três coisas se encontram no espírito: o mesmo espírito, que é princípio de processão, existindo na sua natureza; o espírito concebido no intelecto; e o espírito amado na vontade. Entretanto, esses três são uma única natureza, porque o entender do espírito não é o seu ser, nem o seu querer é o seu ser ou entender. E, por isso, o espírito entendido e o espírito amado não são pessoas, uma vez que não são subsistentes. O mesmo espírito, existindo em sua natureza, não é pessoa, mas parte de um subsistente, a saber, do homem.

Portanto, no nosso espírito encontra-se semelhança da Trindade[7] divina quanto à

---

[5] Cf. cap. 14.24.
[6] Traduzimos aqui a palavra ***mens*** por espírito. "Espírito, Espiritual (Spiritus, mens). Um espírito é uma 'forma' à qual pertence ser por si mesma princípio e sujeito da existência e de operação. Isto é verdadeiro mesmo com respeito ao espírito humano, que pode informar a matéria a ponto de constituir com ela uma única substância. A forma constitutiva do ser humano é, a um só tempo, alma e espírito. A alma animal não possui espírito. É necessário observar que Santo Tomás utilizará a expressão 'forma pura' para os anjos e 'ato puro' para Deus, em vez de 'puro espírito'. Quanto à alma humana enquanto espírito, ele a denomina preferencialmente *mens*, tradução do *nous* grego". Cf. S. Tomás de Aquino (1225-1274), em Suma Teológica, Loyola, São Paulo, Brasil, 2001, vol. I, p. 81.
[7] Boécio (480-524), em Sobre a Trindade, VI, ML 64,1255A.

nem, quae multiplicat trinitatem cum ex dictis manifestum sit esse in divina natura Deum ingenitum, qui est totius divinae processionis principium, scilicet patrem; et Deum genitum per modum verbi in intellectu concepti, scilicet filium; et Deum per modum amoris procedentem, scilicet spiritum sanctum. Ulterius autem intra divinam naturam nulla processio invenitur, sed solum processio in exteriores effectus. In hoc autem deficit a repraesentatione divinae trinitatis, quod pater et filius et spiritus sanctus sunt unius naturae, et singulis horum est persona perfecta, eo quod intelligere et velle sunt ipsum esse divinum, ut ostensum est. — Et propter hoc, sic consideratur divina similitudo in homine sicut similitudo Herculis in lapide: quantum ad repraesentationem formae, non quantum ad convenientiam naturae. Unde et in mente hominis dicitur esse imago Dei: secundum illud Gen. 1,26: faciamus hominem ad imaginem et similitudinem nostram.

Invenitur etiam in aliis rebus divinae trinitatis similitudo: prout quaelibet res in sua substantia una est: et specie quadam formatur; et ordinem aliquem habet. Sicut autem ex dictis patet, conceptio intellectus in esse intelligibili est sicut informatio speciei in esse naturali: amor autem est sicut inclinatio vel ordo in re naturali. Unde et species naturalium rerum a remotis repraesentat filium: ordo autem spiritum sanctum. Et ideo, propter remotam repraesentationem et obscuram in irrationabilibus rebus, dicitur in eis esse trinitatis vestigium, non imago: secundum illud iob 11,7: numquid vestigia Dei comprehendes etc.

Et haec de divina trinitate ad praesens dicta sufficiant.

processão, que *multiplica a Trindade*, uma vez que, pelo que foi dito, é claro que existe na natureza divina o Deus não gerado, que é o princípio de toda processão divina, a saber, o Pai; e o Deus gerado pelo modo de verbo concebido no intelecto, a saber, o Filho; e o Deus procedente pelo modo de amor, a saber, o Espírito Santo. Além disso, não se encontra dentro da natureza divina processão alguma, mas somente a processão de efeitos exteriores. Nisto o nosso espírito falha na representação da Trindade divina, em que o Pai e o Filho e o Espírito Santo são uma única natureza, e cada um d'Eles é pessoa perfeita, porque o entender e o querer são o mesmo ser divino, como foi demonstrado[8]. — Por isso considera-se a semelhança divina no homem como a semelhança de Hércules na pedra, relativamente à representação da forma e não quanto à conveniência de natureza. Assim, diz-se, também, que no espírito do homem está *a imagem de Deus*[9], segundo o texto do Gênese: *Façamos o homem à nossa imagem e semelhança*[10].

A semelhança da Trindade divina encontra-se, também, nas outras coisas, enquanto cada coisa é uma em sua substância, e é formada por certa espécie e tem alguma ordem. Como fica claro pelo que foi dito[11], a concepção do intelecto no ser inteligível é comparável à informação da espécie no ser natural; assim, o amor é comparável à inclinação ou à ordem na coisa natural. Por isso, também, as espécies das coisas naturais representam remotamente o Filho; a ordem, o Espírito Santo. Em razão de uma representação remota e obscura nas coisas irracionais, se diz que existe nelas um vestígio da Trindade: *Por acaso compreenderás os vestígios de Deus?*[12].

Baste, para o momento, o que foi dito sobre a Trindade.

---

[8] Livro I, caps. 45.73.
[9] Cf. cap. 11.
[10] Gênese 1,26.
[11] Cf. caps. 11.19.
[12] Jó 11,7.

ENCARNAÇÃO E SACRAMENTOS (27 a 78)

O mistério da encarnação (27 a 55)

Capitulum XXVII
De incarnatione verbi secundum traditionem sacrae Scripturae

Quoniam autem supra, cum de generatione divina ageretur, dictum est Dei filio, Domino Iesu Christo, quaedam secundum divinam naturam, quaedam secundum humanam convenire, quam ex tempore assumendo, Dei aeternus filius voluit incarnari: de ipso nunc incarnationis mysterio restat dicendum. Quod quidem inter divina opera maxime rationem excedit: nihil enim mirabilius excogitari potest divinitus factum quam quod verus Deus, Dei filius, fieret homo verus. Et quia inter omnia mirabilissimum est, consequitur quod ad huius maxime mirabilis fidem omnia alia miracula ordinentur: cum id quod est in unoquoque genere maximum, causa aliorum esse videatur.

A humanidade assumida Dei incarnationem mirabilem, auctoritate divina tradente, confitemur. Dicitur enim Ioan. 1,14: *verbum caro factum est, et habitavit in nobis*. Et apostolus Paulus, philipp. 2, dicit, de filio Dei loquens: *cum in forma Dei esset, non rapinam arbitratus est se esse aequalem Deo: sed semetipsum exinanivit formam servi accipiens, in similitudinem hominum factus, et habitu inventus ut homo*.

Hoc etiam ipsius Domini Iesu Christi verba manifeste ostendunt: cum de se quandoque loquatur humilia et humana, ut est illud, *pater maior me est*, et *tristis est anima mea usque ad mortem*, quae ei secundum humanitatem assumptam conveniunt; quandoque vero su-

Capítulo 27
A Encarnação do Verbo segundo a tradição da Sagrada Escritura

Dissemos anteriormente[1], quando se tratou da geração divina, que convinham ao Filho de Deus, o Senhor Jesus Cristo, algumas coisas segundo a natureza divina e outras segundo a natureza humana, na qual o Filho eterno de Deus se quis encarnar, assumindo-a no tempo. Fica, agora, por declarar o mistério da Encarnação do mesmo Filho de Deus[2]. Este mistério é, entre as obras divinas, a que mais excede a razão, porque não se pode imaginar fato mais admirável: que o verdadeiro Deus, Filho de Deus, se fizesse homem verdadeiro. E porque entre todas as coisas é a mais admirável, segue-se que todos os outros milagres se ordenam à fé deste fato muitíssimo admirável: *porque aquilo que é máximo em cada gênero é causa das outras coisas deste gênero*[3].

Esta a admirável Encarnação de Deus, transmitida pela autoridade divina, nós confessamos. Diz João: *O Verbo se fez carne e habitou entre nós*[4]. E o Apóstolo Paulo, falando sobre o Filho de Deus: *Existindo na forma de Deus, não reputou rapina ser igual a Deus, mas aniquilou-se tomando a forma de servo, semelhante aos homens, e por seu aspecto reconhecido como homem*[5].

As palavras do mesmo Senhor Jesus Cristo, também, demonstram isso claramente: às vezes fala de si coisas humildes e humanas, por exemplo, *o Pai é maior do que eu*[6] e *triste está minha alma até a morte*[7], que lhe convêm segundo; e outras vezes fala de si coisas sublimes

---

[1] Cf. caps. 4.8.
[2] Cf. cap. 1.
[3] Aristóteles (384-322 a.C.), em Metafísica I, 1, 993b, 24-26.
[4] João 1,14.
[5] Filipenses 2,6-7.
[6] João 14,28.
[7] Mateus 26,38.

blimia et divina, ut est illud, ego et pater unum sumus, et omnia quae habet pater, mea sunt, quae certum est ei secundum naturam divinam competere.

Ostendunt etiam hoc ipsius Domini facta quae de ipso leguntur. Quod enim timuit, tristatus est, esuriit, mortuus est, pertinet ad humanam naturam. Quod propria potestate infirmos sanavit, quod mortuos suscitavit, et quod elementis mundi efficaciter imperavit, quod Daemones expulit, quod peccata dimisit, quod a mortuis cum voluit resurrexit, quod denique caelos ascendit divinam in eo virtutem demonstrant.

Capitulum XXVIII
De errore Photini circa incarnationem

Quidam autem, Scripturarum sensum depravantes, circa Domini nostri Iesu Christi divinitatem et humanitatem perversum sensum conceperunt.

Fuerunt enim quidam, ut ebion et cerinthus, et postea Paulus Samosatenus et Photinus, qui in Christo solum naturam humanam confitentur; divinitatem vero non per naturam, sed per quandam excellentem divinae gloriae participationem, quam per opera meruerat, in eo fuisse confingunt, ut superius dictum est.

Sed, ut alia praetermittamus quae contra positionem huiusmodi dicta sunt superius, haec positio incarnationis mysterium tollit. Non enim, secundum positionem huiusmodi, Deus carnem assumpsisset, ut fieret homo: sed magis homo carnalis Deus factus fuisset. Et sic non verum esset quod ioannes dicit. Verbum caro factum est: sed magis e contrario, caro verbum facta fuisset.

Similiter etiam non convenirent Dei filio exinanitio aut descensio, sed magis homini glorificatio et ascensio, et sic non verum esset

e divinas, por exemplo, *Eu e o Pai somos um*[8] e *todas as coisas que o Pai tem, são minhas*[9], que certamente lhe cabem segundo a natureza divina.

Demonstram, também, isso, as realizações do mesmo Senhor, que lemos na Escritura: que Ele teve medo, que se entristeceu, que morreu, pertence à natureza humana; mas que, pelo próprio poder, curou os enfermos, ressuscitou os mortos, dominou eficazmente os elementos do mundo, expulsou os demônios, perdoou os pecados, e quando quis ressuscitou dos mortos, e subiu ao céu, demonstram o seu poder divino.

Capítulo 28
O erro de Fotino sobre a Encarnação

Alguns perverteram o sentido das Escrituras e conceberam um sentido perverso da divindade e da humanidade de nosso Senhor Jesus Cristo.

Com efeito, foram alguns, como Ebion e Cerinto, e depois Paulo de Samósata e Fotino[10], que admitiram em Cristo somente a natureza humana, mas imaginaram juntamente, como foi dito[11], que em Cristo existiria a divindade não por natureza, mas por uma excelente participação da glória divina, que merecera por suas obras.

Mas, passando em silêncio outras coisas que já foram ditas contra tal afirmação[12], ela elimina o mistério da Encarnação. Com efeito, segundo ela Deus não teria assumido a carne para se fazer homem, mas, antes um homem carnal se teria feito Deus. E assim não seria verdade o que João disse: *E o Verbo se fez carne*[13], mas antes pelo contrário: *A carne se teria feito Verbo*.

Igualmente, não conviria ao Verbo o aniquilamento ou a descida, mas antes conviria ao homem a glorificação e a ascensão, e as-

---

[8] João 10,30.
[9] João 16,15 (Vulgata).
[10] Fotino († 371); Paulo Samósata (séc. III); Cerinto († 140); Ebion (séc. I). Cf. Autores citados.
[11] Cf. cap. 9.
[12] Ibidem.
[13] João 1,14.

quod apostolus dicit, qui cum in forma Dei esset, exinanivit semetipsum formam servi accipiens: sed sola exaltatio hominis in divinam gloriam, de qua postmodum subditur, propter quod et Deus exaltavit illum. Neque verum esset quod Dominus dicit, descendi de caelo, sed solum quod ait, ascendo ad patrem meum: cum tamen utrumque Scriptura coniungat. Dicit enim Dominus, Ioan. 3,13: nemo ascendit in caelum nisi qui de caelo descendit, filius hominis, qui est in caelo; et Ephes. 4,10, qui descendit, ipse est qui ascendit super omnes caelos.

Sic etiam non conveniret filio quod missus esset a patre neque quod a patre exiverit ut veniret in mundum, sed solum quod ad patrem iret: cum tamen ipse utrumque coniungat, dicens, Ioan. 16,5, vado ad eum qui misit me; et iterum 28, exivi a patre et veni in mundum et iterum relinquo mundum et vado ad patrem; in quorum utroque et humanitas et divinitas comprobatur.

Capitulum XXIX
De errore Manichaeorum circa incarnationem

Fuerunt autem et alii qui, veritate incarnationis negata, quandam fictitiam incarnationis similitudinem introduxerunt.

Dixerunt enim Manichaei Dei filium non verum corpus, sed phantasticum assumpsisse. Unde nec verus homo esse potuit, sed apparens: neque ea quae secundum hominem gessit, sicut quod natus est, quod comedit, bibit, ambulavit, passus est et sepultus, in veritate fuisse, sed in quadam simulatione, consequitur. Et sic patet quod totum incarnationis mysterium ad quandam fictionem deducunt. Haec autem positio primo quidem Scripturae auctoritatem evacuat. Cum enim carnis similitudo caro non sit, neque similitudo ambula-

sim não seria verdade o que o Apóstolo diz: *Quem, existindo na forma de Deus, aniquilou-se tomando a forma de servo*[14], mas somente a exaltação do homem â glória divina, sobre a qual acrescenta depois: *É por isso que Deus o exaltou*[15]. Nem seria verdade o que o Senhor disse: *Desci do céu*[16], mas somente o que disse: *Subo ao meu Pai*[17], apesar de a Escritura unir um e outro texto, pois o Senhor diz: *Ninguém subiu ao céu senão quem desceu do céu, o Filho do homem, que está no céu*[18]; e o Apóstolo: *Quem desceu, é o mesmo que subiu sobre todos os céus*[19].

Também não conviria ao Filho que fosse enviado pelo Pai, nem que saísse do Pai para vir ao mundo, mas somente que fosse para o Pai, apesar de Ele mesmo unir um e outro texto, ao dizer: *Vou a Ele que me enviou*[20], e de novo: *Saí do Pai e vim ao mundo e de novo deixo o mundo e vou ao Pai*[21]. E com isto se comprova a humanidade e a divindade.

Capítulo 29
O erro dos Maniqueus sobre a Encarnação

Houve também outros que, negada a verdade da Encarnação, introduziram uma espécie de Encarnação fictícia.

Com efeito, os Maniqueus disseram que o Filho de Deus não assumiu um corpo verdadeiro, mas fantástico. Por isso, não pôde ser um homem verdadeiro, mas aparente, e assim, não foram verdadeiras, mas simulações, as coisas que fez como homem, a saber: nascer, comer, beber, andar, padecer e ser sepultado. E assim, claramente, reduziram todo o mistério da Encarnação a uma ficção. Esta afirmação, antes de tudo, esvazia a autoridade da Escritura, porque uma vez que a semelhança de carne não é carne, nem a semelhança de andar é

---

[14] Filipenses 2,6.7.
[15] Filipenses 2,9.
[16] João 6,31.
[17] João 20,17.
[18] João 3,13.
[19] Efésios 4,10.
[20] João 16,5.
[21] João 16,28.

tionis ambulatio, et in ceteris similiter, mentitur Scriptura dicens, verbum caro factum est, si solum phantastica caro fuit. Mentitur etiam dicens Iesum Christum ambulasse, comedisse, mortuum fuisse et sepultum, si haec in sola phantastica apparitione contigerunt. Si autem vel in modico auctoritati sacrae Scripturae derogetur, iam nihil fixum in fide nostra esse poterit, quae sacris Scripturis innititur, secundum illud Ioan. 20,31: haec scripta sunt ut credatis.

Potest autem aliquis dicere Scripturae quidem sacrae veritatem non deesse, dum id quod apparuit, refert ac si factum fuisset: quia rerum similitudines aequivoce ac figurate ipsarum rerum nominibus nuncupantur, sicut homo pictus aequivoce dicitur homo; et ipsa sacra Scriptura consuevit hoc modo loquendi uti, ut est illud I Cor. 10,4, petra autem erat Christus. Plurima autem corporalia in Scripturis de Deo inveniuntur dici propter similitudinem solam: sicut quod nominatur agnus vel leo, vel aliquid huiusmodi. Sed licet rerum similitudines aequivoce rerum sibi nomina interdum assumant, non tamen competit sacrae Scripturae ut narrationem unius facti totam sub tali aequivocatione proponat, ita quod ex aliis Scripturae locis manifesta veritas haberi non possit: quia ex hoc non eruditio hominum, sed magis deceptio sequeretur; cum tamen apostolus dicat, Rom. 15,4, quod quaecumque scripta sunt, ad nostram doctrinam scripta sunt; et II Tim. 3,16, omnis Scriptura divinitus inspirata utilis est ad docendum et erudiendum. — Esset praeterea tota evangelica narratio poetica et fabularis, si rerum similitudines apparentes quasi res ipsas narraret: cum tamen dicatur II Petr. 1,16: non enim indoctas fabulas secuti notam fecimus vobis Domini nostri Iesu Christi virtutem.

andar, e assim por diante, mente a Escritura quando diz: *O Verbo se fez carne*[22], se a carne fosse somente uma fantasia. Mente, também, quando diz que Jesus Cristo caminhou, comeu, morreu e foi sepultado, se essas coisas aconteceram somente em uma aparição fantástica. Se a autoridade da Sagrada Escritura for diminuída por pouco que seja, nada mais poderá ser seguro na nossa fé, que se fundamenta nas Sagradas Escrituras, conforme diz João: *Estas coisas foram escritas para que creiais*[23].

Alguém pode dizer que não falta verdade à Sagrada Escritura quando relata como se fosse feito, algo que é somente aparência, porque as semelhanças das coisas se nomeiam figurada e equivocamente com os nomes das mesmas coisas; por exemplo, um homem pintado se diz equivocadamente homem, e a mesma Sagrada Escritura usa habitualmente este modo de falar: *Pois a pedra era Cristo*[24]. E, muitas vezes, encontram-se nas Escrituras seres corpóreos ditos de Deus, como os de cordeiro ou de leão, etc. — Embora as semelhanças das coisas assumam, às vezes, equivocadamente os nomes das coisas, entretanto, não cabe à Sagrada Escritura propor toda a narração de um único fato equivocadamente de modo que em outros lugares da Escritura não se possa ter claramente a verdade, porque seguiria disso não a instrução dos homens, mas antes o engano, segundo o que diz o Apóstolo: *Tudo o quanto está escrito, foi escrito para nosso ensinamento*[25], e *Toda Escritura divinamente inspirada é útil para ensinar e para arguir*[26]. — Além disso, seria toda narração evangélica poética e fabulosa, se narrasse as semelhanças aparentes das coisas como se fossem as mesmas coisas, discordando com o que diz Pedro: *Com efeito, não foi por termos seguido fábulas doutas, que vos demos a conhecer o poder de nosso Senhor Jesus Cristo*[27].

---

[22] João 1,14.
[23] João 20,31.
[24] 1 Coríntios 10,4.
[25] Romanos 15,4.
[26] 2 Timóteo 3,16.
[27] 2 Pedro 1,16.

Sicubi vero Scriptura narrat aliqua quae apparentiam et non rerum existentiam habuerunt, ex ipso more narrationis hoc intelligere facit. Dicitur enim Gen. 18,2: cumque elevasset oculos, Abraham scilicet, apparuerunt tres viri, ex quo datur intelligi quod secundum apparentiam viri fuerunt. Unde et in eis Deum adoravit et deitatem confessus est, dicens, 27 loquar ad Dominum meum, cum sim pulvis et cinis; et iterum, 25 non est tuum hoc, qui iudicas omnem terram.- Quod vero Isaias et ezechiel et alii prophetae aliqua descripserunt quae imaginarie visa sunt, errorem non generat: quia huiusmodi ponunt non in narratione historiae, sed in descriptione prophetiae. Et tamen semper aliquid addunt per quod apparitio designatur: sicut Isaiae 6,1, vidi Dominum sedentem etc.; Ezech. 1,3, facta est super me manus Domini et vidi etc., Ezech. 8,3, emissa similitudo manus apprehendit me et adduxit et veni in ierusalem in visione Dei.

Quod etiam aliqua in Scripturis de rebus divinis per similitudinem dicuntur, errorem generare non potest. Tum quia similitudines sumuntur a rebus tam vilibus ut manifestum sit quod haec secundum similitudinem, et non secundum rerum existentiam dicuntur. — Tum quia inveniuntur aliqua proprie dicta in Scripturis per quae veritas expresse manifestatur quae sub similitudinibus in locis aliis occultatur. Quod quidem in proposito non accidit: nam nulla Scripturae auctoritas veritatem eorum quae de humanitate Christi leguntur, excludit.

Forte autem quis dicat quod hoc datur intelligi per hoc quod apostolus dicit, Rom. 8,3: misit Deus filium suum in similitudinem carnis peccati. Vel per hoc quod dicit philipp. 2,7: in similitudinem hominum factus, et

Entretanto, se a Escritura narra algumas coisas aparentes que não tiveram existência real, isso se entende pelo mesmo modo da narração. No Gênese se diz: *E elevando os olhos, isto é, Abraão, apareceram-lhe três homens*[28], o que dá a entender que foram homens aparentes. Por isso, neles adorou a Deus e confessou a divindade, dizendo: *Falarei ao meu Senhor, embora seja pó e cinza*[29]; e novamente: *Longe de vós isso, que julgais toda terra*[30]. — O que Isaías e Ezequiel e outros profetas descreveram como visões imaginárias não pode ser origem de erro porque afirmam proficiamente e não historicamente. E, entretanto, acrescentam algo sempre que indica a aparição; em Isaías: *Vi o Senhor sentado etc.*[31]; em Ezequiel: *O Senhor pôs a sua mão sobre mim e vi etc.*[32]; em Ezequiel: *Tendo estendido a semelhança de sua mão, agarrou-me e conduziu-me, e vim a Jerusalém em visão de Deus*[33].

Não podem ser origem de erro, também, aquelas coisas divinas que na Escritura se dizem por semelhança; seja porque as semelhanças são tomadas de coisas tão vis, de modo que fica claro que são ditas por semelhança e não segundo a realidade. — Seja porque se encontram algumas coisas ditas propriamente nas Escrituras pelas quais se manifesta expressamente a verdade, que em outros lugares se ocultam sob semelhanças. Mas, isso não vem a propósito, porque nenhuma palavra da Escritura exclui a verdade daquilo que se lê sobre a humanidade de Cristo.

Talvez alguém diga que isso pode ser entendido pelo que diz o Apóstolo: *Deus mandou o seu Filho na semelhança da carne do pecado*[34], ou em Filipenses: *Feito à semelhança dos homens e tomando a forma de servo*[35]. Este

---

[28] Gênese 18,2.
[29] Gênese 18,27.
[30] Gênese 18,25.
[31] Isaías 6,1 (Vulgata).
[32] Ezequiel 1,3 (Vulgata).
[33] Ezequiel 8,3 (Vulgata).
[34] Romanos 8,3 (Vulgata).
[35] Filipenses 2,7 (Vulgata).

habitu inventus ut homo. Hic autem sensus per ea quae adduntur excluditur. Non enim dicit solum in similitudinem carnis, sed addit peccati: quia Christus veram quidem carnem habuit, sed non carnem peccati, quia in eo peccatum non fuit, sed similem carni peccati, quia carnem passibilem habuit, qualis est facta caro hominis ex peccato. Similiter fictionis intellectus excluditur ab hoc quod dicit in similitudinem hominum factus, per hoc quod dicitur, formam servi accipiens. Manifestum est enim formam pro natura poni, et non pro similitudine, ex hoc quod dixerat, qui cum in forma Dei esset, ubi pro natura ponitur forma: non enim ponunt quod Christus fuerit similitudinarie Deus. Excluditur etiam fictionis intellectus per hoc quod subdit, factus obediens usque ad mortem. Non ergo similitudo accipitur pro similitudine apparentiae, sed pro naturali similitudine speciei: sicut omnes homines similes specie dicuntur.

Magis autem sacra Scriptura expresse phantasmatis suspicionem excludit. Dicitur enim Matth. 14,26, quod videntes discipuli Iesum ambulantem supra mare, turbati sunt, dicentes, quia phantasma est, et prae timore clamaverunt. Quam quidem eorum suspicionem Dominus consequenter removit: unde subditur, 27 statimque Iesus locutus est eis, dicens: habete fiduciam, ego sum, nolite timere. — Quamvis non rationabile videatur quod aut discipulos lateret quod non nisi corpus phantasticum assumpsisset, cum eos ad hoc elegerit ut de eo testimonium perhiberent veritatis ex his quae viderant et audierant: aut si eos non latebat, aestimatio phantasmatis non incussisset tunc eis timorem. — Adhuc autem expressius suspicionem phantastici corporis a mentibus discipulorum removit Dominus post resurrectionem. Dicitur enim Lucae ult. Quod discipuli, conturbati et conterriti, aesti-

sentido é excluído pelo que é acrescentado. Porque não diz apenas na semelhança da carne, mas acrescenta: *do pecado*, uma vez que Cristo teve uma carne verdadeira, *mas não a carne do pecado* porque n'Ele não houve pecado, *e semelhante à carne do pecado* porque teve uma carne passível, uma vez que a carne do homem foi feita do pecado. Igualmente, foi excluída a ideia de ficção do texto: *Feito à semelhança dos homens* pelo acréscimo e *tomando a forma de servo*. É claro que se afirma *forma* por *natureza* e não por semelhança, pelo que dissera: *O qual como existisse na forma de Deus*[36], onde forma se afirma por natureza; pois os Maniqueus não afirmavam que Cristo fosse meramente uma semelhança de Deus. Exclui-se, também, a ideia de ficção pelo acréscimo: *Feito obediente até a morte*[37]. Portanto, não se toma semelhança por uma semelhança de aparência, mas como a semelhança natural da espécie, assim todos os homens se dizem semelhantes pela espécie.

A Sagrada Escritura mais expressamente exclui a suspeita de fantasmagoria. Mateus diz: *Vendo os discípulos Jesus andar sobre o mar, perturbaram-se e disseram: é um fantasma. E gritavam de medo*[38]. Mas, o Senhor, em seguida, afastou a suspeita deles, acrescentando: *Jesus, logo, lhes falou: Tende fé, sou eu, não temais*[39]. — Embora, não pareça razoável ou que escondesse aos discípulos o fato de ter assumido um corpo fantástico, uma vez que os elegera para dar testemunho da verdade a seu respeito *a partir do que viram e ouviram*[40], ou se não lhes escondeu, a opinião de um fantasma não teria incutido medo neles. — Ainda mais expressamente, o Senhor, depois da ressurreição, eliminou a suspeita de um corpo fantástico do espírito dos discípulos. Com efeito, Lucas diz que *os discípulos perturbados e aterrorizados julgavam ver um espírito, quando viam Jesus. E Ele lhes disse: Porque es-*

---

[36] Filipenses 2,6 (Vulgata).
[37] Filipenses 2,8 (Vulgata).
[38] Mateus 14,26.
[39] Mateus 14,27.
[40] Atos 4,20.

mabant se spiritum videre, dum scilicet viderunt Iesum. Et dixit eis: quid turbati estis, et cogitationes ascendunt in corda vestra? videte manus meas et pedes meos, quia ego ipse sum. Palpate et videte: quia spiritus carnem et ossa non habet, sicut me videtis habere. Frustra enim se palpandum praebuit, si non nisi corpus phantasticum habuisset.

Item. Apostoli seipsos idoneos Christi testes ostendunt: dicit enim Petrus, Act. 10,40 hunc, scilicet Iesum, Deus suscitavit tertia die, et dedit eum manifestum fieri non omni populo, sed testibus praeordinatis a Deo, nobis qui manducavimus et bibimus cum illo postquam resurrexit a mortuis. Et ioannes apostolus, in principio suae epistolae, dicit: quod vidimus oculis nostris, quod perspeximus, et manus nostrae contrectaverunt de verbo vitae, hoc testamur. — Non potest autem efficax sumi testimonium veritatis per ea quae non in rei existentia, sed solum in apparentia sunt gesta. Si igitur corpus Christi fuit phantasticum, et non vere manducavit et bibit, neque vere visus est et palpatus, sed phantastice tantum, invenitur non esse idoneum testimonium apostolorum de Christo. Et sic inanis est eorum praedicatio, inanis est et fides nostra, ut dicit Paulus I Cor. 15,14.

Amplius autem, si Christus verum corpus non habuit, non vere mortuus est. Ergo nec vere resurrexit. Sunt igitur apostoli falsi testes Christi, praedicantes mundo ipsum resurrexisse. Unde apostolus ibidem dicit: 15 invenimur autem et falsi testes Dei: quoniam testimonium diximus adversus Deum, quod suscitaverit Iesus, quem non suscitavit.

Praeterea. Falsitas non est idonea via ad veritatem: secundum illud Eccli. 34,4: a mendace quid verum dicetur? adventus autem

tais perturbados e porque pensamentos sobem aos vossos corações? Vede minhas mãos e meus pés porque sou eu mesmo. Palpai-me e vede, porque o espírito não tem carne e ossos, como vedes que eu tenho[41]. Em vão ofereceu-se para ser apalpado, se Ele tivesse um corpo somente fantástico.

Igualmente. Os mesmos Apóstolos se mostram como testemunhas idôneas de Cristo. Pedro diz: *A este, isto é a Jesus, Deus ressuscitou no terceiro dia e fez com que se manifestasse, não a todo o povo, mas somente às testemunhas já antes escolhidas por Deus: a nós que comemos e bebemos com Jesus depois que ressuscitou dos mortos*[42]. E João diz, no início da de sua Carta: *Aquele que vimos com nossos olhos, que contemplamos, que as nossas mãos tocaram, o Verbo da vida, isso testemunhamos*[43]. — Ora, não se pode tomar um testemunho eficaz da verdade por aquelas coisas que não aconteceram realmente, mas só aparentemente. Portanto, se o corpo de Cristo era fantástico, e se Ele verdadeiramente não comeu ou bebeu, nem verdadeiramente foi visto e tocado, mas apenas fantasticamente, o testemunho dos Apóstolos sobre Cristo veio a ser não confiável. *E assim é vã a pregação deles e é vã a nossa fé*, como diz Paulo[44].

Ademais. Se Cristo não teve um corpo verdadeiro, não morreu verdadeiramente. Portanto, não ressuscitou verdadeiramente. Logo, os Apóstolos são testemunhas falsas de Cristo, quando anunciam ao mundo que Ele ressuscitou. Por isso, o Apóstolo diz: *Viemos a ser, também, testemunhas falsas de Deus porque testemunhamos contra Deus, dizendo que teria ressuscitado Jesus, a quem não ressuscitou*[45].

Além disso. A falsidade não é um caminho confiável para a verdade, segundo o Eclesiástico: *O que de verdadeiro será dito pelo mentiro-*

---

[41] Lucas 24,37-39.
[42] Atos 10,40.
[43] 1 João 1-2.
[44] 1 Coríntios 15,14 (Vulgata).
[45] 1 Coríntios 15, 15 (Vulgata).

Christi in mundum ad veritatis manifestationem fuit: dicit enim ipse, Ioan. 18,37: ego autem in hoc natus sum, et ad hoc veni, ut testimonium perhibeam veritati. Non igitur in Christo fuit aliqua falsitas. Fuisset autem si ea quae dicuntur de ipso, in apparentia tantum fuissent: nam falsum est quod non est ut videtur. Omnia igitur quae de Christo dicuntur, secundum rei existentiam fuerunt.

Adhuc. Rom. 5,9, dicitur quod iustificati sumus in sanguine Christi; et Apoc. 5,9, dicitur: redemisti nos, Domine, in sanguine tuo. Si igitur Christus non habuit verum sanguinem, neque vere pro nobis ipsum fudit. Neque igitur vere iustificati, neque vere redempti sumus. Ad nihil igitur utile est esse in Christo.

Item. Si non nisi phantasia intelligendus est adventus Christi in mundum, nihil novum in Christi adventu accidit: nam et in veteri testamento Deus apparuit Moysi et prophetis secundum multiplices figuras, ut etiam Scriptura novi testamenti testatur. Hoc autem totam doctrinam novi testamenti evacuat. Non igitur corpus phantasticum, sed verum filius Dei assumpsit.

Capitulum XXX
De errore valentini circa incarnationem

His autem et valentinus propinque de mysterio incarnationis sensit.

Dixit enim quod Christus non terrenum corpus habuit, sed de caelo portavit: et quod nihil de virgine matre accepit, sed per eam quasi aquaeductum transivit. Occasionem autem sui erroris ex quibusdam verbis sacrae Scripturae accepisse videtur. Dicitur enim

so[46]? Ora, a vinda de Cristo ao mundo foi para manifestar a verdade; diz João: *Eu nasci para isto e para isto vim, para dar testemunho da verdade*[47]. Portanto, não houve em Cristo falsidade alguma. Haveria, se aquelas coisas que foram ditas d'Ele fossem somente aparências, pois *falso é aquilo que não é tal qual aparece*[48]. Logo, todas as coisas que foram ditas sobre Cristo existiram realmente.

Ainda. Na Carta aos Romanos se diz que *fomos justificados pelo sangue de Cristo*[49], e o Apocalipse: *Pelo vosso sangue, Senhor, resgatais-nos*[50]. Portanto, se Cristo não teve um sangue verdadeiro, verdadeiramente não o derramou por nós. Nem verdadeiramente fomos justificados e remidos. Logo, não há utilidade algum em estar em Cristo.

Igualmente. Se a vinda de Cristo ao mundo deve ser entendida como uma mera fantasia, nada de novo ocorreu na vinda de Cristo, pois no Antigo Testamento Deus apareceu a Moisés e aos profetas em múltiplas figuras, como testemunha a Escritura do Novo Testamento. Mas, essa afirmação esvazia toda a doutrina do Novo Testamento. Logo, o Filho de Deus assumiu um corpo verdadeiro e não um corpo fantástico.

Capítulo 30
O erro de Valentino[51] sobre a Encarnação

Valentino pensou quase as mesmas coisas sobre o mistério da Encarnação.

Com efeito, disse que Cristo não teve um corpo terreno, mas que o trouxe do céu, e que nada recebeu da Virgem Mãe, mas que por ela como por um aqueduto[52]. Assim, a ocasião do seu erro parece ter sido algumas palavras da Sagrada Escritura, como: *Ninguém subiu ao*

---

[46] Eclesiástico 34,4 (Vulgata).
[47] João 18,37.
[48] Aristóteles (384-322 a.C.), em Metafísica IV, 29, 1024b, 21-26.
[49] Romanos 5,9 (Vulgata).
[50] Apocalipse 5,9 (Vulgata).
[51] Valentino (100-60), nascido no Egito, pretendeu diminuir a influência judaica no Cristianismo. O pouco que se conhece da sua doutrina é conhecida de forma modificada e já desenvolvida nos trabalhos por seus discípulos. Tertuliano o cita na sua obra Sobre as Heresias.
[52] Santo Agostinho de Hipona (354-431), em Sobre as Heresias a Quodvultdeus, 11.

Ioan. 3,13 nemo ascendit in caelum nisi qui de caelo descendit, filius hominis, qui est in caelo...p qui de caelo venit, super omnes est. Et Ioan. 6,38, dicit Dominus: descendi de caelo, non ut faciam voluntatem meam, sed voluntatem eius qui misit me. Et I Cor. 15,47: primus homo de terra, terrenus; secundus homo de caelo, caelestis. Quae omnia sic intelligi volunt ut Christus de caelo etiam secundum corpus descendisse credatur.

Procedit autem tam haec valentini positio, quam Manichaeorum praemissa, ex una falsa radice: quia credebant quod haec omnia terrena a diabolo sint creata. Unde, cum filius Dei in hoc apparuerit ut dissolvat opera diaboli, sicut dicitur I Ioan. 3,8, non ei competebat ut de creatura diaboli corpus assumeret: cum etiam Paulus dicat, II Cor. 6,14 quae societas lucis ad tenebras? quae autem conventio Christi ad belial?

Et quia quae ab eadem radice procedunt, similes fructus producunt, in idem falsitatis inconveniens relabitur haec positio cum praedicta. Uniuscuiusque enim speciei sunt determinata essentialia principia, materiam dico et formam, ex quibus constituitur ratio speciei in his quae sunt ex materia et forma composita. Sed sicut caro humana et os et huiusmodi sunt materia propria hominis, ita ignis, aer, aqua et terra, et huiusmodi, qualia sentimus, sunt materia carnis et ossis et huiusmodi partium. Si igitur corpus Christi non fuit terrenum, non fuit in ipso vera caro et verum os, sed omnia secundum apparentiam tantum. Et ita etiam non fuit verus homo, sed apparens: cum tamen, ut dictum est, ipse dicat: spiritus carnem et ossa non habet, sicut me videtis habere.

céu senão o que desceu do céu, o Filho do homem, que está no céu. E o que veio do céu está sobre todos[53]. E ainda disse o Senhor: *Desci do céu, não para fazer a minha vontade, mas a vontade daquele que me enviou*[54]. E o Apóstolo: *O primeiro homem é da terra, e terrestre, o segundo homem é do céu, celeste*[55]. Eles querem que todos estes textos sejam entendidos assim: Que se creia que Cristo desceu do céu com o corpo.

Procede, tanto esta afirmação de Valentino, como as dos citados Maniqueus[56] de uma raiz falsa, porque acreditavam que todas as coisas da terra foram criadas pelo diabo. Por isso, uma vez que *o Filho de Deus apareceu para isso, para destruir as obras do diabo*, como se diz na Carta de João[57], não lhe cabia assumir de uma criatura o corpo de diabo; e também o Apóstolo diz: *Que sociedade existe entre a luz e as trevas?; Que concórdia entre Cristo e Belial?*[58].

E porque as coisas que procedem da mesma raiz produzem frutos semelhantes, esta afirmação recai na mesma falsidade da afirmação citada. Pois, os princípios essenciais de cada espécie são determinados, a saber, a matéria e a forma, pelas quais se constitui a razão da espécie naquelas coisas que são compostas de matéria e forma. Ora, como a carne humana e os ossos e coisas semelhantes são a matéria própria do homem, assim o fogo, o ar, a água e a terra e demais semelhantes, como nós percebemos, são a matéria da carne e do osso e das demais partes. Portanto, se o corpo de Cristo não foi terrestre, não existiu n'Ele uma carne verdadeira e um osso verdadeiro, mas tudo só em aparência. E assim, também não foi homem verdadeiro, mas aparente, e, entretanto, como foi citado[59], Ele mesmo disse: *O espírito não tem carne e ossos como vedes que eu tenho*[60].

---

53 João 3,13.
54 João 6,38.
55 1 Coríntios 15,47 (Vulgata).
56 Cf. capítulo anterior.
57 1 João 3,8.
58 2 Coríntios 6,14.14 (Vulgata).
59 Cf. capítulo anterior.
60 Lucas 24,39.

Adhuc. Corpus caeleste secundum suam naturam est incorruptibile et inalterabile, et extra suum ubi non potest transferri. Non autem decuit quod Dei filius dignitati naturae assumptae aliquid detraheret, sed magis quod eam exaltaret. Non igitur corpus caeleste aut incorruptibile ad inferiora portavit, sed magis assumptum terrenum corpus et passibile incorruptibile reddidit et caeleste.

Item. Apostolus dicit, Rom. 1,3, de filio Dei, quod factus est ex semine David secundum carnem. Sed corpus David terrenum fuit. Ergo et corpus Christi.

Amplius. Idem apostolus dicit, Galat. 4,4, quod Deus misit filium suum factum ex muliere. Et Matth. 1,16, dicitur quod Iacob genuit ioseph, virum mariae, de qua natus est Iesus, qui vocatur Christus. Non autem vel ex ea factus, vel de ea natus diceretur, si solum per eam sicut per fistulam transisset, nihil ex ea assumens. Ex ea igitur corpus assumpsit.

Praeterea. Non posset dici mater Iesu maria, quod evangelista testatur, nisi ex ea aliquid accepisset.

Adhuc. Apostolus dicit, Hebr. 2,11 qui sanctificat, scilicet Christus, et qui sanctificantur, scilicet fideles Christi, ex uno omnes. Propter quam causam non confunditur eos vocare fratres, dicens: narrabo nomen tuum fratribus meis. Et infra: 14 quia ergo pueri communicaverunt carni et sanguini, et ipse similiter participavit eisdem. Si autem Christus corpus caeleste solum habuit, manifestum est, cum nos corpus terrenum habeamus, quod non sumus ex uno cum ipso, et per consequens neque fratres eius possumus dici. Neque etiam ipse participavit carni et sanguini: nam notum est quod caro et sanguis ex elementis inferioribus componuntur, et non sunt naturae caelestis. Patet igitur con-

Ainda. O corpo celeste, por sua natureza, é incorruptível e inalterável, fora do seu *lugar* não pode se transferir[61]. Ora, não foi conveniente que o Filho de Deus rebaixasse em algo a dignidade na natureza assumida, mas antes que a elevasse. Portanto, não trouxe ao mundo inferior um corpo celestial ou incorruptível, mas antes tornou incorruptível e celestial o corpo assumido, terrestre e passível.

Igualmente. O Apóstolo diz sobre o Filho de Deus: *Feito do sêmen de Davi segundo a carne*[62]. Ora, o corpo de Davi foi terreno. Logo, também o corpo de Cristo.

Ademais. O mesmo Apóstolo diz: *Deus enviou seu Filho, nascido de mulher*[63]. E Mateus: *Jacó gerou José, esposo de Maria, da qual nasceu Jesus, que se chama Cristo*[64]. Ora, não diria que foi feito dela e que dela nasceu, se somente passasse por ela como por um canal, nada assumindo dela. Logo, assumiu o corpo dela.

Além disso. Não se poderia dizer Maria, mãe de Jesus, como o evangelista a chama[65], a não ser que recebesse algo dela.

Ainda. O Apóstolo diz: *Quem santifica* (Jesus) *e os que são santificados* (os fiéis de Cristo) *de um só, todos são e por esta razão não se envergonha de chamá-los irmãos, dizendo: Anunciarei o teu nome aos meus irmãos*[66]. E mais abaixo: *Porque os filhos participam da carne e do sangue, também ele mesmo participou igualmente das mesmas coisas*[67]. Ora, se Cristo teve somente um corpo celeste, é claro que, uma vez que nós temos um corpo terrestre, não somos de um mesmo com Ele, e por isso não podemos ser chamados seus irmãos. E tampouco Ele participou da carne e do sangue, pois é sabido que a carne e o sangue de compõem de elementos inferiores e que não são de natureza celeste. Portanto, é evidente

---

[61] Aristóteles (384-322 a.C.), em Sobre o Céu e o Mundo, 3, 269b, 31-32.
[62] Romanos 1,3 (Vulgata).
[63] Gálatas 4,4.
[64] Mateus 1,16.
[65] Mateus 1,18.
[66] Hebreus 2, 11.12 (Vulgata).
[67] Hebreus 2, 14 (Vulgata).

tra apostolicam sententiam praedictam positionem esse.

Ea vero quibus innituntur, manifestum est frivola esse. Non enim Christus descendit de caelo secundum corpus aut animam, sed secundum quod Deus. Et hoc ex ipsis verbis Domini accipi potest. Cum enim diceret, Ioan. 3,13, nemo ascendit in caelum nisi qui descendit de caelo, adiunxit, filius hominis, qui est in caelo: in quo ostendit se ita descendisse de caelo quod tamen in caelo esse non desierit. Hoc autem proprium deitatis est, ut ita in terris sit quod et caelum impleat: secundum illud Ier. 23,24: caelum et terram ego impleo. Non ergo filio Dei, inquantum Deus est, descendere de caelo competit secundum motum localem: nam quod localiter movetur, sic ad unum locum accedit quod recedit ab altero. Dicitur igitur filius Dei descendisse secundum hoc quod terrenam substantiam sibi copulavit: sicut et apostolus eum exinanitum dicit, inquantum formam servi accepit, ita tamen quod divinitatis naturam non perdidit.

Id vero quod pro radice huius positionis assumunt, ex superioribus patet esse falsum. Ostensum est enim in secundo libro quod ista corporalia non a diabolo, sed a Deo sunt facta.

Capitulum XXXI
De errore Apollinaris circa corpus Christi

Irrationabilius autem his circa incarnationis mysterium Apollinaris erravit.

In hoc tamen cum praedictis concordans, quod corpus Christi non fuit de virgine assumptum, sed, quod est magis impium, aliquid verbi dicit in carnem Christi fuisse conversum: occasionem erroris sumens ex eo quod dicitur

que a afirmação citada é contrária à doutrina apostólica.

É, pois, evidente que as razões em que se apoiam são fúteis. Porque Cristo não desceu do céu segundo o corpo ou a alma, mas segundo Deus. Assim quando disse: *Ninguém subiu ao céu senão o que desceu do céu*, acrescentou: *o Filho do homem que está no céu*[68]; e com essas palavras mostrou que de tal maneira desceu do céu que não deixava de estar no céu. Ora, isto é próprio da divindade, está de tal maneira na terra que enche também o céu, segundo o que diz Jeremias: *Eu encho o céu e a terra*[69]. Portanto, não cabe ao Filho de Deus, enquanto Deus, descer do céu segundo um movimento local, pois o que se move localmente, se se aproxima de um lugar, afasta-se de outro. Diz-se, pois, que o Filho de Deus desceu enquanto uniu a si a substância terrestre, como disse também o Apóstolo[70] que Ele se *esvaziou*, assumindo a forma de servo, de tal modo que, entretanto, não perdeu a natureza divina.

O que eles assumem como raiz dessa afirmação, evidentemente é falsa pelo que já foi dito. Assim, foi demonstrado no Livro II[71] que as coisas corporais não foram feitas pelo diabo, mas por Deus.

Capítulo 31
O erro de Apolinário[72] sobre o corpo de Cristo

Apolinário errou, de um modo mais irracional, sobre o mistério da Encarnação.

Com efeito, concordando com os acima citados em que o corpo de Cristo não foi assumido da Virgem, disse, e isto é mais ímpio, que algo do Verbo se converteu em carne de Cristo. A ocasião do erro ele encontrou em

---

[68] João 3,13.
[69] Jeremias 23,24 (Vulgata).
[70] Filipenses 2,7 (Vulgata).
[71] Livro II, cap. 41.15.
[72] Na Síria, onde nasceu Apolinário (310-390), bispo de Laodiceia, marcou o seu tempo, primeiro como defensor do Concilio de Niceia contra Ario, depois com suas cristologias. Julgou impossível que uma só pessoa possuísse duas naturezas perfeitas. Para salvar a natureza divina de Cristo, recusa à natureza humana uma alma racional, pois a divindade a substitui. Favorecia, assim, o Monofisismo. Foi condenado por vários Sínodos e, em 381, pelo II Concílio de Constantinopla.

Ioan. 1,14, *verbum caro factum est*, quod sic intelligendum putavit quasi ipsum verbum sit conversum in carnem, sicut et intelligitur illud quod legitur Ioan. 2,9, *ut gustavit architriclinus aquam vinum factam*, quod ea ratione dicitur, quia conversa est aqua in vinum. Huius autem erroris impossibilitatem ex his quae supra ostensa sunt, facile est deprehendere. Ostensum est enim supra quod Deus omnino immutabilis est. Omne autem quod in aliud convertitur, manifestum est mutari. Cum igitur verbum Dei sit verus Deus, ut ostensum est, impossibile est quod verbum Dei fuerit in carnem mutatum.

Item. Verbum Dei, cum sit Deus, simplex est: ostensum est enim supra in Deo compositionem non esse. Si igitur aliquid verbi Dei sit conversum in carnem, oportet totum verbum conversum esse. Quod autem in aliud convertitur, desinit esse id quod prius fuit: sicut aqua conversa in vinum, iam non est aqua sed vinum. Igitur post incarnationem, secundum positionem praedictam, verbum Dei penitus non erit. Quod apparet impossibile: tum ex hoc quod verbum Dei est aeternum, secundum illud Ioan. 1,1, *in principio erat verbum*; tum quia post incarnationem Christus verbum Dei dicitur, secundum illud Apoc. 19,13, *vestitus erat veste aspersa sanguine, et vocabatur nomen eius: verbum Dei*.

Amplius. Eorum quae non communicant in materia et in genere uno, impossibile est fieri conversionem in invicem: non enim ex linea fit albedo, quia sunt diversorum generum; neque corpus elementare potest converti in aliquod corporum caelestium, vel in aliquam incorpoream substantiam, aut e converso, cum non conveniant in materia. Verbum autem Dei, cum sit Deus, non convenit

João: *E o Verbo se fez carne*[73], que julgou que se devia entender como se o mesmo Verbo se convertera em carne, como se entende o que se lê também em João: *Quando o mordomo provou da água mudada em vinho*[74], e a razão do que se diz é porque a água se converteu em vinho. É fácil depreender, pelo que foi mostrado, a impossibilidade deste erro. Foi demonstrado[75] que Deus é totalmente imutável. E tudo aquilo que se converte em outro, claramente se muda. Portanto, uma vez que o Verbo de Deus é verdadeiro Deus, como foi demonstrado[76], é impossível que o Verbo de Deus se tenha mudado em carne.

Igualmente. O Verbo de Deus, por ser Deus, é simples, pois foi demonstrado[77] que em Deus não há composição. Portanto, se algo do Verbo de Deus se converteu em carne, é necessário que todo o Verbo se tenha convertido. Ora, aquilo que se converte em outro, deixa de ser aquilo que era antes, assim a água convertida em vinho, já não é água, mas vinho. Logo, depois da Encarnação, segundo a afirmação citada, o Verbo simplesmente não seria. E isto parece impossível, seja porque o Verbo de Deus é eterno, segundo João: *No princípio era o Verbo*[78]; seja porque depois da Encarnação, Cristo se diz o Verbo de Deus, segundo o Apocalipse: *Estava vestido com uma veste ensanguentada, e o seu nome era o Verbo de Deus*[79].

Ademais. É impossível que as coisas que não se comunicam em matéria ou em gênero se convertam entre si. Pois, de uma linha não se faz a brancura, porque são de gêneros diversos; nem um corpo elementar pode se converter em uma substância incorpórea, ou vice-versa, uma vez que não convém em matéria. Ora, o Verbo de Deus, por ser Deus não convém nem em gênero, nem em matéria com

---

[73] João 1,14.
[74] João 2,9.
[75] Livro I, cap. 13.
[76] Cf. cap. 3.
[77] Livro I, cap. 18.
[78] João 1,1.
[79] Apocalipse 19,13.

qualquer outro, porque Deus nem está em gênero algum, nem tem matéria[80]. Portanto, é impossível que o Verbo de Deus fosse convertido em carne ou em qualquer outra coisa.

Além disso. É da razão de carne, de osso e de sangue e de outras partes semelhantes que sejam de determinada matéria. Portanto, se o Verbo de Deus fosse convertido em carne, segundo a afirmação citada, seguir-se-ia que em Cristo não existiria uma verdadeira carne, nem nenhuma outra coisa semelhante. E assim, também, não seria verdadeiro homem, mas somente aparente, e outras coisas semelhantes que afirmamos contra Valentino[81].

É evidente, portanto, que o que disse João: *O Verbo se fez carne*, não se deve entender como se o Verbo se tivesse convertido em carne, mas que assumiu a carne, para conviver com os homens e aparecer-lhes visivelmente. Por isso se acrescenta: *E habitou entre nós e vimos a sua glória etc.*, assim como se diz em Baruc: *Que foi visto nas terras e convivera com os homens*[82].

Capítulo 32
O erro de Ario e de Apolinário sobre a alma de Cristo

Alguns pensaram mal não só sobre o corpo de Cristo, mas também sobre a sua alma.

Com efeito, Ario afirmou que não houve alma em Cristo, mas que assumiu unicamente carne, com respeito â qual a divindade tomou o lugar da alma. E para afirmar isso parece ter sido induzido por certa necessidade. Porque, como quisesse sustentar que o Filho de Deus é uma criatura menor que o Pai, assumiu, para isso provar, aqueles testemunhos da Escritura que mostram no Cristo a enfermidade humana. E para que ninguém refutasse sua prova, dizendo que os testemunhos assumidos por ele convinham a Cristo, não segundo a natureza

---

[80] Livro I, caps. 17.25.
[81] Cf. capítulo anterior.
[82] Baruc 3,88 (Vulgata).

removit a Christo, ut, cum quaedam corpori humano convenire non possint, sicut quod miratus est, quod timuit, quod oravit, necessarium fiat huiusmodi in ipsum filium Dei minorationem inferre. Assumpsit autem in suae positionis assertionem praemissum verbum ioannis dicentis, verbum caro factum est: ex quo accipere volebat quod solam carnem verbum assumpserit, non autem animam. Et in hac positione etiam Apollinaris eum secutus est.

Manifestum est autem ex praemissis hanc positionem impossibilem esse. Ostensum est enim supra quod Deus forma corporis esse non potest. Cum igitur verbum Dei sit Deus, ut ostensum est, impossibile est quod verbum Dei sit forma corporis, ut sic carni pro anima esse possit. Utilis autem est haec ratio contra Apollinarem, qui verbum Dei verum Deum esse confitebatur: et licet hoc Arius negaret, tamen etiam contra eum praedicta ratio procedit. Quia non solum Deus non potest esse forma corporis, sed nec etiam aliquis supercaelestium spirituum, inter quos supremum filium Dei Arius ponebat:- nisi forte secundum positionem Origenis, qui posuit humanas animas eiusdem speciei et naturae cum supercaelestibus spiritibus esse. Cuius opinionis falsitatem supra ostendimus.

Item. Subtracto eo quod est de ratione hominis, verus homo esse non potest. Manifestum est autem animam principaliter de ratione hominis esse: cum sit eius forma. Si igitur Christus animam non habuit, verus homo non fuit: cum tamen apostolus eum hominem asserat, dicens, I ad Tim. 2,5: unus est mediator Dei et hominum, homo Christus Iesus.

Adhuc. Ex anima non solum ratio hominis, sed et singularium partium eius dependet: unde, remota anima, oculus, caro et os hominis mortui aequivoce dicuntur, sicut oculus pictus aut lapideus. Si igitur in Christo non

divina mas à humana, remove indevidamente a alma de Cristo para que, algumas coisas que não podiam convir ao corpo humano, como admirar, temer, orar, se tornassem necessariamente causas de inferioridade no mesmo Filho de Deus. E assumiu como asseveração de sua opinião as palavras citadas de João: *E o Verbo se fez carne*[83], das quais quis inferir que o Verbo havia assumido somente a carne, e não a alma. E nesta opinião Apolinário seguiu, também, Ario.

É claro, pelo que já foi dito, que esta opinião é impossível. Foi demonstrado[84], que Deus não pode ser forma de corpo. Portanto, como foi demonstrado[85], é impossível que o Verbo de Deus seja forma de corpo, de modo a poder ser como alma para o corpo. Esta razão vale contra Apolinário que confessava ser o Verbo de Deus verdadeiro Deus; e embora Ario negasse isso, entretanto, contra ele procede, também, a razão citada. Porque não só Deus não pode ser forma de corpo, mas também nenhum dos espíritos supra celestes, entre os quais Ario afirmava como supremo o Filho de Deus, a não ser, talvez, na opinião de Orígenes que afirmou que as almas humanas eram da mesma espécie e natureza dos espíritos supra celestes. A falsidade desta opinião já foi demonstrada[86].

Igualmente. Se se suprime aquilo que é próprio da razão de homem, o verdadeiro homem não pode existir. É claro que a alma, sendo sua forma, é parte principal da razão de homem. Portanto, se Cristo não teve alma, não foi verdadeiro homem, entretanto, o Apóstolo o denomina homem: *Um só é o mediador entre Deus e os homens, o homem Cristo Jesus*[87].

Ainda. Depende da alma não só a razão de homem, mas também de cada uma de suas partes; assim eliminada a alma, os olhos, a carne e os ossos de um homem morto se dizem mortos equivocadamente, assim como *olhos*

---

[83] João 1,14.
[84] Livro I, cap. 27.
[85] Cap. 3.
[86] Livro II, caps. 94.95.
[87] 1 Timóteo 2,5.

fuit anima, necesse est quod nec vera caro in eo fuerit, nec aliqua alia partium hominis: cum tamen Dominus haec in se esse perhibeat, dicens, Lucae, ult.: spiritus carnem et ossa non habet, sicut me videtis habere.

Amplius. Quod generatur ex aliquo vivente, filius eius dici non potest nisi in eandem speciem procedat: non enim vermis dicitur filius animalis ex quo generatur. Sed si Christus animam non habuit, non fuit eiusdem speciei cum aliis hominibus: quae enim secundum formam differunt, eiusdem speciei esse non possunt. Non igitur dici poterit quod Christus sit filius mariae virginis, aut quod illa sit mater eius. Quod tamen in evangelica Scriptura asseritur.

Praeterea. In evangelio expresse dicitur quod Christus animam habuit: sicut est illud Matth. 26,38, tristis est anima mea usque ad mortem; et Ioan. 12,27, nunc anima mea turbata est. Et ne forte dicant ipsum filium Dei animam dici, eo quod, secundum eorum positionem, loco animae carni sit: sumendum est quod Dominus dicit, Ioan. 10,18, potestatem habeo ponendi animam meam, et iterum sumendi eam; ex quo intelligitur aliud esse quam animam in Christo, quod habuit potestatem ponendi animam suam et sumendi. Non autem fuit in potestate corporis quod uniretur filio Dei vel separaretur ab eo: cum hoc etiam naturae potestatem excedat. Oportet igitur intelligi in Christo aliud fuisse animam, et aliud divinitatem filii Dei, cui merito talis potestas tribuitur.

Item. Tristitia, ira et huiusmodi passiones sunt animae sensitivae: ut patet per Philosophum in VII phys.. Haec autem in Christo fuisse ex evangeliis comprobatur. Oportet

pintados ou de pedra[88]. Portanto, se Cristo não teve alma, necessariamente não teria verdadeira carne, nem as outras suas partes, entretanto, o Senhor declara que essas partes existiam n'Ele: *O espírito não tem carne e ossos, com me vedes ter*[89].

Ademais. O que é gerado por um ser vivo, não pode dizer-se filho dele, se não procede na mesma espécie, pois o verme não pode ser dito filho do animal no qual foi gerado. Ora, se Cristo não tivesse alma, não seria da mesma espécie dos outros homens, porque as coisas que diferem pela forma, não podem ser da mesma espécie. Logo, não se poderia dizer que Cristo é filho da Virgem Maria, ou que ela é sua mãe. O que, entretanto, é afirmado na Escritura evangélica[90].

Além disso. No Evangelho se diz expressamente que Cristo teve alma, como está em Mateus: *Triste está a minha alma até a morte*[91]; e em João: *Agora a minha alma está perturbada*[92]. E para que não digam que o mesmo Filho de Deus se diz alma, porque na opinião deles, a divindade tomou o lugar da alma com respeito à carne, deve-se tomar o que o Senhor disse: *Tenho o poder para dar a minha e de retomá-la após*[93]; disto se entende que em Cristo há outra coisa que a alma, outra coisa que tem o poder dar a sua alma e de retomá-la após. Ora, não estava no poder do corpo unirse ao Filho de Deus, ou separar-se d'Ele, uma vez que isso excede, também, o poder da natureza. Logo, deve-se entender que em Cristo outra coisa foi a alma, e outra coisa a divindade do Filho de Deus, ao qual merecidamente foi atribuído tal poder.

Igualmente. Tristeza, ira e semelhantes paixões são próprias da alma sensitiva, como está claro no livro da Física do Filósofo[94]. Os Evangelhos comprovam que Cristo as teve.

---

[88] Aristóteles (384-322 a.C.), em Sobre a Alma I, 412b, 21-22.
[89] Lucas 24,39.
[90] Mateus 1,18.25. Lucas 2,7.
[91] Mateus 26,38.
[92] João 12,27.
[93] João 10,18.
[94] Aristóteles (384-322 a.C.), em Física VII, 3, 247a, 7-13.

igitur in Christo fuisse animam sensitivam: de qua planum est quod differt a natura divina filii Dei. Sed quia potest dici humana in evangeliis metaphorice dici de Christo, sicut et de Deo in plerisque locis sacrae Scripturae loquuntur, accipiendum est aliquid quod necesse sit ut proprie dictum intelligatur. Sicut enim alia corporalia quae de Christo evangelistae narrant, proprie intelliguntur et non metaphorice, ita oportet non metaphorice de ipso intelligi quod manducaverit et esurierit. Esurire autem non est nisi habentis animam sensitivam: cum esuries sit appetitus cibi. Oportet igitur quod Christus habuit animam sensitivam.

Portanto, é necessário que em Cristo houvesse alma sensitiva, que claramente se diferenciava da natureza divina do Filho de Deus. Mas, porque se pode dizer que nos Evangelhos coisas humanas são ditas metaforicamente de Cristo, e assim também, falam de Deus em muitos lugares da Sagrada Escritura, deve-se acolher aquelas afirmações que necessariamente são entendidas em sentido próprio. Como aquelas outras coisas corporais que os Evangelistas narram de Cristo entendem-se propriamente e não metaforicamente, assim é necessário que não se entenda metaforicamente que comeu e que teve fome[95]. Ora, ter fome é próprio somente de quem tem alma sensitiva, uma vez que a fome é o apetite do alimento. Logo, é necessário que Cristo tivesse alma sensitiva.

Capitulum XXXIII
De errore Apollinaris dicentis animam rationalem non fuisse in Christo, et de errore Origenis dicentis animam Christi ante mundum fuisse creatam

His autem testimoniis evangelicis Apollinaris convictus, confessus est in Christo animam sensitivam fuisse: tamen sine mente et intellectu, ita quod verbum Dei fuerit illi animae loco intellectus et mentis.

Sed nec hoc sufficit ad inconvenientia praedicta vitanda. Homo enim speciem sortitur humanam ex hoc quod mentem humanam et rationem habet. Si igitur Christus haec non habuit, verus homo non fuit, nec eiusdem speciei nobiscum. Anima autem ratione carens ad aliam speciem pertinet quam anima rationem habens. Est enim secundum Philosophum, VIII metaphys., quod in definitionibus et speciebus quaelibet differentia essentialis addita vel subtracta variat speciem, sicut in numeris unitas. Rationale autem est differentia specifi-

Capítulo 33
O erro de Apolinário afirmando que em Cristo não houve alma racional, e o erro de Orígenes[96] afirmando que a alma de Cristo foi criada antes do mundo

Apolinário, convencido por estes testemunhos evangélicos, confessou que em Cristo havia alma sensitiva, mas uma alma sem o espírito e intelecto, de tal modo que o Verbo de Deus teve nela o lugar do intelecto e do espírito[97].

Com efeito, nem isto é suficiente para evitar as inconveniências já citadas. Ora, cabe ao homem a espécie humana pelo fato de ter o espírito humano e a razão humana. Portanto, se Cristo não a teve, não foi verdadeiro homem, nem da nossa mesma espécie. Assim, a alma que carece de razão pertence a uma espécie distinta da que tem razão. Com efeito, segundo o Filósofo[98], se nas definições e espécies qualquer diferença específica é acrescentada ou subtraída, muda a espécie, como a unidade nos números. Ora, *racional* é uma diferença

---

[95] Mateus 4,2;9,11;11,19.
[96] Orígenes (185-253). Cf. autores citados.
[97] Santo Agostinho de Hipona (354-431), em Sobre as Heresias, 55.
[98] Aristóteles (384-322 a.C.), em Metafísica VII, 3, 1043b, 36-1044a, 2.

ca. Si igitur in Christo fuit anima sensitiva sine ratione, non fuit eiusdem speciei cum anima nostra, quae est rationem habens. Nec ipse igitur Christus fuit eiusdem speciei nobiscum.

Adhuc. Inter ipsas animas sensitivas ratione carentes diversitas secundum speciem existit: quod patet ex animalibus irrationalibus, quae ab invicem specie differunt, quorum tamen unumquodque secundum propriam animam speciem habet. Sic igitur anima sensitiva ratione carens est quasi unum genus sub se plures species comprehendens. Nihil autem est in genere quod non sit in aliqua eius specie. Si igitur anima Christi fuit in genere animae sensitivae ratione carentis, oportet quod contineretur sub aliqua specierum eius: utpote quod fuerit in specie animae leonis aut alicuius alterius belluae. Quod est omnino absurdum.

Amplius. Corpus comparatur ad animam sicut materia ad formam, et sicut instrumentum ad principale agens. Oportet autem materiam proportionatam esse formae, et instrumentum principali agenti. Ergo secundum diversitatem animarum oportet et corporum diversitatem esse. Quod et secundum sensum apparet: nam in diversis animalibus inveniuntur diversae dispositiones membrorum, secundum quod conveniunt diversis dispositionibus animarum. Si ergo in Christo non fuit anima qualis est anima nostra, nec etiam membra habuisset sicut sunt membra humana.

Praeterea. Cum secundum Apollinarem verbum Dei sit verus Deus, ei admiratio competere non potest: nam ea admiramur quorum causam ignoramus. Similiter autem nec admiratio animae sensitivae competere potest: cum ad animam sensitivam non pertineat sollicitari de cognitione causarum. In Christo autem admiratio fuit, sicut ex evangeliis probatur: dicitur enim Matth. 8,10, quod audiens Iesus verba centurionis miratus est. Oportet igitur,

específica. Portanto, se em Cristo houve alma sensitiva sem razão, não foi da mesma espécie da nossa alma, que tem razão. Nem Cristo foi da nossa mesma espécie.

Ainda. Entre as mesmas almas sensitivas carentes de razão existe diversidade específica, o que é claro nos animais irracionais que diferem entre si pela espécie, entretanto, cada um deles tem a espécie de acordo com a própria alma. Portanto, a alma sensitiva carente de razão é como um gênero que compreende sob si muitas espécies. Ora, nada está em um gênero que não esteja em alguma espécie dele. Se, pois, a alma de Cristo esteve em um gênero de alma sensitiva carente de razão, é necessário que estivesse contida sob alguma de suas espécies, por exemplo, na espécie de alma de leão ou de alguma outra fera. O que é totalmente absurdo.

Ademais. O corpo está para a alma, assim como a matéria para a forma, e assim como o instrumento para o agente principal. Mas, é necessário que a matéria seja proporcionada à forma e o instrumento ao agente principal. Portanto, é necessário que segundo a diversidade das almas haja também a diversidade dos corpos. E isto aparece também nos sentidos, pois, nos diversos animais encontram-se disposições diversas dos membros segundo convêm às diversas disposições das almas. Portanto, se em Cristo não houve uma alma igual à nossa, não teria também membros como os membros humanos.

Além disso. Uma vez que, segundo Apolinário, o Verbo de Deus é verdadeiro Deus[99], não lhe cabe a admiração, pois admiramos aquelas coisas das quais ignoramos a causa[100]. Igualmente não cabe a admiração à alma sensitiva, uma vez que não cabe à alma sensitiva averiguar o conhecimento das causas. Ora, em Cristo houve admiração, como os Evangelhos provam, pois se diz que ouvindo Jesus as palavras do Centurião, *admirou-se*[101]. Portanto,

---

[99] Cf. cap. 31.
[100] Aristóteles (384-322 a.C.), em Metafísica I, 2, 982b, 17-18.
[101] Mateus 8,10.

praeter divinitatem verbi et animam sensitivam, in Christo aliquid ponere secundum quod admiratio ei competere possit, scilicet mentem humanam.

Manifestum est igitur ex praedictis quod in Christo verum corpus humanum et vera anima humana fuit. Sic igitur quod ioannes dicit, verbum caro factum est, non sic intelligitur quasi verbum sit in carnem conversum; neque sic quod verbum carnem solam assumpserit; aut cum anima sensitiva, sine mente; sed secundum consuetum modum Scripturae, ponitur pars pro toto, ut sic dictum sit, verbum caro factum est, ac si diceretur, verbum homo factum est; nam et anima interdum pro homine ponitur in Scriptura, dicitur enim Exod. 1,5, erant omnes animae quae egressae sunt de femore Iacob septuaginta, similiter etiam caro pro toto homine ponitur, dicitur enim Isaiae 40,5, videbit omnis caro pariter quod os Domini locutum est. Sic igitur et hic caro pro toto homine ponitur, ad exprimendam humanae naturae infirmitatem, quam verbum Dei assumpsit.

Si autem Christus humanam carnem et humanam animam habuit, ut ostensum est, manifestum est animam Christi non fuisse ante corporis eius conceptionem. Ostensum est enim quod humanae animae propriis corporibus non praeexistunt. Unde patet falsum esse Origenis dogma, dicentis animam Christi ab initio, ante corporales creaturas, cum omnibus aliis spiritualibus creaturis creatam et a verbo Dei assumptam, et demum, circa fines saeculorum, pro salute hominum carne fuisse indutam.

é necessário afirmar algo em Cristo além da divindade do Verbo e da alma sensitiva, de modo que lhe caiba a admiração, isto é, o espírito humano.

É claro pelo que foi dito[102], que em Cristo houve um verdadeiro corpo humano e uma verdadeira alma humana. Assim, em João: *E o Verbo se fez carne*[103], não se entende como se o Verbo se convertesse em carne, nem como se o Verbo tivesse assumido só a carne, ou com a alma sensitiva sem o espírito; mas segundo o costume da Escritura, afirma-se a parte pelo todo. E assim, a frase *O Verbo se fez carne* diz o mesmo que o Verbo se fez homem. Assim, a palavra *alma*, às vezes, é afirmada na Escritura em lugar de *homem*, por exemplo: *70 eram todas as almas geradas por Jacó*[104]; igualmente a palavra *carne* afirma-se em lugar de *todo o homem*, por exemplo, em Isaías: *Verá toda carne e igualmente o que a boca do Senhor falou*[105]. Portanto, também aqui *carne* é afirmada em lugar de *todo o homem*, para expressar a enfermidade da natureza humana, que o Verbo de Deus assumiu.

Se Cristo teve a carne humana e a alma humana, como foi mostrado[106], é claro que a alma de Cristo não existia antes da concepção de seu corpo. Foi demonstrado, também, que as almas humanas não preexistem aos próprios corpos[107]. Portanto, é falsa a doutrina de Orígenes[108] que afirma que a alma de Cristo foi criada no princípio, antes das criaturas corporais, mas com todas as outras criaturas espirituais e assumida pelo Verbo de Deus, e depois perto do fim dos séculos foi revestida de carne para a salvação dos homens.

---

[102] Cf. cap. 29 ss.
[103] João 1,14.
[104] Êxodo 1,5.
[105] Isaías 40,5.
[106] Cf. cap. 31.
[107] Livro II, cap. 83.
[108] Orígenes (185-253), em Tratado dos Princípios II, 6, 2, MG 11, 211B-212A.

Capitulum XXXIV
De errore theodori Mopsuesteni et Nestorii circa unionem verbi ad hominem

Ex praemissis igitur apparet quod Christo nec divina natura defuit, ut ebion, cerinthus et Photinus dixerunt; nec verum corpus humanum, secundum errorem Manichaei atque valentini; nec etiam humana anima, sicut posuerunt Arius et Apollinaris. His igitur tribus substantiis in Christo convenientibus, scilicet divinitate, anima humana, et vero humano corpore, circa horum unionem quid sentiendum sit secundum Scripturarum documenta, inquirendum restat.

Theodorus igitur Mopsuestenus et Nestorius eius sector, talem sententiam de praedicta unione protulerunt. Dixerunt enim quod anima humana et corpus humanum verum naturali unione convenerunt in Christo ad constitutionem unius hominis eiusdem speciei et naturae cum aliis hominibus; et quod in hoc homine Deus habitavit sicut in templo suo, scilicet per gratiam, sicut et in aliis hominibus sanctis; unde dicitur Ioan. 2,19, quod ipse Iudaeis dixit, solvite templum hoc, et in tribus diebus excitabo illud, et postea evangelista, quasi exponens, subdit, 21 ille autem dicebat de templo corporis sui; et apostolus, Coloss. 1,19, dicit quod in ipso complacuit omnem plenitudinem habitare. — Et ex hoc consecuta est ulterius quaedam affectualis unio inter hominem illum et Deum, dum et homo ille bona sua voluntate Deo inhaesit, et Deus sua voluntate illum acceptavit, secundum illud Ioan. 8,29, qui me misit, mecum est, et non reliquit me solum, quia quae placi-

Capítulo 34
O erro de Teodoro de Mopsuéstia[109] e de Nestório[110] sobre a união do Verbo com o homem

Pelo que foi dito[111], é claro que a Cristo não lhe faltou nem a natureza divina, como Ébion[112], Cerinto e Fotino disseram, nem o verdadeiro corpo humano, segundo o erro dos Maniqueus e de Valentino, nem a alma humana, como afirmaram Ario e Apolinário. Uma vez que em Cristo se encontram estas três substâncias, a saber, a divindade, a alma humana e o verdadeiro corpo humano, fica por inquirir, nos documentos das Escrituras, o que se deve pensar a respeito da união destas substâncias.

Com efeito, Teodoro de Mopsuéstia e seu discípulo Nestório propuseram, sobre a citada união, a seguinte explicação: a alma humana e o verdadeiro corpo humano se encontram em Cristo, unidos naturalmente, constituindo assim um único homem da mesma espécie e natureza de todos os outros homens; e neste homem Deus habitou como em seu templo, a saber, pela graça, assim como habita nos outros homens santos. É por isso que se diz em João que Ele disse aos Judeus: *Destruí este templo e em três dias eu o levantarei de novo*[113], em seguida, o Evangelista acrescenta explicando: *Ele falava do templo de seu corpo*[114], e o Apóstolo diz que *Foi do agrado de Deus que n'Ele habitasse toda a plenitude*[115]. — E disto resultou posteriormente uma união afetiva entre aquele homem e Deus, aderindo o homem a Deus com sua boa vontade e Deus o aceitando com sua vontade, segundo o texto de João: *Quem me enviou está comigo, e não me deixa só, porque faço sempre o que lhe agrada*[116],

---

[109] Teodoro de Mopsuéstia (350-428). Cf. autores citados.
[110] Nestório (386-451). Cf. autores citados.
[111] Cf. cap. 23 ss.
[112] Ébion (séc. I), Cerinto (séc. I), Fotino († 371), Maniqueus (250), Valentino (100-160), Ario (256-336). Cf. Autores citados.
[113] João 2,19.
[114] João 2,21.
[115] Colossenses 1,19.
[116] João 8,29.

ta sunt ei facio semper; ut sic intelligatur talis esse unio hominis illius ad Deum, qualis est unio de qua apostolus dicit, I ad Cor. 6,17, qui adhaeret Deo, unus spiritus est.

Et sicut ex hac unione nomina quae proprie Deo conveniunt, ad homines transferuntur, ut dicantur dii, et filii Dei, et Domini, et sancti, et Christi, sicut ex diversis locis Scripturae patet; ita et nomina divina homini illi conveniunt, ut, propter Dei inhabitationem et unionem affectus, dicatur et Deus, et Dei filius, et Dominus, et sanctus, et Christus. — Sed tamen, quia in illo homine maior plenitudo gratiae fuit quam in aliis hominibus sanctis, fuit prae ceteris templum Dei, et arctius Deo secundum affectum unitus, et singulari quodam privilegio divina nomina participavit. Et propter hanc excellentiam gratiae, constitutus est in participatione divinae dignitatis et honoris, ut scilicet coadoretur Deo. — Et sic, secundum praedicta, oportet quod alia sit persona verbi Dei, et alia persona illius hominis qui verbo Dei coadoretur. Et si dicatur una persona utriusque, hoc erit propter unionem affectualem praedictam: ut sic dicatur homo ille et Dei verbum una persona, sicut dicitur de viro et muliere quod iam non sunt duo, sed una caro.- Et quia talis unio non facit ut quod de uno dicitur, de altero dici possit, non enim quicquid convenit viro, verum est de muliere, aut e converso; ideo in unione verbi et illius hominis hoc observandum putant, quod ea quae sunt propria illius hominis, ad humanam naturam pertinentia, de verbo Dei, aut de Deo, convenienter dici non possunt; sicut homini illi convenit quod sit natus de virgine, quod passus, mortuus et sepultus, et huiusmodi; quae omnia asserunt de Deo, vel de Dei verbo, dici non debere.

para que se entenda que essa união daquele homem com Deus é como a união da qual o Apóstolo diz: *Quem adere a Deus é com Ele um só espírito*[117].

E assim como, por esta união, nomes que propriamente convêm a Deus, se transferem para os homens; por exemplo, deuses, filhos de Deus, senhores, santos e cristo, como está claro em diversos lugares da Escritura; assim também nomes divinos convêm àquele homem por causa da inabitação de Deus e da união afetiva; por exemplo, Deus, Filho de Deus, Senhor, Santo e Cristo. — Entretanto, porque aquele homem teve maior plenitude de graça do que os outros homens santos, foi templo de Deus mais do que todos e mais estritamente se uniu a Deus pelo afeto e por um privilégio singular participou dos nomes divinos. E por causa dessa excelência de graça, foi constituído partícipe da dignidade e da honra divina, a ponto de ser *coadorado* com Deus. — E assim, de acordo com o que foi dito, é necessário que uma seja a pessoa do Verbo de Deus, e outra a pessoa daquele homem que é *coadorado* com o Verbo de Deus. E se se diz uma só pessoa de ambos, isto seria em razão da citada união de afeto, e assim se diz daquele homem e do Verbo de Deus uma só pessoa, como se diz de um homem e de uma mulher que *já não são dois, mas uma só carne*[118]. — E porque tal união não faz que o que se diz de um possa dizer-se do outro, pois nem tudo o que convém ao homem, convém verdadeiramente à mulher, e vice-versa; por isso, Teodoro e Nestório julgam que se deve observar, na união do Verbo com aquele homem, que aquelas coisas que são próprias daquele homem referentes à natureza humana, não podem ser ditas convenientemente do Verbo de Deus, ou de Deus; por exemplo, convém àquele homem ter nascido de uma virgem, padecer, morrer e ser sepultado, etc. Todas essas coisas, afirmam, não devem ser ditas de Deus ou do Verbo de Deus.

---

[117] 1 Coríntios 6,17.
[118] Mateus 19,6.

Sed quia sunt quaedam nomina quae, etsi Deo principaliter conveniant, communicantur tamen hominibus per aliquem modum, sicut Christus, Dominus, sanctus, et etiam filius Dei, de huiusmodi nominibus secundum eos nihil prohibet praedicta praedicari. Convenienter enim dicimus secundum eos quod Christus, vel Dominus gloriae, vel sanctus sanctorum, vel Dei filius, sit natus de virgine, passus, mortuus et sepultus. Unde et beatam virginem non matrem Dei vel verbi Dei, sed matrem Christi nominandam esse dicunt.

Sed si quis diligenter consideret, praedicta positio veritatem incarnationis excludit. Non enim secundum praedicta verbum Dei fuit homini illi unitum nisi secundum inhabitationem per gratiam, ex qua consequitur unio voluntatum. Inhabitatio autem verbi Dei in homine non est verbum Dei incarnari. Habitavit enim verbum Dei, et Deus ipse, in omnibus sanctis a constitutione mundi, secundum illud apostoli II ad Cor. 6,16, vos estis templum Dei vivi: sicut dicit Dominus: quoniam inhabitabo in illis: quae tamen inhabitatio incarnatio dici non potest; alioquin frequenter ab initio mundi Deus incarnatus fuisset. — Nec hoc etiam ad incarnationis rationem sufficit si verbum Dei, aut Deus, pleniori gratia habitavit in illo homine: quia magis et minus speciem non diversificant unionis. Cum igitur christiana religio in fide incarnationis fundetur, evidenter apparet quod praedicta positio fundamentum christianae religionis tollit.

Praeterea. Ex ipso modo loquendi Scripturarum, falsitas praedictae positionis apparet. Inhabitationem enim verbi Dei in sanctis hominibus consuevit sacra Scriptura his modis significare: locutus est Dominus ad Moysen; dicit Dominus ad Moysen; factum est verbum Domini ad ieremiam (aut ad aliquem aliorum

Há alguns nomes que embora convenham principalmente a Deus, entretanto, são atribuídos aos homens de algum modo; por exemplo, *Cristo, Senhor, Santo*, e também *Filho de Deus*. Nada impede, segundo Teodoro e Nestório, que tais coisas sejam predicadas de tais nomes; por exemplo, dizemos convenientemente, segundo eles, que *Cristo,* o *Senhor da Glória,* o *Santo dos Santos,* o *Filho de Deus*, nasceu de uma virgem, padeceu, morreu, e foi sepultado. Por isso, dizem que a bem-aventurada virgem não deve ser chamada Mãe de Deus ou do Verbo de Deus, mas de Mãe de Cristo.

Se alguém considera diligentemente, a afirmação de Teodoro e de Nestório nega a verdade da Encarnação. Com efeito, de acordo com o que foi dito, o Verbo de Deus esteve unido àquele homem somente pela inabitação pela graça, da qual se segue a união das vontades. Ora, a inabitação do Verbo de Deus no homem não é a Encarnação do Verbo de Deus. O Verbo de Deus e o mesmo Deus habitou em todos os santos desde a constituição do mundo, segundo o Apóstolo: *Vós sois templo do Deus vivo, como disse o Senhor: Habitarei neles*[119]. De outro modo, Deus teria encarnado frequentemente desde o início do mundo. — Nem é também suficiente para entender a Encarnação que o Verbo de Deus, ou Deus, habitasse naquele homem com maior plenitude de graça, porque *o mais e o menos não mudam a espécie da união*. Portanto, uma vez que a religião cristã se baseia na fé da Encarnação, é evidente que a afirmação de Teodoro e de Nestório destrói o fundamento da religião cristã.

Além disso. O mesmo modo de falar das Escrituras evidencia a falsidade da citada afirmação. Com efeito, a Sagrada Escritura costuma significar assim a inabitação do Verbo de Deus nos homens santos: o Senhor falou a Moisés[120], o Senhor disse a Moisés[121], a palavra de Deus foi dirigida a Jeremias[122] (ou a algum

---

[119] 2 Coríntios 6,16.
[120] Êxodo 6,2 ss.
[121] Êxodo 4,19 ss.
[122] Jeremias 29,30.

prophetarum); factum est verbum Domini in manu Aggaei prophetae. Nunquam autem legitur quod verbum Domini factum sit vel Moyses, vel ieremias, vel aliquis aliorum. Hoc autem modo singulariter unionem Dei verbi ad carnem Christi designat evangelista, dicens, verbum caro factum est, ut supra expositum est. Manifestum est igitur quod non solum per modum inhabitationis verbum Dei in homine Christo fuit, secundum traditiones Scripturae.

Item. Omne quod factum est aliquid, est illud quod factum est: sicut quod factum est homo, est homo; et quod factum est album est album. Sed verbum Dei factum est homo, ut ex praemissis habetur. Igitur verbum Dei est homo. Impossibile est autem ut duorum differentium persona aut hypostasi vel supposito, unum de altero praedicetur: cum enim dicitur, homo est animal, id ipsum quod animal est, homo est; et cum dicitur, homo est albus, ipse homo albus esse significatur, licet albedo sit extra rationem humanitatis. Et ideo nullo modo dici potest quod socrates sit Plato, vel aliquod aliud singularium eiusdem vel alterius speciei. Si igitur verbum caro factum est, idest homo, ut evangelista testatur; impossibile est quod verbi Dei et illius hominis sint duae personae, vel duae hypostases, vel duo supposita.

Adhuc. Pronomina demonstrativa ad personam referuntur, vel hypostasim vel suppositum: nemo enim diceret, ego curro, alio currente; nisi forte figurative, utpote quod alius loco eius curreret. Sed ille homo qui dictus est Iesus, dicit de se, antequam Abraham fieret, ego sum, Ioan. 8,58; et Ioan. 10,30, ego et pater unum sumus; et plura alia quae manifeste ad divinitatem verbi pertinent. Ergo manifestum est quod persona illius hominis loquentis et hypostasis est ipsa persona filii Dei.

dos outros profetas), a palavra do Senhor veio por meio de Ageu[123] o profeta. Ora, nunca se lê: o Verbo de Deus se fez ou Moisés, ou Jeremias, ou algum outro. O Evangelista designa de maneira singular a união do Verbo de Deus com a carne de Cristo, quando diz: *O Verbo se fez carne*[124], como foi exposto[125]. Portanto, é claro que, segundo os testemunhos da tradição, o Verbo de Deus esteve no Cristo homem não só pelo modo de inabitação.

Igualmente. Tudo aquilo que se fez algo, é aquilo que se fez; assim o que se fez homem, é homem, e o que se fez branco, é branco. Ora, o Verbo de Deus se fez homem, com consta do capítulo anterior. Logo, o Verbo de Deus é homem. É, pois, impossível que dois que diferem pela pessoa, ou pela hipóstase ou pelo suposito, um se predique do outro. Quando se diz, por exemplo, *o homem é animal*, aquilo mesmo que é animal, é homem; e quando se diz: *o homem é branco*, significa-se que o mesmo homem é branco, embora a brancura não seja da razão de homem. Por isso, não se pode dizer de maneira alguma que Sócrates é Platão, ou qualquer outro singular da mesma ou de outra espécie. Portanto, *se o Verbo de Deus se fez carne*, isto é *homem*, como o Evangelista testemunha, é impossível que existam para o Verbo de Deus e para aquele homem duas pessoas, ou duas hipóstases, ou dois supósitos.

Ainda. Os pronomes demonstrativos referem-se ou à pessoa, ou à hipóstase ou ao supósito; pois, ninguém diria: eu corro, quando outro está correndo, exceto em sentido figurado, talvez, quando o outro está correndo em seu lugar. Ora, aquele homem que se chamou Jesus, disse de si: *Antes que Abraão fosse, eu sou*[126]; e ainda: *Eu e o Pai somos um*[127], e muitas outras declarações que claramente se referem à divindade do Verbo. Logo, é claro que a pessoa e a hipóstase daquele homem que fala é a mesma pessoa do Filho de Deus.

---

[123] Ageu 1,3.
[124] João 1,14.
[125] Cf. capítulo anterior.
[126] João 8,58.
[127] João 10,30.

Amplius. Ex superioribus patet quod neque corpus Christi de caelo descendit, secundum errorem valentini; neque anima, secundum errorem Origenis. Unde restat quod ad verbum Dei pertineat quod dicitur descendisse, non motu locali, sed ratione unionis ad inferiorem naturam, ut supra dictum est. Sed ille homo, ex persona sua loquens, dicit se descendisse de caelo, Ioan. 6,51: ego sum panis vivus, qui de caelo descendi. Necesse est igitur personam et hypostasim illius hominis esse personam verbi Dei.

Item. Manifestum est quod ascendere in caelum Christo homini convenit, qui videntibus apostolis elevatus est, ut dicitur Act. 1,9. Descendere autem de caelo verbo Dei convenit. Sed apostolus dicit, Ephes. 4,10: qui descendit, ipse est et qui ascendit. Ipsa igitur est persona et hypostasis illius hominis, quae est persona et hypostasis verbi Dei.

Adhuc. Ei quod originem habet ex mundo, et quod non fuit antequam esset in mundo, non convenit venire in mundum. Sed homo Christus secundum carnem originem habet ex mundo, quia verum corpus humanum et terrenum habuit, ut ostensum est. Secundum animam vero non fuit antequam esset in mundo: habuit enim veram animam humanam, de cuius natura est ut non sit antequam corpori uniatur. Relinquitur igitur quod homini illi ex sua humanitate non conveniat venire in mundum. Ipse autem se dicit venisse in mundum: exivi, inquit, a patre, et veni in mundum, Ioan. 16,28. Manifestum est igitur quod id quod verbo Dei convenit, de homine illo dicitur vere: nam quod verbo Dei conveniat venire in mundum, manifeste ostendit ioannes evangelista, dicens: in mundo erat, et mundus per

Ademais. É evidente pelo que foi dito que nem o corpo de Cristo desceu do céu, conforme errou Valentino[128], nem a alma, conforme errou Orígenes[129]. Segue-se, daí, que é pertinente ao Verbo de Deus que se diga desceu, não por um movimento local, mas em razão da união a uma natureza inferior, como já foi dito[130]. Ora, aquele homem, falando de sua pessoa, diz que Ele desceu do céu: *Eu sou o pão vivo, que desceu do céu*[131]. Portanto, é necessário que a pessoa e a hipóstase daquele homem seja a pessoa do Verbo de Deus.

Igualmente. É claro que subir ao céu convém ao homem Cristo, que se elevou *à vista dos Apóstolos*[132]. E descer do céu convém ao Verbo de Deus. Ora, o Apóstolo diz: *Quem desceu, é o mesmo que subiu*[133]. Portanto, é a mesma pessoa e hipóstase daquele homem que é a pessoa e hipóstase do Verbo de Deus.

Ainda. Não compete *vir ao mundo* àquele que tem a origem no mundo e que não existiu antes que o mundo fosse. Ora, o homem Cristo, segundo a carne, teve a origem no mundo, porque teve um corpo humano e terreno, como foi demonstrado[134]. Quanto à alma, entretanto, não existiu antes que o mundo fosse, porque teve uma verdadeira alma humana cuja natureza não pode existir antes de se unir ao corpo[135]. Portanto, resulta que àquele homem não lhe convém *vir ao mundo* por sua humanidade. Ele mesmo disse que veio ao mundo: *Sai do Pai e vim ao mundo*[136]. Logo, é claro que aquilo que convém ao Verbo de Deus diz-se com verdade daquele homem, pois o Evangelista mostra claramente que convém ao Verbo de Deus *vir ao mundo*, quando diz: *Estava no mundo e por Ele foi feito*

---

[128] Cf. cap. 30.
[129] Cf. cap. 33.
[130] Cf. cap. 30.
[131] João 6,51.
[132] Atos 1,9.
[133] Efésios 4,1-10.
[134] Cf. cap. 29.
[135] Livro II, cap. 83 ss.
[136] João 16,28.

ipsum factus est, et mundus eum non cognovit: in propria venit. Oportet igitur personam et hypostasim illius hominis loquentis esse personam et hypostasim verbi Dei.

Item apostolus dicit, Hebr. 10,5: ingrediens mundum dicit: hostiam et oblationem noluisti, corpus autem aptasti mihi.Ingrediens autem mundum verbum Dei est, ut ostensum est. Ipsi igitur Dei verbo corpus aptatur, ut scilicet sit proprium corpus eius. Quod dici non posset nisi esset eadem hypostasis Dei verbi et illius hominis. Oportet igitur esse eandem hypostasim Dei verbi et illius hominis.

Amplius. Omnis mutatio vel passio conveniens corpori alicuius, potest attribui ei cuius est corpus: si enim corpus Petri vulneretur, flagelletur, aut moriatur, potest dici quod Petrus vulneratur, flagellatur, aut moritur. Sed corpus illius hominis fuit corpus verbi Dei, ut ostensum est. Ergo omnis passio quae in corpore illius hominis facta fuit, potest verbo Dei attribui. Recte igitur dici potest quod verbum Dei, et Deus, est passus, crucifixus, mortuus et sepultus. Quod ipsi negabant.

Item. Apostolus dicit, Hebr. 2,10: decebat eum propter quem omnia, et per quem omnia, qui multos filios in gloriam adduxerat, auctorem salutis eorum, per passionem consummari: ex quo habetur quod ille propter quem sunt omnia, et per quem sunt omnia, et qui homines in gloriam adducit, et qui est auctor salutis humanae, passus est et mortuus. Sed haec quatuor singulariter sunt Dei, et nulli alii attribuuntur: dicitur enim Proverb. 16,4, universa propter semetipsum operatus est Dominus; et Ioan. 1,3, de verbo Dei dicitur, omnia per ipsum facta sunt; et in Psalmo, gratiam et gloriam dabit Dominus; et alibi,

o mundo, mas o mundo não o conheceu. Veio aos seus[137]. É necessário, pois, que a pessoa e a hipóstase daquele homem que assim fala seja a pessoa e a hipóstase do Verbo de Deus.

Igualmente. O Apóstolo diz: *Entrando no mundo disse: Não quiseste sacrifício e oblação, mas me preparaste um corpo*[138]. Foi mostrado que quem entra no mundo é o Verbo de Deus. Portanto, ao mesmo Verbo de Deus se prepara um corpo, para que seja o seu próprio corpo. Ora, isto não se poderia dizer se a hipóstase do Verbo de Deus não fosse a mesma daquele homem. Portanto, é necessário que a hipóstase do Verbo de Deus e a daquele homem seja a mesma.

Ademais. Toda mudança ou paixão que diz respeito ao corpo de alguém, pode ser atribuída àquele de quem é corpo. Assim, se o corpo de Pedro é ferido, torturado ou morto, pode-se dizer que Pedro é ferido, torturado e morto. Ora, o corpo daquele homem foi o corpo do Verbo de Deus, como já se demonstrou. Logo, toda paixão que atormentou o corpo daquele homem, pode ser atribuída ao Verbo de Deus. Portanto, pode-se dizer corretamente que o Verbo de Deus, e Deus, padeceu, foi crucificado, morreu e foi sepultado, e isto eles — Teodoro Nestório — negavam.

Igualmente. *Convinha àquele por quem e para quem são todas as coisas e que queria conduzir muitos filhos à glória, tornar perfeito, pela paixão, o autor da salvação deles*[139]. Destas palavras conclui-se que aquele, por quem e para quem são todas as coisas e que conduz muitos filhos à glória, e que é o autor da salvação humana, padeceu e morreu. Ora, estas quatro notas são, singularmente, próprias de Deus, e a nenhum outro são atribuídas. No livro dos Provérbios lê-se: *O Senhor fez todas as coisas para si*[140]; e em João, a propósito do Verbo de Deus: *Todas as coisas foram feitas por Ele*[141]; o Salmo canta: *O Senhor dará graça e*

---

[137] João 1,10-11.
[138] Hebreus 10,5.
[139] Hebreus 2,10.
[140] Provérbios 16,4.
[141] João 1,3.

salus autem iustorum a Domino. Manifestum est igitur recte dici Deum, Dei verbum, esse passum et mortuum.

Praeterea. Licet aliquis homo participatione dominii Dominus dici possit, nullus tamen homo, neque creatura aliqua, potest dici Dominus gloriae: quia gloriam futurae beatitudinis solus Deus ex natura possidet, alii vero per donum gratiae; unde et in Psalmo dicitur, Dominus virtutum ipse est rex gloriae. Sed apostolus dicit Dominum gloriae esse crucifixum, I ad Cor. 2,8. Vere igitur dici potest quod Deus sit crucifixus.

Adhuc. Verbum Dei dicitur Dei filius per naturam, ut ex supra dictis patet: homo autem, propter inhabitationem Dei, dicitur Dei filius per gratiam adoptionis. Sic igitur in Domino Iesu Christo, secundum positionem praedictam, est accipere utrumque filiationis modum: nam verbum inhabitans est Dei filius per naturam; homo inhabitatus est Dei filius per gratiam adoptionis. Unde homo ille non potest dici proprius, vel unigenitus Dei filius, sed solum Dei verbum, quod, secundum proprietatem nativitatis, singulariter a patre genitum est.- Attribuit autem Scriptura proprio et unigenito Dei filio passionem et mortem. Dicit enim apostolus, Rom. Cap. 8,32: proprio filio suo non pepercit, sed pro nobis omnibus tradidit illum. Et Ioan. 3,16: sic Deus dilexit mundum ut filium suum unigenitum daret, ut omnis qui credit in illum non pereat, sed habeat vitam aeternam. Et quod loquatur de traditione ad mortem, patet per id quod eadem verba supra praemiserat de filio hominis crucifixo, dicens: sicut Moyses exaltavit serpentem in deserto, ita oportet exaltari filium hominis, ut omnis qui credit in illum etc. Et

glória[142] e no Capítulo 36,39: *Do Senhor, a salvação dos justos*. É evidente, portanto, que se diz corretamente: *Deus, Verbo de Deus, nasceu e morreu*.

Além disso. Embora o homem possa chamar-se Senhor, por participação de domínio, nenhum homem, nem criatura alguma, pode-se chamar *Senhor da glória*, porque somente Deus possui, por natureza, a glória da futura bem-aventurança; e os outros pelo dom da graça; daí dizer o Salmo: *O Senhor das virtudes é o rei glória*[143]. Mas, o Apóstolo disse que o Senhor da glória foi crucificado[144]. Portanto, é evidente que se pode dizer corretamente Deus foi crucificado.

Ainda. O Verbo de Deus se diz Filho de Deus por natureza, como está claro pelo que foi dito[145]. Ora, o homem, por causa da inabitação de Deus, se diz filho de Deus pela graça de adoção. Portanto, segundo a afirmação anterior, no Senhor Jesus Cristo devem-se aceitar ambos modos de filiação; porque o Verbo que inabita o homem é Filho de Deus por natureza, e o homem inabitado é filho de Deus pela graça de adoção. Por isso, aquele homem não pode se dizer *o próprio, ou filho unigênito de Deus*, mas somente Verbo de Deus, o qual, pela peculiaridade do nascimento, foi gerado de maneira singular pelo Pai. — Ora, a Escritura atribui a paixão e a morte ao próprio Filho unigênito de Deus. O Apóstolo diz: *Não poupou o seu próprio Filho, mas entregou-o para todos nós*[146]. E João: *Deus amou o mundo de tal modo que lhe entregou o seu Filho unigênito, para que todo que n'Ele crê não pereça, mas tenha a vida eterna*[147]. E que João fala de entrega para a morte é evidente por aquilo que, antes[148] com as mesmas palavras falara do Filho do homem crucificado: *Assim como Moisés levantou a serpente no deserto, assim é*

---

[142] Salmo 83,12.
[143] Salmo 23,8-10.
[144] 1 Coríntios 2,8.
[145] Cf. cap. 11.
[146] Romanos 8,32.
[147] João 3,16.
[148] Cf. verso 14.

apostolus mortem Christi indicium divinae dilectionis ad mundum esse ostendit, dicens, Rom. 5,8 commendat suam caritatem Deus in nobis, quoniam, cum adhuc inimici essemus, Christus pro nobis mortuus est. Recte igitur dici potest quod verbum Dei, Deus, sit passus et mortuus.

Item. Ex hoc dicitur aliquis filius alicuius matris, quia corpus eius ex ea sumitur, licet anima non sumatur ex matre, sed ab exteriori sit. Corpus autem illius hominis ex virgine matre sumptum est: ostensum est autem corpus illius hominis esse corpus filii Dei naturalis, idest verbi Dei. Convenienter igitur dicitur quod beata virgo sit mater verbi Dei, et etiam Dei, licet divinitas verbi a matre non sumatur: non enim oportet quod filius totum quod est de sua substantia a matre sumat, sed solum corpus.

Amplius. Apostolus dicit, ad Galat. 4,4: misit Deus filium suum factum ex muliere: ex quibus verbis ostenditur qualiter missio filii Dei sit intelligenda: eo enim dicitur missus quo factus est ex muliere. Quod quidem verum esse non posset nisi filius Dei ante fuisset quam factus esset ex muliere: quod enim in aliquid mittitur, prius esse intelligitur quam sit in eo quo mittitur. Sed homo ille, filius adoptivus, secundum Nestorium, non fuit antequam natus esset ex muliere. Quod ergo dicit, misit Deus filium suum, non potest intelligi de filio adoptivo, sed oportet quod intelligatur de filio naturali, idest de Deo Dei verbo. Sed ex hoc quod aliquis factus est ex muliere, dicitur filius mulieris. Deus ergo, Dei verbum, est filius mulieris.

Sed forte dicet aliquis non debere verbum apostoli sic intelligi quod Dei filius ad hoc sit missus ut sit factus ex muliere: sed ita quod Dei filius qui est factus ex muliere et sub lege,

preciso que o Filho do homem seja levantado para que todo que n'Ele crê etc. E o Apóstolo mostrou que a morte de Cristo foi sinal do amor divino ao mundo: *Deus mostrou seu amor para conosco pelo fato de Cristo ter morrido por nós, quando éramos ainda inimigos*[149], Cristo morreu por nós. Portanto. Pode-se dizer corretamente que o Verbo de Deus, Deus, padeceu e morreu.

Igualmente. Alguém se diz filho de uma mãe, porque dela tomou o corpo, embora a alma não a tenha tomado da mãe, mas do exterior. Ora, o corpo daquele homem foi tomado de mãe virgem, e foi demonstrado que o corpo daquele homem é o corpo do Filho natural de Deus, isto é, do Verbo de Deus. Portanto, diz-se convenientemente que a bem-aventurada Virgem é mãe do Verbo de Deus, e também, de Deus, embora a divindade do Verbo não seja tomada da mãe; uma vez que não é necessário que o filho tome da mãe tudo que é de sua substância, mas somente o corpo.

Ademais. O Apóstolo diz: *Enviou Deus o seu Filho feito da mulher*[150], e por estas palavras mostra como se deve entender a missão do Filho de Deus, a saber, que o Filho se diz enviado porque feito de mulher. O que não poderia ser verdadeiro se o Filho de Deus não existisse antes de ser feito de mulher; pois, entende-se o que enviado para algo exista antes de estar naquilo para o que é enviado. Mas, segundo Nestório, aquele homem, filho adotivo, não existiu antes de nascer da mulher. Portanto, as palavras: *Enviou Deus o seu Filho*, não se podem entender do filho adotivo, mas devem ser entendidas do Filho natural, isto é, de Deus, Verbo de Deus. Ora, alguém se diz filho de mulher, porque foi feito de mulher. Portanto, *Deus, Verbo de Deus, é filho de mulher.*

Dirá alguém, talvez, que as palavras do Apóstolo não devem ser entendidas de maneira que o Filho de Deus foi enviado para ser feito da mulher, mas sim, que o Filho de Deus

---

[149] Romanos 5,8.
[150] Gálatas 4,4.

ad hoc sit missus ut eos qui sub lege erant redimeret. Et secundum hoc, quod dicit filium suum, non oportebit intelligi de filio naturali, sed de homine illo qui est filius adoptionis. Sed hic sensus excluditur ex ipsis apostoli verbis. Non enim a lege potest absolvere nisi ille qui supra legem existit, qui est auctor legis. Lex autem a Deo posita est. Solius igitur Dei est a servitute legis eripere. Hoc autem attribuit apostolus filio Dei de quo loquitur. Filius ergo Dei de quo loquitur, est filius naturalis. Verum est ergo dicere quod naturalis Dei filius, idest Deus Dei verbum, est factus ex muliere.

Praeterea. Idem patet per hoc quod redemptio humani generis ipsi Deo attribuitur in Psalmo: redemisti me, Domine Deus veritatis.

Adhuc. Adoptio filiorum Dei fit per spiritum sanctum: secundum illud Rom. 8,15: accepistis spiritum adoptionis filiorum. Spiritus autem sanctus non est donum hominis, sed Dei. Adoptio ergo filiorum non causatur ab homine, sed a Deo. Causatur autem a filio Dei misso a Deo et facto ex muliere: quod patet per id quod apostolus subdit, ut adoptionem filiorum reciperemus. Oportet igitur verbum apostoli intelligi de filio Dei naturali. Deus igitur, Dei verbum, factus est ex muliere, idest ex virgine matre.

Item. Ioannes dicit: verbum caro factum est. Non autem habet carnem nisi ex muliere. Verbum igitur factum est ex muliere, idest ex virgine matre. Virgo igitur est mater Dei verbi.

Amplius. Apostolus dicit, Rom. 9,5, quod Christus est ex patribus secundum carnem, qui est super omnia Deus benedictus in saecula. Non autem est ex patribus nisi mediante virgine. Deus igitur, qui est super omnia, est

que foi feito da mulher e sob a lei, foi enviado para remir *os que estavam sob a lei*[151]. E de acordo com isso, as palavras *Filho de Deus*, não deveriam ser entendidas do filho natural, mas daquele homem que é filho de adoção. Mas, as mesmas palavras do Apóstolo excluem este sentido, porque somente pode absolver da lei quem está sobre a lei, a saber, o autor da lei. Ora, a lei foi estabelecida por Deus. Portanto, é prerrogativa de Deus liberar da servidão da lei. O Apóstolo atribui isso ao Filho de Deus, de quem fala. Portanto, o Filho de Deus de quem fala é o Filho natural. Logo, é verdadeiro dizer que o Filho de Deus natural, isto é, Deus Verbo de Deus, é feito de mulher.

Além disso. O Salmo evidencia o mesmo quando atribui a redenção do gênero humano a Deus: *Vós me remistes, Senhor Deus da verdade*[152].

Ainda. A adoção dos filhos de Deus se faz pelo Espírito Santo, segundo a carta aos Romanos: *Recebestes o Espírito de adoção de filhos*[153]. Ora, o Espírito Santo não é dom do homem, mas de Deus. Portanto, a adoção de filhos não é causada pelo homem, mas por Deus. É causada pelo Filho de Deus, enviado por Deus e feito de mulher, o que fica claro pelo que o Apóstolo acrescenta: *Para recebermos a adoção de filhos*. Deve-se, pois, entender a palavra do Apóstolo como dita do Filho de Deus natural. Logo, Deus, o Verbo de Deus *feito de mulher*, isto é, da Virgem Mãe.

Igualmente. *O Verbo se fez carne*[154], diz João. Ora, não pode ter carne senão de mulher. Portanto, o Verbo foi feito de mulher, isto é, da Virgem Mãe. Logo, a Virgem é a Mãe do Verbo de Deus.

Ademais. O Apóstolo diz: *Cristo procede dos patriarcas segundo a carne, o qual está acima de todas as coisas. Deus bendito pelos séculos*[155]. Ora, não procede dos patriarcas, senão mediante a Virgem. Portanto, Deus que

---

[151] Gálatas 4,5.
[152] Salmo 30,6 (Vulgata).
[153] Romanos 8,15 (Vulgata).
[154] João 1,14.
[155] Romanos 9,5 (Vulgata).

ex virgine secundum carnem. Virgo igitur est mater Dei secundum carnem.

Adhuc. Apostolus dicit, philipp. 2 de Christo Iesu, quod cum in forma Dei esset, exinanivit semetipsum, formam servi accipiens, in similitudinem hominum factus. Ubi manifestum est si, secundum Nestorium, Christum dividamus in duos, scilicet in hominem illum qui est filius adoptivus, et in filium Dei naturalem, qui est verbum Dei, quod non potest intelligi de homine illo. Ille enim homo, si purus homo sit, non prius fuit in forma Dei, ut postmodum in similitudinem hominum fieret: sed magis e converso homo existens divinitatis particeps factus est, in quo non fuit exinanitus, sed exaltatus. Oportet igitur quod intelligatur de verbo Dei, quod prius fuerit ab aeterno in forma Dei, idest in natura Dei, et postmodum exinanivit semetipsum, in similitudinem hominum factus.

Non potest autem intelligi ista exinanitio per solam inhabitationem verbi Dei in homine Iesu Christo. Nam verbum Dei in omnibus sanctis, a principio mundi, habitavit per gratiam, nec tamen dicitur exinanitum: quia Deus sic suam bonitatem creaturis communicat quod nihil ei subtrahitur, sed magis quodammodo exaltatur, secundum quod eius sublimitas ex bonitate creaturarum apparet, et tanto amplius quanto creaturae fuerint meliores. Unde, si verbum Dei plenius habitavit in homine Christo quam in aliis sanctis, minus etiam hic quam in aliis convenit exinanitio verbi. — Manifestum est igitur quod unio verbi ad humanam naturam non est intelligenda secundum solam inhabitationem verbi Dei in homine illo, ut Nestorius dicebat: sed secundum hoc quod verbum Dei vere factum est homo. Sic enim solum habebit locum exinanitio: ut scilicet dicatur verbum Dei exinanitum, idest parvum factum, non amissione propriae magnitudinis, sed assumptione humanae parvitatis; sicut si anima praeexisteret corpori, et diceretur fieri substantia corporea quae est

está acima de todas as coisas procede da Virgem, segundo a carne. Logo, a Vigem é Mãe de Deus segundo a carne.

Ainda. O Apóstolo diz ainda de Jesus Cristo: *Existindo na forma de Deus, aniquilou-se tomando a forma de servo, feito à semelhança dos homens*[156]. Se, de acordo com Nestório, dividimos Cristo em dois, a saber, naquele homem que é filho adotivo e no Filho de Deus natural que é o Verbo de Deus, não se podem entender as palavras do Apóstolo como ditas daquele homem. Se aquele homem é simplesmente homem não existiu antes na forma de Deus para depois fazer-se semelhante ao homem; muito pelo contrário, existindo já aquele homem foi feito partícipe da divindade em que não foi aniquilidado, mas exaltado. É necessário, pois que se entenda do Verbo de Deus, que antes existiu eternamente na forma de Deus, isto é, na natureza de Deus, e depois aniquilou-se, feito à semelhança dos homens.

Não se pode entender este aniquilamento unicamente pela inhabitação do Verbo de Deus no homem Jesus Cristo. Porque o Verbo de Deus habitou pela graça, desde o início do mundo e entretanto, não se diz que se aniquilou, porque Deus comunica sua bondade às criaturas de tal maneira que nada lhe é subtraido, mas antes é de algum modo exaltado conforme a sua grandeza aparece na bondade das criaturas, e tanto mais quanto melhores forem as criaturas. Por isso, se o Verbo de Deus habitou mais plenamente no homem Cristo do que nos outros santos, menos também em Cristo do que nos outros é o aniquilamento do Verbo. — É claro, portanto, que a união do Verbo com a natureza humana não deve ser entendida unicamente pela inhabitação do Verbo de Deus naquele homem, como Nestório dizia, mas pelo Verbo de Deus ter-se feito verdadeiramente homem. Somente assim poderá haver *aniquilamento* de modo que se diga que o Verbo de Deus *se aniquilou*, isto é, que se fez pequeno, não pela perda da grandeza própria, mas pela assunção da pequenez hu-

---

[156] Filipenses 2,6.7.

homo, non mutatione propriae naturae, sed assumptione naturae corporeae.

Praeterea. Manifestum est quod spiritus sanctus in homine Christo habitavit: dicitur enim Lucae 4,1, quod Iesus plenus spiritu sancto regressus est a iordane. Si igitur incarnatio verbi secundum hoc solum intelligenda est quod verbum Dei in homine illo plenissime habitavit, necesse erit dicere quod etiam spiritus sanctus erit incarnatus. Quod est omnino alienum a doctrina fidei.

Adhuc. Manifestum est verbum Dei in sanctis Angelis habitare, qui participatione verbi intelligentia replentur. Dicit autem apostolus, Hebr. 2,16: nusquam Angelos apprehendit, sed semen Abrahae apprehendit. Manifestum est igitur quod assumptio humanae naturae a verbo non est secundum solam inhabitationem accipienda.

Adhuc. Si, secundum positionem Nestorii, Christus separaretur in duos secundum hypostasim differentes, idest in verbum Dei et hominem illum, impossibile est quod verbum Dei Christus dicatur.Quod patet tum ex modo loquendi Scripturae, quae nunquam ante incarnationem Deum, aut Dei verbum, nominat Christum. Tum etiam ex ipsa nominis ratione. Dicitur enim Christus quasi unctus. Unctus autem intelligitur oleo exultationis, idest spiritu sancto, ut Petrus exponit, Act. 10,38. Non autem potest dici quod verbum Dei sit unctum spiritu sancto: quia sic spiritus sanctus esset maior filio, ut sanctificans sanctificato. Oportebit igitur quod hoc nomen Christus solum pro homine illo possit intelligi.Quod ergo dicit apostolus, ad philipp. 2,5, hoc sentite in vobis quod et in Christo Iesu, ad hominem illum referendum est. Subdit autem, 6 qui cum in forma Dei esset, non rapinam arbitratus est

mana; como se a alma preexistisse ao corpo, e se dissesse que se faria substância corpórea, a saber, homem, não por uma mudança da própria natureza, mas pela assunção da natureza corpórea.

Além disso. É claro que o Espírito Santo habitou no homem Cristo, pois Lucas diz: *Jesus, cheio do Espírito Santo, regressou do Jordão*[157]. Portanto, se a Encarnação do Verbo deve ser entendida somente que o Verbo de Deus habitou plenamente naquele homem, será preciso dizer que o Espírito Santo, também, teria se encarnado. E isso é totalmente estranho à doutrina da fé.

Ainda. É claro que o Verbo de Deus habita nos santos Anjos, os quais porque participam do Verbo estão repletos de conhecimentos. Diz o Apóstolo: *Não socorreu os Anjos, mas socorreu a descedência de Abraão*[158]. É claro, portanto, que a assunção da natureza humana pelo Verbo não deve ser compreendida, apenas, pela inhabitação.

Ainda. Se, segundo a afirmação de Nestório, Cristo se separaria em dois pelas hipóstases diferentes, isto é, no Verbo de Deus e naquele homem, é impossível que o Verbo de Deus se dissesse Cristo. E isso é evidente tanto pelo modo de falar da Escritura, que nunca antes da Encarnação nomeia Deus ou o Verbo de Deus de *Cristo*, quanto pela razão do nome, porque *Cristo* quer dizer *Ungido* e *Ungido* se entende pelo *óleo da exultação*, isto é, pelo *Espírito Santo*, como Pedro diz[159]. Ora, não se pode dizer que o Verbo de Deus seja ungido pelo Espírito Santo, porque assim o Espírito Santo seria maior que o Filho, como santificador e santificado. Portanto, é necessário que o nome Cristo seja aplicado somente ao homem. E é isso que o Apóstolo diz: *Senti em vós como também em Jesus Cristo*[160], referindo-se àquele homem, e acrescenta: *O qual, como estivesse na forma de Deus, não julgou ser*

---

[157] Lucas 4,1.
[158] Hebreus 2,16.
[159] Cf. Atos 10,38 (Vulgata).
[160] Filipenses 2,5.6.

esse se aequalem Deo. Verum est igitur dicere quod homo ille est in forma, idest in natura Dei, et aequalis Deo. Licet autem homines dicantur dii, vel filii Dei, propter inhabitantem Deum, nunquam tamen dicitur quod sint aequales Deo. Patet igitur quod homo Christus non per solam inhabitationem dicitur Deus.

Item. Licet nomen Dei ad sanctos homines transferatur propter inhabitationem gratiae, nunquam tamen opera quae sunt solius Dei, sicut creare caelum et terram, vel aliquid huiusmodi, de aliquo sanctorum propter inhabitationem gratiae dicitur.Christo autem homini attribuitur omnium creatio. Dicitur enim Hebr. 3,1 considerate apostolum et pontificem confessionis nostrae Iesum Christum, qui fidelis est ei qui fecit illum sicut et Moyses, in omni domo illius: quod oportet de homine illo, et non de Dei verbo intelligi tum quia ostensum est quod, secundum positionem Nestorii, verbum Dei Christus dici non potest; tum quia verbum Dei non est factum, sed genitum. Addit autem apostolus: 3 ampliori gloria iste prae Moyse dignus habitus est, quanto ampliorem honorem habet domus qui fabricavit illam. Homo igitur Christus fabricavit domum Dei. Quod consequenter apostolus probat, subdens: 4 omnis namque domus fabricatur ab aliquo: qui autem omnia creavit, Deus est. Sic igitur apostolus probat quod homo Christus fabricavit domum Dei, per hoc quod Deus creavit omnia. Quae probatio nulla esset nisi Christus esset Deus creans omnia. Sic igitur homini illi attribuitur creatio universorum: quod est proprium opus Dei. Est igitur homo Christus ipse Deus secundum hypostasim, et non ratione inhabitationis tantum.

Amplius. Manifestum est quod homo Christus, loquens de se, multa divina dicit et supernaturalia: ut est illud Ioan. 6,40, ego resuscitabo illum in novissimo die; et Ioan.

rapina ser igual a Deus. Portanto, é verdadeiro dizer que aquele homem está na forma, isto é, na natureza de Deus e é igual a Deus. Embora os homens sejam chamado deuses, ou filhos de Deus, em razão da inabitação de Deus, entretanto, nunca se diz que sejam iguais a Deus. Logo, é evidente que Cristo homem diz-se Deus não apenas pela inabitação.

Igualmente. Embora o nome de Deus se predique de homens santos em razão da inabitação da graça, entretanto, as obras que são unicamente de Deus, como criar o céu e a terra, ou algo semelhante, nunca se disseram de algum dos santos em razão da inabitação da graça. Ora, a criação de todas as coisas é atribuida a Cristo homem, pois se diz: *Considerai o Apóstolo e Pontífice de nossa confissão, Jesus Cristo, que é fiel a quem o fez, como também Moisés em toda sua casa*[161], e isto deve ser entendido daquele homem e não do Verbo de Deus, seja porque segundo a afirmação de Nestório, o Verbo de Deus não pode ser chamado de Cristo, como foi demonstrado, seja porque o Verbo de Deus não foi feito, mas gerado. Acrescenta o Apóstolo: *E foi tido digno de tanta maior glória do que Moisés, quanto maior que a glória da casa é a de quem a fabricou*. Portanto, Cristo homem fabricou a casa de Deu. E isto o Apóstolo prova em seguida: *Toda casa é fabricada por alguém, mas é Deus o Criador de todas as coisas*. Assim, o Apóstolo, afirmando que Deus criou todas as coisas, prova que Cristo homem fabricou a casa de Deus. E essa prova nada valeria se Cristo não fosse Deus, criado de todas as coisas. E assim a criação de todas as coisas, que é uma obra própria de Deus, é atribuida àquele homem. Portanto, Cristo homem é o mesmo Deus, segundo a hipóstase, e não em razão apenas da inabitação.

Ademais. É claro que Cristo homem, falando de si, disse muitas coisas divinas e sobrenaturais, por exemplo, *Eu o ressuscitarei no último dia*[162], ainda: *Eu lhes dou a vida*

---

[161] Hebreus 3,1-5 (Vulgata).
[162] João 6,40.

10,28, ego vitam aeternam do eis. Quod quidem esset summae superbiae, si ille homo loquens non esset secundum hypostasim ipse Deus, sed solum haberet Deum inhabitantem. Hoc autem homini Christo non competit, qui de se dicit, Matth. 11,29: discite a me quia mitis sum et humilis corde. Est igitur eadem persona hominis illius et Dei.

Praeterea. Sicut legitur in Scripturis quod homo ille est exaltatus, dicitur enim Act. 2,33, dextera igitur Dei exaltatus etc., ita legitur quod Deus sit exinanitus, philipp. 2,7, exinanivit semetipsum etc.. Sicut igitur sublimia possunt dici de homine illo ratione unionis, ut quod sit Deus, quod resuscitet mortuos, et alia huiusmodi; ita de Deo possunt dici humilia, ut quod sit natus de virgine, passus, mortuus et sepultus.

Adhuc. Relativa tam verba quam pronomina idem suppositum referunt. Dicit autem apostolus, Coloss. 1,16, loquens de filio Dei, in ipso condita sunt universa in caelo et in terra, visibilia et invisibilia; et postea subdit, 18 et ipse est caput corporis ecclesiae, qui est principium, primogenitus ex mortuis. Manifestum est autem quod hoc quod dicitur, in ipso condita sunt universa, ad verbum Dei pertinet: quod autem dicitur, primogenitus ex mortuis, homini Christo competit. Sic igitur Dei verbum et homo Christus sunt unum suppositum, et per consequens una persona; et oportet quod quicquid dicitur de homine illo, dicatur de verbo Dei, et e converso.

Item. Apostolus dicit, I ad Cor. 8,6: unus est Dominus Iesus Christus, per quem omnia. Manifestum est autem quod Iesus, nomen illius hominis per quem omnia, convenit verbo Dei. Sic igitur verbum Dei et homo ille sunt unus Dominus, nec duo Domini nec duo filii, ut Nestorius dicebat. Et ex hoc ulterius

eterna[163]. Seria, certamente, suma soberba, se aquele homem que fala tais coisas não fosse o próprio Deus segundo a hipóstase, mas apenas tivesse a Deus inhabitando em si. Mas, tal suposição não cai bem a Cristo homem, que disse de si: *Aprendei de mim que sou manso e humilde coração*[164]. Logo, é a mesma, a pessoa daquele homem e a de Deus.

Além disso. Assim como nas Escrituras se lê que aquele homem foi exaltado: *Foi exaltado à direita de Deus*[165], assim se lê que foi aniquilado: *Aniquilou-se a si mesmo etc.*[166] Portanto, assim como, em razão da união, coisas sublimes podem ser ditas daquele homem, por exemplo, que é Deus, que ressuscitou mortos e coisas semelhantes; assim, coisas humildes podem ser ditas de Deus, por exemplo, que nasceu de um virgem, que padeceu, morreu e foi sepultado.

Ainda. Os nomes como os pronomes relativos referem-se ao mesmo suposto. Diz o Apóstolo, falando do Filho de Deus: *n'Ele foram criadas todas as coisas no céu e na terra, as coisas visíveis e as invisíveis*; e depois acrescenta: *Ele é a cabeça do corpo da Igreja, Ele é o princípio, o Primogênito dos mortos*[167]. É evidente que o que se diz: *n'Ele foram criadas todas as coisas,* refere-se ao Verbo de Deus; e o que se diz: *Primogênito dos mortos,* refere-se a Cristo homem. Portanto, o Verbo de Deus e o homem Cristo são um único supósito e por isso uma única pessoa e o que se diz daquele homem deve-se dizer do Verbo de Deus e vice-versa.

Igualmente. O Apóstolo diz: *Um só é o Senhor Jesus Cristo por quem são todas as coisas*[168]. É claro que Jesus, o nome daquele homem por quem são todas as coisas, convém ao Verbo de Deus. Assim, o Verbo de Deus e aquele homem são um único Senhor, não dois senhores nem dois filhos, como Nestório di-

---

[163] João 10,28.
[164] Mateus 11,29.
[165] Atos 2,33.
[166] Filipenses 2,7.
[167] Colossenses 1,16.18.
[168] 1 Coríntios 8,6.

sequitur quod verbi Dei et hominis sit una persona.

Si quis autem diligenter consideret, haec Nestorii opinio quantum ad incarnationis mysterium, parum differt ab opinione Photini. Quia uterque hominem illum Deum dici asserebat solum propter inhabitationem gratiae: quamvis Photinus dixerit quod ille homo nomen divinitatis et gloriam per passionem et bona opera meruit; Nestorius autem confessus est quod a principio suae conceptionis huiusmodi nomen et gloriam habuit, propter plenissimam habitationem Dei in ipso. Circa generationem autem aeternam verbi multum differebant: nam Nestorius eam confitebatur; Photinus vero negabat omnino.

Capitulum XXXV
Contra errorem Eutychetis

Quia ergo, sicut multipliciter ostensum est, ita oportet mysterium incarnationis intelligi quod verbi Dei et hominis sit una eademque persona, relinquitur quaedam circa huius veritatis considerationem difficultas.

Naturam enim divinam necesse est ut sua personalitas consequatur. Similiter autem videtur et de humana natura: nam omne quod subsistit in intellectuali vel rationali natura, habet rationem personae. Unde non videtur esse possibile quod sit una persona et sint duae naturae, divina et humana. Ad huius autem difficultatis solutionem diversi diversas positiones attulerunt.

Eutyches enim, ut unitatem personae contra Nestorium servaret in Christo, dicit in Christo esse etiam unam naturam, ita quod, quamvis ante unionem essent duae naturae distinctae, divina et humana, in unione tamen coierunt in unam naturam. Et sic dicebat Christi personam ex duabus naturis esse, non autem in duabus naturis subsistere. Propter quod in chalcedonensi synodo est condemnatus.

zia. Segue-se daí que o Verbo de Deus e aquele homem são uma só a pessoa.

Se alguém considerar diligentemente a opinião de Nestório sobre o mistério da Encarnação verá que ela pouco difere da opinião de Fotino[169]. Porque ambos afirmavam que aquele homem se dizia Deus somente em razão da inabitação da graça; embora Fotino dissesse que aquele homem mereceu o nome de Deus e a glória pela paixão e boas obras. Nestório confessava que, desde o início de sua concepção, ele tivera tal nome e a glória, em razão da pleníssima habitação de Deus nele. Mas, quanto à geração eterna do Verbo muito diferiam, Nestório a professava, Fotino a negava absolutamente.

Capítulo 35
Contra o erro de Êutiques[170]

Assim como foi demonstrado de muitas maneiras[171], assim o mistério da Encarnação deve ser entendido como sendo uma só e a mesma pessoa do Verbo de Deus e do homem; resta, entretanto, uma dificuldade no modo de considerar esta verdade.

Com efeito, é necessário que a natureza divina siga a personalidade divina. Ora, o mesmo parece acontecer com a natureza humana, uma vez que tudo que subsiste na natureza intelectual ou racional, tem razão de pessoa. Por isso, não parece possível a existência de uma só pessoa com duas naturezas, divina e humana. Para solucionar esta dificuldade, vários propuseram opiniões diferentes.

Êutiques, por exemplo, para manter a unidade de pessoa em Cristo contra Nestório, afirmou haver em Cristo, também, uma só natureza, de tal modo que embora antes da união fossem duas naturezas distintas, a divina e a humana, entretanto, na união se juntaram em uma só natureza. E, assim, afirmava que a pessoa de Cristo *procedia de duas naturezas*, mas que *não subsistia nas duas na-*

---

[169] Cf. caps. 4.28.
[170] Êutiques (séc. IV). Cf. autores citados.
[171] Cf. capítulo anterior.

Huius autem positionis falsitas ex multis apparet. Ostensum enim est supra quod in Christo Iesu et corpus fuit, et anima rationalis, et divinitas. Et manifestum est quod corpus Christi, etiam post unionem, non fuit ipsa verbi divinitas: nam corpus Christi, etiam post unionem, palpabile fuit, et corporeis oculis visibile, et lineamentis membrorum distinctum; quae omnia aliena sunt a divinitate verbi, ut ex superioribus patet. — Similiter etiam anima Christi post unionem aliud fuit a divinitate verbi: quia anima Christi, etiam post unionem, passionibus tristitiae et doloris et irae affecta fuit; quae etiam divinitati verbi nullo modo convenire possunt, ut ex praemissis patet. Anima autem humana et corpus constituunt humanam naturam. Sic igitur, etiam post unionem, humana natura in Christo fuit aliud a divinitate verbi, quae est natura divina. Sunt igitur in Christo, etiam post unionem, duae naturae.

Item. Natura est secundum quam res aliqua dicitur res naturalis. Dicitur autem res naturalis ex hoc quod habet formam, sicut et res artificialis: non enim dicitur domus antequam habeat formam artis, et similiter non dicitur equus antequam habeat formam naturae suae. Forma igitur rei naturalis est eius natura. Oportet autem dicere quod in Christo sint duae formae, etiam post unionem. Dicit enim apostolus, philipp. 2, de Christo Iesu, quod, cum in forma Dei esset, formam servi accepit. Non autem potest dici quod sit eadem forma Dei, et forma servi: nihil enim accipit quod iam habet; et sic, si eadem est forma Dei et forma servi, cum iam formam Dei habuisset, non accepisset formam servi. Neque iterum

turezas. Por isso, foi condenado no Concílio de Calcedônia[172].

A falsidade desta opinião faz-se conhecer de muitos modos. Foi demonstrado[173] que Jesus Cristo teve corpo, alma racional e divindade. E é claro que *o corpo* de Cristo, ainda depois da união, não se identificou com a divindade do Verbo, uma vez que o corpo de Cristo, ainda depois da união, foi palpáve, visível aos olhos corpóreos e distinguido pelos delineamentos dos membros, e tudo isso é distinto da divindade do Verbo, como é evidente pelo que foi exposto[174]. — Igualmente, a alma de Cristo, depois da união foi distinta da divindade do Verbo, porque a alma de Cristo, ainda depois da união, foi afetada pelas paixões de tristeza, de dor e de ira; as quais não podem convir de modo algum à divindade do Verbo, como está claro no já foi dito. Com efeito, a alma humana e o corpo constituem uma natureza humana. Portanto, ainda depois da união, a natureza humana de Cristo foi distinta da divindade do Verbo, que é a natureza divina. Há, portanto, em Cristo, ainda depois da união, duas naturezas.

Igualmente. A natureza é aquilo pelo qual uma coisa se diz natural. Ora, diz-se uma coisa natural porque tem uma forma, como, também, uma coisa artificial; por exemplo, uma coisa não se diz casa enquanto não tem a forma que lhe deu o artesão e igualmente um anima não se diz cavalo enquanto não tem a forma de sua natureza. Portanto, a forma de uma coisa natural é a sua natureza. Deve-se dizer, pois que em Cristo há duas formas, mesmo depois da união. Diz o Apóstolo sobre Jesus Cristo: *Existindo na forma de Deus, recebeu a forma de servo*[175]. E não se pode dizer que a forma de Deus seja idêntica à forma de servo. Ora, nada recebe o que já se tem; assim, se fossem idênticas a forma de Deus e a forma de servo,

---

[172] Concílio de Calcedônia (451), em Símbolo de Fé de Calcedônia, 300-303. Em Denzinger-Hünermann (1819-1883), Compêndio dos símbolos, das definições e das declarações da fé e moral. Tradução de José Marino e Johan Konings. São Paulo: Paulinas, Loyola, 2007, p. 112.
[173] Cf. cap. 28 ss.
[174] Livro I, cap. 17 ss.
[175] Filipenses 2,6.7.

potest dici quod forma Dei in Christo per unionem sit corrupta: quia sic Christus post unionem non esset Deus. Neque iterum potest dici quod forma servi sit corrupta in unione: quia sic non accepisset formam servi. Sed nec dici potest quod forma servi sit permixta formae Dei: quia quae permiscentur, non manent integra, sed partim utrumque corrumpitur; unde non diceret quod accepisset formam servi, sed aliquid eius. Et sic oportet dicere, secundum verba apostoli, quod in Christo, etiam post unionem, fuerunt duae formae. Ergo duae naturae.

Amplius. Nomen naturae primo impositum est ad significandum ipsam generationem nascentium. Et exinde translatum est ad significandum principium generationis huiusmodi. Et inde ad significandum principium motus intrinsecum mobili. Et quia huiusmodi principium est materia vel forma, ulterius natura dicitur forma vel materia rei naturalis habentis in se principium motus. Et quia forma et materia constituunt essentiam rei naturalis, extensum est nomen naturae ad significandum essentiam cuiuscumque rei in natura existentis: ut sic natura alicuius rei dicatur essentia, quam significat definitio. Et hoc modo hic de natura est quaestio: sic enim dicimus humanam naturam esse in Christo et divinam. Si igitur, ut eutyches posuit, humana natura et divina fuerunt duae ante unionem, sed ex eis in unione conflata est una natura, oportet hoc esse aliquo modorum secundum quos ex multis natum est unum fieri.

Fit autem unum ex multis, uno quidem modo, secundum ordinem tantum: sicut ex multis domibus fit civitas, et ex multis militibus fit exercitus. Alio modo, ordine et compositione: sicut ex partibus domus coniunc-

Jesus Cristo tendo já a forma de Deus, não receberia a forma de servo. Nem se pode dizer que a forma de Deus em Cristo se tenha corrompido em razão da união, porque, assim, Cristo não seria Deus depois da união. Nem se pode dizer, ainda, que a forma de servo se tenha corrompido na união, porque, assim, não teria recebido a forma de servo. Não se pode dizer, também, que a forma de servo se tenha misturado com a forma de Deus, porque as coisas que se misturam não permanecem íntegras, mas cada uma delas parcialmente se corrrompe e por isso não se diria que tivesse recebido a forma de servo, mas apenas algo delas. Deve-se dizer, portanto, que em Cristo, segundo as palavras do Apóstolo, ainda depois da união houve duas formas. Logo, duas naturezas.

Ademais. A palavra *natureza* foi empregada para significar a geração própria dos que nascem. Daí foi transladada para significar o princípio de tal geração. E em seguida para significar o princípio intríseco do que é móvel. E como tal princípio é *a matéria* ou a *forma*, depois a natureza se diz forma ou matéria de uma coisa natural que tem em si o princípio do movimento. E porque a forma e a matéria constituem a essência de uma coisa natural, o nome *natureza* foi estendido para signicar a essência de qualquer coisa existente na natureza, e, assim, natureza de uma coisa se diz *a essência signicada pela definição*[176]. E é neste sentido que aqui se trata de natureza, quando dizemos que na natureza de Cristo existe uma natureza divina. Se Êutiques afirmou que a natureza humana e divina foram duas antes da união e que na união formaram uma só natureza, é necessário que isso seja segundo algum dos modos pelos quais é frequente que de muitas coisas se faça uma.

Há *um modo* pelo qual de muitas coisas se faz uma, a saber, *segundo a ordem somente*; assim, uma cidade se faz de muitas casas, e um exército de muitos soldados. Há *outro modo*, a saber, *pela ordem e composição*; assim, uma

---

[176] Aristóteles (384-322 a.C.), em Física II, 1, 193a, 30b, 3.

tis et parietum colligatione fit domus. Sed hi duo modi non competunt ad constitutionem unius naturae ex pluribus. Ea enim quorum forma est ordo vel compositio, non sunt res naturales, ut sic eorum unitas possit dici unitas naturae. Tertio modo, ex pluribus fit unum per commixtionem: sicut ex quatuor elementis fit corpus mixtum. Hic etiam modus nullo modo competit ad propositum. — Primo quidem, quia mixtio non est nisi eorum quae communicant in materia, et quae agere et pati ad invicem nata sunt. Quod quidem hic esse non potest: ostensum est enim in primo libro quod Deus immaterialis et omnino impassibilis est.-Secundo, quia ex his quorum unum multum excedit aliud, mixtio fieri non potest: si quis enim guttam vini mittat in mille amphoras aquae, non erit mixtio, sed corruptio vini; propter quod etiam nec ligna in fornacem ignis Missa dicimus misceri igni, sed ab igne consumi, propter excellentem ignis virtutem. Divina autem natura in infinitum humanam excedit: cum virtus Dei sit infinita, ut in primo ostensum est. Nullo igitur modo posset fieri mixtio utriusque naturae. — Tertio quia, dato quod fieret mixtio, neutra natura remaneret salvata: miscibilia enim in mixto non salvantur, si sit vera mixtio. Facta igitur permixtione utriusque naturae, divinae scilicet et humanae, neutra natura remaneret, sed aliquod tertium: et sic Christus neque esset Deus neque homo. Non igitur sic potest intelligi quod eutyches dixit, ante unionem fuisse duas naturas, post unionem vero unam in Domino Iesu Christo, quasi ex duabus naturis sit constituta una natura.- Relinquitur ergo quod hoc intelligatur hoc modo, quod altera tantum earum post unionem remanserit. Aut igitur fuit in Christo sola natura divina, et id quod videbatur in eo humanum fuit phantasticum, ut Manichaeus dixit; aut divina natura conversa est in humanam, ut Apollinaris dixit; contra quos supra disputavimus. Relinquitur igitur hoc esse im-

casa se faz das suas partes reunidas e da conexão das paredes. Mas, estes dois modos não são capazes de constituir de muitas naturezas, uma só. Porque aquelas coisas, cuja forma é a ordem e a composição, não são naturais para que sua unidade possa ser chamada de unidade de natureza. Há um *terceiro modo* pelo qual de muitas coisas se faz uma, por *mistura*; assim, de quatro elementos se faz um corpo misto. Este modo, também, de modo algum é capaz do que é proposto. — Em *primeiro lugar*, porque a mistura é somente daquelas coisas que têm em comum a matéria e que são naturalmente ativas e passivas. E isso não pode acontecer aqui, porque foi demonstrado[177] que Deus é imaterial e totalmente impassível. — Em *segundo lugar*, porque a mistura não se pode fazer daquelas coisas das quais uma excede muito a outra; por exemplo, se alguém coloca uma gota de vinho em mil ânforas de água não haverá mistura, mas corrupção do vinho[178], e por isso mesmo, não dizemos que uma madeira colocada numa fornalha de fogo se mistura ao fogo, mas que é consumida em razão do excelente poder do fogo. Ora, a natureza divina excede infinitamente a natureza humana, uma vez que o poder de Deus é infinito, como foi demonstrado[179]. Portanto, de modo algum se poderia fazer uma mistura de ambas naturezas. — Em *terceiro lugar*, porque, supondo-se que haja mistura, nenhuma das duas naturezas permaneceria salva, uma vez que as coisas que se misturam não se salvam na mistura, se esta é verdadeira. Portanto, se se faz a mistura das duas naturezas, a saber, da divina e da humana, nenhuma delas permaneceria natureza, e resultaria uma terceira coisa. E assim, Cristo não seria nem Deus, nem homem. Logo, não se pode entender o que Êutiques disse, a saber, que antes da união seriam duas naturezas e depois da união, uma só no Senhor Jesus Cristo, como se das duas naturezas fosse constituída uma única natureza.

---

[177] Livro I, cap. 17 ss.
[178] Aristóteles (384-322 a.C.), em Sobre a Geração e a Corrupção, 10, 328a, 27-28.
[179] Livro I, cap. 43.

possibile, ante unionem fuisse duas naturas in Christo, post unionem vero unam.

Amplius. Nunquam invenitur ex duabus naturis manentibus fieri unam: eo quod quaelibet natura est quoddam totum, ea vero ex quibus aliquid constituitur, cadunt in rationem partis; unde, cum ex anima et corpore fiat unum, neque corpus neque anima natura dici potest, sicut nunc loquimur de natura, quia neutrum habet speciem completam, sed utrumque est pars unius naturae. Cum igitur natura humana sit quaedam natura completa, et similiter natura divina, impossibile est quod concurrant in unam naturam, nisi vel utraque vel altera corrumpatur. Quod esse non potest: cum ex supra dictis pateat unum Christum et verum Deum et verum hominem esse. Impossibile est igitur in Christo unam esse tantum naturam.

Item. Ex duobus manentibus una natura constituitur vel sicut ex partibus corporalibus, sicut ex membris constituitur animal: quod hic dici non potest, cum divina natura non sit aliquid corporeum. Vel sicut ex materia et forma constituitur aliquid unum, sicut ex anima et corpore animal. Quod etiam non potest in proposito dici: ostensum est enim in primo libro quod Deus neque materia est, neque alicuius forma esse potest. Si igitur Christus est verus Deus et verus homo, ut ostensum est, impossibile est quod in eo sit una natura tantum.

— Resta, pois, a seguinte interpretação: que depois da união, somente uma delas permaneceu. Portanto, ou houve em Cristo apenas a natureza divina, e aquilo que n'Ele parecia humano seria fantástico, como Maniqueus disse; ou a natureza divina se convertera na humana, como disse Apolinário; contra estes arguimos antes[180]. Resulta, portanto, que é impossível que antes da união houvesse duas naturezas em Cristo, e depois da união, uma somente.

Ademais. Nunca aconteceu que de duas naturezas permanentes fosse feita uma única natureza. Cada natureza é um todo, e aquelas coisas pelas quais se constitui algo caem sob a razão de parte. Assim, uma vez que a alma e o corpo fazem um todo, não se pode dizer nem do corpo, nem da alma que são uma natureza, como falamos agora de natureza, porque nem o corpo nem a alma têm uma espécie completa, partes, que são de uma única e mesma natureza. Portanto, uma vez que a natureza humana é uma natureza completa e igualmente a natureza divina, é impossível que concorram em uma única natureza a não ser que ou ambas ou uma delas se corrompa. O que é impossível, como consta do que foi dito, que Cristo sendo um é verdadeiro Deus e verdadeiro homem. Logo, é impossível que em Cristo exista apenas única natureza.

Igualmente. De duas coisas que permanecem se constitui uma única natureza, ou de partes corporais, como o animal se constitui de membros; o que não se pode dizer, uma vez que a natureza divina não é algo corpóreo. Ou, assim como de matéria e forma se constitui algo único, assim da alma e corpo se constitui um animal. O que não se pode dizer a propósito do que tratamos; foi demonstrado[181] que Deus nem é matéria e nem pode ser forma de alguém. Portanto, se Cristo é verdadeiro Deus e verdadeiro homem, como foi demonstrado anteriormente, é impossível que n'Ele haja apenas uma única natureza.

---

[180] Cf. cap. 29 ss.
[181] Livro I, caps. 17.27.

Adhuc. Subtractio vel additio alicuius essentialis principii variat speciem rei: et per consequens mutat naturam, quae nihil est aliud quam essentia, quam significat definitio, ut dictum est. Et propter hoc videmus quod differentia specifica addita vel subtracta definitioni, facit differre secundum speciem: sicut animal rationale, et ratione carens, specie differunt; sicut et in numeris unitas addita vel subtracta facit aliam speciem numeri. — Forma autem est essentiale principium. Omnis igitur formae additio facit aliam speciem et aliam naturam, sicut nunc loquimur de natura. Si igitur divinitas verbi addatur humanae naturae sicut forma, faciet aliam naturam. Et sic Christus non erit humanae naturae, sed cuiusdam alterius: sicut corpus animatum est alterius naturae quam id quod est corpus tantum.

Adhuc. Ea quae non conveniunt in natura, non sunt similia secundum speciem, ut homo et equus. Si autem natura Christi sit composita ex divina et humana, manifestum est quod non erit natura Christi in aliis hominibus. Ergo non erit similis nobis secundum speciem. Quod est contra apostolum dicentem, Hebr. 2,17, quod debuit per omnia fratribus assimilari.

Praeterea. Ex forma et materia semper constituitur una species, quae est praedicabilis de pluribus actu vel potentia, quantum est de ratione speciei. Si igitur humanae naturae divina natura quasi forma adveniat, oportebit quod ex commixtione utriusque quaedam communis species resultet, quae sit a multis participabilis. Quod patet esse falsum: non enim est nisi unus Iesus Christus, Deus et homo. Non igitur divina et humana natura in Christo constituerunt unam naturam.

Amplius. Hoc etiam videtur a fide alienum esse quod eutyches dixit, ante unionem in Christo fuisse duas naturas. Cum enim humana natura ex anima et corpore constituatur, sequeretur quod vel anima, vel corpus,

Ainda. A adição e a subtração de algum princípio essencial muda a espécie da coisa e consequentemente muda a natureza, que nada mais é do que a *essência, significada pela definição*, como está dito. Por isso, vemos que a diferença específica acrescentada ou subtraída à definição muda a espécie, por exemplo, o animal racional, e o carente de razão diferem pela espécie, assim como também nos números a unidade acrescentada ou subtraída faz outra espécie de número[182]. — Ora, a forma é o princípio essencial. Portanto, toda adição de forma muda a espécie e a natureza, como dissemos da natureza. Se a divindade do Verbo é acrescentada à natureza humana como forma, fará outra natureza. E assim, Cristo não teria natureza humana, mas outra qualquer; assim como o corpo animado é de natureza distinta daquilo que é somente corpo.

Ainda. As coisas que não convêm em natureza não são semelhantes segundo a espécie, como o homem e o cavalo. Ora, se a natureza de Cristo fosse composta da divina e da humana, é claro que a natureza de Cristo não existiria nos outros homens. Portanto, não seria semelhante a nós segundo a espécie. O que é contra o Apóstolo: *Devia assemelhar-se em tudo aos seus irmãos*[183].

Além disso. Forma e matéria constituem sempre uma única espécie, que é predicável de muitas coisas, em ato e potência, de acordo com a razão de espécie. Portanto, se a natureza divina advém à natureza humana como forma, deveria resultar da mescla de ambas uma espécie comum, que seria participável por muitos. O que evidentemente é falso, pois não existe senão um único Jesus Cristo, Deus e homem. Logo, a natureza divina e humana não constituíram em Cristo uma só natureza.

Ademais. Parece, também, ser distante da fé o que Êutiques disse: Antes da união, houve em Cristo duas naturezas. Como a natureza humana é constituída de alma e corpo, seguir-se-ia que ou a alma, ou o corpo, ou ambos,

---

[182] Aristóteles (384-322 a.C.), em Metafísica VII, 3, 1043b, 36-1044a, 2.
[183] Hebreus 2,17.

aut utrumque, ante Christi incarnationem fuerint. Quod per supra dicta patet esse falsum. Est igitur fidei contrarium dicere quod ante unionem fuerint duae naturae Christi, et post unionem una.

Capitulum XXXVI
De errore Macarii Antiocheni ponentis unam tantum voluntatem in Christo

Fere autem in idem redire videtur et Macarii Antiocheni positio, dicentis in Christo esse unam tantum operationem et voluntatem.

Cuiuslibet enim naturae est aliqua operatio propria: nam forma est operationis principium, secundum quam unaquaeque natura habet propriam speciem. Unde oportet quod, sicut diversarum naturarum sunt diversae formae, ita sint et diversae actiones. Si igitur in Christo sit una tantum actio, sequitur quod in eo sit una tantum natura: quod est eutychianae haeresis. Relinquitur igitur falsum esse quod in Christo sit una tantum operatio.

Item. In Christo est divina natura perfecta, per quam consubstantialis est patri; et humana natura perfecta, secundum quam est unius speciei nobiscum. Sed de perfectione divinae naturae est voluntatem habere, ut in primo ostensum est: similiter etiam de perfectione humanae naturae est quod habeat voluntatem, per quam est homo liberi arbitrii. Oportet igitur in Christo esse duas voluntates.

Adhuc. Voluntas est una pars potentialis animae humanae, sicut et intellectus. Si igitur in Christo non fuit alia voluntas praeter voluntatem verbi, pari ratione nec fuit in eo intellectus praeter intellectum verbi. Et sic redibit positio Apollinaris.

existiriam antes da Encarnação de Cristo. O que é evidentemente falso. Logo, é contrário à fé dizer que antes da união existiram duas naturezas em Cristo, e que depois da união existiu apenas uma.

Capítulo 36
O erro de Macário de Antioquia[184] que afirmou haver em Cristo uma única vontade

Parece que Macário Antioqueno voltou aos mesmos erros ao dizer que em Cristo há uma só operação e vontade.

Com efeito, toda natureza tem alguma operação própria; e a forma, que dá a cada natureza a sua espécie própria, é o princípio de operação. Por isso, é necessário que, assim como naturezas diversas têm formas diversas, assim também diversas são ações. Portanto, se em Cristo há uma única ação, segue-se que n'Ele há uma única natureza, o que é a heresia de Êutiques. Conclui-se ser falso que em Cristo haja uma única operação.

Igualmente. Em Cristo está a natureza divina perfeita, pela qual Ele é consubstancial ao Pai; e a natureza humana também perfeita, pela qual Ele é da mesma espécie que nós. Ora, é próprio da perfeição da natureza divina ter vontade[185]; igualmente é próprio da perfeição da natureza humana que tenha vontade, pela qual o homem tem o livre-arbítrio. Portanto, deve haver em Cristo duas vontades.

Ainda. A vontade é uma parte potencial da alma humana, assim como também o intelecto. Ora, se Cristo não teve outra vontade além da vontade do Verbo, pela mesma razão não teve um intelecto além do intelecto do Verbo. E assim se volta à afirmação de Apolinário[186].

---

[184] Macário de Antioquia (séc. VII) Patriarca de Antioquia, monotelista. No III Concílio de Constantinopla (VI Concílio Ecumênico), de 680 a 681, manteve firmemente a sua afirmação. Foi deposto pelo Concílio. Monotelismo — O conceito básico dos monofisistas era de que Cristo deveria possuir uma simples "vontade" ou arbítrio. Eugênio IV no Concílio de Florença (1442), na bula Cantate Domino, condenou Macário de Antioquia, dizendo que embora pensasse certo quanto à dualidade das naturezas e quanto à unidade da pessoa, errou gravemente a respeito das operações de Cristo, afirmando que em Cristo havia uma só operação e uma só vontade de ambas as naturezas. — Denzinger-Hünermann (1819-1883), Compêndio dos símbolos, definições e declarações da fé e moral. Tradução de José Marino e Johan Konings. São Paulo: Paulinas, Loyola, 2007, p. 370, n. 1346.
[185] Livro I, cap. 72.
[186] Cf. cap. 33.

Amplius. Si in Christo fuit tantum una voluntas, oportet quod in eo fuerit solum voluntas divina: non enim verbum voluntatem divinam, quam ab aeterno habuit, amittere potuit. Ad voluntatem autem divinam non pertinet mereri: quia meritum est alicuius in perfectionem tendentis. Sic igitur Christus nihil, neque sibi neque nobis, sua passione meruisset. Cuius contrarium docet apostolus, philipp. 2, dicens: factus est obediens patri usque ad mortem, propter quod et Deus exaltavit illum.

Praeterea. Si in Christo voluntas humana non fuit, sequitur quod neque secundum naturam assumptam liberi arbitrii fuerit: nam secundum voluntatem est homo liberi arbitrii. Sic igitur non agebat Christus homo ad modum hominis, sed ad modum aliorum animalium, quae libero arbitrio carent. Nihil igitur in eius actibus virtuosum et laudabile, aut nobis imitandum, fuit. Frustra igitur dicit, Matth. 11,29: discite a me, quia mitis sum et humilis corde; et Ioan. 13,15: exemplum dedi vobis, ut quemadmodum ego feci, ita et vos faciatis.

Adhuc. In uno homine puro, quamvis sit supposito unus, sunt tamen plures et appetitus et operationes, secundum diversa naturalia principia. Nam secundum rationalem partem, inest ei voluntas; secundum sensitivam, irascibilis et concupiscibilis; et rursus naturalis appetitus consequens vires naturales. Similiter autem et secundum oculum videt, secundum aurem audit, pede ambulat, lingua loquitur, et mente intelligit: quae sunt operationes diversae. Et hoc ideo est, quia operationes non multiplicantur solum secundum diversa subiecta operantia, sed etiam secundum diversa principia quibus unum et idem subiectum operatur, a quibus etiam operationes speciem trahunt. Divina vero natura multo plus distat ab humana quam naturalia principia humanae naturae ab invicem. Est igitur alia et alia voluntas et operatio divinae et humanae natu-

Ademais. Se em Cristo houve somente uma vontade, é necessário que n'Ele existisse somente a vontade divina, pois o Verbo não pôde perder a vontade divina que desde toda a eternidade tinha. Ora, a vontade divina não pode merecer, porque o mérito é próprio de quem tende para a perfeição. Assim, portanto, Cristo nada mereceria nem para si, nem para nós, pela sua paixão. O Apóstolo ensina o contrário: *Feito obediente ao Pai até a morte, por isso Deus o exaltou*[187].

Além disso. Se não houve vontade humana em Cristo, segue-se que não teve livre-arbítrio pela natureza assumida, pois é pela vontade que o homem possui o livre-arbítrio. Portanto, assim Cristo homem não podia agir à maneira de homem, mas à maneira dos outros animais, que carecem de livre-arbítrio. E em seus atos nada houve virtuoso e louvável ou digno de ser imitado por nós. É em vão, pois, o que Mateus diz: *Aprendei de mim, que sou manso e humilde de coração*[188]; e *Eu vos dei o exemplo, para que façais como Eu fiz*[189].

Ainda. Em um homem simples, embora tenha um só supósito, há, contudo, muitos apetites e operações, segundo os diversos princípios naturais. Com efeito, segundo a parte racional, há nele vontade e segundo a parte sensitiva, há nele apetite irascível e concupiscível; e segundo as potências naturais há o apetite natural. Igualmente, com o olho vê, com o ouvido ouve, com o pé caminha, com a língua fala e com o espírito entende; e tudo isso são operações diversas. E a razão de tudo isso está em que as operações não se multiplicam somente segundo os diversos sujeitos operantes, mas também segundo os diversos princípios pelos quais um mesmo sujeito opera, e dos quais as operações recebem a espécie. Ora, a natureza divina dista muito mais da natureza humana do que distam entre si os princípios naturais da natureza humana.

---

[187] Filipenses 2,8.9.
[188] Mateus 11,29.
[189] João 13,15.

rae in Christo, licet ipse Christus sit in utraque natura unus.

Item. Ex auctoritate Scripturae manifeste ostenditur in Christo duas voluntates fuisse. Dicit enim ipse, Ioan. 6,38: descendi de caelo non ut faciam voluntatem meam, sed voluntatem eius qui misit me, et Lucae 22,42: non mea voluntas, sed tua fiat; ex quibus patet quod in Christo fuit quaedam voluntas propria eius, praeter voluntatem patris. Manifestum est autem quod in eo fuit voluntas quaedam communis sibi et patri: patris enim et filii, sicut est una natura, ita etiam est una voluntas. Sunt igitur in Christo duae voluntates.

Item. Idem autem et de operationibus patet. Fuit enim in Christo una operatio sibi et patri communis, cum ipse dicat, Ioan. 5,19: quaecumque pater facit haec et similiter filius facit. Est autem in eo et alia operatio, quae non convenit patri, ut dormire, esurire, comedere, et alia huiusmodi, quae Christus humanitus fecit vel passus est, ut evangelistae tradunt. Non igitur fuit in Christo una tantum operatio.

Videtur autem haec positio ortum habuisse ex hoc quod eius auctores nescierunt distinguere inter id quod est simpliciter unum, et ordine unum. Viderunt enim voluntatem humanam in Christo omnino sub voluntate divina ordinatam fuisse, ita quod nihil voluntate humana Christus voluit nisi quod eum velle voluntas divina disposuit. Similiter etiam nihil Christus secundum humanam naturam operatus est, vel agendo vel patiendo, nisi quod voluntas divina disposuit: secundum illud Ioan. 8,29: quae placita sunt ei, facio semper.

Humana etiam operatio Christi quandam efficaciam divinam ex unione divinitatis consequebatur, sicut actio secundarii agentis

Portanto, há em Cristo duas vontades e duas operações, a saber, uma da natureza divina e outra da natureza humana, embora o mesmo Cristo seja um só em ambas as naturezas.

Igualmente. Demonstra-se claramente pela autoridade da Escritura que em Cristo houve duas vontades: *Desci do céu não para fazer a minha vontade, mas a vontade daquele que me enviou*[190]; *Não se faça a minha vontade, mas a tua*[191]. Fica claro por esses textos que em Cristo houve uma vontade própria sua, distinta da vontade do Pai. E é evidente também que houve n'Ele uma vontade comum com o Pai, porque assim como o Pai e o Filho têm uma única natureza, assim também têm uma única vontade. Portanto, em Cristo há duas vontades.

Igualmente. O mesmo fica claro também com as operações. Porque houve em Cristo uma operação comum a si e ao Pai, pois disse: *Tudo o que o Pai faz, isso igualmente faz o Filho*[192]. Há, entretanto, n'Ele outra operação que não convém ao Pai; por exemplo, dormir, ter fome, comer e outras semelhantes que Cristo fez ou sofreu humanamente, como os Evangelistas ensinam. Portanto, não houve em Cristo somente uma operação.

Parece que esta opinião nasceu porque os seus autores não souberam distinguir entre o que é simplesmente um e o que é um pela ordem[193]. Ora, eles entenderam que a vontade humana de Cristo estava totalmente ordenada à vontade divina, de tal modo que Cristo, pela vontade humana, nada quis a não ser o que estava disposto pela vontade divina. Igualmente, também, Cristo pela vontade humana, nada operou, agindo ou sofrendo, a não ser o que estava disposto pela vontade divina: *Faço sempre o que é do seu agrado*[194].

A operação humana de Cristo alcança também, pela união com a divindade, alguma eficácia divina, assim como a ação do agente

---

[190] João 6,38.
[191] Lucas 22,42.
[192] João 5,19.
[193] Aristóteles (384-322 a.C.), em Da Interpretação (Peri Hermeneias) I, lição 8.
[194] João 8,29.

consequitur efficaciam quandam ex principali agente: et ex hoc contigit quod quaelibet eius actio vel passio fuit salubris. Propter quod dionysius humanam Christi operationem vocat theandricam, idest Dei-virilem; et etiam quia est Dei et hominis. Videntes igitur humanam voluntatem et operationem Christi sub divina ordinari infallibili ordine, iudicaverunt in Christo esse tantum voluntatem et operationem unam; quamvis non sit idem, ut dictum est, ordinis unum et simpliciter unum.

secundário alcança alguma eficácia do agente principal e, por isso, acontece que qualquer ação sua ou paixão seja salvífica. Dionísio chama a operação humana de Cristo teândrica[195], isto é, divino-humana, e também porque é própria de Deus e própria do homem. Portanto, entendendo que a vontade humana e a operação de Cristo estavam ordenadas à vontade divina com uma ordem infalível, julgaram que em Cristo havia somente uma vontade e uma operação, embora não se identifiquem, como foi dito: o que é simplesmente um e o que é um pela ordem.

Capitulum XXXVII
Contra eos qui dixerunt ex anima et corpore non esse aliquid unum constitutum in Christo

Ex praemissis igitur manifestum est quod in Christo est tantum una persona, secundum fidei assertionem, et duae naturae, contra id quod Nestorius et eutyches posuerunt. Sed quia hoc alienum videtur ab his quae naturalis ratio experitur, fuerunt quidam posteriores talem de unione positionem asserentes. Quia enim ex unione animae et corporis constituitur homo, sed ex hac anima et ex hoc corpore hic homo, quod hypostasim et personam designat, volentes evitare ne cogerentur in Christo ponere aliquam hypostasim vel personam praeter hypostasim vel personam verbi, dixerunt quod anima et corpus non fuerunt unita in Christo, nec ex eis aliqua substantia facta est, et per hoc Nestorii haeresim vitare volebant.

Rursus, quia hoc impossibile videtur quod aliquid sit substantiale alicui et non sit de natura eius quam prius habuit, absque mutatione ipsius; verbum autem omnino immutabile est: ne cogerentur ponere animam et corpus assumpta pertinere ad naturam verbi quam habuit ab aeterno, posuerunt quod verbum assumpsit animam humanam et corpus mo-

Capítulo 37
Contra os que disseram que a alma e o corpo não constituem um todo único em Cristo[196]

Está claro, pelo que foi exposto[197], que em Cristo há somente uma pessoa e duas naturezas, conforme a fé testemunha, contra o que Nestório e Êutiques afirmaram. Mas, como isto parece distante do que experimenta a razão natural, houve alguns posteriores[198] que disseram o seguinte sobre a união: Uma vez que o homem é constituído pela união da alma e do corpo, e com *esta* alma e *este* corpo se constitui *este homem*, o que designa a hipóstase e a pessoa, estes evitaram a necessidade de afirmarem em Cristo uma hipóstase ou pessoa, além da hipóstase ou pessoa do Verbo, dizendo que em Cristo não foram unidos a alma e o corpo, nem se formou com eles uma substância, e assim queriam evitar a heresia de Nestório[199].

Por outro lado, como parece impossível que uma coisa seja substancial a alguém e não tenha a natureza que antes possuiu, sem mudança de si mesma, e como o Verbo é totalmente imutável, para não se verem obrigados a afirmar que a alma o corpo assumidos pertencem à natureza eterna do Verbo, afirmaram que o Verbo assumiu a alma e o corpo hu-

---

195 Dionísio Areopagita (séc. V-VI), em Epístola IV, ao monge Caio, IV, MG 3, 1072C.
196 Pedro Lombardo (1100-1160), em Livros das Sentenças III, d. 6, c. 6.
197 Cf. cap. 34 ss.
198 Abelardo (1079-1142), em Introdução à Teologia, Livro 3, cap. 6; ML 178, 1106.
199 Pedro Lombardo (1100-1160), em Livros das Sentenças III, d. 6, n. 10.

do accidentali, sicut homo assumit indumentum; per hoc errorem eutychetis excludere volentes.

Sed haec positio omnino doctrinae fidei repugnat. Anima enim et corpus sua unione hominem constituunt: forma enim materiae adveniens speciem constituit. Si igitur anima et corpus non fuerint unita in Christo, Christus non fuit homo: contra apostolum dicentem I ad Tim. 2,5: mediator Dei et hominum homo Christus Iesus.

Item. Unusquisque nostrum ea ratione homo dicitur quia est ex anima rationali et corpore constitutus. Si igitur Christus non ea ratione dicitur homo, sed solum quia habuit animam et corpus licet non unita, aequivoce dicetur homo, et non erit eiusdem speciei nobiscum: contra apostolum dicentem, Hebr. 2,17, quod debuit per omnia fratribus assimilari.

Adhuc. Non omne corpus pertinet ad humanam naturam, sed solum corpus humanum. Non est autem corpus humanum nisi quod est per unionem animae rationalis vivificatum: neque enim oculus, aut manus, aut pes, vel caro et os, anima separata, dicuntur nisi aequivoce. Non igitur poterit dici quod verbum assumpsit naturam humanam, si corpus animae non unitum assumpsit.

Amplius. Anima humana naturaliter unibilis est corpori. Anima igitur quae nunquam corpori unitur ad aliquid constituendum, non est anima humana: quia quod est praeter naturam, non potest esse semper. Si igitur anima Christi non est unita corpori eius ad aliquid constituendum, relinquitur quod non sit anima humana. Et sic in Christo non fuit humana natura.

Praeterea. Si verbum unitum est animae et corpori accidentaliter sicut indumento, natura humana non fuit natura verbi. Verbum igitur, post unionem, non fuit subsistens in duabus naturis: sicut neque homo indutus di-

manos acidentalmente, assim como o homem se coloca uma veste. Dessa maneira, queriam destruir o erro de Êutiques.

Mas esta afirmação repugna totalmente à doutrina da fé. Porque a alma e o corpo constituem o homem pela sua união, pois a forma que se une à matéria constitui a espécie. Portanto, se a alma e o corpo não foram unidos em Cristo, Cristo não foi homem, contra o que diz o Apóstolo: *Mediador entre Deus e os homens é o homem Jesus Cristo*[200].

Igualmente. Cada um de nós se diz homem porque está constituído de alma racional e de corpo. Portanto, se Cristo não se diz homem por essa razão, mas só porque teve alma e corpo, embora não unidos, se dirá de modo equívoco homem, e não será de nossa mesma espécie; contra isto diz o Apóstolo: *Devia assemelhar-se em tudo aos seus irmãos*[201].

Ainda. Nem todo corpo pertence à natureza humana, mas só o corpo humano. Não existe corpo humano a não ser o que é vivificado pela união da alma racional; mas se a alma separa, nem o olho, ou a mão, ou o pé, ou a carne e o osso se dizem humanos, a não ser equivocadamente[202]. Portanto, não se poderá dizer que o Verbo assumiu a natureza humana, se não assumiu o corpo unido à alma.

Ademais. A alma humana naturalmente tende a unir-se ao corpo. Portanto, a alma que nunca se une ao corpo para constituir algo não é alma humana, porque *o que está além da natureza, não pode existir sempre*[203]. Se a alma de Cristo não está unida a seu corpo para constituir algo, segue-se que não é a alma humana. E assim, em Cristo não houve natureza humana.

Além disso. Se o Verbo está unido à alma e ao corpo acidentalmente, como a uma veste, a natureza humana não foi natureza do Verbo. Portanto, o Verbo, depois da união, não subsistiu em duas naturezas, assim como o

---

[200] 1 Timóteo 2,5.
[201] Hebreus 2,17.
[202] Aristóteles (384-322 a.C.), em Sobre a Alma II, 1, 412b, 21-22.
[203] Aristóteles (384-322 a.C.), em Sobre o Céu e o Mundo II, 3, 286a, 17-18.

citur in duabus naturis subsistere. Quod quia eutyches dixit, in chalcedonensi synodo est damnatus.

Item. Indumenti passio non refertur ad indutum: non enim dicitur homo nasci quando induitur, neque vulnerari si vestimentum laceretur. Si igitur verbum assumpsit animam et corpus sicut homo indumentum, non poterit dici quod Deus sit natus aut passus propter corpus assumptum.

Adhuc. Si verbum assumpsit humanam naturam solum ut indumentum, quo posset hominum oculis apparere, frustra animam assumpsisset, quae secundum suam naturam invisibilis est.

Amplius. Secundum hoc non aliter assumpsisset filius carnem humanam quam spiritus sanctus columbae speciem in qua apparuit. Quod patet esse falsum: nam spiritus sanctus non dicitur factus columba, neque minor patre, sicut filius dicitur factus homo, et minor patre secundum naturam assumptam.

Item. Si quis diligenter consideret ad hanc positionem diversarum haeresum inconvenientia sequuntur. Ex eo enim quod dicit filium Dei unitum animae et carni accidentali modo, sicut hominem vestimento, convenit cum opinione Nestorii, qui secundum inhabitationem Dei verbi in homine unionem esse factam asseruit: non enim Deum esse indutum potest intelligi per tactum corporeum, sed solum per gratiam inhabitantem. — Ex hoc etiam quod dixit accidentalem unionem verbi ad animam et carnem humanam, sequitur quod verbum post unionem non fuit subsistens in duabus naturis, quod eutyches dixit: nihil enim subsistit in eo quod sibi accidentaliter unitur. — Ex eo vero quod dicit animam et carnem non uniri ad aliquid cons-

homem vestido não se diz subsistir em duas naturezas. Êutiques afirmou isso e foi condenado no Concílio de Calcedônia (em 451)[204].

Igualmente. O que concerne à roupa não se refere a quem a veste, pois não se diz que o homem nasce quando é vestido, nem que o homem se fere quando a roupa é rasgada. Portanto, se o Verbo assumiu a alma e o corpo assim como o homem assume a roupa, não se poderia dizer que Deus tenha nascido ou padecido porque assumiu o corpo.

Ainda. Se o Verbo assumiu a natureza humana somente como roupa, e assim pudesse aparecer aos olhos dos homens, em vão assumiria a alma que é invisível por sua natureza própria.

Ademais. De acordo com isso, o Filho não teria assumido a carne humana diferentemente de como o Espírito Santo apareceu na forma de pomba[205]. E claramente isso é falso, pois o Espírito Santo não se diz *feito pomba*, nem *menor que o Pai*, assim como o Filho se diz feito homem e menor que o Pai pela natureza assumida[206].

Igualmente. Se alguém considera diligentemente, seguem-se dessa afirmação os inconvenientes de diversas heresias. Com efeito, quando se diz que o Filho de Deus se união à alma e à carne acidentalmente, assim como o homem se une ao vestimento, concorda-se com a opinião de Nestório, que afirmou que tal união se fez por inabitação do Verbo de Deus no homem[207], pois não se pode entender que Deus esteja vestido por contato corpóreo, mas somente pela inabitação da graça. — Por isso, também, quando se diz que a união do Verbo com a alma e com a carne humana é acidental, segue-se que, o Verbo, depois da união, não subsistiu em duas naturezas, o que foi a opinião de Êutiques[208], pois nada subsiste com o que se une acidentalmente. — Por isso,

---

[204] Denzinger-Hünermann (1819-1883), Compêndio dos símbolos, definições e declarações da fé e moral. Tradução de José Marino e Johan Konings. São Paulo: Paulinas, Loyola, 2007, p. 113, n. 301.
[205] Mateus 3,16; Lucas 3,22.
[206] João 14,28.
[207] Cf. cap. 34.
[208] Cf. cap. 35.

tituendum convenit partim quidem cum Ario et Apollinari, qui posuerunt corpus Christi non animatum anima rationali; et partim cum Manichaeo, qui posuit Christum non verum hominem, sed phantasticum fuisse. Si enim anima non est unita carni ad alicuius constitutionem, phantasticum erat quod videbatur Christus similis aliis hominibus ex unione animae et corporis constitutis.

Sumpsit autem haec positio occasionem ex verbo apostoli dicentis, philipp. 2,7: habitu inventus ut homo. Non enim intellexerunt hoc secundum metaphoram dici. Quae autem metaphorice dicuntur, non oportet secundum omnia similia esse. Habet igitur natura humana assumpta quandam indumenti similitudinem, inquantum verbum per carnem visibilem videbatur, sicut homo videtur per indumentum: non autem quantum ad hoc quod unio verbi ad humanam naturam in Christo fuerit modo accidentali.

Capitulum XXXVIII
Contra eos qui ponunt duo supposita vel duas hypostases in una persona Christi
Hanc igitur positionem, propter praedicta inconvenientia, alii quidem vitantes, posuerunt ex anima et carne in Domino Iesu Christo unam substantiam constitutam esse, scilicet hominem quendam eiusdem speciei aliis hominibus; quem quidem hominem unitum dicunt verbo Dei, non quidem in natura, sed in persona, ut scilicet sit una persona verbi Dei et illius hominis; sed quia homo ille quaedam individua substantia est, quod est esse hypostasim et suppositum, dicunt quidam in Christo aliam esse hypostasim et suppositum illius hominis et verbi Dei, sed unam

também, quando se diz que a alma e a carne não se unem para constituírem alguma coisa, concorda-se, em parte, com Ario e Apolinário, que afirmaram que o corpo de Cristo não era animado pela alma racional[209]; e em parte, com Maniqueu, que afirmou que Cristo não era homem verdadeiro, mas fantástico[210]. Portanto, se a alma não estava unida à carne para constituir algo, Cristo parecia algo fantástico em sua semelhança com os outros homens que se constituía pela união da alma e do corpo.

A ocasião dessa afirmação foram as palavras do Apóstolo: *Fazendo-se semelhante aos homens*[211]. Na verdade, não entenderam que isso se dizia metaforicamente. E as coisas que se dizem metaforicamente não devem ser semelhantes em tudo. Portanto, a natureza humana assumida tem alguma semelhança de roupa, uma vez que o Verbo parecia visível pela carne, assim como o homem se faz visível pela roupa, entretanto, nem por isso a união do Verbo com a natureza humana foi acidental.

Capítulo 38
Contra aqueles que afirmam dois supósitos ou duas hipóstases na única pessoa de Cristo[212]
Alguns, procurando evitar as afirmações anteriores, por causa dos inconvenientes citados, afirmaram que com a alma e com a carne se constituiu uma única substância no Senhor Jesus Cristo, a saber, um homem da mesma espécie que os outros homens, o qual, dizem que está unido ao Verbo de Deus, não na natureza, mas na *pessoa*, de modo que é uma única a pessoa do Verbo de Deus e daquele homem. Ora, porque aquele homem é uma substância individual, o que vem a ser hipóstase e supósito, diziam alguns que em Cristo uma é a hipóstase e o supósito daquele homem e outra

---

[209] Cf. cap. 32 ss.
[210] Cf. cap. 29.
[211] Filipenses 2,7.
[212] Santo Tomás examina aqui a primeira das três opiniões sobre a união hipostática, elencadas por Pedro Lombardo no Livro das Sentenças III, d. 6, c. 2. Santo Tomás tratou disso em vários lugares, considerando, primeiro que essa opinião era contrária à opinião comum dos teólogos. Depois, na Suma Teológica, na parte III a considerou herética.

personam utriusque; ratione cuius unitatis dicunt verbum Dei de homine illo praedicari, et hominem illum de Dei verbo; ut sit sensus, verbum Dei est homo, idest, persona verbi Dei est persona hominis, et e converso; et hac ratione, quicquid de verbo Dei praedicatur, dicunt de homine illo posse praedicari, et e converso, cum quadam tamen replicatione, ut, cum dicitur, Deus est passus, sit sensus, homo, qui est Deus propter unitatem personae, est passus; et, homo creavit stellas, idest, ille qui est homo.

Sed haec positio de necessitate in errorem Nestorii delabitur. Si enim differentia personae et hypostasis attendatur, invenitur persona esse non alienum ab hypostasi, sed quaedam pars eius. Nihil enim aliud est persona quam hypostasis talis naturae scilicet rationalis: quod patet ex definitione boetii dicentis quod persona est rationalis naturae individua substantia: ex quo patet quod, licet non omnis hypostasis sit persona, omnis tamen hypostasis humanae naturae persona est. Si igitur ex sola unione animae et corporis constituta est in Christo quaedam substantia particularis quae est hypostasis, scilicet ille homo, sequitur quod ex eadem unione sit constituta persona. Sic igitur in Christo erunt duae personae, una illius hominis de novo constituta, et alia aeterna verbi Dei. Quod est Nestorianae impietatis.

Item. Etsi hypostasis illius hominis non posset dici persona, tamen idem est hypostasis verbi Dei quod persona. Si igitur hypostasis verbi Dei non est illius hominis, neque etiam persona verbi Dei erit persona illius hominis. Et sic falsum erit quod dicunt, quod persona illius hominis est persona verbi Dei.

Adhuc. Dato quod persona esset aliud ab hypostasi verbi Dei vel hominis, non posset

a do Verbo de Deus, mas uma só pessoa em ambos e em razão desta unidade dizem que o Verbo de Deus se predica daquele homem, e que aquele homem se predica do Verbo de Deus, de maneira que seja o sentido: *O Verbo de Deus é homem, isto é, a pessoa do Verbo de Deus é a pessoa do homem e vice-versa.* Por isso, dizem que o que se predica do Verbo de Deus pode-se predicar daquele homem, e vice-versa, entretanto, com certa reciprocidade, de modo que, quando se diz que *Deus padeceu*, seja o sentido: *O homem, que é Deus pela unidade de pessoa, padeceu; e o homem que criou as estrelas, isto é, aquele é homem.*

Esta afirmação cai necessariamente no erro de Nestório. Porque se se considera a diferença entre pessoa e hipóstase, encontra-se que a pessoa não é algo contrário à hipóstase, mas certa parte dela. Com efeito, a pessoa nada mais é do que a hipóstase de tal natureza, a saber, a racional; como está claro pela definição de Boécio que diz que *a pessoa é a substância individual da natureza racional*[213]. Fica claro, portanto, que embora nem toda hipóstase seja pessoa, entretanto, toda hipóstase da natureza humana é pessoa. Assim, se somente pela união da alma e do corpo se constituiu em Cristo uma substância particular que é a hipóstase, isto é, tal homem, segue-se que pela mesma união se constituiu a pessoa. Portanto, em Cristo havia duas pessoas, uma do homem constituída novamente e outra a eterna do Verbo de Deus. E isso é a impiedade nestoriana.

Igualmente. Embora a hipóstase de tal homem não se possa chamar pessoa, entretanto, a hipóstase do Verbo de Deus é o mesmo que pessoa. Portanto, se a hipóstase do Verbo de Deus não é a daquele homem, tampouco a pessoa do Verbo de Deus seria a pessoa daquele homem. Assim, seria falso o que dizem, que a pessoa daquele homem é a pessoa do Verbo de Deus.

Ainda. Dado que a pessoa seja algo diferente da hipóstase do Verbo de Deus ou do

---

[213] Boécio (480-524), em Sobre as Duas Naturezas, 3, ML 64, 1343.

alia differentia inveniri nisi quod persona supra hypostasim addit proprietatem aliquam: nihil enim ad genus substantiae pertinens addere potest, cum hypostasis sit completissimum in genere substantiae, quod dicitur substantia prima. Si igitur unio facta est secundum personam et non secundum hypostasim, sequitur quod non sit facta unio nisi secundum aliquam proprietatem accidentalem. Quod iterum redit in errorem Nestorii.

Amplius. Cyrillus dicit, in epistola ad Nestorium, quae est in ephesina synodo approbata: si quis non confitetur carni secundum subsistentiam unitum ex Deo patre verbum, unumque esse Christum cum sua carne, eundem videlicet Deum simul et hominem, anathema sit. Et fere ubique in synodalibus scriptis hoc errori Nestorii deputatur, qui posuit duas in Christo hypostases.

Praeterea. Damascenus, in III libro, dicit: ex duabus naturis perfectis dicimus esse factam unionem: non secundum prosopicam, idest personalem, ut Dei inimicus dicit Nestorius, sed secundum hypostasim. Unde patet expresse quod haec fuit positio Nestorii, confiteri unam personam et duas hypostases.

Item. Hypostasis et suppositum oportet idem esse. Nam de prima substantia, quae est hypostasis, omnia alia praedicantur: scilicet et universalia in genere substantiae, et accidentia, secundum Philosophum in praedicamentis. Si igitur in Christo non sunt duae hypostases, per consequens neque duo supposita.

Adhuc. Si verbum et homo ille supposito differunt, oportet quod, supposito homine illo, non supponatur verbum Dei, nec e converso. Sed distinctis suppositis, necesse est et ea quae de ipsis dicuntur, distingui: nam supposito hominis non conveniunt praedicta

homem, não se pode encontrar outra diferença a não ser que a pessoa acrescente à hipóstase alguma propriedade, porque nada do que pertence ao gênero de substância pode se acrescentar, uma vez que a hipóstase é o mais completo do gênero de substância e se diz: *substância primeira*[214]. Portanto, se a união se fez segundo a pessoa e não segundo a hipóstase, segue-se que a união foi feita apenas segundo alguma propriedade acidental. E novamente volta-se ao erro de Nestório.

Ademais. Em sua carta a Nestório, aprovada pelo Concílio de Éfeso, Cirilo diz: *Se alguém não confessa que o Verbo, que procede do Pai, se uniu à carne segundo a subsistência, e que Cristo com sua carne é um só, isto é, Deus e homem simultaneamente, seja anátema*[215]. Em quase todos os Escritos do Concílio isso é atribuído ao erro de Nestório, que afirmava duas hipóstases em Cristo.

Além disso. São João Damasceno diz ainda: *Dizemos que a união se fez de duas naturezas perfeitas, não segundo alguma coisa pessoal*[216], *como diz Nestório, este inimigo de Deus, mas segundo a hipóstase*[217]. Fica claro expressamente que esta foi a afirmação de Nestório: confessar uma só pessoa e duas hipóstases.

Igualmente. Hipóstase e supósito, necessariamente são a mesma coisa. Porque da substância primeira, que é a hipóstase, se predicam todas as demais coisas, a saber, tanto os universais no gênero de sustância, como os acidentes, segundo o Filósofo[218]. Portanto, se em Cristo não há duas hipóstases, consequentemente nem dois supósitos.

Ainda. Se o Verbo e aquele homem diferem pelo supósito, é necessário que supósito aquele homem, o Verbo de Deus não seja supósito, e vice-versa. Mas, se são distintos os supósitos, é necessário que se distinga o que se diz deles, porque ao supósito de homem

---

[214] Aristóteles (384-322 a.C.), em Categorias, 5, 2a, 11-14.
[215] Cirilo de Alexandria (380-444), na III Carta de Cirilo a Nestório, em Denzinger, H -Barwart (1819-1883), Anátema 2, 253, p. 100.
[216] Em latim: non secundum prosopicam, id est personalem
[217] São João Damasceno (675-749), em Sobre a fé ortodoxa III, 3, MG. 94, 993AB.
[218] Aristóteles (384-322 a.C.), em Categorias 5, 2a, 19b, 6.

praedicata divina nisi propter verbum, neque e converso. Separatim igitur accipienda erunt quae de Christo in Scripturis dicuntur, divina scilicet et humana: quod est contra sententiam Cyrilli, in synodo confirmatam, dicentis: si quis personis duabus vel subsistentiis vel eas quae sunt in evangelicis et apostolicis Scripturis impertit voces, aut de Christo a sanctis dictas, aut ab ipso de se; et quasdam quidem velut homini praeter illud ex Deo verbum specialiter intellecto applicat, quasdam vero velut Deo decibiles, soli ex Deo patre verbo, anathema sit.

Amplius. Secundum positionem praedictam, ea quae verbo Dei conveniunt per naturam, de illo homine non dicerentur nisi per quandam associationem in una persona: hoc enim significat replicatio interposita cum sic exponunt, homo ille creavit stellas, idest, filius Dei, qui est homo ille, et similiter de aliis huiusmodi. Unde, cum dicitur, homo ille est Deus, sic intelligitur: homo ille verbo Deus existit. Huiusmodi autem locutiones condemnat Cyrillus, dicens: si quis audet dicere assumptum hominem coadorari oportere Dei verbo, conglorificari, et coappellari Deum, quasi alterum alteri (id enim quod est co semper quoties additur hoc intelligi cogit); et non magis una adoratione honorificat emanuelem, et unam ei glorificationem adhibet, secundum quod factum est caro verbum: anathema sit.

Praeterea. Si homo ille supposito est aliud a Dei verbo, non potest ad personam verbi pertinere nisi per assumptionem qua assumptus est a verbo. Sed hoc est alienum a recto sensu fidei. Dicitur enim in ephesina synodo, ex verbis felicis Papae et martyris: credimus in Deum nostrum Iesum de virgine maria natum, quia ipse est Dei sempiternus filius et verbum, et non homo a Deo assumptus, ut alter sit praeter illum. Neque enim hominem

não convêm os citados predicados divinos a não ser em razão do Verbo, e nem vice-versa. Portanto, as coisas que são ditas nas Escrituras sobre Cristo deverão ser entendidas separadamente, seja as divinas como as humanas e isso é contra a sentença de Cirilo, confirmada no Concílio: *Se alguém repartir entre duas pessoas ou hipóstases as expressões contidas nos escritos evangélicos e apostólicos, ou ditas pelos Santos sobre o Cristo, ou por Ele sobre si mesmo, e algumas delas atribui ao homem, considerado distinto do Verbo de Deus, outras, ao contrário, como dignas de Deus, só ao Verbo que é de Deus Pai, seja anátema*[219].

Ademais. Segundo a afirmação supracitada, as coisas que convêm ao Verbo de Deus, por natureza, não se diriam daquele homem a não ser por certa associação em uma única pessoa, porque é isto que significa a reciprocidade que interpõem quando assim expõem: *Aquele homem criou as estrelas*, isto é, *o Filho de Deus que é aquele homem*, e igualmente de outras expressões semelhantes. Por isso, quando se diz: *Aquele homem é Deus*, entende-se assim: *É pelo Verbo que aquele homem é Deus*. Cirilo condena estas expressões, dizendo: *Se alguém ousar dizer que o Cristo é um homem portador de Deus e não, antes, Deus na verdade, como Filho único e por natureza, visto que o Verbo veio a ser carne e, de modo semelhante a nós, participou do sangue da carne, seja anátema*[220].

Além disso. Se aquele homem se distingue do Verbo de Deus pelo supósito, não pode pertencer à pessoa do Verbo a não ser pela assunção pela qual foi assumido pelo Verbo. Mas isto é incompatível com o reto sentido da fé. Por isso, o Concílio de Éfeso diz, citando São Felix, papa e mártir: *Cremos em Jesus Cristo, nosso Deus, nascido da Virgem Maria, porque Ele é o Filho sempiterno de Deus e o Verbo, e não o homem assumido por Deus, como*

---

[219] Cirilo de Alexandria (380-444), esses anatematismos, citados na Carta do Sínodo de Alexandria, a Nestório (3ª Carta de Cirilo a Nestório), foi escrita em novembro de 430 e entregue no mesmo mês a Nestório. Em Denzinger-Hünermann (1819-1883), 255, Anátema 4, p. 100.
[220] Cirilo de Alexandria (380-444), em Denzinger-Hünermann (1819-1883), 259, Anátema 8, p. 100.

assumpsit Dei filius, ut sit alter praeter ipsum: sed Deus existens perfectus, factus simul et homo perfectus, incarnatus de virgine.

Item. Quae sunt plura supposito, simpliciter plura sunt, nec sunt unum nisi secundum quid. Si igitur in Christo sunt duo supposita, sequitur quod sit simpliciter duo, et non secundum quid. Quod est solvere Iesum: quia unumquodque intantum est inquantum unum est; quod igitur non est simpliciter unum, non est simpliciter ens.

Capitulum XXXIX
Quid catholica fides sentiat de incarnatione Christi

Ex supra dictis igitur manifestum est quod, secundum catholicae fidei traditionem, oportet dicere quod in Christo sit natura divina perfecta et humana natura perfecta, ex anima scilicet rationali et humana carne constituta; et quod hae duae naturae unitae sunt in Christo non per solam inhabitationem; neque accidentali modo, ut homo unitur vestimento; neque in sola personali habitudine et proprietate; sed secundum unam hypostasim et suppositum unum. Hoc enim solum modo salvari possunt ea quae in Scripturis circa incarnationem tradúntur. Cum enim Scriptura sacra indistincte quae sunt Dei homini illi attribuat, et quae sunt illius hominis Deo, ut ex praemissis patet; oportet unum et eundem esse de quo utraque dicantur.

Sed quia opposita de eodem secundum idem dici vere non possunt; divina autem et humana quae de Christo dicuntur, oppositionem habent, utpote passum et impassibile, mortuum et immortale, et cetera huiusmodi; necesse est quod secundum aliud et aliud divina et humana praedicentur de Christo. Sic igitur quantum ad id de quo utraque praedi-

distinto d'Ele. Nem o Filho de Deus assumiu o homem para ser distinto d'Ele, senão que sendo perfeito Deus, fez-se ao mesmo tempo homem perfeito, tomando carne da Virgem[221].

Igualmente. As coisas que são muitas em razão do suposito, são simplesmente muitas, e não são uma unidade a não ser de certo modo. Portanto, se em Cristo há dois supósitos, segue-se que são simplesmente dois, e não de certo modo. E isto é *aniquilar Jesus*[222], porque cada coisa é enquanto é uma[223], e o que não é simplesmente uno, não é ente simplesmente.

Capítulo 39
O que a fé católica reconhece sobre a Encarnação de Cristo

É claro, portanto, pelo que foi dito[224], que se deve dizer, segundo a tradição da fé católica, que em Cristo há uma natureza divina completa e uma natureza humana completa, constituída de uma alma racional e de uma carne humana; e que estas duas naturezas estão unidas em Cristo não apenas por inabitação; nem de modo acidental assim como o homem se une a uma roupa, nem por uma só relação e propriedade pessoal, mas segundo uma única hipóstase e um único suposito. Apenas deste modo podem-se salvar aquelas coisas que nas Escrituras são transmitidas sobre a Encarnação. Uma vez que a Sagrada Escritura atribui indistintamente àquele homem o que é de Deus e a Deus o que é daquele homem, como fica claro pelo que foi dito, deve ser único e o mesmo aquele de quem ambas as coisas são ditas.

Mas, coisas opostas não podem ser ditas verdadeiramente do mesmo sujeito e sob o mesmo aspecto. Ora, como as coisas divinas e humanas que se dizem de Cristo são opostas, por exemplo, *ter padecido e ser impassível, ter morrido e ser imortal etc.*, é preciso que as coisas divinas e as coisas humanas sejam predicadas de Cristo de diferentes maneiras. Por-

---

[221] São Felix I, Papa entre 269-274, ML 5, 115A-B.
[222] 1 João 4,3.
[223] Aristóteles (384-322 a.C.), em Metafísica III, 2, 1003b, 26-32.
[224] Cf. cap. 27.

cantur, non est distinctio facienda, sed invenitur unitas. Quantum autem ad id secundum quod praedicantur, distinctio est facienda. Naturales autem proprietates praedicantur de unoquoque secundum eius naturam: sicut de hoc lapide ferri deorsum secundum naturam gravitatis. Cum igitur aliud et aliud sit secundum quod divina et humana praedicantur de Christo, necesse est dicere in Christo esse duas naturas inconfusas et impermixtas. Id autem de quo praedicantur proprietates naturales secundum naturam propriam ad genus substantiae pertinentem, est hypostasis et suppositum illius naturae. Quia igitur indistinctum est et unum id de quo humana et divina praedicantur circa Christum, necesse est dicere Christum esse unam hypostasim et unum suppositum humanae et divinae naturae. Sic enim vere et proprie de homine illo praedicabuntur divina, secundum hoc quod homo ille importat suppositum non solum humanae naturae, sed divinae: et e converso de verbo Dei praedicantur humana inquantum est suppositum humanae naturae.

Ex quo etiam patet quod, licet filius sit incarnatus, non tamen oportet neque patrem neque spiritum sanctum esse incarnatum: cum incarnatio non sit facta secundum unionem in natura, in qua tres personae divinae conveniunt, sed secundum hypostasim et suppositum, prout tres personae distinguuntur. Et sic, sicut in trinitate sunt plures personae subsistentes in una natura, ita in mysterio incarnationis est una persona subsistens in pluribus naturis.

Capitulum XL
Obiectiones contra fidem incarnationis

Sed contra hanc catholicae fidei sententiam, plures difficultates concurrunt, propter quas adversarii fidei incarnationem impugnant.

tanto, quanto ao sujeito *do qual* ambas as coisas são predicadas não se deve fazer distinção, pois nele se encontra a unidade. Mas, deve-se fazer distinção quanto ao modo segundo o qual ambas as coisas se predicam. Assim, as propriedades naturais se predicam de cada um segundo a sua natureza; por exemplo, de uma pedra se predica ser levada para baixo, segundo a natureza da gravidade. Uma vez que as coisas divinas e as humanas se predicam de Cristo segundo aspectos distintos, deve-se dizer que em Cristo há duas naturezas não confundidas nem misturadas. Aquilo de que se predicam as propriedades naturais segundo a própria natureza e que pertence ao gênero da substância é a hipóstase e o supósito daquela natureza. Portanto, porque é indistinto e uno aquilo do qual se predicam as coisas humanas e divinas em Cristo, deve-se dizer que Cristo é uma única hipóstase e um único supósito da natureza humana e da divina. E assim se predicarão verdadeira e propriamente daquele homem as coisas divinas, de modo que aquele homem se comporta como supósito não somente da natureza humana, mas da divina; e pelo contrário, coisas humanas se predicam do Verbo de Deus enquanto é supósito da natureza humana.

E isto evidencia, também, que, embora o Filho se tenha encarnado, entretanto, não necessariamente o Pai ou o Espírito Santo se encarnaram; uma vez que a Encarnação não se faz mediante uma união na natureza, na qual as três pessoas divinas convêm, mas segundo a hipóstase e o supósito, segundo o que as três pessoas divinas se distinguem. E assim como na Trindade são três as pessoas subsistentes em uma só natureza, assim, também, no mistério da Encarnação é uma só a pessoa subsistente em várias naturezas.

Capítulo 40
Objeções contrárias à fé na Encarnação

Contra essa sentença da fé católica concorrem muitas dificuldades, com as quais os adversários da fé impugnam a Encarnação[225].

---

[225] Cf. capítulo anterior.

Ostensum est enim in primo libro quod Deus neque corpus est, neque virtus in corpore. Si autem carnem assumpsit, sequitur quod vel sit mutatus in corpus, vel quod sit virtus in corpore, post incarnationem. Impossibile igitur videtur Deum fuisse incarnatum.

Item. Omne quod acquirit novam naturam, est substantiali mutationi subiectum: secundum hoc enim aliquid generatur, quod naturam aliquam acquirit. Si igitur hypostasis filii Dei fiat de novo subsistens in natura humana, videtur quod esset substantialiter mutata.

Adhuc. Nulla hypostasis alicuius naturae extenditur extra naturam illam: quin potius natura invenitur extra hypostasim, utpote multas hypostases sub se habens. Si igitur hypostasis filii Dei sit per incarnationem facta hypostasis humanae naturae, sequitur quod filius Dei non sit ubique post incarnationem: cum humana natura ubique non sit.

Amplius. Rei unius et eiusdem non est nisi unum quod quid est: hoc enim significat substantiam rei, quae unius una est. Sed natura cuiuslibet rei est quod quid est eius: natura enim rei est quam significat definitio. Impossibile est igitur, ut videtur, quod una hypostasis in duabus naturis subsistat.

Praeterea. In his quae sunt sine materia, non potest esse aliud quidditas rei et res, ut supra ostensum est. Et hoc praecipue est in Deo, qui est non solum sua quidditas, sed etiam suum esse. Sed humana natura non potest esse idem quod divina hypostasis. Ergo impossibile esse videtur quod divina hypostasis subsistat in humana natura.

Item. Natura est simplicior et formalior hypostasi quae in ea subsistit: nam per addi-

Com efeito, foi demonstrado[226] que Deus nem é um corpo, nem uma virtude corpórea. Ora, se assumiu a carne, segue-se que, depois da Encarnação, ou se mudou num corpo, ou que é uma virtude corpórea. Portanto, parece impossível que Deus se tivesse encarnado.

Igualmente. Tudo aquilo que adquire uma nova natureza está sujeito a uma mudança substancial; assim, algo é gerado quando adquire uma natureza. Logo, se a hipóstase do Filho de Deus se faz novamente subsistente na natureza humana, parece que foi substancialmente mudada.

Ainda. Nenhuma hipóstase de uma natureza se estende para fora daquela natureza, pois é antes a natureza que se encontra fora da hipóstase, uma vez que tem muitas hipóstases sob si. Portanto, se a hipóstase do Filho de Deus, pela Encarnação, se faz hipóstase da natureza humana, segue-se que o Filho de Deus não estará em todo o lugar, uma vez que a natureza humana não está em todo lugar.

Ademais. De uma única e mesma coisa não há senão uma única *quididade* (quod quid est[227]), pois essa expressão significa a substância da coisa que é única de cada coisa. Ora, a natureza de uma coisa é a sua *quididade*, pois *a natureza da coisa é o que significa a definição*[228]. Logo, parece impossível que uma única hipóstase subsista em duas naturezas.

Além disso. Naquelas coisas que existem sem matéria não podem ser distintas a quididade da coisa e a coisa, como se demonstrou[229]. E isto principalmente existe em Deus, que não somente é a sua quididade, mas também o seu ser[230]. Ora, a natureza humana não pode identificar-se com a hipóstase divina. Portanto, parece impossível que a hipóstase divina subsista na natureza humana.

Igualmente. A natureza é mais simples e mais formal do que a hipóstase que nela sub-

---

[226] Livro I, cap. 20.
[227] Esta expressão (quod quid est = quididade) significa aquilo que é uma coisa. Poderia ser traduzida tanto por essência como por o ser de uma coisa.
[228] Aristóteles (384-322 a.C.), em Física II, 1, 193a, 3a-b, 3.
[229] Livro I, cap. 21; Livro II, cap. 54.
[230] Livro I, cap. 22.

tionem alicuius materialis natura communis individuatur ad hanc hypostasim. Si igitur divina hypostasis subsistat in humana natura, videtur sequi quod humana natura sit simplicior et formalior quam divina hypostasis. Quod est omnino impossibile.

Adhuc. In his solum quae sunt ex materia et forma composita, differre invenitur singulare et quidditas eius: ex eo quod singulare est individuatum per materiam designatam, quae in quidditate et natura speciei non includitur; in signatione enim socratis includitur haec materia, non autem in ratione humanae naturae. Omnis igitur hypostasis in natura humana subsistens est constituta per materiam signatam. Quod de divina hypostasi dici non potest. Non est igitur possibile, ut videtur, quod hypostasis verbi Dei subsistat in humana natura.

Amplius. Anima et corpus in Christo non fuerunt minoris virtutis quam in aliis hominibus. Sed in aliis hominibus ex sua unione constituunt suppositum, hypostasim et personam. Igitur in Christo ex unione animae et corporis constituitur suppositum, hypostasis et persona. Non autem suppositum, hypostasis et persona Dei verbi, quae est aeterna. Igitur in Christo est aliud suppositum, hypostasis et persona, praeter suppositum, hypostasim et personam Dei verbi, ut videtur.

Praeterea. Sicut ex anima et corpore constituitur humana natura in communi, ita ex hac anima et ex hoc corpore constituitur hic homo, quod est hypostasis hominis. Sed in Christo fuit haec anima et hoc corpus. Igitur ex eorum unione constituta est hypostasis, ut videtur. Et sic idem quod prius.

Item. Hic homo qui est Christus, prout consideratur ex anima solum et carne consistens, est quaedam substantia. Non autem universalis. Ergo particularis. Ergo est hypostasis.

siste, porque pela adição de algo material a natureza comum se individualiza em tal hipóstase. Portanto, se a hipóstase divina subsiste na natureza humana, parece seguir-se que a natureza humana seja mais simples e formal que a hipóstase divina. E isto é totalmente impossível.

Ainda. Somente nas coisas que são compostas de matéria e forma, encontra-se a diferença entre o singular e a sua quididade, porque o singular é individualizado pela matéria determinada[231], que não se inclui na quididade e natureza da espécie; por exemplo, na individualização de Sócrates inclui-se esta matéria, mas não na razão de natureza humana. Portanto, toda hipóstase subsistente na natureza humana está constituída pela matéria determinada. E isto não se pode dizer da hipóstase divina. Logo, parece que não é possível que a hipóstase do Verbo de Deus subsista na natureza humana.

Ademais. A alma e o corpo de Cristo não tinham menor poder do que nos outros homens. Ora, nos outros homens constituem, pela sua união, o supósito, hipóstase e pessoa. Portanto, em Cristo pela união da alma e do corpo constitui-se o supósito, hipóstase e pessoa. Entretanto, não o supósito, hipóstase e pessoa do Verbo de Deus que é eterna. Logo, parece que em Cristo há um supósito, hipóstase e pessoa, distinto do supósito, hipóstase e pessoa do Verbo de Deus.

Além disso. Assim como a natureza humana, em comum, é constituída de alma e corpo, assim com *esta* alma e *este* corpo se constitui *este homem*, que é a hipóstase do homem. Ora, em Cristo existiu esta alma e este corpo. Portanto, parece que com a união deles se constituiu uma hipóstase. E assim, segue-se o mesmo que antes.

Igualmente. Este homem, que é Cristo, considerado composto somente de alma e carne, é uma substância. Mas, não universal. Logo, particular. Portanto, é uma hipóstase.

---

[231] *Materia signata* é a matéria determinada pela quantidade e constitui o princípio de individuação, pois permite dividir e separar. Cf. S. Tomás de Aquino (1225-1274), em Suma Teológica I, q. XXIX, 3, o. 4.

Adhuc. Si idem est suppositum humanae et divinae naturae in Christo, oportet quod de intellectu hominis qui est Christus, sit hypostasis divina. Non autem est de intellectu aliorum hominum. Homo igitur aequivoce de Christo dicetur et aliis. Et sic non erit eiusdem speciei nobiscum.

Amplius. In Christo tria inveniuntur, ut ex dictis patet: scilicet corpus, anima et divinitas. Anima autem, cum sit nobilior corpore, non est suppositum corporis, sed magis forma eius. Neque igitur id quod est divinum, est suppositum humanae naturae, sed magis formaliter se habet ad ipsam.

Praeterea. Omne quod advenit alicui post esse completum, advenit ei accidentaliter. Sed, cum verbum Dei sit ab aeterno, manifestum est quod caro assumpta advenit ei post esse completum. Igitur advenit ei accidentaliter.

Capitulum XLI
Quomodo oporteat intelligere incarnationem filii Dei

Ad horum igitur solutionem considerandam, Paulo altius inchoandum est.

Cum enim eutyches unionem Dei et hominis factam esse posuerit in natura; Nestorius autem nec in natura nec in persona; fides autem catholica hoc teneat, quod sit facta unio in persona, non in natura: necessarium videtur praecognoscere quid sit uniri in natura, et quid sit uniri in persona.

Natura igitur licet multis modis dicatur — nam et generatio viventium, et principium generationis et motus, et materia et forma natura dicuntur: item et aliquando natura dicitur quod quid est rei, continens ea quae ad speciei pertinent integritatem; sic enim dicimus naturam humanam communem esse omnibus

Ainda. Se o supósito da natureza humana e divina é o mesmo em Cristo, é necessário que no conceito de homem que é Cristo esteja a hipóstase divina. Mas, não está no conceito dos outros homens. Portanto, *homem* se dirá equivocadamente de Cristo e dos outros homens. E assim, não será de nossa mesma espécie.

Ademais. Encontram-se três coisas em Cristo, como consta do que foi dito[232]: a saber, o corpo, a alma e a divindade. Mas, a alma, como é mais nobre que o corpo, não é supósito do corpo, mas, antes, a sua forma. Portanto, nem aquilo que é divino, é supósito da natureza humano, mas, antes, se refere à mesma formalmente.

Além disso. Tudo o que advém a uma coisa completa em seu ser, advém-lhe acidentalmente. Ora, uma vez que o Verbo de Deus é eterno, é claro que a carne assumida lhe advém depois de estar completo em seu ser. Logo, advém-lhe acidentalmente.

Capítulo 41
Como se deve entender a Encarnação do Filho de Deus

Para considerar a solução dessas objeções, deve-se começar de algo mais elevado.

Com efeito, uma vez que Êutiques afirmou que a união de Deus e do homem se fez na natureza[233]; e que Nestório nem na natureza, nem na pessoa[234]; e que a fé católica mantém que a união se realizou na pessoa e não na natureza[235], é necessário conhecer antes o que é *unir-se na natureza*, e o que *é unir-se na pessoa*.

Embora *natureza* se diga de muitas maneiras, por exemplo, a geração dos vivos, e o princípio da geração e do movimento, a matéria e forma se dizem natureza. Igualmente, algumas vezes natureza se diz quididade da coisa (*quod quid est rei*), e contém o que pertence à integridade da espécie; assim, dizemos que

---

[232] Cf. capítulo anterior.
[233] Cf. cap. 35.
[234] Cf. cap. 34.
[235] Cf. cap. 39.

hominibus, et similiter in ceteris: — illa ergo uniuntur in natura ex quibus constituitur integritas speciei alicuius: sicut anima et corpus humanum uniuntur ad constituendum speciem animalis, et universaliter quaecumque sunt partes speciei.

Est autem impossibile quod alicui speciei in sua integritate iam constitutae aliquid extraneum uniatur in unitatem naturae, nisi species solvatur. Cum enim species sint sicut numeri, in quibus quaelibet unitas addita vel subtracta variat speciem si quid ad speciem iam perfectam addatur, necesse est iam aliam speciem esse: sicut si substantiae animatae tantum addatur sensibile, erit alia species; nam animal et planta diversae species sunt. — Contingit tamen id quod non est de integritate speciei, in aliquo individuo sub illa specie contento reperiri: sicut album et vestitum in socrate vel Platone, aut digitus sextus, vel aliquid huiusmodi. Unde nihil prohibet aliqua uniri in individuo quae non uniuntur in una integritate speciei: sicut humana natura et albedo et musica in socrate, et huiusmodi, quae dicuntur esse unum subiecto.

Et quia individuum in genere substantiae dicitur hypostasis, in substantiis autem rationalibus dicitur etiam persona, convenienter omnia huiusmodi dicuntur uniri secundum hypostasim, vel etiam secundum personam. Sic igitur patet quod nihil prohibet aliqua non unita esse secundum naturam, uniri autem secundum hypostasim vel personam.

Audientes autem haeretici in Christo unionem Dei et hominis esse factam, contrariis viis incesserunt ad hoc exponendum, praetermisso tramite veritatis. Aliqui enim hanc unionem aestimaverunt ad modum eorum quae uniuntur in unam naturam: sicut Arius et Apollinaris, ponentes quod verbum erat corpori Christi pro anima, sive pro mente; et sicut eutyches, qui posuit ante incarnationem

a natureza humana é comum a todos os homens e igualmente nos demais casos. Portanto, unem-se na natureza as coisas pelas quais se constitui a integridade de alguma espécie, como a alma e o corpo humano se unem para constituir a espécie de animal, e em geral todas as coisas que são partes da espécie.

É impossível que a uma espécie constituída em sua integridade se una a algo estranho, por união natural, sem que a espécie seja destruída. Como as espécies são como os números, nos quais qualquer unidade acrescentada ou subtraída modifica a espécie. Assim, se alguma coisa é acrescentada a uma espécie já perfeita, é necessário que outra espécie exista; por exemplo, se a uma substância animada acrescenta-se somente *sensível*, haverá outra espécie, uma vez que animal e planta são espécies diferentes. — Entretanto, acontece que o que não é da integridade da espécie se encontre em algum indivíduo compreendido naquela espécie; como a cor branca e o vestido em Sócrates ou Platão, ou também um sexto dedo, etc. Por isso, nada impede que em um indivíduo se unam algumas coisas que não são da integridade da espécie, como a natureza humana, a brancura e a música se unem em Sócrates, e coisas semelhantes que se dizem ser *unidas em razão do sujeito*.

E porque o indivíduo no gênero de substância se diz *hipóstase*, e nas substâncias racionais se diz também *pessoa*, pode-se dizer convenientemente que todas essas coisas se unem *segundo a hipóstase*, ou também *segundo a pessoa*. Portanto, fica claro assim que nada impede que algumas coisas que não são unidas segundo a natureza, sejam unidas segundo a hipóstase ou a pessoa.

Ouvindo, pois, os heréticos que se fez, em Cristo, a união de Deus e o homem, caminharam por vias contrárias para explicar esse fato, esquecendo-se da estrada da verdade. Alguns julgaram esta união à maneira daquelas coisas que se unem em uma única natureza; como Ario e Apolinário que afirmaram que o Verbo era para o corpo de Cristo como a alma ou como o espírito; e como Êutiques que afirmou

duas naturas Dei et hominis, post incarnationem vero unam. Sed eorum dictum omnino impossibilitatem continet. Manifestum est enim naturam verbi ab aeterno in sua integritate perfectissimam esse, nec omnino corrumpi aut mutari posse. Unde impossibile est aliquid extrinsecum a natura divina, utpote naturam humanam vel aliquam partem eius, in unitatem naturae ei advenire.

Alii vero, huius positionis impossibilitatem videntes, in viam contrariam diverterunt. Ea enim quae habenti aliquam naturam adveniunt nec tamen pertinent ad integritatem naturae illius, vel accidentia esse videntur, ut albedo et musica; vel accidentaliter se habere ad ipsum, sicut anulus, vestimentum, domus, et similia. Consideraverunt autem, quod, cum humana natura verbo Dei adveniat nec ad eius naturae integritatem pertineat, necesse est, ut putaverunt, quod humana natura accidentalem unionem haberet ad verbum. — Et quidem manifestum est quod non potest inesse verbo ut accidens: tum quia Deus non est susceptivum accidentis, ut supra probatum est; tum quia humana natura, cum sit de genere substantiae, nullius accidens esse potest. Unde reliquum videbatur quod humana natura adveniret verbo, non sicut accidens, sed sicut accidentaliter se habens ad ipsum.

Posuit igitur Nestorius quod humana natura Christi se habebat ad verbum sicut templum quoddam: ita quod secundum solam inhabitationem erat intelligenda unio verbi ad humanam naturam. Et quia templum seorsum habet suam individuationem ab eo qui inhabitat templum; individuatio autem conveniens humanae naturae est personalitas: reliquum erat quod alia esset personalitas humanae naturae, et alia verbi. Et sic verbum et ille homo erant duae personae.

Quod quidem inconveniens alii vitare volentes, circa humanam naturam talem dispositionem introduxerunt ut ei personalitas

duas naturezas a de Deus e do homem antes da Encarnação, mas uma única depois da Encarnação. Mas, as afirmações deles contêm total impossibilidade. É evidente que a natureza do Verbo é, desde toda eternidade, perfeitíssima em sua integridade e que não pode de modo algum se corromper ou se mudar. Por isso, é impossível que algo extrínseco à natureza divina, como a natureza humana ou alguma sua parte, lhe advenha em unidade de natureza.

Outros, entretanto, vendo a impossibilidade destas afirmações, procederam por via oposta. Aquelas coisas que advêm a quem tem uma natureza e não pertencem à integridade dessa natureza, ou são acidentes, como a brancura e a música; ou se referem acidentalmente a ele, como o anel, a roupa, a casa etc. Considerando, então, que, uma vez que a natureza humana advém ao Verbo de Deus e não pertence à integridade de sua natureza, julgaram que a natureza humana deveria ter uma união acidental com o Verbo. — E, com efeito, é claro que não pode estar no Verbo como acidente, seja porque Deus não é suscetível de acidente, como foi provado[236], seja porque a natureza humana, como é do gênero da substância, não pode ser acidente de nada. Por isso, parecia que restava à natureza humana advir ao Verbo, não como acidente, mas como se referindo acidentalmente ao Verbo.

Por isso, Nestório afirmou que a natureza humana de Cristo se referia ao Verbo como a um templo, de tal modo que a união do Verbo à natureza humana só devia ser entendida segundo a inabitação. E como o templo tem a sua individuação separadamente daquele que o habita, e a individuação conveniente à natureza humana é a personalidade, concluía que uma era a personalidade da natureza humana e outra a do Verbo. Assim, o Verbo e aquele homem eram duas pessoas.

Outros quiseram evitar esse inconveniente[237] e introduziram na natureza humana tal disposição de modo que a personalidade não

---

[236] Cf. Livro I, cap. 23.
[237] Cf. cap. 37.

proprie convenire non possit, dicentes animam et corpus, in quibus integritas humanae naturae consistit, a verbo sic esse assumpta ut corpori anima non esset unita ad aliquam substantiam constituendam: ne cogerentur dicere illam substantiam sic constitutam rationem personae habere. Unionem vero verbi ad animam et corpus posuerunt sicut ad ea quae accidentaliter se habent, puta induti ad indumentum, in hoc quodammodo Nestorium imitantes.

His igitur remotis per supra dicta, necessarium est ponere talem fuisse unionem verbi et hominis ut neque ex duabus una natura conflata sit; neque verbi ad humanam naturam talis fuerit unio sicut est alicuius substantiae, puta hominis, ad exteriora, quae accidentaliter se habent ad ipsum, ut domus et vestimentum; sed verbum in humana natura sicut in sibi propria facta per incarnationem, subsistere ponatur; ut et corpus illud vere sit corpus verbi Dei; et similiter anima; et verbum Dei vere sit homo.

Et quamvis haec unio perfecte ab homine non valeat explicari, tamen, secundum modum et facultatem nostram, conabimur aliquid dicere ad aedificationem fidei, ut circa hoc mysterium fides catholica ab infidelibus defendatur.

In omnibus autem rebus creatis nihil invenitur huic unioni tam simile sicut unio animae ad corpus: et maior esset similitudo, ut etiam Augustinus dicit, contra felicianum, si esset unus intellectus in omnibus hominibus, ut quidam posuerunt, secundum quos oporteret dicere quod intellectus praeexistens hoc modo de novo conceptui hominis uniatur ut ex utroque fiat una persona, sicut ponimus verbum praeexistens humanae naturae in personam unam uniri. Unde et propter hanc

lhe pudesse propriamente convir, dizendo que a alma e o corpo, que constituem a integridade da natureza humana, foram assumidos pelo Verbo de tal modo que a alma não se uniu ao corpo para constituírem uma substância; dessa maneira, não se obrigavam a dizer que aquela substância, assim constituída, tinha razão de pessoa. E afirmaram a união do Verbo com a alma e o corpo como a união de coisas que se referem acidentalmente, por exemplo, do homem vestido e as roupas. E nisto imitaram, de algum modo, Nestório.

Estas objeções já foram removidas[238]. Deve-se, pois, afirmar que a união do Verbo e do homem foi tal, que nem uma natureza foi feita pela fusão de duas; nem que a união do Verbo à natureza humana foi como a união de alguma substância, por exemplo, do homem com coisas exteriores que se referem acidentalmente a ele, como a casa e a roupa; mas, que se afirme que o Verbo subsiste na natureza humana que Ele se fez própria pela Encarnação. Assim, aquele corpo é verdadeiramente o corpo do Verbo de Deus; e igualmente o é a alma; e o Verbo de Deus é verdadeiramente homem.

Embora o homem não consiga explicar perfeitamente esta união, entretanto, segundo a nossa maneira e nossa capacidade, esforçar-nos-emos por dizer algo para a *edificação da fé*[239], a fim de que a Fé Católica deste mistério seja defendida dos infiéis.

Entre todas as coisas criadas, nada se encontra tão semelhante a esta união, como a união da alma e do corpo. E seria maior esta semelhança, como diz Santo Agostinho[240], se houvesse um só intelecto em todos os homens, como alguns afirmaram. Segundo estes, seria necessário dizer que o intelecto humano preexistente se uniria, por este novo modo, ao conceito de homem de tal modo que de ambos resultaria uma só pessoa, como nós afirmamos que o Verbo preexistente se une à natureza

---

[238] Cf. cap. 37 ss.
[239] Efésios 4,29.
[240] Santo Agostinho de Hipona (354-431), em Sobre a Trindade (15 livros), contra o ariano Feliciano, cap. 12, ML 42, 1166.

similitudinem utriusque unionis, Athanasius dicit, in symbolo quod, sicut anima rationalis et caro unus est homo, ita Deus et homo unus est Christus.

Sed cum anima rationalis uniatur corpori et sicut materiae et sicut instrumento, non potest esse similitudo quantum ad primum modum unionis: sic enim ex Deo et homine fieret una natura, cum materia et forma proprie naturam constituant speciei. Relinquitur ergo ut attendatur similitudo secundum quod anima unitur corpori ut instrumentum. Ad quod etiam dicta antiquorum doctorum concordant, qui humanam naturam in Christo organum quoddam divinitatis posuerunt, sicut et ponitur corpus organum animae.

Aliter enim est animae organum corpus et eius partes, et aliter exteriora instrumenta. Haec enim dolabra non est proprium instrumentum, sicut haec manus: per dolabram enim multi possunt operari, sed haec manus ad propriam operationem huius animae deputatur. Propter quod manus est organum unitum et proprium: dolabra autem instrumentum exterius et commune. Sic igitur et in unione Dei et hominis considerari potest. Omnes enim homines comparantur ad Deum ut quaedam instrumenta quibus operatur: ipse enim est qui operatur in nobis velle et perficere pro bona voluntate, secundum apostolum, philipp. 2,13. Sed alii homines comparantur ad Deum quasi instrumenta extrinseca et separata: moventur enim a Deo non ad operationes proprias sibi tantum, sed ad operationes communes omni rationali naturae, ut est intelligere veritatem, diligere bona, et operari iusta. Sed humana natura in Christo assumpta est ut instrumentaliter operetur ea quae sunt operationes propriae solius Dei, sicut est mundare peccata, illuminare mentes per gratiam,

humana em uma única pessoa. Por isso, e em razão dessa semelhança de ambas as uniões, Atanásio diz no Concílio que *assim como a alma racional e a carne são um único homem, assim Deus e o homem são um único Cristo*[241].

Uma vez que a alma racional une-se ao corpo como à matéria e ao instrumento, não pode haver semelhança quanto ao primeiro modo de união, pois assim da união de Deus e do homem resultaria uma só natureza, porque a matéria e a forma constituem propriamente a natureza específica. Resta, portanto, que se considere a semelhança segundo a qual a alma se une ao corpo como instrumento. Com isto concorda o que disseram os antigos Doutores afirmando que a natureza humana em Cristo é um *órgão da divindade*[242], assim como se afirma que o corpo é o órgão da alma.

O corpo e suas partes são órgãos da alma de maneira distinta dos instrumentos externos. Por exemplo, o machado não é um instrumento próprio, como a mão, pois, pelo machado podem muitos operar, mas a mão é destinada a uma operação própria desta alma. Por isso, a mão é órgão unido e próprio, e o machado é um instrumento externo e comum. Portanto, pode-se considerar assim a união de Deus e do homem. Todos os homens estão para Deus como alguns instrumentos pelos quais Ele opera: *É Ele que opera em nós o querer e o operar segundo o seu beneplácito*[243]. Mas, os outros homens estão para Deus como instrumentos extrínsecos e separados, pois são movidos por Deus não só para suas operações próprias, mas para operações comuns a toda natureza racional como é entender a verdade, amar o que é bom e operar o que é justo. Mas, a natureza humana foi assumida em Cristo para operar instrumentalmente as operações próprias somente de Deus, como é perdoar os pecados, iluminar as mentes pela graça, conduzir à perfeição da vida eterna.

---

[241] Santo Atanásio (295-373), em Símbolo pseudo-atanasiano "Quicumque". Cf. Denzinger-Hünermann (1819-1883), Compêndio dos símbolos, definições e declarações da fé e moral. Tradução de José Marino e Johan Konings. São Paulo: Paulinas, Loyola, 2007. 75-76, p. 40.
[242] São João Damasceno (675-749), em Sobre a Fé Ortodoxa III, caps. 15 e 19, MG 94, 1060A e 1080B.
[243] Filipenses 2,13.

et introducere in perfectionem vitae aeternae. Comparatur igitur humana natura Christi ad Deum sicut instrumentum proprium et coniunctum, ut manus ad animam.

Nec discrepat a rerum naturalium consuetudine quod aliquid sit naturaliter proprium instrumentum alicuius quod tamen non est forma ipsius. Nam lingua, prout est instrumentum locutionis, est proprium organum intellectus: qui tamen prout Philosophus probat, nullius partis corporis actus est. Similiter etiam invenitur aliquod instrumentum quod ad naturam speciei non pertinet, et tamen ex parte materiae competit huic individuo: ut sextus digitus vel aliquid huiusmodi. Nihil igitur prohibet hoc modo ponere unionem humanae naturae ad verbum quod humana natura sit quasi verbi instrumentum non separatum sed coniunctum, nec tamen humana natura ad naturam verbi pertinet, nec verbum est eius forma; pertinet tamen ad eius personam.

Praedicta tamen exempla non sic posita sunt ut omnimoda similitudo in his sit requirenda: intelligendum est enim verbum Dei multo sublimius et intimius humanae naturae potuisse uniri quam anima qualicumque proprio instrumento, praecipue cum toti humanae naturae mediante intellectu coniunctum dicatur. Et licet verbum Dei sua virtute penetret omnia, utpote omnia conservans et portans, creaturis tamen intellectualibus, quae proprie verbo perfrui possunt et eius participes esse, ex quadam similitudinis affinitate, et eminentius et ineffabilius potest uniri.

Portanto, a natureza humana de Cristo está para Deus como um instrumento próprio e unido, como a mão está para a alma.

Não está em desacordo com a ordem habitual das coisas naturais que alguma coisa seja naturalmente instrumento próprio de outra que, entretanto, não é sua forma. Assim, a língua, como instrumento da fala, é órgão próprio do intelecto, o qual como ensina o Filósofo[244] não é ato de nenhuma parte do corpo. Igualmente, encontra-se algum instrumento que não pertence à natureza da espécie, e que, contudo, convém a um indivíduo por causa da matéria, por exemplo, um sexto dedo, ou coisa parecida. Portanto, nada impede afirmar a união da natureza humana com o Verbo desse modo, assim a natureza humana é como instrumento do Verbo, não separado, mas unido, sem que por isso a natureza humana pertença à natureza do Verbo, e sem que o Verbo seja a forma da natureza humana. Embora, pertencendo ela à pessoa do Verbo.

Tais exemplos não foram afirmados de maneira que se deva buscar neles uma semelhança total. Pois, deve-se entender que o Verbo de Deus pôde se unir à natureza humana muito mais sublimemente e intimamente do que a alma a qualquer instrumento próprio, e principalmente quando se diz que está unido a toda natureza humana mediante o intelecto. Embora o Verbo de Deus penetre todas as coisas com o seu poder, conservando-as e sustentando-as, entretanto, pôde se unir mais eminentemente e inefavelmente às criaturas intelectuais, as quais podem fluir e participar propriamente do Verbo em razão de certa afinidade de semelhança.

Capitulum XLII
Quod assumptio humanae naturae maxime competebat verbo Dei

Ex quo etiam patet quod humanae naturae assumptio potissime competit personae verbi.

Capítulo 42
A assunção da natureza humana convinha, sobretudo, ao Verbo de Deus

Fica claro, pelo que foi dito, que a assunção da natureza humana convém, sobretudo, à pessoa do Verbo.

---

[244] Aristóteles (384-322 a.C.), em Sobre a Alma, 4, 429a, 24-27.

Com efeito, se a assunção da natureza humana está ordenada à salvação dos homens e a salvação última do homem é o aperfeiçoamento da parte intelectual pela contemplação da Verdade Primeira, foi necessário que a natureza humana fosse assumida pelo Verbo, o qual procede do Pai por emanação intelectual.

Por outro lado. Parece que existe uma afinidade, sobretudo, do Verbo com a natureza humana, pois o homem tem sua própria espécie enquanto é racional. Ora, o Verbo é afim à razão, por isso para os gregos *logus* significa *verbo e razão*[245]. Portanto, o Verbo se uniu convenientemente à natureza racional, pois pela afinidade mencionada, a divina Escritura atribui o nome de imagem ao Verbo e ao homem. O Apóstolo diz a respeito do Verbo: *Imagem invisível de Deus*[246], e o mesmo a respeito do homem: *O homem é imagem de Deus*[247].

O Verbo tem, também, uma razão de afinidade não só com a natureza racional, mas também universalmente com toda criatura. Uma vez que o Verbo contém as razões de todas as coisas criadas por Deus, assim como o homem artífice compreende, com a concepção de seu intelecto, as razões de todas as obras artificiais. Portanto, todas as criaturas nada mais são do que uma expressão e representação daquelas coisas que estão compreendidas na concepção do Verbo divino. É por isso que se diz que todas as coisas foram feitas pelo Verbo[248]. Logo, o Verbo se uniu convenientemente à criatura, isto é, à natureza humana.

Capítulo 43
A natureza humana assumida pelo Verbo não preexistiu a esta união, mas foi assumida na própria concepção

Ficou claro, pelo que foi dito[249], que o Verbo assumiu a natureza humana em unidade

---

[245] Santo Agostinho de Hipona (354-431), em Livro das Oitenta e Três Questões, q. 63, ML 40, 54.
[246] Colossenses 1,15.
[247] 1 Coríntios 11,7.
[248] João 1,3.
[249] Cf. cap. 39.

tis iam patet, oportuit humanam naturam non praeexistere antequam verbo uniretur.

Si enim praeexisteret, cum natura praeexistere non possit nisi in individuo, oportuisset esse aliquod individuum illius humanae naturae praeexistentis ante unionem. Individuum autem humanae naturae est hypostasis et persona. Erit igitur dicere quod humana natura assumenda a verbo in aliqua hypostasi vel persona praeextitisset. Si igitur natura illa assumpta fuisset manente priori hypostasi vel persona, remansissent post unionem duae hypostases vel personae, una verbi, et alia hominis. Et sic non esset facta unio in hypostasi vel persona. Quod est contra sententiam fidei. — Si vero hypostasis vel persona illa non remaneret in qua natura assumenda a verbo praeextitisset, hoc sine corruptione accidere non potuisset: nullum enim singulare desinit esse hoc quod est nisi per corruptionem. Sic igitur oportuisset illum hominem corrumpi qui unioni praeextitisset: et per consequens humanam naturam in eo existentem. Impossibile igitur fuit quod verbum assumeret in unitatem personae aliquem hominem praeexistentem.

Simul autem et derogaretur perfectioni incarnationis Dei verbi, si aliquid eorum quae naturalia sunt homini, ei deesset. Est autem naturale homini ut nascatur nativitate humana. Hoc autem Dei verbum non haberet si hominem praeexistentem assumpsisset: nam ille homo in sua nativitate purus homo extitisset, unde eius nativitas verbo non posset attribui, nec beata virgo mater verbi dici posset. Fides autem catholica per omnia sine peccato similem eum nobis in naturalibus confitetur, dicens filium Dei, secundum apostolum, factum ex muliere et natum, et virginem matrem Dei. Non igitur hoc decuit, ut praeexistentem hominem assumeret.

de pessoa, foi necessário, portanto, que a natureza humana não preexistisse à união com o Verbo.

Com efeito, se preexistisse, uma vez que a natureza não pode preexistir a não ser no indivíduo, seria necessário que existisse um indivíduo daquela natureza humana preexistente antes da união. Ora, o indivíduo da natureza humana é a hipóstase e pessoa. Portanto, seria necessário afirmar que a natureza humana, que havia de ser assumida pelo Verbo, teria preexistido em alguma hipóstase ou pessoa. Assim, se aquela natureza fosse assumida, permanecendo a hipóstase ou pessoa anterior, depois da união permaneceriam duas hipóstases ou pessoas, uma do Verbo e a outra do homem. E assim, a união não teria sido feita na hipóstase ou pessoa. E isto é contrário à sentença da fé. — Mas, se aquela hipóstase ou pessoa não permanecesse naquela natureza que existiu antes de ser assumida pelo Verbo, isto não poderia acontecer sem corrupção, porque nenhum singular deixa de existir a não ser por corrupção. Assim, teria sido necessário que aquele homem, que preexistia à união se corrompesse, e consequentemente a mesma natureza humana nele existente. Logo, foi impossível que o Verbo assumisse algum homem preexistente em unidade de pessoa.

Igualmente, rebaixaria a perfeição da encarnação do Verbo de Deus, se lhe faltasse alguma das coisas que são naturais ao homem. Ora, é natural ao homem nascer de um nascimento humano. Isto não teria o Verbo de Deus se assumisse um homem preexistente, pois aquele homem no seu nascimento estaria como um simples homem. Por isso, o seu nascimento não poderia ser atribuído ao Verbo, nem a bem-aventurada Virgem poderia chamar-se Mãe do Verbo. Ora, a Fé Católica confessa que nas coisas *naturais foi semelhante a nós em tudo, exceto no pecado*[250], dizendo que o Filho de Deus, segundo o Apóstolo, *foi feito de mulher*[251], e que nasceu e que a Virgem é Mãe

---

[250] Hebreus 4,15.
[251] Gálatas 4,4.

Hinc etiam apparet quod ab ipso conceptionis principio naturam humanam sibi univit. Quia sicut humanatio Dei verbi requirit quod verbum Dei sit natum nativitate humana, ad hoc quod sit verus homo et naturalis per omnia in naturalibus nobis conformis, ita requirit quod Dei verbum sit conceptum conceptione humana: non enim secundum naturae ordinem homo nascitur nisi prius concipiatur. Si autem natura humana assumenda prius in qualicumque statu concepta fuisset quam verbo uniretur, illa conceptio verbo Dei attribui non posset, ut diceretur conceptum conceptione humana. Oportuit igitur quod ab ipso conceptionis principio verbum Dei humanae naturae uniretur.

Rursus. In generatione humana virtus activa agit ad complementum humanae naturae in aliquo determinato individuo. Si autem verbum Dei non a principio conceptionis humanam naturam assumpsisset, virtus activa in generatione, ante unionem, suam actionem ordinasset ad aliquod individuum humanae naturae, quod est hypostasis vel persona humana; post unionem autem, oportuisset ordinari totam generationem ad aliam hypostasim vel personam, scilicet Dei verbum, quod nasceretur in humana natura. Sic igitur non fuisset una numero generatio: utpote ad duas personas ordinata. Nec fuisset uniformis secundum totum: quod a naturae ordine videtur alienum. Non igitur fuit conveniens quod verbum Dei post conceptionem humanam naturam assumeret, sed in ipsa conceptione.

Item. Hoc videtur generationis humanae ordo requirere, ut qui concipitur ipse idem nascatur, et non alius: cum conceptio ad nativitatem ordinetur. Unde, si filius Dei natus est nativitate humana, oportet etiam quod filius Dei sit conceptione humana conceptus, et non purus homo.

de Deus. Portanto, por isso não era conveniente que assumisse um homem preexistente.

Depois disso fica claro que, desde o princípio mesmo da concepção, Ele uniu a si a natureza humana. Porque, assim como a humanização do Verbo de Deus requer que o Verbo de Deus nasça de um nascimento humano, para que seja homem verdadeiro e natural, em tudo conforme a nós nas coisas naturais, assim requer que o Verbo de Deus seja concebido por uma concepção humana, uma vez que, segundo a ordem da natureza, nenhum homem nasce sem ter sido antes concebido. Ora, se a natureza que devia ser assumida fosse concebida em qualquer estado antes de unir-se ao Verbo, não se poderia atribuir aquela concepção ao Verbo de Deus e nem afirmá-lo concebido por uma concepção humana. Portanto, foi necessário que, desde o princípio mesmo da concepção, o Verbo de Deus se unisse à natureza humana.

Por outro lado. Na geração humana, a virtude ativa age num determinado indivíduo para completar a natureza humana. Se o Verbo de Deus não tivesse assumido a natureza humana desde o princípio da concepção, a virtude ativa na geração, *antes da união*, ordenaria sua ação para algum indivíduo da natureza humana, que é hipóstase ou pessoa humana; *depois da união,* entretanto, deveria ordenar toda geração para outra hipóstase ou pessoa, a saber, para o Verbo de Deus, que nasceria na natureza humana. Assim, não haveria uma única geração, porque ordenada para duas pessoas. Nem seria uniforme totalmente, o que parece ser contrário à ordem da natureza. Portanto, não foi conveniente que o Verbo de Deus assumisse a natureza humana, depois da concepção, mas pelo contrário, convinha que Ele a assumisse na mesma concepção.

Igualmente. A ordem da geração humana parece requerer que aquele que nasce seja idêntico ao que era concebido e não outro, uma vez que a concepção ordena-se para o nascimento. Portanto, se o Filho de Deus nasceu por um nascimento humano, foi necessário também que Ele, e não um simples

Capítulo 44
A natureza assumida pelo Verbo foi perfeita na mesma concepção, quanto à alma e quanto ao corpo

Ficou claro, ademais, pelo que foi dito que a alma racional se uniu ao corpo no início mesmo da concepção.

Com efeito, o Verbo de Deus assumiu o corpo mediante a alma racional[252], porque o corpo do homem não é mais assumível por Deus que os outros corpos, a não ser em razão da alma racional. Por isso, o Verbo de Deus não assumiu o corpo sem a alma racional. E como o Verbo de Deus assumiu o corpo desde o início da concepção, foi necessário que a alma racional se unisse ao corpo no início mesmo de concepção.

Igualmente. Se se afirma o que é posterior na geração, é necessário que seja afirmado também o que é primeiro segundo a ordem da geração. Ora, o que é posterior na geração é o que é mais perfeito. Ora, o mais perfeito é o mesmo indivíduo gerado, que na geração humana é hipóstase ou pessoa, para cuja constituição se ordenam a alma e o corpo. Portanto, afirmada a personalidade do homem gerado, é necessário que existam o corpo e a alma racional. Assim, a personalidade do homem Cristo não é outra que a personalidade do Verbo de Deus. O Verbo de Deus, na mesma concepção, uniu a si o corpo humano. Portanto, existiu ali a personalidade daquele homem. Logo, deveria estar presente ali a alma racional.

Seria também inconveniente que o Verbo, que é fonte e origem de todas as perfeições e formas, se unisse a alguma coisa informe e carente de perfeição da natureza. Ora, tudo o que se faz corpóreo, antes de sua animação é informe e carente da perfeição da natureza. Portanto, não foi conveniente que o Verbo de Deus se unisse a um corpo ainda não animado. E assim, desde o início da concepção foi

---

homem, fosse concebido por uma concepção humana.

Capitulum XLIV
Quod natura assumpta a verbo in ipsa conceptione fuit perfecta quantum ad animam et corpus

Ulterius autem ex hoc manifestum est quod in ipso conceptionis principio anima rationalis corpori fuit unita.

Verbum enim Dei mediante anima rationali corpus assumpsit: corpus enim hominis non magis assumptibile est a Deo quam alia corpora nisi propter animam rationalem. Non igitur verbum Dei assumpsit corpus absque anima rationali. Cum igitur verbum Dei assumpserit corpus ab ipso conceptionis principio, oportuit quod in ipso conceptionis principio anima rationalis corpori uniretur.

Item. Posito eo quod est posterius in generatione, necesse est et id quod est prius secundum generationis ordinem, poni. Posterius autem in generatione est id quod est perfectissimum. Perfectissimum autem est ipsum individuum generatum, quod in generatione humana est hypostasis vel persona, ad cuius constitutionem ordinantur et anima et corpus. Posita igitur personalitate hominis generati, necesse est quidem existere et corpus et animam rationalem. Personalitas autem hominis Christi non est alia quam personalitas Dei verbi. Verbum autem Dei in ipsa conceptione univit sibi corpus humanum. Fuit ergo ibi personalitas illius hominis. Ergo oportuit quod et anima rationalis adesset.

Inconveniens etiam fuisset ut verbum, quod est fons et origo omnium perfectionum et formarum, alicui rei informi et nondum perfectionem naturae habenti uniretur. Quicquid autem fit corporeum, ante animationem est informe et nondum perfectionem naturae habens. Non igitur fuit conveniens ut verbum Dei uniretur corpori nondum animato. Et sic a principio conceptionis oportuit animam illam

---

[252] Cf. cap. 41.

corpori uniri. Ex hoc etiam apparet quod corpus illud assumptum a principio conceptionis fuit formatum, si nihil informe Dei verbum assumere debuit.

Similiter autem anima requirit propriam materiam: sicut et quaelibet alia forma naturalis. Est autem propria materia animae corpus organizatum: est enim anima entelechia corporis organici physici potentia vitam habentis. Si igitur anima a principio conceptionis corpori fuit unita, ut ostensum est, necessarium fuit ut corpus a principio conceptionis organizatum et formatum esset. — Et etiam organizatio corporis ordine generationis praecedit animae rationalis introductionem. Unde, posito posteriori, necesse fuit et ponere prius.

Crementum autem quantitatis usque ad debitam mensuram, nihil prohibet sequi corporis animationem. Sic igitur circa conceptionem hominis assumpti sentiendum est, quod in ipso conceptionis principio fuit corpus organizatum et formatum, sed nondum habens debitam quantitatem.

Capitulum XLV
Quod Christum decuit nasci ex virgine

Per hoc autem patet quod necesse fuit hominem illum ex virgine matre nasci, absque naturali semine.

Semen enim viri requiritur in generatione humana tanquam principium activum, propter virtutem activam quae in ipso est. Sed virtus activa in generatione corporis Christi non potuit esse naturalis, secundum praedicta: quia virtus naturalis non subito perficit totam corporis formationem, sed ad hoc indiget tempore; corpus autem Christi in ipso principio suae conceptionis fuit formatum et organizatum, ut ostensum est. Relinquitur igitur quod generatio Christi humana fuit absque naturali semine.

necessário que aquela alma se unisse ao corpo. Fica claro, também, pelo que foi dito que aquele corpo assumido estava formado desde o início da concepção, e assim o Verbo não deveu assumir nada informe.

Igualmente, a alma, como também qualquer outra forma natural, requer uma matéria própria. Ora, a matéria própria da alma é o corpo organizado, pois a alma é a *entelequia do corpo fisicamente orgânico que tem a vida em potência*[253]. Portanto, se a alma esteve unida ao corpo desde o início da concepção, foi necessário que o corpo, desde o início da concepção fosse organizado e formado. — Ademais, a organização do corpo, na ordem da geração, precede a introdução da alma racional. Por isso, afirmado o que é posterior, deve-se afirmar o que é anterior.

Nada impede que o aumento da quantidade até a medida devida, seja posterior à animação do corpo. Portanto, deve-se considerar, a respeito da concepção do homem assumido, que no início mesmo da concepção o corpo era organizado e formado, embora não tendo ainda a quantidade devida.

Capítulo 45
Foi conveniente que Cristo nascesse de uma virgem

Fica claro pelo exposto que aquele homem nascesse de uma mãe virgem, sem sêmen natural.

O sêmen viril é exigido pela geração humana como princípio ativo, em razão da potência ativa que nele existe. Ora, a potência ativa na geração do corpo de Cristo não podia ser natural, pelo que foi dito, porque a potência natural não completa imediatamente a formação inteira do corpo, mas para isso necessita de tempo. O corpo de Cristo, entretanto, no início mesmo de sua concepção foi formado e organizado, demonstrou-se no capítulo anterior. Resta, pois, que a geração humana de Cristo se fez sem sêmen natural.

---

[253] Aristóteles (384-322 a.C.), em Sobre a Alma II, 1, 412a, 10, 27-28. Entelequia é traduzida ou por forma ou por inteligência, opõe-se à matéria inerte e significa energia que age eficazmente.

Item. Semen maris, in generatione animalis cuiuscumque, trahit ad se materiam quam mater ministrat, quasi virtus quae est in semine maris intendat sui ipsius complementum ut finem totius generationis; unde et, completa generatione, ipsum semen, immutatum et completum, est proles quae nascitur. Sed in generatione humana Christi fuit ultimus generationis terminus unio ad divinam personam, non autem aliqua persona seu hypostasis humana constituenda, ut ex dictis patet. Non igitur in hac generatione potuit esse activum principium semen viri, sed sola virtus divina: ut sicut semen viri, in generatione communi hominum, in suam subsistentiam trahit materiam a matre ministratam, ita eandem materiam, in generatione Christi, verbum Dei ad suam unionem assumpsit.

Similiter autem manifestum est quod conveniens erat ut in ipsa generatione humana verbi Dei, aliqua proprietas spiritualis generationis verbi reluceret. Verbum autem, secundum quod a dicente progreditur, sive interius conceptum sive exterius prolatum, corruptionem dicenti non affert, sed magis perfectionis plenitudo per verbum attenditur in dicente. Conveniens igitur fuit ut sic verbum Dei secundum humanam generationem conciperetur et nasceretur, ut matris integritas non corrumperetur. — Cum hoc etiam manifestum est quod verbum Dei, quo omnia constituta sunt, et quo omnia in sua integritate conservantur, sic nasci decuit ut per omnia matris integritatem servaret. Conveniens igitur fuit hanc generationem fuisse ex virgine.

Neque tamen hic generationis modus verae et naturali humanitati Christi derogat, licet aliter quam alii homines generatus sit. Manifestum est enim, cum virtus divina infinita sit, ut supra probatum est; et per eam omnes causae virtutem producendi effectum sortiantur:

Igualmente. O sêmen do macho, na geração de qualquer animal, atrai para si a matéria que a mãe subministra, como se a potência que está no sêmen do macho tendesse ao próprio acabamento como ao fim de toda geração. Por isso, também, terminada a geração, a prole que nasce é o mesmo sêmen transformado e acabado. Mas, na geração humana de Cristo, o último termo da geração foi a união com uma pessoa divina, e não a constituição de uma pessoa ou hipóstase humana[254]. Portanto, nesta geração o princípio ativo não pôde ser o sêmen viril, mas apenas a potência divina, de tal modo que assim como na geração comum dos homens o sêmen viril atrai para que subsista nele a matéria subministrada pela mãe, assim na geração de Cristo, o Verbo assumiu a mesma matéria para sua união.

É manifesto, também, que convinha na mesma geração humana do Verbo de Deus que resplandecesse alguma propriedade da geração espiritual. Ora, o verbo, isto é, a palavra, seja aquele concebido interiormente, seja aquele proferido exteriormente enquanto sai daquele que o diz, não ocasiona a corrupção de quem o diz, mas antes manifesta a plenitude de perfeição de quem o diz. Portanto, foi conveniente que o Verbo de Deus fosse concebido e nascesse, segundo a geração humana, para que não se corrompesse a integridade da mãe. — É evidente, também, que o Verbo de Deus, pelo qual foram constituídas todas as coisas e pelo qual todas as coisas se conservam na sua integridade, deveria nascer para que em tudo se conservasse a integridade da mãe. Portanto, foi conveniente que fosse uma virgem que o gerasse[255].

Entretanto, este modo de geração não invalida a verdadeira e natural humanidade de Cristo, embora tenha sido gerado diferentemente dos outros homens. Uma vez que a potência divina é infinita, como foi provado[256], e que por essa potência todas as causas têm

---

[254] Cf. capítulo anterior.
[255] S. Tomás de Aquino (1225-1274), em Compêndio de Teologia, cap. 221 (n. 452).
[256] Livro I, cap. 43 e Livro II, cap. 22.

quod quicumque effectus per quamcumque causam producitur, potest per Deum absque illius causae adminiculo produci eiusdem speciei et naturae. Sicut igitur virtus naturalis quae est in humano semine producit hominem verum, speciem et humanam naturam habentem; ita virtus divina, quae talem virtutem semini dedit, absque huius virtute potest effectus illius virtutis producere, constituendo verum hominem, speciem et naturam humanam habentem.

Si vero aliquis dicat quod, cum homo naturaliter generatus habeat corpus naturaliter constitutum ex semine maris et eo quod femina subministrat, quicquid sit illud, corpus Christi non fuit eiusdem naturae cum nostro, si non est ex maris semine generatum:- ad hoc manifesta responsio est, secundum Aristotelis positionem, dicentis quod semen maris non intrat materialiter in constitutionem concepti, sed est solum activum principium, materia vero corporis tota ministratur a matre. Et sic, quantum ad materiam corpus Christi non differt a corpore nostro: nam etiam corpora nostra materialiter constituta sunt ex eo quod est sumptum ex matre.

Si vero aliquis praedictae positioni Aristotelis repugnet, adhuc praedicta obiectio efficaciam non habet. Similitudo enim aliquorum aut dissimilitudo in materia non attenditur secundum statum materiae in principio generationis, sed secundum conditionem materiae iam praeparatae, prout est in termino generationis. Non enim differt secundum materiam aer ex terra, vel ex aqua generatus: quia licet aqua et terra in principio generationis differentia sint, tamen per actionem generantis ad unam dispositionem reducuntur. Sic igitur divina virtute materia quae solum ex muliere sumitur, potest reduci, in fine generationis, ad eandem dispositionem quam habet materia si sumatur simul ex mare et femina. Unde non erit aliqua dissimilitudo, propter diversitatem

também a potência de produzir um efeito[257], é manifesto que qualquer efeito que uma causa pode produzir, pode ser também produzido por Deus em sua mesma espécie e natureza sem ajuda daquela causa. Portanto, assim como a potência natural que existe no sêmen humano produz um homem verdadeiro que tem espécie e natureza humana, assim a potência divina que deu essa potência ao sêmen pode produzir sem ele os efeitos de tal potência, constituindo um verdadeiro homem que tem espécie e natureza humana.

Mas, se alguém disser que, como o homem gerado naturalmente tem um corpo natural constituído pelo sêmen masculino e pelo que subministra à mulher, seja ele o que foi, o corpo de Cristo não foi da mesma natureza do nosso, uma vez que não foi gerado pelo sêmen masculino. Para isso a afirmação de Aristóteles é clara[258]: ele diz que o sêmen masculino não entra materialmente na constituição do concebido, mas é apenas um princípio ativo, pois a matéria do corpo é subministrada totalmente pela mãe. E assim, o corpo de Cristo não difere do nosso corpo, quanto à matéria, pois os nossos corpos são constituídos materialmente do que foi assumido da mãe.

E se alguém negar a opinião citada de Aristóteles, ainda assim a objeção citada não terá eficácia. Ora, a semelhança ou dessemelhança de algumas coisas na matéria não se considera segundo o estado da matéria no início da geração, mas segundo a condição da matéria já preparada, enquanto está no termo da geração. Por exemplo, o ar que foi gerado da terra ou da água não difere segundo a matéria, porque, embora a água e a terra sejam diferentes no início da geração, entretanto, se reduzem a uma única disposição pela ação da causa geradora. Assim, a matéria que pela potência divina se toma somente da mulher, pode reduzir-se, no fim da geração, à mesma disposição que tem a matéria se se toma simultaneamente do homem e da mulher. Por

---

[257] Livro III, cap. 67.
[258] Aristóteles (384-322 a.C.), em Sobre a Geração dos Animais I, 20, 21, 729a, 9b, 8.

materiae, inter corpus Christi, quod divina virtute formatum est ex materia a sola matre assumpta, et corpora nostra, quae virtute naturae formantur ex materia, etiam si ab utroque parente assumantur.

Manifestum est enim quod plus differt a materia quae ex viro et muliere simul assumitur, limus terrae, de quo Deus primum hominem formavit quem utique constat fuisse verum hominem et nobis per omnia similem, quam materia sumpta solum ex femina, ex qua corpus Christi formatum est. Unde nativitas Christi ex virgine nihil derogat veritati humanitatis ipsius, nec similitudini eius ad nos. Licet enim virtus naturalis requirat determinatam materiam ad determinatum effectum ex ea producendum, virtus tamen divina, quae potest ex nihilo cuncta producere, in agendo ad materiam determinatam non coartatur.

Similiter etiam nec per hoc aliquid deperit dignitati matris Christi quod virgo concepit et peperit, quin vera et naturalis mater filii Dei dicatur. Virtute enim divina faciente, materiam naturalem ad generationem corporis Christi ministravit, quod solum ex parte matris requiritur: ea vero quae in aliis matribus ad corruptionem virginitatis faciunt, non ordinantur ad id quod matris est, sed solum ad id quod patris est, ut semen maris ad locum generationis perveniat.

isso, não haverá dessemelhança alguma, em razão da diversidade de matéria, entre o corpo de Cristo, que foi formado pela potência divina, com a matéria tomada unicamente da mãe, e nossos corpos que se formam da matéria pela potência da natureza, embora procedam de ambos os progenitores.

É certamente mais diferente da matéria tomada simultaneamente do homem e da mulher, *o limo da terra*, do qual Deus formou o primeiro homem[259], o qual certamente foi verdadeiro homem e semelhante em tudo a nós, que a matéria tomada unicamente da mulher, com a qual se formou o corpo de Cristo. Por isso, o nascimento de Cristo de uma virgem nada invalida nem da verdade de sua humanidade, nem da sua semelhança conosco. Embora a potência natural requeira determinada matéria para produzir por ela determinado efeito, entretanto, a potência divina, que pode tudo produzir do nada, não está limitada em seu agir a uma matéria determinada.

De modo semelhante, não desmerece em nada a dignidade da Mãe de Cristo, que virgem concebeu e gerou, no sentido de que possa chamar-se Mãe verdadeira e natural do Filho de Deus. Pois, a ação da potência divina subministrou a matéria natural para geração do corpo de Cristo, que se requeria somente da parte da mãe. Mas, aquelas coisas que nas outras mães contribuem para a corrupção da virgindade não se ordenam àquilo que é próprio da mãe, mas somente àquilo que é próprio do pai, para que o sêmen da mãe chegue ao lugar da geração.

Capitulum XLVI
Quod Christus natus est de spiritu sancto

Quamvis autem omnis divina operatio qua aliquid in creaturis agitur, sit toti trinitati communis, ut ex supra habitis ostensum est, formatio tamen corporis Christi, quae divina virtute perfecta est, convenienter spiritui sancto attribuitur, licet sit toti trinitati communis.

Capítulo 46
Cristo nasceu do Espírito Santo

Embora toda operação divina, pela qual algo é realizado nas criaturas, seja comum a toda Trindade, como foi demonstrado[260], entretanto, a formação do corpo de Cristo, realizada pela potência divina, atribui-se convenientemente ao Espírito Santo, embora seja comum a toda Trindade.

---

[259] Gênesis 2,7.
[260] Cf. cap. 21.

Hoc enim congruere videtur incarnationi verbi. Nam sicut verbum nostrum in mente conceptum invisibile est, exterius autem voce prolatum sensibile fit; ita verbum Dei secundum generationem aeternam in corde patris invisibiliter existit, per incarnationem autem nobis sensibile factum est. Unde verbi Dei incarnatio est sicut vocalis verbi nostri expressio. Expressio autem vocalis verbi nostri fit per spiritum nostrum, per quem vox verbi nostri formatur. Convenienter igitur et per spiritum filii Dei eius carnis formatio dicitur facta.

Convenit etiam hoc et generationi humanae. Virtus enim activa quae est in semine humano, ad se trahens materiam quae fluit a matre, per spiritum operatur: fundatur enim huiusmodi virtus in spiritu, propter cuius continentiam semen spumosum oportet esse et album. Verbum igitur Dei, sibi carnem assumens ex virgine, convenienter hoc per spiritum suum dicitur carnem assumendo formare.

Convenit etiam hoc ad insinuandam causam ad incarnationem verbi moventem. Quae quidem nulla alia esse potuit nisi immensus amor Dei ad hominem, cuius naturam sibi voluit in unitate personae copulare. In divinis autem spiritus sanctus est qui procedit ut amor, ut supra dictum est. Conveniens igitur fuit ut incarnationis opus spiritui sancto attribuatur.

Solet etiam in sacra Scriptura omnis gratia spiritui sancto attribui, quia quod gratis datur, ex amore donantis videtur esse collatum. Nulla autem maior est gratia homini collata quam quod Deo in persona uniretur. Convenienter igitur hoc opus spiritui sancto appropriatur.

Com efeito, isto parece estar em congruência com a encarnação do Verbo. Porque, assim como o nosso verbo (palavra) concebido em nosso espírito é invisível, torna-se sensível exteriormente proferido pela voz, assim o Verbo de Deus, existe invisivelmente no coração do Pai, segundo a geração eterna, tornou-se sensível para nós pela encarnação. Por isso, a encarnação do Verbo de Deus é como a expressão vocal do nosso verbo. Ora, a expressão vocal do nosso verbo se faz pelo nosso espírito, pelo qual se forma a voz do nosso verbo. Portanto, convenientemente se diz que a formação da carne do Filho de Deus se fez mediante o seu Espírito.

Isto convém, também, para a geração humana. Porque a potência ativa, que existe no sêmen humano que atrai para si a matéria que flui da mãe, opera pelo Espírito. Tal potência se funda no Espírito, e por isso o seu conteúdo, o sêmen, necessariamente é espumoso e branco[261]. Portanto, tendo o Verbo de Deus, assumido a carne da Virgem, era conveniente que a formação da sua carne fosse atribuída ao seu Espírito.

Isto convém, também, para insinuar a causa motora da Encarnação do Verbo. E esta não pôde ser outra senão o amor imenso de Deus para o homem, cuja natureza quis unir a si na unidade de pessoa. Ora, em Deus, é o Espírito Santo que procede como amor, como foi dito[262]. Portanto, foi conveniente que a obra da encarnação fosse atribuída ao Espírito Santo.

A Sagrada Escritura costuma, também, atribuir ao Espírito Santo toda graça, porque o que se dá gratuitamente é dado, com efeito, pelo amor do doador. Ora, nenhuma graça maior foi dada ao homem do que unir-se a Deus em pessoa. Logo, esta obra é convenientemente apropriada ao Espírito Santo.

---

[261] Aristóteles (384-322 a.C.), em II Sobre a Geração dos Animais 2, 735a, 30-31.
[262] Cf. cap. 19.

Capitulum XLVII
Quod Christus non fuit filius spiritus sancti secundum carnem

Quamvis autem Christus de spiritu sancto et virgine conceptus dicatur, non potest tamen dici spiritus sanctus pater Christi secundum generationem humanam, sicut virgo dicitur mater eius.

Spiritus enim sanctus non produxit humanam naturam in Christo ex sua substantia, sed sola sua virtute operatus est ad eius productionem. Non ergo potest dici spiritus sanctus pater Christi secundum humanam generationem. Esset etiam inductivum erroris si Christus spiritus sancti filius diceretur.

Manifestum est enim quod verbum Dei secundum hoc habet personam distinctam quod est filius Dei patris. Si igitur secundum humanam naturam spiritus sancti filius diceretur, daretur intelligi quod Christus esset duo filii: nam verbum Dei spiritus sancti filius esse non potest. Et sic, cum filiationis nomen ad personam pertineat, non ad naturam, sequeretur quod in Christo essent duae personae. Quod est a fide catholica alienum.

Inconveniens etiam esset ut auctoritas patris et nomen ad personam aliam transferretur. Quod contingit si spiritus sanctus pater Christi diceretur.

Capitulum XLVIII
Quod non sit dicendum Christum esse creaturam

Ulterius etiam manifestum est quod, quamvis humana natura a verbo assumpta sit aliqua creatura, non tamen potest simpliciter enuntiari Christum esse creaturam.

Creari enim est fieri quoddam. Cum autem fieri terminetur ad esse simpliciter, eius est fieri quod habet esse subsistens: et huiusmodi est individuum completum in genere substantiae, quod quidem in natura intellectuali dicitur persona aut etiam hypostasis. Formae vero et accidentia, et etiam partes, non dicuntur fieri nisi secundum quid, cum et esse non habeant in se subsistens, sed subsistant in alio: unde, cum aliquis fit albus, non dicitur fieri

Capítulo 47
Cristo não foi Filho do Espírito Santo segundo a carne

Embora se diga que Cristo foi concebido da Virgem pelo Espírito Santo, entretanto, não se pode dizer que o Espírito Santo é pai de Cristo, segundo a geração humana, como a Virgem se diz que é sua Mãe.

Com efeito, o Espírito Santo não produziu a natureza humana de Cristo de sua substância, mas, pela sua potência só, operou para sua produção. Portanto, não se pode dizer que o Espírito Santo é pai de Cristo segundo a geração humana. Se Cristo se dissesse filho do Espírito Santo, seria isso, também, ocasião de erro.

É claro que o Verbo de Deus tem uma pessoa distinta enquanto Filho de Deus Pai. Ora, se Ele, segundo a natureza humana, se dissesse Filho do Espírito Santo, se daria a entender que Cristo é duas vezes filho, uma vez que o Verbo de Deus não pode ser filho do Espírito Santo. Assim, como o nome de *filiação* pertence à pessoa e não à natureza resultaria que existiriam em Cristo duas pessoas. E isto é contrário à fé católica.

Não seria conveniente, também, que a autoridade e o nome do Pai se transferisse a outra pessoa. E isto aconteceria se o Espírito Santo se dissesse pai de Cristo.

Capítulo 48
Não se deve dizer que Cristo é uma criatura

É claro, além disso, que embora a natureza humana assumida pelo Verbo seja uma criatura, entretanto, não se pode dizer em sentido absoluto (*simpliciter*) que Cristo é criatura.

Com efeito, criar é um modo de *ser feito*. Ora, o *ser feito* termina em sentido absoluto no ser, isso é próprio de quem tem o ser subsistente. E este é o indivíduo completo no gênero de substância e que na natureza intelectual se denomina pessoa ou também hipóstase. Mas, as formas e acidentes, e também as partes não se dizem que são feitos a não ser em sentido relativo (*secundum quid*), uma vez que não têm um ser subsistente em si mesmo, mas

simpliciter, sed secundum quid. In Christo autem non est alia hypostasis vel persona nisi verbi Dei, quae est increata, ut ex praemissis manifestum est. Non igitur simpliciter potest enuntiari quod Christus sit creatura: licet cum additione possit hoc dici, ut dicatur creatura secundum quod homo, vel, secundum humanam naturam.

Licet autem de subiecto quod est individuum in genere substantiae, non simpliciter dicatur fieri quod est proprium eius propter accidentia vel partes, sed solum secundum quid; tamen simpliciter praedicantur de subiecto quaecumque consequuntur naturaliter ad accidentia vel ad partes secundum propriam rationem; dicitur enim simpliciter homo esse videns, quia hoc consequitur ad oculum; et Crispus, propter capillos; et visibilis, propter colorem. Sic igitur et ea quae consequuntur proprie ad humanam naturam, simpliciter possunt enuntiari de Christo: sicut quod est homo, quod est visibilis, quod ambulavit, et omnia huiusmodi. Quod autem est personae proprium, de Christo non enuntiatur ratione humanae naturae nisi cum aliqua additione, vel expressa vel subintellecta.

subsistem em algum outro. Por isso, quando alguém se faz branco, não se diz que se faça em sentido absoluto, mas em sentido relativo. Ora, em Cristo não há outra hipóstase ou pessoa a não ser do Verbo de Deus, que é não criada, como consta do que foi dito[263]. Portanto, não se pode afirmar em sentido absoluto que *Cristo seja criatura*, embora isto se possa dizer com um acréscimo: *enquanto homem* ou *segundo a natureza humana*.

Embora não se diga, em sentido absoluto, de um sujeito que é indivíduo no gênero de substância que *foi feito*, mas somente em sentido relativo, o que é próprio dele em razão de acidentes ou de partes, entretanto, predicam-se em sentido absoluto de tal sujeito aquelas coisas que se seguem naturalmente aos acidentes ou às partes segundo a razão própria deles, por exemplo, afirma-se em sentido absoluto que homem é *vidente* (*dotado-de-vista*), porque isso segue-se aos olhos; *crespo*, em razão dos cabelos, e *visível* em razão da cor. Portanto, de Cristo podem-se afirmar em sentido absoluto aquelas coisas que se seguem propriamente à natureza humana, por exemplo, que é *homem*, que é *visível*, que *andou*, etc. Ora, o que é próprio da pessoa, não se afirma de Cristo em razão da natureza humana a não ser por algum acréscimo, seja expresso ou seja subentendido.

Capitulum XLIX
Solutio rationum contra incarnationem superius positarum

His igitur habitis, ea quae contra incarnationis fidem supra opposita sunt, facile solvuntur.

Ostensum est enim incarnationem verbi non sic esse intelligendam quod verbum sit in carnem conversum, aut sit corpori unitum ut forma. Unde non est consequens ex hoc quod verbum est incarnatum, quod vere Deus sit

Capítulo 49
Solução das razões expostas acima contra a Encarnação

Tendo em conta o que foi dito, facilmente serão solucionadas as razões opostas contra a fé da Encarnação[264].

Com efeito, foi demonstrado que a Encarnação do Verbo não se deve entender como se o Verbo se tivesse convertido em carne[265], ou se tivesse unido ao corpo como forma[266]. Porque o Verbo se encarnou, não se segue que Deus

---

[263] Cf. cap. 38.
[264] Cf. cap. 40. Este capítulo elenca as principais razões contrárias à Encarnação do Verbo. Por isso, não se repetirão as notas em cada um dos parágrafos deste capítulo.
[265] Cf. cap. 31.
[266] Cf. cap. 32.

corpus vel virtus in corpore, ut prima ratio procedebat.

Similiter etiam non consequitur quod verbum sit substantialiter mutatum per hoc quod naturam humanam assumpsit. Nulla enim mutatio in ipso verbo Dei facta est, sed solum in humana natura quae est a verbo assumpta, secundum quam competit verbo et generatum esse temporaliter et natum, non autem secundum seipsum.

Quod etiam tertio proponitur, necessitatem non habet. Hypostasis enim non extenditur extra terminos illius naturae ex qua subsistentiam habet. Non autem verbum Dei subsistentiam habet ex natura humana, sed magis naturam humanam ad suam subsistentiam vel personalitatem trahit: non enim per illam, sed in illa subsistit. Unde nihil prohibet verbum Dei esse ubique, licet humana natura a verbo Dei assumpta ubique non sit.

Ex hoc etiam solvitur quartum. Cuiuslibet enim rei subsistentis oportet esse unam naturam tantum per quam simpliciter esse habeat. Et sic verbum Dei per solam naturam divinam simpliciter esse habet: non autem per humanam naturam, sed per eam habet quod sit hoc, scilicet quod sit homo.

Quintum etiam solvitur per hoc idem. Impossibile est enim quod natura per quam verbum subsistit, sit aliud quam ipsa persona verbi. Subsistit autem per naturam divinam: non autem per naturam humanam, sed eam ad suam subsistentiam trahit ut in ea subsistat, ut dictum est. Unde non oportet quod natura humana sit idem quod persona verbi.

Hinc etiam excluditur id quod sexto obiiciebatur. Hypostasis enim est minus simplex, vel re vel intellectu, quam natura per quam constituitur in esse: re quidem, cum hypostasis non est sua natura; intellectu autem solo in illis in quibus idem est hypostasis et natura. Hypostasis autem verbi non constituitur simpliciter per humanam naturam, ut per eam

seja verdadeiramente corpo ou potência corpórea, como a *primeira razão* argumentava.

Igualmente, porque o Verbo assumiu a natureza humana, não se segue que tenha mudado substancialmente. Com efeito, não se realizou mudança alguma no Verbo de Deus, mas somente na natureza humana que foi assumida pelo Verbo, segundo a qual competia ao Verbo não só ser gerado no tempo, mas também ter nascido, mas não segundo Ele mesmo.

O que é proposto pela *terceira razão* não importa necessidade. Com efeito a hipóstase não se estende além dos termos daquela natureza da qual tem a subsistência. Ora, o Verbo de Deus não tem a subsistência pela natureza humana, antes atrai a natureza humana para a sua própria subsistência ou personalidade, porque não subsiste por ela, mas nela. Portanto, nada impede que o Verbo de Deus esteja em todo lugar, embora a natureza humana assumida pelo Verbo de Deus não esteja em todo lugar.

Com isto se resolve, também, a *quarta razão*. Com efeito, é necessário que qualquer coisa subsistente possua somente uma única natureza pela qual tenha o ser em sentido absoluto. E assim, o Verbo de Deus tem o ser em sentido absoluto somente pela natureza divina e não pela natureza humana, mas por esta o Verbo tem o ser *algo*, a saber, o ser homem.

A *quinta razão* soluciona-se da mesma maneira. Com efeito, é impossível que a natureza pela qual o Verbo subsiste seja distinta de sua mesma pessoa. Ora, Ele subsiste pela natureza divina e não pela natureza humana que é atraída para sua subsistência para que nela subsista, como foi dito. Portanto, não é necessário que a natureza humana seja o mesmo que a pessoa do Verbo.

Com isso também se exclui a *sexta razão*. Com efeito, a hipóstase é menos simples, seja realmente, seja racionalmente, que a natureza pela qual é constituída no ser. Realmente, uma vez que a hipóstase não é a sua natureza; só racionalmente, naquelas coisas nas quais a hipóstase e a natureza se identificam. Ora, a hipóstase do Verbo não está constituída em

sit: sed per eam solum habet verbum quod sit homo. Non igitur oportet quod natura humana sit simplicior quam verbum inquantum est verbum: sed solum inquantum verbum est hic homo.

Ex quo etiam patet solutio ad id quod septimo obiicitur. Non enim oportet quod hypostasis Dei verbi simpliciter sit constituta per materiam signatam, sed solum inquantum est hic homo. Sic enim solum per humanam naturam constituitur, ut dictum est.

Quod autem anima et corpus in Christo ad personalitatem verbi trahuntur, non constituentia aliquam personam praeter personam verbi, non pertinet ad minorationem virtutis, ut octava ratio procedebat, sed ad dignitatem maiorem. Unumquodque enim melius esse habet cum suo digniori unitur, quam cum per se existit: sicut anima sensibilis nobilius esse habet in homine quam in aliis animalibus, in quibus est forma principalis, non tamen in homine.

Hinc etiam solvitur quod nono obiiciebatur. In Christo enim vere quidem fuit haec anima et hoc corpus: non tamen ex eis constituta est persona aliqua praeter personam Dei verbi, quia sunt ad personalitatem Dei verbi assumpta; sicut et corpus, cum est sine anima, propriam speciem habet, sed cum unitur animae, ab ea speciem sortitur.

Ex hoc etiam solvitur quod decimo proponebatur. Manifestum est enim quod hic homo qui est Christus, substantia quaedam est non universalis, sed particularis. Et hypostasis quaedam est, non tamen alia hypostasis quam hypostasis verbi: quia humana natura ab hypostasi verbi assumpta est ut verbum subsistat tam in humana natura quam in divina. Id autem quod in humana natura subsistit, est hic homo. Unde ipsum verbum supponitur cum dicitur hic homo.

Sed si quis eandem obiectionem ad humanam naturam transferat, dicens eam esse substantiam quandam non universalem sed

sentido absoluto pela natureza humana para que seja por ela, mas, por ela, o Verbo tem somente o ser homem. Portanto, é necessário que a natureza humana seja mais simples que o Verbo enquanto tal, mas somente enquanto Verbo é este homem.

A solução da *sétima razão* é clara pelo que foi dito. Com efeito, não é necessário em sentido absoluto que a hipóstase do Verbo de Deus seja constituída pela matéria determinada, mas somente enquanto é este homem. Somente assim, está constituída pela natureza humana, como foi dito.

Que a alma e o corpo em Cristo sejam atraídos para a personalidade do Verbo, sem constituírem alguma pessoa além da pessoa do Verbo, não diz respeito à diminuição da potência, como a *oitava razão* argumentava. Com efeito, o ser de alguma coisa é melhor quando se une a outro mais digno, que quando existe por si mesmo, por exemplo, a alma sensitiva tem um ser mais nobre no homem que nos outros animais, nos quais é a forma principal, o que não é, porém, no homem.

Com isso também se soluciona a *nona razão*. Com efeito, em Cristo houve verdadeiramente uma alma e um corpo, entretanto, não foi constituída com eles uma pessoa distinta da pessoa do Verbo de Deus, porque foram assumidos pela personalidade do Verbo de Deus; assim como o corpo, que quando está sem alma tem uma espécie própria, mas quando está unido à alma recebe a espécie da alma.

Com isso também se soluciona o que a *décima razão* propunha. Com efeito, é claro que esse homem que é Cristo, é uma substância não universal, mas particular. É uma hipóstase, mas não uma hipóstase distinta da hipóstase do Verbo, porque a natureza humana foi assumida pela hipóstase do Verbo para que ele subsistisse tanto na natureza humana como na divina. Ora, aquilo que subsiste na natureza humana é este homem. Portanto, quando se diz *este homem* se supõe o mesmo Verbo.

Se alguém transfere esta mesma objeção para a natureza humana, dizendo que ela é uma substância não universal, mas particular

particularem, et per consequens hypostasim:- manifeste decipitur. Nam humana natura etiam in socrate vel Platone non est hypostasis: sed id quod in ea subsistit, hypostasis est.

Quod autem substantia sit et particularis, non secundum illam significationem dicitur qua hypostasis est particularis substantia. Substantia enim, secundum Philosophum, dicitur dupliciter: scilicet pro supposito in genere substantiae, quod dicitur hypostasis; et de eo quod quid est, quod est natura rei. Sed neque partes alicuius substantiae sic dicuntur particulares substantiae quasi sint per se subsistentes, sed subsistunt in toto. Unde nec hypostases possunt dici: cum nulla earum sit substantia completa. Alias sequeretur quod in uno homine tot essent hypostases quot sunt partes.

Quod vero undecimo oppositum fuit, ex eo solvitur quod aequivocatio inducitur ex diversa forma significata per nomen, non autem ex diversitate suppositionis: non enim hoc nomen homo aequivoce sumitur ex eo quod quandoque supponit pro Platone, quandoque pro socrate. Hoc igitur nomen homo, et de Christo et de aliis hominibus dictum, semper eandem formam significat, scilicet naturam humanam. Unde univoce praedicatur de eis: sed suppositio tantum variatur, in hoc quod quidem secundum quod pro Christo sumitur, supponit hypostasim increatam; secundum vero quod pro aliis sumitur, supponit hypostasim creatam.

Neque etiam hypostasis verbi dicitur esse suppositum humanae naturae quasi subiiciatur ei ut formaliori, sicut duodecima ratio proponebat. Hoc enim esset necessarium si hypostasis verbi per naturam humanam simpliciter constitueretur in esse. Quod patet esse falsum: dicitur enim hypostasis verbi humanae naturae supponi prout eam ad suam subsistentiam trahit, sicut aliquid trahitur ad alterum nobilius cui unitur.

Non tamen sequitur quod humana natura accidentaliter verbo adveniat, ex hoc quod

e consequentemente uma hipóstase, engana-se evidentemente. Ora, a natureza humana em Sócrates ou em Platão não é hipóstase. Mas, o que nela subsiste é hipóstase.

Que seja *substância*, e também particular, não se diz segundo aquele sentido com que a hipóstase é substância particular. *Substância*, segundo o Filósofo tem dois significados: a saber, o de *supósito* no gênero da substância, que se diz hipóstase e o de *aquilo que é*, ou a *natureza da coisa*. Ora, nem as partes de alguma substância se chamam substâncias particulares como se fossem subsistentes por si mesmas, porque subsistem no todo. Por isso, não se podem dizer hipóstases, uma vez que nenhuma delas é uma substância completa. De outro modo, seguir-se-ia que em um único homem haveria tantas hipóstases quantas fossem as partes.

O que a *décima primeira razão* objetou resolve-se pelo fato de que induz a equívoco pela diversa forma significada pelo nome e não pela diversidade de suposição; assim, o termo *homem* não é equívoco porque às vezes se toma por Platão e às vezes por Sócrates. Portanto, o termo *homem*, dito de Cristo e de outros homens, significam sempre a mesma forma, a saber, a natureza humana. Por isso, predica-se deles univocamente, mas varia só a suposição, segundo o termo se aplica, se a Cristo, supõe uma hipóstase não criada; se aos outros homens, supõe uma hipóstase criada.

Nem a hipóstase do Verbo se diz ser supósito da natureza humana como se ela se submetesse a esta natureza de maneira mais formal, como a *décima segunda razão* propunha. Isto seria necessário se a hipóstase do Verbo fosse constituída no ser, em sentido absoluto, pela natureza humana. É evidente que isso é falso. Diz-se que a hipóstase do Verbo faz de supósito da natureza humana enquanto a atrai para a própria subsistência, assim como uma coisa é atraída por outra mais nobre à qual se une.

Nem se segue que a natureza humana advenha ao Verbo acidentalmente, pelo fato de

verbum ab aeterno praeextitit, sicut ultima ratio concludebat. Sic enim verbum humanam naturam assumpsit ut vere sit homo. Esse autem hominem est esse in genere substantiae. Quia igitur ex unione naturae humanae hypostasis verbi habet quod sit homo, non advenit ei accidentaliter: nam accidentia esse substantiale non conferunt.

que o Verbo preexistiu desde toda eternidade, com concluía *a última razão*. Com efeito, o Verbo assumiu a natureza humana para verdadeiramente ser verdadeiro homem. Ora, ser homem é ser no gênero da substância. Portanto, se a hipóstase do Verbo de Deus tem o ser homem da união da natureza humana, isto não lhe adveio acidentalmente porque os acidentes não conferem um ser substancial.

Capitulum L
Quod peccatum originale traducatur a primo parente in posteros

Ostensum est igitur in praemissis non esse impossibile quod fides catholica de incarnatione filii Dei praedicat. Consequens autem est ostendere quod conveniens fuit filium Dei naturam assumpsisse humanam.

Huius autem convenientiae rationem apostolus assignare videtur ex peccato originali, quod in omnes pertransit: dicit enim Rom. 5,19: sicut per inobedientiam unius hominis peccatores constituti sunt multi, ita et per unius hominis obedientiam iusti constituentur multi. Sed quia pelagiani haeretici peccatum originale negaverunt, ostendendum est homines cum peccato originali nasci.

Et primo quidem assumendum est quod dicitur Gen. 2,15 tulit Dominus Deus hominem et posuit eum in Paradiso, praecepitque ei dicens: ex omni ligno Paradisi comede, de ligno autem scientiae boni et mali ne comedas: in quacumque autem die comederis ex eo, morte morieris. Sed quia Adam nec eo die quo comedit actu mortuus est, oportet sic intelligi quod dicitur, morte morieris: idest, necessitati mortis eris addictus. Quod quidem frustra diceretur si homo ex institutione suae naturae necessitatem moriendi haberet. Oportet igitur dicere quod mors, et necessitas moriendi, sit poena homini pro peccato inflicta. Poena

Capítulo 50
O pecado original transmite-se do primeiro pai à posteridade

Foi demonstrado no que precedeu[267], que não é impossível o que a fé católica ensina sobre a Encarnação do Filho de Deus. Deve-se demonstrar, em seguida, que foi conveniente ao Filho de Deus assumir a natureza humana[268].

Com efeito, a razão dessa conveniência, o Apóstolo parece atribuir ao pecado original que se transmite a todos, dizendo: *Assim como pela desobediência de um homem muitos foram constituídos pecadores, assim também, pela obediência de um homem muitos foram constituídos justos*[269]. Ora, porque os pelagianos heréticos negaram o pecado original, deve-se demonstrar que os homens nascem com o pecado original.

Em primeiro lugar, deve-se assumir o texto do Gênese: *Tomou o Senhor Deus o homem e o colocou no paraíso, ordenando-lhe: Podes comer o fruto de todas as árvores do paraíso, mas, da árvore da ciência do bem e do mal, não comerás o fruto, e no dia em que comeres, morrerás*[270]. Ora, porque Adão não morreu naquele dia em que comeu, deve-se entender assim o que se diz: *certamente morrerás*, a saber, *estarás necessariamente sujeito à morte*. O que, certamente, se diria em vão, se o homem devesse morrer necessariamente por instituição da natureza. Portanto, deve-se dizer que a morte e a necessidade de morrer são uma pena

---

[267] Cf. caps. 28-49.
[268] Cf. cap. 27.
[269] Romanos 5,19.
[270] Gênese 2,15-17.

autem non infligitur iuste nisi pro culpa. In quibuscumque igitur invenitur haec poena, necesse est ut in eis inveniatur aliqua culpa. Sed in omni homine invenitur haec poena, etiam a principio suae nativitatis: ex tunc enim nascitur necessitati mortis addictus; unde et aliqui mox post nativitatem moriuntur, de utero translati ad tumulum. Ergo in eis est aliquod peccatum. Sed non peccatum actuale: quia non habent pueri usum liberi arbitrii, sine quo nihil imputatur homini ad peccatum, ut ex his quae dicta sunt in tertio libro apparet. Necesse est igitur dicere quod in eis sit peccatum per originem traductum.

Hoc etiam expresse apparet ex verbis apostoli Rom. 5,12: sicut per unum hominem in hunc mundum peccatum intravit, et per peccatum mors, ita et in omnes homines mors pertransiit, in quo omnes peccaverunt. Non potest autem dici quod per unum hominem in mundum peccatum intraverit per modum imitationis. Quia sic peccatum non pervenisset nisi ad eos qui peccando primum hominem imitantur: et, cum mors per peccatum in mundum intraverit, non perveniret mors nisi ad eos qui peccant in similitudinem primi hominis peccantis. Sed ad hoc excludendum, apostolus subdit quod regnavit mors ab Adam usque ad Moysen etiam in eos qui non peccaverunt in similitudinem praevaricationis Adae. Non ergo intellexit apostolus quod per unum hominem peccatum in mundum intraverit per modum imitationis, sed per modum originis.

Praeterea. Si secundum imitationem apostolus loqueretur de introitu peccati in mundum, potius dixisset per diabolum peccatum intrasse in mundum quam per unum hominem: sicut etiam expresse dicitur Sap. 2,24 invidia diaboli mors introivit in orbem terrarum: imitantur autem illum qui sunt ex parte illius.

infligida ao homem pelo pecado. Ora, uma pena não se inflige justamente a não ser por uma culpa. Logo, naqueles em que se encontra esta pena, necessariamente se encontrará alguma culpa. Mas, em todo homem encontra-se esta pena, e isto desde o início de seu nascimento, uma vez que desde então, o homem nasce necessariamente sujeito à morte. Por isso, alguns morrem logo após o nascimento *passando do útero ao túmulo*[271]. Portanto, nestes há algum pecado. Mas não um pecado atual, porque as crianças não têm o uso do livre-arbítrio, sem o que nada é imputado ao homem como pecado, como está claro no Livro anterior[272]. Deve-se dizer, pois, que o pecado está neles transmitido por origem.

Isto aparece de maneira expressa nas palavras do Apóstolo: *Como o pecado entrou no mundo por um só homem e pelo pecado, a morte, assim também a morte foi transmitida a todos os homens, porque todos pecaram*[273]. Não se pode dizer que por um homem entrou o pecado neste mundo a modo de imitação. Porque assim, o pecado não alcançaria senão aqueles que, pecando, imitam o primeiro homem e, uma vez que a morte entrou no mundo pelo pecado, a morte não alcançaria senão aqueles que pecam à imitação do primeiro homem pecador. Mas, para excluir isso, o Apóstolo acrescenta: *A morte reinou desde Adão até Moisés, também naqueles que não pecaram na semelhança da transgressão de Adão*[274]. Portanto, o Apóstolo não entendeu que por um homem entrou o pecado no mundo a modo de imitação, mas a modo de origem.

Além disso. Se o Apóstolo falasse da entrada do pecado no mundo, a modo de imitação, antes diria que o pecado entrou no mundo não pelo homem, mas pelo diabo, como expressamente diz a Sabedoria: *Pela inveja do diabo a morte entrou na terra, e o imitam os que estão do seu lado*[275].

---

[271] Jó 10,19.
[272] Santo Tomás refere-se aqui a uma passagem cancelada por ele na edição definitiva.
[273] Romanos 5,12.
[274] Romanos 5,14.
[275] Sabedoria 2,24-25.

Adhuc. In Psalmo David dicit: ecce, in iniquitatibus conceptus sum, et in peccatis concepit me mater mea. Quod non potest intelligi de peccato actuali: cum David ex legitimo matrimonio conceptus et natus dicatur. Oportet igitur ut hoc ad peccatum originale referatur.

Amplius. Iob 14,4 dicitur: quis potest facere mundum de immundo conceptum semine? nonne tu qui solus es? ex quo manifeste accipi potest quod ex immunditia humani seminis aliqua immunditia ad hominem ex semine conceptum perveniat. Quod oportet intelligi de immunditia peccati, pro qua sola homo in iudicium deducitur: praemittitur enim: 3 et dignum ducis super huiuscemodi aperire oculos tuos, et adducere eum tecum in iudicium? sic igitur aliquod peccatum est quod homo contrahit ab ipsa sui origine, quod originale dicitur.

Item. Baptismus et alia sacramenta ecclesiae sunt quaedam remedia contra peccatum, ut infra patebit. Exhibetur autem baptismus, secundum communem ecclesiae consuetudinem, pueris recenter natis. Frustra igitur exhiberetur nisi in eis esset aliquod peccatum. Non est autem in eis peccatum actuale: quia carent usu liberi arbitrii, sine quo nullus actus homini in culpam imputatur. Oportet igitur dicere in eis esse peccatum per originem traductum: cum in operibus Dei et ecclesiae nihil sit vanum et frustra.

Si autem dicatur quod baptismus infantibus datur, non ut a peccato mundentur, sed ut ad regnum Dei perveniant, quo perveniri non potest sine baptismo, cum Dominus dicat, Ioan. 3,5, nisi quis renatus fuerit ex aqua et spiritu sancto, non potest introire in regnum Dei:- hoc vanum est.

Ainda. Davi diz no salmo: *Eu fui concebido na iniquidade e minha mãe me concebeu no pecado*[276]. Palavras que não podem ser entendidas do pecado atual, uma vez que consta que Davi foi concebido e nasceu de um matrimônio legítimo. É necessário, portanto, que isto se refira ao pecado original.

Ademais. Jó diz: *Quem pode fazer puro o concebido do sêmen impuro? Não és tu somente quem o pode fazer?*[277]. Destas palavras, se pode claramente entender que há uma impureza da semente humana, a qual se transmite ao homem concebido por essa semente. É necessário que isso se entenda da impureza do pecado pela qual somente o homem é levado a juízo, como diz o texto anterior: *E a um tal perseguis com os olhos abertos e o citais no tribunal?*[278]. Assim, portanto, há um pecado que o homem contrai desde a sua origem, que se chama original.

Igualmente. O batismo e outros sacramentos da Igreja são alguns remédios contra o pecado, como ficará claro adiante[279]. Ora, o batismo, segundo o costume comum da Igreja, se confere às crianças recém-nascidas. Portanto, em vão se conferiria a não ser que houvesse nelas algum pecado. Nelas não há pecado atual, porque carecem do uso do livre-arbítrio, sem o qual nenhum ato do homem lhe é imputado como culpa. Deve-se afirmar, pois, que nelas há o pecado transmitido por origem, uma vez que nas obras de Deus e da Igreja nada há vão ou inútil[280].

Se alguém disser que o batismo é dado às crianças não para que se limpem do pecado, mas para que entrem no Reino de Deus, ao qual não podem chegar sem o batismo, quando diz o Senhor: *Se alguém não renascer da água e do Espírito Santo não entrará no reino de Deus*[281], — então as palavras do Senhor seriam vãs.

---

[276] Salmo 50,7.
[277] Jó 14,4.
[278] Jó 14,3.
[279] Cf. cap. 56.
[280] Aristóteles (384-322 a.C.), em Sobre a Alma III, 9, 432b, 21.
[281] João 3,5.

Nullus enim a regno Dei excluditur nisi propter aliquam culpam. Finis enim omnis rationalis creaturae est ut ad beatitudinem perveniat, quae esse non potest nisi in regno Dei. Quod quidem nihil est aliud quam ordinata societas eorum qui divina visione fruuntur, in qua vera beatitudo consistit, ut patet ex his quae in tertio sunt ostensa. Nihil autem a fine suo deficit nisi propter aliquod peccatum. Si igitur pueri nondum baptizati ad regnum Dei pervenire non possunt, oportet dicere esse in eis aliquod peccatum.

Sic igitur, secundum catholicae fidei traditionem, tenendum est homines nasci cum peccato originali.

Capitulum LI
Obiectiones contra peccatum originale

Sunt autem quaedam quae huic veritati adversari videntur.

Peccatum enim unius aliis non imputatur ad culpam: unde Ezech. 18,20 dicitur quod filius non portat iniquitatem patris. Et huius ratio est quia non laudamur neque vituperamur nisi ex his quae in nobis sunt. Haec autem sunt quae nostra voluntate committimus. Non igitur peccatum primi hominis toti humano generi imputatur.

Si vero quis dicat quod, uno peccante, omnes peccaverunt in ipso ut apostolus dicere videtur, et sic uni non imputatur peccatum alterius, sed suum peccatum:- hoc etiam, ut videtur, stare non potest. Quia illi qui ex Adam nati sunt, quando Adam peccavit, in eo nondum erant actu, sed virtute tantum, sicut in prima origine. Peccare autem, cum sit agere, non competit nisi existenti in actu. Non igitur in Adam omnes peccavimus.

Si autem ita dicatur nos in Adam peccasse quasi originaliter ab eo in nos peccatum proveniat simul cum natura:- hoc etiam impossi-

Ninguém é excluído do reino de Deus senão por alguma culpa. O fim de toda criatura racional é chegar à bem-aventurança, que somente está no reino de Deus. E este reino nada mais é do que a *sociedade ordenada dos que gozam da visão divina*, na qual consiste a verdadeira bem-aventurança, como está claro por aquilo que foi demonstrado no Livro III[282]. Ora, ninguém falha em conseguir o seu fim senão em razão de algum pecado. Portanto, se as crianças não batizadas não podem chegar ao reino de Deus é preciso afirmar que nelas há algum pecado.

Portanto, segundo a tradição da fé católica, deve-se manter que os homens nascem com o pecado original.

Capítulo 51
Objeções contra o pecado original

Há algumas objeções que parecem contrárias a esta verdade.

Com efeito, o pecado de um não é imputado a outros como culpa; por isso, Ezequiel diz: *O filho não leva sobre si a iniquidade do pai*[283]. E a razão disto é porque não somos louvados nem vituperados senão por aquilo que está em nós, e isto é o que realizamos com a nossa vontade. Portanto, o pecado do primeiro homem não é imputado a todo o gênero humano.

Se alguém disser que pecando um homem, *todos pecaram nele*[284], como parece dizer o Apóstolo, e assim não se imputa a um o pecado de outro, mas o seu pecado, isto também não se pode manter. Porque aqueles que nasceram de Adão, quando Adão pecou, ainda não existiam em ato em Adão, mas só virtualmente, como em sua primeira origem. Ora, uma vez que pecar é obrar, não cabe senão a quem existe em ato. Portanto, todos não pecamos em Adão.

Se se dissesse que nós pecamos em Adão como se o pecado procedesse originalmente dele ao mesmo tempo em que da nossa natu-

---

[282] Livro III, cap. 48 ss.
[283] Ezequiel 18,20.
[284] Romanos 5, 12.

bile videtur. Accidens enim, cum de subiecto ad subiectum non transeat, non potest traduci nisi subiectum traducatur. Subiectum autem peccati anima rationalis est, quae non traducitur in nos ex primo parente, sed a Deo singillatim creatur in unoquoque, ut in secundo ostensum est. Non igitur per originem peccatum ad nos ab Adam derivari potest.

Adhuc. Si peccatum a primo parente in alios derivatur quia ab eo originem trahunt, cum Christus a primo parente originem duxerit, videtur quod ipse etiam peccato originali subiectus fuerit. Quod est alienum a fide.

Praeterea. Quod consequitur aliquid secundum suam originem naturalem, est ei naturale. Quod autem est alicui naturale, non est peccatum in ipso: sicut in talpa non est peccatum quod visu caret. Non igitur per originem a primo homine peccatum ad alios potuit derivari.

Si autem dicatur quod peccatum a primo parente in posteros derivatur per originem, non inquantum est naturalis, sed inquantum est vitiata:- hoc etiam, ut videtur, stare non potest. Defectus enim in opere naturae non accidit nisi per defectum alicuius naturalis principii: sicut per corruptionem aliquam quae est in semine, causantur monstrosi partus animalium. Non est autem dare alicuius naturalis principii corruptionem in humano semine. Non videtur igitur quod aliquod peccatum ex vitiata origine derivetur in posteros a primo parente.

Item. Peccata quae proveniunt in operibus naturae per corruptionem alicuius principii, non fiunt semper vel frequenter, sed ut in paucioribus. Si igitur per vitiatam originem peccatum a primo parente in posteros derivetur, non derivabitur in omnes, sed in aliquos paucos.

Praeterea. Si per vitiatam originem aliquis defectus in prole proveniat, eiusdem generis oportet esse illum defectum cum vitio qui est in origine: quia effectus sunt conformes suis

reza, isso também parece impossível. Uma vez que o acidente não passa de sujeito a sujeito, não se pode transmitir a não ser que se transmita ao sujeito. Ora, o sujeito do pecado é a alma racional, a qual não nos é transmitida pelo primeiro pai, mas é criada por Deus individualmente em cada um, como foi demonstrado no Livro II[285]. Portanto, o pecado por origem não pode derivar-se de Adão para nós.

Ainda. Se o pecado se transmite do primeiro pai aos demais porque têm a origem por ele, uma vez que Cristo tem a origem dele, parece que seria sujeito, também, ao pecado original. O que é contrário à fé.

Além disso. O que acompanha alguma coisa pela sua origem natural, lhe é natural. Ora, o que é natural a alguém, neste não é pecado, por exemplo, não é pecado na topeira se carece de vista. Portanto, do primeiro homem não pôde ser transmitido aos demais o pecado original.

Se se diz que o pecado do primeiro pai é transmitido aos descendentes por origem, não enquanto ela é natural, mas enquanto é viciada. Isto também parece que não se pode manter. Porque em uma obra da natureza não acontece um defeito a não ser pelo defeito de algum princípio natural, por exemplo, é alguma corrupção que existe no sêmen a causa de partos monstruosos de animais. Ora, no sêmen humano não se dá a corrupção de algum princípio natural. Logo, não parece que, em razão de uma origem viciada, se tenha transmitido o pecado do primeiro pai aos descendentes.

Igualmente. Os pecados que nas obras da natureza provêm da corrupção de algum princípio, não acontecem sempre ou frequentemente, mas poucas vezes. Portanto, se o pecado se transmite aos excelentes por uma origem viciada, não se transmitirá a todos, mas a alguns poucos.

Além disso. Se alguma deficiência provém à prole por uma origem viciada, essa deficiência necessariamente será do mesmo gênero que a deficiência que está na origem, porque

---

[285] Livro II, cap. 86 ss.

causis. Origo autem, sive generatio humana, cum sit actus potentiae generativae, quae nullo modo participat rationem, non potest habere in se vitium quod pertineat ad genus culpae: quia in his solis actibus potest esse virtus vel vitium qui subduntur aliqualiter rationi; unde non imputatur homini ad culpam si propter vitiatam originem, nascatur leprosus vel caecus. Nullo igitur modo defectus culpabilis provenire potest a primo parente in posteros per vitiatam originem.

Adhuc. Naturae bonum per peccatum non tollitur: unde etiam in Daemonibus manent naturalia bona, ut dionysius dicit. Generatio autem est actus naturae. Non igitur per peccatum primi hominis vitiari potuit humanae generationis origo, ut sic peccatum primi hominis ad posteros derivaretur.

Amplius. Homo generat sibi similem secundum speciem. In his ergo quae non pertinent ad generationem speciei, non oportet filium assimilari parentibus. Peccatum autem non potest pertinere ad rationem speciei: quia peccatum non est eorum quae sunt secundum naturam, sed magis corruptio naturalis ordinis. Non igitur oportet quod ex primo homine peccante alii peccatores nascantur.

Praeterea. Filii magis similantur proximis parentibus quam remotis. Contingit autem quandoque quod proximi parentes sunt sine peccato, et in actu etiam generationis nullum peccatum committitur. Non igitur propter peccatum primi parentis peccatores omnes nascuntur.

Deinde, si peccatum a primo homine in alios derivatum est; maioris autem virtutis in agendo est bonum quam malum, ut supra ostensum est: multo magis satisfactio Adae, et iustitia eius, per eum ad alios transivit.

os efeitos correspondem às suas causas. Ora, a origem, ou geração humana, como é um ato da potência de gerar, a qual não participa de modo algum da razão, não pode ter em si o vício que pertença ao gênero de culpa, porque a virtude ou o vício somente podem existir naqueles atos que de algum modo estão sujeitos à razão. Por isso, não se atribui uma culpa ao homem se, por uma origem viciada, nasça leproso ou cego. Portanto, uma deficiência culpável não pode provir do primeiro pai à sua descendência por uma origem viciada.

Ainda. O bem da natureza não é tirado pelo pecado. Por isso, os bens naturais permanecem também nos demônios, como disse Dionísio[286]. Ora, a geração é ato da natureza. Portanto, o pecado do primeiro homem não pôde viciar a origem da geração humana de tal modo que o pecado do primeiro homem fosse transmitido aos descendentes.

Ademais. O homem gera o seu semelhante segundo a espécie. Portanto, naquelas coisas que não pertencem à geração da espécie, não é necessário que o filho se assemelhe aos progenitores. Ora, o pecado não pode pertencer à razão da espécie, porque o pecado não é próprio daquelas coisas que são segundo a espécie, mas antes é uma corrupção da ordem natural. Portanto, não é necessário que do primeiro homem pecador nasçam outros pecadores.

Além disso. Os filhos se assemelham mais aos parentes próximos do que aos remotos. Ora, acontece que, às vezes, os parentes próximos estão sem pecado e que no ato da geração não cometem pecado algum. Logo, nem todos nascem pecadores porque pecou o primeiro pai.

Ademais, uma vez que o bem tem o poder de obrar maior que o mal, como se demonstrou[287], se o pecado do primeiro homem se transmitiu a outros, muito mais se transmitiram a outros, a satisfação de Adão e a sua justiça.

---

[286] Dionísio Areopagita (séc. V-VI), em Os Nomes Divinos, cap. 4, 23, ML 3, 725B.
[287] Livro III, cap. 12.

Adhuc. Si peccatum primi hominis per originem propagatur in posteros, pari etiam ratione peccata aliorum parentum ad posteros deveniunt. Et sic semper posteriores essent magis onerati peccatis quam priores. Quod praecipue ex hoc sequi necesse est, si peccatum transit a parente in prolem, et satisfactio transire non potest.

Ainda. Se o pecado do primeiro homem se propaga por origem aos descendentes, por razão semelhante os pecados dos outros pais são transmitidos aos seus descendentes. E assim, as gerações posteriores serão mais pecadoras do que as gerações precedentes. Seguir-se-á disso necessariamente que se o pecado passa dos pais à prole, já a satisfação não poderá passar.

Capitulum LII
Solutio obiectionum positarum

Ad horum igitur solutionem, praemittendum est quod peccati originalis in humano genere probabiliter quaedam signa apparent.

Cum enim Deus humanorum actuum sic curam gerat ut bonis operibus praemium et malis poenam retribuat, ut in superioribus est ostensum, ex ipsa poena possumus certificari de culpa. Patitur autem communiter humanum genus diversas poenas, et corporales et spirituales. Inter corporales potissima est mors, ad quam omnes aliae ordinantur: scilicet fames, sitis, et alia huiusmodi. Inter spirituales autem est potissima debilitas rationis, ex qua contingit quod homo difficulter pervenit ad veri cognitionem, et de facili labitur in errorem; et appetitus bestiales omnino superare non potest, sed multoties obnubilatur ab eis.

Posset tamen aliquis dicere huiusmodi defectus, tam corporales quam spirituales, non esse poenales, sed naturales defectus ex necessitate materiae consequentes. Necesse est enim corpus humanum, cum sit ex contrariis compositum, corruptibile esse; et sensibilem appetitum in ea quae sunt secundum sensum delectabilia moveri, quae interdum sunt contraria rationi; et cum intellectus possibilis sit in potentia ad omnia intelligibilia, nullum eorum habens in actu, sed ex sensibus natus ea acquirere, difficulter ad scientiam veritatis pertingere, et de facili propter phantasmata a vero deviare.

Capítulo 52
Solução das objeções propostas

Para a solução dessas objeções, deve-se antecipar que no gênero humano aparecem provavelmente alguns sinais do pecado original.

Com efeito, uma vez que Deus cuida dos atos humanos de tal modo que retribui as boas obras com prêmio e as más obras com pena, como foi demonstrado[288], pela mesma pena podemos certificar-nos da culpa. Ora, o gênero humano padece, em comum, diversas penas, corporais e espirituais. Entre as corporais, a maior é a morte, à qual se ordenam todas as demais, por exemplo, a fome, a sede etc. Entre as espirituais, a maior é a fraqueza da razão, pela qual acontece que o homem dificilmente atinge o conhecimento da verdade e facilmente cai em erro e não pode superar totalmente os apetites animais e muitas vezes é ofuscado por eles.

Alguém poderia dizer que tais deficiências, corporais ou espirituais, não são penas, mas naturais, consequências necessárias da matéria. Ora, o corpo humano, uma vez que é composto de elementos contrários, é necessariamente corruptível, e o apetite sensitivo se move para coisas agradáveis aos sentidos, as quais, às vezes, são contrárias à razão; e uma vez que o intelecto possível está em potência a todos os inteligíveis, os quais não os tem em ato, e como é feito para adquiri-los mediante os sentidos, dificilmente alcança o conhecimento da verdade e facilmente se desvia da verdade por causa das representações sensíveis [phantasmata].

[288] Livro III, cap. 140.

Sed tamen si quis recte consideret, satis probabiliter poterit aestimare, divina providentia supposita, quae singulis perfectionibus congrua perfectibilia coaptavit, quod Deus superiorem naturam inferiori ad hoc coniunxit ut ei dominaretur; et si quod huius dominii impedimentum ex defectu naturae contingeret, eius speciali et supernaturali beneficio tolleretur; ut scilicet, cum anima rationalis sit altioris naturae quam corpus, tali conditione credatur corpori esse coniuncta quod in corpore aliquid esse non possit contrarium animae, per quam corpus vivit; et similiter, si ratio in homine appetitui sensuali coniungitur et aliis sensitivis potentiis, quod ratio a sensitivis potentiis, non impediatur, sed magis eis dominetur.

Sic igitur, secundum doctrinam fidei, ponimus hominem a principio taliter esse institutum quod, quandiu ratio hominis Deo esset subiecta, et inferiores vires ei sine impedimento deservirent, et corpus ab eius subiectione impediri non posset per aliquod impedimentum corporale, Deo et sua gratia supplente quod ad hoc perficiendum natura minus habebat; ratione autem aversa a Deo, et inferiores vires a ratione repugnarent, et corpus vitae, quae est per animam, contrarias passiones susciperet.

Sic igitur huiusmodi defectus, quamvis naturales homini videantur, absolute considerando humanam naturam ex parte eius quod est in ea inferius, tamen, considerando divinam providentiam et dignitatem superioris partis humanae naturae, satis probabiliter probari potest huiusmodi defectus esse poenales. Et sic colligi potest humanum genus peccato aliquo originaliter esse infectum.

His igitur visis respondendum est ad ea quae in contrarium sunt obiecta.

Non enim est inconveniens quod, uno peccante, peccatum in omnes dicimus per originem esse propagatum, quamvis unusquisque ex proprio actu laudetur vel vituperetur: ut prima ratio procedebat. Aliter enim est in his quae sunt unius individui, et aliter

Se alguém, porém, considera retamente, suposta a providência divina que ajusta a cada perfeição os respectivos perfectíveis, muito provavelmente poderia julgar que Deus uniu a natureza superior à inferior para que a dominasse. E se acontecesse algo que impedisse esse domínio, causado por deficiência da natureza, seria isto removido por um dom especial e sobrenatural. Ora, como a alma racional tem uma natureza superior ao corpo, deve-se crer que ela se une ao corpo de tal maneira que nada possa haver no corpo contrário à alma, pela qual o corpo vive. Igualmente, deve-se crer que, se no homem a razão se une ao apetite sensitivo e às outras potências sensitivas, ela não será impedida pelas potências sensitivas, mas, antes, as dominará.

Por isso, segundo a doutrina da fé, afirmamos que o homem foi constituído desde o início de tal maneira que, enquanto a razão do homem fosse sujeita a Deus, e as potências inferiores o servissem sem impedimento e o corpo não fosse dificultado em sua sujeição por algum impedimento corpóreo, Deus e sua graça supriria aquilo que faltasse à natureza para sua realização. Mas, uma vez afastada a razão de Deus, as potências inferiores a recusariam e o corpo aceitaria as paixões contrárias à vida, que tem pela alma.

Por isso, tais deficiências, embora pareçam naturais ao homem, se se considera por si mesma a natureza humana da parte daquilo que nela é inferior, entretanto, se se considera a providência divina e a dignidade da parte superior da natureza humana, pode-se provar com muita probabilidade que tais deficiências são penais. E assim, pode-se concluir que o gênero humano foi contaminado, desde a origem, por algum pecado.

Vistas essas coisas, deve-se responder àquelas que foram apresentadas em contrário.

Não é inconveniente dizermos, que pelo pecado de um só, foi propagado o pecado a todos pelo nascimento, embora cada um seja louvado ou vituperado pelo seu ato, como procedia *a primeira razão*. Com efeito, é de uma maneira que ocorre aquilo que é de um

in his quae sunt totius naturae speciei: nam participatione speciei sunt plures homines velut unus homo, ut Porphyrius dicit. Peccatum igitur quod ad aliquod individuum sive personam hominis pertinet, alteri non imputatur ad culpam nisi peccanti: quia personaliter unus ab alio divisus est. Si quod autem peccatum est quod ipsam naturam speciei respiciat, non est inconveniens quod ex uno propagetur in alterum: sicut et natura speciei per unum aliis communicatur.

Cum autem peccatum malum quoddam sit rationalis naturae; malum autem est privatio boni: secundum illud bonum quod privatur, iudicandum est peccatum aliquod ad naturam communem, vel ad aliquam personam propriam pertinere. Peccata igitur actualia, quae communiter ab hominibus aguntur, adimunt aliquod bonum personae peccantis, puta gratiam et ordinem debitum partium animae: unde personalia sunt, nec, uno peccante, alteri imputatur. Primum autem peccatum primi hominis non solum peccantem destituit proprio et personali bono, scilicet gratia et debito ordine animae, sed etiam bono ad naturam communem pertinente. Ut enim supra dictum est, sic natura humana fuit instituta in sui primordio quod inferiores vires perfecte rationi subiicerentur, ratio Deo, et animae corpus, Deo per gratiam supplente id quod ad hoc deerat per naturam. Huiusmodi autem beneficium, quod a quibusdam originalis iustitia dicitur, sic primo homini collatum fuit ut ab eo simul cum natura humana propagaretur in posteros.

Ratione autem per peccatum primi hominis se subtrahente a subiectione divina, subsecutum est quod nec inferiores vires perfecte rationi subiiciantur, nec animae corpus: et hoc non tantum in primo peccante, sed idem defectus consequens pervenit ad posteros, ad quos etiam dicta originalis iustitia perventura erat.

só indivíduo, e de outra, aquilo que é de toda espécie de natureza, como diz Porfírio: *Pela participação na natureza, muitos homens são como um único homem*[289]. Portanto, o pecado que pertence a um só indivíduo ou pessoa humana não se imputa a outro como culpa a não ser a quem peca, porque pessoalmente um é distinto do outro. Mas, se é um pecado que diz respeito à natureza da espécie, não é inconveniente que de um se propague para outro, como também a natureza da espécie se comunica de um para outros.

Ora, como o pecado é um mal da natureza racional, e o mal é privação do bem; segundo aquele bem de que se priva deve-se julgar se aquele pecado pertence à natureza comum ou a uma só pessoa. Por isso, os pecados atuais, que os homens comumente cometem, tiram o bem da pessoa que peca; por exemplo, a graça e a devida ordem das partes da alma. São pessoais, e assim o pecado de um não se imputa a outro. Entretanto, o primeiro pecado do primeiro homem não só destituiu quem pecou do próprio bem e pessoal, a saber, da graça e da devida ordem da alma, mas também, do bem que pertence à natureza comum. Com efeito, como foi dito, a natureza humana foi instituída nos seus primórdios de modo que as potências inferiores se submetessem perfeitamente à razão, a razão a Deus, e o corpo à alma, suprindo nisso Deus, com a graça, o que faltava à natureza. Tal benefício, que alguns chamam *justiça original*[290], foi concedido ao primeiro homem para que dele se propagasse aos pósteros, juntamente com a natureza humana.

Quando a razão se subtraiu da sujeição de Deus, pelo pecado do primeiro homem, seguiu-se que nem as potências inferiores se sujeitaram perfeitamente à razão, nem o corpo à alma. E isto ocorreu não somente no primeiro pecador, mas, a mesma deficiência consequentemente adveio aos pósteros, aos quais deveria chegar, também, a referida justiça original.

---

[289] Porfírio (233-305 a.C.), em Isagoge, capítulo Sobre a Espécie, ML 64,111. E em Comentário das Categorias de Aristóteles.
[290] Santo Anselmo (1033-1109), em Sobre a Concepção virginal e o Pecado original, cap. 1, ML 158,434A.

Sic igitur peccatum primi hominis, a quo omnes alii secundum doctrinam fidei sunt derivati, et personale fuit, inquantum ipsum primum hominem proprio bono privavit; et naturale, inquantum abstulit sibi et suis posteris consequenter beneficium collatum toti humanae naturae.

Sic igitur huiusmodi defectus in aliis consequens ex primo parente, etiam in aliis rationem culpae habet, prout omnes homines computantur unus homo per participationem naturae communis. Sic enim invenitur voluntarium huiusmodi peccatum voluntate primi parentis quemadmodum et actio manus rationem culpae habet ex voluntate primi moventis, quod est ratio: ut sic aestimentur in peccato naturae diversi homines quasi naturae communis partes, sicut in peccato personali diversae unius hominis partes.

Secundum hoc igitur verum est dicere quod, uno peccante, omnes peccaverunt in ipso, ut apostolus dicit: secundum quod secunda ratio proponebat. Non quod essent actu in ipso alii homines, sed virtute, sicut in originali principio. Nec dicuntur peccasse in eo quasi aliquem actum exercentes: sed inquantum pertinent ad naturam ipsius, quae per peccatum corrupta est.

Nec tamen sequitur, si peccatum a primo parente propagatur in posteros, cum subiectum peccati sit anima rationalis, quod anima rationalis simul cum semine propagetur: secundum processum tertiae rationis. Hoc enim modo propagatur hoc peccatum naturae quod originale dicitur, sicut et ipsa natura speciei, quae, quamvis per animam rationalem perficiatur, non tamen propagatur cum semine, sed solum corpus ad susceptionem talis animae aptum natum, ut in secundo ostensum est.

Assim, portanto, o pecado do primeiro homem, de quem todos os outros procedem, segundo a doutrina da fé, foi um pecado ao mesmo tempo pessoal, enquanto privou o mesmo primeiro homem de um bem que lhe era próprio, e, também, um pecado natural, enquanto tirou de si e consequentemente dos seus pósteros o benefício concedido a toda natureza humana.

Assim, portanto, tais deficiências que pelo primeiro homem seguem nos demais, têm, também, razão de culpa nos outros, enquanto todos os homens são considerados um só homem em razão da participação da natureza comum. E assim, tal pecado é voluntário pela vontade do primeiro homem, como a ação da mão tem razão de culpa pela vontade do primeiro motor, que é a razão, de tal modo que, neste pecado de natureza, os diversos homens são considerados como partes da natureza comum, assim como as diversas partes de um só homem em relação com o pecado pessoal.

Segundo isto, portanto, é verdadeiro dizer que, pecando um, todos pecaram nele, como diz o Apóstolo, e propunha a *segunda razão*[291]. Não porque nele estivessem em ato todos os outros homens, mas sim virtualmente, como em seu princípio original. Nem se diz que nele pecaram como se realizassem algum ato, mas enquanto pertencem à natureza do mesmo que se corrompeu pelo pecado.

Entretanto, se o pecado se propaga do primeiro homem aos pósteros, uma vez que a alma racional é o sujeito do pecado, não se segue que a alma racional se propague juntamente com o sêmen, como procedia a *terceira razão*. Este pecado de natureza, que se diz original, se propaga da mesma maneira que a natureza da espécie, a qual, embora se torne perfeita pela alma racional, entretanto, não se propaga com o sêmen, mas o que se transmite é somente o corpo, um corpo apto naturalmente para receber tal alma, como se demonstrou no Livro II[292].

---

[291] Cf. cap. 51.
[292] Livro II, cap. 86.

Et licet Christus a primo parente secundum carnem descenderit, non tamen inquinationem originalis peccati incurrit, ut quarta ratio concludebat: quia materiam humani corporis solum a primo parente suscepit; virtus autem formativa corporis eius non fuit a primo parente derivata, sed fuit virtus spiritus sancti, ut supra ostensum est. Unde naturam humanam non ab Adam accepit sicut ab agente: licet eam de Adam susceperit sicut de materiali principio.

Considerandum est etiam quod praedicti defectus per naturalem originem traducuntur ex eo quod natura destituta est auxilio gratiae, quod ei fuerat in primo parente collatum ad posteros simul cum natura derivandum. Et quia haec destitutio ex voluntario peccato processit, defectus consequens suscipit culpae rationem. Sic igitur defectus huiusmodi et culpabiles sunt per comparationem ad primum principium, quod est peccatum Adae; et naturales sunt per comparationem ad naturam iam destitutam; unde et apostolus dicit, Ephes. 2,3: eramus natura filii irae. Et per hoc solvitur ratio quinta.

Patet igitur secundum praedicta quod vitium originis ex quo peccatum originale causatur, provenit ex defectu alicuius principii, scilicet gratuiti doni quod naturae humanae in sui institutione fuit collatum. Quod quidem donum quodammodo fuit naturale: non quasi ex principiis naturae causatum, sed quia sic fuit homini datum ut simul cum natura propagaretur. Obiectio autem sexta procedebat secundum quod naturale dicitur quod ex principiis naturae causatur.

Procedit etiam septima ratio, per modum eundem, de defectu principii naturalis quod pertinet ad naturam speciei: quod enim ex defectu huiusmodi naturalis principii provenit, accidit ut in paucioribus. Sed defectus

Embora Cristo descendesse do primeiro pai, segundo a carne, entretanto, não se incorreu na mancha do pecado original, como concluía a *quarta razão*, porque recebeu do primeiro pai somente a matéria corpórea. Ora, a potência formadora do seu corpo não procedeu do primeiro pai, mas foi obra do Espírito Santo, como foi demonstrado[293]. Por isso, não recebeu a natureza humana de Adão como de um agente, embora a recebesse de Adão como de um princípio material.

Deve-se considerar, também, que as deficiências referidas se transmitem por origem natural, porque a natureza foi destituída do auxílio da graça, que fora concedido ao primeiro homem para os seus pósteros para que fosse transmitido com a natureza. E porque esta destituição procedeu de um pecado voluntário, a deficiência consequente recebeu a razão de culpa. Portanto, tais deficiências são não somente culpáveis por comparação ao primeiro princípio, que é o pecado de Adão, mas também são naturais por comparação à natureza destituída; é assim que diz o Apóstolo: *Éramos por natureza filhos da ira*[294]. E assim, se resolve a *quinta razão*.

Fica claro, portanto, pelo que foi dito, que o vício de origem que produz o pecado original provém da deficiência de algum princípio, a saber, do dom gratuito que foi conferido à natureza humana na sua instituição. Este dom, com efeito, de certo modo foi natural, não como causado pelos princípios da natureza, mas porque foi dado ao homem para que se propagasse juntamente com a natureza. Ora, a *objeção sexta* procedia de que se diz natural aquilo que é causado pelos princípios da natureza.

A *sétima razão* procedia, também, da mesma maneira, a saber, da deficiência do princípio natural que pertence à natureza da espécie. Com efeito, o que provém de tal deficiência do princípio natural, acontece em poucos. Ora, a deficiência do pecado original provém da de-

---

[293] Cf. cap. 46.
[294] Efésios 2,3.

originalis peccati provenit ex defectu principii superadditi principiis speciei, ut dictum est.

Sciendum est etiam quod in actu generativae virtutis non potest esse vitium de genere actualis peccati, quod ex voluntate singularis personae dependet, eo quod actus generativae virtutis non obedit rationi vel voluntati, ut octava ratio procedebat. Sed vitium originalis culpae, quae ad naturam pertinet, nihil prohibet in actu generativae potentiae inveniri: cum et actus generativae potentiae naturales dicantur.

Quod vero nono obiicitur, de facili solvi potest secundum praemissa. Per peccatum enim non tollitur bonum naturae quod ad speciem naturae pertinet: sed bonum naturae quod per gratiam superadditum fuit, potuit per peccatum primi parentis auferri, ut supra dictum est.

Patet etiam ex eisdem de facili solutio ad decimam rationem. Quia cum privatio et defectus sibi invicem correspondeant, ea ratione in peccato originali filii parentibus similantur, qua etiam donum, a principio naturae praestitum, fuisset a parentibus in posteros propagatum: quia licet ad rationem speciei non pertineret, tamen ex divina gratia datum fuit primo homini ut ab eo in totam speciem derivandum.

Considerandum est etiam quod, licet aliquis per gratiae sacramenta sic ab originali peccato mundetur ut ei non imputetur ad culpam, quod est personaliter ipsum a peccato originali liberari, non tamen natura totaliter sanatur: et ideo secundum actum naturae peccatum originale transmittitur in posteros. Sic igitur in homine generante inquantum est persona quaedam, non est originale peccatum; et contingit etiam in actu generationis nullum esse actuale peccatum, ut undecima ratio proponebat; sed inquantum homo generans est naturale generationis principium, infectio originalis peccati, quod naturam respicit, in eo manet et in actu generationis ipsius.

Sciendum etiam est quod peccatum actuale primi hominis in naturam transivit: quia

ficiência do princípio acrescentado aos princípios da espécie, como foi dito.

Deve-se saber, também, que no ato da potência geradora não pode haver vício do gênero de pecado atual, que depende da vontade de cada pessoa, porque o ato da potência geradora não obedece à razão ou à vontade, como dizia a *oitava razão*. Ora, nada impede que o vício da culpa original que pertence à natureza se encontre no ato da potência geradora, uma vez que os atos da potência geradora são naturais.

O que se objeta em *nono lugar*, pode ser resolvido facilmente de acordo com o que foi dito. Com efeito, o pecado não elimina o bem da natureza que pertence à espécie da natureza, mas o bem da natureza que foi acrescentado pela graça, pôde ser eliminado pelo pecado do primeiro pai, como foi dito.

Fica claro, também, que se soluciona facilmente a *décima razão*. Com efeito, uma vez que a privação e a deficiência se correspondem, os filhos se assemelham aos pais no pecado original pela mesma razão pela qual também o dom, concedido desde o princípio à natureza, seria propagado dos pais aos descendentes; porque, embora não pertencesse à razão de espécie, entretanto, foi dado ao primeiro homem pela graça divina para que se transmitisse dele a toda espécie.

Deve-se considerar, também, que, embora alguém seja purificado do pecado original pelos sacramentos da graça de tal maneira que a culpa não lhe é imputada, o que é ser libertado do pecado original, entretanto, a natureza não é totalmente curada, e por isso, pelos atos da natureza, o pecado original se transmite aos pósteros. Assim no homem que gera, enquanto é uma pessoa, nele não existe o pecado original; e assim acontece, também, que no ato da geração não exista nenhum pecado atual, como propunha a *undécima razão*. Mas, enquanto o homem que gera é o princípio natural da geração, permanece nele e no ato da geração a mancha do pecado original, que diz respeito à natureza.

Deve-se saber, também, que o pecado atual do primeiro homem passou à natureza, por-

natura in eo erat beneficio naturae praestito adhuc perfecta. Sed per peccatum ipsius natura hoc beneficio destituta, actus eius simpliciter personalis fuit. Unde non potuit satisfacere pro tota natura, neque bonum naturae reintegrare per suum actum: sed solum satisfacere aliquatenus potuit pro eo quod ad ipsius personam spectabat. Ex quo patet solutio ad duodecimam rationem.

Similiter autem et ad tertiamdecimam: quia peccata posteriorum parentum inveniunt naturam destitutam beneficio primitus ipsi naturae concesso. Unde ex eis non sequitur aliquis defectus qui propagetur in posteros, sed solum qui personam peccantis inficiat. Sic igitur non est inconveniens, neque contra rationem, peccatum originale in hominibus esse: ut pelagianorum haeresis confundatur, quae peccatum originale negavit.

que nele a natureza era ainda perfeita graças ao benefício a ela concedido. Ora, pelo seu pecado, a natureza foi destituída desse benefício e o seu ato foi absolutamente pessoal. Por isso, não pôde satisfazer por toda natureza, nem reintegrar com seu ato o bem da natureza, mas somente pôde satisfazer de algum modo pelo que dizia a respeito à sua pessoa. E fica claro por isso a solução da *duodécima razão*.

Isso vale, igualmente, para a *décima terceira razão*, porque os pecados dos pais posteriores encontram a natureza destituída do benefício concedido originalmente à mesma natureza. Por isso, deles não sucede deficiência alguma que se propagaria aos pósteros, mas somente o que afeta à pessoa do que peca. Portanto, não é inconveniente, nem contra a razão que o pecado original exista nos homens, para confusão da heresia pelagiana que negou o pecado original.

Capitulum LIII
Rationes quibus videtur probari quod non fuit conveniens Deum incarnari

Quia vero incarnationis fides ab infidelibus stultitia reputatur, secundum illud apostoli, I Cor. 1,21, placuit Deo per stultitiam praedicationis salvos facere credentes; stultum autem videtur aliquid praedicare, non solum quia est impossibile, sed etiam quia est indecens: insistunt infideles ad incarnationis impugnationem, non solum nitentes ostendere esse impossibile quod fides catholica praedicat, sed etiam incongruum esse, et divinam bonitatem non decere. Est enim divinae bonitati conveniens ut omnia suum ordinem teneant. Est autem hic ordo rerum, ut Deus sit super omnia exaltatus, homo autem inter infimas creaturas contineatur. Non igitur decet divinam maiestatem humanae naturae uniri.

Item. Si conveniens fuit Deum hominem fieri, oportuit hoc esse propter aliquam utilitatem inde provenientem. Sed quaecumque utilitas detur, cum Deus omnipotens sit, hanc

Capítulo 53
Razões que parecem provar que a Encarnação não foi conveniente

A fé na Encarnação é considerada estultícia pelos infiéis, segundo o Apóstolo: *Agradou a Deus salvar os crentes com a estultícia da pregação*[295]. Com efeito, parece ser estulto pregar alguma coisa, não somente porque é impossível, mas também porque é inconveniente. Os infiéis insistem em impugnar a Encarnação, não somente esforçando-se por demonstrar ser impossível o que a fé católica prega, mas também que é inconveniente e incompatível com a bondade divina. Ora, convém à bondade divina que todas as coisas se tenham na sua ordem. Esta é a ordem das coisas, que Deus seja exaltado sobre todas as coisas, e que o homem se contenha entre as mais ínfimas criaturas. Portanto, não convém à divina majestade unir-se à natureza humana.

Igualmente. Se era conveniente que Deus se fizesse homem, era necessário que isto acontecesse por causa de alguma utilidade que daí proviria. Ora, uma vez que Deus é onipo-

---

[295] 1 Coríntios 1,21.

utilitatem producere potuit sola sua voluntate. Cum igitur unumquodque fieri conveniat quam brevissime potest, non oportuit quod Deus propter huiusmodi utilitatem humanam naturam sibi uniret.

Adhuc. Cum Deus sit universalis omnium causa, ad utilitatem totius universitatis rerum eum praecipue intendere oportet. Sed assumptio humanae naturae solum ad utilitatem hominis pertinet. Non igitur fuit conveniens quod, si alienam naturam Deus assumere debuit, quod solum naturam humanam assumpserit.

Amplius. Quanto aliquid est alicui magis simile, tanto ei convenientius unitur. Deo autem similior et propinquior est angelica natura quam humana. Non igitur conveniens fuit assumere naturam humanam, angelica praetermissa.

Praeterea. Id quod est praecipuum in homine est intelligentia veritatis. In quo videtur homini impedimentum praestari si Deus humanam naturam assumpsit: datur enim ei ex hoc erroris occasio, ut consentiat his qui posuerunt Deum non esse super omnia corpora exaltatum. Non igitur hoc ad humanae naturae utilitatem conveniebat, quod Deus humanam naturam assumeret.

Item. Experimento discere possumus quod circa incarnationem Dei plurimi errores sunt exorti. Videtur igitur humanae saluti conveniens non fuisse quod Deus incarnaretur.

Adhuc. Inter omnia quae Deus fecit, istud videtur esse maximum, quod ipsemet carnem assumpserit. Ex maximo autem opere maxima debet expectari utilitas. Si igitur incarnatio Dei ad salutem hominum ordinatur, videtur fuisse conveniens quod ipse totum humanum genus salvasset: cum etiam omnium hominum salus vix videatur esse competens utilitas pro qua tantum opus fieri debuisset.

Amplius. Si propter salutem hominum Deus humanam naturam assumpsit, videtur fuisse conveniens ut eius divinitas homini-

tente, qualquer que seja a utilidade, Deus podia produzi-la unicamente por sua vontade. Portanto, como convém que qualquer coisa se faça o mais breve possível, não foi necessário que Deus se unisse à natureza humana por causa de tal utilidade.

Ainda. Uma vez que Deus é a causa universal de todas as coisas, é necessário que Ele se aplique principalmente à utilidade das coisas de todo o universo. Ora, a assunção da natureza humana diz respeito somente à utilidade do homem. Portanto, não foi conveniente que Deus, devendo assumir outra natureza, assumisse apenas a natureza humana.

Ademais. Quanto uma coisa é mais semelhante à outra, tanto mais convenientemente se une a ela. Ora, a natureza angélica é mais semelhante a Deus e mais próxima d'Ele que a humana. Portanto, não convinha que assumisse a natureza humana, preterindo a angélica.

Além disso. O que é principal no homem é a inteligência da verdade. Ora, se Deus assumiu a natureza humana, parece que nisto se apresenta um obstáculo para o homem, pois isto lhe dá uma ocasião de errar, de concordar com aqueles que afirmaram que Deus não foi exaltado sobre todos os corpos. Portanto, não foi conveniente, para o bem da natureza humana, que Deus a assumisse.

Igualmente. Podemos dizer, por experiência, que sobre a Encarnação de Deus surgiram muitos erros. Com efeito, parece que para a salvação dos homens não foi conveniente que Deus se incarnasse.

Ainda. Entre todas as coisas que Deus fez, parece que esta foi a maior, que Ele tenha assumido a carne. Ora, de uma obra maior, deve-se esperar a maior utilidade. Portanto, se a Encarnação de Deus se ordena à salvação dos homens, parece que era conveniente que Ele salvasse todo gênero humano, uma vez que a salvação de todos os homens apenas parece ser uma utilidade suficiente por causa da qual se devesse fazer uma obra tão grande.

Ademais. Se Deus assumiu a natureza humana para a salvação dos homens, parece que era conveniente que a sua divindade se

bus per sufficientia indicia manifestaretur. Hoc autem non videtur contigisse: nam per aliquos alios homines, solo auxilio divinae virtutis absque unione Dei ad eorum naturam, inveniuntur similia miracula esse facta, vel etiam maiora quam fecerit Christus. Non igitur videtur Dei incarnatio sufficienter procurata fuisse ad humanam salutem.

Praeterea. Si hoc necessarium fuit humanae saluti quod Deus carnem assumeret, cum a principio mundi homines fuerint, videtur quod a principio mundi humanam naturam assumere debuit, et non quasi in fine temporum: videtur enim omnium praecedentium hominum salus praetermissa fuisse.

Item. Pari ratione, usque ad finem mundi debuisset cum hominibus conversari, ut homines sua praesentia erudiret et gubernaret.

Adhuc. Hoc maxime hominibus utile est, ut futurae beatitudinis in eis spes fundetur. Hanc autem spem magis ex Deo incarnato concepisset, si carnem immortalem et impassibilem et gloriosam assumpsisset, et omnibus ostendisset. Non igitur videtur fuisse conveniens quod carnem mortalem et infirmam assumpserit.

Amplius. Videtur fuisse conveniens, ad ostendendum quod omnia quae in mundo sunt, sint a Deo, quod ipse abundantia rerum mundanarum usus fuisset, in divitiis et in maximis honoribus vivens. Cuius contraria de ipso leguntur: quod pauperem et abiectam vitam duxit, et probrosam mortem sustinuit. Non igitur videtur esse conveniens quod fides de Deo incarnato praedicat.

Praeterea. Ex hoc quod ipse abiecta passus est, eius divinitas maxime fuit occultata: cum tamen hoc maxime necessarium fuerit hominibus ut eius divinitatem cognoscerent, si ipse fuit Deus incarnatus. Non igitur videtur quod fides praedicat humanae saluti convenire.

manifestasse aos homens mediante suficientes indícios. Ora, isto não parece ter sucedido, porque encontram-se outros homens, que com a ajuda do poder divino e sem que Deus se unisse à natureza deles, fizeram milagres semelhantes, ou também maiores que os feitos por Cristo[296]. Logo, não parece que a Encarnação de Deus fosse suficientemente capacidade para a salvação dos homens.

Além disso. Se para a salvação dos homens foi necessário que Deus assumisse a carne, dado que os homens existiram desde o princípio do mundo, parece que Ele deveria ter assumido a natureza humana desde o princípio do mundo, e não quase ao fim dos tempos, porque, assim, parece que foi preterida a salvação dos homens que a precederam.

Igualmente. Pela mesma razão, Ele deveria conviver com os homens até o fim do mundo, para instruí-los e governá-los com sua presença.

Ainda. É sumamente útil aos homens que se firme neles a esperança da bem-aventurança futura. Ora, esta esperança de Deus Encarnado seria melhor concebida, se Ele assumisse uma carne imortal, impassível e gloriosa e a todos manifestasse. Portanto, não parece ter sido conveniente que Ele assumisse uma carne mortal e enferma.

Ademais. Para demonstrar que todas as coisas que existem no mundo provêm de Deus, parece que seria conveniente que Ele usufruísse da abundância das coisas do mundo, vivendo na riqueza e nas maiores honras. Entretanto, lê-se o contrário Dele: que levou uma vida pobre e humilde, e sofreu uma morte ignominiosa. Logo, não parece ser conveniente aquilo que a fé ensina sobre o Deus Encarnado.

Além disso. Pelo fato de ter padecido humilhações, a sua divindade ficou totalmente escondida, entretanto, era muitíssimo necessário para os homens que conhecessem a sua divindade, se Ele era Deus Encarnado. Portanto, aquilo que a fé ensina sobre Deus Encarnado não parece que convenha à salvação dos homens.

---

[296] João 14,12.

Si quis autem dicat quod propter obedientiam patris filius Dei mortem sustinuit, hoc non videtur rationabile. Obedientia enim impletur per hoc quod obediens se conformat voluntati praecipientis. Voluntas autem Dei patris irrationabilis esse non potest. Si igitur non fuit conveniens Deum hominem factum mortem pati, quia mors contraria esse videtur divinitati, quae vita est, huius rei ratio ex obedientia ad patrem convenienter assignari non potest.

Praeterea. Voluntas Dei non est ad mortem hominum, etiam peccatorum, sed magis ad vitam: secundum illud Ezech. 18: nolo mortem peccatoris, sed magis ut convertatur et vivat. Multo igitur minus potuit esse voluntas Dei patris ut homo perfectissimus morti subiiceretur.

Amplius. Impium et crudele videtur innocentem praecepto ad mortem inducere: et praecipue pro impiis, qui morte sunt digni. Homo autem Christus Iesus innocens fuit. Impium igitur fuisset si praecepto Dei patris mortem subiisset. Si vero aliquis dicat hoc necessarium fuisse propter humilitatem demonstrandam, sicut apostolus videtur dicere, philipp. 2, quod Christus humiliavit semetipsum factus obediens usque ad mortem: nec haec quidem ratio conveniens videtur. Primum quidem, quia in eo commendanda est humilitas qui habet superiorem, cui subiici possit: quod de Deo dici non potest. Non igitur conveniens fuit Dei verbum humiliari usque ad mortem.

Item. Satis homines ad humilitatem informari poterant verbis divinis, quibus est fides omnimoda adhibenda, et exemplis humanis. Non igitur ad demonstrandum humilitatis exemplum necessarium fuit verbum Dei aut carnem sumere, aut mortem subire. — Si quis autem iterum dicat quod propter nostrorum peccatorum purgationem necessarium fuit Christum mortem subire et alia quae videntur esse abiecta, sicut apostolus dicit quod traditus est propter peccata nostra, et iterum, mortuus

Se alguém disser que o Filho de Deus sofreu a morte por obediência ao Pai, isso não parece razoável. Com efeito, cumpre-se a obediência, quando o obediente se conforma à vontade daquele que comanda. Ora, a vontade de Deus Pai não pode ser insensata. Portanto, se não foi conveniente que Deus feito homem padecesse a morte, porque a morte se vê contrária à divindade, que é vida, não se pode aduzir, convenientemente, a razão desta morte obediente ao Pai.

Além disso. A vontade de Deus não quer a morte dos homens, mesmo dos pecadores, mas, antes, quer a vida, segundo Ezequiel: *Não quero a morte do pecador, mas antes que se converta e viva*[297]. Portanto, muito menos podia ser a vontade de Deus Pai que um homem perfeitíssimo padecesse a morte.

Ademais. Parece impiedade e crueldade que um inocente seja condenado à morte por preceito, e principalmente pelos ímpios que são dignos de morte. Ora, Jesus Cristo era inocente. Logo, seria impiedade se padecesse a morte por preceito de Deus Pai. Mas, se alguém disser que isto era necessário para demonstrar humildade, como parece dizer o Apóstolo: *Humilhou-se, fazendo-se obediente até a morte*[298]. Nem esta razão parece conveniente, sobretudo, porque a humildade deve ser louvada naquele que tem um superior a quem possa se submeter, o que não se pode dizer de Deus. Portanto, não era conveniente que o Verbo de Deus se humilhasse até a morte.

Igualmente. Os homens podiam ser suficientemente instruídos na humildade pelas palavras divinas às quais se deve prestar uma fé incondicional, e pelos exemplos dos homens. Portanto, para dar um exemplo de humildade não era necessário que o Verbo de Deus assumisse a carne, ou que sofresse a morte. — Se, pois, alguém disser, de novo, que era necessário que Cristo sofresse a morte e outras humilhações para a purificação de nossos pecados, como diz o Apóstolo: *Foi entregue*

---

[297] Ezequiel 18,23.32.
[298] Filipenses 2,8.

est ad multorum exhaurienda peccata: nec hoc videtur esse conveniens. Primo quidem, quia per solam Dei gratiam hominum peccata purgantur. — Deinde quia, si aliqua satisfactio requirebatur, conveniens fuit ut ille satisfaceret qui peccavit: quia in iusto Dei iudicio unusquisque onus suum debet portare.

Item. Si conveniens fuit ut aliquis homine puro maior pro homine satisfaceret, sufficiens fuisse videtur si Angelus, carne assumpta, huiusmodi satisfactionem implesset: cum Angelus naturaliter sit superior homine.

Praeterea. Peccatum non expiatur peccato, sed magis augetur. Si igitur per mortem Christus satisfacere debuit, talis debuit eius mors esse in qua nullus peccaret: ut scilicet non violenta morte, sed naturaliter moreretur.

Adhuc. Si pro peccatis hominum Christum mori oportuit, cum frequenter homines peccent, oportuisset eum frequenter mortem subire. Si quis autem dicat quod specialiter propter peccatum originale necessarium fuit Christum nasci et pati, quod quidem totam naturam humanam infecerat, homine primo peccante:- hoc impossibile videtur. Si enim alii homines ad satisfaciendum pro peccato originali sufficientes non sunt, nec mors Christi pro peccatis humani generis satisfactoria fuisse videtur: quia et ipse secundum humanam naturam mortuus est, non secundum divinam.

Praeterea. Si Christus pro peccatis humani generis sufficienter satisfecit, iniustum videtur esse quod homines adhuc poenas patiantur, quas pro peccato Scriptura divina inductas esse commemorat.

Adhuc. Si Christus sufficienter pro peccatis humani generis satisfecit, non essent ultra

por causa dos nossos pecados[299] *e Ele morreu para cancelar os pecados de muitos*[300], nem isto parece ser conveniente, sobretudo, porque os pecados dos homens são purificados somente pela graça de Deus. — E, ademais, porque se alguma satisfação fosse requerida, era conveniente que satisfizesse quem pecou porque, segundo o justo juízo de Deus: *Cada um deve carregar o próprio peso*[301].

Igualmente. Se era conveniente que alguém maior que um simples homem satisfizesse pelo homem, parece que seria suficiente que um anjo, assumindo a carne, cumprisse esta satisfação, uma vez que o anjo naturalmente é superior ao homem.

Além disso. Um pecado não é purificado por outro pecado, mas antes o aumenta. Portanto, se Cristo devia satisfazer pela morte, a sua morte devia ser tal que nela ninguém pecasse, a saber, não violenta, mas natural.

Ainda. Se pelos pecados dos homens era necessário que Cristo morresse, como os homens pecam frequentemente, seria necessário que Ele frequentemente sofresse a morte. Ora, se alguém dissesse que foi necessário que Cristo nascesse e padecesse especialmente por causa do pecado original, que infectou toda natureza humana depois do pecado do primeiro homem; o que parece impossível. Com efeito, se os outros homens não são suficientes para satisfazer pelo pecado original, parece que nem a morte de Cristo foi satisfatória pelos pecados do gênero humano, uma vez que Ele morreu segundo a natureza humana e não segundo a divina.

Além disso. Se Cristo satisfez suficientemente pelos pecados do gênero humano, parece injusto que haja homens que ainda padeçam penas que Escritura Divina recorda como impostas em razão do pecado[302].

Ainda. Se Cristo satisfez suficientemente pelos pecados do gênero humano, não se de-

---

[299] Romanos 4,25.
[300] Hebreus 9,28.
[301] Gálatas 6,6.
[302] Cf. cap. 50.

remedia pro absolutione peccatorum quaerenda. Quaeruntur autem semper ab omnibus qui suae salutis curam habent. Non igitur videtur sufficienter Christum peccata hominum abstulisse.

Haec igitur sunt, et similia, ex quibus alicui videri potest ea quae de incarnatione fides catholica praedicat, divinae maiestati et sapientiae convenientia non fuisse.

Capitulum LIV
Quod conveniens fuit Deum incarnari

Si quis autem diligenter et pie incarnationis mysteria consideret, inveniet tantam sapientiae profunditatem quod humanam cognitionem excedat: secundum illud apostoli: quod stultum est Dei, sapientius est hominibus. Unde fit ut pie consideranti semper magis ac magis admirabiles rationes huius mysterii manifestantur.

Primum igitur hoc considerandum est, quod incarnatio Dei efficacissimum fuit auxilium homini ad beatitudinem tendenti. Ostensum est enim in tertio quod perfecta beatitudo hominis in immediata Dei visione consistit. Posset autem alicui videri quod homo ad hunc statum nunquam possit pertingere quod intellectus humanus immediate ipsi divinae essentiae uniretur ut intellectus intelligibili, propter immensam distantiam naturarum: et sic circa inquisitionem beatitudinis homo tepesceret, ipsa desperatione detentus. Per hoc autem quod Deus humanam naturam sibi unire voluit in persona, evidentissime hominibus demonstratur quod homo per intellectum Deo potest uniri, ipsum immediate videndo. Fuit igitur convenientissimum quod Deus humanam naturam assumeret ad spem hominis in beatitudinem sublevandam. Unde post incarnationem Christi homines coeperunt magis ad caelestem beatitudinem aspirare: secundum quod ipse dicit, Ioan. 10,10: ego veni ut vitam habeant, et abundantius habeant.

veriam procurar além, disso, remédios para absolvição dos pecados. Entretanto, todos os que cuidam da própria salvação sempre os procuram. Portanto, não parece que Cristo absolveu suficientemente os pecados dos homens.

São estas e outras semelhantes, as razões pelas quais pode parecer a alguém que aquilo que a fé católica ensina sobre a Encarnação não convém à majestade e à sabedoria divinas.

Capítulo 54
Foi conveniente que Deus se encarnasse

Se alguém considera, diligente e piamente, os mistérios da Encarnação, encontrará uma profundeza de sabedoria tão grande que excede o conhecimento humano, segundo o Apóstolo: *Pois o que é loucura de Deus, é mais sábio do que os homens*[303]. Por isso, a quem os considera piamente manifestar-se-ão razões cada vez mais admiráveis deste mistério.

Portanto, deve-se considerar, sobretudo, que a Encarnação de Deus foi para o homem que tende para a bem-aventurança um auxílio eficacíssimo. Demonstrou-se no Livro III[304] que a perfeita bem-aventurança do homem consiste na visão imediata de Deus. Poderia parecer a alguém que o homem nunca jamais poderá alcançar este estado no qual o intelecto humano se une imediatamente à essência divina como o intelecto ao inteligível, porque é imensa a distância destas naturezas. Assim, o homem se entibiaria na busca da bem-aventurança preso pelo desespero. Ora, porque Deus quis unir-se à natureza humana em pessoa, demonstrou-se claramente aos homens que o homem pode unir-se a Deus pelo intelecto e vê-lo imediatamente. Portanto, foi convenientíssimo que Deus assumisse a natureza humana para elevar a esperança do homem na bem-aventurança. Por isso, depois da Encarnação de Cristo, os homens começaram a aspirar mais a bem-aventurança celeste, segundo João: *Eu vim para que tenham vida e a tenham mais abundante*[305].

---

[303] 1 Coríntios 1,25.
[304] Livro III, cap. 48 ss.
[305] João 10,10.

Simul etiam per hoc homini auferuntur impedimenta beatitudinem adipiscendi. Cum enim perfecta hominis beatitudo in sola Dei fruitione consistat, ut supra ostensum est, necessarium est quod quicumque his quae infra Deum sunt inhaeret finaliter, a verae beatitudinis participatione impediatur. Ad hoc autem homo deduci poterat quod rebus infra Deum existentibus inhaereret ut fini, ignorando suae dignitatem naturae. Ex hoc enim contingit quod quidam, considerantes se secundum naturam corpoream et sensitivam, quam cum aliis animalibus habent communem, in rebus corporalibus et delectationibus carnis quandam beatitudinem bestialem requirunt. Quidam vero, considerantes quarundam creaturarum excellentiam super homines quantum ad aliqua, eorum cultui se adstrinxerunt: colentes mundum et partes eius, propter magnitudinem quantitatis et temporis diuturnitatem; vel spirituales substantias, Angelos et Daemones, propter hoc quod hominem excedere inveniuntur tam in immortalitate quam in acumine intellectus, aestimantes in his, utpote supra se existentibus, hominis beatitudinem esse quaerendam.

Quamvis autem quantum ad aliquas conditiones homo aliquibus creaturis existat inferior: ac etiam infimis creaturis in quibusdam assimiletur: tamen secundum ordinem finis, nihil homine existit altius nisi solus Deus, in quo solo perfecta hominis beatitudo consistit. Hanc igitur hominis dignitatem, quod scilicet immediata Dei visione beatificandus sit, convenientissime Deus ostendit per hoc quod ipse immediate naturam humanam assumpsit. Unde ex incarnatione Dei hoc consecutum videmus, quod magna pars hominum, cultu Angelorum, Daemonum, et quarumcumque creaturarum praetermisso, spretis etiam voluptatibus carnis et corporalibus omnibus, ad solum Deum colendum se dedicaverunt, in quo solo beatitudinis complementum expectant; secundum quod apostolus monet: quae sursum sunt quaerite, ubi Christus est in dex-

Por isso mesmo, são eliminados os impedimentos para que o homem atinja a bem-aventurança. Com efeito, uma vez que a perfeita bem-aventurança do homem consiste, como foi demonstrado[306], na única fruição de Deus, é necessário que quem adere às coisas inferiores a Deus, como a seu fim, esteja impedido de participar da verdadeira bem-aventurança. O que poderia levar os homens a aderir às coisas inferiores a Deus, como a seu fim, é a ignorância da dignidade de sua natureza. Acontece, por isso, que alguns, considerando-se segundo a natureza corpórea e sensitiva, que têm em comum com os outros animais, busquem nas coisas corpóreas e nos deleites da carne uma bem-aventurança própria de animais. Outros, porém, considerando a excelência de algumas criaturas sobre os homens, quanto a algumas coisas, se obrigaram ao culto delas, adorando o mundo e suas partes pela magnitude do tamanho e pela duração do tempo; ou, ainda, as substâncias espirituais, anjos e demônios, por serem superiores aos homens tanto na imortalidade como na acuidade do intelecto, julgando que nestes seres superiores se devia encontrar bem-aventurança do homem.

Embora o homem seja inferior a algumas criaturas, em alguns aspectos, e se assemelhe em outros às ínfimas criaturas, entretanto, segundo a ordem dos fins, nada há mais elevado que o homem, senão somente Deus em quem consiste unicamente a perfeita bem-aventurança do homem. Portanto, esta dignidade do homem, a saber, que deve ser bem-aventurado pela imediata visão de Deus, de maneira muito conveniente Ele a demonstrou ao assumir imediatamente a natureza humana. Por isso, vemos que pela Encarnação de Deus seguiu-se que grande parte dos homens, tendo abandonado o culto dos anjos, dos demônios e de quaisquer criaturas e, também, tendo desprezado todos os prazeres corporais e da carne, se dedicaram a prestar culto somente a Deus, em quem esperam unicamente o complemento da bem-aventurança, como adverte o Apóstolo:

---

[306] Livro III, cap. 37 ss.

tera Dei sedens; quae sursum sunt sapite, non quae super terram.

Adhuc. Quia beatitudo perfecta hominis in tali cognitione Dei consistit quae facultatem omnis intellectus creati excedit, ut in tertio ostensum est, necessarium fuit quandam huiusmodi cognitionis praelibationem in homine esse, qua dirigeretur in illam plenitudinem cognitionis beatae: quod quidem fit per fidem, ut in tertio ostensum est. Cognitionem autem qua homo in ultimum finem dirigitur, oportet esse certissimam, eo quod est principium omnium quae ordinantur in ultimum finem: sicut et principia naturaliter nota certissima sunt. Certissima autem cognitio alicuius esse non potest nisi vel illud sit per se notum, sicut nobis prima demonstrationis principia; vel in ea quae per se nota sunt resolvatur, qualiter nobis certissima est demonstrationis conclusio.

Id autem quod de Deo nobis per fidem tenendum proponitur, non potest esse homini per se notum: cum facultatem humani intellectus excedat. Oportuit igitur hoc homini manifestari per eum cui sit per se notum. Et quamvis omnibus divinam essentiam videntibus sit quodammodo per se notum, tamen ad certissimam cognitionem habendam oportuit reductionem fieri in primum huius cognitionis principium, scilicet in Deum, cui est naturaliter per se notum, et a quo omnibus innotescit: sicut et certitudo scientiae non habetur nisi per resolutionem in prima principia indemonstrabilia. Oportuit igitur hominem, ad perfectam certitudinem consequendam de fidei veritate, ab ipso Deo instrui homine facto, ut homo, secundum modum humanum, divinam instructionem perciperet. Et hoc est quod dicitur Ioan. 1,18: Deum nemo vidit unquam: unigenitus, qui est in sinu patris, ipse

Buscai as coisas que são do alto, onde Cristo está sentado à direita de Deus; afeiçoai-vos às coisas do alto, não às da Terra[307].

Ainda. Uma vez que a bem-aventurança perfeita do homem consiste em um conhecimento de Deus tal que excede a capacidade de todo intelecto criado, como foi demonstrado[308], foi necessário que o homem tivesse certa prelibação desse conhecimento, pela qual se dirigisse para aquela plenitude do conhecimento bem-aventurado, o qual se realiza pela fé como foi demonstrado no Livro III. Ora, é necessário que seja certíssimo o conhecimento pelo qual o homem se dirige ao último fim, porque é o princípio de todas as coisas que se ordenam ao último fim, assim como também os princípios evidentes são naturalmente certíssimos. Não se pode ter conhecimento certíssimo de uma coisa senão se esta é conhecida por si [*per se nota*], como são os primeiros princípios de demonstração; ou se esta coisa se reduz a outras conhecidas por si, como é certíssima para nós a conclusão da demonstração.

O que a fé nos propõe sobre Deus para crer, não pode ser conhecido por si, porque excede a capacidade do intelecto humano. Portanto, foi necessário que ela fosse manifestada ao homem mediante aquele a quem ela é conhecida por si. Embora a essência divina fosse, de algum modo, conhecida por si de todos os que a veem, entretanto, para se ter um conhecimento certíssimo, foi necessário reduzi-la ao primeiro princípio deste conhecimento, isto é, a Deus, de quem tudo é conhecido por si naturalmente, e que a todos revela; assim como não se tem a certeza da ciência senão pela resolução aos primeiros princípios indemonstráveis. Portanto, foi necessário para que o homem adquirisse uma perfeita certeza da fé, que o mesmo Deus, feito homem, o instruísse, para que este recebesse a instrução divina de uma maneira humana. E isto diz João: *A Deus ninguém jamais viu; o Unigênito*

---

[307] Colossenses 3,1-2.
[308] Livro III, cap. 37 ss.

enarravit. Et ipse Dominus dicit, Ioan. 18,37: ego ad hoc natus sum et veni in mundum, ut testimonium perhibeam veritati. Propter quod videmus post Christi incarnationem evidentius et certius homines in divina cognitione esse instructos: secundum illud Isaiae 11,9: repleta est terra scientia Domini.

Item. Cum beatitudo hominis perfecta in divina fruitione consistat, oportuit affectum hominis ad desiderium divinae fruitionis disponi: sicut videmus homini beatitudinis desiderium naturaliter inesse. Desiderium autem fruitionis alicuius rei ex amore illius rei causatur. Necessarium igitur fuit hominem, ad perfectam beatitudinem tendentem, ad amorem divinum induci. Nihil autem sic ad amorem alicuius nos inducit sicut experimentum illius ad nos. Amor autem Dei ad homines nullo modo efficacius homini potuit demonstrari quam per hoc quod homini uniri voluit in persona: est enim proprium amoris unire amantem cum amato, inquantum possibile est. Necessarium igitur fuit homini, ad beatitudinem perfectam tendenti, quod Deus fieret homo.

Amplius. Cum amicitia in quadam aequalitate consistat, ea quae multum inaequalia sunt, in amicitia copulari non posse videntur. Ad hoc igitur quod familiarior amicitia esset inter hominem et Deum, expediens fuit homini quod Deus fieret homo, quia etiam naturaliter homo homini amicus est: ut sic, dum visibiliter Deum cognoscimus, in invisibilium amorem rapiamur.

Similiter etiam manifestum est quod beatitudo virtutis est praemium. Oportet igitur ad beatitudinem tendentes secundum virtutem

que está no seio do Pai, Ele mesmo o disse[309]; e o mesmo Senhor: *Eu nasci e vim ao mundo para dar testemunho da verdade*[310]. Por causa disso, vemos que, depois da Encarnação de Cristo, os homens foram instruídos no conhecimento de Deus de um modo mais evidente e mais certo, segundo dizia Isaías: *A Terra está repleta do conhecimento do Senhor*[311].

Igualmente. Uma vez que a bem-aventurança perfeita do homem consiste na fruição de Deus, era necessário dispor o afeto do homem para o desejo desta fruição, pois vemos que o desejo da bem-aventurança existe naturalmente no homem. Ora, o desejo de fruição de alguma coisa é causado pelo amor daquela coisa. Portanto, era necessário que o homem, para tender para a perfeita bem-aventurança, fosse induzido ao amor de Deus. Ora, nada nos induz tanto ao amor de alguém, como a experiência de que ele nos ama. E o amor de Deus para os homens não podia ser demonstrado de um modo mais eficaz que pelo fato de querer unir-se ao homem em pessoa, pois é próprio do amor unir, quanto é possível, o amante ao amado, Logo, era necessário para o homem, para tender para a perfeita bem-aventurança, que Deus se fizesse homem.

Ademais. Como a amizade consiste numa igualdade[312], as coisas que são muito desiguais, parece que não podem unir-se pela amizade. Portanto, para que a amizade entre o homem e Deus fosse mais familiar, foi conveniente que Deus se fizesse homem, uma vez que o homem é para o homem um amigo natural[313]. Assim reza a Missa de Natal: *Enquanto conhecemos a Deus visivelmente, somos arrebatados ao amor das coisas invisíveis*[314].

A bem-aventurança, é igualmente evidente, é o prêmio da virtude[315]. Portanto, é necessário que aqueles que tendem à bem-

---

[309] João 1,18.
[310] João 18,37.
[311] Isaías 11,9.
[312] Aristóteles (384-322 a.C.), em Ética VIII, 7, 1157b 33-36.
[313] Aristóteles (384-322 a.C.), em Ética VII, 1, 1155a 21-22.
[314] Prefácio da Missa do Nascimento do Senhor.
[315] Aristóteles (384-322 a.C.), em Ética I, 10, 1099b 16-18.

disponi. Ad virtutem autem et verbis et exemplis provocamur. Exempla autem alicuius et verba tanto efficacius ad virtutem inducunt, quanto de eo firmior bonitatis habetur opinio. De nullo autem homine puro infallibilis opinio bonitatis haberi poterat: quia etiam sanctissimi viri in aliquibus inveniuntur defecisse. Unde necessarium fuit homini, ad hoc quod in virtute firmaretur, quod a Deo humanato doctrinam et exempla virtutis acciperet. Propter quod ipse Dominus dicit, Ioan. 13,15: exemplum dedi vobis, ut quemadmodum ego feci, ita et vos faciatis.

Item. Sicut virtutibus homo ad beatitudinem disponitur, ita et peccatis impeditur. Peccatum autem virtuti contrarium, impedimentum affert beatitudini, non solum inordinationem quandam animae inducens secundum quod eam ab ordine debiti finis abducit, sed etiam Deum offendens, a quo beatitudinis praemium expectatur, secundum quod Deus humanorum actuum curam habet, et peccatum contrarium est caritati divinae, ut in tertio plenius ostensum est. Et insuper huius offensae homo conscientiam habens, per peccatum fiduciam accedendi ad Deum amittit, quae necessaria est ad beatitudinem consequendam. Necessarium est igitur humano generi, quod peccatis abundat, ut ei remedium aliquod adhibeatur contra peccata.

Hoc autem remedium adhiberi non potest nisi per Deum, qui et voluntatem hominis movere potest in bonum, ut eam ad debitum ordinem reducat, et offensam in se commissam potest remittere; offensa enim non remittitur nisi per eum in quem offensa committitur. Ad hoc autem quod homo a conscientia offensae praeteritae liberetur, oportet quod sibi de remissione offensae per Deum constet. Non autem per certitudinem ei constare potest nisi a Deo de hoc certificetur. Conveniens igitur fuit, et humano generi ad beatitudinem

aventurança se disponham pela virtude. Ora, para a bem-aventurança somos solicitados por exemplos e por palavras. E os exemplos e as palavras de alguém induzem tanto mais eficazmente à virtude, quanto mais firme é a opinião de bondade que se tem dele. Entretanto, de nenhum homem simples se poderia ter uma opinião infalível de sua bondade, porque entre os homens mais santos há os que falharam. Por isso, era necessário que o homem, para que se firmasse na virtude, recebesse de Deus homem o ensinamento e os exemplos de virtude. Em razão disso, o Senhor afirma: *Dei-vos um exemplo para que como eu fiz, assim vós também façais*[316].

Igualmente. Assim como o homem se dispõe para a bem-aventurança pelas virtudes, assim é impedido pelos pecados. Ora, o pecado que é contrário à virtude impede a bem-aventurança, não somente compelindo a alma a uma certa desordem que a separa do fim devido, mas também ofendendo a Deus, de quem se espera o prêmio da bem-aventurança e a quem compete o cuidado dos atos humano, sendo o pecado contrário à caridade divina, como se demonstrou[317]. Além disso, tendo o homem consciência dessa ofensa perde, pelo pecado, a confiança de se aproximar de Deus o que é necessário para alcançar a bem-aventurança. Portanto, é necessário ao gênero humano, que está cheio de pecados, que algum remédio lhe seja aplicado contra os pecados.

Mas, este remédio não pode ser aplicado senão por Deus, que pode mover a vontade do homem para o bem, de tal modo que a devolva à ordem devida, e que pode perdoar a ofensa cometida contra Ele; com efeito, uma ofensa não pode ser perdoada senão por aquele contra o qual foi cometida. E para que o homem seja liberado do remorso da ofensa passada, é necessário que conste que Deus a perdoou. Ora, não pode isto lhe constar com certeza a não ser que seja certificado por Deus. Portanto, foi conveniente e adequado para o gênero

---

[316] João 13,15.
[317] Livro III, cap. 156 ss.

consequendam expediens, quod Deus fieret homo, ut sic et remissionem peccatorum consequeretur per Deum, et huius remissionis certitudinem per hominem Deum. Unde et ipse Dominus dicit, Matth. 9,6: ut autem sciatis quia filius hominis habet potestatem dimittendi peccata etc.; et apostolus, Hebr. 9,14, dicit quod sanguis Christi emundabit conscientias nostras ab operibus mortuis, ad serviendum Deo viventi.

Adhuc. Ex traditione ecclesiae docemur totum humanum genus peccato esse infectum. Habet autem hoc ordo divinae iustitiae, ut ex superioribus patet, quod peccatum sine satisfactione non remittatur a Deo. Satisfacere autem pro peccato totius humani generis nullus homo purus poterat: quia quilibet homo purus aliquid minus est tota generis humani universitate. Oportuit igitur, ad hoc quod humanum genus a peccato communi liberaretur, quod aliquis satisfaceret qui et homo esset, cui satisfactio competeret; et aliquid supra hominem, ut eius meritum sufficiens esset ad satisfaciendum pro peccato totius humani generis. Maius autem homine, quantum ad ordinem beatitudinis, nihil est nisi solus Deus: nam Angeli, licet sint superiores quantum ad conditionem naturae, non tamen quantum ad ordinem finis, quia eodem beatificantur. Necessarium igitur fuit homini ad beatitudinem consequendam, quod Deus homo fieret ad peccatum humani generis tollendum. Et hoc est quod ioannes baptista dixit de Christo: ecce agnus Dei: ecce qui tollit peccata mundi. Et apostolus, ad Romanos dicit: sicut peccatum ex uno in omnes in condemnationem, ita gratia ex uno in omnes ad iustificationem.

humano para alcançar a bem-aventurança, que Deus se fizesse homem e assim conseguisse o perdão dos pecados por Deus, e a certeza deste perdão pelo Homem Deus. Por isso, diz o Senhor: *Para que saibais que o filho do homem tem o poder de perdoar os pecados etc.*[318]; e o Apóstolo: *O sangue de Cristo limpará nossas consciências das obras mortas, para servir ao Deus vivo*[319].

Ainda. Somos ensinados pela tradição da Igreja que todo o gênero humano se contaminou com o pecado. Ora, a ordem da justiça divina exige, como está claro pelo que foi dito[320], que um pecado não é perdoado por Deus sem satisfação. Portanto, nenhum simples homem podia satisfazer pelo pecado de todo gênero humano, porque qualquer homem é menor que a totalidade do gênero humano. Foi necessário para que o gênero humano se libertasse do pecado, que alguém satisfizesse e que também fosse homem, a quem competiria a satisfação; e que, também, fosse superior ao homem para que o seu mérito fosse suficiente para satisfazer pelo pecado de todo gênero humano. Ora, maior que o homem, tendo em conta a ordem da bem-aventurança, nada existe senão somente Deus; porque os anjos, embora sejam superiores quanto à condição da natureza, entretanto, não são quanto a ordem do fim, porque pela mesma ordem do fim são beatificados[321]. Portanto, foi necessário para o homem conseguir a bem-aventurança que Deus se fizesse homem e tirasse o pecado do gênero humano. Foi isso o que disse João Batista: *Eis o cordeiro de Deus, eis aquele que tira os pecados do mundo*[322]. E o Apóstolo: *Assim como o pecado de um passou para todos em condenação, assim a graça de um passou para todos em justificação*[323].

---

[318] Mateus 9,6.
[319] Hebreus, 9,14.
[320] Livro III, cap. 158.
[321] Livro III, cap. 57.
[322] João 1,29.
[323] Romanos 5,16.

Haec igitur sunt, et similia, ex quibus aliquis concipere potest non fuisse incongruum bonitati divinae Deum hominem fieri, sed expedientissimum fuisse humanae saluti.

Capitulum LV
Solutio rationum supra positarum contra convenientiam incarnationis

Ea vero quae contra hoc superius sunt opposita, non difficile est solvere.

Non enim est contrarium ordini rerum Deum hominem fieri, ut prima ratio procedebat. Quia quamvis natura divina in infinitum naturam humanam excedat, tamen homo secundum ordinem suae naturae habet ipsum Deum pro fine, et natus est ei per intellectum uniri; cuius unionis exemplum et documentum quoddam fuit unio Dei ad hominem in persona; servata tamen proprietate utriusque naturae, ut nec excellentiae divinae naturae aliquid deperiret, nec humana natura per exaltationem aliquam extra terminos suae speciei traheretur.

Considerandum etiam quod, propter perfectionem et immobilitatem divinae bonitatis, nihil dignitatis Deo deperit ex hoc quod aliqua creatura quantumcumque ei appropinquat, etsi hoc creaturae accrescat. Sic enim ipsis creaturis suam bonitatem communicat quod ex hoc ipse nullum patitur detrimentum.

Similiter etiam, licet ad omnia facienda Dei voluntas sufficiat, tamen divina sapientia exigit ut rebus singulis secundum earum congruentiam provideatur a Deo: rebus enim singulis proprias causas convenienter instituit. Unde licet Deus sola sua voluntate efficere potuerit in humano genere omnes utilitates quas ex Dei incarnatione dicimus provenisse, ut secunda ratio proponebat: tamen congruebat humanae naturae ut huiusmodi utilitates inducerentur per Deum hominem factum, sicut ex inductis rationibus aliquatenus apparere potest.

Portanto, estas são as razões e outras semelhantes, pelas quais alguém pode compreender que não foi inconveniente à bondade divina que Deus se fizesse homem, mas adequadíssimo para a salvação humana.

Capítulo 55
Solução das razões propostas contra a conveniência da Encarnação

Não é difícil resolver as razões que foram propostas contra a conveniência da Encarnação[324].

Com efeito, que Deus se faça homem não é contrário à ordem das coisas como afirmava a *primeira razão*. Porque, embora a natureza divina exceda a natureza humana infinitamente, entretanto, o homem segundo a ordem de sua natureza, tem a Deus por fim e nasceu para unir-se a ele pelo intelecto. Exemplo e documento desta união foram a união de Deus ao homem na pessoa, entretanto, conservada a propriedade de cada uma das naturezas, de tal modo que a natureza divina não perdeu nada de sua excelência, e que a natureza humana não se deixou levar por alguma exaltação fora dos limites de sua espécie.

Deve-se considerar, também, que por causa da perfeição e imutabilidade da bondade divina, Deus nada perde de sua dignidade se alguma criatura se aproxima d'Ele, ainda que isto acrescente à criatura. Assim, comunica a sua bondade às mesmas criaturas sem que por isso sofra detrimento algum.

Igualmente, embora a vontade de Deus seja suficiente para tudo fazer, entretanto, a sabedoria divina exige que Deus providencie a cada uma das coisas segundo a sua conveniência; com efeito, instituiu convenientemente causas próprias para cada uma das coisas. Por isso, embora Deus pudesse realizar no gênero humano, por sua única vontade, todas as utilidades que dizemos provêm da Encarnação de Deus, como a *segunda razão* afirmava, entretanto, convinha à natureza humana que tais utilidades fossem induzidas por Deus fei-

---

[324] Cf. cap. 53.

Ad tertiam etiam rationem patet responsio. Homo enim, cum sit constitutus ex spirituali et corporali natura, quasi quoddam confinium tenens utriusque naturae, ad totam creaturam pertinere videtur quod fit pro hominis salute. Nam inferiores creaturae corporales in usum hominis cedere videntur et ei quodammodo esse subiectae. Superior autem creatura spiritualis, scilicet angelica, commune habet cum homine ultimi finis consecutionem, ut ex superioribus patet. Et sic conveniens videtur ut universalis omnium causa illam creaturam in unitatem personae assumeret in qua magis communicat cum omnibus creaturis.

Considerandum est etiam quod solius rationalis naturae est per se agere: creaturae enim irrationales magis aguntur naturali impetu quam agant per seipsas. Unde magis sunt in ordine instrumentalium causarum quam se habeant per modum principalis agentis. Assumptionem autem talis creaturae a Deo oportuit esse quae per se agere posset tanquam agens principale. Nam ea quae agunt sicut instrumenta, agunt inquantum sunt mota ad agendum: principale vero agens ipsum per se agit. Si quid igitur agendum fuit divinitus per aliquam irrationalem creaturam, suffecit, secundum huius creaturae conditionem, quod solum moveretur a Deo: non autem quod assumeretur in persona ut ipsamet ageret, quia hoc eius naturalis conditio non recepit, sed solum conditio rationalis naturae. Non igitur fuit conveniens quod Deus aliquam irrationalem naturam assumeret, sed rationalem, scilicet angelicam vel humanam.

Et quamvis angelica natura quantum ad naturales proprietates inveniatur excellentior quam humana natura, ut quarta ratio pro-

to homem como de certo modo aparece nas razões aduzidas[325].

É clara, também, a resposta da *terceira razão*. Com efeito, uma vez que o homem é constituído de uma natureza espiritual e corpórea, estando, por assim dizer, nos confins de uma e de outra natureza[326], parece pertencer a toda criatura o que se faz para a salvação do homem. Ora, as criaturas corporais inferiores parecem ser para o uso do homem e estão, de certo modo, sujeitas a ele. A criatura espiritual superior, isto é, a angélica, tem em comum com o homem a consecução do último fim, como está claro[327]. E assim, parece conveniente que a causa universal de todas as coisas assumisse em unidade de pessoa aquela criatura que está mais em comunhão com todas as criaturas.

Deve-se considerar, também, que é próprio somente da criatura racional agir por si mesma. Com efeito, as criaturas irracionais agem mais por um ímpeto do que por si mesmas. Por isso, estão mais na ordem das causas instrumentais do que entre aquelas que se comportam como agentes principais. Foi necessário, pois, que Deus assumisse essa criatura que pudesse agir por si mesma como agente principal. Ora, aquelas que agem como instrumentos, agem movidas pela ação, mas o agente principal, ele mesmo age por si mesmo. Portanto, se alguma coisa devesse ser feita divinamente por alguma criatura irracional, bastaria, segundo a condição dessa criatura, que apenas fosse movida por Deus, e não que fosse assumida em pessoa para que ela mesma agisse, porque isto não aceita a condição de sua natureza, mas é próprio somente da natureza racional. Logo, não foi conveniente que Deus assumisse alguma natureza irracional, mas a racional, isto é, a angélica ou a humana.

Embora a natureza angélica, quanto às suas propriedades naturais, seja mais excelente do que a natureza humana, como a *quarta*

---

[325] Cf. capítulo anterior.
[326] Livro II, cap. 68.
[327] Livro III, cap. 25.

ponebat, tamen humana congruentius fuit assumpta.

Primo quidem, quia in homine peccatum expiabile esse potest: eo quod eius electio non immobiliter fertur in aliquid, sed a bono potest perverti in malum, et a malo reduci in bonum: sicut etiam in hominis ratione contingit, quae, quia ex sensibilibus et per signa quaedam colligit veritatem, viam habet ad utrumque oppositorum. Angelus autem, sicut habet immobilem apprehensionem, quia per simplicem intellectum immobiliter cognoscit, ita etiam habet immobilem electionem: unde vel in malum omnino non fertur; vel, si in malum feratur, immobiliter fertur; unde eius peccatum expiabile esse non potest. Cum igitur praecipua causa videatur divinae incarnationis esse expiatio peccatorum, ut ex Scripturis divinis docemur, congruentius fuit humanam naturam quam angelicam assumi a Deo.

Secundo, quia assumptio creaturae a Deo est in persona, non in natura, ut ex superioribus patet. Convenientius igitur assumpta est hominis natura quam angelica: quia in homine aliud est natura et persona, cum sit ex materia et forma compositus; non autem in Angelo, qui immaterialis est.

Tertio, quia Angelus, secundum proprietatem suae naturae, propinquior erat ad Deum cognoscendum quam homo, cuius cognitio a sensu oritur. Sufficiebat igitur quod Angelus a Deo intelligibiliter instrueretur de veritate divina. Sed conditio hominis requirebat ut Deus sensibiliter hominem de seipso homine instrueret. Quod per incarnationem est factum.

Ipsa etiam distantia hominis a Deo magis repugnare videbatur fruitioni divinae. Et ideo magis indiguit homo quam Angelus assumi a Deo, ad spem de beatitudine concipiendam.
— Homo etiam, cum sit creaturarum termi-

razão propunha, entretanto, a natureza humana mais adequadamente foi assumida.

Em primeiro lugar, porque no homem pecados podem ser expiados; porque a sua eleição não se dirige imutavelmente a alguma coisa, uma vez que pode voltar-se do bem para o mal e do mal para o bem. O mesmo acontece no homem com a razão, a qual recolhe a verdade das coisas sensíveis e de alguns sinais, e assim, tem uma via aberta para cada um dos opostos. Entretanto, o anjo, como tem uma apreensão imóvel, porque conhece por uma simples intelecção imóvel, assim tem, também, uma eleição imóvel. Por isso, ou não se dirige absolutamente para o mal, ou se se dirige para o mal, imutavelmente se dirige; e, por isso, o seu pecado não pode ser expiado. Portanto, uma vez que a causa principal da encarnação divina é a expiação dos pecados, como as Escrituras divinas nos ensinam[328], foi mais adequado que Deus assumisse a natureza humana do que a angélica.

Em segundo lugar, porque Deus assumiu a criatura em pessoa e não na natureza, como está claro[329]. Portanto, foi mais conveniente que assumisse a natureza humana do que angélica, porque no homem se distinguem a natureza e a pessoa, uma vez que é composto de matéria e forma; e isto não se dá no anjo que é imaterial.

Em terceiro lugar, porque o anjo, segundo a propriedade de sua natureza, estava mais próximo de Deus para conhecê-lo, do que o homem que conhece pelos sentidos. Portanto, era suficiente que o anjo fosse instruído intelectualmente por Deus sobre a verdade divina. Mas, a condição do homem requeria que Deus o instruísse pelos sentidos sobre si mesmo homem; o que foi feito pela Encarnação.

A mesma distância entre Deus e o homem parecia um obstáculo maior à fruição divina. E por isso, mais necessitou o homem do que o anjo para ser assumido de Deus, e ser confirmado na esperança da bem-aventu-

---

[328] Mateus 1,21; 1 Timóteo 1,15.
[329] Cf. caps. 39.41.

nus, quasi omnes alias creaturas naturali generationis ordine praesupponens, convenienter primo rerum principio unitur, ut quadam circulatione perfectio rerum concludatur.

Ex hoc autem quod Deus humanam naturam assumpsit, non datur erroris occasio, ut quinta ratio proponebat. Quia assumptio humanitatis, ut supra habitum est, facta est in unitate personae: non in unitate naturae, ut sic oporteat nos consentire his qui posuerunt Deum non esse super omnia exaltatum, dicentes Deum esse animam mundi, vel aliquid huiusmodi.

Licet autem circa incarnationem Dei sint aliqui errores exorti, ut sexto obiiciebatur, tamen manifestum est multo plures errores post incarnationem fuisse sublatos. Sicut enim ex creatione rerum, a divina bonitate procedente, aliqua mala sunt consecuta, quod competebat conditioni creaturarum, quae deficere possunt; ita etiam non est mirum si, manifestata divina veritate, sunt aliqui errores exorti ex defectu mentium humanarum. Qui tamen errores exercuerunt fidelium ingenia ad diligentius divinorum veritatem exquirendam et intelligendam: sicut et mala quae in creaturis accidunt, ordinat Deus ad aliquod bonum.

Quamvis autem omne bonum creatum, divinae bonitati comparatum, exiguum inveniatur, tamen quia in rebus creatis nihil potest esse maius quam salus rationalis creaturae, quae consistit in fruitione ipsius bonitatis divinae; cum ex incarnatione divina consecuta sit salus humana, non parum utilitatis praedicta incarnatio attulit mundo, ut septima ratio procedebat. — Nec oportuit propter hoc quod ex incarnatione divina omnes homines salvarentur: sed tantum illi qui praedictae incarnationi adhaerent per fidem et fidei sacramenta. Est siquidem incarnationis divinae virtus suffi-

rança. — Uma vez que o homem é o término das criaturas, e como todas as outras criaturas o precedem na ordem da geração natural, foi conveniente que se unisse ao primeiro princípio das coisas, e assim se concluísse a perfeição das coisas circularmente.

Que Deus tenha assumido a natureza humana não é ocasião de erro, como a *quinta razão* propunha. Com efeito, a assunção da humanidade foi feita em unidade de pessoa, não em unidade de natureza, como se disse[330], de tal modo que assim seria necessário que nós concordássemos com aqueles que afirmaram que Deus não foi exaltado sobre todas as coisas, dizendo que Deus é a alma do mundo ou algo semelhante.

Embora tenham aparecido alguns erros sobre a Encarnação de Deus, como objetava *a sexta razão,* entretanto, é evidente que muitos mais erros foram eliminados depois da Encarnação. Com efeito, assim como da criação das coisas, procedente da bondade divina, seguiram-se alguns males, por obra da condição das criaturas, que podem falhar; assim, também, não é extraordinário que, evidenciada a verdade divina, apareçam alguns erros por causa da deficiência dos espíritos humanos. Entretanto, estes erros estimularam os engenhos dos fiéis para pesquisarem e entenderem mais diligentemente as verdades divinas, assim como os males que acontecem nas criaturas, Deus os ordena para algum bem.

Embora todo bem criado, comparado à bondade divina, pareça ínfimo, entretanto, nas coisas criadas nada pode ser maior que a salvação da criatura racional, que consiste na fruição da mesma bondade divina. Ora, essa salvação humana, que foi adquirida pela Encarnação divina, trouxe para o mundo não pequena utilidade, como avançava a *sétima razão.* — Nem era necessário que todos os homens se salvassem pela Encarnação divina, mas somente aqueles que aderissem pela fé e pelos sacramentos da fé a esta Encarnação. Com efeito, o poder da Encarnação divina é

---

[330] Cf. cap. 53.

ciens ad omnium hominum salutem: sed quod non omnes ex hoc salvantur, ex eorum indispositione contingit, quod incarnationis fructum in se suscipere nolunt, incarnato Deo per fidem et amorem non inhaerendo. — Non enim erat hominibus subtrahenda libertas arbitrii, per quam possunt vel inhaerere vel non inhaerere Deo incarnato: ne bonum hominis coactum esset, et per hoc absque merito et illaudabile redderetur.

Praedicta etiam Dei incarnatio sufficientibus indiciis hominibus manifestata est. Divinitas enim nullo modo convenientius manifestari potest quam per ea quae sunt propria Dei. Est autem Dei proprium quod naturae leges immutare possit, supra naturam aliquid operando, cuius ipse est auctor. Convenientissime igitur probatur aliquid esse divinum per opera quae supra leges naturae fiunt, sicut quod caeci illuminentur, leprosi mundentur, mortui suscitentur. Huiusmodi quidem opera Christus effecit. Unde et ipse per haec opera quaerentibus tu es qui venturus es, an alium expectamus? suam divinitatem demonstravit, dicens: caeci vident, claudi ambulant, surdi audiunt etc.. Alium autem mundum creare necesse non erat: nec ratio divinae sapientiae, nec rerum natura hoc habebat.

Si autem dicatur, ut octava ratio proponebat, quod huiusmodi miracula etiam per alios esse facta leguntur: tamen considerandum est quod multo differentius et divinius Christus effecit. Nam alii orando haec fecisse leguntur: Christus autem imperando, quasi ex propria potestate. Et non solum ipse haec fecit, sed et aliis eadem et maiora faciendi tribuit potestatem, qui ad solam invocationem nominis Christi huiusmodi miracula faciebant. Et non solum corporalia miracula per Christum facta sunt, sed etiam spiritualia, quae sunt multo maiora: scilicet quod per Christum, et

suficiente para a salvação de todos os homens, mas que nem todos os homens se salvem por ela acontece pela indisposição dos que não querem receber em si mesmos o fruto da Encarnação, não aderindo pela fé e pelo amor a Deus encarnado. — Com efeito, não se devia subtrair aos homens a liberdade de arbítrio pela qual podem ou aderir ou não aderir ao Deus encarnado, para que o homem não fosse coagido ao bem e, assim, se tornasse sem mérito e sem louvor.

Esta Encarnação de Deus foi manifestada aos homens por indícios suficientes. Com efeito, a divindade não se pode manifestar mais convenientemente do que por aquelas coisas que são próprias de Deus. Ora, é próprio de Deus mudar as leis da natureza, realizando obras superiores à natureza da qual Ele é o autor. Portanto, de maneira muito conveniente se prova que algo é divino pelas obras que se fazem sobre as leis da natureza, por exemplo, que os cegos vejam, que os leprosos se curem, que os mortos ressuscitem. Ora, Cristo realizou tais obras. Por isso, aos que Lhe perguntavam sobre essas obras: *És tu que hás de vir, ou devemos esperar outros?*[331], declarou a sua divindade, dizendo: *Os cegos veem, os coxos andam e os surdos ouvem*[332]. Não era necessário criar outro mundo, pois isso não tinha a ver com a razão da sabedoria divina, nem com a natureza das coisas.

Se, pois, se diz como propunha a *oitava razão*, que tais milagres foram feitos também por outros, como se lê, entretanto, deve-se considerar que Cristo os realizou de maneira muito diferente e mais divinamente. Lê-se que alguns fizeram estas coisas orando; Cristo as fez mandando, com a própria autoridade. E não somente fez essas coisas, mas também concedeu esta autoridade a outros para fazer as mesmas coisas e outras maiores, e as faziam apenas invocando o nome de Cristo. E Cristo não fez somente milagres corporais, mas também espirituais, que são muito maio-

---

[331] Mateus 11,3.
[332] Mateus 11,5.

ad invocationem nominis eius, spiritus sanctus daretur, quo accenderentur corda caritatis divinae affectu; et mentes instruerentur subito in scientia divinorum; et linguae simplicium redderentur disertae, ad divinam veritatem hominibus proponendam. Huiusmodi autem opera indicia sunt expressa divinitatis Christi, quae nullus purus homo facere potuit. Unde apostolus, ad Hebr., dicit quod salus hominum, cum initium accepisset enarrari per Dominum, per eos qui audierunt in nos confirmata est, attestante Deo signis et virtutibus et variis spiritus sancti distributionibus.

Licet autem saluti totius humani generis Dei incarnatio necessaria foret, non tamen oportuit quod a principio mundi Deus incarnaretur, ut nono obiiciebatur.

Primo quidem, quia per Deum incarnatum oportebat hominibus medicinam afferri contra peccata, ut superius habitum est. Contra peccatum autem alicui convenienter medicina non affertur nisi prius suum defectum recognoscat: ut sic per humilitatem homo, de seipso non praesumens, iactet spem suam in Deum, a quo solo potest sanari peccatum, ut supra habitum est. Poterat autem homo de seipso praesumere et quantum ad scientiam, et quantum ad virtutem. Relinquendus igitur aliquando fuit sibi, ut experiretur quod ipse sibi non sufficeret ad salutem: neque per scientiam naturalem, quia ante tempus legis scriptae, homo legem naturae transgressus est; neque per virtutem propriam, quia, data sibi cognitione peccati per legem, adhuc ex infirmitate peccavit. Et sic oportuit ut demum homini, neque de scientia neque de virtute praesumenti, daretur efficax auxilium contra peccatum per Christi incarnationem: scilicet

res, por exemplo, por Cristo e pela invocação de seu nome foi dado do Espírito Santo, por quem se inflamaram os corações do afeto da caridade divina; os espíritos foram instruídos de maneira repentina com a ciência das coisas divinas; as línguas dos simples se tornaram eloquentes[333] para propor a verdade divina aos homens. E tais obras que nenhum homem simples pôde fazer são indícios claros da divindade de Cristo. Por isso, diz o Apóstolo que *a salvação dos homens anunciada em primeiro lugar pelo Senhor foi confirmada por aqueles que a ouviram. Deus apoiou seu testemunho com sinais, prodígios e toda sorte de milagres. Distribuiu igualmente os dons do Espírito Santo, segundo os planos de sua vontade*[334].

Embora a Encarnação de Deus fosse necessária para a salvação de todo gênero humano, entretanto, não foi necessário que Deus se encarnasse desde o princípio do mundo, como objetava a *nona razão*.

Primeiro, porque era necessário que pelo Deus encarnado se trouxesse para os homens o remédio contra o pecado, como foi estabelecido[335]. Mas, a ninguém se oferece convenientemente a medicina contra o pecado se antes não reconhece sua própria deficiência, para que assim o homem, não presumindo de si mesmo, humildemente ponha sua esperança em Deus, por quem somente pode ser curado do pecado, como foi estabelecido[336]. Com efeito, o homem podia presumir de si mesmo tanto quanto à ciência, e quanto à virtude. Portanto, teve que ser abandonado a si mesmo por algum tempo para que experimentasse que ele não seria suficiente por si mesmo para salvar-se, nem pela ciência natural, porque antes do tempo da lei escrita, o homem transgrediu a lei da natureza; nem pelo próprio poder porque tendo lhe sido dado o conhecimento do pecado pela lei, ainda pecou por fraqueza. E assim, foi necessário que, finalmente, se desse ao homem, que não

---

[333] Sabedoria 10,21.
[334] Hebreus 2,3.4. (Bíblia Mensagem de Deus, Loyola/ Santuário, 2003.)
[335] Cf. capítulo anterior.
[336] Cf. capítulo anterior e Livro III, cap. 157.

gratia Christi, per quam et instrueretur in dubiis, ne in cognitione deficeret; et roboraretur contra tentationum insultus, ne per infirmitatem deficeret. Sic igitur factum est quod essent tres status humani generis: primus ante legem; secundus sub lege; tertius sub gratia.

Deinde per Deum incarnatum praecepta et documenta perfecta hominibus danda erant. Requirit autem hoc conditio humanae naturae, quod non statim ad perfectum ducatur, sed manuducatur per imperfecta ut ad perfectionem perveniat: quod in instructione puerorum videmus, qui primo de minimis instruuntur, nam a principio perfecta capere non valent. Similiter etiam, si alicui multitudini aliqua inaudita proponerentur et magna, non statim caperet nisi ad ea assuesceret prius per aliqua minora. Sic igitur conveniens fuit ut a principio humanum genus instrueretur de his quae pertinent ad suam salutem per aliqua levia et minora documenta per patriarchas et legem et prophetas, et tandem, in consummatione temporum, perfecta doctrina Christi proponeretur in terris: secundum quod apostolus dicit, ad Gal.: at ubi venit plenitudo temporis, misit Deus filium suum in terris. Et ibidem dicitur quod lex paedagogus noster fuit in Christo, sed iam non sumus sub paedagogo.- Simul etiam considerandum est quod, sicut adventum magni regis oportet aliquos nuntios praecedere, ut praeparentur subditi ad eum reverentius suscipiendum; ita oportuit adventum Dei in terras multa praecedere, quibus homines essent parati ad Deum incarnatum suscipiendum. Quod quidem factum est dum per praecedentia promissa et documenta hominum mentes dispositae sunt, ut facilius ei crederent qui ante praenuntiatus erat, et desiderantius susciperetur propter priora promissa.

presumia da ciência nem do poder, um auxílio eficaz contra o pecado pela Encarnação de Cristo, a saber, a graça de Cristo. Por ela não somente seria instruído nas dúvidas, mas também fortificado nos assaltos das tentações, para que não falhasse por fraqueza. Assim, pois, aconteceu que fossem três os estados do gênero humano: o primeiro, antes da lei; o segundo, sob a lei; o terceiro, sob a graça.

Segundo, Deus encarnado deveria dar aos homens preceitos e documentos perfeitos. Com efeito, requer a condição da natureza humana que não seja levada logo ao que é perfeito, mas que seja conduzida pelas coisas imperfeitas até que alcance a perfeição; vemos isto na educação das crianças: no início se instruem em coisas pequenas, pois não conseguem captar as coisas perfeitas. De modo semelhante, se para alguma multidão são propostas algumas coisas inauditas e grandes, ela não captaria logo a não ser que estivesse acostumada antes às coisas menores. Portanto, foi necessário que no início, o gênero humano fosse instruído do que pertence a sua salvação, por alguns documentos leves e menores dos patriarcas, da lei e dos profetas, e que, finalmente, na plenitude dos tempos fosse proposta a doutrina perfeita de Cristo em toda a terra, segundo o Apóstolo: *Mas quando chegou a data marcada por Deus, Ele, Deus, enviou seu Filho nascido de uma mulher*[337]. E aí mesmo se diz: *De modo que a lei nos serviu de pedagogo encarregado de levar-nos a Cristo... Não estamos mais sob a autoridade de um pedagogo*[338]. — Deve-se considerar, ao mesmo tempo, que assim como é necessário que a chegada de um grande rei seja precedida por alguns núncios, afim de que os súditos o recebam com mais reverência, assim era necessário que a chegada de Deus ao mundo fosse precedida de muitas coisas, pelas quais os homens fossem preparados para receber o Deus encarnado. E isto de fato aconteceu, quando os espíritos dos homens foram dispostos pelas promessas e documentos pre-

---

[337] Gálatas 4,4. (Bíblia Mensagem de Deus, Loyola/ Santuário, 2003.)
[338] Gálatas 3,24.

Et licet adventus Dei incarnati in mundum esset maxime necessarius humanae saluti, tamen non fuit necessarium quod usque ad finem mundi cum hominibus conversaretur, ut decima ratio proponebat. Hoc enim derogasset reverentiae quam homines debebant Deo incarnato exhibere: dum, videntes ipsum carne indutum aliis hominibus similem, nihil de eo ultra alios homines aestimassent. Sed eo, post mira quae gessit in terris, suam praesentiam hominibus subtrahente, magis ipsum revereri coeperunt. Propter quod etiam suis discipulis plenitudinem spiritus sancti non dedit quandiu cum eis conversatus fuit, quasi per eius absentiam eorum animis ad spiritualia munera magis praeparatis. Unde ipse eis dicebat: si non abiero, Paraclitus non veniet ad vos: si autem abiero, mittam eum ad vos.

Non oportuit autem Deum carnem impassibilem et immortalem suscipere, secundum quod undecima ratio proponebat: sed magis passibilem et mortalem.

Primo quidem, quia necessarium erat hominibus quod beneficium incarnationis cognoscerent, ut ex hoc ad divinum amorem inflammarentur. Oportuit autem, ad veritatem incarnationis manifestandam, quod carnem similem aliis hominibus sumeret, scilicet passibilem et mortalem. Si enim impassibilem et immortalem carnem suscepisset, visum fuisset hominibus, qui talem carnem non noverant, quod aliquod phantasma esset, et non veritas carnis.

Secundo, quia necessarium fuit Deum carnem assumere ut pro peccato humani generis satisfaceret. Contingit autem unum pro alio satisfacere, ut in tertio ostensum est, ita tamen quod poenam pro peccato alteri debitam ipse, sibi non debitam, voluntarie assumat. Poena autem consequens humani generis peccatum

cedentes, para crer mais facilmente n'Ele que antes fora anunciado e para recebê-lo com mais desejo graças às primeiras promessas.

Embora a chegada de Deus encarnado ao mundo fosse ao máximo necessária para a salvação dos homens, entretanto, não foi necessário que convivesse com os homens até o fim do mundo, como propunha a *décima razão*. Com efeito, isto derrogaria a reverência que os homens deviam exibir ao Deus encarnado, pois vendo-o revestido de carne, semelhante aos outros homens, não O estimariam mais que os outros homens. Mas, depois que fez coisas maravilhosas na terra, tendo retirado a sua presença entre os homens, estes começaram a reverenciá-lo muito mais. Por isso, também, enquanto conviveu com seus discípulos, não lhes deu em plenitude o Espírito Santo, como se a sua ausência prepararia melhor os seus ânimos para os dons espirituais. Por isso, dizia aos discípulos: *Se eu não for, o Paráclito não virá até vós; mas se eu for, enviá-lo-ei a vós*[339].

Não era necessário que Deus assumisse uma carne impassível e imortal, como propunha a *décima primeira razão*, mas antes, passível e mortal.

Primeiro, porque era necessário para os homens conhecer os benefícios da Encarnação e assim se inflamassem no amor divino. Era necessário, também, para manifestar a verdade da Encarnação, que assumisse uma carne semelhante aos outros homens, a saber, passível e mortal. Se, porém, recebesse uma carne impassível e imortal, pareceria aos homens que não conheciam tal carne que seria algum fantasma e não uma carne verdadeira.

Segundo, porque era necessário que Deus assumisse a carne para satisfazer pelo pecado do gênero humano. Ora, acontece que um satisfaz pelo outro, como foi provado[340], desde que um assuma voluntariamente a pena devida ao outro e não a si mesmo. E a pena consequente ao pecado do gênero humano é

---

[339] João 16,7.
[340] Livro III, cap. 158.

est mors et aliae passibilitates vitae praesentis, sicut supra dictum est: unde et apostolus dicit, ad Rom.: per unum hominem peccatum in hunc mundum intravit, et per peccatum mors. Oportuit igitur ut carnem passibilem et mortalem Deus assumeret absque peccato, ut sic, patiendo et moriendo, pro nobis satisfaceret et peccatum auferret. Et hoc est quod apostolus dicit, ad Rom., quod Deus misit filium suum in similitudinem carnis peccati, idest, habentem carnem similem peccatoribus, scilicet passibilem et mortalem; et subdit, ut de peccato damnaret peccatum in carne, idest, ut per poenam quam in carne pro peccato nostro sustinuit, peccatum a nobis auferret.

Tertio, quia per hoc quod carnem passibilem et mortalem habuit, efficacius dedit nobis exempla virtutis, passiones carnis fortiter superando, et eis virtuose utendo.

Quarto, quia per hoc magis ad spem immortalitatis erigimur, quod ipse de statu carnis passibilis et mortalis mutatus est in impassibilitatem et immortalitatem carnis: quod etiam de nobis sperare possumus, qui carnem gerimus passibilem et mortalem. Si vero a principio carnem impassibilem et immortalem assumpsisset, nulla daretur occasio immortalitatem sperandi his qui in seipsis mortalitatem et corruptibilitatem experiuntur. — Hoc etiam mediatoris officium requirebat quod, cum communem haberet nobiscum passibilem carnem et mortalem, cum Deo vero virtutem et gloriam: ut auferens a nobis quod nobiscum commune habebat, scilicet passionem et mortem, ad id nos duceret quod sibi et Deo erat commune. Fuit enim mediator ad coniungendum nos Deo.

Similiter etiam non fuit expediens quod Deus incarnatus vitam in hoc mundo ageret opulentam et honoribus seu dignitatibus sublimem, ut duodecima ratio concludebat.

a morte e outros sofrimentos da vida presente, como foi dito[341]. Por isso o Apóstolo diz: *O pecado entrou nesse mundo por um homem e, pelo pecado, a morte*[342]. Portanto, era necessário que Deus assumisse, sem pecado, uma carne passível e mortal, afim de que padecendo e morrendo satisfizesse por nós e apagasse o pecado. É o que diz o Apóstolo: *Deus enviou o seu Filho na semelhança da carne do pecado*[343], isto é, tendo uma carne semelhante aos pecadores, a saber, passível e mortal; e acrescenta: *Pelo pecado, condenou o pecado na carne*, isto é, pela pena que sofreu na carne pelo nosso pecado, apagou em nós o pecado.

Terceiro, porque teve uma carne passível e mortal, Cristo nos deu exemplos de virtude mais eficazes, superando com força as paixões da carne e usando delas virtuosamente.

Quarto, porque nos animamos em nossa esperança de imortalidade pelo fato de que Ele passou de um estado de carne passível e mortal a um estado de carne impassível e imortal; o que podemos esperar para nós que trazemos uma carne passível e mortal. Se, pelo contrário, assumisse desde o início uma carne impassível e imortal, àqueles que experimentam em si mesmos a mortalidade e a corruptibilidade não seria dada ocasião alguma para esperar a imortalidade. — Além disso, o ofício de mediador requeria que Cristo tivesse de comum conosco uma carne passível e mortal, e de comum com Deus o poder e a glória, para que libertando-nos do que tinha de comum conosco, o padecimento e a morte, nos conduzisse ao que era comum a Ele e a Deus. Ele foi, com efeito, mediador para nos unir a Deus.

Igualmente, não era oportuno, também, que Deus encarnado levasse uma vida opulenta neste mundo, repleta de honras ou de dignidades, como concluía *a décima segunda razão*.

---

[341] Cf. cap. 50.
[342] Romanos 5,12.
[343] Romanos 8,3.

Primo quidem, quia ad hoc venerat ut mentes hominum, terrenis deditas, a terrenis abstraheret et ad divina elevaret. Unde oportuit, ut suo exemplo homines in contemptum divitiarum et aliorum quae mundani desiderant duceret, quod inopem et privatam vitam ageret in hoc mundo.

Secundo quia, si divitiis abundasset et in aliqua maxima dignitate constitutus fuisset, id quod divine gessit magis potentiae saeculari quam virtuti divinitatis fuisset attributum. Unde efficacissimum argumentum suae divinitatis fuit quod absque adminiculo potentiae saecularis totum mundum in melius commutavit.

Unde patet etiam solutio ad id quod decimotertio obiiciebatur. Non est autem procul a vero quod filius Dei incarnatus obediens praecepto patris mortem sustinuit, secundum doctrinam apostoli. Praeceptum enim Dei est ad homines de operibus virtutum: et quanto aliquis perfectius actum virtutis exequitur, tanto magis Deo obedit. Inter alias autem virtutes praecipua caritas est, ad quam omnes aliae referuntur. Christus igitur, dum actum caritatis perfectissime implevit, Deo maxime obediens fuit. Nullus enim est actus caritatis perfectior quam quod homo pro amore alicuius etiam mortem sustineat: secundum quod ipsemet Dominus dicit: maiorem caritatem nemo habet quam quod animam suam ponat quis pro amicis suis. Sic igitur invenitur Christus, mortem sustinens pro salute hominum et ad gloriam Dei patris, Deo maxime obediens fuisse, actum caritatis perfectum exequendo.

Nec hoc repugnat divinitati ipsius, ut quartadecima ratio procedebat. Sic enim facta est unio in persona ut proprietas utriusque naturae maneret, divinae scilicet et humanae, ut supra habitum est. Et ideo, patiente Christo etiam mortem et alia quae humanitatis sunt,

Primeiro, porque para isto viera: desapegar os espíritos dos homens das coisas terrenas, às quais estavam presos, para elevá-los às coisas divinas. Por isso, era necessário que, por seu exemplo, os homens fossem levados a desprezar as riquezas e outras coisas semelhantes que os mundanos desejam e que Ele levasse uma vida de pobreza e de privações.

Segundo, porque se Ele abundasse em riquezas e fosse constituído na mais alta dignidade, aquilo que realizou divinamente seria atribuído antes à potência secular que ao poder da divindade. Por isso, a prova mais eficaz de sua divindade foi que mudou em melhor todo o mundo sem a ajuda da potência secular.

Portanto, fica clara também a solução à objeção *da décima terceira razão*. Não é contrário à verdade, pois, que o Filho de Deus encarnado sofreu a morte obedecendo ao preceito do Pai, como ensina o Apóstolo[344]. Assim, o preceito de Deus para os homens refere-se às obras das virtudes, de modo que quanto alguém exerce mais perfeitamente um ato de virtude, tanto mais obedece a Deus. Entre as muitas virtudes, a principal é a caridade, e a ela se referem todas as outras. Portanto, Cristo, ao realizar o mais perfeito ato de caridade, foi ao máximo obediente. Com efeito, nenhum ato de caridade é mais perfeito do que, que o homem sofra também a morte pelo amor de alguém, como o mesmo Senhor disse: *Não há maior caridade do que dar a vida pelo amigo*[345]. Assim, se vê que Cristo foi ao máximo obediente ao Pai, quando sofreu a morte pela salvação dos homens e para a glória de Deus Pai, realizando um ato perfeito de caridade.

Nem isto é incompatível com a sua divindade, como propunha a *décima quarta razão*. Assim, a união se fez na pessoa para que permanecesse a propriedade de ambas as naturezas, a saber, a humana e a divina, como foi dito[346]. Portanto, enquanto padecia a morte e

---

[344] Filipenses 11,8.
[345] João 15,13.
[346] Cf. cap. 41.

divinitas impassibilis mansit, quamvis, propter unitatem personae, dicamus Deum passum et mortuum. Cuius exemplum aliqualiter in nobis apparet, quia, moriente carne, anima remanet immortalis.

Sciendum est etiam quod, licet voluntas Dei non sit ad mortem hominum, ut quintadecima ratio proponebat, est tamen ad virtutem, per quam homo mortem fortiter sustinet, et ex caritate periculis mortis se obiicit. Et sic voluntas Dei fuit de morte Christi, inquantum Christus eam ex caritate suscepit et fortiter sustinuit.

Unde patet quod non fuit impium et crudele quod Deus pater Christum mori voluit, ut sextadecima ratio concludebat. Non enim coegit invitum, sed complacuit ei voluntas qua ex caritate Christus mortem suscepit. Et hanc etiam caritatem in eius anima operatus est.

Similiter etiam non inconvenienter dicitur quod propter humilitatem demonstrandam Christus mortem crucis voluit pati. Et revera quidem humilitas in Deum non cadit, ut decimaseptima ratio proponebat: quia virtus humilitatis in hoc consistit ut aliquis infra suos terminos se contineat, ad ea quae supra se sunt non se extendens, sed superiori se subiiciat; unde patet quod Deo humilitas convenire non potest, qui superiorem non habet, sed ipse super omnia existit. — Si autem aliquis vel aequali vel inferiori se ex humilitate aliquando subiiciat, hoc est quia secundum aliquid eum qui simpliciter vel aequalis vel inferior est, superiorem se arbitratur. Quamvis igitur Christo secundum divinam naturam humilitatis virtus non competat, competit tamen sibi secundum humanam naturam, et eius humilitas ex eius divinitate laudabilior redditur: dignitas enim personae adiicit ad laudem humilitatis; puta quando, pro aliqua necessitate, expedit aliquem magnum aliqua infima pati. — Nulla autem tanta dignitas esse potest hominis quam quod sit Deus. Unde hominis Dei humilitas maxime laudabilis invenitur, dum abiecta sustinuit quae pro salute

outras coisas próprias da humanidade, permanecia impassível a divindade, embora, em razão da unidade da pessoa, digamos que Deus padeceu e morreu. Temos disto um exemplo, porque quando morre a carne, a alma permanece imortal.

Deve-se saber, também que, embora a vontade de Deus não deseje a morte dos homens, como propunha *a décima quinta razão*, entretanto, deseja a virtude, pela qual o homem a suporta fortemente e se expõe aos seus perigos pela caridade. Neste sentido, Deus desejou a morte de Cristo, enquanto Cristo a aceitou por amor e a sofreu fortemente.

É evidente, pois, que Deus Pai não foi ímpio e cruel ao querer a morte de Cristo, como concluía a *décima sexta razão*. Com efeito, não coagiu o que não queria, mas agradou-Lhe a vontade com que Cristo aceitou a morte por amor. E este amor, foi Deus que o operou em sua alma.

Igualmente, não é inconveniente dizer que Cristo quis padecer a morte de cruz, para dar exemplo de humildade. Certamente a humildade, como propunha a *décima sétima razão*, não ocorre em Deus, porque a virtude da humildade consiste em que alguém se mantenha entre os seus limites, não se empenhando naquelas coisas que lhe são superiores, mas submetendo-se ao que é superior. É evidente, portanto, que a humildade não pode convir a Deus, uma vez que não tem o que lhe seja superior, mas Ele mesmo está sobre todas as coisas. — Se, porém, alguém se submete por humildade, às vezes, ou a alguém igual a si ou inferior, isso ocorre porque aquele que em sentido absoluto é ou igual ou inferior, se julga, por algum motivo, superior. Portanto, embora a virtude da humildade não convenha a Cristo pela natureza divina, entretanto, convém-lhe pela natureza humana, e a sua divindade torna a sua humildade mais digna de louvor. Com efeito, a dignidade de uma pessoa acrescenta ao louvor da humildade; por exemplo, quando, por alguma necessidade, alguém importante se dispõe a padecer humilhações. — Ora, não pode haver maior dignidade para

hominum ipsum pati expediebat. Erant enim homines, propter superbiam, mundanae gloriae amatores. Ut igitur hominum animos ab amore mundanae gloriae in amorem divinae gloriae transmutaret, voluit mortem sustinere, non qualemcumque, sed abiectissimam. — Sunt enim quidam qui, etsi mortem non timeant, abhorrent tamen mortem abiectam. Ad quam etiam contemnendam Dominus homines animavit suae mortis exemplo.

Et licet homines ad humilitatem informari potuerint divinis sermonibus instructi, ut decimaoctava ratio proponebat: tamen ad agendum magis provocant facta quam verba et tanto efficacius facta movent, quanto certior opinio bonitatis habetur de eo qui huiusmodi operatur. Unde, licet aliorum hominum multa humilitatis exempla invenirentur, tamen expedientissimum fuit ut ad hoc hominis Dei provocarentur exemplo, quem constat errare non potuisse; et cuius humilitas tanto est mirabilior quanto maiestas sublimior.

Manifestum est etiam ex praedictis quod oportuit Christum mortem pati, non solum ut exemplum praeberet mortem contemnendi propter veritatis amorem, sed ut etiam aliorum peccata purgaret. Quod quidem factum est dum ipse, qui absque peccato erat, mortem peccato debitam pati voluit, ut in se poenam aliis debitam, pro aliis satisfaciendo, susciperet. Et quamvis sola Dei gratia sufficiat ad remittendum peccata, ut decimanona ratio proponebat, tamen in remissione peccati exigitur etiam aliquid ex parte eius cui peccatum remittitur: ut scilicet satisfaciat ei quem offendit. Et quia alii homines pro seipsis hoc facere non poterant, Christus hoc pro omnibus fecit, mortem voluntariam ex caritate patiendo.

Et quamvis in puniendo peccata oporteat illum puniri qui peccavit, ut vigesima ratio

o homem do que ser Deus. Por isso, a humildade do Homem-Deus é ao máximo digna de louvor, quando suportou as abjeções que Ele teve de padecer pela salvação dos homens, que eram, devido à soberba, amantes da glória mundana. Portanto, para que convertesse os espíritos dos homens do amor da glória mundana ao amor da glória divina, quis suportar a morte, e não uma morte qualquer, mas uma morte abjetíssima. — Há alguns que, embora não temam a morte, entretanto, aborrecem uma morte abjeta. E para que fosse desprezada, também, esta morte, o Senhor animou os homens com o exemplo de sua morte.

Embora os homens, instruídos pelas palavras divinas, pudessem ser esclarecidos sobre a humildade, como propunha *a décima oitava razão*, contudo para agir, os fatos provocam mais que as palavras e tanto mais eficazmente os fatos movem, quanto mais certa a fama de bondade que se tem daquele que assim age. Por isso, embora se encontrem muitos exemplos de humildade de outros homens, entretanto, foi muitíssimo a propósito que para a humildade eles fossem provocados pelo exemplo do Homem-Deus, pois consta que Ele não poderia errar, e a sua humildade é tanto mais admirável, quanto mais sublime é a majestade.

É evidente, também, pelo que foi dito, que Cristo devia padecer a morte, não somente para dar exemplo de que a morte deve ser desprezada por amor da verdade, mas, também, para redimir os pecadores. O que, na verdade, aconteceu quando Ele, que era sem pecado, quis padecer a morte devida ao pecado, assumindo em si a pena devida aos outros e satisfazendo por todos. Embora só a graça de Deus seja suficiente para perdoar os pecados, como propunha *a décima nona razão*, entretanto, a remissão do pecado exige, também, algo da parte de quem o pecado é perdoado, a saber, que satisfaça a quem ofendeu. E porque os outros homens poderiam fazer isso para si mesmos, Cristo o fez para todos, padecendo, por caridade, uma morte voluntária.

Embora a punição dos pecados exija que se puna quem pecou, como propunha *a vigé-*

proponebat, tamen in satisfaciendo unus potest alterius poenam ferre. Quia dum poena pro peccato infligitur, pensatur eius qui punitur iniquitas: in satisfactione vero, dum quis, ad placandum eum quem offendit, voluntarie poenam assumit, satisfacientis caritas et benevolentia aestimatur, quae maxime apparet cum quis pro alio poenam assumit. Et ideo Deus satisfactionem unius pro alio acceptat, ut etiam in tertio libro ostensum est.

Satisfacere autem pro toto humano genere, ut supra ostensum est, nullus homo purus poterat: nec ad hoc Angelus sufficiebat, ut vigesimaprima ratio procedebat. Angelus enim, licet quantum ad aliquas proprietates naturales sit homine potior, tamen quantum ad beatitudinis participationem, in quam per satisfactionem reducendus erat, est ei aequalis. — Et iterum: non plene redintegraretur hominis dignitas, si Angelo pro homine satisfacienti obnoxius redderetur.

Sciendum autem est quod mors Christi virtutem satisfaciendi habuit ex caritate ipsius, qua voluntarie mortem sustinuit, non ex iniquitate occidentium, qui eum occidendo peccaverunt: quia peccatum non deletur peccato, ut vigesimasecunda ratio proponebat.

Et quamvis mors Christi pro peccato satisfactoria fuerit, non tamen toties eum mori oportuit quoties homines peccant, ut vigesimatertia ratio concludebat. Quia mors Christi sufficiens fuit ad omnium expianda peccata: tum propter eximiam caritatem qua mortem sustinuit; tum propter dignitatem personae satisfacientis, quae fuit Deus et homo. Manifestum est autem etiam in rebus humanis quod, quanto persona est altior, tanto poena quam sustinet pro maiori computatur, sive ad humilitatem et caritatem patientis, sive ad culpam inferentis.

Ad satisfaciendum autem pro peccato totius humani generis mors Christi sufficiens

sima razão, entretanto, quando se satisfaz, um pode suportar a pena de outro, porque quando se inflige uma pena pelo pecado, pesa-se a iniquidade de quem é punido. Mas, quando alguém assume voluntariamente a pena para aplacar aquele que ofendeu, esta satisfação é tida como um ato de caridade benevolente de quem satisfaz, o que principalmente se vê quando assume a pena de outro. Portanto, Deus aceita a satisfação de um pelo outro, como foi demonstrado.

Nenhum simples homem poderia satisfazer por todo gênero humano, como foi demonstrado[347]. Nem um anjo seria suficiente para isso, como prosseguia a *vigésima primeira razão*. Com efeito, embora o anjo seja superior ao homem quanto a algumas propriedades naturais, entretanto, é igual ao homem quanto à participação da bem-aventurança, à qual devia ser reconduzido por satisfação. — E ademais, a dignidade do homem não seria plenamente reintegrada se se tornasse dependente do anjo que satisfazia por ele.

Deve-se saber que a morte de Cristo teve o poder de satisfazer em razão de sua caridade, pela qual suportou voluntariamente a morte, e não em razão da iniquidade dos carrascos, que pecaram matando-o, porque um pecado não se apaga por outro pecado, como propunha a *vigésima segunda razão*.

Embora a morte de Cristo tenha sido satisfatória pelo pecado, entretanto, não devia morrer todas as vezes que os homens pecam, como concluia *a vigésima terceira razão*. Porque a morte de Cristo foi suficiente para os pecados de todos, seja em razão da exímia caridade com que suportou a morte, seja em razão da dignidade da pessoa que satisfazia, que era Deus e homem. É evidente que, também nas coisas humanas, quanto mais elevada é uma pessoa, tanto se computa em mais a pena que suporta, ou pela humildade e caridade de quem padece, ou pela culpa de quem a causa.

A morte de Cristo foi suficiente para satisfazer pelo pecado de todo gênero humano.

---

[347] Cf. capítulo anterior.

fuit. Quia, quamvis secundum humanam naturam solum mortuus fuerit, ut vigesimaquarta ratio proponebat, tamen ex dignitate personae patientis, quae est persona filii Dei, mors eius redditur pretiosa. Quia, ut supra dictum est, sicut maioris est criminis alicui personae inferre iniuriam quae maioris dignitatis existit, ita virtuosius est, et ex maiori caritate procedens, quod maior persona pro aliis se subiiciat voluntariae passioni.

Quamvis autem Christus pro peccato originali sua morte sufficienter satisfecerit, non est tamen inconveniens quod poenalitates ex peccato originali consequentes remaneant adhuc in omnibus qui etiam redemptionis Christi participes fiunt: ut vigesimaquinta ratio procedebat.

Hoc enim congruenter et utiliter factum est ut poena remaneret, etiam culpa sublata.

Primo quidem, ut esset conformitas fidelium ad Christum, sicut membrorum ad caput. Unde sicut Christus prius multas passiones sustinuit, et sic ad immortalitatis gloriam pervenit; sic decuit ut fideles eius prius passionibus subiacerent, et sic ad immortalitatem pervenirent, quasi portantes in seipsis insignia passionis Christi, ut similitudinem gloriae eius consequerentur; sicut apostolus, ad Rom., dicit: heredes quidem Dei, coheredes autem Christi. Si tamen compatimur, ut et simul glorificemur.

Secundo quia, si homines venientes ad Iesum statim immortalitatem et impassibilitatem consequerentur, plures homines ad Christum accederent magis propter haec corporalia beneficia quam propter spiritualia bona. Quod est contra intentionem Christi, venientis in mundum ut homines ab amore corporalium ad spiritualia transferret.

Tertio quia, si accedentes ad Christum statim impassibiles et immortales redderentur,

Porque, embora tenha morrido somente segundo a natureza humana, como propunha *a vigésima quarta razão,* entretanto, pela dignidade da pessoa paciente, que é a pessoa do Filho de Deus, a sua morte se torna precisa. Porque, como foi dito[348], assim como é um crime mais grave injuriar uma pessoa que tem uma gande dignidade, assim é um ato mais virtuoso e de maior caridade que uma pessoa mais elevada se submeta, pelos outros, a um padecimento voluntário.

Embora Cristo tenha, por sua morte, suficientemente satisfeito pelo pecado original, entretanto, não é incoveniente, como prosseguia *a vigésima quinta objeção,* que as penalidades que decorrem do pecado original permaneçam ainda em todos aqueles que participam também da redenção de Cristo.

Com efeito, foi adequado e útil que a pena permanecesse, mesmo tendo a culpa sido eliminada.

Primeiro, para que houvesse conformidade dos fiéis com Cristo, como a dos membros com a cabeça. Por isso, assim como Cristo suportou antes muitos padecimentos, e assim alcançou a glória da imortalidade, assim convinha que os seus fiéis fossem antes submetidos aos padecimentos, e assim alcançassem a imortalidade, levando por assim dizer as insígnias da paixão de Cristo, afim de conseguirem uma semelhança de sua glória, conforme diz o Apóstolo: *Herdeiros de Deus, coherdeiros de Cristo; se juntamente sofremos, juntamente seremos glorificados*[349].

Segundo, porque se os homens que vêm a Jesus conseguissem logo a imortalidade e a impassibilidade, muitos homens aproximar-se-iam de Jesus muito mais por estes benefícios corporais do que pelos bens espirituais. E isto é contrário à intenção de Cristo, que veio ao mundo para passar os homens do amor das coisas corporais para as espirituais.

Terceiro, porque, se aqueles que se aproximam de Cristo se tornassem logo impassíveis

---

[348] S. Tomás de Aquino (1225-1274), em Sobre as Razões da Fé, 7, 998.
[349] Romanos 8,17.

hoc quodammodo compelleret homines ad fidem Christi suscipiendam. Et sic meritum fidei minueretur.

Quamvis autem sufficienter pro peccatis humani generis sua morte satisfecerit, ut vigesimasexta ratio proponebat, sunt tamen unicuique remedia propriae salutis quaerenda. Mors enim Christi est quasi quaedam universalis causa salutis: sicut peccatum primi hominis fuit quasi universalis causa damnationis. Oportet autem universalem causam applicari ad unumquemque specialiter, ut effectum universalis causae percipiat. Effectus igitur peccati primi parentis pervenit ad unumquemque per carnis originem: effectus autem mortis Christi pertingit ad unumquemque per spiritualem regenerationem, per quam homo Christo quodammodo coniungitur et incorporatur. Et ideo oportet quod unusquisque quaerat regenerari per Christum, et alia suscipere in quibus virtus mortis Christi operatur.

Ex quo patet quod effluxus salutis a Christo in homines non est per naturae propaginem, sed per studium bonae voluntatis, qua homo Christo adhaeret. Et sic quod a Christo unusquisque consequitur, est personale bonum. Unde non derivatur ad posteros, sicut peccatum primi parentis, quod cum naturae propagine producitur. Et inde est quod, licet parentes sint a peccato originali mundati per Christum, non tamen est inconveniens quod eorum filii cum peccato originali nascantur, et sacramentis salutis indigeant, ut vigesimaseptima ratio concludebat.

Sic igitur ex praemissis aliquatenus patet quod ea quae circa mysterium incarnationis fides catholica praedicat, neque impossibilia neque incongrua inveniuntur.

e imortais, isso os compeliria de algum modo a receber a fé de Cristo. E assim o mérito da fé seria diminuído.

Embora Cristo tenha, pela sua morte, satisfeito suficientemente pelos pecados do gênero humano, como a *vigésima sexta razão* propunha, entretanto, deve-se buscar para cada um os remédios de sua própria salvação. Com efeito, assim como a morte de Cristo é a causa universal da salvação, assim o pecado do primeiro homem foi como a causa universal da condenação. Mas, para que cada um receba o efeito de uma causa universal, é necessário que tal causa lhe seja aplicada especialmente. Portanto, o efeito do pecado do primeiro pai chegou a cada um por origem carnal e o efeito da morte de Cristo atinge cada um por regeneração espiritual, pela qual o homem se une e se incorpora de algum modo a Cristo. É necessário, também, que cada um busque ser regenerado por Cristo e busque receber as outras coisas nas quais opera a potência da morte de Cristo.

É evidente, por isso, que a salvação de Cristo não flui até os homens por uma propagação natural, mas pela intenção de uma boa vontade com a qual o homem se une a Cristo. Assim, o que cada um recebe de Cristo é um bem pessoal. Por isso, não se transmite aos pósteros como o pecado do primeiro pai, por uma propagação natural. Daí resulta que, embora os pais tenham sido purificados por Cristo do pecado original, entretanto, não há inconveniência em que os seus filhos nasçam com o pecado original e necessitem dos sacramentos de salvação, como concluía a *vigésima sétima razão*.

Portanto, é evidente, pelo que precede, que nos ensinamentos da fé católica, sobre o mistério da Encarnação, nada é impossível ou incongruente.

O mistério dos sacramentos (56 a 78)

Na Suma Teológica (Volume IX, III Parte, q. 60 a 90, Loyola), Santo Tomás de Aquino dedicou tratados inteiros a este assunto. Aqui na Suma Contra os Gentios, o assunto é reduzido aos dados elementares de uma catequese

Capitulum LVI
De necessitate sacramentorum
(Summa Theologica, q. 61)

Quia vero, sicut iam dictum est, mors Christi est quasi universalis causa humanae salutis; universalem autem causam oportet applicari ad unumquemque effectum: necessarium fuit exhiberi hominibus quaedam remedia per quae eis beneficium mortis Christi quodammodo coniungeretur. Huiusmodi autem esse dicuntur ecclesiae sacramenta.

Huiusmodi autem remedia oportuit cum aliquibus visibilibus signis tradi.

Primo quidem, quia sicut ceteris rebus ita etiam homini Deus providet secundum eius conditionem. Est autem talis hominis conditio quod ad spiritualia et intelligibilia capienda naturaliter per sensibilia deducitur. Oportuit igitur spiritualia remedia hominibus sub signis sensibilibus dari.

Secundo quia instrumenta oportet esse primae causae proportionata. Prima autem et universalis causa humanae salutis est verbum incarnatum, ut ex praemissis apparet. Congruum igitur fuit ut remedia quibus universalis causae virtus pertingit ad homines, illius causae similitudinem haberent: ut scilicet in eis virtus divina invisibiliter operaretur sub visibilibus signis.

Tertio, quia homo in peccatum lapsus erat rebus visibilibus indebite inhaerendo. Ne igitur crederetur visibilia ex sui natura mala esse, et propter hoc eis inhaerentes peccasse, per ipsa visibilia congruum fuit quod hominibus remedia salutis adhiberentur: ut sic appareret

Capítulo 56
Necessidade dos Sacramentos
(Suma Teológica, q. 61)

Porque a morte de Cristo é, por assim dizer, a causa universal da salvação humana, como foi dito anteriormente, é necessário que tal causa seja aplicada a cada um dos efeitos. Por isso, foi necessário mostrar aos homens alguns remédios pelos quais lhes seria aplicado, de algum modo, o benefício da morte de Cristo. Estes remédios se chamam sacramentos da Igreja.

Foi necessário, ainda, que tais remédios lhes fossem dados mediante alguns sinais visíveis.

Primeiro, porque assim como a todas as coisas, assim também Deus atende ao homem segundo a sua condição. Ora, é tal a condição do homem que para apreender naturalmente as coisas espirituais e inteligíveis é conduzido pelas coisas sensíveis. Portanto, foi necessário que os remédios espirituais fossem dados aos homens por sinais sensíveis.

Segundo, porque os instrumentos devem ser proporcionados à primeira causa. Ora, a primeira e universal causa da salvação humana é o Verbo encarnado, como consta do que foi dito[1]. Portanto, foi adequado que os remédios mediante os quais a potência da causa universal alcança os homens fossem semelhantes a essa causa, a saber, que neles a potência divina operasse invisivelmente por sinais visíveis.

Terceiro, porque o homem caiu no pecado unindo-se indevidamente às coisas visíveis. Portanto, para que não se pensasse que as coisas visíveis são más por sua própria natureza, e que, por isso, os homens pecam unindo-se a elas, foi adequado que os homens se utilizassem

---

[1] Cf. capítulo anterior.

ipsa visibilia ex sui natura bona esse, velut a Deo creata, sed hominibus noxia fieri secundum quod eis inordinate inhaerent, salutifera vero secundum quod ordinate eis utuntur.

Ex hoc autem excluditur error quorundam haereticorum qui omnia huiusmodi visibilia a sacramentis ecclesiae volunt esse removenda. Nec mirum, quia ipsi iidem opinantur omnia visibilia ex sui natura mala esse, et ex malo auctore producta: quod in secundo libro reprobavimus.

Nec est inconveniens quod per res visibiles et corporales spiritualis salus ministretur: quia huiusmodi visibilia sunt quasi quaedam instrumenta Dei incarnati et passi; instrumentum autem non operatur ex virtute suae naturae, sed ex virtute principalis agentis, a quo applicatur ad operandum. Sic igitur et huiusmodi res visibiles salutem spiritualem operantur, non ex proprietate suae naturae, sed ex institutione ipsius Christi, ex qua virtutem instrumentalem consequuntur.

Capitulum LVII
De distinctione sacramentorum veteris et novae legis

Deinde considerandum est quod, cum huiusmodi visibilia sacramenta ex passione Christi efficaciam habeant et ipsam quodammodo repraesentent, talia ea esse oportet ut congruant saluti factae per Christum. Haec autem salus, ante Christi incarnationem et mortem, erat quidem promissa, sed non exhibita: sed verbum incarnatum et passum est salutem huiusmodi operatum. Sacramenta igitur quae incarnationem Christi praecesserunt, talia esse oportuit ut significarent et quodammodo repromitterent salutem: sacramenta autem quae Christi passionem consequuntur, talia esse oportet ut salutem hominibus exhibeant, et non solum significando demonstrent.

dos remédios da salvação mediante coisas visíveis. E assim, ficaria claro que as mesmas coisas visíveis são boas naturalmente, como criadas por Deus; mas que se tornam prejudiciais aos homens quando se apegam a elas desordenadamente, e pelo contrário se fazem saudáveis quando se utilizam delas ordenadamente.

Exclui-se, com isso, o erro de alguns hereges que querem eliminar todas essas coisas visíveis dos Sacramentos da Igreja. Nem se deve admirar, porque eles mesmos opinam que todas as coisas visíveis são más por sua própria natureza e que são produzidas por um mau autor, o que contestamos no Livro Segundo[2].

Com efeito, nada há de inconveniente que a salvação espiritual seja administrada por coisas visíveis e corporais, porque estas coisas visíveis são, por assim dizer, alguns instrumentos de Deus que se encarnou e padeceu e porque o instrumento não opera pela potência de sua natureza, mas pela potência do agente principal que o aplica à operação. Portanto, assim também essas coisas visíveis operam a salvação espiritual, não por sua própria natureza, mas pela instituição do mesmo Cristo, pela qual adquirem a potência instrumental.

Capítulo 57
A diferença entre os Sacramentos da Antiga e da Nova Lei

Deve-se considerar, ainda, que uma vez que estes sacramentos visíveis têm eficácia pela paixão de Cristo e a representam, de algum modo, é necessário que sejam adequados à salvação realizada por Cristo. Esta salvação, antes de Encarnação e da morte de Cristo, era certamente prometida, mas não concluída, mas o Verbo que se encarnou e padeceu realizou esta salvação. Portanto, os sacramentos que precederam a Encarnação de Cristo deviam ser tais que significassem e prometessem de algum modo a salvação, mas os Sacramentos posteriores à paixão de Cristo, devem ser tais que causem a salvação dos homens e não apenas a demonstrem significando-a.

---

[2] Livro II, cap. 41.

Per hoc autem evitatur Iudaeorum opinio, qui credunt sacramenta legalia, propter hoc quod a Deo sunt instituta, in perpetuum esse servanda: cum Deus non poeniteat, non mutetur. Fit autem absque mutatione disponentis vel poenitentia, quod diversa disponat secundum congruentiam temporum diversorum: sicut paterfamilias alia praecepta tradit filio parvulo, et alia iam adulto. Sic et Deus congruenter alia sacramenta et praecepta ante incarnationem tradidit, ad significandum futura: alia post incarnationem, ad exhibendum praesentia et rememorandum praeterita.

Magis autem irrationabilis est Nazaraeorum et ebionitarum error qui sacramenta legalia simul cum evangelio dicebant esse servanda, quia huiusmodi error quasi contraria implicat. Dum enim servant evangelica sacramenta, profitentur incarnationem et alia Christi mysteria iam esse perfecta: dum autem etiam sacramenta legalia servant, profitentur ea esse futura.

Capitulum LVIII
De numero sacramentorum novae legis
(Summa Theologica, q. 65)

Quia vero, ut dictum est, remedia spiritualis salutis sub signis sensibilibus sunt hominibus tradita, conveniens etiam fuit ut distinguerentur remedia quibus provideretur spirituali vitae, secundum similitudinem corporalis.

In vita autem corporali duplicem ordinem invenimus: sunt enim propagatores et ordinatores corporalis vitae in aliis; et sunt qui propagantur et ordinantur secundum corporalem vitam.

Vitae autem corporali et naturali tria sunt per se necessaria, et quartum per accidens. Oportet enim primo, quod per generationem seu nativitatem res aliqua vitam accipiat; secundo, quod per augmentum ad de-

Evita-se, assim, a opinião dos Judeus, que creem que os sacramentos da Lei devem ser guardados perpetuamente, porque foram instituídos por Deus. Uma vez que Deus não se arrepende, não se muda. Acontece, porém, que, sem mudança ou arrependimento de quem dispõe, Ele disponha coisas diversas segundo a congruência de tempos diversos; por exemplo, o pai de família dá alguns preceitos para o filho pequeno e outros para quando já adulto. Assim, também, Deus deu congruentemente sacramentos e preceitos diferentes; antes da Encarnação para significar as coisas futuras, e depois da Encarnação, para causar as coisas presentes e rememorar as coisas passadas.

Mais irracional é o erro dos Nazarenos e dos Ebionitas[3]. Diziam que os sacramentos da Lei deviam ser guardados e ao mesmo tempo o Evangelho, e tal erro implica contradição. Porque, enquanto guardam os Sacramentos evangélicos, professam que a Encarnação e os outros mistérios de Cristo já se realizaram, e enquanto guardam os sacramentos da Lei, professam que são futuros.

Capítulo 58
Número dos Sacramentos da Nova Lei
(Suma Teológica, q. 65)

Uma vez que os remédios espirituais da salvação foram entregues aos homens mediante sinais sensíveis, como foi dito, foi conveniente também que se distinguissem os remédios com os quais se providencia a vida espiritual à semelhança da vida corpórea.

Com efeito, encontramos duas ordens na vida corpórea: a ordem da propagação e da organização da vida corpórea nos outros e a ordem da propagação e da organização da vida corpórea em si mesmo.

Ora, três coisas são essencialmente necessárias na vida corpórea e natural, e uma quarta é necessária acidentalmente. Primeiro, é necessário que alguma coisa receba vida por geração ou nascimento. Segundo, é necessário

---

[3] Santo Agostinho de Hipona (354-431), em Sobre as Heresias a Quodvultdeus, ML 42, 9-10. Estas denominações referem-se aos cristãos judaizantes, que São Paulo condena na Carta aos Gálatas, cc. 1-3.

bitam quantitatem et robur perveniat; tertio, ad conservationem vitae per generationem adeptae, et ad augmentum, est necessarium nutrimentum. Et haec quidem sunt per se necessaria naturali vitae: quia sine his vita corporalis perfici non potest; unde et animae vegetativae quae est vivendi principium, tres vires naturales assignantur, scilicet generativa, augmentativa, et nutritiva. Sed quia contingit aliquod impedimentum circa vitam corporalem, ex quo res viva infirmatur, per accidens necessarium est quartum, quod est sanatio rei viventis aegrotae.

Sic igitur et in vita spirituali primum est spiritualis generatio, per baptismum; secundum est spirituale augmentum perducens ad robur perfectum, per sacramentum confirmationis; tertium est spirituale nutrimentum, per eucharistiae sacramentum. Restat quartum, quod est spiritualis sanatio, quae fit vel in anima tantum per poenitentiae sacramentum; vel ex anima derivatur ad corpus, quando fuerit opportunum, per extremam unctionem. Haec igitur pertinent ad eos qui in vita spirituali propagantur et conservantur.

Propagatores autem et ordinatores corporalis vitae secundum duo attenduntur: scilicet secundum originem naturalem, quod ad parentes pertinet; et secundum regimen politicum, per quod vita hominis pacifica conservatur, et hoc pertinet ad reges et principes.

Sic igitur est et in spirituali vita. Sunt enim quidam propagatores et conservatores spiritualis vitae secundum spirituale ministerium tantum, ad quod pertinet ordinis sacramentum; et secundum corporalem et spiritualem simul, quod fit per sacramentum matrimonii, quo vir et mulier conveniunt ad prolem generandam et educandam ad cultum divinum.

que ao crescer alcance a quantidade de vida e a força. Terceiro, é necessário o alimento para a conservação da vida recebida por geração e para o crescimento. Estas são as coisas essencialmente necessárias para a vida natural, porque sem elas a vida corpórea não pode se aperfeiçoar. Por isso, são atribuídas também à alma vegetativa, que é o princípio da vida, três potências naturais, a saber, a generativa, a aumentativa e a nutritiva. Mas, quando acontece algum impedimento à vida corpórea, pelo qual se enfraquece a coisa viva, é necessário, em quarto lugar, acidentalmente: a cura da coisa viva doente.

Assim, portanto, na vida espiritual, o primeiro é a geração espiritual pelo *Batismo*; o segundo, o crescimento espiritual que conduz à perfeita robustez, pelo sacramento da *Confirmação*; o terceiro, é o alimento espiritual, pelo sacramento da *Eucaristia*; ainda, o quarto, que é a cura espiritual que se faz ou somente na alma pelo sacramento da *Penitência*, ou que da alma passa ao corpo, quando for oportuno, pela *Extrema-unção*. Estas coisas pertencem àqueles que foram gerados e se conservam na vida espiritual.

Os propagadores e ordenadores da vida corpórea são considerados sob dois aspectos, a saber, segundo a origem natural, o que pertence aos pais; e segundo o regime político, pelo qual a vida do homem se conserva pacífica, e isto pertence aos reis e príncipes.

Portanto, assim também é na vida espiritual. Há alguns propagadores e conservadores da vida espiritual somente segundo o ministério espiritual, ao qual pertence o sacramento da *Ordem*; outros o fazem, também, segundo um ministério ao mesmo tempo corpóreo e espiritual, a saber, pelo sacramento do *Matrimônio*, pelo qual o homem e a mulher se unem para gerar e educar a prole para o culto divino.

Capitulum LIX
De baptismo
(Summa Theologica, q. 66-71)

Secundum hoc igitur apparere potest circa sacramenta singula et effectus proprius uniuscuiusque et materia conveniens.

Et primo quidem circa spiritualem generationem, quae per baptismum fit, considerandum est quod generatio rei viventis est mutatio quaedam de non vivente ad vitam. Vita autem spirituali privatus est homo in sua origine per peccatum originale, ut supra dictum est; et adhuc quaecumque peccata sunt addita abducunt a vita. Oportuit igitur baptismum, qui est spiritualis generatio, talem virtutem habere quod et peccatum originale, et omnia actualia peccata commissa tollat.

Et quia signum sensibile sacramenti congruum debet esse ad repraesentandum spiritualem sacramenti effectum, foeditatis autem ablutio in rebus corporalibus facilius et communius fit per aquam: idcirco baptismus convenienter in aqua confertur per verbum Dei sanctificata.

Et quia generatio unius est alterius corruptio; et quod generatur priorem formam amittit et proprietates ipsam consequentes: necesse est quod per baptismum, qui est spiritualis generatio, non solum peccata tollantur, quae sunt spirituali vitae contraria, sed etiam omnes peccatorum reatus. Et propter hoc baptismus non solum a culpa abluit, sed etiam ab omni reatu poenae absolvit. Unde baptizatis satisfactio non iniungitur pro peccatis.

Item, cum per generationem res formam acquirat, simul acquirit et operationem consequentem formam, et locum ei congruentem: ignis enim, mox generatus, tendit sursum sicut in proprium locum. Et ideo, cum baptismus sit spiritualis generatio, statim baptizati idonei sunt ad spirituales actiones, sicut ad susceptionem aliorum sacramentorum, et

---

Capítulo 59
O Batismo
(Suma Teológica, q. 66-71)

De acordo com o que foi considerado, pode-se mostrar não só o efeito próprio, mas também a matéria apropriada de cada um dos sacramentos.

Em primeiro lugar, no que diz respeito à geração espiritual, que se faz pelo Batismo, deve-se considerar que a geração de uma coisa viva é certa mudança do não vivo para a vida. Ora, o homem foi privado de vida espiritual na sua origem pelo pecado original, como foi dito[4]; e ainda, quaisquer pecados que se acrescentem o afastam da vida. Portanto, era necessário que o Batismo, que é geração espiritual, tivesse tal potência que cancelasse não só o pecado original, mas também todos os pecados atuais.

E porque o sinal sensível do sacramento deve ser adequado para representar o efeito do sacramento espiritual, e porque nas coisas corporais a limpeza das sujeiras se faz pela água mais facilmente e mais comumente, por isso confere-se o Batismo convenientemente numa água santificada pelo Verbo de Deus.

Porque a geração de um é a corrupção de outro, e porque o que é gerado perde a primeira forma e as propriedades que dela decorrem, é necessário que pelo Batismo, que é geração espiritual, não somente sejam cancelados os pecados que são contrários à vida espiritual, mas também todo reato dos pecados. Por isso, o Batismo não só limpa da culpa, mas também absolve de todo reato de pena. Eis porque aos batizados não se impõe a satisfação pelos pecados.

Igualmente. Uma vez que pela geração uma coisa adquire uma forma, adquire juntamente também a operação que se segue a esta forma, e o lugar que lhe convém; por exemplo, o fogo apenas gerado tende para cima como para seu próprio lugar. Por isso, uma vez que o Batismo é uma geração espiritual, logo os batizados são idôneos para ações espirituais; por exemplo,

---

[4] Cf. caps. 50.52.

ad alia huiusmodi; et statim eis debetur locus congruus spirituali vitae, qui est beatitudo aeterna. Et propter hoc baptizati, si decedant, statim in beatitudine recipiuntur. Unde dicitur quod baptismus aperit ianuam caeli.

Considerandum est etiam quod unius rei est una tantum generatio. Unde, cum baptismus sit spiritualis generatio, unus homo est semel tantum baptizandus. Manifestum est etiam quod infectio, quae per Adam in mundum intravit, semel tantum hominem inquinat. Unde et baptismus, qui contra eam principaliter ordinatur, iterari non debet. — Hoc etiam commune est, quod, ex quo res aliqua semel consecrata est, quandiu manet, ulterius consecrari non debet, ne consecratio inefficax videatur. Unde, cum baptismus sit quaedam consecratio hominis baptizati, non est iterandum baptisma. Per quod excluditur error donatistarum, vel rebaptizantium.

para a recepção de outros sacramentos e de outras coisas semelhantes. E imediatamente têm o direito ao lugar adequado à vida espiritual, que é a bem-aventurança eterna. E por isso, se os batizados morrem, imediatamente são acolhidos na bem-aventurança. Assim, se diz que *o Batismo abre a porta do céu*[5].

Deve-se considerar, também, que é próprio de uma coisa ter apenas uma geração. Portanto, uma vez que o Batismo é uma geração espiritual, um homem deve ser batizado somente uma vez. Igualmente, é evidente que a corrupção que entrou no mundo por Adão mancha o homem uma vez só. Por isso, também, o batismo que se ordena principalmente contra ela, não deve ser repetido. — Este comportamento é comum; por exemplo, quando uma coisa é consagrada uma vez não deve ser reconsagrada de novo, para que a consagração não pareça ineficaz. Portanto, uma vez que o batismo é uma consagração do homem batizado, não deve ser repetido. E assim, o erro dos Donatistas e dos Rebatizadores[6] é refutado.

Capitulum LX
De confirmatione
(Summa Theologica, q. 72)

Perfectio autem spiritualis roboris in hoc proprie consistit, quod homo fidem Christi confiteri audeat coram quibuscumque, nec inde retrahatur propter confusionem aliquam vel terrorem: fortitudo enim inordinatum timorem repellit. Sacramentum igitur quo spirituale robur regenerato confertur, eum quodammodo instituit pro fide Christi propugnatorem.

Et quia pugnantes sub aliquo principe eius insignia deferunt, hi qui confirmationis sacramentum suscipiunt signo Christi insigniuntur, videlicet signo crucis, quo pugnavit et vicit. Hoc autem signum in fronte suscipiunt, in

Capítulo 60
A Confirmação
(Suma Teológica, q. 72)

A perfeição da fortaleza espiritual consiste propriamente em que o homem ouse confessar a fé de Cristo diante de quem quer que seja e não se retraia dela em razão de alguma confusão ou medo; a fortaleza repele o medo desordenado. Portanto, o sacramento que confere a fortaleza espiritual ao regenerado, o constitui de alguma maneira defensor da fé de Cristo.

E porque os que lutam sob a chefia de um príncipe levam as suas insígnias, os que recebem o sacramento da Confirmação são marcados com o sinal de Cristo, a saber, com o sinal da cruz, com que Ele lutou e venceu. E

---

5 Beda, o Venerável (673-735), em Exposição sobre o Evangelho de Lucas, III, ML 92, 358BC.
6 Santo Agostinho de Hipona (354-431), em Sobre as Heresias a Quodvultdeus, ML 42, 69. Donatistas — são os seguidores de Donato (270-335). Eles se consideravam os únicos herdeiros dos Apóstolos. Santo Agostinho e vários Sínodos os condenaram por seu caráter rigorista. Rebatizadores — datam inicialmente dos séculos III-IV. Discutiam a validade dos batismos realizados por ministros hereges.

signum quod publice fidem Christi confiteri non erubescant.

Haec autem insignitio fit ex confectione olei et balsami, quae chrisma vocatur, non irrationabiliter. Nam per oleum spiritus sancti virtus designatur, quo et Christus unctus nominatur, ut sic a Christo christiani dicantur, quasi sub ipso militantes. — In balsamo autem, propter odorem, bona fama ostenditur, quam necesse est habere eos qui inter mundanos conversantur, ad fidem Christi publice confitendam, quasi in campum certaminis de secretis ecclesiae sinibus producti.

Convenienter etiam hoc sacramentum a solis pontificibus confertur, qui sunt quodammodo duces exercitus christiani: nam et apud saecularem militiam ad ducem exercitus pertinet ad militiam eligendo quosdam adscribere; ut sic qui hoc sacramentum suscipiunt, ad spiritualem militiam quodammodo videantur adscripti. Unde et eis manus imponitur, ad designandam derivationem virtutis a Christo.

Capitulum LXI
De eucharistia
(Summa Theologica, q. 73-83)

Sicut autem corporalis vita materiali alimento indiget, non solum ad quantitatis augmentum, sed etiam ad naturam corporis sustentandam, ne propter resolutiones continuas dissolvatur et eius virtus depereat; ita necessarium fuit in spirituali vita spirituale alimentum habere, quo regenerati et in virtutibus conserventur, et crescant.

Et quia spirituales effectus sub similitudine visibilium congruum fuit nobis tradi, ut dictum est, huiusmodi spirituale alimentum nobis traditur sub speciebus illarum rerum quibus homines communius ad corporale alimentum utuntur. Huiusmodi autem sunt panis et vi-

recebem este sinal na fronte, como prova de que não se envergonham de confessar publicamente a fé de Cristo.

E este sinal se faz com uma mistura de azeite e de bálsamo que se chama crisma. Com efeito, pelo azeite se designa a potência do Espírito Santo, pela qual Cristo é denominado o *Ungido,* e assim por Cristo se chamam *cristãos*, isto é, combatentes sob Cristo. — Pelo bálsamo, em razão de seu odor, mostra-se a boa fama, que é necessário possuir aqueles que convivem com os do mundo, para confessar publicamente a fé de Cristo, como se fossem lançados do secreto seio da Igreja para o campo de batalha.

É conveniente, também, que este Sacramento seja conferido somente pelos Bispos, que são, de algum modo, comandantes do exército cristão. Na milícia secular, pertence ao comandante do exército inscrever na milícia alguns escolhidos. Assim, aqueles que recebem este Sacramento, tornam-se, de certo modo, inscritos na milícia espiritual. Por isso, também, lhes é imposta a mão em sinal da transmissão da força de Cristo.

Capítulo 61
A Eucaristia
(Suma Teológica, q. 73-83)

Assim como a vida corpórea, para que não se dissolva pelos desgastes contínuos e não perca a sua força, necessita do alimento material, não somente para o crescimento, mas também para conservar a natureza do corpo; assim, também, era necessário que a vida espiritual tivesse um alimento espiritual pelo qual os regenerados se conservem e cresçam nas virtudes.

E porque foi conveniente que os efeitos espirituais nos fossem dados sob a semelhança das coisas visíveis, como foi dito[7], este alimento espiritual nos é dado sob as espécies daquelas coisas que os homens usam comumente para o alimento corporal. Tais são o

---

[7] Cf. cap. 56.

num. Et ideo sub speciebus panis et vini hoc traditur sacramentum.

Sed considerandum est quod aliter generans generato coniungitur et aliter nutrimentum nutrito in corporalibus rebus. Generans enim non oportet secundum substantiam generato coniungi, sed solum secundum similitudinem et virtutem: sed alimentum oportet nutrito secundum substantiam coniungi. Unde, ut corporalibus signis spirituales effectus respondeant, mysterium verbi incarnati aliter nobis coniungitur in baptismo, qui est spiritualis regeneratio; atque aliter in hoc eucharistiae sacramento, quod est spirituale alimentum. In baptismo enim continetur verbum incarnatum solum secundum virtutem: sed in eucharistiae sacramento confitemur ipsum secundum substantiam contineri.

Et quia complementum nostrae salutis factum est per passionem Christi et mortem, per quam eius sanguis a carne separatus est, separatim nobis traditur sacramentum corporis eius sub specie panis, et sanguinis sub specie vini; ut sic in hoc sacramento passionis dominicae memoria et repraesentatio habeatur. Et secundum hoc impletur quod Dominus dixit, Ioan. 6,56: caro mea vere est cibus, et sanguis meus vere est potus.

Capitulum LXII
De errore infidelium circa sacramentum eucharistiae

Sicut autem, Christo proferente haec verba, quidam discipulorum turbati sunt, dicentes, durus est hic sermo. Quis potest eum audire? ita et contra doctrinam ecclesiae insurrexerunt haeretici veritatem huius negantes. Dicunt enim in hoc sacramento non realiter esse corpus et sanguinem Christi, sed significative tantum: ut sic intelligatur quod Christus dixit, demonstrato pane, hoc est corpus meum, ac si diceret, hoc est signum, vel figura corporis

pão e o vinho. Por isso, este Sacramento nos é dado sob as espécies de pão e vinho.

Entretanto, deve-se considerar que nas coisas corporais a união entre o genitor e o gerado é distinta da união entre o alimento e o alimentado. Não é necessário, pois, que o genitor se una ao gerado substancialmente, mas só pela semelhança e força; mas, é necessário que o alimento se una ao alimentado substancialmente. Por isso, para que os efeitos espirituais respondam aos sinais corporais, o mistério do Verbo Encarnado se une a nós de um modo no Batismo que é uma geração espiritual, e de outro modo neste Sacramento da Eucaristia que é o alimento espiritual. Portanto, no Batismo, o Verbo Encarnado está contido somente segundo a força; mas, no Sacramento da Eucaristia confessamos que Ele está contido substancialmente.

Uma vez que a nossa salvação completou-se pela paixão e morte de Cristo, pela qual o seu sangue se separou da carne, por isso, o Sacramento do seu corpo sob a espécie de pão, e do seu sangue sob a espécie de vinho, nos é dado separadamente. E assim, neste Sacramento tem-se a memória e a representação da paixão do Senhor, e se cumpre o que o Senhor disse: *A minha carne é verdadeiramente comida, e o meu sangue é verdadeiramente bebida*[8].

Capítulo 62
Erro dos infiéis sobre o Sacramento da Eucaristia

Assim como alguns discípulos se perturbaram ouvindo Cristo falar, como foi citado, disseram: *Duras são estas palavras! Quem pode ouvi-las?*[9], assim, também, os hereges se insurgiram contra a doutrina da Igreja, negando a verdade deste Sacramento. Afirmam, com efeito, que neste Sacramento não está realmente o corpo e o sangue de Cristo, mas somente simbolicamente, e assim, se entende o que Cristo disse, depois de mostrar o pão: *Isto é o*

---

[8] João 6,56.
[9] João 6,61.

mei; secundum quem modum et apostolus dixit, I Cor. 10,4, petra autem erat Christus, idest, Christi figura; et ad hunc intellectum referunt quicquid in Scripturis invenitur similiter dici.

Huius autem opinionis occasionem assumunt ex verbis Domini, qui de sui corporis comestione et sanguinis potatione, ut scandalum discipulorum quod obortum fuerat sopiretur, quasi seipsum exponens, dixit: verba quae ego locutus sum vobis, spiritus et vita sunt: quasi ea quae dixerat, non ad litteram, sed secundum spiritualem sensum intelligenda essent.

Inducuntur etiam ad dissentiendum ex multis difficultatibus quae ad hanc ecclesiae doctrinam sequi videntur, propter quas hic sermo Christi et ecclesiae durus eis apparet.

Et primo quidem, difficile videtur quomodo verum corpus Christi in altari esse incipiat. Aliquid enim incipit esse ubi prius non fuit, dupliciter: vel per motum localem, vel per conversionem alterius in ipsum; ut patet in igne, qui alicubi esse incipit vel quia ibi de novo accenditur, vel quia illuc de novo apportatur. Manifestum est autem verum corpus Christi non semper in hoc altari fuisse: confitetur enim ecclesia Christum in suo corpore ascendisse in caelum. -Videtur autem impossibile dici quod aliquid hic de novo convertatur in corpus Christi. Nihil enim videtur converti in praeexistens: cum id in quod aliquid convertitur, per huiusmodi conversionem esse incipiat.Manifestum est autem corpus Christi praeextitisse, utpote in utero virginali conceptum. Non igitur videtur esse possibile quod in altari de novo esse incipiat per conversionem alterius in ipsum.

Similiter autem, nec per loci mutationem. Quia omne quod localiter movetur, sic incipit esse in uno loco quod desinit esse in alio, in quo prius fuit. Oportebit igitur dicere quod, cum Christus incipit esse in hoc altari, in quo

meu corpo[10], a saber: *Isto é o sinal ou a figura de meu corpo*, à maneira como o Apóstolo disse: *A pedra era Cristo*[11], isto é, a figura de Cristo. A esta interpretação referem tudo o que se encontra nas Escrituras semelhantemente.

E a ocasião de suas opiniões são, ainda, as palavras do Senhor, que para apaziguar o escândalo levantado entre os discípulos ao falar de comer o corpo e beber o sangue, disse: *As palavras que Eu vos disse são espírito e vida*[12], explicando que aquelas palavras deviam ser entendidas, não literalmente, mas em sentido espiritual.

Eles são induzidos, também, a dissentir pelas muitas dificuldades que parecem seguir-se desta doutrina da Igreja e que fazem parecer dura esta palavra de Cristo e da Igreja.

A primeira. Parece-lhes difícil entender como o verdadeiro corpo de Cristo começa a existir no altar. Com efeito, de dois modos alguma coisa começa a existir onde não esteve: ou pelo movimento local, ou pela conversão de outra coisa nela; por exemplo, o fogo começa a existir em algum lugar, ou porque é ai aceso, ou porque para aí é levado. É evidente que o verdadeiro corpo de Corpo de Cristo nem sempre existiu neste altar, uma vez que a Igreja confessa que Cristo subiu ao céu em seu corpo. — Parece impossível afirmar que alguma coisa aqui se converte de novo no corpo de Cristo. Com efeito, nada parece converter-se em algo preexistente, uma vez que aquilo em que algo se converte começa a existir por tal conversão. É evidente que o corpo de Cristo, concebido no útero da Virgem, era preexistente. Portanto, é impossível que de novo comece a existir no altar pela conversão de outra coisa em si mesmo.

Igualmente, nem isto acontece por mudança de lugar, porque tudo que se move localmente, começa a existir em um lugar, cessando de existir naquele em que antes existia. Portanto, será necessário dizer que, quando

---

[10] Mateus 26,26.
[11] 1 Coríntios 10,4
[12] João 6,64.

hoc sacramentum peragitur, desinat esse in caelo, quo ascendendo pervenerat.

Amplius. Nullus motus localis terminatur simul ad duo loca. Manifestum est autem hoc sacramentum simul in diversis altaribus celebrari. Non est ergo possibile, quod per motum localem corpus Christi, ibi esse incipiat.

Secunda difficultas ex loco accidit.

Non enim semotim partes alicuius in diversis locis continentur, ipso integro permanente. Manifestum est autem in hoc sacramento seorsum esse panem et vinum in locis separatis. Si igitur caro Christi sit sub specie panis, et sanguis sub specie vini, videtur sequi quod Christus non remaneat integer, sed semper cum hoc sacramentum agitur, eius sanguis a corpore separetur.

Adhuc. Impossibile videtur quod maius corpus in loco minoris includatur. Manifestum est autem verum corpus Christi esse maioris quantitatis quam panis qui in altari offertur. Impossibile igitur videtur quod verum corpus Christi totum et integrum sit ubi videtur esse panis. Si autem ibi est non totum, sed aliqua pars eius, redibit primum inconveniens, quod semper dum hoc sacramentum agitur, corpus Christi per partes discerpatur.

Amplius. Impossibile est unum corpus in pluribus locis existere. Manifestum est autem hoc sacramentum in pluribus locis celebrari. Impossibile igitur videtur quod corpus Christi in hoc sacramento veraciter contineatur. Nisi forte quis dicat quod secundum aliquam particulam est hic, et secundum aliam alibi. Ad quod iterum sequitur quod per celebrationem huius sacramenti corpus Christi dividatur in partes: cum tamen nec quantitas corporis Christi sufficere videatur ad tot particulas ex eo dividendas, in quot locis hoc sacramentum peragitur.

Cristo começa a existir neste altar, em que se celebra este Sacramento, cessa de existir no céu, aonde chegara pela ascensão.

Ademais. Nenhum movimento local termina ao mesmo tempo em dois lugares. Ora, é evidente que este Sacramento é celebrado ao mesmo tempo em diversos altares. Portanto, é impossível que o corpo de Cristo comece a existir aí por movimento local.

A *segunda* dificuldade acontece por causa do lugar.

Com efeito, as partes de alguma coisa não se contêm em lugares diferentes, permanecendo ela inteira. Ora, é claro que neste Sacramento o pão e o vinho existem à parte em lugares separados. Portanto, se a carne de Cristo existe sob a espécie de pão, e o sangue sob a espécie de vinho, parece seguir-se que Cristo não permanece inteiro, pois sempre que se celebra este Sacramento o sangue de Cristo separa-se do seu corpo.

Ainda. Parece ser impossível que um corpo maior seja encerrado no lugar de um corpo menor. Ora, é evidente que o verdadeiro corpo de Cristo tem um tamanho maior que o pão que é oferecido no altar. Portanto, parece ser impossível que o verdadeiro corpo de Cristo esteja todo e inteiro onde parece estar o pão. Mas, se não está aí todo, mas uma sua parte, volta-se à dificuldade precedente, a saber, que sempre que se celebra este Sacramento, o corpo de Cristo se divide em partes.

Ademais. É impossível que um único corpo exista em muitos lugares. Ora, é claro que este Sacramento é celebrado em muitos lugares. Portanto, parece ser impossível que o corpo de Cristo exista verdadeiramente neste Sacramento. A não ser que, talvez, alguém diga que está aqui segundo alguma partícula e em outro lugar segundo outra. Mas, disto segue-se ainda uma vez que pela celebração deste Sacramento o corpo de Cristo é dividido em partes, e por outra parte, nem o tamanho do corpo de Cristo parece ser suficiente para tantas partículas a serem divididas dele para outros tantos lugares nos quais é celebrado este Sacramento.

Tertia difficultas est ex his quae in hoc sacramento sensu percipimus.

Sentimus enim manifeste, etiam post consecrationem, in hoc sacramento omnia accidentia panis et vini, scilicet colorem, saporem, odorem, figuram, quantitatem et pondus: circa quae decipi non possumus, quia sensus circa propria sensibilia non decipitur. Huiusmodi autem accidentia in corpore Christi esse non possunt sicut in subiecto; similiter etiam nec in aere adiacenti: quia, cum plurima eorum sint accidentia naturalia, requirunt subiectum determinatae naturae, non qualis est natura corporis humani vel aeris. — Nec possunt per se subsistere: cum accidentis esse sit inesse. Accidentia etiam, cum sint formae, individuari non possunt nisi per subiectum. Unde remoto subiecto, essent formae universales. — que Relinquitur igitur huiusmodi accidentia esse in suis determinatis subiectis, scilicet in substantia panis et vini. Est igitur ibi substantia panis et vini, et non substantia corporis Christi: cum impossibile videatur duo corpora esse simul.

Quarta difficultas accidit ex passionibus et actionibus quae apparent in pane et vino post consecrationem sicut et ante. Nam vinum, si in magna quantitate sumeretur, calefaceret, et inebriaret: panis autem et confortaret et nutriret. Videntur etiam, si diu et incaute serventur, putrescere; et a muribus comedi; comburi etiam possunt et in cinerem redigi et vaporem; quae omnia corpori Christi convenire non possunt; cum fides ipsum impassibilem praedicet. Impossibile igitur videtur quod corpus Christi in hoc sacramento substantialiter contineatur.

Quinta difficultas videtur specialiter accidere ex fractione panis.

A terceira dificuldade procede daquelas coisas que percebemos pelos sentidos.

Com efeito, também após a consagração, sentimos claramente neste Sacramento todos os acidentes do pão e do vinho, a saber, a cor, o sabor, o odor, a figura, a quantidade e o peso. A respeito destes não podemos ser enganados, *porque os sentidos não se enganam quanto aos seus próprios sensíveis*[13]. Ora, tais acidentes não podem existir no corpo de Cristo como em seu sujeito, nem tampouco no ar adjacente, porque como muitos deles são acidentes naturais, requerem um sujeito de determinada natureza, e de nenhum modo a natureza do corpo humano ou do ar. — Nem podem subsistir por si mesmos, *uma vez que é próprio do acidente existir em outro*[14]. — Ora, os acidentes, como são formas, não podem ser individualizados a não ser por um sujeito. Por isso, removido o sujeito, seriam formas universais. — Portanto, resulta que tais acidentes existem em seus determinados sujeitos, a saber, na substância do pão e do vinho. Logo, é a substância do pão e do vinho que aí existe, e não substância do corpo de Cristo, uma vez que parece impossível que dois corpos existam ao mesmo tempo.

A quarta dificuldade procede das paixões [das forças passivas] e das ações [das forças ativas] que se mostram no pão e no vinho depois da consagração, assim como também antes.

Com efeito, se tomar em grande quantidade o vinho, se aquecerá e se inebriará, o pão, por sua vez, confortará e nutrirá. Além disso, se forem guardados por muito tempo e sem precauções, corromper-se-ão, e serão comidos por ratos, e poderão ser queimados, também reduzidos a cinzas ou evaporados. Tudo isso não pode convir ao corpo de Cristo, uma vez que a fé o declara impassível. Portanto, é impossível que o corpo de Cristo esteja substancialmente contido neste Sacramento.

A quinta dificuldade parece proceder especialmente da fração do pão.

---

[13] Aristóteles (384-322 a.C.), em Sobre a Alma III, 6, 430b, 29.
[14] Aristóteles (384-322 a.C.), em Metafísica IV, 1017a, 19-22.

Quae quidem sensibiliter apparet, nec sine subiecto esse potest. Absurdum etiam videtur dicere quod illius fractionis subiectum sit corpus Christi. Non igitur videtur ibi esse corpus Christi, sed solum substantia panis et vini.

Haec igitur et huiusmodi sunt propter quae doctrina Christi et ecclesiae circa hoc sacramentum dura esse videtur.

Capitulum LXIII
Solutio praemissarum difficultatum, et primo quoad conversionem panis in corpus Christi

Licet autem divina virtus sublimius et secretius in hoc sacramento operetur quam ab homine perquiri possit, ne tamen doctrina ecclesiae circa hoc sacramentum, infidelibus impossibilis videatur, conandum est ad hoc quod omnis impossibilitas excludatur.

Prima igitur occurrit consideratio, per quem modum verum Christi corpus esse sub hoc sacramento incipiat.

Impossibile autem est quod hoc fiat per motum localem corporis Christi. Tum quia sequeretur quod in caelo esse desineret quandocumque hoc agitur sacramentum. Tum quia non posset simul hoc sacramentum agi, nisi in uno loco: cum unus motus localis non nisi ad unum terminum finiatur. Tum etiam quia motus localis instantaneus esse non potest, sed tempore indiget. Consecratio autem perficitur in ultimo instanti prolationis verborum. Relinquitur igitur dicendum quod verum corpus Christi esse incipiat in hoc sacramento per hoc quod substantia panis convertitur in substantiam corporis Christi, et substantia vini in substantiam sanguinis eius.

Ex hoc autem apparet falsam esse opinionem, tam eorum qui dicunt substantiam panis simul cum substantia corporis Christi in hoc sacramento existere; quam etiam eorum qui ponunt substantiam panis in nihilum redigi, vel in primam materiam resolvi. Ad utrum-

Com efeito, esta fração é visível ao sentido e não pode acontecer sem sujeito. Ora, parece absurdo dizer que o sujeito dessa fração é o corpo de Cristo. Portanto, parece que exista o corpo de Cristo, mas apenas a substância de pão e de vinho.

Estas e outras semelhantes são, pois, as razões pelas quais a doutrina de Cristo e da Igreja sobre este Sacramento parece ser dura.

Capítulo 63
Solução das dificuldades supracitadas e primeiro das concernentes à conversão do pão no corpo de Cristo

Embora o poder divino opere neste Sacramento de uma maneira mais sublime e mais secreta do que o homem pode inquirir, entretanto, para que a doutrina da Igreja sobre este Sacramento não pareça impossível aos infiéis, deve-se esforçar para que toda impossibilidade seja excluída.

Ocorre uma *primeira* consideração sobre de que maneira o verdadeiro corpo de Cristo começa a existir neste Sacramento.

Com efeito, é impossível que isso se faça por um movimento local do corpo de Cristo. Seja, porque seguir-se-ia que a cada celebração, cessaria de existir no céu; seja, porque este Sacramento não poderia se realizar simultaneamente, senão em único lugar, uma vez que um único movimento local não acaba a não ser em um único termo; seja, porque o movimento local não pode ser instantâneo, mas necessita de tempo. Ora, a consagração se perfaz no último instante da pronunciação das palavras. Deve-se dizer, finalmente, que o verdadeiro corpo de Cristo começa a existir neste Sacramento pelo fato de que a substância do pão se converte na substância do corpo de Cristo e a substância do vinho na substância de seu sangue.

Por isto se mostra que é falsa a opinião, seja a daqueles que dizem que a substância do pão existe neste sacramento ao mesmo tempo em que a substância do corpo de Cristo; seja, também, a daqueles que afirmam que a substância do pão se reduz a nada, ou se dissolve

que enim sequitur quod corpus Christi in hoc sacramento esse incipere non possit nisi per motum localem: quod est impossibile, ut ostensum est.

Praeterea, si substantia panis simul est in hoc sacramento cum vero corpore Christi, potius Christo dicendum fuit, hic est corpus meum, quam, hoc est corpus meum: cum per hic demonstretur substantia quae videtur, quae quidem est substantia panis, si in sacramento cum corpore Christi remaneat.
Similiter etiam impossibile videtur quod substantia panis omnino in nihilum redeat. Multum enim de natura corporea primo creata iam in nihilum rediisset ex frequentatione huius mysterii. Nec est decens ut in sacramento salutis divina virtute aliquid in nihilum redigatur.
Neque etiam in materiam primam substantiam panis est possibile resolvi: cum materia prima sine forma esse non possit. Nisi forte per materiam primam prima elementa corporea intelligantur. In quae quidem si substantia panis resolveretur, necesse esset hoc ipsum percipi sensu: cum elementa corporea sensibilia sint. Esset etiam ibi localis transmutatio et corporalis alteratio contrariorum, quae instantanea esse non possunt.

Sciendum tamen est quod praedicta conversio panis in corpus Christi alterius modi est ab omnibus conversionibus naturalibus. Nam in qualibet conversione naturali manet subiectum, in quo succedunt sibi diversae formae, vel accidentales, sicut cum album in nigrum convertitur, vel substantiales, sicut cum aer in ignem: unde conversiones formales nominantur. Sed in conversione praedicta subiectum transit in subiectum, et accidentia manent: unde haec conversio substantialis nominatur. — Et quidem qualiter haec accidentia maneant et quare, posterius perscrutandum est.

Nunc autem considerare oportet quomodo subiectum in subiectum convertatur. Quod quidem natura facere non potest. Omnis enim

na matéria prima. Em um e outro caso, segue-se que o corpo de Cristo não poderia começar a existir neste Sacramento a não ser por movimento local, o que é impossível, como está demonstrado.

Além disso. Se a substância do pão coexiste neste Sacramento com o verdadeiro corpo de Cristo, Cristo deveria ter dito: *Este é o meu corpo*, e não: *Isto é o meu corpo*. Assim, por *Este* estaria declarada a substância visível que é a do pão, se ela permanecesse no Sacramento com o corpo de Cristo.

Igualmente. É impossível que a substância do pão se aniquile totalmente. Porque muito da natureza corpórea, criada primeira, já teria voltado ao nada pela repetição deste mistério. E nem é decente que, no sacramento da salvação, alguma coisa seja aniquilada pelo poder divino.

É impossível, também, que a substância do pão se dissolva na matéria prima, uma vez que a matéria prima não pode existir sem forma, a não ser, talvez, entendendo os elementos corporais como matéria prima. Se nestes se resolvesse a substância do pão, seria necessário que isso fosse percebido pelo sentido, uma vez que os elementos corporais são sensíveis. E haveria aí, também, uma transmutação local e uma alteração corpórea dos contrários, ações que não poderiam ser instantâneas.

Deve-se saber, ainda, que a citada conversão do pão no corpo de Cristo difere no seu modo de todas as conversões naturais. Pois, em qualquer conversão natural permanece o sujeito, no qual se sucedem diversas formas, ou *acidentais*, como quando o branco se converte em preto, ou *substanciais*, como quando o ar se converte em fogo; por isso, estas conversões são denominadas *formais*. Mas, nesta última conversão, o sujeito passa a ser outro sujeito, e os acidentes permanecem; por isso, esta conversão é denominada *substancial*. — Posteriormente dever-se-á perscrutar *de que maneira* estes acidentes permanecem e *por quê*.

Agora, deve-se considerar *de que maneira* um sujeito se converte em outro sujeito. Ora, isto a natureza não pode fazer, porque toda

naturae operatio materiam praesupponit per quam substantia individuatur; unde natura facere non potest quod haec substantia fiat illa, sicut quod hic digitus fiat ille digitus. Sed materia subiecta est virtuti divinae: cum per ipsam producatur in esse. Unde divina virtute fieri potest quod haec individua substantia in illam praeexistentem convertatur. Sicut enim virtute naturalis agentis, cuius operatio se extendit tantum ad immutationem formae, et existentia subiecti supposita, hoc totum in illud totum convertitur secundum variationem speciei et formae, utpote hic aer in hunc ignem generatum: ita virtute divina, quae materiam non praesupponit, sed eam producit, et haec materia convertitur in illam, et per consequens hoc individuum in illud: individuationis enim principium materia est, sicut forma est principium speciei.

Hinc autem manifestum est quod in conversione praedicta panis in corpus Christi non est aliquod subiectum commune permanens post conversionem: cum transmutatio fiat secundum primum subiectum, quod est individuationis principium. Necesse est tamen aliquid remanere, ut verum sit quod dicitur, hoc est corpus meum, quae quidem verba sunt huius conversionis significativa et factiva. Et quia substantia panis non manet, nec aliqua prior materia, ut ostensum est: necesse est dicere quod maneat id quod est praeter substantiam panis. Huiusmodi autem est accidens panis. Remanent igitur accidentia panis, etiam post conversionem praedictam.

Inter accidentia vero quidam ordo considerandus est. Nam inter omnia accidentia propinquius inhaeret substantiae quantitas dimensiva. Deinde qualitates in substantia recipiuntur quantitate mediante, sicut color mediante superficie: unde et per divisionem quantitatis, per accidens dividuntur. Ulterius autem qualitates sunt actionum et passionum principia; et relationum quarundam, ut sunt pater et filius, Dominus et servus, et alia huiusmodi. Quaedam vero relationes imme-

operação da natureza pressupõe uma matéria, pela qual se individualiza a substância. Por isso, a natureza não pode fazer com que esta substância se torne aquela; por exemplo, que este dedo se torne aquele dedo. Mas, a matéria está sujeita ao poder divino, uma vez que é por este poder que ela é produzida no ser. Portanto, o poder divino pode fazer com que esta substância individualizada se converta naquela preexistente. E assim, como o poder de um agente natural, cuja operação se estende somente à mudança da forma, suposta a existência do sujeito, converte este todo neste outro todo, pela mudança de espécie e de forma; por exemplo, este ar neste fogo gerado, assim, também, o poder de Deus, que não pressupõe matéria, a produz, e converte esta matéria naquela outra, e consequentemente este indivíduo naquele outro; uma vez que a matéria é princípio de individuação, como a forma é princípio de espécie.

É claro, por tudo isso, que na citada conversão do pão no corpo de Cristo não há, depois da conversão, algum sujeito comum permanente, uma vez que a transmutação se faz segundo o primeiro princípio, que é princípio de individuação. É necessário, entretanto, que algo permaneça para que seja verdadeiro o que se diz: *Isto é o meu corpo,* pois estas palavras significam e realizam esta conversão. E como a substância do pão não permanece, nem alguma matéria anterior, como foi demonstrado, deve-se dizer que permanece aquilo que está fora da substância do pão. E isto é o acidente do pão. Portanto, ainda depois desta conversão, permanecem os acidentes de pão.

Mas, entre os acidentes deve-se considerar certa ordem. Com efeito, entre todos os acidentes, o que mais proximamente inere à substância é a quantidade dimensiva. Em seguida, as qualidades que são recebidas na substância mediante a quantidade; por exemplo, a cor mediante a superfície. Por isso, com a divisão da quantidade, dividem-se acidentalmente as qualidades. Posteriormente, as qualidades são princípios de atividade e de passividade; e, também, de algumas relações,

diate ad quantitates consequuntur: ut maius et minus, duplum et dimidium, et similia. Sic igitur accidentia panis, post conversionem praedictam, remanere ponendum est ut sola quantitas dimensiva sine subiecto subsistat, et in ipsa qualitates fundentur sicut in subiecto, et per consequens actiones, passiones et relationes. Accidit igitur in hac conversione contrarium ei quod in naturalibus mutationibus accidere solet, in quibus substantia manet ut mutationis subiectum, accidentia vero variantur: hic autem e converso accidens manet, et substantia transit.

Huiusmodi autem conversio non potest proprie dici motus, sicut a naturali consideratur, ut subiectum requirat, sed est quaedam substantialis successio, sicut in creatione est successio esse et non esse, ut in secundo dictum est. Haec igitur est una ratio quare accidens panis remanere oportet: ut inveniatur aliquod manens in conversione praedicta.

Est autem et propter aliud necessarium. Si enim substantia panis in corpus Christi converteretur et panis accidentia transirent, ex tali conversione non sequeretur quod corpus Christi, secundum suam substantiam, esset ubi prius fuit panis: nulla enim relinqueretur habitudo corporis Christi ad locum praedictum. Sed cum quantitas dimensiva panis remanet post conversionem, per quam panis hunc locum sortiebatur, substantia panis in corpus Christi mutata fit corpus Christi sub quantitate dimensiva panis; et per consequens locum panis quodammodo sortitur, mediantibus tamen dimensionibus panis.

Possunt et aliae rationes assignari. Et quantum ad fidei rationem quae de invisibilibus est. Et eius meritum quod circa hoc sacramentum tanto maius est quanto invisi-

por exemplo, de pai e filho, de senhor e servo, e outras semelhantes. Mas algumas relações seguem-se imediatamente às quantidades; por exemplo, maior e menor, duplo e metade, e semelhantes. Deve-se afirmar, portanto, que depois da referida conversão, os acidentes do pão permanecem de tal maneira que somente subsiste a quantidade dimensiva sem sujeito e que nela as qualidades se fundam como em um sujeito e consequentemente as ações, as paixões e as relações. Portanto, acontece nesta conversão o contrário do que costuma acontecer nas mudanças naturais, nas quais a substância permanece como sujeito de mudança, e os acidentes variam; aqui, pelo contrário, o acidente permanece e a substância muda.

Uma tal conversão não se pode chamar propriamente *movimento*, como os Naturalistas consideravam, a saber, um movimento que requer sujeito. Mas, é certa *sucessão substancial*, como acontece na criação: uma sucessão do ser ao não ser, como no Livro II foi dito[15]. Portanto, esta é uma razão pela qual é necessário que permaneça o acidente do pão: para que se encontre algo que permanece na mencionada conversão.

E isto é também necessário por outro motivo. Porque, se a substância do pão se convertesse no corpo de Cristo e os acidentes do pão desaparecessem, não se seguiria de tal conversão que o corpo de Cristo estivesse substancialmente onde, antes, existia o pão. Assim, não restaria relação alguma do corpo de Cristo com o lugar do pão. Mas, uma vez que a quantidade dimensiva do pão permanece após a conversão, pela qual este lugar pertencia ao pão, a substância do pão, mudada no corpo de Cristo, torna-se o corpo de Cristo sob a quantidade dimensiva do pão. Por conseguinte, obtém de certa maneira o lugar do pão, mediante, contudo, as dimensões do pão.

Podem-se atribuir outras razões. Quanto à razão da fé, que é de coisas invisíveis. — O mérito da fé, com respeito a este Sacramento, é tanto maior quanto mais invisivelmente se

---

[15] Livro II, caps. 18.19.

bilius agitur, corpore Christi sub panis accidentibus occultato. Et propter commodiorem et honestiorem usum huius sacramenti. Esset enim horrori sumentibus, et abominationi videntibus, si corpus Christi in sua specie a fidelibus sumeretur. Unde sub specie panis et vini, quibus communius homines utuntur ad esum et potum, corpus Christi proponitur manducandum, et sanguis potandus.

Capitulum LXIV
Solutio eorum quae obiiciebantur ex parte loci

His igitur consideratis circa modum conversionis, ad alia solvenda nobis aliquatenus via patet.

Dictum est enim quod locus in quo hoc agitur sacramentum, attribuitur corpori Christi ratione dimensionum panis, remanentium post conversionem substantiae panis in corpus Christi. Secundum hoc igitur ea quae Christi sunt necesse est esse in loco praedicto, secundum quod exigit ratio conversionis praedictae.

Considerandum est igitur in hoc sacramento aliquid esse ex VI conversionis, aliquid autem ex naturali concomitantia. — Ex VI quidem conversionis est in hoc sacramento illud ad quod directe conversio terminatur: sicut sub speciebus panis corpus Christi, in quod substantia panis convertitur, ut per verba consecrationis patet, cum dicitur, hoc est corpus meum; et similiter sub specie vini est sanguis Christi, cum dicitur, hic est calix sanguinis mei etc.. — Sed ex naturali concomitantia sunt ibi omnia alia ad quae conversio non terminatur, sed tamen ei in quod terminatur sunt realiter coniuncta. Manifestum est enim quod conversio panis non terminatur in divinitatem Christi, neque in eius animam; sed tamen sub specie panis est anima Christi et eius divinitas propter unionem utriusque ad corpus Christi.

trata do corpo de Cristo oculto sob os acidentes do pão. — E pelo uso mais adequado e honesto deste Sacramento. Porque, seria horrível para os que o tomam, e abominável para os que o veem, se o corpo de Cristo fosse tomado pelos fiéis em sua própria espécie. Por isso, é sob a espécie do pão e do vinho, que os homens usam mais comumente como comida e bebida, que o corpo de Cristo é proposto para comer, e o sangue para beber.

Capítulo 64
Solução das objeções feitas pela questão de lugar

Depois dessas considerações sobre o modo da conversão, fica aberto, de certa maneira, um caminho para solucionar outras dificuldades.

Com efeito, foi dito anteriormente que o lugar, em que se realiza este Sacramento, é atribuído ao corpo de Cristo, em razão das dimensões do pão, que permanecem depois da conversão da substância do pão no corpo de Cristo. Portanto, segundo isto, as coisas que são de Cristo, é necessário que estejam no lugar referido, conforme exige a razão de tal conversão.

Portanto, deve-se considerar que nesse Sacramento há algo por força da conversão e algo, também, por força da concomitância natural. — Por força da conversão, há nesse Sacramento aquilo em que termina diretamente a conversão. Assim como sob as espécies de pão está o corpo de Cristo, em que a substância do pão se converte, como fica claro pelas palavras da consagração quando se diz: *Isto é o meu corpo*, assim também, sob a espécie do vinho está o sangue de Cristo, quando se diz: *Este é o cálice do meu sangue etc.* — Mas, por concomitância natural, há todas as demais coisas nas quais a conversão não termina e que, entretanto, estão realmente unidas àquilo em que termina. É evidente que a conversão do pão não termina na divindade de Cristo, nem em sua alma, mas, entretanto, sob a espécie do pão está a alma de Cristo e a sua divindade pela união de uma e de outra ao corpo de Cristo.

Si vero in triduo mortis Christi hoc sacramentum celebratum fuisset, non fuisset sub specie panis anima Christi, quia realiter non erat corpori eius unita: et similiter nec sub specie panis fuisset sanguis, nec sub specie vini corpus, propter separationem utriusque in morte. Nunc autem, quia corpus Christi in sua natura non est sine sanguine, sub utraque specie continetur corpus et sanguis: sed sub specie panis continetur corpus ex VI conversionis, sanguis autem ex naturali concomitantia: sub specie autem vini e converso.

Per eadem etiam patet solutio ad id quod obiiciebatur de inaequalitate corporis Christi ad locum panis. Substantia enim panis directe convertitur in substantiam corporis Christi: dimensiones autem corporis Christi sunt in sacramento ex naturali concomitantia, non autem ex VI conversionis, cum dimensiones panis remaneant. Sic igitur corpus Christi non comparatur ad hunc locum mediantibus dimensionibus propriis, ut eis oporteat adaequari locum: sed mediantibus dimensionibus panis remanentibus, quibus locus adaequatur.

Inde etiam patet solutio ad id quod obiiciebatur de pluralitate locorum. Corpus enim Christi per suas proprias dimensiones in uno tantum loco existit: sed mediantibus dimensionibus panis in ipsum transeuntis in tot locis in quot huiusmodi conversio fuerit celebrata: non quidem divisum per partes, sed integrum in unoquoque; nam quilibet panis consecratus in integrum corpus Christi convertitur.

Capitulum LXV
Solutio eorum quae obiiciebantur ex parte accidentium

Sic igitur difficultate soluta quae ex loco accidit, inspiciendum est de ea quae ex accidentibus remanentibus esse videtur.

Non enim negari potest accidentia panis et vini remanere: cum sensus hoc infallibiliter demonstret. Neque his corpus Christi aut san-

Se este Sacramento fosse celebrado nos três dias da morte de Cristo, a alma de Cristo não estaria sob a espécie do pão, porque realmente não estava unida ao seu corpo, e de igual modo, nem sob a espécie do pão haveria o sangue, nem sob a espécie do vinho haveria o corpo, devido a separação de ambos na morte. Agora, porque o corpo de Cristo, em sua natureza, não está sem o sangue, sob ambas espécies está contido o corpo e o sangue, mas sob a espécie de pão está contido o corpo, por força da conversão, e sob a espécie do vinho está contido o sangue, por força da concomitância natural.

Pelos mesmos argumentos fica clara a solução ao que se objetava sobre a desigualdade do corpo de Cristo com o lugar do pão. Com efeito, a substância do pão converte-se diretamente em substância do corpo de Cristo, mas as dimensões do corpo de Cristo estão no Sacramento por concomitância natural, e não por força da conversão, uma vez que as dimensões do pão permanecem. Portanto, não se relaciona o corpo de Cristo com este lugar mediante suas dimensões próprias, como se o lugar devesse adequar-se a elas, mas mediante as dimensões remanescentes do pão às quais o lugar se ajusta.

Por isso fica clara, também, a solução ao que se objetava sobre a pluralidade de lugares. Porque o corpo de Cristo, por suas próprias dimensões, existe somente em um único lugar, mas, mediante as dimensões do pão, que se converte n'Ele, está em tantos quantos lugares for celebrada esta conversão. Não dividido em partes, mas inteiro em cada lugar, porque qualquer pão consagrado converte-se no corpo inteiro de Cristo.

Capítulo 65
Solução das objeções feitas pela questão dos acidentes

Resolvida a dificuldade causada pela questão de lugar, deve-se considerar sobre aquelas que se referem à permanência dos acidentes.

Com efeito, não se pode negar que os acidentes do pão e do vinho permanecem, uma vez que os sentidos o demonstram infalivel-

guis afficitur: quia hoc sine eius alteratione esse non posset, nec talium accidentium capax est. Similiter autem et substantia aeris. Unde relinquitur quod sint sine subiecto. Tamen per modum praedictum: ut scilicet sola quantitas dimensiva sine subiecto subsistat, et ipsa aliis accidentibus praebeat subiectum.

Nec est impossibile quod accidens virtute divina subsistere possit sine subiecto. Idem enim est iudicandum de productione rerum, et conservatione earum in esse. Divina autem virtus potest producere effectus quarumcumque causarum secundarum sine ipsis causis secundis: sicut potuit formare hominem sine semine, et sanare febrem sine operatione naturae. Quod accidit propter infinitatem virtutis eius, et quia omnibus causis secundis largitur virtutem agendi. Unde et effectus causarum secundarum conservare potest in esse sine causis secundis. Et hoc modo in hoc sacramento accidens conservat in esse, sublata substantia quae ipsum conservabat. — Quod quidem praecipue dici potest de quantitatibus dimensivis: quas etiam Platonici posuerunt per se subsistere, propter hoc quod secundum intellectum separantur. Manifestum est autem quod plus potest Deus in operando quam intellectus in apprehendendo.

Habet autem et hoc proprium quantitas dimensiva inter accidentia reliqua, quod ipsa secundum se individuatur. Quod ideo est, quia positio, quae est ordo partium in toto, in eius ratione includitur: est enim quantitas positionem habens. Ubicumque autem intelligitur diversitas partium eiusdem speciei, necesse est intelligi individuationem: nam quae sunt unius speciei, non multiplicantur nisi secundum individuum; et inde est quod non possunt apprehendi multae albedines nisi secundum quod sunt in diversis subiectis; possunt autem apprehendi multae lineae, etiam

mente. Nem o corpo de Cristo nem o seu sangue são afetados por esses acidentes, porque isso não seria possível sem alteração deles, que não são capazes de tais acidentes, como, também, a substância do ar. Resta, pois, que eles estão sem sujeito, da maneira mencionada, a saber, que só a quantidade dimensiva subsiste sem sujeito, e ela mesma se oferece como sujeito aos demais acidentes.

Tampouco é impossível que um acidente, pelo poder divino, possa subsistir sem sujeito. O mesmo se deve julgar da produção das coisas e da sua conservação no ser. Ora, o poder divino pode produzir os efeitos de quaisquer causas segundas sem elas mesmas, por exemplo, pôde formar o homem sem o sêmen, e curar a febre sem a ação da natureza. E isso acontece por seu infinito poder e porque Ele concede o poder de agir a todas as causas segundas. Por isso, pode conservar os efeitos das causas segundas no ser, sem as mesmas causas segundas. E deste modo conserva o acidente no ser neste Sacramento, retirada a substância que o conservava. — O que, com efeito, pode-se dizer principalmente das quantidades dimensivas, das quais, os Platônicos afirmaram, também, que eram subsistentes por si[16], uma vez que se separam pelo intelecto[17]. É claro, portanto, que Deus é mais poderoso em obrar do que o intelecto em apreender.

Entre os demais acidentes, a quantidade dimensiva tem esta propriedade de se individualizar por si mesma. E isso é assim, porque a posição, que é: *A ordem das partes no todo*, está incluída na razão de quantidade, porque a quantidade é *o que tem posição*[18]. Onde quer que se reconheça a diversidade das partes de uma mesma espécie, é necessário reconhecer a individuação, porque as coisas que são de uma única espécie não se multiplicam, a não ser segundo o indivíduo. É por isso que não se podem compreender muitas brancuras, a não ser que estejam em diversos sujeitos pe-

---

[16] Aristóteles (384-322 a.C.), em Metafísica II, 5, 1001b, 1002b, 11.
[17] Aristóteles (384-322 a.C.), em Física II, 2, 193b, 31-35.
[18] Aristóteles (384-322 a.C.), em Categorias, 6, 4b, 21-22.

si secundum se considerentur: diversus enim situs, qui per se lineae inest, ad pluralitatem linearum sufficiens est.

Et quia sola quantitas dimensiva de sui ratione habet unde multiplicatio individuorum in eadem specie possit accidere, prima radix huiusmodi multiplicationis ex dimensione esse videtur: quia et in genere substantiae multiplicatio fit secundum divisionem materiae; quae nec intelligi posset nisi secundum quod materia sub dimensionibus consideratur; nam, remota quantitate, substantia omnis indivisibilis est, ut patet per Philosophum in I physicorum.

Manifestum est autem quod in aliis generibus accidentium, multiplicantur individua eiusdem speciei ex parte subiecti. Et sic relinquitur quod, cum in huiusmodi sacramento ponamus dimensiones per se subsistere; et alia accidentia in eis sicut in subiecto fundari: non oportet nos dicere quod accidentia huiusmodi individuata non sint; remanet enim in ipsis dimensionibus individuationis radix.

Capitulum LXVI
Solutio eorum quae obiiciebantur ex parte actionis et passionis

His autem consideratis, quae ad quartam difficultatem pertinent consideranda sunt.

Circa quae aliquid quidem est quod de facili expediri potest: aliquid quidem est quod maiorem difficultatem praetendit.

Quod enim in hoc sacramento eaedem actiones appareant quae prius in substantia panis et vini apparebant, puta quod similiter immutent sensum, similiter etiam alterent aerem circumstantem, vel quodlibet aliud, odore aut colore: satis conveniens videtur ex his quae posita sunt. Dictum est enim quod in hoc sacramento remanent accidentia panis et vini: inter quae sunt qualitates sensibiles, quae sunt huiusmodi actionum principia.

lo que são. Entretanto, muitas linhas podem ser compreendidas mesmo consideradas por si mesmas, porque a diversidade de posições, que por si inerem à linha, é suficiente para a pluralidade de linhas.

Uma vez que somente a quantidade dimensiva tem, por sua natureza, algo de onde possa acontecer a multiplicação dos indivíduos na mesma espécie, a primeira raiz desta multiplicação parece ser a dimensão, porque no gênero de substância a multiplicação se faz, também, segundo a divisão da matéria. E isso não se poderia entender, a não ser que se considere a matéria sob as dimensões. Com efeito, removida a quantidade, toda substância é indivisível, como o Filósofo deixa claro[19].

É claro que nos outros gêneros de acidentes, os indivíduos da mesma espécie se multiplicam segundo o sujeito. E assim, como afirmamos que em tal Sacramento subsistem por si as dimensões e que os outros acidentes se fundam nelas como em um sujeito, não é necessário dizer que tais acidentes não estão individualizados, porque a raiz da individualização permanece nas mesmas dimensões.

Capítulo 66
Solução das objeções feitas pela questão da ação e da paixão

Isto considerado, deve-se considerar o que pertence à quarta dificuldade.

Com efeito, a respeito desta dificuldade há algo que pode ser facilmente resolvido e algo que apresenta maior dificuldade.

Que neste Sacramento apareçam as mesmas ações que antes apareciam na substância do pão e do vinho, a saber, que elas afetem o sentido da mesma maneira, e que, também, da mesma maneira alterem o ar circundante, ou qualquer outra coisa pelo odor ou pela cor; tudo isso parece convir com aquelas coisas que foram ditas. Com efeito, foi dito que nesse Sacramento permanecem os acidentes do pão e do vinho, entre os quais há qualidades sensíveis que são os princípios de tais ações.

---

[19] Aristóteles (384-322 a.C.), em Física I, 3, 186b, 12-33.

Rursus, circa passiones aliquas, puta quae fiunt secundum alterationes huiusmodi accidentium, non magna etiam difficultas accidit, si praemissa supponantur. Cum enim praemissum sit quod alia accidentia in dimensionibus fundantur sicut in subiecto, per eundem modum circa huiusmodi subiectum alteratio aliorum accidentium considerari potest, sicut si esset ibi substantia; ut puta si vinum esset calefactum et infrigidaretur, aut mutaret saporem, aut aliquod huiusmodi.

Sed maxima difficultas apparet circa generationem et corruptionem quae in hoc sacramento videtur accidere. Nam si quis in magna quantitate hoc sacramentali cibo uteretur, sustentari posset, et vino etiam inebriari, secundum illud apostoli I Cor. 11,21, alius esurit, alius ebrius est: quae quidem accidere non possent nisi ex hoc sacramento caro et sanguis generaretur; nam nutrimentum convertitur in substantiam nutriti;- quamvis quidam dicant hominem sacramentali cibo non posse nutriri, sed solum confortari et refocillari, sicut cum ad odorem vini confortatur. Sed haec quidem confortatio ad horam accidere potest: non autem sufficit ad sustentandum hominem, si diu sine cibo permaneat. Experimento autem de facili inveniretur hominem diu sacramentali cibo sustentari posse.

Mirandum etiam videtur cur negent hominem hoc sacramentali cibo posse nutriri, refugientes hoc sacramentum in carnem et sanguinem posse converti: cum ad sensum appareat quod per putrefactionem vel combustionem in aliam substantiam, scilicet cineris et pulveris, convertatur.

Quod quidem difficile tamen videtur: eo quod nec videatur possibile quod ex accidentibus fiat substantia: nec credi fas sit quod substantia corporis Christi, quae est impassibilis, in aliam substantiam convertatur.

Por outro lado, no que diz respeito a algumas paixões [ou passividades], por exemplo, aquelas que acontecem segundo as alterações desses acidentes, não apresentam uma grande dificuldade, suposto o que já foi dito. Uma vez que já foi dito que outros acidentes se fundam nas dimensões como em seu sujeito, do mesmo modo, pode-se considerar que a alteração de outros acidentes acontece neste mesmo sujeito, como se ali estivesse a substância; por exemplo, se o vinho fosse aquecido ou refrigerado, ou mudaria o sabor, ou algo semelhante.

Mas, a maior dificuldade surge a propósito da geração e da corrupção que parecem acontecer neste Sacramento. Com efeito, se alguém usasse, em grande quantidade, deste alimento sacramental, poderia sustentar-se e inebriar-se com o vinho, conforme dizia o Apóstolo: *Um passa fome, outro se embriaga*[20]. Entretanto, essas coisas não poderiam acontecer si a carne e o sangue não fossem gerados por este Sacramento, porque o alimento se converte na substância do alimentado; embora alguns digam que este alimento sacramental não poderia alimentar o homem, mas apenas fortalecê-lo e restaurá-lo, assim como se fortalece com o odor do vinho. Mas, este fortalecimento é passageiro e não será suficiente para sustentar o homem, se ele permanecer muito tempo sem alimentar-se. Entretanto, a experiência ensinaria facilmente que um homem pode sustentar-se por muito tempo com o alimento sacramental.

Parece que se deve admirar a razão pela qual negam não só que o homem possa alimentar-se com este alimento sacramental, mas também que este Sacramento possa converter-se na carne e no sangue, uma vez que os sentidos percebem a mudança deles em outra substância, cinza ou poeira, por decomposição ou combustão.

Entretanto, isto parece difícil, porque não é possível que dos acidentes se faça uma substância, nem é lícito crer que a substância do corpo de Cristo que é impassível se converta em outra substância.

---

[20] 1 Coríntios 11,21.

Si quis autem dicere velit quod, sicut miraculose panis in corpus Christi convertitur, ita miraculose accidentia in substantiam convertuntur: primum quidem, hoc non videtur miraculo esse conveniens, quod hoc sacramentum putrescat, vel per combustionem dissolvatur; deinde, quia putrefactio et combustio consueto naturae ordine huic sacramento accidere inveniuntur: quod non solet esse in his quae miraculose fiunt.

Ad hanc dubitationem tollendam quaedam famosa positio est adinventa, quae a multis tenetur. Dicunt enim quod, cum contingit hoc sacramentum in carnem converti aut sanguinem per nutrimentum, vel in cinerem per combustionem aut putrefactionem, non convertuntur accidentia in substantiam; neque substantia corporis Christi; sed redit, divino miraculo, substantia panis quae prius fuerat, et ex ea generantur illa in quae hoc sacramentum converti invenitur.

Sed hoc quidem omnino stare non potest. Ostensum est enim supra quod substantia panis in substantiam corporis Christi convertitur. Quod autem in aliquid conversum est, redire non potest nisi e converso illud reconvertatur in ipsum. Si igitur substantia panis redit, sequitur quod substantia corporis Christi reconvertitur in panem. Quod est absurdum.

Adhuc, si substantia panis redit, necesse est quod vel redeat speciebus panis manentibus; vel speciebus panis iam destructis. Speciebus quidem panis durantibus, substantia panis redire non potest: quia quandiu species manent, manet sub eis substantia corporis Christi; sequeretur ergo quod simul esset ibi substantia panis et substantia corporis Christi. Similiter etiam neque, corruptis speciebus panis, substantia panis redire potest: tum quia substantia panis non est sine propriis speciebus; tum quia, destructis speciebus panis, iam generata est alia substantia, ad cuius generationem ponebatur quod substantia panis rediret.

Se alguém quer dizer que, assim como o pão se converte no corpo de Cristo milagrosamente, assim também os acidentes se convertem na substância milagrosamente. Primeiro, não convém ao milagre que este Sacramento apodreça ou se dissolva por combustão. Segundo, que o apodrecimento e a combustão aconteçam neste Sacramento, pela ordem comum da natureza, é algo incomum nos fatos milagrosos.

Para eliminar esta dúvida, inventou-se uma famosa opinião que muitos aceitam. Dizem que quando acontece que este Sacramento se converte em carne, ou em sangue como alimento, ou em cinza pela combustão, ou em apodrecimento, não se convertem os acidentes em substância, nem, tampouco, a substância do corpo de Cristo; mas, por um milagre divino, volta a substância do pão que havia antes, e dela nascem aquelas coisas nas quais parece se converter o Sacramento.

Mas isto, certamente, de nenhum modo pode sustentar-se. Foi demonstrado[21] que a substância do pão se converte na substância do corpo de Cristo. Ora, o que se converte em outro não pode voltar, a não ser que o outro volte a converter-se nele. Portanto, se a substância do pão volta, segue-se que a substância do corpo de Cristo volta a se converter em pão. O que é um absurdo.

Ainda, se a substância do pão volta, é necessário que volte ou às espécies do pão que permanecem, ou às espécies do pão já destruídas. Às espécies do pão que permanecem, a substância do pão não pode voltar, porque enquanto as espécies permanecem, permanece sob elas a substância do corpo de Cristo; seguir-se-ia que estariam ali juntamente a substância do pão e a substância do corpo de Cristo. Igualmente, também, nem às destruídas espécies do pão, a substância do pão pode voltar, seja porque a substância do pão não existe sem as próprias espécies; seja porque destruídas as espécies do pão, se gerou uma

---

[21] Cf. cap. 63.

Melius igitur dicendum videtur quod in ipsa consecratione, sicut substantia panis in corpus Christi miraculose convertitur, ita miraculose accidentibus confertur quod subsistant, quod est proprium substantiae: et per consequens quod omnia possint facere et pati quae substantia posset facere et pati, si substantia adesset. Unde sine novo miraculo, et inebriare et nutrire, et incinerari et putrefieri possunt, eodem modo et ordine ac si substantia panis et vini adesset.

Portanto, parece melhor dizer que, na mesma consagração, assim como a substância do pão se converte milagrosamente no corpo de Cristo, assim também se concede milagrosamente aos acidentes que subsistam, o que é próprio da substância, e consequentemente, que possam fazer e padecer todas as coisas que poderia fazer e padecer, se a substância estivesse presente. Por isso, sem um novo milagre podem não somente inebriar, mas também alimentar, e também ser incinerados e apodrecidos, da mesma maneira e da mesma ordem como se a substância do pão e do vinho estivessem presentes.

Capitulum LXVII
Solutio eorum quae obiiciebantur ex parte fractionis

Restat autem ea quae ad quintam difficultatem pertinent speculari.

Manifestum est autem secundum praedicta, quod fractionis subiectum ponere possumus dimensiones per se subsistentes. Nec tamen, huiusmodi dimensionibus fractis, frangitur substantia corporis Christi: eo quod totum corpus Christi sub qualibet portione remaneat.

Quod quidem, etsi difficile videatur tamen secundum ea quae praemissa sunt, expositionem habet. Dictum est enim supra quod corpus Christi est in hoc sacramento per substantiam suam ex VI sacramenti; dimensiones autem corporis Christi sunt ibi ex naturali concomitantia quam ad substantiam habent; e contrario ei secundum quod corpus naturaliter est in loco; nam corpus naturale est in loco mediantibus dimensionibus quibus loco commensuratur.

Alio autem modo se habet aliquid substantiale ad id in quo est; et alio modo aliquid quantum. Nam quantum totum ita est in aliquo toto quod totum non est in parte, sed pars in parte, sicut totum in toto. Unde et corpus naturale sic est in toto loco totum quod non

Capítulo 67
Solução das objeções feitas pela questão da fração

Fica por resolver aquelas coisas que pertencem à quinta dificuldade.

Com efeito, é claro pelo que foi dito, que podemos afirmar como sujeito da fração as dimensões por si subsistentes. Entretanto, ao se partirem essas dimensões não se parte a substância do corpo de Cristo, porque todo corpo de Cristo permanece sob qualquer porção.

Embora pareça difícil, entretanto, há uma explicação para isso em conformidade com aquelas coisas que foram ditas[22]. Foi dito que o corpo de Cristo está nesse Sacramento em sua substância por força do mesmo Sacramento. E as dimensões do corpo de Cristo estão aí pela natural concomitância que têm com a substância; mas, ao contrário de como o corpo está naturalmente no lugar; porque o corpo natural está no lugar mediante as dimensões pelas quais é comensurado ao lugar.

Mas, de uma outra maneira se relaciona alguma coisa substancial com aquilo em que está; e de outro modo algo quanto. Porque o todo quantitativo está em algum todo de tal modo que não está todo na parte, mas a parte na parte, assim como o todo no todo. Por isso,

---

[22] Cf. cap. 64.

est totum in qualibet parte loci, sed partes corporis partibus loci aptantur: eo quod est in loco mediantibus dimensionibus. Si autem aliquid substantiale sit in aliquo toto totum, etiam totum est in qualibet parte eius: sicut tota natura et species aquae in qualibet parte aquae est, et tota anima est in qualibet corporis parte.

Quia igitur corpus Christi est in sacramento ratione suae substantiae, in quam conversa est substantia panis dimensionibus eius manentibus; sicut tota species panis erat sub qualibet parte dimensionum, ita integrum corpus Christi est sub qualibet parte earundem. Non igitur fractio illa, seu divisio, attingit ad corpus Christi, ut sit in illo sicut in subiecto: sed subiectum eius sunt dimensiones panis vel vini remanentes, sicut et aliorum accidentium ibidem remanentium diximus eas esse subiectum.

Capitulum LXVIII
Solutio auctoritatis inductae

His igitur difficultatibus remotis, manifestum est quod id quod ecclesiastica traditio habet circa sacramentum altaris, nihil continet impossibile Deo, qui omnia potest. Nec etiam contra ecclesiae traditionem est verbum Domini dicentis ad discipulos, qui de hac doctrina scandalizati videbantur: *verba quae ego locutus sum vobis, spiritus et vita sunt*. Non enim per hoc dedit intelligere quod vera caro sua in hoc sacramento manducanda fidelibus non traderetur: sed quia non traditur manducanda carnaliter, ut scilicet, sicut alii cibi carnales, in propria specie dilacerata sumeretur; sed quia quodam spirituali modo sumitur, praeter consuetudinem aliorum ciborum carnalium.

o corpo natural, também, está todo inteiro em todo seu lugar, de tal modo que não está todo inteiro em qualquer parte do lugar, mas as partes do corpo se adaptam às partes do lugar, porque está no lugar mediante as dimensões. Mas, se alguma coisa substancial está toda inteira em um todo, está, também, toda inteira em qualquer parte do todo; assim como toda natureza e espécie de água está em qualquer parte da água, assim, toda alma está em qualquer parte do corpo.

Portanto, porque o corpo de Cristo está no Sacramento em razão de sua substância, na qual se converteu a substância de pão, permanecendo suas dimensões, como estava toda a espécie de pão em qualquer parte de suas dimensões, assim o corpo inteiro de Cristo está em qualquer parte das mesmas. Logo, aquela fração, ou divisão, não atinge o corpo de Cristo, para estar n'Ele como em seu sujeito, mas o sujeito dela são as dimensões permanentes do pão e do vinho, assim como o são dos demais acidentes que permanecem, como dissemos[23].

Capítulo 68
Solução da autoridade alegada

Resolvidas essas dificuldades, é claro que a tradição da Igreja sobre o Sacramento do Altar nada contém que seja impossível para Deus, todo poderoso. Nem são contra a tradição da Igreja as palavras ditas pelo Senhor aos discípulos, que pareciam escandalizar-se com esta doutrina: *As palavras que eu vos disse são espírito e vida*[24]. Com efeito, por estas palavras não deu a entender que neste Sacramento não seria dada aos fiéis para comer a sua verdadeira carne; mas que Ele não a dava para comer de uma maneira carnal, a saber, como os outros alimentos carnais, dilacerados em sua própria espécie, mas de uma maneira espiritual[25] diferente dos outros alimentos carnais.

---

[23] Cf. caps. 63.65.
[24] João 6,64.
[25] S. Tomás de Aquino (1225-1274), em Sobre as Razões da Fé, 8 (1004).

Capitulum LXIX
Ex quali pane et vino debet confici hoc sacramentum

Quia vero, ut supra dictum est, ex pane et vino hoc sacramentum conficitur, necesse est eas conditiones servari in pane et vino, ut ex eis hoc sacramentum confici possit, quae sunt de ratione panis et vini. Vinum autem non dicitur nisi liquor qui ex uvis exprimitur: nec panis proprie dicitur nisi qui ex granis tritici conficitur. Alii vero qui dicuntur panes, pro defectu panis triticei, ad eius supplementum, in usum venerunt: et similiter alii liquores in usum vini. Unde nec ex alio pane nec ex alio vino hoc sacramentum confici posset: neque etiam si pani et vino tanta alienae materiae admixtio fieret quod species solveretur.

Si qua vero huiusmodi pani et vino accidunt quae non sunt de ratione panis et vini, manifestum est quod, his praetermissis, potest verum confici sacramentum. Unde, cum esse fermentatum vel azymum non sit de ratione panis, sed utrolibet existente species panis salvetur, ex utrolibet pane potest confici sacramentum. Et propter hoc diversae ecclesiae diversum in hoc usum habent: et utrumque congruere potest significationi sacramenti. Nam, ut Gregorius dicit in registro: Romana ecclesia offert azymos panes, propterea quod Dominus sine ulla commixtione carnem suscepit. Sed caeterae ecclesiae offerunt fermentatum: pro eo quod verbum patris indutum est carne, et est verus Deus et verus homo, sicut et fermentum commiscetur farinae.

Congruit tamen magis puritati corporis mystici, idest ecclesiae, quae in hoc sacramento configuratur, usus azymi panis: secundum illud apostoli, I Cor. 5,7 *Pascha nostrum immolatus est Christus. Itaque epulemur in azymis sinceritatis et veritatis.* Per hoc autem excluditur error quorundam Graecorum, qui

Capítulo 69
De que pão e de que vinho deve ser feito este Sacramento

Como já foi dito, que este Sacramento se faz com pão e vinho, é necessário, para poder fazer com eles este Sacramento, que se guardem aquelas condições que pertencem à natureza do pão e do vinho. Ora, chama-se vinho o licor que se extrai das uvas, e se chama propriamente pão o que se faz somente com grãos de trigo. Outras coisas que são chamadas pães, costumam ser usadas como suprimento da falta do pão de trigo, e, igualmente, outros licores são utilizados como vinho. Por isso, este Sacramento não se pode fazer de outro pão, nem de outro vinho, nem, também, de um pão e de um vinho misturado com tanta matéria estranha a ponto de ter corrompida a própria espécie.

Entretanto, se aquelas coisas que não pertencem à natureza do pão e do vinho acontecem estar misturadas com o pão e o vinho, é claro que, uma vez separadas essas coisas, pode-se fazer este Sacramento. Por isso, uma vez que não é da natureza do pão ser fermentado ou ázimo, mas que existindo estes dois elementos se salva a espécie do pão, pode-se fazer o Sacramento com um ou outro pão. E por isso, são diversos os usos neste caso nas diversas Igrejas, pois um e outro são adequados para significar o Sacramento. Diz São Gregório: *A Igreja romana oferece pães ázimos, porque o Senhor recebeu a carne sem mistura alguma. Mas, as outras Igrejas oferecem pão fermentado, porque o Verbo do Pai revestiu-se da carne e é verdadeiro Deus e verdadeiro homem, assim como o fermento mistura-se à farinha*[26].

Foi mais adequado à pureza do Corpo Místico, isto é, à Igreja que é representada neste Sacramento, o uso do pão ázimo, segundo o Apóstolo: *Cristo, nossa Páscoa, foi imolado. Assim, pois, celebramos a festa com os ázimos da pureza e da verdade*[27]. Com essas palavras exclui-se o erro de alguns gregos, que dizem

---

[26] Esta citação é atribuída falsamente a São Gregório Magno (540-604).
[27] 1 Coríntios 5,7.8.

dicunt in azymo sacramentum hoc celebrari non posse. Quod etiam evidenter evangelii auctoritate destruitur. Dicitur enim Matth. 25,17; et Marc. 14,12; et Luc. 22,7, quod Dominus prima die azymorum Pascha cum discipulis suis comedit, et tunc hoc sacramentum instituit. Cum autem non esset licitum secundum legem quod prima die azymorum fermentatum in domibus Iudaeorum inveniretur, ut patet exodi 12,15, Dominus autem, quandiu fuit in mundo, legem servavit: manifestum est quod panem azymum in corpus suum convertit, et discipulis sumendum dedit. Stultum est igitur improbare in usu ecclesiae Latinorum quod Dominus in ipsa institutione huius sacramenti servavit.

Sciendum tamen quod quidam dicunt ipsum praevenisse diem azymorum, propter passionem imminentem: et tunc fermentato pane eum usum fuisse. Quod quidem ostendere nituntur ex duobus. Primo ex hoc quod dicitur Ioan. 13,1 quod ante diem festum Paschae Dominus cum discipulis cenam celebravit, in qua corpus suum consecravit, sicut apostolus tradit I Cor. 11,23. Unde videtur quod Christus cenam celebraverit ante diem azymorum: et sic in consecratione sui corporis usus fuerit pane fermentato. Hoc etiam confirmare volunt per hoc quod habetur Ioan. 18,28, quod sexta feria, qua Christus est crucifixus, Iudaei non intraverunt praetorium Pilati, ut non contaminarentur, sed manducarent Pascha. Pascha autem dicuntur azyma. Ergo concludunt quod cena fuit celebrata ante azyma.

Ad hoc autem respondetur quod, sicut Dominus mandat exodi 12, festum azymorum septem diebus celebrabatur, inter quos dies prima erat sancta atque solemnis praecipue inter alias, quod erat quintadecima die mensis. Sed quia apud Iudaeos solemnitates a praecedenti vespere incipiebant, ideo quarta-

que este Sacramento não pode ser celebrado com pão ázimo. O que evidentemente é eliminado pela autoridade do Evangelho, diz-se em Mateus, e em Marcos e em Lucas[28] que o Senhor no primeiro dia dos ázimos comeu a Páscoa com seus discípulos, e então institui esse Sacramento. E uma vez que não era lícito, segundo a lei, que no primeiro dia dos ázimos houvesse pão fermentado nas casas dos judeus, como diz o Êxodo[29], o Senhor enquanto esteve no mundo observou a lei. É claro, portanto, que o pão ázimo se converteu no Seu corpo e que o deu a comer aos discípulos. Portanto, é estultícia condenar o uso da Igreja latina, observado pelo Senhor na mesma instituição desse Sacramento.

Deve-se saber, contudo, que alguns dizem que Ele mesmo adiantou o dia dos ázimos, em razão da Paixão iminente, e então teria usado do pão fermentado. E isto esforçam-se por mostrar de duas maneiras: *Primeiro*, pelo que diz João: Que *antes do dia da festa da Páscoa*[30], o Senhor celebrou a ceia com os discípulos e nela consagrou o seu corpo como ensina o Apóstolo[31]. Por isso, parece que Cristo celebrou a ceia antes do dia dos ázimos, e assim na consagração do seu corpo teria usado pão fermentado. *Segundo*, querem confirmá-lo pelo que se tem em João, que na sexta-feira em que Cristo foi crucificado, *os judeus não entraram no pretório de Pilatos, para que não se contaminassem, e assim comessem a Páscoa*[32]. Assim, chamam de Páscoa os ázimos. Logo, concluem que a ceia foi celebrada antes dos ázimos.

A isto se responde que, como manda o Senhor no Êxodo, *a festa dos ázimos se celebrava durante sete dias, entre os quais o dia primeiro era santo e solene de um modo especial sobre os outros, e que era o décimo quinto dia do mês*[33]. Mas, porque os judeus começavam as solenidades na véspera, por isso, começavam

---

[28] Mateus 25,17; Marcos 14,12; Lucas 22,7.
[29] Êxodo 12,15.
[30] João 13,1.
[31] 1 Coríntios 11,23.
[32] João 18,28.
[33] Levítico 23,6.

decima die ad vesperam incipiebant comedere azyma, et comedebant per septem subsequentes dies. Et ideo dicitur in eodem capitulo: primo mense, quartadecima die mensis ad vesperam, comedetis azyma, usque ad diem vigesimam primam eiusdem mensis ad vesperam. Septem diebus fermentatum non invenietur in domibus vestris.

Et eadem quartadecima die ad vesperas immolabatur agnus paschalis. Prima ergo dies azymorum a tribus evangelistis, matthaeo, marco, Luca, dicitur quartadecima dies mensis: quia ad vesperam comedebant azyma, et tunc immolabatur Pascha, idest agnus paschalis: et hoc erat secundum ioannem, ante diem festum Paschae, idest ante diem quintam decimam diem mensis, qui erat solemnior inter omnes, in quo Iudaei volebant comedere Pascha, idest panes azymos paschales, non autem agnum paschalem. Et sic nulla discordia inter evangelistas existente, planum est quod Christus ex azymo pane corpus suum consecravit in cena. Unde manifestum fit quod rationabiliter Latinorum ecclesia pane azymo utitur in hoc sacramento.

a comer os ázimos na véspera do dia décimo quarto, e assim comiam durante os sete dias seguintes. Por isso, se diz no mesmo capítulo: *O primeiro mês, desde o dia quatorze do mês, comereis pão sem fermento até o dia vigésimo primeiro. Por sete dias não haverá pão fermentado em vossas casas*[34].

E no mesmo dia décimo quarto pela tarde se imolava o cordeiro pascal[35]. Portanto, o primeiro dia dos ázimos é chamado o décimo quarto do mês pelos três evangelistas Mateus, Marcos e Lucas porque na véspera comiam os ázimos, e então *imolavam a Páscoa*, isto é, *o cordeiro pascal*; e isto era, segundo João, *antes do dia da festa de Páscoa*, isto é, antes do dia décimo quinto do mês, que era o mais solene entre todos, no qual os judeus queriam comer a Páscoa, isto é, *os pães ázimos pascais*, mas não o cordeiro pascal. E assim, não existindo desacordo nenhum entre os Evangelistas, é claro que Cristo consagrou com um pão ázimo o seu corpo na ceia. Por isso, fica manifesto que a Igreja latina usa, com razão, o pão ázimo neste Sacramento.

Capitulum LXX
De sacramento poenitentiae
(Summa Theologica, IX, q. 84-90, Loyola)

Et primo, quod homines post gratiam sacramentalem acceptam peccare possunt.

Quamvis autem per praedicta sacramenta hominibus gratia conferatur, non tamen per acceptam gratiam impeccabiles fiunt.

Gratuita enim dona recipiuntur in anima sicut habituales dispositiones: non enim homo secundum ea semper agit. Nihil autem prohibet eum qui habitum habet, agere secundum habitum vel contra eum: sicut grammaticus potest secundum grammaticam recte loqui, vel etiam contra grammaticam loqui incongrue. Et ita est etiam de habitibus virtutum Moralium: potest enim qui iustitiae habitum

Capítulo 70
Sacramento da Penitência
(Suma Teológica, IX, q. 84-90, Loyola)

Os homens podem pecar após ter recebido a graça.

Embora a graça seja conferida aos homens pelos Sacramentos referidos, entretanto, eles não se tornam impecáveis pela graça recebida.

Com efeito, os dons gratuitos são recebidos na alma como disposições habituais, mas o homem nem sempre age segundo elas. Ora, nada impede que aquele que tem um hábito aja segundo o hábito ou contra ele; por exemplo, um gramático pode falar corretamente segundo a gramática, ou ainda falar inadequadamente contra a gramática. E assim acontece com os hábitos das virtudes morais, uma vez

---

[34] Levítico 23,18.19.
[35] Êxodo 12,16.

habet, et contra iustitiam agere. Quod ideo est quia usus habituum in nobis ex voluntate est: voluntas autem ad utrumque oppositorum se habet. Manifestum est igitur quod suscipiens gratuita dona peccare potest contra gratiam agendo.

Adhuc. Impeccabilitas in homine esse non potest sine immutabilitate voluntatis. Immutabilitas autem voluntatis non potest homini competere nisi secundum quod attingit ultimum finem. Ex hoc enim voluntas immutabilis redditur quod totaliter impletur, ita quod non habet quo divertat ab eo in quo est firmata. Impletio autem voluntatis non competit homini nisi ut finem ultimum attingenti: quandiu enim restat aliquid ad desiderandum, voluntas impleta non est. Sic igitur homini impeccabilitas non competit antequam ad ultimum finem perveniat. Quod quidem non datur homini in gratia quae in sacramentis confertur: quia sacramenta sunt in adiutorium hominis secundum quod est in via ad finem. Non igitur ex gratia in sacramentis percepta aliquis impeccabilis redditur.

Amplius. Omne peccatum ex quadam ignorantia contingit: unde dicit Philosophus quod omnis malus est ignorans; et in proverbiis dicitur: errant qui operantur malum. Tunc igitur solum homo securus potest esse a peccato secundum voluntatem, quando secundum intellectum securus est ab ignorantia et errore. Manifestum est autem quod homo non redditur immunis ab omni ignorantia et errore per gratiam in sacramentis perceptam: hoc enim est hominis secundum intellectum illam veritatem inspicientis quae est certitudo omnium veritatum; quae quidem inspectio est ultimus hominis finis, ut in tertio ostensum est. Non igitur per gratiam sacramentorum homo impeccabilis redditur.

Item. Ad alterationem hominis quae est secundum malitiam et virtutem, multum opera-

que o que tem o hábito da justiça, pode agir, também, contra a justiça. E isso acontece porque o uso dos hábitos, em nós, depende da vontade, e a vontade se tem entre ambos opostos. Portanto, é claro que quem recebe dons gratuitos pode pecar agindo contra a graça.

Ainda. A impecabilidade não pode existir no homem sem a imutabilidade da vontade. E a imutabilidade da vontade não cabe ao homem a não ser quando atinge o último fim. Pois, a vontade torna-se imutável pelo fato de se preencher totalmente, de tal modo que não tem porque se separar daquilo em que está firmada. E o preenchimento da vontade não cabe ao homem a não ser como quem está para atingir o último fim, pois enquanto fica algo por desejar, a vontade não se preencheu. Portanto, assim a impecabilidade não cabe ao homem antes de chegar ao último fim. E esta impecabilidade não se dá ao homem pela graça que os Sacramentos conferem, porque os Sacramentos são um ajuda para o homem enquanto está a caminho para fim. Portanto, ninguém se torna impecável pela graça recebida nos Sacramentos.

Ademais. Todo pecado acontece por alguma ignorância, por isso diz o Filósofo que *todo mau é ignorante*[36], e nos Provérbios se diz: *Erram os que operam o mal*[37]. Portanto, o homem somente pode estar livre de não pecar voluntariamente, quando está livre intelectualmente da ignorância e do erro. É evidente que o homem não se torna imune de toda ignorância e erro pela graça recebida nos Sacramentos, porque isso é próprio do homem que vê intelectualmente aquela verdade que é a certeza de todas verdades. E esta visão é o último fim do homem, como foi demonstrado[38]. Portanto, o homem não se torna impecável pela graça dos Sacramentos.

Igualmente. Para a alteração que se dá no homem, quanto à maldade e à virtude, muito

---

[36] Aristóteles (384-322 a.C.), em Ética III, 2, 1110b, 28.
[37] Provérbios 14,22.
[38] Livro III, 25.27.

tur alteratio quae est secundum animae passiones: nam ex eo quod ratione passiones animae refrenantur et ordinantur, homo virtuosus fit vel in virtute conservatur: ex eo vero quod ratio sequitur passiones, homo redditur vitiosus. Quandiu igitur homo est alterabilis secundum animae passiones, est etiam alterabilis secundum vitium et virtutem. Alteratio autem quae est secundum animae passiones, non tollitur per gratiam in sacramentis collatam, sed manet in homine quandiu anima passibili corpori unitur. Manifestum est igitur quod per sacramentorum gratiam homo impeccabilis non redditur.

Praeterea. Superfluum videtur eos admonere ne peccent qui peccare non possunt. Sed per evangelicam et apostolicam doctrinam admonentur fideles iam per sacramenta spiritus sancti gratiam consecuti: dicitur enim Hebr. 12,15: contemplantes ne quis desit gratiae Dei, ne qua radix amaritudinis, sursum germinans, impediat; et Ephes. 4,30: nolite contristare spiritum sanctum Dei, in quo signati estis; et I Cor. 10,12: qui se existimat stare, videat ne cadat. Ipse etiam apostolus de se dicit: castigo corpus meum et in servitutem redigo: ne forte, cum aliis praedicaverim, ipse reprobus efficiar. Non igitur per gratiam in sacramentis perceptam homines impeccabiles redduntur.

Per hoc excluditur quorundam haereticorum error, qui dicunt quod homo, postquam gratiam spiritus percepit, peccare non potest: et si peccat, nunquam gratiam spiritus sancti habuit. Assumunt autem in fulcimentum sui erroris quod dicitur I Cor. 13,8: caritas nunquam excidit. Et I Ioan. 3,6 dicitur: omnis qui in eo manet non peccat; et omnis qui peccat, non vidit nec cognovit eum. Et infra expres-

contribui a alteração daquilo que é próprio das paixões da alma, pois, se as paixões da alma são refreadas e ordenadas pela razão, o homem se torna virtuoso ou se conserva na virtude, mas se a razão seguir as paixões, o homem se tornará viciado. Portanto, enquanto o homem for alterável segundo as paixões da alma, será alterável, também, segundo o vício e a virtude. Ora, a alteração que se dá segundo as paixões da alma, não é eliminada pela graça concedida nos Sacramentos, mas permanece no homem enquanto a alma está unida a um corpo passível. Portanto, é evidente que o homem não se torna impecável pela graça dos Sacramentos.

Além disso. Parece supérfluo prevenir, para que não pequem, aqueles que não podem pecar. Mas, os fiéis que já conseguiram a graça do Espírito Santo pelos Sacramentos, são prevenidos pela doutrina evangélica e apostólica: aos Hebreus: *Cuidando bem para que ninguém seja privado da graça de Deus, que nenhuma raiz amarga brotando, a impeça*[39]; e aos Efésios: *Não queirais contristar o Espírito Santo, no qual fostes selados*[40]; e aos Coríntios: *Quem julga estar em pé, veja não caia*[41]. E o Apóstolo diz de si mesmo: *Castigo meu corpo e o reduzo à servidão, para que, ao pregar aos outros, eu não seja reprovado*[42]. Portanto, os homens não se tornam impecáveis pela graça recebida nos Sacramentos.

Pelo que foi dito, exclui-se o erro de alguns hereges que afirmaram que o homem não pode pecar depois de ter recebido do Espírito, e se peca, nunca teve a graça do Espírito Santo. Eles assumem o Apóstolo como apoio de seus erros: *A caridade jamais cessar*[43]; e em João: *Todo o que permanece n'Ele não peca, e todo o que peca não viu nem o conheceu*[44]; e mais expressamente: *Quem nasceu de Deus não peca,*

---

[39] Hebreus 12,15.
[40] Efésios 4,30.
[41] 1 Coríntios 10,12.
[42] 1 Coríntios 9,27.
[43] 1 Coríntios 13,8.
[44] 1 João 3,6.

sius: omnis qui est ex Deo, peccatum non facit: quoniam semen ipsius in eo manet, et non potest peccare, quoniam ex Deo natus est.

Sed haec ad eorum propositum ostendendum efficacia non sunt. Non enim dicitur quod caritas nunquam excidit, propter hoc quod ille qui habet caritatem, eam quandoque non amittat, cum dicatur Apoc. 2,4, habeo adversum te pauca, quod caritatem tuam primam reliquisti. Sed ideo dictum est quod caritas nunquam excidit, quia, cum cetera dona spiritus sancti de sui ratione imperfectionem habentia, utpote spiritus prophetiae et huiusmodi, evacuentur cum venerit quod perfectum est, caritas in illo perfectionis statu remanebit.

Ea vero quae ex epistola ioannis inducta sunt, ideo dicuntur quia dona spiritus sancti quibus homo adoptatur vel renascitur in filium Dei, quantum est de se, tantam habent virtutem quod hominem sine peccato conservare possunt, nec homo peccare potest secundum ea vivens. Potest tamen contra ea agere, et ab eis discedendo peccare. Sic enim dictum est, qui natus est ex Deo, non potest peccare, sicut si diceretur quod calidum non potest infrigidare: id tamen quod est calidum, potest fieri frigidum, et sic infrigidabit. Vel sicut si diceretur, iustus non iniusta agit: scilicet, inquantum est iustus.

porque a semente de Deus está nele, e não pode pecar porque nasceu de Deus[45].

Estas citações, entretanto, não são eficazes para demonstrar os seus propósitos. Porque não se diz que *a caridade jamais cessará*, no sentido de que quem a possui, não a perderá alguma vez, uma vez que o Apocalipse diz: *Tenho contra ti algumas coisas, porque abandonaste tua primeira caridade*[46]. Mas, foi dito que *a caridade jamais passará,* porque, os outros dons do Espírito Santo que são por si imperfeitos, por exemplo, o espírito de profecia e outros semelhantes, *cessarão quando vier o que é perfeito*[47], e caridade permanecerá no estado de perfeição.

Quanto às citações da carta de João, elas se expressam assim porque os dons do Espírito Santo, pelos quais o homem é adotado ou renasce como filho de Deus, têm, por si, tanto poder que eles podem conservar o homem sem pecado, e que nem o homem pode pecar vivendo segundo eles. Entretanto, o homem pode agir contra eles, e pecar afastando-se deles. Foi dito: *Quem nasceu de Deus não pode pecar,* do mesmo modo dir-se-ia: *o que é quente, não pode esfriar*. Entretanto, o que está quente pode tornar-se frio, e assim esfriará. Do mesmo modo podia-se dizer: *O justo não faz injustiça*, isto é, enquanto é justo.

Capitulum LXXI
Quod homo peccans post sacramentorum gratiam potest converti per gratiam

Ex praemissis autem apparet ulterius quod homo post sacramentalem gratiam susceptam in peccatum cadens, iterum reparari potest ad gratiam.

Ut enim ostensum est, quandiu hic vivitur, voluntas mutabilis est secundum vitium et virtutem. Sicut igitur post acceptam gratiam potest peccare, ita et a peccato, ut videtur, potest ad virtutem redire.

Capítulo 71
O homem que peca depois da graça dos sacramentos pode-se converter pela graça

É claro, pelo que foi dito, que o homem que cai em pecado depois de receber a graça sacramental, pode novamente ser restabelecido na graça.

Com efeito, foi demonstrado que, enquanto se vive, a vontade é mutável para o vício e para a virtude. Portanto, assim como se pode pecar depois de recebida a graça, assim, parece que pode-se, também, voltar à virtude depois de pecar.

---

[45] 1 João 3,9.
[46] Apocalipse 2,4.
[47] 1 Coríntios 13,10.

Item. Manifestum est bonum esse potentius malo: nam malum non agit nisi in virtute boni, ut supra in tertio est ostensum. Si igitur voluntas hominis a statu gratiae per peccatum avertitur, multo magis per gratiam potest a peccato revocari.

Adhuc. Immobilitas voluntatis non competit alicui quandiu est in via. Sed quandiu hic homo vivit, est in via tendendi in ultimum finem. Non igitur habet immobilem voluntatem in malo, ut non possit per divinam gratiam reverti ad bonum.

Amplius. Manifestum est quod a peccatis quae quis ante gratiam perceptam in sacramentis commisit, per sacramentorum gratiam liberatur: dicit enim apostolus, I ad Cor. 6,9 neque fornicarii, neque idolis servientes, neque adulteri, etc., regnum Dei possidebunt. Et hoc quidem fuistis aliquando, sed abluti estis, sed sanctificati estis, sed iustificati estis in nomine Domini nostri Iesu Christi, et in spiritu Dei nostri. Manifestum est etiam quod gratia in sacramentis collata naturae bonum non minuit, sed auget. Pertinet autem hoc ad bonum naturae, quod a peccato reducibilis sit in statum iustitiae: nam potentia ad bonum quoddam bonum est. Igitur, si contingat peccare post gratiam perceptam, adhuc homo reducibilis erit ad statum iustitiae.

Adhuc. Si peccantes post baptismum ad gratiam redire non possunt, tollitur eis spes salutis. Desperatio autem est via ad libere peccandum: dicitur enim ad Ephes. 4,19 de quibusdam quod desperantes tradiderunt semetipsos impudicitiae, in operationem omnis immunditiae et avaritiae. Periculosissima est igitur haec positio, quae in tantam sentinam vitiorum homines inducit.

Praeterea. Ostensum est supra quod gratia in sacramentis percepta non constituit hominem impeccabilem. Si igitur post gratiam in sacramentis perceptam peccans ad

Igualmente. É evidente que o bem é mais poderoso que o mal, porque *o mal não age senão em virtude do bem*, como foi demonstrado[48]. Portanto, se a vontade do homem se afasta do estado de graça pelo pecado, com mais razão, a graça pode retorná-lo do pecado.

Ainda. A imobilidade da vontade não compete a alguém enquanto está em via. Ora, enquanto este homem vive, está em via encaminhando-se para o seu último fim. Portanto, não tem a vontade imobilizada no mal de tal modo que não possa converter-se ao bem.

Ademais. É claro que aquele, que cometeu pecados antes de receber a graça, pode libertar-se deles pela graça dos Sacramentos, segundo o Apóstolo: *Nem os fornicadores, nem os adoradores de ídolos, nem os adúlteros possuirão o reino de Deus. Entretanto, se assim fostes por algum tempo, fostes também lavados, santificados e justificados em nome de nosso Senhor Jesus Cristo e no Espírito Santo*[49]. É claro, também, que a graça concedida nos Sacramento não diminui o bem natural, mas o aumenta. Ora, pertence ao bem natural fazer passar do estado de pecado ao estado de justiça, porque a potência para o bem é um certo bem. Portanto, se acontecer pecar depois da graça recebida, o homem ainda poderá passar ao estado de justiça.

Ainda. Se os que pecam depois do batismo não podem voltar à graça, a esperança de salvação lhes é tirada. Ora, o desespero é uma via para pecar, segundo o Apóstolo: *Desesperados, entregam-se à impudicícia, aos atos de toda imundície e avareza*[50]. Portanto, é perigosíssima esta afirmação que leva os homens a este grande poço de vícios.

Além disso. Foi demonstrado[51] que a graça recebida nos Sacramentos não constitui o homem impecável. Portanto, se o pecador, depois de receber a graça nos Sacramentos,

---

[48] Livro III, caps. 6.8.
[49] 1 Coríntios 6,9-11.
[50] Efésios 4,19.
[51] Cf. capítulo anterior.

statum iustitiae redire non posset, periculosum esset sacramenta percipere. Quod patet esse inconveniens. Non igitur peccan, tibus post sacramenta percepta reditus ad iustitiam denegatur.

Hoc etiam auctoritate sacrae Scripturae confirmatur. Dicitur enim I Ioan. 2,1: filioli mei, haec scribo vobis ut non peccetis. Sed et si quis peccaverit, advocatum habemus apud patrem, Iesum Christum iustum, et ipse est propitiatio pro peccatis nostris: quae quidem verba manifestum est quod fidelibus iam renatis proponebantur. Paulus etiam de Corinthio fornicario scribit II Cor. 2,6 sufficit illi qui eiusmodi est obiurgatio haec quae fit a pluribus, ita ut e contrario magis doleatis et consolemini. Et infra, 7,9, dicit: gaudeo, non quia contristati estis, sed quia contristati estis ad poenitentiam. Dicitur etiam Ier. 3,1: tu autem fornicata es cum amatoribus multis: tamen revertere ad me, dicit Dominus. Et Thren. Ult.: converte nos, Domine, ad te, et convertemur, innova dies nostros sicut a principio. Ex quibus omnibus apparet quod, si fideles post gratiam lapsi fuerint, iterum patet eis reditus ad salutem.

Per hoc autem excluditur error Novatianorum, qui peccantibus post baptismum indulgentiam denegabant. Ponebant autem sui erroris occasionem ex eo quod dicitur Hebr. 6,4 impossibile est eos qui semel sunt illuminati, et gustaverunt donum caeleste, et participes sunt facti spiritus sancti, gustaverunt nihilominus bonum verbum Dei, virtutesque saeculi venturi, et prolapsi sunt renovari rursum ad poenitentiam. Sed ex quo sensu hoc apostolus dixerit, apparet ex hoc quod subditur: rursus crucifigentes sibimetipsis filium Dei, et ostentui habentes. Ea igitur ratione

não pudesse voltar ao estado de justiça, seria perigoso receber os Sacramentos. O que claramente não convém. Portanto, não se nega aos que pequem, depois de recebidos os Sacramentos, a volta à justiça.

Isso é confirmado, também, pela autoridade da Sagrada Escritura. Em João: *Filhinhos, isto vos escrevo para que não pequeis. Mas se alguém pecar temos um advogado junto ao Pai, Jesus Cristo, o Justo, que é a propiciação pelos nossos pecados*[52]; estas palavras eram dirigidas claramente aos fiéis já batizados. E aos Coríntios: *Basta a ele a reprovação de tantos; agora deveis perdoá-lo e consolá-lo*[53]. E mais abaixo: *Alegro-me não porque vos entristecestes, mas porque vos entristecestes para a penitência*[54]. Em Jeremias, também,: *Tu, porém, fornicaste com muitos amantes; mas volta para mim*[55]. E em Lamentações: *Convertei-nos, Senhor, para ti e seremos convertidos; renova os nossos dias como no princípio*[56]. Todos estes textos mostram que se os fiéis pecaram depois da graça, novamente está aberta para eles a volta para a salvação.

Fica excluído, assim, o erro dos Novacianos[57], que negavam a indulgência aos que pecavam depois do batismo. Fundamentavam os seus erros na Carta aos Hebreus: *Aos que foram uma vez iluminados e gostaram do dom celeste e tornaram-se participantes do Espírito Santo, e também provaram a boa palavra de Deus e as virtudes do século futuro, e, entretanto, caíram, é impossível voltarem à penitência*[58]. Mas, em que sentido o Apóstolo disse estas palavras esclarecem o que se segue: *e de novo crucificaram para si mesmos o Filho de Deus e o expuseram às afrontas*[59]. Portanto, porque caí-

---

[52] 1 João 2,1.
[53] 2 Coríntios 2,6.7.
[54] 2 Coríntios 7,9.
[55] Jeremias 3,1.
[56] Lamentações 5,21.
[57] Novacianos — Seguidores de Novaciano (séc. III), revoltado com a eleição do sacerdote Cornélio para papa inicia um cisma. Prega um rigorismo intransigente que vem a ser o Novacionismo.
[58] Hebreus 6,4-5.
[59] Hebreus 6, 6.

qui prolapsi sunt post gratiam perceptam renovari rursus ad poenitentiam non possunt, quia filius Dei rursus crucifigendus non est. Denegatur igitur illa renovatio in poenitentiam per quam homo simul crucifigitur Christo. Quod quidem est per baptismum: dicitur enim Rom. 6,3: quicumque baptizati sumus in Christo Iesu, in morte ipsius baptizati sumus. Sicut igitur Christus non est iterum crucifigendus, ita qui peccat post baptismum, non est rursus baptizandus. Potest tamen rursus converti ad gratiam per poenitentiam. Unde et apostolus non dixit quod impossibile sit eos qui semel lapsi sunt, rursus revocari vel converti ad poenitentiam, sed quod impossibile sit renovari, quod baptismo attribuere solet, ut patet Tit. 3,5: secundum misericordiam suam salvos nos fecit, per lavacrum regenerationis et renovationis spiritus sancti.

ram depois de recebida a graça, não podem ser renovados novamente pela penitência, uma vez que o Filho de Deus não deve ser novamente crucificado. Portanto, nega-se aquela renovação na penitência pela qual o homem se crucifica juntamente com Cristo. O que acontece no batismo: *Os que fomos batizados em Jesus Cristo, fomos batizados em sua morte*[60]. Portanto, assim como Cristo não deve ser crucificado outra vez, assim, quem peca depois do batismo, não deve ser batizado novamente. Entretanto, pode converter-se novamente à graça pela penitência. Por isso, o Apóstolo não disse que é impossível aos que caíram uma vez, ser novamente chamados ou converter-se à penitência, mas que é impossível *renovar-se*, o que se costuma atribuir ao batismo, como está claro na Carta a Tito: *Segundo a sua misericórdia nos salvou pelo banho da regeneração e da renovação do Espírito Santo*[61].

Capitulum LXXII
De necessitate poenitentiae et partium eius

Ex hoc igitur apparet quod, si aliquis post baptismum peccet, remedium sui peccati per baptismum habere non potest.

Et quia abundantia divinae misericordiae, et efficacia gratiae Christi, hoc non patitur ut absque remedio dimittatur, institutum est aliud sacramentale remedium, quo peccata purgentur. Et hoc est poenitentiae sacramentum, quod est quaedam velut spiritualis sanatio. Sicut enim qui vitam naturalem per generationem adepti sunt, si aliquem morbum incurrant qui sit contrarius perfectioni vitae, a morbo curari possunt, non quidem sic ut iterato nascantur, sed quadam alteratione sanantur; ita baptismus, qui est spiritualis regeneratio, non reiteratur contra peccata post baptismum commissa, sed poenitentia, quasi quadam spirituali alteratione, sanantur.

Considerandum est autem quod corporalis sanatio quandoque quidem ab intrinseco

Capítulo 72
A necessidade da penitência e suas partes

Pelo que foi dito, fica claro que se alguém pecar depois do batismo, o remédio de seu pecado não poderá ser o batismo.

E uma vez que a abundância da misericórdia divina e a eficácia da graça de Cristo não toleram que o pecador seja abandonado sem remédio, foi instituído outro remédio sacramental pelo qual os pecados fossem purificados: E este é o Sacramento da Penitência, uma espécie de cura espiritual. Assim como, os que nascem para a vida por geração natural, incorrendo em alguma doença contrária à perfeição da vida, podem ser curados da doença, sem que renasçam novamente, mas por algum tratamento saudável; assim o batismo, que é o nascimento espiritual, não é reiterado contra os pecados cometidos depois do batismo, os quais se curam pela penitência como por um tratamento espiritual.

Deve-se considerar que a cura corporal, às vezes, se faz totalmente a partir do interior;

---

[60] Romanos 6,3.
[61] Tito 3,5.

totaliter est: sicut quando aliquis sola virtute naturae curatur. Quandoque autem ab intrinseco et extrinseco simul: ut puta quando naturae operatio iuvatur exteriori beneficio medicinae. Quod autem totaliter ab extrinseco curetur, non contingit: habet enim adhuc in seipso principia vitae, ex quibus sanitas quodammodo in ipso causatur.

In spirituali vero curatione accidere non potest quod totaliter ab intrinseco fiat: ostensum est enim in tertio quod a culpa homo liberari non potest nisi auxilio gratiae. Similiter etiam neque potest esse quod spiritualis curatio sit totaliter ab exteriori: non enim restitueretur sanitas mentis nisi ordinati motus voluntatis in homine causarentur. Oportet igitur in poenitentiae sacramento spiritualem salutem et ab interiori et ab exteriori procedere.

Hoc autem sic contingit. Ad hoc enim quod aliquis a morbo corporali curetur perfecte, necesse est quod ab omnibus incommodis liberetur quae per morbum incurrit. Sic igitur et spiritualis curatio poenitentiae perfecta non esset nisi homo ab omnibus detrimentis sublevaretur in quae inductus est per peccatum.

Primum autem detrimentum quod homo ex peccato sustinet, est deordinatio mentis: secundum quod mens avertitur ab incommutabili bono, scilicet a Deo, et convertitur ad peccatum. Secundum autem est quod reatum poenae incurrit: ut enim in tertio ostensum est, a iustissimo rectore Deo pro qualibet culpa poena debetur. Tertium est quaedam debilitatio naturalis boni: secundum quod homo peccando redditur pronior ad peccandum, et tardior ad bene agendum.

Primum igitur quod in poenitentia requiritur, est ordinatio mentis: ut scilicet mens convertatur ad Deum, et avertatur a peccato, dolens de commisso, et proponens non com-

por exemplo, quando alguém se cura unicamente pela força da natureza. Outras vezes, simultaneamente a partir do interior e do exterior; por exemplo, quando ação da natureza é ajudada pelo benefício exterior da medicina. Não acontece, porém, que se cure totalmente a partir do exterior, porque o doente tem em si mesmo, ainda, os princípios vitais, pelos quais a cura é nele causada, de algum modo.

Na cura espiritual, não pode acontecer que se faça totalmente a partir do interior, pois foi demonstrado[62] que o homem não pode livrar-se da culpa a não ser pelo auxílio da graça. Igualmente, não é possível que a cura espiritual seja totalmente a partir do exterior, pois saúde do espírito não seria restabelecida a não ser que no homem fossem causados movimentos ordenados da vontade. Portanto, é necessário que no Sacramento da Penitência a saúde espiritual proceda do interior e do exterior.

E isso acontece da seguinte maneira. Para que alguém se cure perfeitamente de uma doença do corpo, é necessário que se livre de todos incômodos nos quais incorreu por causa da doença. Portanto, assim, também, a cura espiritual da penitência não seria perfeita a não ser que o homem fosse aliviado de todos os danos aos quais foi induzido pelo pecado.

O *primeiro* dano que o homem carrega pelo pecado é a desordem do espírito, segundo o qual o espírito se aparta do bem incomutável, a saber, de Deus e converte-se ao pecado. O *segundo* é que o homem incorre no reato da pena. Foi demonstrado[63] que a toda culpa deve-se uma pena da parte do justíssimo ordenador Deus. O *terceiro* é um certo enfraquecimento do bem natural, segundo o qual o homem ao pecar torna-se mais inclinado a pecar, e mais lento para agir bem.

Portanto, o que se requer, sobretudo, na penitência é a ordem do espírito, isto é, que o espírito se converta para Deus e se afaste do pecado, que se arrependa do que foi cometido

---

[62] Livro III, cap. 157.
[63] Livro III, cap. 140.

mittendum: quod est de ratione contritionis. Haec vero mentis reordinatio sine gratia esse non potest: nam mens nostra debite ad Deum converti non potest sine caritate, caritas autem sine gratia haberi non potest, ut patet ex his quae in tertio dicta sunt. Sic igitur per contritionem et offensa Dei tollitur et a reatu poenae aeternae liberatur, qui cum gratia et caritate esse non potest: non enim aeterna poena est nisi per separationem a Deo, cui gratia et caritate homo coniungitur. Haec igitur mentis reordinatio, quae in contritione consistit, ex interiori procedit, idest a libero arbitrio, cum adiutorio divinae gratiae.

Quia vero supra ostensum est quod meritum Christi pro humano genere patientis ad expiationem omnium peccatorum operatur, necesse est ad hoc quod homo de peccato sanetur, quod non solum mente Deo adhaereat, sed etiam mediatori Dei et hominum Iesu Christo, in quo datur remissio omnium peccatorum: nam in conversione mentis ad Deum salus spiritualis consistit, quam quidem salutem consequi non possumus nisi per medicum animarum nostrarum Iesum Christum, qui salvat populum suum a peccatis eorum. Cuius quidem meritum sufficiens est ad omnia peccata totaliter tollenda, ipse est enim qui tollit peccata mundi, ut dicitur Ioan. 1,29: sed tamen non omnes effectum remissionis perfecte consequuntur, sed unusquisque in tantum consequitur in quantum Christo pro peccatis patienti coniungitur.

Quia igitur coniunctio nostri ad Christum in baptismo non est secundum operationem nostram, quasi ab interiori, quia nulla res seipsam generat ut sit; sed a Christo, qui nos regenerat in spem vivam: remissio peccatorum in baptismo fit secundum potestatem ipsius Christi nos sibi coniungentis perfecte et

e proponha não cometê-lo, o que é da razão da contrição. Entretanto, esta reordenação do espírito não pode existir sem a graça, pois, o nosso espírito só se converte devidamente para Deus com a caridade e não pode haver a caridade sem a graça, como foi tratado no Livro III[64]. Assim, a contrição não só suprime a ofensa feita a Deus, mas também liberta do reato da pena eterna, que com a graça e a caridade não podem existir, uma vez que não há pena eterna a não ser pela separação de Deus, a quem o homem se une pela graça e pela caridade. Logo, esta reordenação do espírito, que consiste na contrição procede pelo exterior, a saber, pelo livre-arbítrio com a ajuda da graça divina.

Já foi demonstrado[65] que o mérito de Cristo, que padeceu pelo gênero humano, se aplica à expiação de todos pecados. Para que o homem seja curado do pecado, é necessário que adira não só a Deus pelo espírito, mas também ao mediador entre Deus e os homens, Jesus Cristo, no qual é dada a remissão de todos pecados. É na conversão do espírito para Deus que consiste a salvação espiritual, que não podemos conseguir a não ser pelo médico de nossas almas, Jesus Cristo, *que salva o seu povo de seus pecados*[66], cujo mérito é suficiente para apagar completamente todos pecados, pois, é Ele *que tira os pecados do mundo*, diz João[67]. Entretanto, não são todos os que conseguem perfeitamente o efeito da remissão, mas cada um na medida segundo a qual se une a Cristo padecente pelos nossos pecados.

Portanto, no batismo a nossa união com Cristo não se dá por uma obra interior, porque nenhuma coisa gera a si mesma no ser, mas por Cristo, que nos regenera para *a esperança viva*[68]. Assim, no batismo a remissão dos pecados se faz pelo poder do mesmo Cristo, que nos une a si perfeita e totalmente, para não só

---

[64] Livro III, cap. 151.
[65] Cf. cap. 55.
[66] Mateus 1,21.
[67] João 1,29.
[68] 1 Pedro 1,3.

integre, ut non solum impuritas peccati tollatur, sed etiam solvatur penitus omnis poenae reatus; nisi forte per accidens in his qui non consequuntur effectum sacramenti propter hoc quod ficte accedunt.

In hac vero spirituali sanatione Christo coniungimur secundum operationem nostram divina gratia informatam. Unde non semper totaliter, nec omnes aequaliter remissionis effectum per hanc coniunctionem consequimur. Potest enim esse conversio mentis in Deum et ad meritum Christi, et in detestationem peccati, tam vehemens quod perfecte remissionem peccati homo consequitur non solum quantum ad expurgationem culpae, sed etiam quantum ad remissionem totius poenae. Hoc autem non semper contingit. Unde quandoque, per contritionem amota culpa, et reatu poenae aeternae soluto, ut dictum est, remanet obligatio ad aliquam poenam temporalem, ut iustitia Dei salvetur, secundum quam culpa ordinatur per poenam.

Cum autem subire poenam pro culpa iudicium quoddam requirat, oportet quod poenitens, qui se Christo sanandum commisit, Christi iudicium in taxatione poenae expectet: quod quidem per suos ministros exhibet Christus, sicut et cetera sacramenta. Nullus autem potest iudicare de culpis quas ignorat. Necessarium igitur fuit confessionem institui, quasi secundam partem huius sacramenti, ut culpa poenitentis innotescat Christi ministro. Oportet igitur ministrum cui fit confessio, iudiciariam potestatem habere vice Christi, qui constitutus est iudex vivorum et mortuorum. Ad iudiciariam autem potestatem duo requiruntur: scilicet auctoritas cognoscendi de culpa, et potestas absolvendi vel condemnandi. Et haec duo dicuntur duae claves ecclesiae, scilicet scientia discernendi, et potentia ligandi et solvendi, quas Dominus Petro commisit, iuxtà illud Matth. 16,19: *tibi dabo claves regni caelorum.* Non autem sic intelligitur Petro commisisse ut ipse solus haberet, sed ut per

eliminar a impureza do pecado, mas também para quitar inteiramente o reato de toda pena; a não ser, por acidente, naqueles que não conseguem o efeito do sacramento, por acederem ficticiamente ao sacramento.

Nesta cura espiritual, pelo contrário, a nossa união com Cristo se dá por uma obra nossa informada pela graça divina, por isso, nem é sempre totalmente e nem todos igualmente, que obtemos o efeito da remissão. Com efeito, a conversão do espírito para Deus e para o mérito de Cristo, e para a detestação do pecado, pode ser tão veemente que o homem consiga perfeitamente a remissão do pecado não só quanto à purificação da culpa, mas também quanto à remissão de toda pena. Mas isto não acontece sempre. Por isso, às vezes, removida a culpa pela contrição e quitado o reato da pena eterna, como se disse, permanece a obrigação a alguma pena temporal, afim de salvar a justiça de Deus, segundo a qual a culpa é reparada pela pena.

Uma vez que o fato de sofrer uma pena devida a uma culpa requer um juízo, deve, o penitente que se confiou a Cristo para ser curado, esperar do julgamento de Cristo a taxação da pena. E, isso Cristo faz pelos seus ministros, como nos demais sacramentos. Ora, ninguém pode julgar da falta que ignora. Por isso, foi necessário que se instituísse a *confissão*, qual segunda parte deste sacramento, para que a culpa do penitente chegue ao conhecimento do ministro de Cristo. Portanto, é necessário que o ministro, a quem se faz a confissão, tenha o poder judiciário vicário de Cristo, que *foi constituído juiz dos vivos e dos mortos*[69]. Este poder judiciário requer duas coisas: autoridade para conhecer a culpa e poder de absolver ou de condenar. São estas duas coisas que se chamam *as duas chaves da Igreja,* isto é, *a ciência de discernir e o poder de ligar e desligar,* que o Senhor confiou a Pedro, conforme Mateus: *Dar-te-ei as chaves do reino de Deus*[70]. Palavras que não devem ser enten-

---

[69] Atos 10,42.
[70] Mateus 16,19.

eum derivarentur ad alios: alias non esset sufficienter fidelium saluti provisum.

Huiusmodi autem claves a passione Christi efficaciam habent, per quam scilicet Christus nobis aperuit ianuam regni caelestis. Et ideo, sicut sine baptismo, in quo operatur passio Christi, non potest hominibus esse salus, vel realiter suscepto, vel secundum propositum desiderato, quando necessitas, non contemptus, sacramentum excludit; ita peccantibus post baptismum salus esse non potest nisi clavibus ecclesiae se subiiciant, vel actu confitendo et iudicium ministrorum ecclesiae subeundo, vel saltem huius rei propositum habendo, ut impleatur tempore opportuno, quia, ut dicit Petrus, Act. 4,12 non est aliud nomen datum hominibus, in quo oporteat nos salvos fieri, nisi in nomine Domini nostri Iesu Christi.

Per hoc autem excluditur quorundam error qui dixerunt hominem posse peccatorum veniam consequi sine confessione et proposito confitendi: vel quod per praelatos ecclesiae dispensari potest quod ad confessionem aliquis non teneatur. Non enim hoc possunt praelati ecclesiae, ut claves frustrentur ecclesiae, in quibus tota eorum potestas consistit: neque ut sine sacramento a passione Christi virtutem habente, aliquis remissionem peccatorum consequatur; hoc enim est solius Christi, qui est sacramentorum institutor et auctor. Sicut igitur dispensari non potest per praelatos ecclesiae ut aliquis sine baptismo salvetur, ita nec quod aliquis remissionem sine confessione et absolutione consequatur.

Considerandum tamen est quod sicut baptismus efficaciam aliquam habet ad remissionem peccati etiam antequam actu suscipiatur, dum est in proposito ipsum suscipiendi — licet postmodum pleniorem effectum conferat et in adeptione gratiae et in remissione culpae,

didas, como se somente Pedro teria tal poder, mas como se por Pedro tal poder derivaria para os outros, pois, de outro modo, não estaria provida suficientemente a salvação dos fiéis.

Estas chaves são eficazes pela paixão de Cristo, pela qual Cristo nos abriu a porta do reino celeste. Por isso, assim como sem o batismo, no qual obra a paixão de Cristo, não pode haver salvação para os homens, — seja recebido realmente, seja desejado como propósito, — *quando a necessidade, não o desprezo, exclui o sacramento*[71]; assim, não pode haver salvação para os que pecam depois do batismo, a não ser que se submetam às chaves da Igreja, ou confessando-se em ato e sujeitando-se ao julgamento dos ministros da Igreja, ou, ao menos, tendo o propósito de fazê-lo de modo que se cumpra em tempo oportuno, porque como diz Pedro: *Não foi dado aos homens outro nome pelo qual possamos ser salvos, senão o nome de Nosso Senhor Jesus Cristo*[72].

Exclui-se, assim, o erro de alguns que disseram que o homem pode conseguir o perdão dos pecados sem a confissão e o propósito de confessar-se, e que alguém pode ser dispensado da obrigação da confissão pelos prelados da Igreja. Isto, os prelados da Igreja não podem, porque tornariam inúteis as chaves da Igreja, nas quais consiste todo o poder deles. E ninguém conseguirá a remissão dos pecados sem o sacramento que tem o poder pela paixão de Cristo; isto é próprio somente de Cristo, que é o instituidor e autor dos sacramentos. Portanto, assim como os prelados da Igreja não podem dispensar alguém do batismo para que se salve, assim não podem dispensar da confissão e da absolvição para que se consiga a remissão.

Deve-se considerar, entretanto, que assim como o batismo tem alguma eficácia para a remissão pecado antes mesmo que ele seja recebido em ato, quando alguém está com o propósito de recebê-lo; — depois, quando o batismo é recebido em ato, confere o efei-

---

[71] Santo Agostinho de Hipona (354-431), em Sobre o Batismo contra os Donatistas, Livro 4, 22; ML 43,173.
[72] Atos 4,12.

cum actu suscipitur; et quandoque in ipsa susceptione baptismi confertur gratia, et remittitur culpa, ei cui prius remissa non fuit,- sic et claves ecclesiae efficaciam habent in aliquo antequam eis se actu subiiciat, si tamen habeat propositum ut se eis subiiciat; pleniorem tamen gratiam et remissionem consequitur dum se eis actu subiicit confitendo, et absolutionem percipiendo; et nihil prohibet quin aliquando virtute clavium alicui confesso in ipsa absolutione gratia conferatur, per quam ei culpa dimittitur.

Quia igitur etiam in ipsa confessione et absolutione plenior effectus gratiae et remissionis confertur ei qui prius, propter bonum propositum, utrumque obtinuit; manifestum est quod virtute clavium minister ecclesiae, absolvendo, aliquid de poena temporali dimittit, cuius debitor remansit poenitens post contritionem. Ad residuum vero sua iniunctione obligat poenitentem: cuius quidem obligationis impletio satisfactio dicitur, quae est tertia poenitentiae pars; per quam homo totaliter a reatu poenae liberatur, dum poenam exsolvit quam debuit; et ulterius debilitas naturalis boni curatur, dum homo a malis abstinet et bonis assuescit; Deo spiritum subiiciendo per orationem, carnem vero domando per ieiunium, ut sit subiecta spiritui; et rebus exterioribus, per eleemosynarum largitionem, proximos sibi adiungendo, a quibus fuit separatus per culpam.

Sic igitur patet quod minister ecclesiae in usu clavium iudicium quoddam exercet. Nulli autem iudicium committitur nisi in sibi subiectos. Unde manifestum est quod non quilibet sacerdos quemlibet potest absolvere a peccato, ut quidam mentiuntur: sed eum tantum in quem accepit potestatem.

to mais pleno não só na graça recebida, mas também na remissão da culpa; e às vezes na mesma recepção do batismo a graça é conferida e a culpa remitida, àqueles que antes não tinha sido remitida. — assim, também, as chaves da Igreja têm eficácia em alguém antes que se submeta em ato a elas, se tem o propósito de a elas se submeter. Entretanto, se se submete a elas em ato confessando-se e recebendo a absolvição conseguirá uma graça e a absolvição mais plena. E nada impede que, alguma vez, na mesma absolvição, pelo poder das chaves, a graça seja conferida a quem se confessa, pela qual a culpa lhe é perdoada.

Portanto, porque, na confissão e absolvição, é conferido um efeito mais pleno de graça e de remissão àquele que, em razão do bom propósito, obteve antes um e outro; é claro que, por força das chaves, o ministro da Igreja ao absolver perdoa algo da pena temporal, da qual o penitente permanece devedor depois da contrição. Mas, quanto à parte resídua, o ministro obriga o penitente com uma prescrição: este cumprimento da obrigação se chama *satisfação*, e é *a terceira parte da penitência*, pela qual o homem libera-se totalmente do reato da pena, pois ela perdoa a pena devida. E, depois, cura-se a debilidade natural do bem, pois o homem se abstém do mal e se acostuma com o bem: submetendo o espírito a Deus pela oração; dominando a carne com o jejum, para que a submeta ao espírito; e por coisas exteriores, como dar esmolas, unindo-se aos próximos, dos quais se separou pela culpa.

É claro, portanto, que o ministro da Igreja exerce um certo julgamento no uso das chaves. E a ninguém se confia um julgamento a não ser aos que lhe são submetidos. Por isso, é manifesto que não é qualquer sacerdote que pode absolver do pecado qualquer pessoa, como alguns mentiram, mas somente aquele que recebeu poder sobre ela.

Capitulum LXXIII
De sacramento extremae unctionis
(Santo Tomás de Aquino em Livro das Sentenças, 4, d. 2, q. 1, a. 4 até 4, d. 23, q. 2, a. 4)

Quia vero corpus est animae instrumentum; instrumentum autem est ad usum principalis agentis: necesse est quod talis sit dispositio instrumenti ut competat principali agenti; unde et corpus disponitur secundum quod congruit animae. Ex infirmitate igitur animae, quae est peccatum, interdum infirmitas derivatur ad corpus, hoc divino iudicio dispensante. Quae quidem corporalis infirmitas interdum utilis est ad animae sanitatem: prout homo infirmitatem corporalem sustinet humiliter et patienter, et ei quasi in poenam satisfactoriam computatur. Est etiam quandoque impeditiva spiritualis salutis, prout ex infirmitate corporali impediuntur virtutes. Conveniens igitur fuit ut contra peccatum aliqua spiritualis medicina adhiberetur, secundum quod ex peccato derivatur infirmitas corporalis, per quam quidem spiritualem medicinam sanatur infirmitas corporalis aliquando, cum scilicet expedit ad salutem. Et ad hoc ordinatum est sacramentum extremae unctionis, de quo dicitur Iacob. 5,14 infirmatur quis in vobis: inducat presbyteros ecclesiae, et orent super eum, ungentes eum oleo in nomine Domini; et oratio fidei sanabit infirmum.

Nec praeiudicat virtuti sacramenti si aliquando infirmi quibus hoc sacramentum confertur, non ex toto ab infirmitate corporali curantur: quia quandoque sanari corporaliter, etiam digne hoc sacramentum sumentibus, non est utile ad spiritualem salutem. Nec tamen inutiliter sumunt, quamvis corporalis sanitas non sequatur. Cum enim hoc sacramentum sic ordinetur contra infirmitatem corporis inquantum consequitur ex peccato, manifestum est quod contra alias sequelas peccati hoc sacramentum ordinatur, quae sunt

Capítulo 73
O Sacramento da Extrema-unção[73]
(Santo Tomás de Aquino em Livro das Sentenças, 4, d. 2, q. 1, a. 4 até 4, d. 23, q. 2, a. 4)

Uma vez que o corpo é o instrumento da alma e o instrumento está ao serviço do agente principal, é necessário que seja tal a disposição do instrumento que seja adequado ao agente. Por isso, o corpo se dispõe de tal maneira que seja adequado à alma. Portanto, se a alma está enferma pelo pecado, às vezes, esta enfermidade deriva para o corpo, por uma permissão divina. E esta enfermidade corpórea, às vezes, é também útil à saúde da alma, se o homem leva a enfermidade corpórea com humildade e paciência e, assim, se inscreve como pena satisfatória. Mas, às vezes, é um impedimento da saúde espiritual, se a enfermidade corpórea impede as virtudes. Portanto, foi conveniente que se usasse um remédio espiritual contra o pecado, quando a enfermidade corpórea procede dele. E assim, por este remédio espiritual, às vezes, se cura a enfermidade corpórea, quando é conveniente para a salvação. É para isso que este Sacramento se ordena, como diz Tiago: *Adoece alguém entre vós? Chamem os presbíteros da igreja e orem por ele, ungindo-o com óleo no nome do Senhor; e a oração da fé curará o enfermo*[74].

Não é contrário à virtude do Sacramento se, às vezes, os enfermos, aos quais se administra o Sacramento, não se curam totalmente da enfermidade corpórea. Porque, às vezes, a saúde corpórea, mesmo para os que dignamente recebem este Sacramento, não é útil para a saúde espiritual. Mas, embora não se siga a saúde espiritual, não o recebem inutilmente. Uma vez que este Sacramento se ordena contra a enfermidade do corpo, enquanto é sequela do pecado, é claro que este Sacramento se ordena, também, contra outras sequelas,

---

[73] Santo Tomás de Aquino faleceu em 07.03.1274 sem concluir a Suma Teológica. Três meses antes, terminara a questão 90. As referências para os demais Sacramentos da Extrema-unção, da Ordem e do Matrimônio serão dadas pelos seus comentários sobre os quatro livros das Sentenças do Mestre Pedro Lombardo.
[74] Carta de Tiago 5,14.15.

pronitas ad malum et difficultas ad bonum: et tanto magis quanto huiusmodi infirmitates animae sunt propinquiores peccato quam infirmitas corporalis. Et quidem huiusmodi infirmitates spirituales per poenitentiam sunt curandae, prout poenitens per opera virtutis, quibus satisfaciendo utitur, a malis retrahitur et ad bonum inclinatur. Sed quia homo, vel per negligentiam, aut propter occupationes varias vitae, aut etiam propter temporis brevitatem, aut propter alia huiusmodi, praedictos defectus in se perfecte non curat, salubriter ei providetur, ut per hoc sacramentum praedicta curatio compleatur, et a reatu poenae temporalis liberetur, ut sic nihil in eo remaneat quod in exitu animae a corpore eam possit a perceptione gloriae impedire. Et ideo Iacobus addit: et alleviabit eum Dominus.

Contingit etiam quod homo omnium peccatorum quae commisit, notitiam vel memoriam non habet, ut possint per poenitentiam singula expurgari. Sunt etiam quotidiana peccata, sine quibus praesens vita non agitur. A quibus oportet hominem in suo exitu per hoc sacramentum emundari, ut nihil inveniatur in eo quod perceptioni gloriae repugnet. Et ideo addit Iacobus quod, si in peccatis sit, dimittentur ei.

Unde manifestum est quod hoc sacramentum est ultimum, et quodammodo consummativum totius spiritualis curationis, quo homo quasi ad percipiendam gloriam praeparatur. Unde et extrema unctio nuncupatur.

Ex quo manifestum est quod hoc sacramentum non quibuscumque infirmantibus est exhibendum, sed illis tantum qui ex infirmitate videntur propinquare ad finem. Qui tamen, si convaluerint, iterato potest hoc sacramentum eis conferri, si ad similem statum devenerint. Non enim huius sacramenti unctio est ad consecrandum, sicut unctio confirmationis, ablutio baptismi, et quaedam aliae unctiones, quae ideo nunquam iteran-

por exemplo, a inclinação para o mal e a dificuldade para o bem, e tanto mais quanto estas enfermidades da alma estão mais próximas do pecado do que as enfermidades do corpo. E semelhantes enfermidades espirituais devem ser curadas pela penitência, quando o penitente se utiliza das obras de virtude como satisfação, e assim, se afasta dos males e se inclina ao bem. Ora, quando o homem não se curar perfeitamente dos defeitos citados, por negligência ou pelas várias ocupações da vida, ou também por causa da brevidade do tempo, ou por coisas semelhantes, ele estará saudavelmente provido para que a sua cura se complete por este Sacramento e se livre do reato da pena temporal, de modo que, quando a alma sair do corpo, nada exista nele que possa impedir de receber a glória. E assim, diz Tiago: *O Senhor o aliviará*[75].

Acontece, também, que o homem não conheça ou se esqueça de todos os pecados que cometeu para que possa livrar-se de cada um deles pela penitência. Há, ainda, os pecados cotidianos sem os quais não se vive. É necessário, pois, que o homem se purifique deles por este Sacramento ao partir, de modo que nada se encontre nele que impeça o recebimento da glória. Ainda, diz Tiago: *Se está em pecado, eles lhes serão perdoados*[76].

Por isso, é evidente que este Sacramento é o último e, de certo modo, o que consuma toda a cura espiritual, pelo qual o homem se prepara para receber a glória e, por isso, é denominado *Extrema-unção*.

Pelo que foi dito, é claro que este Sacramento não se deve administrar a quaisquer enfermos, mas somente àqueles que parecem se aproximar do fim pela enfermidade. Entretanto, se estes convalescerem, este Sacramento pode ser-lhes administrado novamente, se se encontram em estado semelhante. Mas, a unção deste Sacramento não é para consagrar, como a unção da Confirmação, ablução do batismo, e algumas outras unções que, por isso,

---

[75] Tiago 15,15.
[76] Tiago 15,15.

tur quia consecratio semper manet, dum res consecrata durat, propter efficaciam divinae virtutis consecrantis. Ordinatur autem huius sacramenti inunctio ad sanandum: medicina autem sanativa toties iterari debet quoties infirmitas iteratur.

Et licet aliqui sint in statu propinquo morti etiam absque infirmitate, ut patet in his qui damnantur ad mortem, qui tamen spiritualibus effectibus huius sacramenti indigerent: non tamen est exhibendum, nisi infirmanti, cum sub specie corporalis medicinae exhibeatur, quae non competit nisi corporaliter infirmato; oportet enim in sacramentis significationem servari. Sicut igitur requiritur in baptismo ablutio corpori exhibita, ita in hoc sacramento requiritur medicatio infirmitati corporali apposita. Unde etiam oleum est specialis materia huius sacramenti, quia habet efficaciam ad sanandum corporaliter mitigando dolores: sicut aqua, quae corporaliter abluit, est materia sacramenti in quo fit spiritualis ablutio.

Inde etiam manifestum est quod, sicut medicatio corporalis adhibenda est ad infirmitatis originem, ita haec unctio illis partibus corporis adhibetur ex quibus infirmitas peccati procedit: sicut sunt instrumenta sensuum et manus et pedes, quibus opera peccati exercentur, et, secundum quorundam consuetudinem, renes, in quibus vis libidinis viget.

Quia vero per hoc sacramentum peccata dimittuntur; peccatum autem non dimittitur, nisi per gratiam: manifestum est quod in hoc sacramento gratia confertur. — Ea vero, in quibus gratia illuminans mentem confertur exhibere solum pertinet ad sacerdotes, quorum ordo est illuminativus, ut dionysius dicit. Nec requiritur ad hoc sacramentum episcopus: cum per hoc sacramentum non conferatur excellentia status, sicut in illis quorum est minister episcopus.

não se repetem, porque sempre permanece a consagração, enquanto a coisa consagrada dura, por causa da eficácia do poder divino que consagra. A unção deste Sacramento, porém, se ordena a curar e, assim, um remédio deve se repetir tantas vezes quantas a enfermidade requer.

Embora alguns estejam em estado próximo da morte sem enfermidade, por exemplo, aqueles que estão condenados à morte e que necessitam dos efeitos espirituais deste Sacramento, entretanto, não se deve administrá-lo a não ser a quem esteja enfermo, uma vez que se administra como um remédio corporal que unicamente corresponde a quem está enfermo corporalmente. Deve-se guardar, pois, nos Sacramentos a sua significação. Portanto, assim como no Batismo se requer a ablução corpórea, assim neste Sacramento se requer o remédio aplicado à uma enfermidade corporal. Por isso, o óleo é uma matéria especial deste Sacramento porque tem eficácia para curar corporalmente, suavizando as dores, assim como a água que lava corporalmente é matéria do Sacramento em que se faz a ablução espiritual.

É evidente, também, que assim como o remédio corporal deve ser usado no princípio da enfermidade, assim esta unção se aplica naquelas partes do corpo das quais procede a enfermidade do pecado, por exemplo, os instrumentos dos sentidos, as mãos e os pés, pelos quais se fazem as obras de pecado, e, também, segundo o costume de alguns, os rins, nos quais está a força da sensualidade.

Uma vez que, por este Sacramento, os pecados são perdoados e o pecado não se perdoa senão pela graça, é evidente que neste Sacramento se confere a graça. — Entretanto, aquelas coisas que conferem a graça que ilumina o espírito é exclusiva dos sacerdotes, cujo ministério é iluminar, como diz Dionísio[77]. Não se requer, pois, um bispo para administrar este Sacramento, uma vez que por este Sacramento não se confere a perfeição do estado, como naqueles cujo ministro é o bispo.

---

[77] Dionísio Areopagita (séc. V-VI), em a Hierarquia Eclesiástica, 5, MG 3, 505D.

Quia tamen hoc sacramentum perfectae curationis effectum habet, et in eo requiritur copia gratiae; competit huic sacramento quod multi sacerdotes intersint, et quod oratio totius ecclesiae ad effectum huius sacramenti coadiuvet. Unde Iacobus dicit: inducat presbyteros ecclesiae, et oratio fidei sanabit infirmum. Si tamen unus solus presbyter adsit, intelligitur hoc sacramentum perficere in virtute totius ecclesiae, cuius minister existit, et cuius personam gerit.

Impeditur autem huius sacramenti effectus per fictionem suscipientis, sicut contingit in aliis sacramentis.

Uma vez que este Sacramento tem o efeito de uma cura perfeita e requer abundância de graça, cabe a este Sacramento que muitos sacerdotes estejam presentes e que a oração de toda a Igreja coopere para o efeito deste Sacramento. Diz Tiago: *Chamem os presbíteros da Igreja e a oração da fé curará o enfermo*[78]. Se estiver um só presbítero, entende-se que este Sacramento se realiza no poder de toda a Igreja, da qual ele é ministro, e por ela age.

O efeito deste Sacramento, entretanto, é impedido se é recebido ficticiamente, como se dá nos demais Sacramentos.

Capitulum LXXIV
De sacramento ordinis

(Santo Tomás de Aquino em Livro das Sentenças, 4, d. 24, q. 1, a. 1 até 4, d. 24, q. 1, a. 3 — e também em: 4, d. 7, q. 2, a. 1 até 4, d. 7, q. 3, a. 2)

Manifestum est autem ex praedictis, quod in omnibus sacramentis de quibus iam actum est, spiritualis confertur gratia sub sacramento visibilium rerum. Omnis autem actio debet esse proportionata agenti. Oportet igitur quod praedictorum dispensatio sacramentorum fiat per homines visibiles, spiritualem virtutem habentes. Non enim Angelis competit sacramentorum dispensatio, sed hominibus visibili carne indutis: unde et apostolus dicit, ad Hebr. 5,1: omnis pontifex, ex hominibus assumptus, pro hominibus constituitur in his quae sunt ad Deum.

Huius etiam ratio aliunde sumi potest. Sacramentorum enim institutio et virtus a Christo initium habet: de ipso enim dicit apostolus, ad Ephes. 5, quod Christus dilexit ecclesiam, et seipsum tradidit pro ea, ut illam sanctificaret, mundans eam lavacro aquae in verbo vitae. Manifestum est etiam quod Christus sacramentum sui corporis et sanguinis in cena dedit, et frequentandum instituit; quae sunt principalia sacramenta.

Capítulo 74
O Sacramento da Ordem

(Santo Tomás de Aquino em Livro das Sentenças, 4, d. 24, q. 1, a. 1 até 4, d. 24, q. 1, a. 3 — e também em: 4, d. 7, q. 2, a. 1 até 4, d. 7, q. 3, a. 2)

Pelo que foi dito, é evidente que, em todos os sacramentos já tratados, confere-se a graça espiritual pelo sacramento de realidades visíveis. Ora, toda ação deve ser proporcionada ao agente. Portanto, é necessário que a dispensação dos sacramentos referidos se faça por homens visíveis com poder espiritual. Aos anjos, entretanto, não compete a dispensação dos sacramentos, mas aos homens revestidos de carne visível, como diz o Apóstolo: *Todo pontífice, tomado entre os homens, é constituído para os homens naquelas coisas que são de Deus*[79].

Pode-se tomar a razão disso em outra parte. A instituição e o poder dos sacramentos têm sua origem em Cristo, do qual diz o Apóstolo: *Cristo amou a Igreja, e se entregou por ela para santificá-la, purificando-a pelo banho da água no verbo de vida*[80]. É claro, também, que Cristo na ceia deu o sacramento de seu corpo e sangue e o instituiu ordenando que fosse repetido, assim, Batismo e Eucaristia são os sacramentos principais.

---

[78] Tiago 14b, 15a.
[79] Hebreus 5,14.
[80] Efésios 5,25.26.

Quia igitur Christus corporalem sui praesentiam erat ecclesiae subtracturus, necessarium fuit ut alios institueret sibi ministros, qui sacramenta fidelibus dispensarent: secundum illud apostoli I ad Cor. 4,1: sic nos existimet homo ut ministros Christi, et dispensatores mysteriorum Dei. Unde discipulis consecrationem sui corporis et sanguinis commisit, dicens: hoc facite in meam commemorationem; eisdem potestatem tribuit peccata remittendi, secundum illud Ioan. 20,23: quorum remiseritis peccata, remittuntur eis; eisdem etiam docendi et baptizandi iniunxit officium, dicens Matth. Ult.: euntes docete omnes gentes, baptizantes eos.

Minister autem comparatur ad Dominum sicut instrumentum ad principale agens: sicut enim instrumentum movetur ab agente ad aliquid efficiendum, sic minister movetur imperio Domini ad aliquid exequendum. Oportet autem instrumentum esse proportionatum agenti. Unde et ministros Christi oportet esse ei conformes. Christus autem, ut Dominus, auctoritate et virtute propria nostram salutem operatus est, inquantum fuit Deus et homo: ut secundum id quod homo est, ad redemptionem nostram pateretur; secundum autem quod Deus, passio eius nobis fieret salutaris. Oportet igitur et ministros Christi homines esse, et aliquid divinitatis eius participare secundum aliquam spiritualem potestatem: nam et instrumentum aliquid participat de virtute principalis agentis. De hac autem potestate apostolus dicit, II ad Cor. Ult., quod potestatem dedit ei Dominus in aedificationem, et non in destructionem.

Non est autem dicendum quod potestas huiusmodi sic data sit Christi discipulis quod per eos ad alios derivanda non esset: data est enim eis ad ecclesiae aedificationem, secundum apostoli dictum. Tandiu igitur oportet hanc potestatem perpetuari, quandiu necesse

E, uma vez que Cristo retiraria a sua presença corporal da Igreja, foi necessário que instituísse outros como seus ministros para dispensarem os sacramentos aos fiéis, como diz o Apóstolo: *Assim, os homens nos considerem ministros de Cristo e dispensadores dos mistérios de Deus*[81]. E, por isso, confiou aos discípulos a consagração de seu corpo e de seu sangue, dizendo: *Fazei isto em memória de mim*[82]; e aos mesmos discípulos atribuiu o poder de perdoar os pecados, como diz João: *A quem perdoardes os pecados, ser-lhes-ão perdoados*[83]; e aos mesmos impôs-lhes o ofício de ensinar e de batizar, dizendo Mateus: *Ide e ensinai todos os povos, batizando-os*[84].

O ministro está para o Senhor como o instrumento para o agente principal. Com efeito, assim como o instrumento é movido pelo agente para realizar algo, assim o ministro é movido por uma ordem do Senhor para algo executar. É necessário, pois, que o instrumento seja proporcionado ao agente. Por isso, os ministros de Cristo devem ser conformes a Ele. Cristo, como Senhor, realizou a nossa salvação com sua autoridade e poder próprios, enquanto foi Deus e homem. Enquanto foi homem, padeceu por nossa redenção; enquanto era Deus, a sua paixão se tornou para nós salutar. Portanto, é necessário que os ministros de Cristo sejam homens e que participem algo de sua divindade por algum poder espiritual, porque o instrumento também participa algo do poder do agente principal. Deste poder o Apóstolo diz: *O Senhor deu-lhe poder para edificar e não para destruir*[85].

Não se deve dizer que este poder foi dado aos discípulos de Cristo, de tal maneira que não fosse por ele estendido a outros; porque foi a eles dado para a *edificação da Igreja*, segundo a palavra do Apóstolo. Portanto, é necessário que este poder se perpetue tanto

---

[81] 1 Coríntios 4,1.
[82] Lucas 22,19.
[83] João 20,23.
[84] Mateus 28,19.
[85] 2 Coríntios 13,10.

est aedificari ecclesiam. Hoc autem necesse est post mortem discipulorum Christi usque ad saeculi finem. Sic igitur data fuit discipulis Christi spiritualis potestas ut per eos deveniret ad alios. Unde et Dominus discipulos in persona aliorum fidelium alloquebatur: ut patet per id quod habetur Marc. 13,37: Quod vobis dico, omnibus dico; et Matth. Ult., Dominus discipulis dixit: ecce, ego vobiscum sum usque ad consummationem saeculi.

Quia igitur haec spiritualis potestas a Christo in ministros ecclesiae derivatur; spirituales autem effectus in nos a Christo derivati, sub quibusdam sensibilibus signis explentur, ut ex supra dictis patet: oportuit etiam quod haec spiritualis potestas sub quibusdam sensibilibus signis hominibus traderetur. Huiusmodi autem sunt certae formae verborum et determinati actus, utputa impositio manuum, inunctio, et porrectio libri vel calicis, aut alicuius huiusmodi quod ad executionem spiritualis pertinet potestatis. Quandocumque autem aliquid spirituale sub signo corporali traditur, hoc dicitur sacramentum. Manifestum est igitur quod in collatione spiritualis potestatis quoddam sacramentum peragitur, quod dicitur ordinis sacramentum.

Ad divinam autem liberalitatem pertinet ut cui confertur potestas ad aliquid operandum, conferantur etiam ea sine quibus huiusmodi operatio convenienter exerceri non potest. Administratio autem sacramentorum, ad quae ordinatur spiritualis potestas, convenienter non fit nisi aliquis ad hoc a divina gratia adiuvetur. Et ideo in hoc sacramento confertur gratia: sicut et in aliis sacramentis.

Quia vero potestas ordinis ad dispensationem sacramentorum ordinatur; inter sacramenta autem nobilissimum et consummativum aliorum est eucharistiae sacramentum, ut ex dictis patet: oportet quod potestas ordinis

quanto seja necessário para a edificação da Igreja, necessidade que se estende desde a morte dos discípulos de Cristo até o fim dos séculos. Assim, este poder espiritual foi dado aos discípulos de Cristo para que, por eles, chegasse até outros. Por isso, o Senhor quando falava aos discípulos se referia aos demais fiéis, como está claro em Marcos: *O que vos digo, digo a todos*[86], e também em Mateus: *Eu estarei convosco até a consumação dos séculos*[87].

Uma vez que este poder espiritual passa de Cristo aos ministros da Igreja, e que os efeitos espirituais, derivados de Cristo para nós, se realizam sob alguns sinais sensíveis, como está claro pelo que foi dito[88], foi necessário, também, que este poder espiritual fosse transmitido aos homens por alguns sinais sensíveis. E tais são algumas fórmulas verbais e determinados atos, por exemplo, a unção, a entrega do livro ou do cálice, ou coisas semelhantes, que pertencem à execução do poder espiritual. Assim, quando algo espiritual é dado sobre um sinal corpóreo, isto se chama Sacramento. Portanto, é claro que na colação do poder espiritual realiza-se algum Sacramento, que se chama *Sacramento da Ordem*.

Pertence à liberalidade divina que, a quem se concede poder para fazer algo, se concedam, também, aquelas coisas sem as quais tal operação não pode ser exercida de modo conveniente. Ora, a administração dos Sacramentos à qual se ordena o poder espiritual, não se faz utilmente a não ser que alguém seja ajudado para isto pela graça divina. Portanto, neste Sacramento se confere a graça, assim como também nos demais Sacramentos.

Uma vez que o poder da Ordem se ordena à dispensação dos sacramentos, e que entre todos, o mais nobre e completo, é o Sacramento da Eucaristia, é necessário considerar o poder da ordem em referência sobretudo a

---

[86] Marcos 13,37.
[87] Mateus 28,20.
[88] Cf. cap. 56.

consideretur praecipue secundum comparationem ad hoc sacramentum; nam unumquodque denominatur a fine.

Eiusdem autem virtutis esse videtur aliquam perfectionem tribuere, et ad susceptionem illius materiam praeparare: sicut ignis virtutem habet et ut formam suam transfundat in alterum, et ut materiam disponat ad formae susceptionem. Cum igitur potestas ordinis ad hoc se extendat ut sacramentum corporis Christi conficiat et fidelibus tradat, oportet quod eadem potestas ad hoc se extendat quod fideles aptos reddat et congruos ad huius sacramenti perceptionem. Redditur autem aptus et congruus fidelis ad huius sacramenti perceptionem per hoc quod est a peccato immunis: non enim potest aliter Christo spiritualiter uniri, cùi sacramentaliter coniungitur hoc sacramentum percipiendo.

Oportet igitur quod potestas ordinis se extendat ad remissionem peccatorum, per dispensationem illorum sacramentorum quae ordinantur ad peccati remissionem, cuiusmodi sunt baptismus et poenitentia, ut ex dictis patet. Unde, ut dictum est, Dominus discipulis, quibus commisit sui corporis consecrationem, dedit etiam potestatem remittendi peccata. Quae quidem potestas per claves intelligitur, de quibus Dominus Petro, Matth. 16,19, dixit: tibi dabo claves regni caelorum. Caelum enim unicuique clauditur et aperitur per hoc quod peccato subiacet, vel a peccato purgatur: unde et usus harum clavium dicitur esse ligare et solvere, scilicet a peccatis. De quibus quidem clavibus supra dictum est.

Capitulum LXXV
De distinctione ordinum

Considerandum est autem quod potestas quae ordinatur ad aliquem principalem effectum, nata est habere sub se inferiores potestates sibi deservientes. Quod manifeste

este sacramento, pois *cada coisa é denominada pelo fim*[89].

Parece ser próprio do mesmo poder dar alguma perfeição e preparar a matéria para a sua recepção; por exemplo, o fogo tem o poder de passar a sua forma a outro e, também, o poder de dispor a matéria para a recepção da forma. Portanto, como o poder da Ordem se estende à confecção do sacramento do Corpo de Cristo e à distribuição aos fiéis, é necessário que o mesmo poder se estenda a que os fiéis se tornem aptos e dignos da recepção deste sacramento. Ora, os fiéis se tornam aptos e dignos da recepção deste sacramento por estarem imunes ao pecado, de outro modo não podem unir-se espiritualmente a Cristo, a quem sacramentalmente se unem, pela recepção deste sacramento.

É necessário, portanto, que o poder da ordem se estenda à remissão dos pecados, mediante a dispensação daqueles sacramentos que se ordena à remissão do pecado, como são o Batismo e a Penitência, o que está claro pelo que foi dito[90]. Por isso, o Senhor, como foi dito, deu aos seus discípulos, a quem confiou a consagração do seu corpo, o poder de perdoar os pecados. Esse poder é significado pelas chaves, sobre as quais o Senhor disse a Pedro: *Dar-te-ei as chaves do Reino dos Céus*[91]. O céu se fecha e se abre para cada um, ou por estar sujeito ao pecado, ou dele purificado. Por isso, o uso dessas chaves se diz *ligar* e *desligar*, isto é, dos pecados. Sobre essas chaves já se falou[92].

Capítulo 75
A distinção das Ordens

Deve-se considerar que o poder que se ordena para algum efeito principal, tem naturalmente sob si os poderes inferiores que o servem. O que aparece claramente nas artes,

---

[89] Aristóteles (384-322 a.C.), em Sobre a Alma II, 4, 415a, 18-22.
[90] Cf. caps. 59.62.
[91] Mateus 16,19.
[92] Cf. cap. 62.

in artibus apparet: arti enim quae formam artificialem inducit, deserviunt artes quae disponunt materiam; et illa quae formam inducit, deservit arti ad quam pertinet artificiati finis; et ulterius quae ordinatur ad citeriorem finem, deservit illi ad quam pertinet ultimus finis: sicut ars quae caedit ligna, deservit navifactivae; et haec gubernatoriae; quae iterum deservit oeconomicae, vel militari, aut alicui huiusmodi, secundum quod navigatio ad diversos fines ordinari potest.

Quia igitur potestas ordinis principaliter ordinatur ad corpus Christi consecrandum et fidelibus dispensandum, et ad fideles a peccatis purgandos; oportet esse aliquem principalem ordinem, cuius potestas ad hoc principaliter se extendat, et hic est ordo sacerdotalis; alios autem qui eidem serviant aliqualiter materiam disponendo, et hi sunt ordines ministrantium. Quia vero sacerdotalis potestas, ut dictum est, se extendit ad duo, scilicet ad corporis Christi consecrationem, et ad reddendum fideles idoneos per absolutionem a peccatis ad eucharistiae perceptionem; oportet quod inferiores ordines ei deserviant vel in utroque, vel in altero tantum. Et manifestum est quod tanto aliquis inter inferiores ordines superior est, quanto sacerdotali ordini deservit in pluribus, vel in aliquo digniori.

Infimi igitur ordines deserviunt sacerdotali ordini solum in populi praeparatione: ostiarii quidem arcendo infideles a coetu fidelium; lectores autem instruendo catechumenos de fidei rudimentis, unde eis Scriptura veteris testamenti legenda committitur; exorcistae autem purgando eos qui iam instructi sunt, sed aliqualiter a Daemone impediuntur a perceptione sacramentorum.

Superiores vero ordines sacerdotali deserviunt et in praeparatione populi, et ad consummationem sacramenti. Nam acolythi habent ministerium super vasa non sacra, in quibus sacramenti materia praeparatur: unde eis urceoli in sua ordinatione traduntur. Subdiaconi autem habent ministerium super vasa sacra, et super dispositionem materiae

porque as artes que dispõem a matéria estão a serviço da que confere a forma artificial. E aquela que confere a forma está a serviço da arte à qual pertence o fim do artefato. E ainda mais, a arte que se ordena a um fim mais próximo, serve à que pertence o último fim. Por exemplo, a arte que corta as madeiras serve à arte que constrói navios, e esta serve à marinha, a qual, por sua vez, serve à economia, ou à arte militar, ou à outra semelhante, segundo os diversos fins que pode ter a navegação.

Uma vez que o poder da Ordem se ordena principalmente para consagrar o corpo de Cristo e para dispensá-lo aos fiéis e, também, para purificar os fiéis dos pecados, é necessário que haja uma Ordem principal, cujo poder se estenda sobretudo a isto, e este poder é a *Ordem Sacerdotal*. As outras, que de algum modo a servem, dispondo a matéria, são as Ordens *Ministeriais*. E porque a Ordem Sacerdotal, como se disse, se estende a duas coisas, a saber, à consagração do corpo de Cristo e a tornar idôneos os fiéis para a recepção da Eucaristia pela absolvição dos pecados, é necessário que as Ordens inferiores a sirvam em ambas as coisas ou em uma só. É claro que uma Ordem inferior é tanto mais superior às outras, quanto em mais coisas servem à Ordem Sacerdotal ou em algo mais digno.

As *Ordens Menores* somente servem à Ordem Sacerdotal na preparação do povo: — os *Ostiários* afastando os infiéis da assembleia dos fiéis; — os *Leitores* instruindo os catecúmenos sobre os rudimentos da fé, por isso, se recomenda que leiam as Sagradas Escrituras do Antigo Testamento; — os *Exorcistas*, purificando aqueles que já estão instruídos, mas que estão impedidos de receber os Sacramentos por ação dos demônios.

As *Ordens Superiores* servem à Ordem Sacerdotal não somente na preparação do povo, mas também na consumação do Sacramento. — Os *Acólitos* têm o serviço dos vasos não sagrados, nos quais se prepara a matéria do Sacramento, por isso, em sua ordenação lhes são entregues as galhetas. — Os *Subdiáconos* têm o serviço dos vasos sagrados e da ma-

nondum consecratae. Diaconi autem ulterius habent aliquod ministerium super materiam iam consecratam, prout sanguinem Christi dispensant fidelibus. Et ideo hi tres ordines, scilicet sacerdotum, diaconorum et subdiaconorum, sacri dicuntur, quia accipiunt ministerium super aliqua sacra.

Deserviunt etiam superiores ordines in praeparatione populi. Unde et diaconibus committitur evangelica doctrina populo proponenda; subdiaconibus apostolica; acolythis ut circa utrumque exhibeant quod pertinet ad solemnitatem doctrinae, ut scilicet luminaria deferant, et alia huiusmodi administrent.

téria ainda não consagrada. — Os *Diáconos* têm, ademais, algum ofício sobre a matéria já consagrada, enquanto distribui o sangue de Cristo aos fiéis. Por isso, essas três Ordens, dos Sacerdotes, dos Diáconos e dos Subdiáconos, são chamadas *sagradas*, porque recebem o ofício sobre coisas sagradas.

Essas Ordens Superiores servem, também, para a preparação do povo. Por isso, se confere aos *diáconos*, o poder de ensinar a doutrina evangélica ao povo; aos *subdiáconos*, a doutrina apostólica; e aos *acólitos*, o poder para que, com respeito a estas duas coisas, preparem o que pertence às cerimônias de ensino, a saber, levar as luzes e administrar outros serviços semelhantes.

Capitulum LXXVI
De episcopali potestate: et quod in ea unus sit summus

Quia vero omnium horum ordinum collatio cum quodam sacramento perficitur, ut dictum est; sacramenta vero ecclesiae sunt per aliquos ministros ecclesiae dispensanda: necesse est aliquam superiorem potestatem esse in ecclesia alicuius altioris ministerii, quae ordinis sacramentum dispenset. Et haec est episcopalis potestas, quae, etsi quidem quantum ad consecrationem corporis Christi non excedat sacerdotis potestatem; excedit tamen eam in his quae pertinent ad fideles. Nam et ipsa sacerdotalis potestas ab episcopali derivatur; et quicquid arduum circa populum fidelem est agendum episcopis reservatur; quorum auctoritate etiam sacerdotes possunt hoc quod eis agendum committitur. Unde et in his quae sacerdotes agunt, utuntur rebus per episcopum consecratis: ut in eucharistiae consecratione utuntur consecratis per episcopum calice, altari et pallis. Sic igitur manifestum est quod summa regiminis fidelis populi ad episcopalem pertinet dignitatem.

Manifestum est autem quod quamvis populi distinguantur per diversas dioeceses et civitates, tamen, sicut est una ecclesia, ita opor-

Capítulo 76
O poder Episcopal e a existência nesta Ordem de um Bispo Supremo

Uma vez que a colação de todas as ordens se realiza por algum sacramento[93] e que os sacramentos da Igreja são dispensados por alguns ministros da Igreja, é necessário que haja algum poder superior, seja algum ministério mais elevado, que dispense o Sacramento da Ordem. E este é o poder episcopal. Embora não exceda o poder sacerdotal quanto à consagração do corpo de Cristo, entretanto, excede no que pertence aos fiéis. Com efeito, o mesmo poder sacerdotal deriva do episcopal; e tudo o que de árduo se deve fazer, no que se refere ao povo fiel, reserva-se aos bispos. É, pois, pela autoridade deles que os sacerdotes podem fazer o que lhes é comissionado. Por isso, os sacerdotes, nas suas atividades, utilizam-se de objetos consagrados pelos bispos; por exemplo, na consagração da Eucaristia utilizam-se de um cálice, de um altar e de paramentos. Portanto, é claro que o supremo governo do povo fiel pertence à dignidade episcopal.

É claro que, embora os povos se distingam por diversas dioceses e cidades, entretanto, assim como há uma única Igreja, há, também,

---

[93] Cf. cap. 74.

tet esse unum populum christianum. Sicut igitur in uno speciali populo unius ecclesiae requiritur unus episcopus, qui sit totius populi caput; ita in toto populo christiano requiritur quod unus sit totius ecclesiae caput.

Item. Ad unitatem ecclesiae requiritur quod omnes fideles in fide conveniant. Circa vero ea quae fidei sunt, contingit quaestiones moveri. Per diversitatem autem sententiarum divideretur ecclesia, nisi in unitate per unius sententiam conservaretur. Exigitur igitur ad unitatem ecclesiae conservandam quod sit unus qui toti ecclesiae praesit. Manifestum est autem, quod Christus ecclesiae in necessariis non defecit, quam dilexit, et pro qua sanguinem suum fudit: cum et de synagoga dicatur per Dominum: *quid ultra debui facere vineae meae, et non feci?* Isaiae 5,4. Non est igitur dubitandum quin ex ordinatione Christi unus toti ecclesiae praesit.

Adhuc. Nulli dubium esse debet quin ecclesiae regimen sit optime ordinatum: utpote per eum dispositum per quem *reges regnant et legum conditores iusta decernunt*. Optimum autem regimen multitudinis est ut regatur per unum: quod patet ex fine regiminis, qui est pax; pax enim et unitas subditorum est finis regentis; unitatis autem congruentior causa est unus quam multi. Manifestum est igitur regimen ecclesiae sic esse dispositum ut unus toti ecclesiae praesit.

Amplius. Ecclesia militans a triumphanti ecclesia per similitudinem derivatur: unde et ioannes in Apocalypsi, vidit ierusalem descendentem de caelo; et Moysi dictum est quod faceret omnia secundum exemplar ei in monte monstratum. In triumphanti autem ecclesia unus praesidet, qui etiam praesidet in toto universo, scilicet Deus: dicitur enim Apoc. 21,3: *ipsi populus eius erunt, et ipse cum eis*

um único povo cristão. Portanto, assim como para um só povo de uma só Igreja se requer um só bispo, que seja a cabeça de todo povo, assim, para todo povo cristão se requer que um só seja a cabeça de toda Igreja.

Igualmente. A unidade da Igreja requer que todo fiéis convenham na fé. Ora, acontece que são movidas questões sobre aquilo que é de fé. A diversidade de sentenças dividiria a Igreja, se a sentença de um só não a conservasse unida. Requer-se, portanto, para que a unidade da Igreja seja conservada, que seja um só que presida toda Igreja. É evidente que Cristo não abandonou a Igreja nas suas necessidades, porque Ele a amou e por ela derramou o seu sangue; e também quando o Senhor falou a respeito da sinagoga: *Que mais poderia fazer pela minha vinha, que não fiz*[94]? Portanto, não se deve duvidar que por ordem de Cristo um só presida toda a Igreja.

Ainda. Não há dúvida alguma de que o governo da Igreja é otimamente ordenado, uma vez que é disposto *por aquele por quem os reis reinam e os juízes discernem o que é justo*[95]. Ora, o melhor governo de uma multidão é aquele que é regido por um só. O que é claro dada a finalidade do governo, que é a paz. Com efeito, a paz e a unidade dos súditos é a finalidade de quem governa; e a causa mais adequada da unidade está em que um governe, e não em que muitos governem. Por isso, o governo da Igreja é assim disposto que um só preside toda a Igreja.

Ademais. A Igreja militante deriva, por semelhança, da Igreja triunfante. Por isso, diz João: *Vi a Jerusalém descendo do céu*[96], e foi dito a Moisés que tudo fosse feito *segundo o exemplar que lhe foi mostrado no monte*[97]. Ora, na Igreja triunfante apenas um preside a Igreja, isto é, Deus, o qual preside, também, todo o universo, como diz o Apocalipse: *Eles serão o seu povo e o mesmo Deus estará com*

---

[94] Isaías 5,4.
[95] Provérbios 8,15.
[96] Apocalipse 21,2.
[97] Êxodo 25,40.

erit eorum Deus. Ergo et in ecclesia militante unus est qui praesidet universis. Hinc est quod Oseae 1,11 dicitur: congregabuntur filii Iuda et filii Israel pariter, et ponent sibi caput unum. Et Dominus dicit, Ioan. 10,16: fiet unum ovile et unus pastor.

Si quis autem dicat quod unum caput et unus pastor est Christus, qui est unus unius ecclesiae sponsus: non sufficienter respondet. Manifestum est enim quod omnia ecclesiastica sacramenta ipse Christus perficit: ipse enim est qui baptizat; ipse qui peccata remittit; ipse est verus sacerdos, qui se obtulit in ara crucis, et cuius virtute corpus eius in altari quotidie consecratur: et tamen, quia corporaliter non cum omnibus fidelibus praesentialiter erat futurus, elegit ministros, per quos praedicta fidelibus dispensaret, ut supra dictum est. Eadem igitur ratione, quia praesentiam corporalem erat ecclesiae subtracturus, oportuit ut alicui committeret qui loco sui universalis ecclesiae gereret curam. Hinc est quod Petro dixit ante ascensionem: pasce oves meas, Ioan. Ult.; et ante passionem: tu iterum conversus, confirma fratres tuos Lucae 22,32; et ei soli promisit: tibi dabo claves regni caelorum; ut ostenderetur potestas clavium per eum ad alios derivanda, ad conservandam ecclesiae unitatem.

Non potest autem dici quod, etsi Petro hanc dignitatem dederit, tamen ad alios non derivatur. Manifestum est enim quod Christus ecclesiam sic instituit ut esset usque ad finem saeculi duratura: secundum illud Isaiae 9,7: super solium David, et super regnum eius sedebit, ut confirmet illud et corroboret in iudicio et iustitia, amodo et usque in sempiternum. Manifestum est igitur quod ita illos qui tunc erant in ministerio constituit, ut

eles[98]. Portanto, na Igreja militante, também, é apenas um que preside a todos. Assim Oseias diz: *Os filhos de Judá e de Israel unir-se-ão juntamente e estabelecerão uma só cabeça para si*[99]; e o Senhor: *Haverá um só rebanho e um só pastor*[100].

Se alguém afirmar que Cristo é a única cabeça e o único pastor, não dirá suficientemente, pois Ele que é o único esposo de uma só Igreja. É claro que Cristo realiza todos os Sacramentos da Igreja, pois é Ele que batiza, Ele que perdoa os pecados, Ele é o verdadeiro sacerdote, que se ofereceu no altar da cruz e por cujo poder o seu corpo se consagra diariamente no altar. Entretanto, uma vez que no futuro não estaria corporalmente presente entre os fiéis, escolheu ministros pelos quais dispensaria os Sacramentos aos fiéis, como foi dito[101]. Portanto, pela mesma razão, porque subtrairia a presença corporal à Igreja, foi necessário que encarregasse a alguém que, em seu lugar, governasse a Igreja universal: *Apascenta as minhas ovelhas*[102], e antes da Paixão: *Tu, uma vez convertido, confirma os teus irmãos*[103], e somente a ele prometeu: *Eu te darei as chaves do reino dos céus*[104]. Demonstrou, com isso, que o poder das chaves devia ser transmitido por Ele aos outros, a fim de conservar a unidade da Igreja.

Não se pode dizer que, embora tenha dado esta dignidade a Pedro, entretanto, que não poderia ser transmitida a outros. É evidente, pois, que Cristo instituiu essa Igreja de tal modo que durasse até o fim dos séculos, segundo o texto de Isaías: *Sobre o trono de Davi e sobre o seu reino, sentar-se-á para confirmá-lo e consolidá-lo no direito e na justiça, desde agora até para sempre*[105]. É evidente, portanto, que os ministros que então viviam foram cons-

[98] Apocalipse 21,3.
[99] Oseias 1,11.
[100] João 10,16.
[101] Cf. cap. 74.
[102] João 21,17.
[103] Lucas 22,32.
[104] Mateus 16,19.
[105] Isaías 9,7.

eorum potestas derivaretur ad posteros, pro utilitate ecclesiae, usque ad finem saeculi: praesertim cum ipse dicat, Matth. Ult.: ecce, ego vobiscum sum usque ad consummationem saeculi.

Per hoc autem excluditur quorundam praesumptuosus error, qui se subducere nituntur ab obedientia et subiectione Petri, successorem eius Romanum pontificem universalis ecclesiae pastorem non recognoscentes.

tituídos de tal maneira que o poder deles se transmitiria aos sucessores até o fim dos séculos para a utilidade da Igreja, e, sobretudo porque Ele dissera: *Eu estarei convosco até a consumação dos séculos*[106].

Pelo que foi disto, exclui-se o erro presumido de alguns, os quais se empenharam em rejeitar a obediência e a submissão com respeito a Pedro, não reconhecendo o seu sucessor, o Romano Pontífice, como pastor da Igreja universal.

Capitulum LXXVII
Quod per malos ministros sacramenta dispensari possunt

Capítulo 77
Os Sacramentos podem ser dispensados por maus ministros

Ex his quae praemissa sunt manifestum est quod ministri ecclesiae potentiam quandam in ordinis susceptione divinitus suscipiunt ad sacramenta fidelibus dispensanda.

Quod autem alicui rei per consecrationem acquiritur, perpetuo in eo manet: unde nihil consecratum iterato consecratur. Potestas igitur ordinis perpetuo in ministris ecclesiae manet. Non ergo tollitur per peccatum. Possunt ergo etiam a peccatoribus, et malis, dummodo ordinem habeant, ecclesiastica sacramenta conferri.

Item. Nihil potest in id quod eius facultatem excedit nisi accepta aliunde potestate. Quod tam in naturalibus quam in civilibus patet: non enim aqua calefacere potest nisi accipiat virtutem calefaciendi ab igne; neque balivus cives coercere potest nisi accepta potestate a rege. Ea autem quae in sacramentis aguntur, facultatem humanam excedunt, ut ex praemissis patet. Ergo nullus potest sacramenta dispensare, quantumcumque sit bonus, nisi potestatem accipiat dispensandi. Bonitati autem hominis malitia opponitur et peccatum. Ergo nec per peccatum ille qui potestatem accepit, impeditur quo minus sacramenta dispensare possit.

Pelo que foi dito, é claro que os ministros da Igreja recebem de Deus, com a Ordem, certo poder para dispensar os Sacramentos aos fiéis.

Com efeito, o que se adquire para uma coisa por consagração, permanece para sempre; por isso, nada que foi consagrado é novamente consagrado. Portanto, o poder da Ordem permanece para sempre nos ministros da Igreja. E não se elimina pelo pecado. Logo, os Sacramentos eclesiásticos podem ser dispensados por pecadores e maus, desde que tenham a Ordem.

Igualmente. Nada se pode sobre aquilo que excede a própria faculdade, a não ser que se tenha recebido um poder de outro. E isso é claro tanto nas coisas naturais como nas civis, por exemplo, a água não pode aquecer se não recebe o poder de aquecer pelo fogo; nem um simples cidadão pode coagir os outros se não recebe o poder do rei. Ora, aquelas coisas que se fazem nos Sacramentos, excedem a faculdade humana, como foi dito[107]. Logo, ninguém pode dispensar os Sacramentos, por mais bom que seja, se não recebe o poder de dispensar. À bondade do homem se opõe a malícia e o pecado. Portanto, aquele que recebeu o poder, não está impedido, mesmo em

---

[106] Mateus 28,20.
[107] Cf. cap. 74.

Adhuc. Homo dicitur bonus vel malus secundum virtutem vel vitium, quae sunt habitus quidam. Habitus autem a potentia in hoc differt quod per potentiam sumus potentes aliquid facere: per habitum autem non reddimur potentes vel impotentes ad aliquid faciendum, sed habiles vel inhabiles ad id quod possumus bene vel male agendum. Per habitum igitur neque datur neque tollitur nobis aliquid posse: sed hoc per habitum acquirimus, ut bene vel male aliquid agamus. Non igitur ex hoc quod aliquis est bonus vel malus, est potens vel impotens ad dispensandum sacramenta, sed idoneus vel non idoneus ad bene dispensandum.

Amplius. Quod agit in virtute alterius, non assimilat sibi patiens, sed principali agenti: non enim domus assimilatur instrumentis quibus artifex utitur, sed arti ipsius. Ministri autem ecclesiae in sacramentis non agunt in virtute propria, sed in virtute Christi, de quo dicitur Ioan. 1,33: hic est qui baptizat. Unde et sicut instrumentum ministri agere dicuntur: minister enim est sicut instrumentum animatum. Non igitur malitia ministrorum impedit quin fideles salutem per sacramenta consequantur a Christo.

Praeterea. De bonitate vel malitia alterius hominis homo iudicare non potest: hoc enim solius Dei est, qui occulta cordis rimatur. Si igitur malitia ministri impedire posset sacramenti effectum, non posset homo habere fiduciam certam de sua salute, nec conscientia eius remaneret libera a peccato. Inconveniens etiam videtur quod spem suae salutis in bonitate puri hominis quis ponat: dicitur enim Ierem. 17,5: maledictus homo qui confidit in homine. Si autem homo salutem consequi per sacramenta non speraret nisi a bono ministro dispensata, videretur spem suae salutis aliqualiter in homine ponere. Ut ergo spem nos-

estado de pecado, de dispensar pelo menos os Sacramentos.

Ainda. O homem se diz bom ou mau segundo a sua virtude, que são hábitos. Ora, o hábito se diferencia da potência porque pela potência somos capazes de fazer algo, e pelo hábito não nos tornamos capazes ou incapazes de fazer algo, mas hábeis ou inábeis para aquilo que podemos fazer bem ou mal. Portanto, o hábito não nos dá nem nos tira poder algum; mas adquirimos pelo hábito o fazer bem ou mal alguma coisa. Portanto, não é porque alguém seja bom ou mau que é capaz ou incapaz de dispensar os sacramentos, ou idôneo ou não idôneo para dispensá-los bem.

Ademais. O que age pelo poder de outro, não imprime sua semelhança no outro, mas se assemelha ao agente principal; por exemplo, uma casa não se assemelha aos instrumentos utilizados pelo artesão, mas à arte dele. Ora, os ministros da Igreja não agem nos sacramentos pelo poder próprio, mas pelo poder de Cristo, de quem João diz: *Este é o que batiza*[108]. Por isso, diz-se que os ministros agem como um instrumento, porque o ministro é *como um instrumento animado*[109]. Portanto, a maldade dos ministros não impede que os fiéis recebam de Cristo a salvação pelos sacramentos.

Além disso. Um homem não pode julgar a bondade ou a maldade de outro. Isto é próprio somente de Deus que perscruta os segredos do coração. Portanto, se a maldade do ministro pudesse impedir o efeito do sacramento, o homem não poderia estar seguro de sua salvação e a sua consciência não permaneceria livre do pecado. Parece, também, inconveniente que alguém ponha a esperança de sua salvação na bondade de um simples homem, pois diz Jeremias: *Maldito o homem que confia no homem*[110]. Ora, se o homem não esperasse alcançar a sua salvação a não ser pelos sacramentos dispensados por um bom ministro,

---

[108] João 1,33.
[109] Aristóteles (384-322 a.C.), em Política I, 4, 1253b, 27-33.
[110] Jeremias 17,5.

trae salutis in Christo ponamus, qui est Deus et homo, confitendum est quod sacramenta sunt salutaria ex virtute Christi, sive per bonos sive per malos ministros dispensentur.

Hoc etiam apparet per hoc quod Dominus etiam malis praelatis obedire docet, quorum tamen non sunt opera imitanda: dicit enim matthaeus 23,2 super cathedram Moysi sederunt Scribae et Pharisaei. Quae ergo dixerint vobis, servate et facite; secundum autem opera eorum nolite facere. Multo autem magis obediendum est aliquibus propter hoc quod suscipiunt ministerium a Christo, quam propter cathedram Moysi. Est ergo etiam malis ministris obediendum. Quod non esset nisi in eis ordinis potestas maneret, propter quam eis obeditur. Habent ergo potestatem dispensandi sacramenta etiam mali.

Per hoc autem excluditur quorundam error dicentium quod omnes boni possunt sacramenta ministrare, et nulli mali.

Capitulum LXXVIII
De sacramento matrimonii

Quamvis autem homines per sacramenta restaurentur ad gratiam, non tamen mox restaurantur ad immortalitatem: cuius rationem supra, ostendimus.

Quaecumque autem corruptibilia sunt, perpetuari non possunt nisi per generationem. Quia igitur populum fidelium perpetuari oportebat usque ad mundi finem, necessarium fuit hoc per generationem fieri, per quam etiam humana species perpetuatur.

Considerandum est autem quod, quando aliquid ad diversos fines ordinatur, indiget habere diversa dirigentia in finem: quia finis est proportionatus agenti. Generatio autem humana ordinatur ad multa: scilicet ad perpetuitatem speciei; et ad perpetuitatem alicuius boni politici, puta ad perpetuitatem populi in

pareceria que ele punha, de algum modo, no homem a esperança de sua salvação. Para que nós coloquemos a esperança de nossa salvação em Cristo, que é Deus e homem, devemos confessar que os sacramentos são salvíficos pelo poder de Cristo, quer sejam dispensados pelos bons ou pelos maus ministros.

Esclarece isto o fato de que o Senhor ensina a obedecer, também, aos maus prelados, cujas obras, entretanto não devem ser imitadas: *Sobre a cátedra de Moisés sentaram-se os escribas e os fariseus. O que eles vos disseram, obedecei e fazei, mas não imiteis as suas ações*[111]. Muito mais deve-se obedecer àqueles que receberam o ministério por Cristo, do que pela cátedra de Moisés. Portanto, deve-se obedecer, também, aos maus ministros. O que não aconteceria, se não permanecesse neles o poder da Ordem, que é a razão pela qual se obedece a eles. Logo, os maus têm, também, o poder de dispensar os sacramentos.

Exclui-se, com isto, o erro daqueles que diziam que todos os bons podem administrar os sacramentos, e os maus nenhum deles.

Capítulo 78
O Sacramento do Matrimônio

Embora os sacramentos restabeleçam os homens na graça, entretanto, não os restabelecem logo na imortalidade, o que já foi demonstrado[112].

Com efeito, o que é corruptível não pode perpetuar-se a não ser por geração. Portanto, porque o povo fiel devia perpetuar-se até o fim do mundo, foi necessário que isso se fizesse por geração, pela qual a espécie humana se perpetua.

Deve-se considerar que, quando uma coisa se ordena a fins diversos, precisa ter diversos dirigentes para tais fins, porque o fim é proporcionado ao agente. Ora, a geração humana ordena-se a muitos fins; por exemplo, à perpetuidade da espécie, e à perpetuidade de algum bem político, como à perpetuidade do povo

---

[111] Mateus 23,2.
[112] Cf. cap. 55.

aliqua civitate; ordinatur etiam ad perpetuitatem ecclesiae, quae in fidelium collectione consistit. Unde oportet quod huiusmodi generatio a diversis dirigatur.

Inquantum igitur ordinatur ad bonum naturae, quod est perpetuitas speciei, dirigitur in finem a natura inclinante in hunc finem: et sic dicitur esse naturae officium. — Inquantum vero ordinatur ad bonum politicum, subiacet ordinationi civilis legis. — Inquantum igitur ordinatur ad bonum ecclesiae, oportet quod subiaceat regimini ecclesiastico. Ea autem quae populo per ministros ecclesiae dispensantur, sacramenta dicuntur. Matrimonium igitur secundum quod consistit in coniunctione maris et feminae intendentium prolem ad cultum Dei generare et educare est ecclesiae sacramentum: unde et quaedam benedictio nubentibus per ministros ecclesiae adhibetur.

Et sicut in aliis sacramentis per ea quae exterius aguntur, spirituale aliquid figuratur; sic et in hoc sacramento per coniunctionem maris et feminae coniunctio Christi et ecclesiae figuratur: secundum illud apostoli, ad Ephes. 5,32: sacramentum hoc magnum est: ego autem dico in Christo et ecclesia. Et quia sacramenta efficiunt quod figurant, credendum est quod nubentibus per hoc sacramentum gratia conferatur, per quam ad unionem Christi et ecclesiae pertineant: quod eis maxime necessarium est, ut sic carnalibus et terrenis intendant quod a Christo et ecclesia non disiungantur.

Quia igitur per coniunctionem maris et feminae Christi et ecclesiae coniunctio designatur, oportet quod figura significato respondeat. Coniunctio autem Christi et ecclesiae est unius ad unam perpetuo habendam: est enim una ecclesia, secundum illud Cant. 6,8: una est columba mea, perfecta mea; nec unquam Christus a sua ecclesia separabitur, dicit enim ipse matth. Ult.: ecce, ego vobiscum sum us-

em alguma cidade; e ordena-se, também, à perpetuidade da Igreja, que consiste na congregação dos fiéis. Por isso, é necessário que uma tal geração seja dirigida por diversos.

Assim, enquanto a geração está ordenada ao bem da natureza, a saber, à perpetuidade da espécie, dirige-se ao fim pela natureza que a inclina a este fim. E, assim, se diz que é um ofício da natureza. — Mas, enquanto se ordena a um bem político, submete-se à ordenação civil da lei. — Portanto, enquanto se ordena ao bem da Igreja, deve submeter-se ao governo eclesiástico. Ora, chama-se Sacramento, aquilo que os ministros da Igreja dispensam ao povo. Portanto, o Matrimônio é um Sacramento da Igreja, enquanto é a união do homem e da mulher com a intenção de gerar e de educar a prole para o culto de Deus. Por isso, é costume que os ministros da Igreja os abençoem de algum modo.

Assim como nos outros sacramentos, nos quais os gestos exteriores representam algo espiritual, assim, neste sacramento, a união de Cristo e da Igreja é representada pela união do homem e da mulher, segundo o Apóstolo: *Este Sacramento é grande, Eu digo: em Cristo e na Igreja*[113]. E porque os Sacramentos realizam o que representam, deve-se crer que este Sacramento confere aos noivos a graça pela qual participam da união de Cristo e da Igreja. E isto é de máxima necessidade, para que eles procurem as coisas carnais e terrenas de tal modo que não se afastem de Cristo e da Igreja.

Portanto, uma vez que a união de Cristo e da Igreja é significada pela união do homem e da mulher, é necessário que a figura responda ao significado. A união de Cristo e da Igreja é de um com uma e perpétua, pois a Igreja é uma só, segundo os Cânticos: *Uma só é a minha pomba, a minha perfeita*[114], e nunca Cristo separar-se-á de sua Igreja, segundo Mateus: *Eis que estarei convosco até a consumação do*

---

[113] Efésios, 5,32.
[114] Cânticos 6,8.

que ad consummationem saeculi; et ulterius: semper cum Domino erimus, ut dicitur I ad Thess. 4,17. Necesse est igitur quod matrimonium, secundum quod est ecclesiae sacramentum, sit unius ad unam indivisibiliter habendam. Et hoc pertinet ad fidem, qua sibi invicem vir et uxor obligantur.

Sic igitur tria sunt bona matrimonii, secundum quod est ecclesiae sacramentum: scilicet proles, ad cultum Dei suscipienda et educanda; fides, prout unus vir uni uxori obligatur; et sacramentum, secundum quod indivisibilitatem habet matrimonialis coniunctio, inquantum est coniunctionis Christi et ecclesiae sacramentum.

Cetera autem quae in matrimonio consideranda sunt, supra in tertio libro pertractavimus.

século[115], e em outro lugar: *Estaremos sempre com o Senhor*[116]. Portanto, o Matrimônio, como Sacramento da Igreja, deve ser tido como indivisível de um com uma. E a isto pertence a fidelidade à qual mutuamente se obrigam marido e esposa.

Assim, como Sacramento da Igreja, três são os bens do Matrimônio, a saber: a *prole* que deve ser recebida e educada para o culto de Deus; a *fidelidade,* pela qual um só homem se compromete com uma só mulher; e o *Sacramento,* enquanto a união matrimonial contém a indivisibilidade e enquanto Sacramento da união de Cristo e da Igreja.

As demais coisas que devem ser consideradas no Matrimônio, tratamos no Livro III.

---

[115] Mateus 28,24.
[116] 1 Tessalonicenses 4,17.

A RESSURREIÇÃO E O JUÍZO (79 a 97)

A ressurreição (79 a 95)

Capitulum LXXIX
Quod per Christum resurrectio corporum sit futura

Quia vero supra ostensum est quod per Christum liberati sumus ab his quae per peccatum primi hominis incurrimus.

Peccante autem primo homine, non solum in nos peccatum derivatum est, sed etiam mors, quae est poena peccati, secundum illud apostoli, ad Rom. 5,12: per unum hominem peccatum in hunc mundum intravit, et per peccatum mors: necessarium est quod per Christum ab utroque liberemur, et a culpa scilicet et a morte. Unde ibidem dicit apostolus: si in unius delicto mors regnavit per unum, multo magis accipientes abundantiam donationis et iustitiae, in vitam regnabunt per unum Iesum Christum.

Ut igitur utrumque nobis in seipso demonstraret, et mori et resurgere voluit: mori quidem voluit ut nos a peccato purgaret, unde apostolus dicit, Hebr. 9,27: quemadmodum statutum est hominibus semel mori, sic et Christus semel oblatus est ad multorum exhaurienda peccata; resurgere autem voluit ut nos a morte liberaret unde apostolus, I Cor. 15,20 Christus resurrexit a mortuis, primitiae dormientium. Quoniam quidem per hominem mors, et per hominem resurrectio mortuorum.

Effectum igitur mortis Christi in sacramentis consequimur quantum ad remissionem culpae: dictum est enim supra quod sacramenta in virtute passionis Christi operantur. — Effectum autem resurrectionis Christi quantum ad liberationem a morte in fine saeculi consequemur, quando omnes per Christi virtutem resurgemus. Unde dicit apostolus, I Cor. 15,12 si Christus praedicatur quod re-

Capítulo 79
A Ressurreição dos corpos será realizada por Cristo

Demonstramos que por Cristo fomos libertados daquelas coisas nas quais incorremos por causa do pecado do primeiro homem.

Com efeito, com o pecado do primeiro homem, não foi só o pecado que chegou até nós, mas também a morte, que é a pena do pecado, segundo o Apóstolo: *Por um só homem o pecado entrou no mundo e, pelo pecado, a morte*[1]. Foi necessário, pois, que por Cristo fôssemos liberados dos dois, a saber, da culpa e da morte. Por isso, acrescenta o Apóstolo: *Se pelo pecado de um só a morte entrou no mundo, muito mais os que recebem a abundância da graça e do dom da justiça reinarão na vida por obra de um só, Jesus Cristo*[2].

E para mostrar em si uma e outra coisa, quis não só morrer, mas, também, ressuscitar. Quis morrer, para purificar-nos do pecado, segundo o Apóstolo: *Como foi determinado que os homens morressem uma só vez, por isso também Cristo ofereceu-se uma só vez para tirar o pecado de muitos*[3]; quis ressuscitar, para libertar-nos da morte, segundo o Apóstolo *Cristo ressurgiu dos mortos como primícia dos que morreram, porque a morte veio pelo homem e, pelo homem, também a ressurreição dos mortos*[4].

Portanto, é nos sacramentos que conseguimos o efeito da morte de Cristo quanto à remissão da culpa, porque já foi dito que os sacramentos obram segundo o poder da paixão de Cristo. — Mas, é no fim dos tempos que nós conseguiremos o efeito da ressurreição de Cristo quanto à liberação da morte, quando todos ressuscitaremos pelo poder de Cristo. Por isso, o Apóstolo diz: *Se foi ensinado que*

---

[1] Romanos 5,12.
[2] Romanos 5,17.
[3] Hebreus 9,27.
[4] 1 Coríntios 15,20.

surrexit a mortuis, quomodo quidam dicunt in vobis quoniam resurrectio mortuorum non est? si autem resurrectio mortuorum non est, neque Christus resurrexit, si autem Christus non resurrexit, inanis est praedicatio nostra, inanis est et fides nostra. Est igitur de necessitate fidei credere resurrectionem mortuorum futuram.

Quidam vero hoc perverse intelligentes, resurrectionem corporum futuram non credunt: sed quod de resurrectione legitur in Scripturis, ad spiritualem resurrectionem referre conantur, secundum quod aliqui a morte peccati resurgunt per gratiam. Hic autem error ab ipso apostolo reprobatur. Dicit enim II Tim. 2,16 profana et vaniloquia devita, multum enim proficiunt ad impietatem, et sermo eorum ut cancer serpit: ex quibus est Hymenaeus et Philetus, qui a veritate fidei exciderunt, dicentes resurrectionem iam factam esse: quod non poterat intelligi nisi de resurrectione spirituali. Est ergo contra veritatem fidei ponere resurrectionem spiritualem, et negare corporalem.

Praeterea. Manifestum est ex his quae apostolus Corinthiis dicit, quod praemissa verba de resurrectione corporali sunt intelligenda. Nam post pauca subdit: seminatur corpus animale, surget corpus spirituale, ubi manifeste corporis resurrectionem tangit; et postmodum subdit: oportet corruptibile hoc induere incorruptionem, et mortale hoc induere immortalitatem. Hoc autem corruptibile et mortale est corpus. Corpus igitur est quod resurget.

Adhuc. Dominus, Ioan. 5,25, utramque resurrectionem promittit. Dicit enim: amen, amen dico vobis, quia venit hora, et nunc est, quando mortui audient vocem filii Dei,

Cristo ressurgiu dos mortos, como alguns entre vós afirmam que não há ressurreição dos mortos? Se não há ressurreição dos mortos, nem Cristo ressurgiu. Se Cristo não ressurgiu, é vã a nossa pregação, como também é vã a vossa fé[5]. Portanto, é necessário que se creia, como de fé, na ressurreição futura dos mortos.

Alguns, entretanto, entenderam perversamente isto, pois, não criam na futura ressurreição dos mortos. Mas, o que se lê nas Escrituras sobre a ressurreição, eles se esforçam por referi-lo à ressurreição espiritual, a saber: alguns ressuscitariam da morte do pecado pela graça. Este erro foi condenado pelo mesmo Apóstolo: *Evita as conversas vãs e profanas, que conduzem a uma maior impiedade, e as suas palavras, que se espalham como câncer. Deles são Himeneu e Fileto*[6], *que se afastaram da verdade da fé, dizendo que a ressurreição já se realizou*[7]. O que não podia referir-se a não ser à ressurreição espiritual. Portanto, é contra a verdade da fé afirmar a ressurreição espiritual, negando a ressurreição corpórea.

Além disso. É evidente, pelo que o Apóstolo disse aos Coríntios, que as palavras citadas devem ser entendidas da ressurreição corpórea. Pouco depois ele ainda acrescenta: *É semeado um corpo animal, e ressuscita um corpo espiritual*[8], o que se trata claramente da ressurreição do corpo. Logo após, acrescenta: *É necessário que o corruptível se vista de incorrupção, e que o mortal se vista de imortalidade*[9]. Ora, o que é corruptível e mortal é o corpo. Portanto, é o corpo que ressuscitará.

Ainda. O Senhor promete uma e outra ressurreição: *Em verdade, em verdade, eu vos digo, que chega a hora, e é esta, na qual os mortos ouvirão a voz do Filho de Deus, e os que*

---

[5] 1 Coríntios 15,12-14.
[6] Himeneu (séc. I) — Durante o séc. I, Paulo o identifica como blasfemador. Juntamente com **Fileto** (séc. I) ensinavam que a ressurreição já havia ocorrido nos dias deles. Assim, para eles a ressurreição era apenas espiritual, simbólica. — Na 1 Carta a Timóteo, o Apóstolo associa Himeneu com **Alexandre**, os quais foram expulsos da comunidade de Paulo.
[7] 2 Timóteo 2,16-18.
[8] 1 Coríntios 15,44.
[9] 1 Coríntios 15,53.

et qui audierint, vivent: quod ad resurrectionem spiritualem animarum pertinere videtur, quae tunc iam fieri incipiebat, dum aliqui per fidem Christo adhaerebant. Sed postmodum corporalem resurrectionem exprimit dicens: venit hora in qua omnes qui in monumentis sunt audient vocem filii Dei. Manifestum est enim quod animae in monumentis non sunt, sed corpora. Praedicitur ergo hic corporum resurrectio.

Expresse etiam corporum resurrectio praenuntiatur a Iob. Dicitur enim iob 19,25: scio quod redemptor meus vivit, et in novissimo die de terra surrecturus sum, et rursus circumdabor pelle mea et in carne mea videbo Deum.

Ad ostendendum etiam resurrectionem carnis futuram evidens ratio suffragatur, suppositis his quae in superioribus sunt ostensa. Ostensum est enim in secundo animas hominum immortales esse. Remanent igitur post corpora a corporibus absolutae. Manifestum est etiam ex his quae in secundo dicta sunt, quod anima corpori naturaliter unitur: est enim secundum suam essentiam corporis forma. Est igitur contra naturam animae absque corpore esse. Nihil autem quod est contra naturam, potest esse perpetuum. Non igitur perpetuo erit anima absque corpore. Cum igitur perpetuo maneat, oportet eam corpori iterato coniungi: quod est resurgere. Immortalitas igitur animarum exigere videtur resurrectionem corporum futuram.

Adhuc. Ostensum est supra, in tertio, naturale hominis desiderium ad felicitatem tendere. Felicitas autem ultima est felicis perfectio. Cuicumque igitur deest aliquid ad perfectionem, nondum habet felicitatem perfectam, quia nondum eius desiderium totaliter quietatur: omne enim imperfectum perfectionem consequi naturaliter cupit. Anima autem a corpore separata est aliquo modo imperfecta,

ouvirem, viverão[10]. Esse texto parece referir-se à ressurreição espiritual das almas, que se iniciava naquele momento, quando alguns aderiam a Cristo pela fé. Mas, Ele, se refere depois à ressurreição corporal, dizendo: *Chega a hora na qual todos os que estão nos sepulcros ouvirão a voz do Filho de Deus*[11]. É evidente, pois, que nos sepulcros não estão as almas, mas os corpos. Trata-se, portanto, de uma predição da ressurreição dos corpos.

Jó profetizou, também, expressamente a ressureição: *Sei que o meu Redentor vive, e que no último dia ressuscitarei do pó, e novamente serei revestido da pele, e na minha carne virei a Deus*[12].

Suposto o que foi demonstrado, uma razão evidente aprova, também, a ressurreição futura da carne. Foi demonstrado no Livro II[13] que as almas dos homens são imortais, porque permanecem depois dos corpos desligadas dos mesmos. É claro, também, do que se disse no mesmo Livro[14], que a alma se une naturalmente ao corpo uma vez que é, segundo a sua essência, a forma do corpo. Portanto, que a alma exista sem o corpo é contra a natureza da mesma alma. E nada que é *contra a natureza*[15] pode ser perpétuo. Mas, como ela permanece perpetuamente, é necessário que, de novo, se una ao corpo, o que é ressuscitar. Logo, a imortalidade das almas parece exigir a futura ressurreição dos corpos.

Ainda. Foi demonstrado no Livro III[16] que o desejo natural do homem tende para a felicidade. E a felicidade última é a perfeição do feliz. Assim, quem carece de algo para a sua perfeição ainda não tem a felicidade perfeita, porque o seu desejo não está totalmente aquietado, uma vez que tudo o que é imperfeito deseja naturalmente alcançar a perfeição. Ora, a alma separada do corpo é de algum

---

10 João 5,25.
11 João 5,28.
12 Jó 19,25.
13 Livro II, cap. 79.
14 Livro II, caps. 83.68.
15 Aristóteles (384-322 a.C.), em Sobre o Céu e o Mundo I, 2, 269b, 7-10.
16 Livro III, caps. 25.2.

sicut omnis pars extra suum totum existens: anima enim naturaliter est pars humanae naturae. Non igitur potest homo ultimam felicitatem consequi nisi anima iterato corpori coniungatur: praesertim cum ostensum sit quod in hac vita homo non potest ad felicitatem ultimam pervenire.

Item. Sicut in tertio ostensum est, ex divina providentia peccantibus poena debetur, et bene agentibus praemium. In hac autem vita homines ex anima et corpore compositi peccant vel recte agunt. Debetur igitur hominibus et secundum animam et secundum corpus praemium vel poena. Manifestum est autem quod in hac vita praemium ultimae felicitatis consequi non possunt, ex his quae in tertio ostensa sunt. Multoties etiam peccata in hac vita non puniuntur: quinimmo, ut dicitur iob 21,7: hic impii vivunt, confortati sunt, sublimatique divitiis. Necessarium est igitur ponere iteratam animae ad corpus coniunctionem, ut homo in corpore et anima praemiari et puniri possit.

modo imperfeita, assim como toda parte que existe fora de seu todo. E a alma é parte natural da natureza humana. Logo, o homem não pode alcançar a última felicidade se a alma não se une de novo ao corpo, uma vez que foi demonstrado[17] que nessa vida o homem não pode chegar à felicidade última.

Igualmente. Como se demonstrou no Livro III[18], por disposição divina, a pena é devida aos pecadores, e aos que agem bem é devido o prêmio. Nesta vida os homens, compostos de alma e corpo, pecam ou obram retamente. Portanto, deve-se dar aos homens, ou segundo a alma ou segundo o corpo, prêmio ou pena. É claro, também, que nessa vida o prêmio da última felicidade não pode ser alcançado, como se demonstrou no Livro III[19]. Ademais, muitas vezes os pecados não são punidos nesta vida, antes pelo contrário, como diz Jó: *Aqui vivem os ímpios fortalecidos e elevados com as riquezas*[20]. Portanto, é necessário afirmar que a alma e o corpo se unirão novamente, para que o homem possa ser premiado ou punido no corpo e na alma.

Capitulum LXXX
Obiectiones contra resurrectionem

Sunt autem quaedam quae resurrectionis fidem impugnare videntur.

In nullo enim naturalium rerum invenitur id quod corruptum est idem numero redire in esse: sicut nec ab aliqua privatione ad habitum videtur posse rediri.

Et ideo, quia quae corrumpuntur eadem numero iterari non possunt, natura intendit ut id quod corrumpitur idem specie per generationem conservetur. Cum igitur homines per mortem corrumpantur, ipsumque corpus hominis usque ad prima elementa resolvatur: non videtur quod idem numero homo possit reparari ad vitam.

Capítulo 80
Objeções contra a Ressurreição

Algumas são as objeções que parecem impugnar a fé na ressurreição.

Com efeito, em nenhuma das coisas naturais[21] se encontra que aquilo que se corrompeu volte a ser numericamente o mesmo, assim como parece que de uma privação não se possa voltar ao que se teve.

Por isso, uma vez que as coisas que se corrompem não podem ser as mesmas numericamente, a natureza busca que aquilo que se corrompe se conserve, por geração, o mesmo especificamente. Portanto, como os homens se corrompem pela morte, e como o mesmo corpo se reduz aos primeiros elementos, não parece que o mesmo homem numericamente possa retornar à vida.

---

[17] Livro III, cap. 48.
[18] Livro III, cap. 140.
[19] Livro III, cap. 48.
[20] Jó 21,7.
[21] Ramón Martin (± 1284), em Pugio Fidei I, cap. 26, n. 1, p. 253.

Item. Impossibile est esse idem numero cuius aliquod essentialium principiorum idem numero esse non potest: nam essentiali principio variato, variatur essentia rei, per quam res, sicut est, ita et una est. Quod autem omnino redit in nihilum, idem numero resumi non potest: potius enim erit novae rei creatio quam eiusdem reparatio. Videntur autem plura principiorum essentialium hominis per eius mortem in nihilum redire. Et primo quidem ipsa corporeitas, et forma mixtionis: cum corpus manifeste dissolvatur. Deinde pars animae sensitivae et nutritiva, quae sine corporeis organis esse non possunt. Ulterius autem in nihilum videtur redire ipsa humanitas, quae dicitur esse forma totius, anima a corpore separata. Impossibile igitur videtur quod homo idem numero resurgat.

Adhuc. Quod non est continuum, idem numero esse non videtur. Quod quidem non solum in magnitudinibus et motibus manifestum est, sed etiam in qualitatibus et formis: si enim post sanitatem aliquis infirmatus, iterato sanetur, non redibit eadem sanitas numero. Manifestum est autem quod per mortem esse hominis aufertur: cum corruptio sit mutatio de esse in non esse. Impossibile est igitur quod esse hominis idem numero reiteretur. Neque igitur erit idem homo numero: quae enim sunt eadem numero, secundum esse sunt idem.

Amplius. Si idem hominis corpus reparatur ad vitam, pari ratione oportet quod quicquid in corpore hominis fuit, eidem restituatur. Ad hoc autem maxima indecentia sequitur: non solum propter capillos et ungues et pilos, qui manifeste quotidiana praecisione tolluntur; sed etiam propter alias partes corporis, quae occulte per actionem naturalis caloris resolvuntur; quae omnia si restituantur homini resurgenti, indecens magnitudo con-

Igualmente[22]. É impossível ser o mesmo numericamente, aquilo do qual algum dos princípios essenciais não pode ser o mesmo numericamente; pois, mudado o princípio essencial, muda-se a essência da coisa, pela qual a coisa, assim como é, assim também é una. Ora, o que volta totalmente ao nada, não pode recomeçar o mesmo numericamente; pois, antes será a criação de uma nova coisa do que a reparação do mesmo. Parece que muitos dos princípios essenciais do homem, pela morte, voltam ao nada. Primeiro, a corporeidade e a forma do composto, uma vez que o corpo claramente decompõe. Em seguida, a parte sensitiva e nutritiva da alma, que não podem existir sem os órgãos corporais. Finalmente, uma vez separada a alma do corpo, parece voltar ao nada a própria humanidade, que se diz ser a forma do todo. Portanto, parece impossível que o homem ressuscite o mesmo numericamente.

Ainda[23]. O que não é contínuo, não parece ser o mesmo numericamente. E isso é claro não somente nas grandezas e movimentos, mas também nas qualidades nas formas; por exemplo, se alguém adoece estando são, ao recuperar a saúde, esta não será a mesma numericamente. É claro que a morte tira o ser do homem, uma vez que a corrupção é a mudança do ser ao não ser. Portanto, é impossível que o ser do homem se repita o mesmo numericamente. E nem será o mesmo homem numericamente, porque o que é idêntico numericamente, é idêntico segundo o ser.

Ademais[24]. Se o mesmo corpo do homem retorna à vida, pela mesma razão é necessário que lhe seja restituído tudo que existia no corpo do homem. E disso seguir-se-ia uma grandíssima inconveniência, não só em razão dos cabelos, das unhas e dos pelos, que claramente são cortados diariamente, mas em razão de outras partes do corpo, que se desfazem ocultamente pela ação do calor natural. Se tudo isso se restitui ao homem que ressuscita,

---

[22] Ramón Martin (± 1284), em Pugio Fidei I, cap. 26, n. 2, p. 253.
[23] Ramón Martin (± 1284), em Pugio Fidei I, cap. 26, n. 3, p. 253.
[24] Ramón Martin (± 1284), em Pugio Fidei I, cap. 26, n. 4, p. 253.

surget. Non videtur igitur quod homo sit post mortem resurrecturus.

Praeterea. Contingens est quandoque aliquos homines carnibus humanis vesci; et solum tali nutrimento nutriri; et sic nutritos filios generare. Caro igitur eadem in pluribus hominibus invenitur. Non est autem possibile quod in pluribus resurgat. Nec aliter videtur esse universalis resurrectio et integra, si unicuique non restituetur quod hic habuit. Videtur igitur impossibile quod sit hominum resurrectio futura.

Item. Illud quod est commune omnibus existentibus in aliqua specie videtur esse naturale illi speciei. Non est autem hominis resurrectio naturalis: non enim aliqua virtus naturalis agentis sufficit ad hoc agendum. Non igitur communiter omnes homines resurgent.

Adhuc. Si per Christum liberamur et a culpa et a morte, quae est peccati effectus, illi soli videntur liberandi esse a morte per resurrectionem qui fuerunt participes mysteriorum Christi, quibus liberarentur a culpa. Hoc autem non est omnium hominum. Non igitur omnes homines resurgent, ut videtur.

erguer-se-ia algo de uma magnitude inconveniente. Portanto, não parece que o homem há de ressuscitar após a morte.

Além disso[25]. Acontece, às vezes, que alguns homens se alimentam de carnes humanas, e somente com tal alimento se nutrem. E assim nutridos geram filhos. Portanto, a mesma carne se encontra em diversos homens. Não é possível, pois, que ressuscite em diversos. De outro modo, não parece que a ressurreição seja universal e inteira, se não é restituído a cada um o que ele possuía aqui. Portanto, impossível que exista a ressurreição futura dos homens.

Igualmente[26]. Aquilo que é comum a todos os que são de uma mesma espécie, parece que é natural àquela espécie. Ora, a ressurreição do homem não é natural, porque nenhum poder natural de um agente é capaz de isso fazer. Portanto, todos os homens, comumente, não ressuscitarão.

Ainda[27]. Se, por Cristo, somos livres da culpa e da morte, efeito do pecado, parece que somente devem ser libertados da morte pela ressurreição aqueles que participaram dos mistérios de Cristo, pelos quais foram liberados da culpa. Ora, isto não cabe a todos os homens. Portanto, como parece, todos os homens não ressuscitarão.

Capitulum LXXXI
Solutio praemissarum obiectionum

Ad horum igitur solutionem, considerandum est quod Deus, sicut supra dictum est, in institutione humanae naturae, aliquid corpori humano attribuit supra id quod ei ex naturalibus principiis debebatur: scilicet incorruptibilitatem quandam, per quam convenienter suae formae coaptaretur, ut sicut animae vita perpetua est, ita corpus per animam posset perpetuo vivere. Et talis quidem incorruptibilitas, etsi non esset naturalis quantum ad ac-

Capítulo 81
Resposta às objeções precedentes

Para a solução destas objeções, deve-se considerar, como foi dito[28], que Deus na instituição da natureza humana atribuiu algo ao corpo humano, acima do que lhe era devido pelos princípios naturais, a saber, uma certa incorruptibilidade que fosse convenientemente adaptada à sua forma, para que assim como a vida da alma é perpétua, assim pudesse o corpo, mediante a alma, viver perpetuamente. E esta incorruptibilidade, embora não fosse

---

[25] Ramón Martin (± 1284), em Pugio Fidei I, cap. 26, n. 5, p. 254.
[26] Ramón Martin (± 1284), em Pugio Fidei I, cap. 26, n. 6, p. 254.
[27] Ramón Martin (± 1284), em Pugio Fidei I, cap. 26, n. 7, p. 254.
[28] Cf. cap. 52.

tivum principium, erat tamen quodammodo naturalis ex ordine ad finem, ut scilicet materia proportionaretur suae naturali formae, quae est finis materiae.

Anima igitur, praeter ordinem suae naturae, a Deo aversa, subtracta est dispositio quae eius corpori divinitus indita erat, ut sibi proportionaliter responderet, et secuta est mors. Est igitur mors quasi per accidens superveniens homini per peccatum, considerata institutione humanae naturae. Hoc autem accidens sublatum est per Christum, qui merito suae passionis mortem moriendo destruxit. Ex hoc igitur consequitur quod divina virtute, quae corpori incorruptionem dedit, iterato corpus de morte ad vitam reparetur.

Secundum hoc igitur ad primum dicendum quod virtus naturae deficiens est a virtute divina, sicut virtus instrumenti a virtute principalis agentis. Quamvis igitur operatione naturae hoc fieri non possit, ut corpus corruptum reparetur ad vitam, tamen virtute divina id fieri potest. Nam quod natura hoc facere non possit, ideo est quia natura semper per formam aliquam operatur. Quod autem habet formam, iam est. Cum vero corruptum est, formam amisit, quae poterat esse actionis principium. Unde operatione naturae, quod corruptum est idem numero reparari non potest. Sed divina virtus, quae res produxit in esse, sic per naturam operatur quod absque ea effectum naturae producere potest, ut superius est ostensum. Unde, cum virtus divina maneat eadem etiam rebus corruptis, potest corrupta in integrum reparare.

Quod vero secundo obiicitur, impedire non potest quin homo idem numero resurgere possit. Nullum enim principiorum essen-

natural quanto ao princípio ativo, entretanto era de algum modo natural pela ordenação ao fim, isto é, que a matéria seja proporcionada à sua forma natural, que é o fim da matéria.

Portanto, tendo a alma se afastado de Deus, contra a ordem de sua natureza, foi-lhe tirada a disposição que Deus havia conferido ao seu corpo para que este correspondesse a ela proporcionalmente, e seguiu-se a morte. Portanto, considerada a instituição da natureza humana, a morte sobreveio ao homem pelo pecado, como por acidente. Ora, este acidente foi eliminado por Cristo, que *pelo mérito da sua paixão destruiu a morte, morrendo*[29]. Logo, segue-se disto que o poder divino, que deu a incorruptibilidade ao corpo, o retoma da morte e o restaura para vida.

Segundo o que precede[30], deve-se dizer à *primeira objeção* que o poder da natureza é deficiente em relação ao poder divino, assim como o poder do instrumento em relação ao poder do agente principal. Portanto, embora não se possa fazer que um corpo corrompido seja restaurado para a vida por uma operação da natureza, entretanto isso pode-se fazer pelo poder divino. Que a natureza não possa isso fazer, é porque a natureza sempre opera por uma forma. E o que tem uma forma, já existe. Mas, quando algo se corrompeu, perdeu a forma, que poderia ser princípio de ação. Por isso, o que se corrompeu não pode ser restaurado numericamente o mesmo, por uma operação da natureza. Mas, o poder divino, que dá às coisas o existir, opera pela natureza de tal modo que, sem ela, pode produzir um efeito da natureza, como foi demonstrado[31]. Uma vez que o poder divino permanece o mesmo, também nas coisas corrompidas, pode *restaurar em sua integridade* o que se corrompeu.

Quanto à *segunda objeção*[32], ela não pode impedir que o homem possa ressuscitar numericamente o mesmo. Ora, nenhum dos prin-

---

[29] Prefácio da liturgia na celebração da Páscoa. 2 Timóteo 1,10.
[30] Ramón Martin (± 1284), em Pugio Fidei I, cap. 26, n. 9, p. 254.
[31] Livro III, cap. 99.
[32] Ramón Martin (± 1284), em Pugio Fidei I, cap. 26, n. 10, p. 255.

tialium hominis per mortem omnino cedit in nihilum: nam anima rationalis, quae est hominis forma, manet post mortem, ut superius est ostensum; materia etiam manet, quae tali formae fuit subiecta, sub dimensionibus eisdem ex quibus habebat ut esset individualis materia. Ex coniunctione igitur eiusdem animae numero ad eandem materiam numero, homo reparabitur.

Corporeitas autem dupliciter accipi potest.

Uno modo, secundum quod est forma substantialis corporis, prout in genere substantiae collocatur. Et sic corporeitas cuiuscumque corporis nihil est aliud quam forma substantialis eius, secundum quam in genere et specie collocatur, ex qua debetur rei corporali quod habeat tres dimensiones. Non enim sunt diversae formae substantiales in uno et eodem, per quarum unam collocetur in genere supremo, puta substantiae; et per aliam in genere proximo, puta in genere corporis vel animalis; et per aliam in specie puta hominis aut equi. Quia si prima forma faceret esse substantiam, sequentes formae iam advenirent ei quod est hoc aliquid in actu et subsistens in natura: et sic posteriores formae non facerent hoc aliquid, sed essent in subiecto quod est hoc aliquid sicut formae accidentales. Oportet igitur, quod corporeitas, prout est forma substantialis in homine, non sit aliud quam anima rationalis, quae in sua materia hoc requirit, quod habeat tres dimensiones: est enim actus corporis alicuius.

Alio modo accipitur corporeitas prout est forma accidentalis, secundum quam dicitur corpus quod est in genere quantitatis. Et sic corporeitas nihil aliud est quam tres dimensiones, quae corporis rationem constituunt. Etsi igitur haec corporeitas in nihilum cedit, corpore humano corrupto, tamen impedire non potest quin idem numero resurgat: eo

cípios essenciais do homem, depois da morte, dissipa-se totalmente no nada, pois a alma racional, que é a forma do homem, permanece depois da morte, como foi demonstrado[33]. E a matéria, que tinha sido submetida a esta forma, permanece também, sob as mesmas dimensões que possuía para que fosse uma matéria individualizada[34]. Portanto, com a união da alma e da matéria, ambas as mesmas numericamente, o homem será restaurado.

Pode-se entender a corporeidade em dois sentidos[35].

Primeiro. Como forma substancial do corpo, situada no gênero de substância. E assim, a corporeidade de qualquer corpo não é outra coisa que a sua forma substancial, segundo a qual é situada no gênero e na espécie e à qual as coisas corporais devem o ter três dimensões. Ora, não são diversas as formas substanciais em uma e mesma coisa, por uma das quais se situa no gênero supremo, isto é, de substância; e por outra se situa no gênero próximo, isto é, de corpo ou de animal; e por outra se situa na espécie, por exemplo, de homem ou de cavalo. Se a primeira forma desse o ser à substância, as formas seguintes adviriam ao que é algo em ato e subsistente na natureza. E deste modo, as formas posteriores não dariam este algo, mas estariam como formas acidentais no sujeito. É necessário, portanto, que a corporeidade, enquanto é forma substancial no homem, não seja outra coisa que a alma racional, a qual requer que em sua matéria haja três dimensões, pois é ato de um corpo.

Segundo. Como forma acidental, segundo a qual se diz corpo o que está no gênero de quantidade. E assim, a corporeidade não é outra coisa que as três dimensões que constituem a razão de corpo. Portanto, embora esta corporeidade, uma vez corrompido o corpo humano, dissipe-se no nada, entretanto, não pode impedir que ressuscite o que é o mes-

---

[33] Livro II, cap. 79.
[34] Aristóteles (384-322 a.C.), em Sobre e Ente e a Essência, cap. 2.
[35] Aristóteles (384-322 a.C.), em Sentenças IV, d. 44, a.2.

quod corporeitas primo modo dicta non in nihilum cedit, sed eadem manet.

Similiter etiam forma mixti dupliciter accipi potest.

Uno modo ut per formam mixti intelligatur forma substantialis corporis mixti. Et sic, cum in homine non sit alia forma substantialis quam anima rationalis, ut ostensum est: non poterit dici quod forma mixti, prout est forma substantialis, homine moriente cedat in nihilum.

Alio modo dicitur forma mixti qualitas quaedam composita et contemperata ex mixtione simplicium qualitatum, quae ita se habet ad formam substantialem corporis mixti sicut se habet qualitas simplex ad formam substantialem corporis simplicis. Unde etsi forma mixtionis sic dicta in nihilum cedat, non praeiudicat unitati corporis resurgentis.

Sic etiam dicendum est et de parte nutritiva, et sensitiva. Si enim per partem sensitivam et nutritivam intelligantur ipsae potentiae, quae sunt proprietates naturales animae, vel magis compositi, corrupto corpore corrumpuntur: nec tamen per hoc impeditur unitas resurgentis. Si vero per partes praedictas intelligatur ipsa substantia animae sensitivae et nutritivae, utraque earum est eadem cum anima rationali. Non enim sunt in homine tres animae, sed una tantum, ut in secundo libro ostensum est.

De humanitate vero, non est intelligendum quod sit quaedam forma consurgens ex coniunctione formae ad materiam, quasi realiter sit alia ab utroque: quia, cum per formam materia fiat hoc aliquid actu, ut dicitur II de anima, illa tertia forma consequens non esset substantialis, sed accidentalis. — Dicunt autem quidam quod forma partis eadem est et forma totius: sed dicitur forma partis secun-

mo numericamente, porque a corporeidade, segundo o primeiro sentido, não se dissipa no nada, mas permanece a mesma[36].

Igualmente, a forma do misto pode ser entendida de duas maneiras.

Primeiro. Entende-se como a forma substancial do corpo misto. E assim, uma vez que no homem não existe outra forma substancial que a alma racional, como foi demonstrado[37], não se poderia dizer que a forma do misto, enquanto é forma substancial, se dissipe em nada quando o homem morre.

Segundo. Certa qualidade composta e temperada pela mistura de qualidades simples, que se refere à forma substancial do corpo misto, como a qualidade simples se refere à forma substancial do corpo simples. Por isso, embora a forma do misto, assim considerada, se dissipe no nada, não prejudica a unidade do corpo que ressuscita.

Deve-se dizer o mesmo não só da parte nutritiva, mas também da parte sensitiva. Se pela parte sensitiva e nutritiva se entendem as mesmas potências, que são propriedades naturais da alma, ou antes do composto, quando se corrompe o corpo, elas se corrompem; entretanto, nem por isso se impede a unidade do corpo que ressuscita. Mas, se pelas partes citadas se entende a mesma substância da alma sensitiva e nutritiva, a substância de ambas é a mesma que a da alma racional. Não há, portanto, no homem, três almas, mas somente uma, como foi demonstrado[38].

Mas, quanto à humanidade não se deve entender que seja uma forma resultantes da união da forma com a matéria, como se fosse realmente distinta de ambas, porque, como a matéria se faz tal coisa em ato pela forma, como diz Santo Tomás[39], a terceira forma resultante não seria substancial, mas acidental. — Dizem alguns que a forma da parte é a mesma que a forma do todo, mas se diz forma da

---

[36] S. Tomás de Aquino (1225-1274), em Comentário às Sentenças IV, d. 44, q. 1, a. 1.
[37] Livro III, cap. 57 ss.
[38] Cf. cap. 58.
[39] S. Tomás de Aquino (1225-1274), em Sobra a Alma II, 1, 412a, 8-8.

dum quod facit materiam esse in actu; forma vero totius dicitur secundum quod complet speciei rationem. Et secundum hoc, humanitas non est aliud realiter quam anima rationalis. Unde patet quod, corrupto corpore, non cedit in nihilum. — Sed quia humanitas est essentia hominis; essentia autem rei est quam significat definitio; definitio autem rei naturalis non significat tantum formam, sed formam et materiam: necessarium est quod humanitas aliquid significet compositum ex materia et forma, sicut et homo. Differenter tamen.

Nam humanitas significat principia essentialia speciei, tam formalia quam materialia, cum praecisione principiorum individualium, dicitur enim humanitas secundum quam aliquis est homo; homo autem non est aliquis ex hoc quod habet principia individualia, sed ex hoc solum quod habet principia essentialia speciei. Humanitas igitur significat sola principia essentialia speciei. Unde significatur per modum partis. Homo autem significat quidem principia essentialia speciei, sed non excludit principia individuantia a sui significatione: nam homo dicitur qui habet humanitatem, ex quo non excluditur quin alia habere possit. Et propter hoc homo significatur per modum totius: significat enim principia speciei essentialia in actu, individuantia vero in potentia. Socrates vero significat utraque in actu, sicut et differentiam genus habet potestate, species vero actu. Unde patet quod et homo redit idem numero in resurrectione, et humanitas eadem numero, propter animae rationalis permanentiam et materiae unitatem.

Quod vero tertio obiicitur, quod esse non est unum quia non est continuum: falso innititur fundamento. Manifestum est enim quod materiae et formae unum est esse: non enim materia habet esse in actu nisi per formam.

parte enquanto faz a matéria ser em ato, e se diz forma do todo, enquanto completa a razão de espécie. E segundo isto, a humanidade não é outra coisa realmente que a alma racional. Por isso, é evidente que, corrompido o corpo, não se dissipa no nada. — Mas, porque a humanidade é a essência do homem; e a essência de uma coisa é o que a definição significa, e a definição de uma coisa natural não significa somente a forma, mas a forma e a matéria, é necessário que a humanidade signifique algo composto de matéria e forma, por exemplo, *o homem*. Entretanto, de maneira diferente.

Com efeito, *a humanidade* significa os princípios essenciais da espécie, tanto formais quanto materiais, prescindindo dos princípios individuais. Porque se diz humanidade enquanto alguém é homem. Mas, homem não é alguém pelo fato de ter os princípios individuais, mas pelo fato de que tem somente os princípios essenciais da espécie. Portanto, humanidade significa somente os princípios essenciais da espécie. E assim, é significada como *parte*. E *homem* significa os princípios essenciais da espécie, mas não exclui os princípios da individuação de sua significação, pois se diz homem quem tem humanidade, sem que isso exclua que possa ter outras coisas. E, por isso, homem é significado como *todo*, pois significa os princípios essenciais da espécie em ato, mas os princípios da individuação em potência. *Sócrates*, no entanto, significa ambos princípios em ato, assim como gênero tem a diferença pela potência e a espécie pelo ato[40]. Por isso, fica claro que homem volta o mesmo numericamente na ressurreição, e a humanidade a mesma numericamente, em razão da permanência da alma racional e da unidade da matéria.

Quanto à *terceira objeção*[41], que o ser não é uno porque não é contínuo, funda-se em um falso fundamento. Com efeito, é claro que o ser da matéria e da forma é somente um, pois a matéria não tem ser em ato senão pela for-

---

[40] Aristóteles (384-322 a.C.), em Sobre o Ente e a Essência, cap. 2.
[41] Ramón Martin (± 1284), em Pugio Fidei I, cap. 26, n. 11, p. 256.

Differt tamen quantum ad hoc anima rationalis ab aliis formis. Nam esse aliarum formarum non est nisi in concretione ad materiam: non enim excedunt materiam neque in esse, neque in operari. Anima vero rationalis, manifestum est quod excedit materiam in operari: habet enim aliquam operationem absque participatione organi corporalis, scilicet intelligere. Unde et esse suum non est solum in concretione ad materiam. Esse igitur eius, quod erat compositi, manet in ipsa corpore dissoluto: et reparato corpore in resurrectione, in idem esse reducitur quod remansit in anima.

Quod etiam quarto obiicitur, resurgentis unitatem non tollit. Quod enim non impedit unitatem secundum numerum in homine dum continue vivit, manifestum est quod non potest impedire unitatem resurgentis. In corpore autem hominis, quandiu vivit, non semper sunt eaedem partes secundum materiam, sed solum secundum speciem; secundum vero materiam partes fluunt et refluunt: nec propter hoc impeditur quin homo sit unus numero a principio vitae usque in finem. Cuius exemplum accipi potest ex igne, qui, dum continue ardet, unus numero dicitur, propter hoc quod species eius manet, licet ligna consumantur et de novo apponantur. Sic etiam est in humano corpore. Nam forma et species singularium partium eius continue manet per totam vitam: sed materia partium et resolvitur per actionem caloris naturalis, et de novo adgeneratur per alimentum. Non est igitur alius numero homo secundum diversas aetates, quamvis non quicquid materialiter est in homine secundum unum statum sit in eo secundum alium. Sic igitur non requiritur ad hoc quod resurgat homo numero idem, quod quicquid fuit materialiter in eo secundum totum tempus vitae suae resumatur: sed tantum ex eo quantum sufficit ad complementum debitae quantitatis; et praecipue illud resumen-

ma. Entretanto, a alma racional se distingue quanto a isso das outras formas. Porque, o ser das outras formas não existe a não ser em concreção com a matéria, pois não excedem a matéria nem no ser, nem no operar. Mas, é claro que a alma racional excede a matéria no operar, pois tem uma operação que prescinde da participação de um órgão corpóreo, a saber, o entender. Por isso, o seu ser não existe somente em concreção com a matéria. Portanto, o seu ser, que era do composto, permanece nela quando o corpo se corrompe, e uma vez restaurado o corpo na ressurreição, reencontra o mesmo ser que permaneceu na alma.

Quanto à *quarta objeção*[42], ela não elimina a unidade do que ressuscita. Com efeito, o que não impede a unidade numérica no homem, enquanto vive, é evidente que não pode impedir a unidade do que ressuscita. No corpo do homem, enquanto vive, as partes nem sempre são as mesmas segundo a matéria, mas somente segundo a espécie; pois, segundo a matéria as partes fluem e refluem, e nem por isso impedem que o homem seja numericamente um, do princípio da vida até o fim. Pode-se tomar, como exemplo disso, o fogo que, enquanto queima continuamente, diz-se numericamente um, porque a sua espécie permanece, embora a lenha se consuma e se acrescente novamente[43]. Assim acontece, também, no corpo humano. Com efeito, a forma e a espécie das suas partes singulares permanecem por toda a vida, mas a matéria das partes se dissolve pela ação do calor natural e se regenera de novo pelo alimento. Portanto, o homem não é outro numericamente segundo as diversas idades, embora o que materialmente existe no homem em um dos estados, não exista nele em outro estado. Portanto, para que homem ressuscite numericamente o mesmo não se requer que ele retome tudo o que nele esteve por todo tempo de sua vida, mas somente quanto baste para completar a quan-

---

[42] Ramón Martin (± 1284), em Pugio Fidei I, cap. 26, n. 12, p. 256.
[43] Aristóteles (384-322 a.C.), em Sobre a Geração e a Corrupção, lição 15.

dum videtur quod perfectius fuit sub forma et specie humanitatis consistens.

Si quid vero defuit ad complementum debitae quantitatis, vel quia aliquis praeventus est morte antequam natura ipsum ad perfectam quantitatem deduceret, vel quia forte aliquis mutilatus est membro; aliunde hoc divina supplebit potentia. Nec tamen hoc impediet resurgentis corporis unitatem: quia etiam opere naturae super id quod puer habet, aliquid additur aliunde, ut ad perfectam perveniat quantitatem, nec talis additio facit alium numero; idem enim numero est homo et puer et adultus.

Ex quo etiam patet quod nec resurrectionis fidem impedire potest etiam si aliqui carnibus humanis vescantur, ut quinto obiiciebatur. Non enim est necessarium, ut ostensum est, quod quicquid fuit in homine materialiter, resurgat in eo: et iterum, si aliquid deest, suppleri potest per potentiam Dei. Caro igitur comesta resurget in eo in quo primo fuit anima rationali perfecta. In secundo vero, si non solis carnibus humanis est pastus sed et aliis cibis, resurgere poterit in eo tantum de alio quod ei materialiter advenit, quod erit necessarium ad debitam quantitatem corporis restaurandam.

Si vero solis humanis carnibus sit pastus, resurget in eo quod a generantibus traxit: et quod defuerit, supplebitur omnipotentia creatoris. Quod et si parentes ex solis humanis carnibus pasti fuerint, ut sic et eorum semen, quod est superfluum alimenti, ex carnibus alienis generatum sit: resurget quidem semen in eo qui est natus ex semine, loco cuius ei cuius carnes comestae sunt, supplebitur aliunde.

Hoc enim in resurrectione servabitur: quod si aliquid materialiter fuit in pluribus hominibus, resurget in eo ad cuius perfectio-

tidade devida. Parece que ele devia retomar, sobretudo, o que havia mais perfeitamente sob a forma e a espécie de humanidade.

Mas, se alguma coisa faltou para completar a quantidade devida, ou porque alguém morreu prematuramente antes que a natureza o levasse à quantidade perfeita, ou porque alguém foi, talvez, mutilado de um membro, isto a potência divina suprirá de algum modo. Entretanto, isso não impedirá a unidade do corpo que ressuscita, porque por obra da natureza, acrescenta-se algo ao que a criança tem para que chegue à perfeita quantidade, e esta adição não a faz outro numericamente, porque o homem, seja criança ou adulto, é o mesmo numericamente.

Quanto à *quinta objeção*[44], embora alguns comam carne humana, isso não pode impedir a fé na ressureição. Com efeito, não é necessário, como se demonstrou[45], que ressurja com o homem tudo que nele havia materialmente. E novamente se faltar algo, poderá ser suprido pela potência de Deus. Portanto, a carne comida ressuscitará naquele em quem, por primeiro, teve a alma racional perfeita. Quanto ao segundo, se comeu não somente carne humana, mas também outros alimentos, nele poderá somente ressuscitar o que lhe veio materialmente de outro alimento que lhe foi necessário para restaurar a quantidade de vida do corpo.

Se, pelo contrário, só se alimentou de carne humana, nele ressuscitará o que recebeu dos pais. Se algo faltar, suprirá a onipotência do Criador. E se os seus pais se alimentaram somente de carne humana, de modo que o seu sêmen, que é o supérfluo do alimento, tivesse sido gerado com carnes alheias, ressuscitará certamente o sêmen naquele que dele nasceu, em cujo lugar se suprirá de outra parte àquele cujas carnes foram comidas.

Ora, isto será observado na ressurreição: se alguma coisa esteve materialmente em muitos homens, ressuscitará naquele para cuja perfei-

---

[44] Ramón Martin (± 1284), em Pugio Fidei I, cap. 26, n. 13, p. 257.
[45] Cf. cap. 80.

nem magis pertinebat. Unde si fuit in uno ut radicale semen ex quo est generatus, in alio vero sicut superveniens nutrimentum, resurget in eo qui est generatus ex hoc sicut ex semine. Si vero in uno fuit ut pertinens ad perfectionem individui, in alio ut deputatum ad perfectionem speciei: resurget in eo ad quem pertinebat secundum perfectionem individui.Unde semen resurget in genito, et non in generante: et costa Adae resurget in eva, non in Adam, in quo fuit sicut in naturae principio. Si autem secundum eundem perfectionis modum fuit in utroque, resurget in eo in quo primitus fuit.

Ad id vero quod sexto obiectum est, ex his quae dicta sunt iam patet solutio. Resurrectio enim quantum ad finem naturalis est, inquantum naturale est animae esse corpori unitam: sed principium eius activum non est naturale, sed sola virtute divina causatur.

Nec etiam negandum est omnium resurrectionem esse futuram, quamvis non omnes per fidem Christo adhaereant, nec eius mysteriis sint imbuti. Filius enim Dei propter hoc naturam humanam assumpsit ut eam repararet. Id igitur quod est defectus naturae, in omnibus reparabitur, unde omnes a morte redibunt ad vitam. Sed defectus personae non reparabitur nisi in illis qui Christo adhaeserunt: vel per proprium actum, credendo in ipsum; vel saltem per fidei sacramentum.

ção ela mais pertencia. Por isso, se esteve em um como sêmen radical do qual foi gerado, e em outro como alimento adicionado, ressuscitará naquele que foi gerado do sêmen. Mas, se em um esteve como perfeição do indivíduo e em outro como destinado à perfeição da espécie, ressuscitará naquele a quem pertencia como perfeição do indivíduo. Por isso, o sêmen ressuscitará no gerado e não no gerador. Assim, a costela de Adão ressuscitará em Eva e não em Adão, em quem esteve como em um princípio da natureza. Se estivesse em ambos, segundo o mesmo modo de perfeição, ressuscitará naquele em que esteve primeiramente.

Quanto à *sexta objeção*[46], pelo que foi dito, fica clara a solução desta objeção. Porque a ressurreição é natural quanto ao fim, uma vez que a alma está unida ao corpo naturalmente. Mas, o seu princípio ativo não é natural, mas é causado somente pelo poder divino.

Quanto à *sétima objeção*[47], não se deve negar que a ressurreição de todos é futura, embora nem todos adiram a Cristo pela fé, e nem todos sejam instruídos nos seus mistérios. Ora, o Filho de Deus assumiu a natureza humana para repará-la. Portanto, o que é defeito da natureza, será reparado em todos, e assim todos voltarão da morte para a vida. Mas, os defeitos das pessoas não serão reparados a não ser naqueles que aderiram a Cristo, ou que creram n'Ele por um ato próprio, ou, pelo menos, pelo Sacramento da fé.

Capitulum LXXXII
Quod homines resurgent immortales

Ex quo etiam patet quod in futura resurrectione homines non sic resurgent ut sint iterum morituri.

Necessitas enim moriendi est defectus in naturam humanam ex peccato proveniens. Christus autem, merito suae passionis, naturae defectus reparavit qui in ipsam ex peccato provenerunt. Ut enim dicit apostolus Rom. 5,15: non sicut delictum, ita et donum. Si

Capítulo 82
Os homens ressuscitarão imortais

É claro, pelo que já consta que, na ressurreição futura, os homens ressuscitarão de tal modo que não haverão de morrer novamente.

Com efeito, a necessidade de morrer é um defeito na natureza humana proveniente do pecado. Ora, Cristo, pelo mérito de sua paixão, reparou os defeitos da natureza que provieram do pecado. Por isso, diz o Apóstolo: *O dom não será como o delito. Se por causa do*

---

[46] Ramón Martin (± 1284), em Pugio Fidei I, cap. 26, n. 14, p. 258.
[47] Ramón Martin (± 1284), em Pugio Fidei I, cap. 26, n. 15, p. 258.

enim unius delicto multi mortui sunt, multo magis gratia Dei, in gratia unius hominis Iesu Christi in plures abundavit.Ex quo habetur quod efficacius est meritum Christi ad tollendum mortem, quam peccatum Adae ad inducendum. Illi igitur qui per meritum Christi resurgent a morte liberati, mortem ulterius non patientur.

Praeterea. Illud quod in perpetuum duraturum est, non est destructum.

Si igitur homines resurgentes adhuc iterum morientur, ut sic mors in perpetuum duret, nullo modo mors per mortem Christi destructa est. Est autem destructa: nunc quidem in causa quod Dominus per Osee praedixerat dicens: ero mors tua, o mors, Oseae 13,14; ultimo autem destruetur in actu, secundum illud: novissime inimica destruetur mors, I Cor. 15,26. Est igitur secundum fidem ecclesiae hoc tenendum, quod resurgentes non iterum morientur.

Adhuc. Effectus similatur suae causae. Resurrectio autem Christi causa est futurae resurrectionis, ut dictum est. Sic autem resurrexit Christus ut non ulterius moreretur, secundum illud Rom. 6,9: Christus resurgens ex mortuis iam non moritur. Homines igitur sic resurgent ut ulterius non moriantur.

Amplius. Si homines resurgentes iterum moriantur, aut iterum ab illa morte iterato resurgent, aut non. — Si non resurgent, remanebunt perpetuo animae separatae, quod est inconveniens, ut supra dictum est, ad quod evitandum ponuntur primo resurgere: vel, si post secundam mortem non resurgant, nulla erit ratio quare post primam resurgant. Si autem post secundam mortem iterato resurgent, aut resurgent iterum morituri, aut non. Si non iterum morituri, eadem ratione hoc erit ponendum in prima resurrectione. Si vero iterum morituri, procedet in infinitum

delito de um só muitos morreram, muito mais abundará em muitos a graça de Deus por um só homem, Jesus Cristo[48]. Disto se tem que o mérito de Cristo é mais eficaz para eliminar a morte, que o pecado de Adão para induzi-la. Portanto, aqueles que, pelo mérito de Cristo, ressuscitarão livres da morte, jamais padecerão a morte.

Além disso. O que durará perpetuamente, não será destruído. Portanto, se os homens que ressuscitarão, ainda morressem novamente, a morte duraria para sempre, e de nenhum modo a morte seria destruída pela morte de Cristo. Ora, ela foi destruída; agora, certamente, em sua causa como predissera o Senhor por Oseias: *Serei tua morte, ó morte*[49]; e ultimamente será destruída em ato, segundo o Apóstolo: *A última a ser destruída será a morte*[50]. Portanto, deve-se afirmar, segundo a fé da Igreja, que os que ressuscitarão não morrerão novamente.

Ainda. O efeito assemelha-se à sua causa. Ora, a ressurreição de Cristo é causa da ressurreição futura, como se disse[51]. E Cristo ressuscitou para que não se morresse mais, segundo o Apóstolo: *Cristo ressurgiu dos mortos e não mais morrerá*[52]. Portanto, os homens ressuscitarão de maneira que jamais morrerão.

Ademais. Se os homens ressuscitados morressem de novo, ou novamente ressuscitarão desta morte, ou não. — Se não ressuscitarem, as almas permanecerão separadas perpetuamente, o que é inconveniente, como foi dito[53]; é para evitar isso que se afirma primeiro que ressuscitarão. Se após a segunda morte, não ressuscitarem, não haverá razão alguma para que ressuscitem após a primeira. Mas, se após a segunda morte ressuscitarem novamente, ou ressuscitarão para novamente morrerem, ou não. Se para não morrerem novamente, a mesma razão deveria ser afirmada na primei-

---

[48] Romanos 5,15.
[49] Oseias 13,14.
[50] 1 Coríntios 15,26.
[51] Cf. cap. 79.
[52] Romanos 6,9.
[53] Cf. cap. 79.

alternatio mortis et vitae in eodem subiecto. Quod videtur inconveniens. Oportet enim quod intentio Dei ad aliquid determinatum feratur: ipsa autem mortis et vitae alternatio successiva est quasi quaedam transmutatio, quae finis esse non potest; est enim contra rationem motus quod sit finis, cum omnis motus in aliud tendat.

Praeterea. Intentio inferioris naturae in agendo ad perpetuitatem fertur. Omnis enim naturae inferioris actio ad generationem ordinatur, cuius quidem finis est ut conservetur esse perpetuum speciei: unde natura non intendit hoc individuum sicut ultimum finem, sed speciei conservationem in ipso. Et hoc habet natura inquantum agit in virtute Dei, quae est prima radix perpetuitatis. Unde etiam finis generationis esse ponitur a Philosopho, ut generata participent esse divinum secundum perpetuitatem. Multo igitur magis actio ipsius Dei ad aliquid perpetuum tendit. Resurrectio autem non ordinatur ad perpetuitatem speciei: haec enim per generationem poterat conservari. Oportet igitur quod ordinetur ad perpetuitatem individui. Non autem secundum animam tantum: hoc enim iam anima habebat ante resurrectionem. Ergo secundum compositum. Homo igitur resurgens perpetuo vivet.

Adhuc. Anima et corpus diverso ordine comparari videntur secundum primam hominis generationem, et secundum resurrectionem eiusdem. Nam secundum generationem primam, creatio animae sequitur generationem corporis: praeparata enim materia corporali per virtutem decisi seminis, Deus animam creando infundit. In resurrectione autem corpus animae praeexistenti coaptatur. Prima autem vita, quam homo per generationem adipiscitur, sequitur conditionem corruptibilis corporis in hoc quod per mortem privatur. Vita igitur quam homo resurgendo adipiscitur, erit perpetua, secundum conditionem incorruptibilis animae.

ra ressurreição. Mas, se para morrerem novamente, proceder-se-ia ao infinito a alternância de morte e de vida no mesmo sujeito. O que parece ser inconveniente. Pois, a intenção de Deus deve-se dirigir a algo determinado. Ora, esta alternância sucessiva de morte e de vida é uma quase transmutação, que não pode ser um fim, porque é contra a razão do movimento ser fim, uma vez que todo movimento tende para outra coisa.

Além disso. A intenção de uma natureza inferior, ao obrar, tende à perpetuidade. Porque toda ação de uma natureza inferior ordena-se à geração, cujo fim é conservar a perpetuidade da espécie. Por isso, a natureza não tende a este indivíduo como último fim, mas à conservação da espécie nele. E isso, a natureza realiza enquanto age pelo poder de Deus, que é a raiz primeira da perpetuidade, como afirma o Filósofo que o fim da geração está em que os que são gerados participem da perpetuidade do ser divino[54]. A muito mais, portanto, a ação de Deus tende a algo perpétuo. Assim, a ressurreição não se ordena à perpetuidade da espécie, porque esta podia ser conservada pela geração. Portanto, deve-se ordenar à perpetuidade do indivíduo. Não somente enquanto a alma, porque isso a alma já possuía antes da ressurreição. Logo, enquanto o composto. Assim, o homem ressuscitado viverá perpetuamente.

Ainda. A alma e o corpo parecem referir-se diversamente segundo a primeira geração do homem e segundo a ressurreição do mesmo. Segundo a primeira geração, a criação da alma segue a geração do corpo: uma vez preparada a matéria corpórea pelo poder do sêmen segregado, Deus infunde a alma criando-a. Segundo a ressurreição, o corpo adapta-se à alma preexistente. E a primeira vida, que o homem adquire pela geração, segue a condição do corpo corruptível, que termina com a morte. Portanto, a vida que o homem ressuscitado adquire, será perpétua, segundo a condição da alma incorruptível.

---

[54] Aristóteles (384-322 a.C.), em Sobre a Geração e a Corrupção 10, 336b, 28-32.

Item. Si in infinitum succedant sibi in eodem vita et mors, ipsa alternatio vitae et mortis habebit speciem circulationis cuiusdam. Omnis autem circulatio in rebus generabilibus et corruptibilibus a prima circulatione incorruptibilium corporum causatur: nam prima circulatio in motu locali invenitur, et secundum eius similitudinem ad motus alios derivatur. Causabitur igitur alternatio mortis et vitae a corpore caelesti. Quod esse non potest: quia reparatio corporis mortui ad vitam facultatem actionis naturae excedit. Non igitur est ponenda huiusmodi alternatio vitae et mortis: nec per consequens, quod resurgentia corpora moriantur.

Amplius. Quaecumque succedunt sibi in eodem subiecto, habent determinatam mensuram suae durationis secundum tempus. Omnia autem huiusmodi subiecta sunt motui caeli, quem tempus consequitur. Anima autem separata non est subiecta motui caeli: quia excedit totam naturam corporalem. Alternatio igitur separationis eius et unionis ad corpus non subiacet motui caeli. Non igitur est talis circulatio in alternatione mortis et vitae, qualis sequitur si resurgentes iterum moriantur. Resurgent igitur de cetero non morituri. Hinc est quod dicitur Isaiae 25,8: praecipitabit Dominus mortem in sempiternum, et Apoc. 21,4: mors ultra non erit.

Per hoc autem excluditur error quorundam antiquorum gentilium, qui credebant eadem temporum temporaliumque rerum volumina repeti, verbi gratia: sicut in isto saeculo Plato Philosophus in urbe Atheniensi, et in eadem schola, quae academica dicta est, discipulos docuit, ita per innumerabilia retro saecula, multis quidem prolixis intervallis, sed tamen certis, et idem Plato, et eadem civitas, et eadem schola, iidemque discipuli repetiti, et per innumerabilia demum saecula repetendi sunt, ut Augustinus introducit in XII de

Igualmente. Se a vida e a morte se sucedem no mesmo sujeito infinitamente, a mesma alternância de vida e de morte terá a aparência de uma circulação. Ora, toda circulação nas coisas que se geram e que se corrompem é causada pela primeira circulação dos corpos incorruptíveis. Porque a primeira circulação se encontra no movimento local e por semelhança com este se transmite a outros movimentos. Portanto, a alternância da morte e da vida é causada pelo corpo celeste. O que é impossível, porque a restauração de um corpo morto para a vida excede a capacidade de ação da natureza. Portanto, não se deve afirmar tal alternância de vida e de morte, e nem, consequentemente, que os corpos ressuscitados morrerão.

Ademais. As coisas que se sucedem em um mesmo sujeito têm uma determinada medida de duração segundo o tempo. E estas coisas estão sujeitas ao movimento do céu, do qual segue-se o tempo. Ora, a alma separada não está sujeita ao movimento do céu, porque excede toda natureza corpórea. Portanto, a alternância de sua separação do corpo e de sua união com ele não está sujeita ao movimento do céu. Logo, não existe esta tal circulação na alternância de morte e de vida, que haveria se os ressuscitados morressem novamente. Portanto, ressuscitam para nunca mais morrer. Por isso, diz Isaías: *O Senhor destruirá a morte para sempre*[55]; e o Apocalipse: *A morte já não existirá*[56].

Exclui-se por esse erro de alguns Gentios antigos, que *acreditavam que se repetiam os mesmos ciclos de tempos e das coisas temporais. Por exemplo, assim como neste século ensinou o filósofo Platão a seus discípulos na cidade de Atenas, nessa escola que se chamou Academia, assim também durante séculos inumeráveis atrás, com muitos e prolongados intervalos, mas, não obstante, certos e repetidos, o mesmo Platão, a mesma cidade e a mesma escola e os mesmos discípulos se repetiam inumeravelmente por séculos indefinidos, como*

---

[55] Isaías 25,8.
[56] Apocalipse 21,4.

CIV. Dei. Ad quod, ut ipse ibidem dicit, quidam referre volunt illud quod dicitur Eccle. 1,9 quid est quod fuit? ipsum quod futurum est. Quid est quod factum est? ipsum quod faciendum est. Nihil sub sole novum, nec valet quisquam dicere, ecce hoc recens est: iam enim praecessit in saeculis quae fuerunt ante nos. Quod quidem non sic intelligendum est quod eadem numero per generationes varias repetantur, sed similia specie: ut Augustinus ibidem solvit. Et Aristoteles, in fine de generatione, hoc ipsum docuit, contra praedictam sectam loquens.

Capitulum LXXXIII
Quod in resurgentibus non erit usus ciborum neque venereorum

Ex praemissis autem ostenditur quod apud homines resurgentes non erit venereorum et ciborum usus.

Remota enim vita corruptibili, necesse est removeri ea quae corruptibili vitae deserviunt. Manifestum est autem quod ciborum usus corruptibili vitae deservit: ad hoc enim cibos assumimus ut corruptio quae posset accidere ex consumptione naturalis humidi, evitetur. Est etiam in praesenti ciborum usus necessarius ad augmentum: quod post resurrectionem in hominibus non erit, quia omnes in debita quantitate resurgent, ut ex dictis patet. Similiter commixtio maris et feminae corruptibili vitae deservit, ordinatur enim ad generationem per quam quod perpetuo conservari non potest secundum individuum, in specie conservatur. Ostensum est autem quod resurgentium vita incorruptibilis erit. Non igitur in resurgentibus erit ciborum neque venereorum usus.

Adhuc. Vita resurgentium non minus ordinata erit quam praesens vita, sed magis: quia ad illam homo perveniet solo Deo agen-

diz Agostinho[57]. A isto, como Agostinho diz, alguns querem referir o que se diz no Livro do Eclesiastes: *Que é o que foi? Aquilo que será. Que é o que foi feito? O que está para se fazer. Nada há de novo sob o sol, nem tem valor dizer: Isto é novo, pois já existiu nos séculos anteriores*[58]. Mas, este texto não deve ser entendido como se as mesmas coisas se repetiram numericamente por várias gerações, mas apenas semelhantes em espécie, como o mesmo Agostinho aí explica. E o mesmo Aristóteles isso ensinou, falando contra a referida ceita, no final do Livro Sobre a Geração[59].

Capítulo 83
Nos ressuscitados não haverá uso de alimentos, nem de sexo

Pelo que foi dito, demonstra-se que entre os homens ressuscitados não haverá uso de alimentos e de sexo.

Com efeito, removida a vida corruptível, deve-se necessariamente remover o que está a serviço da vida corruptível. É claro que o uso dos alimentos será a serviço da vida corruptível, porque tomamos os alimentos para evitar que a corrupção possa acontecer pelo esgotamento do úmido natural. O uso dos alimentos na vida presente é necessário, também, para o crescimento, o que, após a ressurreição, não haverá nos homens, porque todos ressuscitarão com a quantidade devida, como já foi dito[60]. De modo semelhante, a união do homem e da mulher está a serviço da vida corruptível, porque ordena-se à geração pela qual o que não se pode conservar perpetuamente no indivíduo, conserva-se na espécie. Ora, demonstrou-se que a vida dos ressuscitados é incorruptível. Portanto, nos ressuscitados não haverá uso de alimentos e de sexo.

Ainda. A vida dos ressuscitados não será menos ordenada que a vida presente, mas, mais, porque o homem chegará a ela, pe-

---

[57] Santo Agostinho de Hipona (354-431), em A Cidade de Deus XII, 13, 2, ML 41, 361-362.
[58] Eclesiastes 1,9-10.
[59] Aristóteles (384-322 a.C.), em Sobre a Geração e a Corrupção, 2, 11, 338b, 16-17.
[60] Cf. cap. 81.

te: hanc autem consequitur cooperante natura. Sed in hac vita ciborum usus ordinatur ad aliquem finem: ad hoc enim cibus assumitur ut per digestionem convertatur in corpus. Si igitur tunc erit ciborum usus, oportebit quod ad hoc sit quod convertatur in corpus. Cum ergo a corpore nihil resolvatur, eo quod corpus erit incorruptibile; oportebit dicere quod totum quod convertitur ex alimento, transeat in augmentum. Resurget autem homo in debita quantitate, ut supra dictum est. Ergo perveniet ad immoderatam quantitatem: immoderata est enim quantitas quae debitam quantitatem excedit.

Amplius. Homo resurgens in perpetuum vivet. Aut igitur semper cibo utetur: aut non semper, sed per aliquod determinatum tempus.

Si autem semper cibo utetur, cum cibus in corpus conversus a quo nihil resolvitur necesse sit quod augmentum faciat secundum aliquam dimensionem, oportebit dicere quod corpus hominis resurgentis in infinitum augeatur. Quod non potest esse: quia augmentum est motus naturalis; intentio autem virtutis naturalis moventis nunquam est ad infinitum, sed semper est ad aliquid certum; quia, ut dicitur in II de anima, omnium natura constantium terminus est et magnitudinis et augmenti.

Si autem non semper cibo utetur homo resurgens, semper autem vivet, erit aliquod tempus dare in quo cibo non utetur. Quare hoc a principio faciendum est. Non igitur homo resurgens cibo utetur. Si autem non utetur cibo, sequitur quod neque venereorum usum habebit, ad quem requiritur decisio seminis. A corpore autem resurgentis semen decidi non poterit. Neque ex substantia eius. Tum quia hoc est contra rationem seminis: esset enim semen ut corruptum et a natura recedens; et sic non posset esse naturalis actio-

la única ação de Deus, enquanto que esta a consegue com a cooperação da natureza. Ora, nesta vida, o uso dos alimentos ordena-se a algum fim, a saber, para que o alimento, pela digestão, se transforme em corpo. Portanto, se na vida dos ressuscitados houver uso dos alimentos, será necessário que isto seja para que se converta em corpo. Logo, uma vez que nada que é do corpo se dissolve, pelo fato de que o corpo é incorruptível, será necessário dizer que tudo que se converte do alimento se transformará em alimento. Ora, o homem ressuscitará com a quantidade devida. Portanto, chegará a uma quantidade excessiva, porque excessiva é a quantidade que excede a quantidade devida.

Ademais. O homem ressuscitado viverá perpetuamente. Ou se utilizará sempre do alimento, ou não sempre, mas por um determinado tempo.

Se sempre se utilizar do alimento: uma vez que o alimento é transformado em corpo do qual nada se dissolve, é necessário que o crescimento se faça segundo alguma dimensão e dever-se-á dizer que o corpo do homem ressuscitado aumentará ao infinito. O que é impossível. Porque o crescimento é um movimento natural, e a intenção de uma potência natural que move nunca é ao infinito, mas sempre é a algo determinado. Assim se diz no Livro Sobre a Alma: *Para todas coisas, a natureza é o termo não só de grandeza, mas também, de crescimento*[61].

Se o homem ressuscitado não sempre se utilizar do alimento, entretanto sempre viverá, e se concederá um tempo em que não se utilizará do alimento. E isto há de se fazer desde o início. Portanto, o homem ressuscitado não se utilizará de alimento. Ora, se não se utilizar de alimento, segue-se que não se utilizará de sexo, para o que se requer a emissão do sêmen. Mas, do corpo de um ressuscitado não pode sair o sêmen, nem de sua substância. Porque, ou isto é contra a razão do sêmen, pois estaria como corrompido e separado da natureza, e assim,

---

[61] Aristóteles (384-322 a.C.), em Sobre a Alma II, 4, 16-17.

nis principium, ut patet per Philosophum in libro de generatione animalium. Tum etiam quia a substantia illorum corporum incorruptibilium existentium nihil resolvi poterit. — Neque etiam semen esse poterit superfluum alimenti, si resurgentes cibis non utantur, ut ostensum est. Non igitur in resurgentibus erit venereorum usus.

Item. Venereorum usus ad generationem ordinatur. Si igitur post resurrectionem erit venereorum usus, nisi sit frustra, sequitur quod tunc etiam erit hominum generatio, sicut et nunc. Multi igitur homines erunt post resurrectionem qui ante resurrectionem non fuerunt. Frustra igitur tantum differtur resurrectio mortuorum, ut omnes simul vitam accipiant qui eandem habent naturam.

Amplius. Si post resurrectionem erit hominum generatio, aut igitur illi qui generabuntur iterum corrumpentur: aut incorruptibiles erunt et immortales.

Si autem erunt incorruptibiles et immortales multa inconvenientia sequuntur. Primo quidem, oportebit ponere quod illi homines sine peccato nascantur originali, cum necessitas moriendi sit poena consequens peccatum originale: quod est contra apostolum dicentem Rom. 5,12, quod per unum hominem peccatum in omnes homines pervenit et mors.

Deinde sequitur quod non omnes indigeant redemptione quae est a Christo, si aliqui sine peccato originali et necessitate moriendi nascantur: et sic Christus non erit omnium hominum caput, quod est contra sententiam apostoli dicentis I Cor. 15,22, quod sicut in Adam omnes moriuntur, ita et in Christo omnes vivificabuntur.

Sequitur etiam et aliud inconveniens, ut quorum est similis generatio, non sit similis generationis terminus: homines enim per generationem quae est ex semine nunc quidem consequuntur corruptibilem vitam; tunc autem immortalem.

não poderia ser princípio de uma ação natural, como está claro no Livro do Filósofo[62], ou porque nada poderia se separar da substância daqueles corpos que existem incorruptíveis. — Nem o sêmen poderia ser o supérfluo do alimento, se os ressuscitados não se utilizam dos alimentos, como foi demonstrado. Portanto, os ressuscitados não se utilizarão de sexo.

Igualmente. O uso do sexo se ordena à geração. Portanto, se depois da ressurreição houver uso do sexo, a não ser que seja em vão, segue-se que, então depois da ressurreição, haverá homens que não existiram antes da ressurreição. Por isso, em vão se atrasaria por tanto tempo a ressurreição dos mortos, para que todos os que têm uma mesma natureza, recebam ao mesmo tempo a vida.

Ademais. Se depois da ressurreição houver geração de homens, aqueles que foram gerados, ou corromper-se-ão, ou serão incorruptíveis e imortais.

Se forem incorruptíveis e imortais seguem-se muitos inconvenientes. Primeiro, será necessário afirmar que estes homens nascem sem o pecado original, uma vez que a necessidade de morrer é a pena consequente ao pecado original. E isso é contra o que diz o Apóstolo: *Por causa do pecado de um só homem a morte atingiu todos os homens*[63].

Segundo, segue-se, também, que nem todos necessitem da redenção de Cristo, se alguns nascem sem o pecado original e sem a necessidade de morrer. E assim, Cristo não será a cabeça de todos os homens, o que é contrário ao que diz o Apóstolo: *Assim como todos morrem em Adão, assim também em Cristo todos são vivificados*[64].

Terceiro, segue-se, também, que todos os que têm uma geração semelhante não têm semelhante o termo da geração. Porque, agora, os homens gerados seminalmente recebem uma vida corruptível, e os gerados depois receberiam uma vida imortal.

---

62 Aristóteles (384-322 a.C.), em Sobre a Geração e a Corrupção, 1, 18, 725a, 2-3.
63 Romanos 5,12.
64 1 Coríntios 15,22.

Si autem homines qui tunc nascentur, corruptibiles erunt et morientur: si iterato non resurgunt, sequetur quod eorum animae perpetuo remanebunt a corporibus separatae; quod est inconveniens, cum sint eiusdem speciei cum animabus hominum resurgentium. — Si autem et ipsi resurgent, debuit et eorum resurrectio ab aliis expectari, ut simul omnibus qui unam naturam participant, beneficium conferatur resurrectionis, quod ad naturae reparationem pertinet, ut ex dictis patet. Et praeterea non videtur esse aliqua ratio quare aliqui expectentur ad simul resurgendum, si non omnes expectantur.

Adhuc. Si homines resurgentes venereis utentur et generabunt, aut hoc erit semper: aut non semper. — Si semper, sequetur quod multiplicatio hominum erit in infinitum. Intentio autem naturae generantis post resurrectionem non poterit esse ad alium finem quam ad multiplicationem hominum: non enim erit ad conservationem speciei per generationem, cum homines incorruptibiliter sint victuri. Sequetur igitur quod intentio naturae generantis sit ad infinitum: quod est impossibile. — Si vero non semper generabunt, sed ad aliquod determinatum tempus, post illud igitur tempus non generabunt. Quare et a principio hoc eis attribuendum est, ut venereis non utantur nec generent.

Si quis autem dicat quod in resurgentibus erit usus ciborum et venereorum, non propter conservationem vel augmentum corporis, neque propter conservationem speciei vel multiplicationem hominum, sed propter solam delectationem quae in his actibus existit, ne aliqua delectatio hominibus in ultima remuneratione desit:- patet quidem multipliciter hoc inconvenienter dici.

Primo quidem, quia vita resurgentium ordinatior erit quam vita nostra, ut supra dictum est. In hac autem vita inordinatum et vitiosum

Se os homens que então nascerem, forem corruptíveis e morrerem, caso novamente não ressuscitem, seguir-se-á que as suas almas permanecerão perpetuamente separadas do corpo, o que é inconveniente, uma vez que suas almas são da mesma espécie que as almas dos homens que ressuscitam. — Se, porém, ressuscitarem, a sua ressurreição deveria ser esperada pelos outros, para que a todos os que participam, ao mesmo tempo, de uma única natureza, seja conferido o benefício da ressurreição, que pertence à restauração da natureza, como já foi dito[65]. Finalmente, parece não haver razão alguma para que alguns esperem ressuscitar simultaneamente, se nem todos esperam.

Ainda. Se os homens ressuscitados se utilizam do sexo e geram, ou isto será sempre, ou não sempre. — Se sempre, seguir-se-ia que a multiplicação dos homens seria infinita. Mas, a finalidade da natureza que gera, depois da ressurreição, não poderia ter outro fim que a multiplicação dos homens, porque não seria para conservação da espécie por meio da geração, uma vez que os homens viveriam de maneira incorruptível. Seguir-se-ia, portanto, disto que a intenção da natureza que gera tenderia ao infinito, o que é impossível. — Se, porém, não gerarem sempre, mas por um tempo determinado, depois deste tempo não mais gerariam. É a razão pela qual desde o princípio devia-se chegar a um acordo com eles, a saber, que não se utilizassem do sexo e não gerassem.

Se alguém diz que os ressuscitados se utilizarão de alimentos e de sexo, não para a conservação ou o crescimento do corpo, nem para a conservação da espécie ou a multiplicação dos homens, mas por algum prazer que existe nesses atos, a fim de que os homens não careçam de algum prazer na recompensa última. Está claro, de muitas maneiras, que essa afirmação é inconveniente.

Primeiro, porque a vida dos ressuscitados será mais ordenada que a nossa vida, como já se disse. Nesta vida é desordenado e vicio-

---

[65] Cf. cap. 81.

est si quis cibis et venereis utatur propter solam delectationem, et non propter necessitatem sustentandi corporis, vel prolis procreandae. Et hoc rationabiliter: nam delectationes quae sunt in praemissis actionibus, non sunt fines actionum, sed magis e converso; natura enim ad hoc ordinavit delectationes in istis actibus, ne animalia, propter laborem, ab istis actibus necessariis naturae desisterent: quod contingeret nisi delectatione provocarentur. Est ergo ordo praeposterus et indecens si operationes propter solas delectationes exerceantur. Nullo igitur modo hoc in resurgentibus erit, quorum vita ordinatissima ponitur.

Adhuc. Vita resurgentium ad conservandam perfectam beatitudinem ordinatur. Beatitudo autem et felicitas hominis non consistit in delectationibus corporalibus, quae sunt delectationes ciborum et venereorum, ut in tertio libro ostensum est. Non igitur oportet ponere in vita resurgentium huiusmodi delectationes esse.

Amplius. Actus virtutum ordinantur ad beatitudinem sicut ad finem. Si igitur in statu futurae beatitudinis essent delectationes ciborum et venereorum, quasi ad beatitudinem pertinentes, sequeretur quod in intentione eorum qui virtuosa agunt, essent aliqualiter delectationes praedictae. Quod rationem temperantiae excludit: est enim contra temperantiae rationem ut aliquis a delectationibus nunc abstineat ut postmodum eis magis frui possit. Redderetur igitur omnis castitas impudica, et omnis abstinentia gulosa. — Si vero praedictae delectationes erunt, non tamen quasi ad beatitudinem pertinentes, ut oporteat eas esse intentas ab his qui virtuosa agunt:- hoc esse non potest. Quia omne quod est, vel est propter alterum, vel propter seipsum. Praedictae autem delectationes non erunt propter alterum: non enim erunt propter actiones ordinatas ad finem naturae, ut iam ostensum est. Relinquitur igitur, quod erunt propter seipsas. Omne autem quod est huiusmodi, vel est be-

so se alguém se utiliza dos alimentos e do sexo só pelo prazer, e não pela necessidade de sustentar o corpo ou procriar a prole. E isso é razoável, porque os prazeres que existem nas ações citadas não são fins das ações, antes o contrário; porque a natureza ordenou os prazeres nestes atos, a fim de que os animais, por causa do trabalho, não desistissem destes atos necessários para a natureza, o que aconteceria se não fossem provocados pelo prazer. Logo, a ordem seria invertida e inconveniente se estas ações são exercidas somente pelos prazeres. Portanto, de nenhuma maneira haverá tais coisas nos ressuscitados, cuja vida se afirma ordenadíssima.

Ainda. A vida dos ressuscitados ordena-se para a conservação da bem-aventurança perfeita. Ora, a bem-aventurança e a felicidade do homem não consistem nos prazeres corporais, que são prazeres dos alimentos e do sexo, como se demonstrou no Livro III[66]. Portanto, não se deve afirmar que na vida dos ressuscitados haja tais prazeres.

Ademais. Os atos das virtudes se ordenam à bem-aventurança como a um fim. Portanto, se no estado da bem-aventurança futura existissem prazeres de alimento e de sexo, como pertencentes à bem-aventurança, seguir-se-ia que na intenção daqueles que agem virtuosamente haveria, de algum modo, esses prazeres. E isso exclui a razão de temperança, porque é contra a razão de temperança que alguém agora se abstenha dos prazeres para que possa desfrutar mais deles depois. Tornaria, assim, toda a castidade impudica e toda abstinência gulosa. — Se, pois, houver tais prazeres, embora não como pertencentes à bem-aventurança, de maneira que sejam buscados pelos que agem virtuosamente, isto é impossível. Porque tudo o que é, ou se ordena a outro, ou a si mesmo. Ora, os citados prazeres não se ordenarão a outro, pois não estarão relacionados com as ações ordenadas ao fim da natureza, como já se demonstrou. Resta, pois, que se ordenem a si mesmos. Ora, tudo o que

---

[66] Livro III, cap. 27.

atitudo vel pars beatitudinis. Oportet igitur, si delectationes praedictae in vita resurgentium erunt, quod ad beatitudinem eorum pertineant. Quod esse non potest, ut ostensum est. Nullo igitur modo huiusmodi delectationes erunt in futura vita.

Praeterea. Ridiculum videtur delectationes quaerere corporales, in quibus nobiscum animalia bruta communicant, ubi expectantur delectationes altissimae, in quibus cum Angelis communicamus, quae erunt in Dei visione, quae nobis et Angelis erit communis, ut in tertio libro ostensum est. Nisi forte quis dicere velit beatitudinem Angelorum esse imperfectam, quia desunt eis delectationes brutorum: quod est omnino absurdum. Hinc est quod Dominus dicit, Matth. 22,30, quod in resurrectione neque nubent neque nubentur, sed erunt sicut Angeli Dei.

Per hoc autem excluditur error Iudaeorum et saracenorum, qui ponunt quod in resurrectione homines cibis et venereis utentur, sicut et nunc.

Quos etiam quidam christiani haeretici sunt secuti, ponentes regnum Christi futurum in terris terrenum per mille annos, in quo spatio temporis dicunt eos qui tunc resurrexerint, immoderatissime carnalibus epulis vacaturos, in quibus sit cibus tantus ac potus ut non solum nullam modestiam teneant, sed modum quoque ipsius incredulitatis excedant.

Nullo autem modo ista possunt nisi a carnalibus credi. Hi autem qui spirituales sunt, istos ista credentes chiliastas appellant, Graeco vocabulo, quod, verbum e verbo exprimentes, nos possumus millenarios nuncupare, ut Augustinus dicit, XX de civitate Dei.

Sunt autem quaedam quae huic opinioni suffragari videntur. — Et primo quidem, quia Adam ante peccatum vitam habuit immorta-

é assim, ou é a bem-aventurança, ou é parte da bem-aventurança. Portanto, é necessário, se estes prazeres existem na vida dos ressuscitados, que pertençam à bem-aventurança. O que é impossível, como foi demonstrado. Portanto, de nenhum modo haverá na vida futura semelhantes prazeres.

Além disso. Parece ridículo buscar prazeres corporais, que nos são comuns com os animais, onde se esperam prazeres altíssimos, que nos são comuns com os anjos, como se demonstrou[67]. A não ser que se queira dizer que a bem-aventurança dos angélica é imperfeita, porque lhe faltam os prazeres dos animais, o que é totalmente absurdo. Daí dizer o Senhor: *Na ressurreição nem os homens terão mulheres, nem as mulheres, maridos*[68].

Exclui-se, assim, o erro dos Judeus e dos Sarracenos[69]: eles afirmam que na ressurreição os homens se utilizam dos alimentos e do sexo, como agora. A eles seguiram alguns cristãos heréticos, afirmando um futuro Reino de Cristo terrestre por mil anos, e neste espaço de tempo, afirmam que *os ressuscitados se entregarão ao máximo nos encontros carnais, nos quais haverá tanta comida e bebida, que, não só não terão temperança alguma, como também se excederão aos pagãos nas orgias. Ora, essas coisas só podem ser aceitas por homens carnais. Por isso, os que são espirituais chamam a quem acredita em tais coisas "Quiliastas", em língua grega, que, traduzindo literalmente podemos denominar "Milenários", como diz Santo Agostinho*[70].

Há alguns argumentos que parecem sufragar esta opinião. — Primeiro, porque Adão, antes do pecado teve uma vida imortal, entre-

---

[67] Livro III, cap. 48.
[68] Mateus 22,30.
[69] Judeus — São considerados os cristãos judaizantes dos primeiros séculos; Sarracenos — Na Idade Média são denominadas as populações mulçumanas da África, da Espanha e do Oriente. Contra eles foram organizadas as Cruzadas, com o apoio dos monarcas e dos Papas.
[70] Santo Agostinho de Hipona (354-431), em A Cidade de Deus XX, 7, 1; ML 41, 667.

lem: et tamen et cibis et venereis uti potuit in illo statu, cum ante peccatum illi sit dictum: crescite et multiplicamini, et iterum: de omni ligno quod est in Paradiso comede. Deinde ipse Christus post resurrectionem legitur comedisse et bibisse. Dicitur enim Luc. Ult., quod cum manducasset coram discipulis, sumens reliquias dedit eis. Et actuum 10, dicit Petrus: hunc, scilicet Iesum, Deus suscitavit tertia die, et dedit eum manifestum fieri, non omni populo, sed testibus praeordinatis a Deo, nobis, qui manducavimus et bibimus cum illo, postquam resurrexit a mortuis.

Sunt etiam quaedam auctoritates quae ciborum usum in huiusmodi statu hominibus repromittere videntur. Dicitur enim Isaiae 25,6: faciet Dominus exercituum omnibus populis in monte hoc convivium pinguium medullatorum, vindemiae defaecatae. Et quod intelligatur quantum ad statum resurgentium, patet ex hoc quod postea subditur: praecipitabit mortem in sempiternum, et auferet Dominus Deus omnem lacrymam ab omni facie. Dicitur etiam Isaiae 65,13: ecce, servi mei comedent, et vos esurietis. Ecce, servi mei bibent, et vos sitietis. Et quod hoc referendum sit ad statum futurae vitae, patet ex eo quod postea subditur: ecce, ego creabo caelum novum, et terram novam etc.

Dominus etiam dicit, Matth. 26,29: non bibam amodo de hoc genimine vitis usque in diem illum cum illud bibam vobiscum novum in regno patris mei. Et Luc. 22 dicit: ego dispono vobis, sicut disposuit mihi pater meus, regnum: ut edatis et bibatis super mensam meam in regno meo. Apocalypsis etiam 22,2, dicitur quod ex utraque parte fluminis, quod erit in

tanto, pode se utilizar dos alimentos e do sexo naquele estado, uma vez que foi-lhe dito, antes do pecado: *Crescei e multiplicai-vos*[71]; *Comerás de toda árvore do paraíso*[72]. — Segundo, está escrito que Cristo, depois da ressurreição, comeu e bebeu: *Tendo comido, diante dos discípulos, pegou as sobras e lhes deu*[73]. E nos Atos dos Apóstolos: *Este Jesus, Deus ressuscitou no terceiro dia, e o manifestou, não diante de todo o povo, mas de testemunhas escolhidas por Deus, nós, que comemos e bebemos com Ele, depois de ter ressuscitado dos mortos*[74].

Há algumas autoridades, também, que parecem prometer aos homens o uso dos alimentos naquele estado futuro. Diz Isaías: *Fará, o Senhor dos exércitos, para todos os povos, sobre este monte, um festim de pingues manjares, e de excelentes vinhos*[75]. Que isso se entenda do estado dos ressuscitados, está claro pelo que se acrescenta: *Destruirá a morte para sempre e o Senhor enxugará as lágrimas de toda face*[76]. Em outro lugar, Isaías diz: *Eis que meus servos comerão, e vós tereis fome. Eis que meus servos beberão, e vós tereis sede*[77]. Que isso se refira ao estado da vida futura, é claro pelo que se segue: *Criarei um céu novo e uma terra nova*[78].

E o mesmo Senhor dirá em Mateus: *Não mais beberei deste fruto da videira, até o dia em que beberei convosco no reino do meu Pai*[79]. E em Lucas: *Eu disponho o reino para vós, como o meu Pai o dispôs para mim, para comerdes e beberdes na mesa do meu reino*[80]. No Apocalipse se diz: *De ambos os lados do rio*, na cidade dos bem-aventurados, *haverá uma árvore da*

---

[71] Gênese 1,28.
[72] Gênese 2,16.
[73] Lucas 24,43.
[74] Atos 10,40-41.
[75] Isaías 25,6.
[76] Isaías 25,8.
[77] Isaías 65,13.
[78] Isaías 65,17.
[79] Mateus 26,29.
[80] Lucas 22,29.

civitate beatorum, erit lignum vitae, afferens fructus duodecim. Et 20, dicitur: vidi animas decollatorum propter testimonium Iesu, et vixerunt et regnaverunt cum Christo mille annis. Ceteri mortuorum non vixerunt donec consummarentur mille anni.

Ex quibus omnibus praedictorum haereticorum opinio confirmari videtur. Haec autem non difficile est solvere.

Quod enim primo obiicitur, de Adam, efficaciam non habet. Adam enim perfectionem quandam habuit personalem, nondum tamen erat natura humana totaliter perfecta, nondum multiplicato humano genere. Institutus ergo fuit Adam in tali perfectione quae competebat principio totius humani generis. Et ideo oportuit quod generaret ad multiplicationem humani generis; et per consequens quod cibis uteretur. Sed perfectio resurgentium erit natura humana totaliter ad suam perfectionem perveniente, numero electorum iam completo. Et ideo generatio locum non habebit, nec alimenti usus.

Propter quod et alia erit immortalitas et incorruptio resurgentium, et alia quae fuit in Adam. Resurgentes enim sic immortales erunt et incorruptibiles ut mori non possint, nec ex eorum corporibus aliquid resolvi. Adam autem sic fuit immortalis ut posset non mori si non peccaret, et posset mori si peccaret: et eius immortalitas sic conservari poterat, non quod nihil resolvetur ab eius corpore, sed ut contra resolutionem humidi naturalis ei subveniri posset per ciborum assumptionem, ne ad corruptionem corpus eius perveniret.

De Christo autem dicendum est quod post resurrectionem comedit, non propter necessitatem, sed ad demonstrandum suae resurrectionis veritatem. Unde cibus ille non fuit conversus in carnem, sed resolutus in praeiacentem materiam. Haec autem causa comedendi non erit in resurrectione communi.

vida que dará doze frutos[81]. E ainda: *Vi as almas dos degolados por causa do testemunho de Cristo e viveram e reinaram com Cristo por mil anos. O restante dos mortos não viveu até que se completassem mil anos*[82].

Todos estes textos parecem confirmar a opinião dos Hereges citados. Não é difícil, entretanto, responder a eles.

1. O que se objeta sobre Adão, não é eficaz. Com efeito, Adão possuía uma certa perfeição pessoal, entretanto a sua natureza humana ainda não era totalmente perfeita, uma vez que o gênero humano não se tinha multiplicado. Portanto, Adão foi criado numa perfeição que cabia ao princípio de todo gênero humano. E por isso, era necessário que gerasse para a multiplicação do gênero humano, e assim se utilizasse dos alimentos. Mas, a perfeição dos ressuscitados seria quando a natureza humana atingisse totalmente a sua perfeição, completo já o número dos eleitos. E assim, não haveria lugar para a geração e nem para a utilização de alimento.

2. É por isso que uma era a imortalidade e a incorruptibilidade dos ressuscitados, e outra a que foi de Adão. Os ressuscitados serão imortais e incorruptíveis de tal maneira que não poderão morrer, e nada de seus corpos poderá ser dissolvido. Adão era imortal de tal maneira que poderia não morrer, se não pecasse, e que poderia morrer se pecasse. A sua imortalidade podia ser conservada, não porque nada seria dissolvido do seu corpo, mas porque, alimentando-se, podia socorrê-lo contra a dissolução do úmido natural, para que a corrupção não alcançasse o seu corpo.

3. Quanto a Cristo deve-se dizer que, após a ressurreição, Ele comeu não por necessidade, mas para demonstrar a verdade de sua ressurreição. Por isso, o alimento não se transformou em carne, mas se desfez na matéria antes existente. Mas, este motivo para comer não haverá na ressurreição comum.

---

[81] Apocalipse 22,2.
[82] Apocalipse 20,4-5.

Auctoritates vero quae ciborum usum post resurrectionem repromittere videntur, spiritualiter intelligendae sunt. Proponit enim nobis divina Scriptura intelligibilia sub similitudine sensibilium, ut animus noster ex his quae novit, discat incognita amare. Et secundum hunc modum delectatio quae est in contemplatione sapientiae, et assumptio veritatis intelligibilis in intellectum nostrum, per usum ciborum in sacra Scriptura consuevit designari: secundum illud Proverb. 9, quod de sapientia dicitur: miscuit vinum, et proposuit mensam suam. Et insipientibus locuta est, venite, comedite panem meum, et bibite vinum quod miscui vobis. Et Eccli. 15,3 dicitur: cibabit illum pane vitae et intellectus, et aqua sapientiae salutaris potabit illum. De ipsa etiam sapientia dicitur Proverb. 3,18: lignum vitae est his qui apprehenderint eam: et qui tenuerit eam, beatus. Non igitur praedictae auctoritates cogunt dicere quod resurgentes cibis utantur.

Hoc tamen quod positum est de verbis Domini quae habentur Matth. 26,29 potest et aliter intelligi: ut referatur ad hoc quod ipse cum discipulis post resurrectionem comedit, et bibit novum quidem vinum, idest, novo modo, scilicet non propter necessitatem, sed propter resurrectionis demonstrationem. Et dicit, in regno patris mei, quia in resurrectione Christi regnum immortalitatis demonstrari incoepit.

Quod vero in Apocalypsi dicitur de mille annis et prima resurrectione martyrum, intelligendum est quod prima resurrectio est animarum, prout a peccatis resurgunt: secundum illud apostoli, Ephes. 5,14: exsurge a mortuis, et illuminabit te Christus. Per mille autem annos intelligitur totum tempus eccle-

4. Quanto às autoridades que parecem prometer a utilização dos alimentos após a ressurreição, elas devem ser entendidas espiritualmente. Com efeito, a Escritura divina nos propõe coisas inteligíveis sob a semelhança de coisas sensíveis, *para que o nosso espírito, por estas coisas que conhece, aprenda a amar o que não conhece*[83]. Deste modo, o prazer que há na contemplação da sabedoria e a assimilação da verdade inteligível pelo nosso intelecto, costumam ser designados na Escritura Sagrada pelo uso dos alimentos. Assim lê-se no Livro dos Provérbios: *Misturou o vinho e preparou a sua mesa. E aos insensatos disse: Vinde, comei do meu pão e bebei do vinho que para vós preparei*[84]. E no Eclesiástico: *Alimentou-o com o pão da vida e da inteligência e lhe deu de beber água da sabedoria salutar*[85]. E da mesma Sabedoria diz o Livro dos Provérbios: *A árvore da vida é para os que a atingirem, e feliz aquele que a abraça*[86]. Portanto, estas autoridades citadas não obrigam a dizer que os ressuscitados se utilizam de alimentos.

5. O que se afirmou sobre as palavras do Senhor que estão em Mateus, pode-se entender, também, de outra maneira, a saber, após a ressurreição, com os discípulos, Ele comeu e bebeu um vinho novo, não por necessidade, mas, para provar a ressurreição. Por isso, diz *no reino de meu Pai*[87], porque na ressurreição de Cristo, o reino da imortalidade começou a manifestar-se.

6. Quanto ao que se diz no Apocalipse sobre *os mil anos e a primeira ressurreição dos mártires*[88], deve-se entender que primeira ressurreição é a das almas, enquanto ressuscitam dos pecados, segundo o Apóstolo: *Levanta-te dos mortos, e Cristo te iluminará*[89]. Por mil anos, entende-se todo o tempo da Igreja, no

---

[83] São Gregório Magno (540-604), em Homilias sobre o Evangelho XI, 1; ML 76, 1114D-1115a.
[84] Provérbios 9,2-5.
[85] Eclesiástico 15,3.
[86] Provérbios 3,18.
[87] Mateus 26,30.
[88] Apocalipse 20,2-5.
[89] Efésios 5,14.

siae, in quo martyres regnant cum Christo, et alii sancti, tam in praesenti ecclesia, quae regnum Dei dicitur, quam etiam in caelesti patria quantum ad animas: millenarius enim perfectionem significat, quia est numerus cubicus et radix eius est denarius qui solet etiam perfectionem significare. Sic ergo manifestum fit quod resurgentes non vacabunt cibis et potibus, neque venereis actibus.

Ex quo ultimo haberi potest quod omnes occupationes activae vitae cessabunt, quae ordinari videntur ad usum ciborum et venereorum et ad alia quae sunt necessaria corruptibili vitae. Sola ergo occupatio contemplativae vitae in resurgentibus remanebit. Propter quod Luc. 10,42, dicitur de maria contemplante quod optimam partem elegit, quae non auferetur ab ea. Inde est etiam quod dicitur iob 7,9 qui descendit ad inferos, non ascendet, nec revertetur ultra in domum suam, neque cognoscet eum amplius locus eius, in quibus verbis talem resurrectionem iob negat qualem quidam posuerunt, dicentes quod post resurrectionem homo redibit ad similes occupationes quas nunc habet, ut scilicet aedificet domos, et alia huiusmodi exerceat officia.

Capitulum LXXXIV
Quod corpora resurgentium erunt eiusdem naturae

Occasione autem praemissorum quidam circa conditiones resurgentium erraverunt.

Quia enim corpus ex contrariis compositum videtur ex necessitate corrumpi, fuerunt aliqui qui dixerunt homines resurgentes huiusmodi corpora ex contrariis composita non habere.

Quorum aliqui posuerunt corpora nostra non in natura corporali resurgere, sed transmutari in spiritum: moti ex eo quod apostolus dicit, I Cor. 15,44: seminatur corpus animale, surget spirituale. — Alii vero ex eodem verbo

qual os mártires e os outros santos reinam com Cristo, tanto na presente Igreja, que se chama reino de Deus, quanto na pátria celeste das almas. Com efeito, o número *mil* significa perfeição, porque é um número redondo, cuja raiz é o *denário,* que costuma significar, também, perfeição. Portanto, é evidente que os ressuscitados não se entregarão aos alimentos e às bebidas, nem aos atos sexuais.

Finalmente, pode-se concluir que todas as ocupações da vida ativa cessarão que são ordenadas ao uso de alimentos e de sexo, e de outras coisas necessárias para a vida corruptível. Portanto, somente a ocupação da vida contemplativa permanecerá nos ressuscitados. É por isso, que Lucas diz de Maria, a contemplativa, que *escolheu a melhor parte, que não lhe será tirada*[90]. E é, também, o que diz Jó: *Quem desceu aos infernos, não subirá, nem jamais voltará à sua casa, nem jamais verá o seu lugar*[91], nestas palavras, Jó nega a ressurreição afirmada por alguns, segundo os quais, após a ressurreição, o homem voltaria a ocupações semelhantes às que agora tem como edificar casas e exercer ofícios semelhantes.

Capítulo 84
Os corpos dos ressuscitados serão da mesma natureza

O que precede deu ocasião a que alguns errassem sobre as condições dos ressuscitados.

Com efeito, uma vez que os corpos se compõem de contrários e parece que necessariamente se corrompem, houve *alguns* que disseram que os homens ressuscitados não teriam seus corpos compostos de contrários.

Destes, *alguns*[92] afirmaram que os nossos corpos não ressuscitariam em sua natureza corpórea, mas que se transmutariam em espírito, movidos pelo que disse o Apóstolo: *É semeado em corpo animal, ressuscitará em corpo*

---

[90] Lucas 10,42.
[91] Jó 7,9.
[92] Orígenes (185-253), em Tratado dos Princípios III, 6, 6, MG 2, 339D — 340A.

sunt moti ut dicerent quod corpora nostra in resurrectione erunt subtilia, et aeri et ventis similia. Nam et spiritus aer dicitur: ut sic spiritualia aerea intelligantur. — Alii vero dixerunt quod in resurrectione animae resument corpora, non quidem terrena, sed caelestia: occasionem accipientes ex eo quod apostolus dicit, I Cor. 15,40, de resurrectione loquens: sunt corpora caelestia, et corpora terrestria. Quibus omnibus suffragari videtur quod apostolus ibidem dicit, quod caro et sanguis regnum Dei non possidebunt.Et sic videtur quod corpora resurgentium non habebunt carnem et sanguinem, et per consequens nec aliquos humores.

Sed harum opinionum error manifeste apparet. Nostra enim resurrectio conformis erit resurrectioni Christi, secundum illud apostoli, philipp. 3,21: reformabit corpus humilitatis nostrae configuratum corpori claritatis suae. Christus autem post resurrectionem habuit corpus palpabile, ex carnibus et ossibus consistens: quia, ut dicitur Lucae ult. Post resurrectionem discipulis dixit: palpate et videte: quia spiritus carnem et ossa non habet, sicut me videtis habere. Ergo et alii homines resurgentes corpora palpabilia habebunt, ex carnibus et ossibus composita.

Adhuc. Anima unitur corpori sicut forma materiae. Omnis autem forma habet determinatam materiam: oportet enim esse proportionem actus et potentiae. Cum igitur anima sit eadem secundum speciem, videtur quod habeat eandem materiam secundum speciem. Erit ergo idem corpus secundum speciem post resurrectionem et ante. Et sic oportet quod sit consistens ex carnibus et ossibus, et aliis huiusmodi partibus.

espiritual[93]. — *Outros*[94], movidos pela mesma palavra, disseram que os nossos corpos na ressurreição serão subtis, semelhantes ao ar e aos ventos. Com efeito, o *espírito* se chama ar, e assim, os *espirituais* se entendiam como aéreos. — *Outros*[95], servindo-se da Carta aos Coríntios: *Há corpos celestes e corpos terrestres*[96], disseram que na ressurreição as almas retomam os corpos não terrestres, mas celestes. — Tudo isso parece estar sufragado pelo que o Apóstolo disse: *A carne e o sangue não possuirão o reino de Deus*[97]. E assim, parece que os corpos dos ressuscitados não terão carne e sangue, e tampouco alguns humores.

O erro destas opiniões aparece claramente. Com efeito, a nossa ressurreição será semelhante à de Cristo, segundo o Apóstolo aos Filipenses: *Reformará o corpo de nossa humildade, assemelhando-o ao corpo da sua claridade*[98]. Ora, Cristo, após a ressurreição teve um corpo palpável, com carnes e ossos, como diz Lucas: *Palpai e vede, porque o espírito não tem carne e ossos como vedes que eu tenho*[99]. Logo, os outros homens ressuscitados terão, também, corpos palpáveis, compostos de carnes e ossos.

Ainda. A alma une-se ao corpo como a forma à matéria. Ora, toda forma tem uma matéria determinada; é necessário, pois, que haja proporção entre o ato e a potência. Portanto, como a alma é a mesma segundo a espécie, parece que deva ter a mesma matéria segundo a espécie. Logo, o corpo será o mesmo segundo a espécie, após a ressurreição e antes. E assim, é necessário que conste de carnes e ossos, e de outras partes semelhantes.

---

[93] 1 Coríntios 15,44.
[94] Santo Eutíquio de Constantinopla (512-582), em seu segundo patriarcado, defendeu que após a ressurreição, o corpo será mais sutil que o ar e não mais algo tangível. São Gregório Magno (540-604), em seu livro As morais sobre Jó XIV, 56, ML 75, 1077CD, refere-se ao patriarca de Constantinopla, Eutíquio, sobre o assunto em questão.
[95] Orígenes (185-253), em Tratado dos Princípios III, 6, 4, MG 2, 551B.
[96] 1 Coríntios 15,40.
[97] 1 Coríntios 15,50.
[98] Filipenses 3,21.
[99] Lucas 24,39.

Amplius. Cum in definitione rerum naturalium, quae significat essentiam speciei, ponatur materia, necessarium est quod, variata materia secundum speciem, varietur species rei naturalis. Homo autem res naturalis est. Si igitur post resurrectionem non habebit corpus consistens ex carnibus et ossibus et huiusmodi partibus, sicut nunc habet, non erit qui resurget eiusdem speciei, sed dicetur homo tantum aequivoce.

Item. Magis distat ab anima unius hominis corpus alterius speciei, quam corpus humanum alterius hominis. Sed anima non potest iterato uniri corpori alterius hominis, ut in secundo ostensum est. Multo igitur minus poterit in resurrectione uniri corpori alterius speciei.

Praeterea. Ad hoc quod homo idem numero resurgat, necessarium est quod partes eius essentiales sint eaedem numero. Si igitur corpus hominis resurgentis non erit ex his carnibus et his ossibus ex quibus nunc componitur, non erit homo resurgens idem numero. Has autem omnes falsas opiniones manifestissime iob excludit, dicens: rursum circumdabor pelle mea, et in carne mea videbo Deum, quem visurus sum ego ipse, et non alius.

Habent autem et singulae praedictarum opinionum propria inconvenientia. Ponere enim corpus transire in spiritum est omnino impossibile. Non enim transeunt in invicem nisi quae in materia communicant. Spiritualium autem et corporalium non potest esse communicatio in materia: cum substantiae spirituales sint omnino immateriales, ut in secundo ostensum est. Impossibile est igitur quod corpus humanum transeat in substantiam spiritualem.

Item. Si transeat in substantiam spiritualem corpus humanum, aut transibit in ipsam substantiam spiritualem quae est anima: aut in aliquam aliam. Si in ipsam, tunc post resurrec-

Ademais. Uma vez que na definição das coisas naturais, que significa a essência da espécie, a matéria é afirmada, é necessário que, mudada a matéria segundo espécie, mude a espécie da coisa natural. Ora, o homem é uma coisa natural. Portanto, se após a ressurreição não tiver um corpo que conste de carnes e ossos e de semelhantes partes, como agora tem, não ressuscitará da mesma espécie, e se dirá homem equivocadamente.

Igualmente. Mais distante está da alma de um homem o corpo de outra espécie, que o corpo humano de outro homem. Ora, a alma não pode reunir-se ao corpo de outro homem, como foi demonstrado[100]. Portanto, muito menos poderia, na ressurreição, unir-se ao corpo de outra espécie.

Além disso. É necessário para que o homem ressuscite o mesmo numericamente, que suas partes essenciais sejam as mesmas numericamente. Portanto, se o corpo do homem ressuscitado não está composto destas carnes e destes ossos dos quais agora se compõe, o homem ressuscitado não será o mesmo numericamente. Todas estas opiniões evidentemente falsas, Jó as exclui dizendo: *De novo serei revestido da minha pele e na minha carne verei o meu Deus, a quem eu, e não outro, verei*[101].

E cada uma destas opiniões tem inconveniências próprias. É totalmente impossível afirmar que o corpo passe a ser espírito. Com efeito, não passam a ser reciprocamente a não ser as coisas que têm em comum a matéria. Ora, entre espirituais e corporais não pode haver matéria comum, uma vez que as substâncias espirituais são totalmente imateriais, como foi demonstrado[102]. Portanto, é impossível que o corpo humano passe a ser substância espiritual.

Igualmente. Se o corpo humano passa a ser substância espiritual, ou passará a ser a mesma substância espiritual, que é a alma, ou passará a ser uma outra. Se a alma, então,

---

[100] Livro II, cap. 83.
[101] Jó 19,26-27.
[102] Livro II, cap. 50.

tionem non esset in homine nisi anima, sicut et ante resurrectionem. Non igitur immutaretur conditio hominis per resurrectionem. Si autem transibit in aliam substantiam spiritualem, sequetur quod ex duabus substantiis spiritualibus efficietur aliquid unum in natura: quod est omnino impossibile, quia quaelibet substantia spiritualis est per se subsistens.

Similiter etiam impossibile est quod corpus hominis resurgentis sit quasi aereum et ventis simile. Oportet enim corpus hominis, et cuiuslibet animalis, habere determinatam figuram et in toto et in partibus. Corpus autem habens determinatam figuram oportet quod sit in se terminabile: quia figura est quae termino vel terminis comprehenditur; aer autem non est in se terminabilis, sed solum termino alieno terminatur. Non est ergo possibile quod corpus hominis resurgentis sit aereum et ventis simile.

Praeterea. Corpus hominis resurgentis oportet esse tactivum: quia sine tactu nullum est animal. Oportet autem ut resurgens sit animal, si sit homo. Corpus autem aereum non potest esse tactivum, sicut nec aliquod aliud corpus simplex: cum oporteat corpus per quod fit tactus, esse medium inter qualitates tangibiles, ut sit quodammodo in potentia ad eas, ut Philosophus probat in libro de anima. Impossibile est igitur quod corpus hominis resurgentis sit aereum et simile ventis.

Ex quo etiam apparet quod non poterit esse corpus caeleste. Et cuiuslibet animalis, esse susceptivum tangibilium qualitatum, ut iam dictum est. Hoc autem corpori caelesti non potest convenire quod non est neque calidum neque frigidum, neque humidum neque siccum, neque aliquid huiusmodi, vel actu vel potentia, ut probatur in I de caelo. Corpus igitur hominis resurgentis non erit corpus caeleste.

após a ressurreição, haveria no homem somente a alma, como também antes da ressurreição. Portanto, não mudaria a condição do homem pela ressurreição. — Se passar a ser outra substância espiritual, seguir-se-ia que de duas substâncias espirituais se faria algo único na natureza, o que é totalmente impossível, porque cada substância espiritual é por si subsistente.

De maneira semelhante, é impossível que o corpo do homem ressuscitado seja aéreo e semelhante aos ventos. Com efeito, o corpo do homem e de qualquer animal, deve ter uma figura determinada no todo e nas partes. Ora, o corpo que tem uma figura determinada deve ser limitado, porque a figura é o que está compreendido no limite ou nos limites; mas, o ar não é em si limitável, mas é limitado apenas por um outro limite. Portanto, não é possível que o corpo do homem seja aéreo ou semelhante ao vento.

Além disso. O corpo do homem ressuscitado deve ser dotado de tato, porque todo animal tem tato. E o ressuscitado, se é homem, deve ser animal. Ora, o corpo aéreo não pode ser dotado de tato, assim como nenhum outro corpo simples, uma vez que é necessário que o corpo mediante o qual se dá o tato, seja o meio entre as qualidades tangíveis, de tal modo que esteja em potência para elas, como prova o Filósofo[103]. Portanto, é impossível que o corpo do homem ressuscitado seja aéreo e semelhante aos ventos.

E disto fica claro, também, que não poderia ser um corpo celeste. Assim, o corpo humano, como o de qualquer animal, é receptível das qualidades tangíveis, como foi dito. Isto não pode convir ao corpo celeste que não é nem quente nem frio, nem úmido nem seco, nem algo semelhante, ou em ato ou em potência, como prova o Filósofo[104]. Portanto, o corpo do homem ressuscitado não será um corpo celeste.

---

[103] Aristóteles (384-322 a.C.), em Sobre a Alma II, 11, 423a, 6-7.
[104] Aristóteles (384-322 a.C.), em Sobre o Céu e o Mundo I, 3, 270 a, 25b, 4.

Adhuc. Corpora caelestia sunt incorruptibilia, et transmutari non possunt a sua naturali dispositione. Naturaliter autem eis debetur figura sphaerica ut probatur in II de caelo et mundo. Non est igitur possibile quod accipiant figuram quae naturaliter humano corpori debetur. Impossibile est igitur quod corpora resurgentium sint de natura caelestium corporum.

Ainda. Os corpos celestes são incorruptíveis e não podem se mudar de sua disposição natural. Ora, a figura que lhe é cabe pela natureza é a esférica, como prova o Filósofo[105]. Portanto, não é possível que recebam a figura que cabe naturalmente ao corpo humano. É impossível, pois, que os corpos dos ressuscitados sejam da natureza dos corpos celestes.

Capitulum LXXXV
Quod corpora resurgentium erunt alterius dispositionis

Capítulo 85
Os corpos dos ressuscitados terão outra disposição

Quamvis autem corpora resurgentium sint futura eiusdem speciei cuius nunc sunt corpora nostra, tamen aliam dispositionem habebunt.

Embora os corpos dos ressuscitados serão da mesma espécie que os nossos corpos agora, entretanto terão outra disposição.

Et primo quidem quantum ad hoc, quod omnia resurgentium corpora, tam bonorum quam malorum, incorruptibilia erunt. Cuius quidem ratio triplex est.

Em primeiro lugar, todos os corpos dos ressuscitados, seja dos bons, seja dos maus, serão incorruptíveis. E são três as razões disto.

Una quidem sumitur ex fine resurrectionis. Ad hoc enim resurgent tam boni quam mali, ut etiam in propriis corporibus praemium consequantur vel poenam pro his quae gesserunt dum vixerunt in corpore. Praemium autem bonorum, quod est felicitas, erit perpetuum; similiter etiam peccato mortali debetur poena perpetua: quorum utrumque patet ex his quae in tertio determinata sunt. Oportet igitur quod utrumque corpus incorruptibile recipiatur.

A primeira se toma do fim da ressurreição. Os bons, assim como os maus, ressuscitarão para que obtenham nos próprios corpos o prêmio ou a pena pelo que fizeram enquanto viveram no corpo. Ora, o prêmio dos bons, que é a felicidade, será perpétuo; de maneira semelhante se deverá ao pecado mortal uma pena perpétua. Uma e outra coisa está claramente exposta no Livro III[106]. Portanto, é necessário que ambos recebam um corpo incorruptível.

Alia ratio potest sumi a causa formali resurgentium, quae est anima. Dictum est enim supra quod, ne anima in perpetuum remaneat a corpore separata, iterato per resurrectionem corpus resumet. Quia igitur in hoc perfectioni animae providetur quod corpus recipiat, conveniens erit ut corpus secundum quod competit animae disponatur. Est autem anima incorruptibilis.Unde et corpus ei incorruptibile reddetur.

A segunda razão pode-se tomar da causa formal dos ressuscitados que é a alma. Já foi dito[107], para que a alma não permaneça separada do corpo perpetuamente, que a alma retornará ao corpo pela ressurreição. Portanto, uma vez que se providenciou para a perfeição da alma que recebesse o corpo, será conveniente que o corpo se disponha de acordo com o que cabe à alma. Ora, a alma é incorruptível. Portanto, lhe será restituído, também, um corpo incorruptível.

Tertia vero ratio sumi potest ex causa activa resurrectionis. Deus enim, qui corpora iam

A terceira razão pode-se tomar da causa ativa da ressurreição. Ora, Deus, que restau-

---

[105] Aristóteles (384-322 a.C.), em Sobre o Céu e o Mundo II, 4, 286b, 10-287a, 11.
[106] Livro III, caps. 62.144.
[107] Cf. cap. 79.

rou corpos já corrompidos para a vida, com maior razão poderia conceder a conservação perpétua da vida aos corpos que serão restaurados. Por exemplo, quando quis, conservou livres da corrupção corpos corruptíveis, como os corpos dos três jovens na fornalha de Babilônia[108].

Portanto, a incorruptibilidade do estado futuro deve ser entendida assim, que este corpo, que agora é corruptível, tornar-se-á incorruptível pelo poder divino. Assim, a alma o dominará perfeitamente no que toca a sua vivificação e nada poderá impedir esta comunicação vital. Por isso, diz o Apóstolo: *É necessário que o corruptível se revista de incorrupção e que este mortal se revista de imortalidade*[109].

Logo, não é por ter retomado um outro corpo incorruptível que o homem ressuscitado será imortal, como afirmaram opiniões antes citadas, mas porque este mesmo corpo que agora é corruptível, se fará incorruptível. E assim, se deve entender o que o Apóstolo disse: *A carne e o sangue não possuirão o reino de Deus*[110], a saber, que no estado dos ressuscitados será eliminada a corrupção da carne e do sangue, permanecendo, entretanto, a substância da carne e do sangue. Por isso, acrescenta: *Nem a corrupção herdará a incorrupção*[111].

Capítulo 86
A qualidade dos corpos glorificados

Embora, por mérito de Cristo, se eliminem as deficiências da natureza na ressurreição, comum a todos sejam os bons, sejam os maus, entretanto, permanecerá a diferença entre os bons e os maus no que toca àquelas coisas que convêm pessoalmente a ambos.

Com efeito, pertence à razão de natureza que a alma humana seja a forma do corpo, a quem vivifica e conserva no ser. Mas, a alma merece por seus atos pessoais ser elevada à

---

[108] Daniel 3,19-90.
[109] 1 Coríntios 15,43.
[110] 1 Coríntios 15,50.
[111] 1 Coríntios 15,50.

vari, vel ab ordine huius gloriae propter culpam excludi. Disponetur igitur corpus communiter omnium secundum condecentiam animae: ut scilicet forma incorruptibilis esse incorruptibile corpori tribuat, contrariorum compositione non obstante: eo quod materia corporis humani divina virtute animae humanae quantum ad hoc subiicietur omnino. Sed ex claritate et virtute animae ad divinam visionem elevatae, corpus sibi unitum aliquid amplius consequitur. Erit enim totaliter subiectum animae, divina virtute hoc faciente, non solum quantum ad esse, sed etiam quantum ad actiones et passiones, et motus, et corporeas qualitates. Sicut igitur anima divina visione fruens quadam spirituali claritate replebitur, ita per quandam redundantiam ex anima in corpus, ipsum corpus suo modo claritatis gloriae induetur. Unde dicit apostolus, I Cor. 15,43: seminatur corpus in ignobilitate, surget in gloria: quia corpus nostrum nunc est opacum, tunc autem erit clarum; secundum illud Matth. 13,43: fulgebunt iusti sicut sol in regno patris eorum.

Anima etiam quae divina visione fruetur, ultimo fini coniuncta, in omnibus experietur suum desiderium adimpletum. Et quia ex desiderio animae movetur corpus, consequens erit ut corpus omnino spiritui ad nutum obediat. Unde corpora resurgentium beatorum futura erunt agilia. Et hoc est quod apostolus dicit ibidem: seminatur in infirmitate, surget in virtute. Infirmitatem enim experimur in corpore quia invalidum invenitur ad satisfaciendum desiderio animae in motibus et actionibus quas anima imperat: quae infirmitas totaliter tunc tolletur, virtute redundante in corpus ex anima Deo coniuncta. Propter quod etiam Sap. 3,7, dicitur de iustis, quod tanquam scintillae in arundineto discurrent: non quod motus sit in eis propter necessitatem, cum nullo indigeant qui Deum habent, sed ad virtutis demonstrationem.

glória da visão divina, ou ser excluída da ordenação para tal glória, por sua culpa. Por isso, o corpo de todos, se disporá comumente de acordo com a conveniência da alma, a saber, para que a forma incorruptível lhe atribua o ser incorruptível, não obstante a composição dos contrários, porque, pelo poder divino, a matéria do corpo humano se submeterá totalmente à alma humana. Mas, pela claridade e poder da alma elevada à visão divina, o corpo que lhe está unido receberá algo mais. Ele será totalmente submetido à alma, por ato do poder divino, não somente quanto ao ser, mas também, quanto às ações e paixões, aos movimentos e qualidades corpóreas. Portanto, assim como a alma que frui da visão divina será repleta de uma certa claridade espiritual, assim, por uma redundância da alma no corpo, o mesmo corpo será revestido da claridade da glória. Por isso, diz o Apóstolo: *É semeado o corpo na fraqueza e ressuscitará na força*[112], segundo o que Mateus diz: *Os justos brilharão como o sol no reino de seu Pai.*[113]

Unida ao fim último, a alma que fluirá da visão divina experimentará em tudo o seu desejo realizado. E porque é pelo desejo da alma que o corpo se move, seguir-se-á que o corpo obedecerá totalmente ao sinal do espírito. Por isso, os corpos futuros dos bem-aventurados ressuscitados serão ágeis. E isso é o que disse o Apóstolo: *É semeado o corpo na fraqueza e ressuscitará na força*. Experimentamos a fraqueza no corpo porque encontra-se sem forças para satisfazer o desejo da alma nos movimentos e ações que ela comanda. Esta fraqueza é, então, eliminada totalmente, pela força que da alma unida a Deus redundará no corpo. Por isso, na sabedoria se diz dos justos: *Correrão como centelhas na palha*[114]. E isto, não porque necessitam de movimento, pois o que tem Deus de nada carece, mas para demonstrar o seu poder.

---

[112] 1 Coríntios 15,43.
[113] Mateus 13,43.
[114] Sabedoria 3,7.

Assim como a alma que frui de Deus terá o desejo completo quanto à aquisição de todo bem, assim também terá o desejo completo quanto à remoção de todo mal, porque não há lugar para algum mal, onde está o sumo bem. Portanto, também o corpo, aperfeiçoado pela alma e em conformidade com ela, será imune de todo mal, não somente em ato, mas também em potência. Quanto ao ato, porque neles não haverá corrupção alguma, nem deformidade alguma, nem deficiência alguma. Quanto à potência, porque não poderão padecer alguma coisa que lhes seja molesta. E por isso serão *impassíveis*. Ora, esta impassibilidade não exclui neles as paixões que são essencialmente sensíveis, pois usarão dos sentidos para o deleite daquilo que não repugna ao estado de incorrupção. E para demonstrar esta impassibilidade, o Apóstolo diz: *Semeado na corrupção, ressuscitará na incorrupção*[115].

Por outro lado, a alma que frui de Deus se unirá a Ele perfeitissimamente e participará da sua bondade ao máximo, segundo o seu modo. Portanto, também o corpo se submeterá perfeitamente à alma e participará de suas propriedades na medida do possível: na acuidade dos sentidos, na ordenação do apetite corporal e *em todo gênero de perfeição natural*, pois tanto mais perfeita é uma coisa na natureza, quanto a sua matéria se submete mais perfeitamente à forma. Por isso, diz o Apóstolo: *Semeia-se um corpo animal, ressuscita um corpo espiritual*[116]. O corpo do ressuscitado será, pois, espiritual, não porque seja um espírito, como alguns entenderam mal, a saber, considerando o espírito uma substância espiritual, como o ar ou o vento, mas porque o corpo do ressuscitado estará sujeito totalmente ao espírito, assim como agora se diz corpo animal, não porque seja uma alma, mas porque está sujeito às paixões animais e necessita de alimentos.

Pelo que foi dito, é claro que, assim como a alma do homem será elevada à glória dos espíritos celestes para que veja Deus por essência,

---

[115] 1 Coríntios 15,42.
[116] 1 Coríntios 15,44.

tertio est ostensum; ita eius corpus sublimabitur ad proprietates caelestium corporum, inquantum erit clarum, impassibile, absque difficultate et labore mobile, et perfectissime sua forma perfectum. Et propter hoc apostolus dicit resurgentium corpora esse caelestia, non quantum ad naturam, sed quantum ad gloriam. Unde cum dixisset quod sunt corpora caelestia, et sunt terrestria, subiungit quod alia est caelestium gloria, alia terrestrium. Sicut autem gloria in quam humana anima sublevatur, excedit naturalem virtutem caelestium spirituum, ut in tertio est ostensum; ita gloria resurgentium corporum excedit naturalem perfectionem caelestium corporum, ut sit maior claritas, impassibilitas firmior, agilitas facilior et dignitas naturae perfectior.

Capitulum LXXXVII
De loco corporum glorificatorum

Quia vero locus debet proportionari locato, consequens est quod, cum corpora resurgentium proprietatem caelestium corporum consequentur, etiam in caelis locum habeant: vel magis super omnes caelos, ut simul cum Christo sint, cuius virtute ad hanc gloriam perducentur, de quo dicit apostolus, ad Ephes. 4,10: qui ascendit super omnes caelos, ut adimpleret omnia.

Frivolum autem videtur contra hanc divinam promissionem ex naturali elementorum positione argumentari, quasi impossibile sit corpus hominis, cum sit terrenum et secundum suam naturam infimum locum habens, supra elementa levia elevari. Manifestum est enim quod ex virtute animae est quod corpus ab ipsa perfectum elementorum inclinationes non sequatur. Ipsa enim anima sua virtute etiam nunc continet corpus, quandiu vivimus, ne ex contrarietate elementorum dissolvatur; et virtute etiam animae motivae corpus in al-

como se demonstrou[117], assim também o seu corpo será sublimado às propriedades dos corpos celestes, a saber, será claro, impassível, móvel, sem dificuldade e trabalho, e grandemente perfeito em sua forma. E, por isso, o Apóstolo diz que os corpos dos ressuscitados são *celestes*, não em relação à natureza, mas em relação à glória. Por isso, quando disse que *há corpos celestes e corpos terrestres,* acrescenta que *uma é a glória dos celestes e outra a dos terrestres*[118]. Assim como a glória à qual será elevada a alma humana, excede a potência natural dos espíritos celestes, como se demonstrou[119], assim a glória dos corpos ressuscitados excede a perfeição natural dos corpos celestes, para que seja maior a claridade, mais firme a impassibilidade, mais fácil a agilidade e mais perfeita a dignidade da natureza.

Capítulo 87
O lugar dos corpos glorificados

Deve haver proporção entre o lugar e o que se coloca nele. Uma vez que os corpos ressuscitados passam a ter a propriedade dos corpos celestes, segue-se que tenham um lugar, também, nos céus, ou melhor, sobre todos os céus, para que estejam juntamente com Cristo, por cujo poder serão conduzidos a esta glória, de quem disse o Apóstolo: Subiu sobre todos os céus para encher tudo[120].

Parece leviano argumentar contra essa promessa divina, tendo em conta a posição natural dos elementos, como se fosse impossível ao corpo humano elevar-se sobre os elementos leves, sendo ele terrestre e ocupando um lugar ínfimo, segundo a sua natureza. É claro, pois, que é pela potência da alma que corpo, tornado perfeito por ela, não segue as inclinações dos elementos. Assim, enquanto vivemos, alma mantém o corpo pela sua potência, para que não se dissolva pela contrariedade dos elementos, e é também, pela po-

---

[117] Livro III, cap. 57.
[118] 1 Coríntios 15,40.
[119] Livro III, cap. 53.
[120] Efésios 4,10.

tum elevatur; et tanto amplius quanto virtus motiva fortior fuerit. Manifestum est autem quod tunc anima perfectae virtutis erit, quando Deo per visionem coniungetur. Non igitur debet grave videri si tunc virtute animae corpus et ab omni corruptione servetur immune, et supra quaecumque corpora elevetur.

Neque etiam huic promissioni divinae impossibilitatem affert quod corpora caelestia frangi non possunt, ut super ea gloriosa corpora subleventur. Quia a virtute divina hoc fiet, ut gloriosa corpora simul cum aliis corporibus esse possint: cuius rei indicium in corpore Christi praecessit, dum ad discipulos ianuis clausis intravit.

Capitulum LXXXVIII
De sexu et aetate resurgentium

Non est tamen aestimandum quod in corporibus resurgentium desit sexus femineus, ut aliqui putaverunt.

Quia, cum per resurrectionem sint reparandi defectus naturae, nihil eorum quae ad perfectionem naturae pertinent, a corporibus resurgentium auferetur. Sicut autem alia corporis membra ad integritatem humani corporis pertinent, ita et ea quae generationi deserviunt, tam in maribus quam in feminis. Resurgent ergo membra huiusmodi in utrisque.

Neque tamen huic obviat quod usus horum membrorum non erit, ut supra ostensum est. Quia si propter hoc haec membra in resurgentibus non erunt, pari ratione nec omnia membra quae nutrimento deserviunt, in resurgentibus essent: quia nec ciborum usus post resurrectionem erit. Sic igitur magna pars membrorum corpori resurgentis deesset. Erunt igitur omnia membra huiusmodi, quamvis eorum usus non sit, ad integritatem

tência da alma motora que o corpo se eleva ao alto, tanto mais, quanto mais for a potência motora. É evidente que alma terá uma potência perfeita, quando estiver unida a Deus pela visão. Portanto, não deve parecer difícil se o corpo, pela potência da alma, se conserva imune de toda corrupção e se eleva sobre qualquer corpo.

Nem causa impossibilidade a esta promessa divina, o fato de os corpos celestes serem inquebráveis[121] para que se elevem sobre eles os corpos gloriosos. E isso o poder divino fará, para que os corpos gloriosos possam estar juntos com os outros corpos. Um indício disso ocorreu antes no corpo de Cristo, *quando Jesus entrou, estando as portas fechadas*, e pôsse no meio dos discípulos[122].

Capítulo 88
O sexo e a idade dos ressuscitados

Não se deve julgar que não haverá o sexo feminino nos corpos dos ressuscitados. Como alguns pensaram.

Com efeito, uma vez que as deficiências da natureza deviam ser reparadas, nada daquelas coisas que pertencem à perfeição da natureza, seria eliminado dos corpos dos ressuscitados. Ora, assim como outros membros do corpo pertencem à integridade do corpo humano, assim, também, os que servem à geração, seja nos homens, seja nas mulheres. Portanto, estes membros ressuscitarão em ambos.

Nem impede a isto que não haja o uso destes membros, como foi demonstrado[123]. Se, por esta razão, estes membros não estarão nos ressuscitados, pela mesma razão todos os membros que servem à nutrição, não estariam nos ressuscitados, porque após a ressurreição não haverá o uso de alimentos. Assim, grande parte dos membros faltaria ao corpo do ressuscitado. Portanto, embora não haja o uso deles, todos estes membros existirão, para

---

[121] A cosmologia antiga considerava os céus como globos de cristal que circundavam a terra.
[122] João 20,26.
[123] Cf. cap. 83.

naturalis corporis restituendam. Unde frustra non erunt.

Similiter etiam nec infirmitas feminei sexus perfectioni resurgentium obviat. Non enim est infirmitas per recessum a natura, sed a natura intenta. Et ipsa etiam naturae distinctio in hominibus perfectionem naturae demonstrabit et divinam sapientiam, omnia cum quodam ordine disponentem.

Nec etiam cogit ad hoc verbum apostoli quod dicit Ephes. 4,13: donec occurramus omnes in unitatem fidei et agnitionis filii Dei, in virum perfectum, in mensuram aetatis plenitudinis Christi. Non enim hoc ideo dictum est quia quilibet in illo occursu quo resurgentes exibunt obviam Christo in aera, sit sexum virilem habiturus: sed ad designandam perfectionem ecclesiae et virtutem. Tota enim ecclesia erit quasi vir perfectus Christo occurrens: ut ex praecedentibus et sequentibus patet.

In aetate autem Christi, quae est aetas iuvenilis, oportet omnes resurgere, propter perfectionem naturae quae in hac sola aetate consistit. Puerilis enim aetas nondum perfectionem naturae consecuta est per augmentum: senilis vero aetas iam ab eo recessit, per decrementum.

Capitulum LXXXIX
De qualitate corporum resurgentium in damnatis

Ex his autem rationabiliter considerare possumus qualis futura sit conditio corporum resurgentium in damnandis.

Oportet enim et illa corpora animabus damnandorum proportionata esse. Animae autem malorum naturam quidem bonam habent, utpote a Deo creatam: sed voluntatem habebunt inordinatam, et a fine proprio deficientem. Corpora igitur eorum, quantum ad id quod naturae est, integra reparabuntur: quia videlicet in aetate perfecta resurgent, absque omni diminutione membrorum, et

restabelecer a integridade do corpo natural. Por isso, não será em vão.

Igualmente. Nem impede à perfeição dos ressuscitados a fragilidade do sexo feminino. Com efeito, esta fragilidade não é por uma insuficiência da natureza, mas por uma intenção da natureza. E nos homens, a mesma distinção da natureza demonstrará a perfeição da natureza e sabedoria divina, que tudo dispõe com ordem.

Nem obriga a isso, a palavra do Apóstolo: *Até que todos alcancemos a unidade da fé e o conhecimento do Filho de Deus, como homens perfeitos na medida da idade de plenitude de Cristo*[124]; isto não foi dito porque todos os ressuscitados, que irão *ao encontro de Cristo nos ares*[125], possuirão o sexo masculino, mas para designar a perfeição e a força da Igreja. Toda a Igreja será como um homem perfeito que vai ao encontro de Cristo, como está claro pelo que foi dito.

Convém que todos ressuscitem na idade de Cristo, que é a idade juvenil, pela perfeição que a natureza alcança somente nesta idade. Com efeito, a idade juvenil ainda não conseguiu a perfeição da natureza por crescimento e a idade senil, pelo contrário, já se afastou dela pela decrepitude.

Capítulo 89
A qualidade do corpo ressuscitado dos condenados

Pelo que foi dito podemos considerar razoavelmente qual seja a condição dos corpos ressuscitados daqueles que hão de ser condenados.

É necessário, pois, que aqueles corpos sejam proporcionados às almas dos que hão de ser condenados. Ora, as almas dos maus têm certamente uma natureza boa, uma vez que foi criada por Deus, mas terão uma vontade desordenada e afastada do próprio fim. Portanto, os seus corpos, quanto à natureza, serão reparados íntegros, porque ressuscitarão na idade perfeita com todos os seus membros sem qual-

---

[124] Efésios 4,13
[125] 1 Timóteo 4,17.

absque omni defectu et corruptione quam error naturae aut infirmitas introduxit. Unde apostolus dicit I Cor. 15,52: mortui resurgent incorrupti: quod manifestum est de omnibus debere intelligi, tam bonis quam malis, ex his quae praecedunt et sequuntur in littera.

Quia vero eorum anima erit secundum voluntatem a Deo aversa, et fine proprio destituta, eorum corpora non erunt spiritualia, quasi spiritui omnino subiecta, sed magis eorum anima per affectum erit carnalis.

Nec ipsa corpora erunt agilia, quasi sine difficultate animae obedientia: sed magis erunt ponderosa et gravia, et quodammodo animae importabilia, sicut et ipsae animae a Deo per inobedientiam sunt aversae.

Remanebunt etiam passibilia sicut nunc, vel etiam magis: ita tamen quod patientur quidem a rebus sensibilibus afflictionem, non tamen corruptionem; sicut et ipsorum animae torquebuntur, a naturali desiderio beatitudinis totaliter frustratae.

Erunt etiam eorum corpora opaca et tenebrosa: sicut et eorum animae a lumine divinae cognitionis erunt alienae. Et hoc est quod apostolus dicit I Cor. 15,51, quod omnes resurgemus, sed non omnes immutabimur: soli enim boni immutabuntur ad gloriam, malorum vero corpora absque gloria resurgent.

Forte autem alicui potest impossibile videri quod malorum corpora sint passibilia, non tamen corruptibilia: cum omnis passio, magis facta abiiciat a substantia: videmus enim quod, si corpus diu in igne permaneat, finaliter consumetur; dolor etiam si sit nimis intensus, animam a corpore separat. — Sed hoc totum accidit supposita transmutabilitate materiae de forma in formam. Corpus autem humanum post resurrectionem non erit transmutabile de forma in formam, neque in bonis neque in malis: quia in utrisque totaliter perficietur ab anima quantum ad es-

quer defeito, nem corrupção causada por um erro da natureza ou por enfermidade. Por isso, o Apóstolo diz: *Os mortos ressuscitarão incorruptos*[126]. E isto deve-se entender claramente de todos, sejam bons, sejam maus, pelo que foi dito antes e pelo que continua a citação.

Mas, porque a alma deles estará voluntariamente apartada de Deus e privada de seu fim próprio, os seus corpos não serão espirituais, como sujeitos totalmente ao espírito, mas, antes, a alma deles será *carnal* pelo afeto.

E estes corpos não serão ágeis, como obedientes à alma sem dificuldade, mas, antes, serão *volumosos* e *pesados*, e, de algum modo, insuportáveis à alma, assim como são as mesmas almas que se afastaram de Deus pela desobediência.

Permanecerão, também, os *passíveis*, como agora, e até mais: que padecerão aflição da parte das coisas sensíveis, mas não corrupção. Suas almas serão, também, atormentadas e frustradas totalmente do desejo da bem-aventurança.

Haverá, ainda, corpos *opacos* e *tenebrosos*, e suas almas estarão privadas da luz do conhecimento divino. E isto é o que o Apóstolo diz: *Todos ressuscitaremos, mas não todos seremos mudados*[127]. Portanto, só os bons serão glorificados, enquanto os corpos dos maus ressuscitarão sem glória.

Talvez possa parecer a alguém impossível que os corpos dos maus sejam passíveis, mas não corruptíveis, uma vez que *toda paixão, quanto mais intensa, tanto mais se distancia da substância*[128]. Vemos, assim, que se um corpo permanece longo tempo no fogo será consumido ao fim, se uma dor é, também, demasiado intensa, separa a alma do corpo. — Mas, tudo isso acontece suposta a transmutabilidade da matéria de forma em forma. Ora, o corpo humano, após a ressurreição, não será transmutável de forma em forma, nem nos bons, nem nos maus. Porque ambos serão aperfeiçoados

---

[126] 1 Coríntios 15,52.
[127] 1 Coríntios 15,51.
[128] Aristóteles (384-322 a.C.), em Tópicos VI, 6, 145a, 3-4.

se naturae, ita ut iam non sit possibile hanc formam a tali corpore removeri, neque aliam introduci, divina virtute corpus animae totaliter subiiciente. Unde et potentia quae est in prima materia ad omnem formam, in corpore humano remanebit quodammodo ligata per virtutem animae, ne possit in actum alterius formae reduci.

Sed quia damnatorum corpora quantum ad aliquas conditiones non erunt animae totaliter subiecta, affligentur secundum sensum a contrarietate sensibilium. Affligentur enim ab igne corporeo, inquantum qualitas ignis propter sui excellentiam contrariatur aequalitati complexionis et harmoniae quae est sensui connaturalis, licet eam solvere non possit. Non tamen talis afflictio animam a corpore poterit separare: cum corpus semper sub eadem forma necesse sit remanere.

Sicut autem corpora beatorum propter innovationem gloriae supra caelestia corpora elevabuntur; ita et locus infimus, et tenebrosus, et poenalis, proportionaliter deputabitur corporibus damnatorum. Unde et in psalm. Dicitur: veniat mors super eos, et descendant in infernum viventes. Et Apoc. 20 dicitur quod diabolus, qui seducebat eos, missus est in stagnum ignis et sulphuris, ubi et bestia et pseudopropheta cruciabuntur die ac nocte in saecula saeculorum.

pela alma quanto ao ser natural, de maneira que não seja possível que esta forma seja removida de tal corpo, nem que seja introduzida em outro, estando o corpo submetido totalmente à alma pelo poder divino. Por isso, também a potência que tem a matéria-prima para toda forma permanecerá no corpo humano, de algum modo, ligada pela força da alma, para que não possa ser reduzida a ato de outra forma.

Mas, porque os corpos dos condenados não estarão totalmente sujeitos à alma quanto a algumas condições, serão afligidos nos sentidos por contrariedade do sensível. Assim, serão afligidos pelo fogo corpóreo, enquanto a qualidade do fogo, por sua própria excelência, contraria a igualdade de complexão e de harmonia que é conatural a todo sentido, embora não possa destruí-la. Entretanto, esta aflição não poderá separar a alma do corpo, uma vez que o corpo permanece necessariamente sempre sujeito à mesma forma.

Assim como os corpos dos Bem-aventurados serão elevados acima dos corpos celestes pela renovação da glória, assim também e em proporção, será destinado aos corpos dos condenados o último lugar, tenebroso e de tormento. Por isso, diz o Salmo: *Surpreenda-os a morte, e desçam vivos ao inferno*[129], e no Apocalipse: *O diabo que o seduzia, foi atirado num tanque de fogo e enxofre, onde também estão a besta e o falso profeta, e serão atormentados dia e noite pelos séculos dos séculos*[130].

Capitulum XC
Quomodo substantiae incorporeae patiantur ab igne corporeo

Sed potest venire in dubium quomodo diabolus, qui incorporeus est, et animae damnatorum ante resurrectionem, ab igne corporali possint pati a quo patientur in inferno corpora damnatorum sicut et Dominus dicit, Matth. 25,41: ite, maledicti, in ignem aeternum qui paratus est diabolo et Angelis eius.

Capítulo 90
Como padecerão as substâncias incorpóreas por um fogo corpóreo

Pode-se chegar a duvidar de como o diabo, que é incorpóreo, e as almas dos condenados, antes da ressurreição, possam sofrer o fogo corporal que atormenta no inferno o corpo dos condenados; segundo o que disse o Senhor: *Apartai-vos de mim, malditos, ao fogo eterno, preparado para o diabo e seus anjos*[131].

---

[129] Salmo 54,16.
[130] Apocalipse 20,9.
[131] Mateus 25,41.

Non igitur sic aestimandum est quod substantiae incorporeae ab igne corporeo pati possint quod earum natura corrumpatur per ignem, vel alteretur, aut qualitercumque aliter transmutetur, sicut nunc nostra corpora corruptibilia patiuntur ab igne: substantiae enim incorporeae non habent materiam corporalem, ut possint a rebus corporeis immutari: neque etiam formarum sensibilium susceptivae sunt, nisi intelligibiliter; talis autem susceptio non est poenalis, sed magis perfectiva et delectabilis.

Neque etiam potest dici quod patiantur ab igne corporeo afflictionem ratione alicuius contrarietatis, sicut corpora post resurrectionem patientur, quia substantiae incorporeae organa sensuum non habent, neque potentiis sensitivis utuntur.

Patiuntur igitur ab igne corporeo substantiae incorporeae per modum alligationis cuiusdam. Possunt enim alligari spiritus corporibus vel per modum formae sicut anima corpori humano alligatur, ut det ei vitam: vel etiam absque hoc quod sit eius forma, sicut necromantici, virtute Daemonum, spiritus alligant imaginibus aut huiusmodi rebus. Multo igitur magis virtute divina spiritus damnandi igni corporeo alligari possunt. Et hoc ipsum est eis in afflictionem, quod sciunt se rebus infimis alligatos in poenam.

Est etiam conveniens quod damnati spiritus poenis corporalibus puniuntur. Omne enim peccatum rationalis creaturae ex hoc est quod Deo obediendo non subditur. Poena autem proportionaliter debet culpae respondere: ut voluntas per poenam in contrario eius affligatur quod diligendo peccavit. Est igitur conveniens poena naturae rationali peccanti ut rebus se inferioribus, scilicet corporalibus, quodammodo alligata subdatur.

Item. Peccato quod in Deum committitur non solum poena damni, sed etiam poena sensus debetur, ut in tertio ostensum est: poena enim sensus respondet culpae quantum ad

Não se deve julgar que as substâncias incorpóreas possam padecer pelo fogo corpóreo a tal ponto que a natureza delas se corrompa ou que se altere, ou que se transmude de qualquer modo diferente, como os nossos corpos corruptíveis agora padecem pelo fogo. As substâncias incorpóreas não têm matéria corpórea para que possam ser mudadas por coisas corpóreas, nem também são receptíveis de formas sensíveis, a não ser de um modo inteligível. Esta recepção não é punitiva, mas antes perfectiva e deleitável.

Nem se pode dizer que padecem aflição pelo fogo corpóreo em razão de alguma contrariedade, como padecem os corpos após a ressurreição, porque as substâncias incorpóreas não têm os órgãos dos sentidos, e não se utilizam das potências sensitivas.

Portanto, as substâncias incorpóreas padecem pelo fogo corpóreo por uma certa ligação. Os espíritos podem ligar-se aos corpos ou por formas, assim como a alma se liga ao corpo humano, para dar-lhe vida; ou, também, sem que seja a sua forma, como os necromantes que, pelo poder dos demônios, ligam o espírito a imagens ou coisas parecidas. Logo, com maior razão, podem ser ligados ao fogo corpóreo, pelo poder divino, os espíritos que devem ser condenados. E isto é para eles causa de aflição, porque sabem que estão ligados a coisas inferiores por castigo.

É, também, conveniente que os espíritos condenados sejam punidos com penas corporais. Com efeito, todo pecado da criatura racional procede de não se sujeitar a Deus, obedecendo-o. Ora, a pena deve responder proporcionalmente à culpa, para que a vontade se aflija, em sentido contrário, pela pena, por aquilo que amando pecou. Portanto, é uma pena conveniente para a natureza racional o estar sujeito e ligado, de certo modo, às coisas inferiores, isto é, às coisas corporais.

Igualmente. Ao pecado que se comete contra Deus deve-se, não somente a pena de dano, mas também a pena dos sentidos, como foi demonstrado[132]. A *pena dos sentidos* res-

---

[132] Livro III, cap. 145.

conversionem inordinatam ad commutabile bonum, sicut poena damni respondet culpae quantum ad aversionem ab incommutabili bono. Creatura autem rationalis, et praecipue humana anima, peccat inordinate se ad corporalia convertendo. Ergo conveniens poena est ut per corporalia affligatur.

Praeterea. Si poena afflictiva peccato debetur, quam dicimus poenam sensus, oportet quod ex illo haec poena proveniat quod potest afflictionem inferre. Nihil autem afflictionem infert nisi inquantum est contrarium voluntati. Non est autem contrarium naturali voluntati rationalis naturae quod spirituali substantiae coniungatur: quinimmo hoc est delectabile ei, et ad eius perfectionem pertinens; est enim coniunctio similis ad simile, et intelligibilis ad intellectum; nam omnis substantia spiritualis secundum se intelligibilis est. — Est autem contrarium naturali voluntati spiritualis substantiae ut corpori subdatur, a quo, secundum ordinem suae naturae, libera esse debet. Conveniens est igitur ut substantia spiritualis per corporalia puniatur.

Hinc etiam apparet quod, licet corporalia quae de praemiis beatorum in Scripturis leguntur, spiritualiter intelliguntur, sicut dictum est de promissione ciborum et potuum; quaedam tamen corporalia quae Scriptura peccantibus comminatur in poenam, corporaliter sunt intelligenda, et quasi proprie dicta. Non enim est conveniens quod natura superior per usum inferioris praemietur, sed magis per hoc quod superiori coniungitur: punitur autem convenienter natura superior per hoc quod cum inferioribus deputatur.

Nihil tamen prohibet quaedam etiam quae de damnatorum poenis in Scripturis dicta corporaliter leguntur, spiritualiter accipi, et velut per similitudinem dicta: sicut quod dicitur Isaiae ult.: vermis eorum non morietur: potest enim per vermem intelligi conscientiae

ponde à culpa devida à conversão desordenada a um bem comutável, assim como *a pena do dano* responde à culpa devida à aversão ao bem incomutável. Ora, a criatura racional, e principalmente a alma humana, peca desordenadamente ao se converter às coisas corporais. Portanto, é conveniente que uma pena seja infligida por coisas corporais.

Além disso. Se a pena aflitiva, que se chama *pena dos sentidos*, é devida ao pecado, é necessário que ela provenha daquilo que pode causar aflição. Mas, nada causa aflição senão o que contraria a vontade. Com efeito, não é contrário à vontade natural da natureza racional que se una a uma substância espiritual; antes, isto lhe é agradável e pertence à sua perfeição, porque é uma união de semelhante com semelhante, e do inteligível com o intelecto, pois toda substância espiritual é inteligível por si mesma. — Mas, é contrário à vontade natural da substância espiritual que se submeta ao corpo, do qual, segundo a ordem de sua natureza, deve estar livre. Portanto, é conveniente que a substância espiritual seja punida pelas coisas corporais.

Resulta disso que, embora coisas, que se leem nas Escrituras sobre os prêmios dos bemaventurados, se entendam espiritualmente, como foi dito[133] sobre a promessa de alimentos e de bebidas, entretanto, coisas que na Escritura são impostas como penas devidas aos pecadores, devem-se entender, corporalmente e ditas com propriedade, Não é, pois, conveniente que uma natureza superior seja premiada pelo uso de uma natureza inferior, mas, antes, pela união a uma natureza superior; mas é conveniente que uma natureza superior seja punida pela comunicação com naturezas inferiores.

Nada impede, contudo, que certas coisas, que se leem nas Escrituras corporalmente sobre as penas dos condenados, sejam entendidas espiritualmente, e como ditas por semelhança, como diz Isaías: *O verme deles não morrerá*[134]. Com efeito, pode-se entender por

---

[133] Cf. cap. 83.
[134] Isaías 66,24.

O choro e o ranger de dentes[135], nas substâncias espirituais, podem ser entendidos apenas metaforicamente, embora, nada impeça que sejam entendidos corporalmente nos corpos dos condenados, após a ressurreição; entretanto, de tal maneira que por choro não se entenda uma efusão de lágrimas, porque naqueles corpos não pode haver efusão alguma, mas somente a dor do coração e conturbação dos olhos e da cabeça, como costuma acontecer no choro.

Capítulo 91
As almas, logo após a separação do corpo, receberão o prêmio ou a pena

Do que foi dito, podemos concluir que, logo após a morte, as almas dos homens recebem, segundo seus méritos, ou a pena, ou o prêmio.

Com efeito, há almas separadas susceptíveis de penas não só espirituais, mas, também, corpóreas, como foi demonstrado[136]. Que sejam susceptíveis da glória, tratou-se claramente no Livro III[137].

Desde que a alma se separa do corpo, torna-se capaz da visão divina, à qual não podia chegar, enquanto estivesse unida a um corpo corruptível. É na visão de Deus que consiste a última bem-aventurança do homem, *prêmio da virtude*. Ora, não haveria razão alguma pela qual a pena e o prêmio seriam diferidos, dos quais pode participar a alma de um e de outro. Portanto. Logo que alma se separa do corpo, recebe o prêmio ou a pena *pelo que fez enquanto estava no corpo*[138].

Ainda. Esta vida é o tempo do mérito ou do demérito. Por isso, compara-se *à milícia* e *aos dias do mercenário,* como diz Jó: *A vida do homem sobre a terra é uma milícia e se compa-*

---

[135] Mateus 8,12.
[136] Cf. capítulo anterior.
[137] Livro III, cap. 51.
[138] 2 Coríntios 5,10.

dies eius. Sed post statum militiae et laborem mercenarii statim debetur praemium vel poena bene vel male certantibus: unde et Levit. 19,13, dicitur: non morabitur opus mercenarii tui apud te usque mane. Dominus etiam dicit ioel ult.: cito velociter reddam vicissitudinem vobis super caput vestrum. Statim igitur post mortem animae vel praemium consequuntur vel poenam.

Amplius. Secundum ordinem culpae et meriti convenienter est ordo in poena et praemio. Meritum autem et culpa non competit corpori nisi per animam: nihil enim habet rationem meriti vel demeriti nisi inquantum est voluntarium. Igitur tam praemium quam poena convenienter ab anima derivatur ad corpus: non autem animae convenit propter corpus. Nulla igitur ratio est quare in punitione vel praemiatione animarum expectetur resumptio corporum: quin magis conveniens videtur ut animae, in quibus per prius fuit culpa et meritum, prius etiam puniantur vel praemientur.

Item. Eadem Dei providentia creaturis rationalibus praemia debentur et poena, qua rebus naturalibus perfectiones eis debitae adhibentur. Sic est autem in rebus naturalibus quod unumquodque statim recipit perfectionem cuius est capax, nisi sit impedimentum vel ex parte recipientis, vel ex parte agentis. Cum igitur animae statim cum fuerint separatae a corpore sint capaces et gloriae et poenae, statim utrumque recipient, nec differtur vel bonorum praemium vel malorum poena quousque animae corpora reassumant.

Considerandum tamen est quod ex parte bonorum aliquod impedimentum esse potest, ne animae statim a corpore absolutae ultimam mercedem recipiant, quae in Dei visione consistit. Ad illam enim visionem creatura rationalis elevari non potest nisi totaliter fue-

ra a orgias dos mercenários[139]. Mas, depois do estado de milícia e o trabalho do mercenário deve-se o prêmio ou a pena aos que pelejaram bem ou mal, como diz o Levítico: *Não guarda o salário do seu empregado até a manhã do dia seguinte*[140]; e ainda em Joel: *Logo farei cair vossas ações sobre as vossas cabeças*[141]. Portanto, logo depois da morte, as almas recebem o prêmio ou a pena.

Ademais. Segundo a ordem da culpa e do mérito, ordena-se, como convém, a pena e o mérito. Ora, o mérito e a culpa não cabem ao corpo a não ser pela alma, porque nada tem a razão de mérito ou de demérito, que não seja voluntário. Portanto, tanto o prêmio quanto a pena passa convenientemente da alma ao corpo, e não à alma pelo corpo. Não existe, pois, razão alguma pela qual, para a punição ou para a premiação das almas, se deve esperar a recuperação do corpo; ou melhor, parece conveniente que nas almas, nas quais antes houve culpa ou mérito, antes, também, sejam punidas ou premiadas.

Igualmente. Pela providência de Deus, prêmios e pena são devidos às criaturas racionais, e por ela mesma são dadas às coisas naturais as perfeições que lhes são devidas. Acontece nas coisas naturais que cada uma recebe imediatamente a perfeição da qual é capaz, a não ser que haja algum impedimento ou da parte da que recebe, ou da parte do agente. Portanto, uma vez que as almas, logo que forem separadas do corpo, serão capazes não só da glória, mas também da pena, receberão imediatamente uma e outra, e não se diferirá o prêmio dos bons ou pena dos maus, até que as almas reassumam os corpos.

Deve-se considerar, entretanto, que da parte dos bons pode haver algum impedimento, para que as almas, livres dos corpos, recebam imediatamente o último prêmio, que consiste na visão de Deus. A esta visão, que excede toda capacidade natural das criaturas,

---

[139] Jó 7,1.
[140] Levítico 19,13.
[141] Joel 13,4.

rit depurata: cum illa visio totam facultatem naturalem creaturae excedat. Unde Sap. 7,25, dicitur de sapientia quod nihil inquinatum incurrit in illam et Isaiae 35,8, dicitur: non transibit per eam pollutus. Polluitur autem anima per peccatum, inquantum rebus inferioribus inordinate coniungitur.A qua quidem pollutione purificatur in hac vita per poenitentiam et alia sacramenta, ut supra dictum est.

Quandoque vero contingit quod purificatio talis non totaliter perficitur in hac vita, sed remanet adhuc debitor poenae: vel propter negligentiam aliquam aut occupationem; aut etiam quia homo morte praevenitur.Nec tamen propter hoc meretur totaliter excludi a praemio: quia haec absque peccato mortali contingere possunt, per quod solum tollitur caritas, cui praemium vitae aeternae debetur, ut apparet ex his quae in tertio dicta sunt.

Oportet igitur quod post hanc vitam purgentur, antequam finale praemium consequantur. Purgatio autem haec fit per poenas, sicut et in hac vita per poenas satisfactorias purgatio completa fuisset: alioquin melioris conditionis essent negligentes quam solliciti, si poenam quam hic pro peccatis non implent, non sustineant in futuro. Retardantur igitur animae bonorum qui habent aliquid purgabile in hoc mundo, a praemii consecutione, quousque poenas purgatorias sustineant. Et haec est ratio quare Purgatorium ponimus.

Huic autem positioni suffragatur dictum apostoli I Cor. 3,15: si cuius opus arserit, detrimentum patietur, ipse autem salvus erit, sic tamen quasi per ignem. Ad hoc etiam est consuetudo ecclesiae universalis, quae pro defunctis orat: quae quidem oratio inutilis esset si Purgatorium post mortem non ponatur. Non enim orat ecclesia pro his qui iam sunt

a criatura racional não pode elevar-se a não ser que esteja totalmente purificada. Diz-se da Sabedoria que *nada manchado nela se encontra*[142], e em Isaías: *que nada poluído passará por ela*[143]. Ora, é o pecado que polui a alma, enquanto a une desordenadamente às coisas inferiores. E nesta vida, ela é purificada desta poluição, pela penitência e por outros sacramentos, como já foi dito[144].

Às vezes acontece que esta purificação não se realiza totalmente nesta vida, e que o homem permanece ainda devedor de pena, ou por alguma negligência ou ocupação, ou, também, porque foi surpreendido pela morte. Entretanto, por esta razão, a alma não merece ser excluída totalmente do prêmio, porque estas coisas podem acontecer sem pecado mortal, pelo qual somente se elimina a caridade, à qual é devido o prêmio da vida eterna, como se tratou no Livro III[145].

É necessário, pois, que as almas sejam purificadas após esta vida, antes de alcançar o prêmio final. Mas, esta purificação se faz por penas, assim como nesta vida, a purificação completa teria sido feita por penas satisfatórias. Mas, se a pena pelos pecados aqui não fosse satisfeita e não se mantivesse no futuro, melhor seria a condição dos negligentes do que a dos solícitos. Portanto, a consecução do prêmio será retardada para as almas dos bons, que têm algo a satisfazer neste mundo, até que sofram as penas purificadoras. E esta é razão pela qual afirmamos existir o Purgatório.

E esta afirmação é sufragada pelo Apóstolo: *Se a obra de alguém se queimasse, será perdida; e ele será salvo, como quem passa pelo fogo*[146]. A isto está, também, o costume da Igreja universal, que ora pelos falecidos, cuja oração seria inútil se não se afirma existir o Purgatório após a morte. A Igreja não ora por aqueles que já estão no término do bem ou do

---

[142] Sabedoria 7,25.
[143] Isaías 35,8.
[144] Cf. caps. 56-74.
[145] Livro III, cap. 143.
[146] 1 Coríntios 3,15.

in termino boni vel mali, sed pro his qui nondum ad terminum pervenerunt.

Quod autem statim post mortem animae consequantur poenam vel praemium si impedimentum non sit, auctoritatibus Scripturae confirmatur. Dicitur enim Iob 21,13, de malis: ducunt in bonis dies suos: et in puncto ad inferna descendunt; et Lucae 16,22: mortuus est dives, et sepultus est in inferno; infernus autem est locus ubi animae puniuntur. Similiter etiam et de bonis patet. Ut enim habetur Lucae 23,43, Dominus in cruce pendens latroni dixit: hodie mecum eris in Paradiso; per Paradisum autem intelligitur praemium quod repromittitur bonis, secundum illud Apoc. 2,7: vincenti dabo edere de ligno vitae quod est in Paradiso Dei mei.

Dicunt autem quidam quod per Paradisum non intelligitur ultima remuneratio, quae erit in caelis, secundum illud Matth. 5,12: gaudete et exultate, quoniam merces vestra copiosa est in caelis; sed aliqualis remuneratio quae erit in terra. Nam Paradisus locus quidam terrenus esse videtur, ex hoc quod dicitur Gen. 2,8, quod plantaverat Dominus Deus Paradisum voluptatis, in quo posuit hominem quem formaverat. Sed si quis recte verba sacrae Scripturae consideret, inveniet quod ipsa finalis retributio, quae in caelis promittitur sanctis, statim post hanc vitam datur. Apostolus enim II Cor. 4, cum de finali gloria locutus fuisset, dicens quod id quod in praesenti est tribulationis nostrae momentaneum et leve, supra modum in sublimitate aeternum gloriae pondus operatur in nobis, non contemplantibus nobis ea quae videntur, sed ea quae non videntur; quae enim videntur temporalia sunt, quae autem non videntur aeterna, quae manifestum est de finali gloria dici, quae est in caelis; ut ostenderet quando et qualiter haec

mal, mas por aqueles que ainda não chegaram ao término.

Que, logo após a morte, as almas consigam a pena ou o prêmio se não houver impedimento, confirmam os textos da Escritura. Jó diz dos maus: *Passam os seus dias nos prazeres e num instante descem ao inferno*[147], e Lucas: *Morreu o rico e foi sepultado no inferno*[148], o inferno é o lugar em que as almas são punidas. De modo semelhante é claro para os bons, como se tem em Lucas, o Senhor pendente na cruz, disse: *Hoje estarás comigo no paraíso*[149]; por *paraíso* entende-se o prêmio prometido aos bons, segundo o Apocalipse: *Ao vencedor lhe darei a comer da árvore da vida, que está no paraíso de meu Deus*[150].

Alguns dizem que por *paraíso* não se entende a última recompensa, que será nos céus, segundo o que diz Mateus: *Alegrai-vos e exultai porque grande será vossa recompensa nos céus*[151], mas uma recompensa que se dá na terra. Porque o *paraíso* parece ser um certo lugar terrestre, pelo que diz o Gênese: *Plantou Javé, Deus, um paraíso de delícias e, pois ali o homem que criara*[152]. Mas, se alguém considera retamente as palavras das Sagradas Escrituras, encontrará que a mesma recompensa final, que é prometida aos santos nos céus, é concedida logo após esta vida. O Apóstolo, quando falou da glória final, disse: *A nossa leve e momentânea tribulação prepara-nos, para além de toda e qualquer medida, um peso eterno de glória. Por isso, não olhamos para as coisas visíveis, mas para as invisíveis, porque as visíveis são passageiras, ao passo que as invisíveis são eternas*[153], o que claramente se diz da glória final; e para mostrar quando e como se terá esta glória, acrescenta: *Todos nós sabemos que, quando for destruída esta tenda em que vive-*

---

[147] Jó 21,13.
[148] Lucas 16,22.
[149] Lucas 23,43.
[150] Apocalipse 2,7.
[151] Mateus 5,12.
[152] Gênese 2,8.
[153] 2 Coríntios 4,17-18.

gloria habeatur, subiungit: scimus enim quoniam si terrestris domus nostra huius habitationis dissolvatur, quod aedificationem ex Deo habemus, domum non manufactam, sed aeternam in caelis; per quod manifeste dat intelligere quod, dissoluto corpore, anima ad aeternam et caelestem mansionem perducitur, quae nihil aliud est quam fruitio divinitatis, sicut Angeli fruuntur in caelis.

Si quis autem contradicere velit, dicens apostolum non dixisse, quod statim, dissoluto corpore, domum aeternam habeamus in caelis in re, sed solum in spe, tandem habituri in re: manifeste hoc est contra intentionem apostoli: quia etiam dum hic vivimus habituri sumus caelestem mansionem secundum praedestinationem divinam; et iam eam habemus in spe, secundum illud Rom. 8,24: spe enim salvi facti sumus. Frustra igitur addidit: si terrena domus nostra huius habitationis dissolvatur; suffecisset enim dicere: scimus quod aedificationem habemus ex Deo etc.. Rursus expressius hoc apparet ex eo quod subditur: scientes quoniam, dum sumus in corpore, peregrinamur a Domino: per fidem enim ambulamus, et non per speciem. Audemus autem, et bonam voluntatem habemus magis peregrinari a corpore, et praesentes esse ad Dominum.

Frustra autem vellemus peregrinari a corpore, idest separari, nisi statim essemus praesentes ad Dominum. Non autem sumus praesentes nisi quando videmus per speciem: quandiu enim ambulamus per fidem et non per speciem, peregrinamur a Domino, ut ibidem dicitur. Statim igitur cum anima sancta a corpore separatur, Deum per speciem videt: quod est ultima beatitudo, ut in tertio est ostensum. Hoc autem idem ostendunt et verba eiusdem apostoli, philipp. 1,23, dicentis: desiderium habens dissolvi et esse cum Christo. Christus autem in caelis est. Sperabat igitur

mos na terra, teremos no céu uma casa feita por Deus, uma habitação eterna, que não foi feita por mãos humanas[154]; estas palavras dão a entender claramente que, corrompido o corpo, a alma é levada à mansão eterna e celeste, que nada mais é que a fruição da divindade, assim como os anjos fruem nos céus.

Mas, se alguém quiser contradizer, dizendo que o Apóstolo não disse que uma vez corrompido o corpo, teremos realmente uma casa eterna nos céus, mas somente a esperança de que finalmente a habitaremos realmente; esta afirmação é claramente contra a intenção do Apóstolo, porque enquanto aqui vivemos, habitamos a mansão celeste por predestinação divina e já a temos em esperança, segundo a Carta aos Romanos: *É na esperança que fomos salvos*[155]. Portanto, em vão acrescentou: *Se esta nossa habitação terrestre se dissolver*[156], pois bastava dizer: *Sabemos que temos de Deus uma sólida casa*. Por outro lado, isso se vê mais claramente pelo que segue: *Sabendo que enquanto estamos no corpo, somos peregrinos para o Senhor. Andamos na fé, e não em sua essência, mas confiamos e mais nos apraz deixar o corpo e estar presentes diante do Senhor*[157].

É em vão que quereríamos *partir do corpo*, isto é, *ser separados*, a não ser que estivéssemos imediatamente na presença do Senhor. Ora, não estamos presentes senão quando vemos Deus em sua essência, pois enquanto caminhamos pela fé e não pela sua essência, *estamos ausentes do Senhor*, como se disse. Portanto, imediatamente depois de separar-se a alma do corpo, vê a Deus em sua essência, que é a última bem-aventurança, como foi demonstrado[158]. Isto mesmo demonstram as palavras do mesmo Apóstolo: *Desejo morrer para estar com Cristo*[159]. Ora, Cristo está nos céus.

---

[154] 2 Coríntios 5,1.
[155] Romanos 8,24
[156] Romanos 5,6-8.
[157] 2 Coríntios 5,6-8.
[158] Livro III, cap. 51.
[159] Filipenses 1,23.

apostolus statim post corporis dissolutionem se perventurum ad caelum.

Per hoc autem excluditur error quorundam Graecorum, qui Purgatorium negant, et dicunt animas ante corporum resurrectionem neque ad caelum ascendere, neque in infernum demergi.

Capitulum XCII
Quod animae sanctorum post mortem habent voluntatem immutabilem in bono

Ex his autem apparet quod animae, statim cum a corpore fuerint separatae, immobiles secundum voluntatem redduntur: ut scilicet ulterius voluntas hominis mutari non possit, neque de bono in malum, neque de malo in bonum.

Quandiu enim anima de bono in malum vel de malo in bonum mutari potest, est in statu pugnae et militiae: oportet enim ut sollicite resistat malo, ne ab ipso vincatur; vel conetur ut ab eo liberetur. Sed statim cum anima a corpore separatur, non erit in statu militiae vel pugnae, sed recipiendi praemium vel poenam pro eo quod legitime vel illegitime certavit: ostensum est enim quod statim vel praemium vel poenam consequitur. Non igitur ulterius anima secundum voluntatem vel de bono in malum, vel de malo in bonum mutari potest.

Item. Ostensum est in tertio quod beatitudo, quae in Dei visione consistit, perpetua est: et similiter in eodem ostensum est quod peccato mortali debetur poena aeterna. Sed anima beata esse non potest si voluntas eius recta non fuerit: desinit enim esse recta per hoc quod a fine avertitur; non potest autem simul esse quod a fine avertatur, et fine fruatur. Oportet igitur rectitudinem voluntatis in anima beata esse perpetuam, ut non possit transmutari de bono in malum.

O Apóstolo esperava que chegaria ao céu imediatamente depois de separar-se do corpo.

Pelo que está dito exclui-se o erro de alguns Gregos, que negam o purgatório, e dizem que, antes da ressurreição dos corpos, as almas nem sobem ao céu, nem descem ao inferno.

Capítulo 92
As almas dos santos, após a morte, têm a vontade imutável no bem

Do que foi dito, pode-se ver que as almas, após se separarem do corpo, se tornam imutáveis quanto à vontade, a saber, posteriormente, a vontade do homem não pode mudar-se, nem do bem para o mal, nem do mal para o bem.

Com efeito, enquanto a alma pode mudar-se do bem para o mal ou do mal para o bem, está no estado de luta e de milícia[160]. É necessário, pois, que resista com solicitude ao mal, para que não seja vencida por ele; ou que se esforce para livrar-se dele. Ora, logo que a alma se separa do corpo, não estará no estado de milícia ou de luta, mas no de receber o prêmio ou a pena pelo que *combateu legítima ou ilegitimamente*[161], pois foi demonstrado que a alma imediatamente alcança o prêmio ou a pena. Portanto, a alma quanto à vontade não pode mudar-se nem do bem para o mal, nem do mal para o bem.

Igualmente. Foi demonstrado[162] que a bem-aventurança, que consiste na visão de Deus, é perpétua; e, também, que ao pecado mortal é devida uma pena eterna[163]. Mas, a alma bem-aventurada não pode existir se a sua vontade não for reta, a qual deixa de ser reta quando se afasta do fim. A alma não pode, pois, simultaneamente afastar-se do fim e fruir do fim. Portanto, é necessário que a retidão da vontade seja perpétua na alma bem-aventurada, para que não possa mudar-se do bem para o mal.

---

[160] Cf. capítulo anterior.
[161] 2 Timóteo 2,5.
[162] Livro III, cap. 61.
[163] Livro III, cap. 144.

Amplius. Naturaliter creatura rationalis appetit esse beata: unde non potest velle non esse beata. Potest tamen per voluntatem deflecti ab eo in quo vera beatitudo consistit, quod est voluntatem esse perversam. Et hoc quidem contingit quia id in quo vera beatitudo est, non apprehenditur sub ratione beatitudinis, sed aliquid aliud, in quo voluntas inordinata deflectitur sicut in finem: puta, qui ponit finem suum in voluptatibus corporalibus, aestimat eas ut optimum, quod est ratio beatitudinis. Sed illi qui iam beati sunt, apprehendunt id in quo vere beatitudo est sub ratione beatitudinis et ultimi finis: alias in hoc non quiesceret appetitus, et per consequens non essent beati. Quicumque igitur beati sunt, voluntatem deflectere non possunt ab eo in quo est vera beatitudo. Non igitur possunt perversam voluntatem habere.

Item. Cuicumque sufficit id quod habet, non quaerit aliquid extra ipsum. Sed quicumque est beatus, sufficit ei id in quo est vera beatitudo, alias non impleretur eius desiderium. Ergo quicunque est beatus, nihil aliud quaerit quod non pertineat ad id in quo vera beatitudo consistit. Nullus autem habet perversam voluntatem nisi per hoc quod vult aliquid quod repugnat ei in quo vera beatitudo consistit. Nullius igitur beati voluntas potest mutari in malum.

Praeterea. Peccatum in voluntate non accidit sine aliquali ignorantia intellectus: nihil enim volumus nisi bonum verum vel apparens; propter quod dicitur Proverb. 14,22: errant qui operantur malum; et Philosophus III ethic., dicit quod omnis malus ignorans. Sed anima quae est vere beata, nullo modo potest esse ignorans: cum in Deo omnia videat quae pertinent ad suam perfectionem. Nullo igitur

Ademais. A criatura racional deseja naturalmente ser bem-aventurada, e, por isso, não pode querer não ser bem-aventurada. Entretanto, a vontade pode afastar-se do que consiste a verdadeira bem-aventurança, pervertendo-se a vontade. E isso acontece, porque não se considera como bem-aventurança o que verdadeiramente a constitui, mas outra coisa para a qual a vontade se volta desordenada, como para um fim; por exemplo, quem coloca o seu fim nos prazeres corporais, julga-os como o melhor, que é a razão da bem-aventurança. Mas aqueles que já são bem-aventurados, apreendem aquilo em que verdadeiramente é a bem-aventurança sob a razão de bem-aventurança e de último fim; de outra maneira, o apetite não se satisfaria e, por isso, não seriam bem-aventurados. Portanto, os que são bem-aventurados não podem desviar a vontade daquilo que constitui a verdadeira bem-aventurança. Logo, não podem ter uma vontade pervertida.

Igualmente. A quem lhe basta o que tem, não busca alguma coisa fora de si. Ora, a quem é bem-aventurado basta-lhe aquilo que constitui a verdadeira bem-aventurança, de outro modo o seu desejo não seria completo. Portanto, quem é bem-aventurado somente busca o que pertence àquilo em que consiste a verdadeira bem-aventurança. Mas, ninguém tem a vontade pervertida a não ser quando quer algo que repugna ao que constitui a verdadeira bem-aventurança. Portanto, a vontade de qualquer bem-aventurado não pode mudar-se para o mal.

Além disso. Não acontece o pecado na vontade sem que haja alguma ignorância do intelecto, porque nada queremos senão o bem verdadeiro ou aparente, como dizem os Provérbios: *Erram os que fazem o mal*[164], e o Filósofo diz que *todo mau é ignorante*[165]. Mas, a alma que é verdadeiramente bem-aventurada não pode ser ignorante de modo algum, uma vez que vê em Deus o que pertence à sua perfeição.

---

[164] Provérbios 14,22.
[165] Aristóteles (384-322 a.C.), em Ética III, 2, 1110b, 28.

modo potest malam voluntatem habere: praecipue cum illa Dei visio semper sit in actu, ut in tertio est ostensum.

Adhuc. Intellectus noster circa conclusiones aliquas errare potest antequam in prima principia resolutio fiat, in quae resolutione iam facta, scientia de conclusionibus habetur, quae falsa esse non potest. Sicut autem se habet principium demonstrationis in speculativis, ita se habet finis in appetitivis. Quandiu igitur finem ultimum non consequimur, voluntas nostra potest perverti: non autem postquam ad fruitionem ultimi finis pervenerit, quod est propter se ipsum desiderabile, sicut prima principia demonstrationum sunt per se nota.

Amplius. Bonum, inquantum huiusmodi, diligibile est. Quod igitur apprehenditur ut optimum, est maxime diligibile. Sed substantia rationalis beata videns Deum, apprehendit ipsum ut optimum. Ergo maxime ipsum diligit. Hoc autem habet ratio amoris, quod voluntates se amantium sint conformes. Voluntates igitur beatorum sunt maxime conformes Deo: quod facit rectitudinem voluntatis, cum divina voluntas sit prima regula omnium voluntatum. Voluntates igitur Deum videntium non possunt fieri perversae.

Item. Quandiu aliquid est natum moveri ad alterum, nondum habet ultimum finem. Si igitur anima beata posset adhuc transmutari de bono in malum, nondum esset in ultimo fine. Quod est contra beatitudinis rationem. Manifestum est igitur quod animae quae statim post mortem fiunt beatae, redduntur immutabiles secundum voluntatem.

Portanto, não pode ter a vontade má de modo algum, principalmente sendo sempre atual a visão de Deus, como se demonstrou[166].

Ainda. O nosso intelecto pode errar quanto a algumas conclusões antes de reduzi-las aos primeiros princípios. Feita esta redução, tem-se a ciência das conclusões, que não podem ser falsas. *Assim como os primeiros princípios da demonstração estão para as ciências especulativas, assim está o fim para os apetites*[167]. Portanto, enquanto não conseguimos o fim último, a nossa vontade pode desviar-se, mas não quando chegou à fruição do último fim, que é por si mesmo desejável, assim como os primeiros princípios das demonstrações são evidentes.

Ademais. O bem, enquanto tal, é amável. Portanto, o que é apreendido como ótimo, é amável ao máximo. Ora, a substância racional bem-aventurada, ao ver Deus, o apreende como ótimo e, por isso, o ama ao máximo. Esta é a razão do amor, tornar conformes entre si as vontades dos que se amam[168]. Portanto, as vontades dos bem-aventurados são ao máximo conformes com Deus, o que faz a retidão da vontade, uma vez que a vontade divina é a primeira regra de todas as vontades. Portanto, as vontades que veem a Deus não podem perverter-se.

Igualmente. Enquanto uma coisa se move para outra naturalmente, ainda não tem o último fim. Portanto, se a alma bem-aventurada pudesse ainda mudar-se do bem para o mal, ainda não teria o último fim, o que é contrário à razão de bem-aventurança. É evidente, pois, que as almas que imediatamente depois da morte são bem-aventuradas, se tornam imutáveis quanto à sua vontade.

Capitulum XCIII
Quod animae malorum post mortem habent voluntatem immutabilem in malo

Similiter etiam et animae quae statim post mortem efficiuntur in poenis miserae, redduntur immutabiles secundum voluntatem.

Capítulo 93
As almas dos maus, depois da morte, têm a vontade imutável no mal

De maneira semelhante, as almas que logo após a morte se tornam miseráveis com as penas, tornam-se imutáveis quanto à vontade.

---

[166] Livro III, cap. 62.
[167] Aristóteles (384-322 a.C.), em Ética I, 12, 1102a, 2-4.
[168] Aristóteles (384-322 a.C.), em Ética IX, 4, 1166a, 1-2.

Ostensum est enim in tertio quod peccato mortali debetur poena perpetua. Non autem esset poena perpetua animarum quae damnantur, si possent voluntatem mutare in melius: quia iniquum esset quod ex quo bonam voluntatem haberent, perpetuo punirentur. Voluntas igitur animae damnatae non potest mutari in bonum.

Praeterea. Ipsa inordinatio voluntatis quaedam poena est, et maxime afflictiva: quia, in quantum habet inordinatam voluntatem aliquis, displicent ei quae recte fiunt, et damnatis displicebit quod voluntas Dei impletur in omnibus, cui peccando restiterunt. Igitur inordinata voluntas nunquam ab eis tolletur.

Adhuc. Voluntatem a peccato mutari in bonum non contingit nisi per gratiam Dei, ut patet ex his quae in tertio dicta sunt. Sicut autem bonorum animae admittuntur ad perfectam participationem divinae bonitatis, ita damnatorum animae a gratia totaliter excluduntur. Non igitur poterunt mutare in melius voluntatem.

Praeterea. Sicut boni in carne viventes omnium suorum operum et desideriorum finem constituunt in Deo, ita mali in aliquo indebito fine avertente eos a Deo. Sed animae separatae bonorum immobiliter inhaerebunt fini quem in hac vita sibi praestituerunt, scilicet Deo. Ergo et animae malorum immobiliter inhaerebunt fini quem sibi elegerunt. Sicut igitur bonorum voluntas non poterit fieri mala, ita nec malorum poterit fieri bona.

Com efeito, foi demonstrado[169], que ao pecado mortal é devida uma pena perpétua. Ora, não haveria pena perpétua das almas que se condenam, se pudessem mudar a vontade para melhor; porque seria iníquo que, aqueles que tivessem a vontade boa, fossem punidos perpetuamente. Portanto, a vontade da alma condenada não pode mudar-se ao bem.

Além disso. A desordem da vontade é uma certa pena, e ao máximo aflitiva; porque quem tem uma vontade desordenada desagrada-lhe o que se faz retamente. E aos condenados desagradará que a vontade de Deus seja cumprida em todas as coisas, às quais resistiram pecando. Portanto, a vontade desordenada jamais lhes será tirada.

Ainda. Não acontece que a vontade se mude do pecado ao bem senão pela graça de Deus, como foi demonstrado[170]. Assim como as almas dos bons são admitidas à participação perfeita da bondade divina, assim as almas dos condenados são excluídos totalmente da graça. Portanto, não poderiam mudar a vontade para melhor.

Além disso. Assim como os bons, vivendo na carne, constituem em Deus o fim de todas suas obras e de todos seus desejos, assim os maus constituem algum fim indevido, que os desvia de Deus. Mas, as almas separadas dos bons aderirão imutavelmente ao fim que nesta vida se preestabeleceram, a saber, Deus. Portanto, as almas dos maus aderirão, também, ao fim que elegeram para si. Portanto, assim como a vontade dos bons não pode tornar-se má, assim nem a dos maus pode tornar-se boa.

Capitulum XCIV
De immutabilitate voluntatis in animabus in Purgatorio detentis

Sed quia quaedam animae sunt quae statim post separationem ad beatitudinem non perveniunt, nec tamen sunt damnatae, sicut illae quae secum aliquid purgabile deferunt,

Capítulo 94
A imutabilidade da vontade das almas detidas no Purgatório

Há algumas almas que, logo após a separação, não chegam à bem-aventurança, e que, entretanto, não são condenadas, pois trazem consigo algo a purificar, como foi dito[171]. Fica

---

[169] Livro III, cap. 144
[170] Livro III, cap. 157.
[171] Cf. cap. 91.

ut dictum est; ostendendum est quod nec etiam huiusmodi animae separatae possunt secundum voluntatem mutari.

Beatorum enim et damnatorum animae habent immobilem voluntatem ex fine cui adhaeserunt, ut ex dictis patet: sed animae quae secum aliquid purgabile deferunt, in fine non discrepant ab animabus beatis: decedunt enim cum caritate, per quam inhaeremus Deo ut fini. Ergo etiam ipsaemet immobilem voluntatem habebunt.

Capitulum XCV
Communiter in omnibus animabus post separationem a corpore

Quod autem ex fine in omnibus animabus separatis sequatur immobilitas voluntatis, sic manifestum esse potest.

Finis enim, ut dictum est, se habet in appetitivis sicut prima principia demonstrationis in speculativis. Huiusmodi autem principia naturaliter cognoscuntur; et error qui circa huiusmodi principia accideret, ex corruptione naturae proveniret. Unde non posset homo mutari de vera acceptione principiorum in falsam, aut e converso, nisi per mutationem naturae: non enim qui errat circa principia, revocari potest per aliqua certiora, sicut revocatur homo ab errore qui est circa conclusiones. Et similiter nec posset aliquis a vera acceptione principiorum per aliqua magis apparentia seduci. Sic igitur et se habet circa finem. Quia unusquisque naturaliter habet desiderium ultimi finis.

Et hoc quidem sequitur in universali naturam rationalem, ut beatitudinem appetat: sed quod hoc vel illud sub ratione beatitudinis et ultimi finis desideret, ex aliqua speciali dispositione naturae contingit; unde Philosophus dicit quod qualis unusquisque est talis

por demonstrar que estas almas, mesmo depois de serem separadas do corpo, não podem mudar-se quanto à vontade.

Com efeito, as almas dos bem-aventurados e dos condenados têm a vontade imutável por causa do fim a que aderiram, como está claro em capítulos anteriores[172]. Ora, as almas que trazem consigo a purificar, não se diferenciam das almas bem-aventuradas quanto ao fim, uma vez que morrem com caridade, pela qual aderimos a Deus como fim. Portanto, também essas almas terão a vontade imutável.

Capítulo 95
A imutabilidade das vontades das almas, em geral, após a separação do corpo

Que a imutabilidade da vontade, em todas as almas separadas, se segue do fim, pode-se demonstrar assim:

O fim, como se disse[173], *está para os apetites, assim como os primeiros princípios da demonstração estão para as ciências especulativas*. Ora, estes princípios se conhecem naturalmente, e o erro que acontecem a respeito deles provêm da corrupção da natureza. Por isso, o homem não poderia passar de uma verdadeira aceitação dos princípios para uma falsa, ou ao contrário, a não ser por uma mudança da natureza. Mas, quem erra a respeito dos princípios não pode retratar-se por outros mais certos, assim como se retrata um homem do erro nas conclusões. Igualmente, ninguém poderia apartar-se da verdadeira aceitação dos princípios por algumas mais aparentes. Portanto, é assim que se tem a respeito do fim. Porque cada um tem naturalmente o desejo do último fim.

E esta é, em geral, a tendência da natureza racional, apetecer a bem-aventurança. Mas, que se deseje isto ou aquilo, sob a razão da bem-aventurança e do último fim, isto acontece por uma especial disposição da natureza. Por isso, o Filósofo diz: *Como cada qual é,*

---

[172] Cf. caps. 92.93;95.
[173] Cf. cap. 92.

et finis videtur ei. Si igitur dispositio illa per quam aliquid desideratur ab aliquo ut ultimus finis, ab eo removeri non possit, non poterit immutari voluntas eius quantum ad desiderium finis illius.

Huiusmodi autem dispositiones removeri possunt a nobis quandiu est anima corpori coniuncta. Quod enim aliquid appetatur a nobis ut ultimus finis, contingit quandoque ex eo quod sic disponimur aliqua passione, quae cito transit: unde et desiderium finis de facili removetur, ut in continentibus apparet. Quandoque autem disponimur ad desiderium alicuius finis boni vel mali per aliquem habitum: et ista dispositio non de facili tollitur, unde et tale desiderium finis fortius manet, ut in temperatis apparet; et tamen dispositio habitus in hac vita auferri potest.

Sic ergo manifestum est quod, dispositione manente qua aliquid desideratur ut ultimus finis, non potest illius finis desiderium moveri: quia ultimus finis maxime desideratur; unde non potest aliquis a desiderio ultimi finis revocari per aliquid desiderabile magis. Anima autem est in statu mutabili quandiu corpori unitur: non autem postquam fuerit a corpore separata. Dispositio enim animae movetur per accidens secundum aliquem motum corporis: cum enim corpus deserviat animae ad proprias operationes, ad hoc ei naturaliter datum est ut in ipso existens perficiatur, quasi ad perfectionem mota. Quando igitur erit a corpore separata, non erit in statu ut moveatur ad finem, sed ut in fine adepto quiescat. Immobilis igitur erit voluntas eius quantum ad desiderium ultimi finis.

Ex ultimo autem fine dependet tota bonitas vel malitia voluntatis: quia bona quaecumque aliquis vult in ordine ad bonum finem, bene vult: mala autem quaecumque in ordine ad malum finem, male vult.Non est igitur voluntas animae separatae mutabilis de bono in malum: licet sit mutabilis de uno volito in

assim lhe parece também o fim[174]. Portanto, se a disposição pela qual se deseja algo como último fim, não pode ser removida por alguém, sua vontade tampouco poderá mudar quanto ao desejo de tal fim.

Mas, nós podemos remover tais disposições enquanto a alma está unida ao corpo. Que nós desejemos alguma coisa como último fim, acontece às vezes por uma disposição passional, que logo passa; por isso, remove-se facilmente, também, o desejo do fim, como se vê nos que praticam a continência. Algumas vezes, também, nos dispomos ao desejo de um fim bom ou mau por hábito; esta disposição não se remove facilmente; por isso este desejo do fim permanece mais fortemente, como se vê nos que praticam a temperança. Entretanto, pode-se retirar, nesta vida, esta disposição habitual.

Sendo assim, é claro que, enquanto permanecer a disposição pela qual se deseja algo como último fim, não se pode mudar o desejo daquele fim, porque o último fim se deseja ao máximo. Por isso, não pode alguém renunciar ao desejo do último fim por alguma coisa mais desejável. A alma está em um estado mutável enquanto se une ao corpo, mas não depois que se separa do corpo. Porque a disposição da alma move-se acidentalmente por algum movimento do corpo; uma vez que o corpo serve à alma para as operações dela, naturalmente foi dado à alma este corpo para que, existindo ela nele, se aperfeiçoe como se fosse movida à perfeição. Portanto, quando for separada do corpo, não estará em estado de ser movida para o fim, mas de descansar no fim conseguido. Assim, a sua vontade será imóvel quanto ao desejo do último fim.

Do último fim depende toda bondade ou maldade da vontade, porque alguém quer bem, quando quer qualquer bem para um fim bom, e quer mal, quando quer para um fim mau. Portanto, a vontade da alma separada não é mutável do bem para o mal, embora seja mutável de uma coisa querida para outra,

---

[174] Aristóteles (384-322 a.C.), em Ética III, 7, 1114a, 32b, 1.

aliud, servato tamen ordine ad eundem ultimum finem.

Ex quo apparet quod talis immobilitas voluntatis libero arbitrio non repugnat, cuius actus est eligere: electio enim est eorum quae sunt ad finem, non autem ultimi finis. Sicut igitur non repugnat nunc libero arbitrio quod immobili voluntate desideramus beatitudinem et miseriam fugimus in communi, ita non erit contrarium libero arbitrio quod voluntas immobiliter fertur in aliquid determinatum sicut in ultimum finem: quia sicut nunc immobiliter nobis inhaeret natura communis, per quam beatitudinem appetimus in communi; ita tunc immobiliter manebit illa specialis dispositio per quam hoc vel illud desideratur ut ultimus finis.

Substantiae autem separatae, scilicet Angeli, propinquiores sunt, secundum naturam in qua creantur, ultimae perfectioni quam animae: quia non indigent acquirere scientiam ex sensibus, neque pervenire ratiocinando de principiis ad conclusiones, sicut animae; sed per species inditas statim possunt in contemplationem veritatis pervenire. Et ideo statim quod debito fini, vel indebito adhaeserunt, immobiliter in eo permanserunt.

Non est tamen aestimandum quod animae, postquam resument corpora in resurrectione, immobilitatem voluntatis amittant, sed in ea perseverant: quia, ut supra dictum est, corpora in resurrectione disponentur secundum exigentiam animae, non autem animae immutabuntur per corpora.

conservada, entretanto, a ordem para o mesmo último fim.

Pelo que foi dito, vê-se que esta imobilidade da vontade não é incompatível com o livre-arbítrio, cujo ato é eleger. Com efeito, a eleição diz respeito àquelas coisas que conduzem ao fim, mas não diz respeito ao último fim. Portanto, assim como agora não é incompatível com o livre-arbítrio que desejemos com vontade imutável a bem-aventurança e fujamos da miséria, em geral, assim também não será contrário ao livre-arbítrio que a vontade tenda imutavelmente a algo determinado como ao último fim; porque assim como agora a natureza comum é inerente a nós imutavelmente, pela qual apetecemos a bem-aventurança em geral, assim então permanecerá imutavelmente aquela disposição especial pela qual se deseja isto ou aquilo como último fim.

As substâncias separadas, como os anjos, segundo a natureza em que foram criadas, são mais próximas da última perfeição que as almas, porque não necessitam adquirir a ciência pelos sentidos, nem chegar, por raciocínios, dos princípios às conclusões, como as almas. Mas, estas substâncias separadas mediante as espécies impressas podem chegar imediatamente à contemplação da verdade. E, por isso, aderem imediatamente ao fim devido ou indevido e permanecem nele imutavelmente.

Não se deve julgar, entretanto, que as almas, depois de reassumirem os corpos na ressurreição, percam a imutabilidade da vontade, mas antes perseveram nela, porque, como foi dito[175], na ressurreição os corpos se disporão segundo a exigência da alma, mas as almas não serão mudadas pelos corpos.

---

[175] Cf. cap. 85.

O juízo (96 a 97)

Capitulum XCVI
De finali iudicio

Ex praemissis igitur apparet quod duplex est retributio pro his quae homo in vita gerit: una secundum animam, quam aliquis percipit statim cum anima fuerit a corpore separata; alia vero retributio erit in resumptione corporum, secundum quod quidam impassibilia et gloriosa corpora, quidam vero passibilia resument et ignobilia. Et prima quidem retributio singillatim fit singulis, secundum quod divisim singuli moriuntur. Secunda autem retributio simul omnibus fiet, secundum quod omnes simul resurgent.

Omnis autem retributio qua diversa redduntur secundum diversitatem meritorum, iudicium requirit. Necesse est ergo duplex esse iudicium: unum, quo divisim singulis quantum ad animam redditur poena vel praemium; aliud autem commune, secundum quod, quantum ad animam et corpus, reddetur omnibus simul quod meruerunt.

Et quia Christus sua humanitate, secundum quam passus est et resurrexit, nobis et resurrectionem et vitam aeternam promeruit; sibi competit illud commune iudicium, quo resurgentes vel praemiantur vel puniuntur. Propterea de eo dicitur Ioan. 5,27: potestatem dedit ei iudicium facere, quia filius hominis est.

Oportet autem iudicium proportionale esse his de quibus iudicatur. Et quia finale iudicium erit de praemio vel poena visibilium corporum, conveniens est ut illud iudicium visibiliter agatur. Unde etiam Christus in forma humanitatis iudicabit, quam omnes possint videre, tam boni quam mali. Visio autem divinitatis eius beatos facit, ut in tertio est ostensum: unde a solis bonis poterit videri. Iudicium autem animarum, quia de invisibilibus est, invisibiliter agitur.

Capítulo 96
O Juízo Final

Pelo que foi dito, vê-se que há uma dupla retribuição pelo que o homem fez durante a vida: uma, segundo a alma, que alguém recebe imediatamente após a alma se separar do corpo. A segunda retribuição acontecerá quando os corpos forem reassumidos, segundo a qual, alguns terão os corpos impassíveis e gloriosos, e alguns passíveis e ignóbeis. Ora, a primeira retribuição se faz a cada um separadamente, já que separadamente morre cada qual. A segunda retribuição se fará a todos simultaneamente, pois todos ressuscitarão simultaneamente.

Toda retribuição requer um juízo, porque por ela se dão diversas recompensas de acordo com os méritos. Portanto, é necessário que haja um duplo juízo: um, no qual se dá a cada alma singularmente a pena ou o prêmio; o segundo, universal, no qual se dará a todos simultaneamente o que mereceram com a alma e o corpo.

E porque Cristo nos prometeu por sua humanidade, com a qual padeceu e ressuscitou, a ressurreição e a vida eterna, a Ele compete aquele juízo universal pelo qual os ressuscitados ou são premiados, ou são punidos. Por isso, se diz dEle: *Deu-lhe o poder de julgar, porque é o Filho do homem*[1].

É necessário, pois, que o juízo seja proporcional ao que se julga. E porque o juízo final tratará do prêmio ou da pena dos corpos visíveis, é conveniente que se faça visivelmente. Por isso, Cristo julgará, também, em forma humana, que todos possam ver, assim bons como maus. Uma vez que a visão de sua divindade faz os ressuscitados bem-aventurados, como se demonstrou[2], por isso somente poderá ser vista pelos bons. O juízo das almas, porque se trata de invisíveis, se fará invisivelmente.

---

[1] João 5,27.
[2] Livro III, caps. 25,51.53.

Licet autem Christus in illo finali iudicio auctoritatem habeat iudicandi, iudicabunt tamen simul cum illo, velut iudicis assessores, qui ei prae ceteris adhaeserunt, scilicet apostoli, quibus dictum est, Matth. 19,28: vos qui secuti estis me, sedebitis super sedes iudicantes duodecim tribus Israel; quae promissio etiam ad illos extenditur, qui apostolorum vestigia imitantur.

Capitulum XCVII
De statu mundi post iudicium

Peracto igitur finali iudicio, natura humana totaliter in suo termino constituetur. Quia vero omnia corporalia sunt quodammodo propter hominem, ut in tertio est ostensum, tunc etiam totius creaturae corporeae conveniens est ut status immutetur, ut congruat statui hominum qui tunc erunt. Et quia tunc homines incorruptibiles erunt, a tota creatura corporea tolletur generationis et corruptionis status. Et hoc est quod dicit apostolus, Rom. 8,21, quod ipsa creatura liberabitur a servitute corruptionis in libertatem gloriae filiorum Dei.

Generatio autem et corruptio in inferioribus corporibus ex motu caeli causatur. Ad hoc igitur quod in inferioribus cesset generatio et corruptio, oportet etiam quod motus caeli cesset. Et propter hoc dicitur Apoc. 10,6, quod tempus amplius non erit.

Non debet autem impossibile videri quod motus caeli cesset. Non enim motus caeli sic est naturalis sicut motus gravium et levium, ut ab aliquo interiori activo principio inclinetur ad motum: sed dicitur naturalis, inquantum habet in sua natura aptitudinem ad talem motum; principium autem illius motus est aliquis intellectus, ut in tertio est ostensum. Movetur igitur caelum sicut ea quae a voluntate moventur. Voluntas autem movet propter

Embora Cristo tenha autoridade para julgar naquele juízo final, entretanto, julgarão ao mesmo tempo com Ele, como juízes assessores, os que mais que os outros aderiram a Ele, a saber, os Apóstolos, dos quais se disse: *Vós que me seguistes, sentareis nos tronos para julgar as dozes tribos de Israel*[3]. Esta promessa se estende àqueles que seguiram as pegadas dos Apóstolos.

Capítulo 97
O estado do mundo após o Juízo

Terminado o juízo final, a natureza humana se constituirá totalmente em seu término. E porque todas as coisas corporais são, de algum modo, para o homem, como foi demonstrado[4], então, será também conveniente que o estado de toda criatura corpórea se mude, para que se adapte ao estado dos homens que então existirão. E porque, então, os homens serão incorruptíveis se suprimirá de toda a criatura corpórea o estado de geração e de corrupção. Isto diz o Apóstolo: *A mesma criatura será libertada da servidão da corrupção para a liberdade da glória dos filhos de Deus*[5].

Com efeito, a geração e a corrupção são causadas nos corpos inferiores pelo movimento do céu. Portanto, para que cessem a geração e a corrupção nos corpos inferiores, será necessário, também, que cesse o movimento do céu. Por isso, diz o Apocalipse: *Não haverá mais tempo*[6].

Não deve parecer impossível que cesse o movimento do céu. Porque este movimento não é natural como o movimento das coisas pesadas e leves, como se ele fosse inclinado ao movimento por um princípio interior ativo; mas se diz natural, enquanto tem em sua natureza aptidão para tal movimento. O princípio desse movimento é algum intelecto, como foi demonstrado[7]. Portanto, move-se o céu como o que se move pela vontade. Ora, a

---

[3] Mateus 19,28.
[4] Livro III, cap. 81.
[5] Romanos 8,21.
[6] Apocalipse 10,6.
[7] Livro III, cap. 23.

finem. Finis autem motus caeli non potest esse ipsum moveri: motus enim, cum semper in aliud tendat, non habet rationem ultimi finis.

Nec potest dici quod finis caelestis motus sit, ut corpus caeleste reducatur secundum ubi de potentia in actum: quia haec potentia numquam potest tota in actum reduci: quia dum corpus caeleste est actu in uno ubi, est in potentia ad aliud; sicut est et de potentia materiae primae respectu formarum. Sicut igitur finis naturae in generatione non est reducere materiam de potentia in actum, sed aliquid quod ad hoc consequitur, scilicet perpetuitas rerum, per quam ad divinam similitudinem accedunt; ita finis motus caelestis non est reduci de potentia in actum, sed aliquid consequens ad hanc reductionem, scilicet assimilari Deo in causando. Omnia autem generabilia et corruptibilia, quae causantur per motum caeli, ad hominem ordinantur quodammodo sicut in finem, ut in tertio est ostensum. Motus igitur caeli praecipue est propter generationem hominum: in hoc enim maxime divinam similitudinem consequitur in causando, quia forma hominis, scilicet anima rationalis, immediate creatur a Deo, ut in secundo est ostensum. Non autem potest esse finis multiplicatio animarum in infinitum: quia infinitum contrariatur rationi finis. Nihil igitur inconveniens sequitur si, certo numero hominum completo, ponamus motum caeli desistere.

Cessante tamen motu caeli et generatione et corruptione ab elementis, eorum substantia remanebit, ex immobilitate divinae bonitatis: creavit enim res ut essent. Unde esse rerum quae aptitudinem habent ad perpetuitatem, in perpetuum remanebit. Habent autem naturam

vontade move por causa de um fim. E o fim do movimento do céu não pode ser ele mesmo se mover, pois o movimento, uma vez que sempre tende a alguma coisa, não tem a razão de último fim.

Não se pode dizer que o fim do movimento celeste seja que o corpo celeste se reduza da potência ao ato, segundo o *lugar* (*ubi*), porque esta potência nunca pode reduzir-se toda a ato, uma vez que, enquanto o corpo celeste está em ato em um *lugar* (*ubi*), está em potência a outro lugar, como acontece com a potência da matéria prima com respeito às formas. Portanto, assim com o fim da natureza na geração não é reduzir a matéria da potência ao ato, mas o que se segue a isto, isto é, a perpetuidade das coisas mediante a qual acedem à semelhança divina; assim, também, o fim do movimento celeste não é reduzir-se da potência ao ato, mas algo que se segue a esta redução, a saber, assemelhar-se a Deus no causar. Com efeito, todas as coisas generáveis e corruptíveis que são causadas pelo movimento do céu, ordenam-se, de algum modo, ao homem, como a um fim, como foi demonstrado[8]. Portanto, o movimento do céu existe principalmente por causa da geração dos homens, pois nisso, sobretudo, alcança a semelhança divina no causar, porque a forma do homem, a saber, a alma racional, é criada imediatamente por Deus, como foi demonstrado[9]. Mas, o fim não pode ser a multiplicação das almas ao infinito, porque o infinito é contrário à razão de fim. Logo, não se segue inconveniente algum se, uma vez completo um determinado número de homens, afirmamos que o movimento do céu cessa.

Cessando o movimento do céu, a geração e a corrupção causadas pelos elementos, a substância de tudo isso permanecerá pela imutabilidade da bondade divina: *Criou todas as coisas para que existissem*[10]. Por isso, o ser das coisas que são aptas para perpetui-

---

[8] Livro III, cap. 81.
[9] Livro II, cap. 87.
[10] Sabedoria 1,14 (Vulgata).

ut sint perpetua, secundum totum et partem, corpora caelestia; elementa vero secundum totum, licet non secundum partem, quia secundum partem corruptibilia sunt; homines vero secundum partem, licet non secundum totum, nam anima rationalis incorruptibilis est, compositum autem corruptibile. Haec igitur secundum substantiam remanebunt in illo ultimo statu mundi, quae quoquo modo ad perpetuitatem aptitudinem habent, Deo supplente sua virtute quod eis ex propria infirmitate deest.

Alia vero animalia, et plantae, et corpora mixta, quae totaliter sunt corruptibilia, et secundum totum et partem, nullo modo in illo incorruptionis statu remanebunt. Sic igitur intelligendum est quod apostolus dicit, I Cor. 7,31: praeterit figura huius mundi, quia haec species mundi quae nunc est, cessabit: substantia vero remanebit. Sic etiam intelligitur quod dicitur iob 14,12: homo, cum dormierit, non resurget donec atteratur caelum: idest, donec ista dispositio caeli cesset qua movetur et in aliis motum causat.

Quia vero inter alia elementa maxime activum est ignis, et corruptibilium consumptivum; consumptio eorum quae in futuro statu remanere non debent, convenientissime fiet per ignem. Et ideo secundum fidem ponitur quod finaliter mundus per ignem purgabitur, non solum a corruptibilibus corporibus, sed etiam ab infectione quam locus iste incurrit ex habitatione peccatorum. Et hoc est quod dicitur II Petri 3,7: caeli qui nunc sunt et terra eodem verbo repositi sunt, igni reservati, in diem iudicii: ut per caelos non ipsum firmamentum intelligamus, in quo sunt sidera, sive fixa sive errantia, sed istos caelos aereos terrae vicinos.

Quia igitur creatura corporalis finaliter disponetur per congruentiam ad hominis statum; homines autem non solum a corruptione

dade, permanecerá perpétuo. Ora, os corpos celestes têm natureza para ser perpétuos, total e parcialmente; os elementos, porém, só totalmente, porque parcialmente são corruptíveis. Os homens, certamente segundo a parte, porque a alma racional é incorruptível, mas o composto é corruptível. Portanto, permanecerão, quanto à substância, naquele último estado do mundo, as coisas que de algum modo são aptas para a perpetuidade, suprindo Deus com o seu poder o que lhes falta por sua própria debilidade.

Os outros animais, as plantas e os corpos compostos, que totalmente são corruptíveis, de modo algum permanecerão, seja total, seja parcialmente, naquele estado de não corrupção. Assim, deve-se entender o Apóstolo, quando diz: *Passará a figura deste mundo*[11], porque essa figura do mundo que existe agora, cessará, permanecendo a substância. Assim, também, se entende o que Jó diz: *Um homem tendo morrido, não ressuscitará mais, até que o céu se acabe*[12], isto é, até que cesse a disposição atual do céu, pela qual se move e causa o movimento nas outras coisas.

Entre os elementos, o fogo é ativo ao máximo e consome o que é corruptível, é muitíssimo conveniente, portanto, que a destruição daquelas coisas que não devem permanecer no futuro estado seja feita pelo fogo. E, por isto, a fé afirma que o mundo finalmente será purificado pelo fogo, não somente dos corpos corruptíveis, mas também de toda infecção que atingiu este lugar por ser habitação de pecadores. É o que diz Pedro: *Os céus que agora existem e as terras serão reservados, pela mesma palavra, para o fogo do dia do juízo*[13], entendamos por céus, não o firmamento, onde estão as estrelas, fixas ou errantes, mas estes céus aéreos próximos da terra.

E porque a criatura corporal terá uma disposição final adequada ao estado do homem, os homens não somente se libertarão da cor-

---

[11] 1 Coríntios 7,31.
[12] Jó 14,12.
[13] 2 Carta de Pedro 3,7.

liberabuntur, sed etiam gloria induentur, ut ex dictis patet: oportebit quod etiam creatura corporalis quandam claritatis gloriam suo modo consequatur.

Et hinc est quod dicitur Apoc. 21,1: vidi caelum novum et terram novam; et Isaiae 65,17 ego creabo caelos novos, et terram novam, et non erunt in memoria priora, et non ascendent super cor: sed gaudebitis et exsultabitis usque in sempiternum. Amen.

rupção[14], mas também se revestirão da glória, como está claro pelo que foi dito[15], será necessário que, também, a criatura corporal consiga, a seu modo, a glória da claridade.

A isto refere-se o Apocalipse: *Eu vi um céu novo e uma terra nova*[16], e Isaías: *Eu criarei novos céus e uma terra nova, e não haverá memória das coisas anteriores e elas não serão recordadas, mas alegrar-vos-eis e exultareis para sempre. Amém*[17].

Aqui termina o Livro IV e, também, todo o Tratado sobre a Fé Católica Contra os Gentios escrito por Frei Tomás de Aquino, da Ordem dos Frades Pregadores.

---

[14] Cf. cap. 85.
[15] Cf. cap. 86.
[16] Apocalipse 21,1.
[17] Isaías 65,17-18.

Autores citados

Abelardo (1079-1142)
Teólogo e filósofo francês, célebre por sua paixão por Heloísa. Foi condenado nos Concílios de Soissons (1121) e de Sens (1141), por proposição de São Bernardo. Além de tratados teológicos, escreveu Dialética, sua obra principal e uma autobiografia: História das Minhas Calamidades.
Obra citada: Introdução à Teologia.

Apolinário (310-390)
Bispo de Laodiceia, na Síria, onde nasceu. Apolinário marcou o seu tempo, primeiro como defensor do Concílio de Niceia contra Ario, depois com suas cristologias. Julgou impossível que uma só pessoa possuísse duas naturezas perfeitas. Para salvar a natureza divina de Cristo, recusa à natureza humana uma alma racional, pois a divindade a substitui. Favorecia, assim, o Monofisismo. Foi condenado por vários Sínodos e, em 381, pelo II Concílio de Constantinopla.

Ario (256-336)
Sacerdote de Alexandria quis adaptar a fé da Igreja ao Helenismo. Seguia as ideias neoplatônicas de que a divindade é "incriada" e "não gerada". Assim, na Trindade há três substâncias heterogêneas e distintas: o Pai, Deus sem começo; o Logus, teve começo e é o primogênito das criaturas; o Espírito Santo é a primeira das criaturas do Logus. Na Encarnação, o Logus fez-se carne. O Sínodo de Alexandria, em 321, e o Concílio de Niceia, em 325, o condenaram.

Aristóteles (384-322 a.C.)
Nasceu Estagira, na Tácia. Santo Tomás o chama de O Filósofo. Em Atenas foi discípulo de Isócrates e depois de Platão, por cerca vinte anos. Em 335 funda a escola do Liceu que durou treze anos. Com o apoio de Alexandre, de quem por dois anos fora preceptor, forma uma biblioteca com importantes documentos. Sua obra é vastíssima, mas conhecemos um pouco mais de 150. Afastou-se da doutrina das Ideias de Platão e explicou a natureza composta de matéria e forma que se referem como potência e ato. Entender, conhecer, pensar são as atividades mais nobres. Assim, Deus é ato puro, primeiro motor imóvel.
Obras citadas: Sobre as Razões da Fé, Física, Metafísica, Sobre a Geração e a Corrupção, Da Interpretação (Peri Hermeneias), Sobre a Alma, Categorias, Sobre a Geração dos Animais, Sobre e Ente e a Essência, Tópicos.

Avicena (980-1037)
Nasceu em Bukhara e faleceu em Hamadan (Irã). Filósofo e médico na Escola de Bagdá. Como filósofo, desenvolveu os estudos sobre Aristóteles com temas platônicos. Como médico, escreveu o Cânon da Medicina, utilizado no Oriente e no Ocidente até o século XVIII como manual de Medicina.
Obra citada: Metafísica.

Beda, o Venerável (673-735)
É um monge inglês estudioso e erudito. Sua obra é vasta e foi admirada de seus contemporâneos e da Idade Média. Faz a síntese de todo o saber científico e literário da Antiguidade.
Obra citada: Exposição sobre o Evangelho de Lucas.

Boécio (480-524)
Foi mestre do palácio do rei godo Teodorico, em 520. Falsamente acusado de cumplicidade com Bizâncio, foi condenado à prisão e à morte. Boécio é um cristão conhecedor do pensamento de Santo

Agostinho e dos filósofos gregos, os seus trabalhos são uma síntese de duas civilizações que a Idade Média estudou com admiração.
Obras citadas: Sobre a Trindade, Sobre as Duas Naturezas.

Cerinto (séc. I)
Contemporâneo dos primórdios do Cristianismo. Defendeu um sincretismo judeu-gnóstico. Afirmava que Jesus, nascido de Maria e José, como os demais humanos, morreu e ressuscitou. Mas, não é Deus; — Ebionistas (séc. I), seita judeu-cristã. Como discípulos de Cerinto, afirmavam que Jesus não é Deus. E no batismo do Jordão, eleito pelo Espírito, tornou-se o Cristo; — Paulo de Samósata (séc. III), bispo de Antioquia, foi condenado pelo Sínodo, em 268, por erros trinitários e cristológicos.

Cerintianos
Seguidores de Cerinto († 140), contemporâneo de São João; propagou o milenarismo nas comunidades cristãs. É considerado um dos primeiros hereges. Cf. Santo Agostinho (354-431), em Sobre as Heresias a Quodvultdeus, ML 42, 8. Este foi discípulo de Agostinho e eleito também bispo de Cártago. Insistiu com Agostinho que escrevesse o tratado sobre as heresias. Morreu na Campania, em 453, expulso por Genserico.

Cirilo de Alexandria (380-444)
Apoiado pelo Papa Celestino, combateu fortemente as ideias de Nestório. A partir de 429, Cirilo intervém junto a Roma, como campeão da ortodoxia contra a Igreja de Constantinopla, rival de Alexandria. O imperador convoca, então, um Concílio em Éfeso (431). O Concílio depõe Nestório e proclama Maria Theotokos (Mãe de Deus).

Concílio de Calcedônia (451)
Convocado pelo Imperador Marciano (392-457). Tratou da humanidade e a divindade de Cristo, a saber, da questão de uma natureza ou duas. As escolas de Alexandria e de Antioquia se enfrentaram. Estiveram presentes 520 bispos. A definição aceita foi a de existir: "duas naturezas em uma só pessoa". — em Símbolo de Fé de Calcedônia, 300-303. Em Denzinger-Hünermann (1819-1883), Compêndio dos símbolos, definições e declarações da fé e moral. Tradução de José Marino e Johan Konings. São Paulo: Paulinas, Loyola, 2007, p. 112.

Concílio II de Constantinopla (553)
Foi obra do Imperador Justiniano I (482-565), desejando acabar com as controvérsias cristológicas, originadas pelos nestorianos. O Concílio condenou todos nestorianos. E o Papa Vigílio (537-555) aprovou essa condenação, dando legitimidade ao Concílio e à condenação.

Concílio de Éfeso (431)
Convocado pelo imperador Teodósio II (401-450), com a aprovação do Papa Celestino I (422-432), a fim de responder às doutrinas de Nestório sobre a Virgem Maria, a saber, que ela era somente a "Mãe de Cristo" e não a "Mãe de Deus". O concílio promoveu o consenso sobre a denominação de "Mãe de Deus" e declarou as duas naturezas de Cristo perfeitamente unidas.

Concílio de Niceia (325)
Convocado pelo imperador Constantino I (272-337), contou com 308 participantes. Foram discutidos: a questão ariana, a celebração da Páscoa e outros pontos não dogmáticos. Estabeleceu-se o credo de Niceia e a doutrina de Ario foi condenada — em I Concílio de Niceia, 125-130, em Denzinger-Hünermann (1819-1883), Compêndio dos símbolos, definições e declarações da fé e moral. Tradução de José Marino e Johan Konings. São Paulo: Paulinas, Loyola, 2007, pp. 50-53.

Denzinger, H -Barwart (1819-1883)
Compêndio dos símbolos, definições e declarações da fé e moral. Tradução de José Marino e Johan Konings. São Paulo: Paulinas, Loyola, 2007.

Dídimo, o Cego (313-398)
Teólogo da Igreja Copta de Alexandria. Dirigiu por meio século a Escola catequética da cidade. A obra citada Sobre o Espírito Santo foi traduzida por São Jerônimo para o latim. Muitas de suas obras se perderam na Idade Média.
Obra citada: Sobre o Espírito Santo.

Dionísio Areopagita (séc. V-VI)
É o pseudônimo de um autor do Oriente. Até o século XVI, considerava-se que fosse realmente o Aeropagita, discípulo de São Paulo. Suas obras A Hierarquia Celeste, A Hierarquia Eclesiástica, Os Nomes Divinos (comentados por Santo Tomás) e a Teologia Mística influenciaram o Oriente e o Ocidente.
Obras citadas: Epístola IV, ao monge Caio; Os Nomes Divinos.

Donatistas
São os seguidores de Donato (270-335). Eles se consideravam os únicos herdeiros dos Apóstolos. Santo Agostinho e vários Sínodos os condenaram por seu caráter rigorista.

Ebion (séc. I)
Suposto fundador dos Ebionitas, um grupo de judeus-cristãos dissidentes e presentes no judaísmo-cristão do século I. Negavam a divindade de Cristo e observavam a lei judaica e guardavam o sábado, apenas liam o Evangelho de Mateus, escrito em hebraico. Cristo assumiu a sua condição de profeta por ocasião do seu batismo. Foram considerados heréticos.

Eunômio (séc. IV)
Nasceu em Dacora, na Capadócia; sua obra mais conhecida é A Apologia (361), refutada por Basílio (Contra Eunômio) e respondida em Apologia em Defesa da Apologia. Morreu em 394 na sua cidade natal.
Obra citada: A Apologia.

Êutiques (séc. IV)
Monge de Constantinopla, é referência para a heresia do Monofisismo, que considerava uma única natureza em Cristo. Foi condenado pelo Concílio de Calcedônia e deposto.

Fotino († 371)
Bispo de Sirmio, na província romana da Panônia, culto e eloquente. Segundo Santo Atanásio negou a encarnação de Cristo, afirmando: Somente depois que tomou nossa carne, da virgem, não faz ainda 400 anos, que o Verbo é Cristo e Filho de Deus. Em 351, foi deposto e morreu no exílio.

Himeneu (séc. I)
Durante o séc. I, Paulo o identifica como blasfemador. Juntamente com **Fileto** (séc. I) ensinavam que a ressurreição já havia ocorrido nos dias deles. Assim, para eles a ressurreição era apenas espiritual, simbólica. Na primeira Carta a Timóteo, o Apóstolo associa Himeneu com **Alexandre**, os quais foram expulsos da comunidade de Paulo.

Judeus
São considerados os cristãos judaizantes dos primeiros séculos.

Macário de Antioquia (séc. VII)
Patriarca de Antioquia, monotelista. No III Concílio de Constantinopla (VI Concílio Ecumênico), de 680 a 681, manteve firmemente a sua afirmação. Foi deposto pelo Concílio. Monotelismo — O conceito básico dos monofisistas era de que Cristo deveria possuir uma simples "vontade" ou arbítrio. Eugênio IV no Concílio de Florença (1440), na bula Cantate Domino, condenou Macário de Antioquia, dizendo que embora pensasse certo quanto à dualidade das naturezas e quanto à unidade da pessoa, errou gravemente a respeito das operações de Cristo, afirmando que em Cristo havia uma só operação e uma só vontade de ambas as naturezas. — Denzinger-Hünermann (1819-1883), Compên-

dio dos símbolos, definições e declarações da fé e moral. Tradução de José Marino e Johan Konings. São Paulo: Paulinas, Loyola, 2007, p. 370, n. 1346.

Macedônio († 360 d.C.)
Patriarca de Constantinopla, afirmava que o Filho era inferior ao Pai e que o Espírito Santo não era igual em substância e dignidade ao Pai.

Maniqueus
Seguidores de Mani (250), sacerdote de Ecbátana, na Pérsia. Santo Agostinho (354-431) por um período aderiu ao maniqueísmo, contra ele depois escreveu obras de polêmica e de refutação, por exemplo em De Natura Boni contra Manichaeos Liber unus, ML 42 ou Contra Epistolam Manichaei quam vocant Fundamenti Liber unus, ML 42 etc.

Matéria signata
É a matéria determinada pela quantidade e constitui o princípio de individuação, pois permite dividir e separar. Cf. S. Tomás de Aquino (1225-1274), em Suma Teológica I, questão XXIX, 3, objeção 4.

Nestório (386-451)
É de origem síria. Em 428, o monge é chamado para ser patriarca de Constantinopla. Rejeitava o título de "Mãe de Deus" para Virgem Maria e antioqueno colocou-se em conflito com os alexandrinos, em particular, com Cirilo de Alexandria que o acusou de heresia. Hoje há nestorianos em algumas igrejas da Síria. A maior parte de seus escritos foi queimada pelo imperador Teodósio II (401-450).

Novaciano (séc. III)
Revoltado com a eleição do sacerdote Cornélio para papa inicia um cisma. Prega um rigorismo intransigente que vem a ser o Novacionismo. Seus seguidores foram chamados de **Novacianos**.

Orígenes (185-253)
Discípulo de Clemente de Alexandria, este lhe confiou a direção da Escola Catequética aos 18 anos de idade. A partir da Escritura, procurou resolver os problemas que se colocavam. Torturado durante a perseguição de Décio, morreu pouco depois. Deixou uma obra imensa. Foi o primeiro a fazer exegese científica sobre todos os livros da Escritura. Compôs escritos ascéticos, apologéticos e sobretudo o Tratado dos Princípios. Quase todas as obras desapareceram. Apesar de crente ardoroso, foi condenado por seus erros sobre a preexistência das almas, a existência de vários mundos sucessivos e a salvação final universal, incluindo os demônios. É um dos Padres gregos.

Paulo de Samósata (séc. III)
Nasceu em Samósata, na Síria. Bispo de Antioquia. Participou de muitas controvérsias por defender o adocionismo, Jesus Cristo era meramente humano e, de algum modo, divinizou-se (pelo Logos), durante o seu ministério. Por isso, embora fosse o Filho de Deus, sempre era um simples homem.

Pedro Lombardo (1100-1160)
De origem lombarda, completa seus estudos em Paris. A partir de 1142, é mestre na Escola de Notre Dame. Acompanha de perto todas as correntes de ideias de seu tempo. É um moderado, fiel à tradição dos Padres e com uma clara preocupação pedagógica, une uns aos outros formando como que um mosaico de sábios. É só a partir do séc. XVII que a Suma de São Tomás substitui os Livros das Sentenças. *Obra citada*: Livros das Sentenças.

Platão (427-347 a.C.)
Nasceu em Atenas. Iniciou os estudos com os ensinamentos de Heráclito e aos vinte anos fez-se discípulo de Sócrates por oito anos. Após a morte de seu mestre (399 a.C.), vai para Megara e hospeda-se na casa de Euclides. Durante vários anos andou pela Magna Grécia frequentando os Pitagóricos e depois tentando em vão tomar parte em política. Retorna para Atenas e funda uma escola de filosofia, a Academia, que dirigida por ele até a sua morte, durante quarenta anos, ajudou inúmeros jovens a

encontrar a verdade que têm em si mesmo. Justiniano a dissolverá em 529. Conhecemos 36 Diálogos e 13 Cartas. Nos primeiros séculos influenciou fortemente o pensamento cristão.
Citado por Santo Tomás de Aquino (1225-1274).

Porfírio (233-305 a.C.)
Companheiro de Plotino (205-270), filósofo neoplatônico. É um erudito, adversário do cristianismo que invade o Império. Entre as suas obras, o Isagoge é um manual escolar despretensioso, mas claro e preciso. Uma carta sua à Anebonte (séc. III), sacerdote egípcio, pede explicações sobre a diversidade de demônios. Boécio o traduziu.
Obras citadas: Isagoge, Comentário das Categorias de Aristóteles.

Pugio Fidei (O Punhal da Fé)
É uma obra escrita contra os Mouros e os Judeus, que procura mostrar a falsidade da religião dos Judeus. Foi escrita pelo teólogo dominicano **Ramón Martin** (± 1284) que nasceu em Subirat na Catalunha. Estudou línguas orientais. Foi censor do Talmud e não o condenou inteiramente. Escreveu dois livros: Capistrum Judaeorum [o Martelo dos Judeus] e Pugio Fidei. Viveu no convento de Barcelona.

Rebatizadores, Anabatistas
Datam inicialmente dos séculos III-IV. Discutiam a validade dos batismos realizados por ministros hereges.

Sabélio (séc. III)
Líbio, chegou à Roma por 217. Ensinava que Deus é "uno": o Pai e o Filho são os aspectos diversos de uma mesma pessoa. É condenado pelo Papa Calixto I (155-222) em 220.

Santo Agostinho de Hipona (354-431)
Nasceu em Tagaste e morreu em Hipona [Argélia]. Batizado por santo Ambrósio em 387, foi ordenado bispo de Hipona em 395. Filósofo, teólogo e escritor com o título de Doctor Gratiae. Seu pensamento marcou o mundo cristão medieval. Santo Tomás o cita abundantemente.
Obras citadas: Sobre os Salmos, Carta a Paulino e Terásia, Comentário literal ao Gênese, Confissões, Contra Adimanto, Contra Fausto Maniqueu, Contra Maximino Ariano, Enquirídio para Lourenço, Sobre as Heresias a Quodvultdeus, Sobre a Verdadeira Religião, Sobre A Trindade, Solilóquios, Livro das Oitenta e Três Questões.

Santo Ambrósio de Milão (339-397)
Nasceu em Tréveris [Tier na Alemanha] e faleceu em Milão. Irmão de santa Marcelina e são Satiro. Diplomata e advogado. Eleito bispo de Milão, em oito dias foi batizado e ordenado sacerdote. Suas obras abrangem comentários da Sagrada Escritura, textos dogmáticos, morais e éticos, cartas e hinos, que atualmente foram e são utilizados em documentos oficiais da Igreja Católica. Foi um pastor zeloso defensor dos fracos e dos pobres. Apenas citado.

Santo Anselmo (1033-1109)
Em 1093 é bispo de Canterbury. Em conflito com o rei da Inglaterra vai morar em Roma. Esse exílio dura até 1106. Sua obra é considerável e original é o seu método: a fé que procura a inteligência. Assim, a influência de Anselmo sobre Santo Tomás é importante. Suas obras principais são o Monologion, o Proslogion e Porque Deus fez-se Homem.
Obras citadas: Sobre a Concepção virginal e o Pecado original.

Santo Atanásio (295-373)
Nasceu no Egito. Participou do Concílio de Niceia e em 328 assumiu a Sé episcopal de Alexandria. Exilado muitas vezes por sua luta contra o arianismo permaneceu fiel à fé de Niceia. Escreveu a vida de Santo Antão, monge. Escreveu muitas outras obras contra os arianos. Foi considerado Doutor da Igreja Oriental. O Símbolo "Quicumque" é atribuído erradamente a ele.
Obra citada: Símbolo pseudoatanasiano "Quicumque".

São Basílio (319-379)
Sucedeu a Eusébio, bispo de Cesareia da Capadócia. Foi o líder da resistência contra os arianos. Desenvolveu também uma obra social, construíndo hospitais e hospícios, favorecendo os fracos e os pobres. Recebeu o título de Magno depois de sua morte, em louvor de suas ideias. Escreveu Um Livro de Regras que foi base do monarquismo no Oriente e suas Homilias são a expressão de sua maneira de governar a Igreja.
Obra citada: Escreveu Contra Eunômio.

São Cirilo de Alexandria (380-444)
Durante 32 anos como arcebispo de Alexandria exerceu um papel importante nas questões que dividiram as Igrejas do seu tempo, particularmente contra a Igreja de Constantinopla, defensora de Nestório. Deixou uma obra importante: exegéticas sobre o Antigo Testamento, comentários de Lucas e de João e outras dogmáticas e apologéticas.
Obra citada: Carta Sinodal contra Nestório.

Santo Eutíquio de Constantinopla (512-582)
Patriarca, presidiu o II Concílio de Constantinopla e manteve controvérsias com o imperador Justiniano, o Grande, que o levaram à prisão e ao exílio. Depois retornou como patriarca novamente e, então, foi considerado herético por manter que após a ressurreição o corpo será mais sutil que o ar e não mais algo tangível.

São Gregório Magno (540-604)
Foi prefeito de Roma e depois tornou-se monge. Em 590 é nomeado bispo de Roma, sofreu a invasão lombarda e a peste. O título de Magno lhe foi dado pela reorganização patrimonial da Igreja e a assistência aos pobres. Reformou a vida e os costumes do clero e defendeu a primazia romana.
Obras citadas: Diálogos, Homilia 34 sobre o Evangelho, As morais sobre Jó.

São Gregório de Nissa – Niceno (335-394)
Irmão de São Basílio que o consagrou bispo de Nissa. Foi filósofo, teólogo e místico. Participou do Concílio de Constantinopla. Sua obra é imensa: tratados dogmáticos, uma Catequese profunda e Comentários da Escritura. Santo Tomás atribuiu-lhe o Tratado Sobre a Natureza Humana composto por Nemésio (séc. V), bispo de Emessa.
Apenas citado.

Santo Hilário (315-367)
Foi bispo de Poitiers. Por defender a causa de Niceia e de Santo Atanásio foi exilado ao Oriente. Aí escreve o seu Tratado sobre a Trindade e o livro Sobre os Sínodos ou Sobre a Fé dos Orientais. Volta a Poitiers em 360 e publica o seu Comentário dos Salmos e o livro Dos Mistérios. Morreu em 367.
Obra citada: Sobre os Sínodos ou Sobre a Fé dos Orientais.

São Jerónimo (347-420)
Padre e apologista cristão ilírio. Dominava o grego e o hebraico. Foi secretário do Papa Damaso e depois da morte do Papa instala-se em Belém. Funda dois mosteiros e empreende a tradução da Bíblia do hebraico para o latim. Dele temos os comentários sobre as Escrituras, cartas e panfletos.
Traduziu a obra de Dídimo.

São João Damasceno (675-749)
Nasceu em Damasco, daí o sobrenome. Morreu em Mar Sabas (perto de Jerusalém). Monge, teólogo, combateu os iconoclastas e deixou obras de exegese, de ascética e de moral. Embora se refira apenas aos Padres gregos, ignorando os Padres latinos, influenciou os teólogos do período escolástico. Sua obra mais conhecida é a Fonte do Conhecimento. É Doutor da Igreja.
Obra citada: A Fé Ortodoxa.

S. Tomás de Aquino (1225-1274)
Frade dominicano. Nasceu em Aquino, na Itália. Aos dezenove anos, entra na Ordem de Domingos de Gusmão. Formou-se em Paris e Colônia, sendo discípulo de Santo Alberto Magno. Mestre na Universidade de Paris, deixou uma obra filosófica e teológica memorável. Faleceu aos quarenta e nove anos. Entre as suas obras sobressaem a Suma Teológica e os Comentários aos Livros de Aristóteles e aos Textos bíblicos do Antigo e do Novo Testamento.
Obras citadas: Questão disputada sobre o Poder de Deus, Compêndio de Teologia, Sobre as Razões da Fé; Comentário às Sentenças de Pedro Lombardo.

Sarracenos
Na Idade Média são denominadas as populações mulçumanas da África, da Espanha e do Oriente. Contra eles foram organizadas as Cruzadas, com o apoio dos monarcas e dos Papas.

Teodoro de Mopsuéstia (350-428)
Aluno de Deodoro em Antioquia, foi sagrado bispo na Cilícia em 392. Escreveu sobre quase todos os livros da Escritura, com muita erudição. Deixou também obras apologéticas e homilias batismais. Nestório foi seu aluno. Santo Tomás só o conheceu pelo Concílio de Constantinopla que o condenou por suas afirmações cristológicas.

Teófilo de Alexandria († 412)
Perderam-se os seus escritos. São Jerônimo refere, em suas obras, trechos de Teófilo.

Tertuliano (160-230)
Advogado cartagenês, depois de se converter, dedicou-se como catequista à igreja de Cártago. Posteriormente, deixou a igreja tornando-se montanista.

Valentino (100-160)
Nascido no Egito. Pretendeu diminuir a influência judaica no Cristianismo. O pouco que se conhece da sua doutrina é conhecida de forma modificada e já desenvolvida nos trabalhos por seus discípulos. Tertuliano o cita na sua obra Sobre as Heresias.

Referências bíblicas

Para a tradução das referências bíblicas foi utilizada A BÍBLIA – MENSAGEM DE DEUS, Loyola, São Paulo, Brasil, 1994, Reedição, janeiro de 2003.

NOVO TESTAMENTO
Apocalipse, Atos, 1 e 2 Coríntios, Colossenses, Efésios, Filipenses, Gálatas, Hebreus, João, 1 João, Judas, Lucas, Mateus, 1 Pedro, Romanos, Tessalonicenses, Tiago, 1 Timóteo.

ANTIGO TESTAMENTO
Amós, Cânticos, 2 Crônicas, Daniel, Deuteronômio, Eclesiastes, Eclesiástico, Êxodo, Ezequiel, Gênese, Isaías, Jeremias, Jó, Joel, Jonas, Judite, Lamentações, Levítico, Malaquias, Números, Oseias, Provérbios, 1 Reis, Sabedoria, Salmos, Tobias, Zacarias.

Índices

ÍNDICE DO VOLUME I

Plano geral da obra	5
Tradutores da edição brasileira	7
Introdução geral	9
Ordem e método desta obra	31

LIVRO PRIMEIRO

INTRODUÇÃO [cc. 1 a 9]	35
1 Qual é **o ofício do sábio?**	35
2 **A intenção do autor**	37
3 Pode-se manifestar **a verdade divina?** Como?	38
4 Propõe-se convenientemente aos homens, como objeto de fé, **a verdade divina que a razão humana alcança**	41
5 Propõe-se convenientemente aos homens, como objeto de fé, **as verdades que a razão não pode investigar**	43
6 **Consentir** naquilo que é de fé, **ainda que exceda a razão**, não é leviandade	46
7 A verdade da razão **não é contrária** à verdade da fé cristã	48
8 Como a razão humana **se comporta diante da** verdade de fé	49
9 **Ordem e método desta obra**	50
A EXISTÊNCIA DE DEUS [cc. 10 a 13]	53
10 **A opinião dos que afirmam que não se pode demonstrar a existência** de Deus, uma vez que esta existência é evidente por si mesma	53
11 **Refutação** da opinião acima mencionada e **solução** das razões acima mencionadas	54
12 Opinião dos que afirmam que Deus é não pode ser demonstrada, **a não ser unicamente pela fé**	57
13 **Razões para provar a existência de Deus**	59
Pelo movimento / Pela causalidade eficiente / Pelos graus de perfeição / Pela finalidade.	
A ESSÊNCIA DE DEUS [cc. 14 a 27]	70
14 **Para o conhecimento** de Deus deve-se usar **a via de remoção** [*Negativa*]	70
15 Deus é **eterno**	71
16 Em Deus **não existe potência passiva**	73
17 Em Deus **não há matéria**	74

18 Em Deus **não há composição** 76
19 Em Deus **nada existe violento ou contra a natureza** 77

20 Deus **não é corpo** 78
21 Deus **é a sua essência** 89
22 Em Deus **o ser (a existência) e a essência são idênticos** 90
23 Em Deus **não há acidente** 94
24 **É impossível** designar o ser divino pela adição de **alguma diferença substancial** 96

25 Deus **não está em gênero algum** 97
26 Deus **não é o ser formal** de todas as coisas 100
27 Deus **não é a forma de um corpo** 104

AS PERFEIÇÕES DE DEUS [cc. 28 a 102] 106
   28 **A perfeição divina** 106
   29 **A semelhança das criaturas** 108

   30 **Nomes que se podem predicar de Deus** 110
   31 A perfeição divina **e a pluralidade de nomes** não repugnam à simplicidade de Deus 112
   32 Nada se predica **univocamente** de Deus e das outras coisas 113
   33 **Nem todos os nomes** se dizem de Deus e das criaturas de modo **puramente equívoco** 115
   34 Aquilo que se diz de Deus e das criaturas diz-se **analogicamente** 117
   35 Muitos nomes dados a Deus não são **sinônimos** 118
   36 **Como o intelecto forma uma proposição** acerca de Deus 119

   37 Deus **é bom** 120
   38 Deus **é a própria bondade** 121
   39 Em Deus não pode haver **mal** 122
   40 Deus **é o bem de todo bem** 124
   41 Deus **é o sumo bem** 125

   42 Deus **é único** 126
   43 Deus **é infinito** 133

   44 Deus **é inteligente** 137
   45 **O entender** de Deus é **a sua essência** 141
   46 Deus **não entende** por nenhuma outra coisa **que por sua essência** 142
   47 Deus **entende perfeitamente a si mesmo** 143
   48 Deus conhece, **primeiramente e por si**, somente a si mesmo 145
   49 Deus conhece **outras coisas distintas de si** 147
   50 Deus tem **conhecimento próprio** de todas as coisas 148
   51-52 Razões para investigar **como a multidão de noções existe** no intelecto divino 152
   53 **Solução da dúvida precedente** 154
   54 Como a essência divina, una e simples, **é a semelhança própria de todos os inteligíveis**... 155
   55 Deus entende **simultaneamente** todas as coisas 158

   56 O conhecimento de Deus **não é habitual** 160
   57 O conhecimento de Deus **não é discursivo** 162
   58 Deus não entende **compondo e dividindo** 165
   59 Não se exclui de Deus **a verdade dos enunciáveis** 166

60 Deus **é a verdade**	169
61 Deus **é a verdade puríssima**	170
62 A verdade divina **é a primeira e suma verdade**	172
63 Razões dos que querem subtrair a Deus o conhecimento dos singulares	173
64 Ordem do que se deve dizer sobre o conhecimento divino	175
65 Deus conhece **os singulares**	176
66 Deus conhece **as coisas que não existem**	180
67 Deus conhece os singulares que são contingentes futuros	184
68 Deus conhece **os movimentos da vontade**	188
69 Deus conhece **os infinitos**	190
70 Deus conhece **as coisas vis**	195
71 Deus conhece **o mal**	198
72 Deus é dotado **de vontade**	202
73 **A vontade divina** é sua essência	205
74 **A essência divina é o objeto principal** da vontade divina	206
75 Deus, **no querer a si mesmo**, quer também as outras coisas	207
76 Deus **se quer e** as outras coisas **por um só ato da vontade**	209
77 A multiplicidade dos objetos queridos **não é incompatível** com a simplicidade divina	211
78 A vontade divina **se estende a cada um dos bens particulares**	212
79 Deus quer também as coisas que ainda não existem	213
80 Deus quer **necessariamente** seu existir e sua bondade	215
81 **Não é por necessidade** que Deus quer as coisas distintas de si	217
82 Razões que levam a consequências inaceitáveis, **caso Deus não queira necessariamente** as coisas distintas de si	219
83 **É por necessidade de suposição** que Deus quer algo distinto em si mesmo	222
84 A vontade de Deus **não quer o impossível em si mesmo**	224
85 A vontade divina **não suprime a contingência** das coisas, nem lhes impõe necessidade absoluta	225
86 **Pode-se indicar a razão** da vontade divina	226
87 **Nada pode ser causa** da vontade divina	228
88 Em Deus **existe o livre-arbítrio**	228
89 Em Deus **não existem paixões afetivas**	229
90 Não repugna à perfeição divina **a existência do prazer e da alegria** em Deus	232
91 **O amor** existe em Deus	234
92 Como se afirma que em Deus **existem virtudes**	239
93 Existem em Deus **virtudes morais ativas**	242
94 **As virtudes contemplativas** existem em Deus	246
95 Deus **não pode querer o mal**	247
96 Deus **não odeia coisa alguma**, e não lhe pode convir o ódio de alguma coisa	248
97 Deus **vive**	250
98 Deus **é a sua vida**	251
99 A vida de Deus **é eterna**	252
100 Deus **é bem-aventurado**	253
101 Deus **é a sua bem-aventurança**	255

102 A bem-aventurança divina, perfeita e singular, **excede toda outra bem-aventurança** 256

Autores citados 261

Referências bíblicas 265

ÍNDICE DO VOLUME II

Plano geral da obra 5

Tradutores da edição brasileira 7

Ordem e método desta obra 9

Ordem deste volume 11

LIVRO SEGUNDO

INTRODUÇÃO [cc. 1 a 5] 15
   1 **Continuação** do Livro precedente 15
   2 A consideração das criaturas **é útil para a instrução da fé** 16
   3 Conhecer a natureza das criaturas **tem valor para destruir os erros** a respeito de Deus..... 18
   4 **O filósofo e o teólogo** consideram de modo diverso as criaturas 20
   5 **Ordem do que se vai dizer** 22

O PRINCÍPIO DA EXISTÊNCIA DAS COISAS [cc. 6 a 38] 23
   6 **Compete a Deus** que seja princípio da existência das coisas 23
   7 Em Deus existe **potência ativa** 24
   8 A potência de Deus **é sua substância** 25
   9 A potência de Deus **é sua ação** 26
   10 **De que modo se atribui** potência a Deus 27

   11 A Deus **se atribui algo relativamente às criaturas** 28
   12 As relações atribuídas a Deus **em ordem às criaturas** não existem realmente em Deus 29
   13 e 14 **De que modo se dizem de Deus** as relações mencionadas 30
   15 **Deus é a causa de ser** para todas as coisas 32
   16 Deus produziu **do nada** as coisas no ser 35
   17 A criação **não é movimento nem mutação** 40
   18 Como se resolve o **que se objeta contra a criação** 41

   19 Na criação **não há sucessão** 42
   20 **Nenhum corpo** pode criar 44
   21 Só a **Deus pertence criar** 46
   22 Deus **pode tudo** 50
   23 Deus **não age** por necessidade da natureza 53
   24 Deus **age** segundo sua sabedoria 56
   25 Coisas que o onipotente **não pode fazer** 58

   26 **O intelecto divino** não se limita a efeitos determinados 62

27 **A vontade divina** não se restringe a efeitos determinados	64
28 e 29 Como se acha **o débito** na produção das coisas	64
30 Como pode haver **necessidade absoluta** nas coisas criadas	70
31 Não é necessário que as criaturas **tenham existido sempre**	76
32 Razões dos que querem provar a eternidade do mundo, **tomadas da parte de Deus**	79
33 Razões dos que querem provar a eternidade do mundo, **tomadas da parte das criaturas**	82
34 Razões para provar a eternidade do mundo, **tomadas da parte de sua produção**	85
35 **Solução das razões expostas** e, em primeiro lugar, daquelas que se tomavam da parte de Deus	87
36 Solução das razões que **se tomam da parte das coisas produzidas**	92
37 Solução das razões que **eram tomadas da parte da produção das coisas**	94
38 Razões pelas quais alguns se esforçam por mostrar que **o mundo não é eterno**	97

A DISTINÇÃO E DIVERSIDADE DAS COISAS [cc. 39 a 45]	101
39 A distinção das coisas **não é por acaso**	101
40 **A matéria não é** a causa primeira da distinção das coisas	103
41 A distinção das coisas **não é em razão da contrariedade dos agentes**	105
42 **A causa primeira** da distinção das coisas não é a ordem dos agentes segundos	110
43 A distinção das coisas **não é por algum dos agentes segundos**, ao introduzir na matéria formas diversas	113
44 A distinção das coisas **não procedeu** da diversidade dos méritos ou deméritos	116
45 **Qual é a primeira causa** de distinção das coisas segundo a verdade	121

A NATUREZA DAS COISAS ENQUANTO SE REFERE À LUZ DA FÉ [cc. 46 a 101]	125
46 **Para a perfeição do universo** foi necessário haver criaturas intelectuais	125
47 As substâncias intelectuais **têm vontade**	128
48 As substâncias intelectuais **têm livre-arbítrio no agir**	130
49 A substância intelectual **não é corpo**	132
50 As substâncias intelectuais **são imateriais**	135
51 A substância intelectual **não é forma material**	137
52 Nas substâncias intelectuais criadas **diferem o ser** [a existência] **e o que é** [a essência]	138
53 Nas substâncias intelectuais **criadas há composição de ato e potência**	141
54 **Não é o mesmo ser composto de substância e ser** e ser composto **de matéria e forma**	142
55 As substâncias intelectuais **são incorruptíveis**	143
56 O modo pelo qual a substância intelectual **pode unir-se ao corpo**	150
57 **Afirmação de Platão** sobre a união da alma intelectual com o corpo	154
58 A alma nutritiva, a sensitiva e a intelectiva não são no homem **três almas**	158
59 O intelecto **possível** do homem não é substância separada	162
60 O homem não recebe **a espécie** pelo intelecto **passivo**, mas pelo intelecto **possível**	166
61 A mencionada posição **é contra a sentença** de Aristóteles	175
62 Contra a opinião **de Alexandre** a respeito do intelecto possível	177
63 A alma **não é o temperamento**, como sustentou Galeno	181
64 A alma **não é harmonia**	182
65 A alma **não é corpo**	183
66 Contra os que afirmam que **o intelecto e o sentido são a mesma coisa**	185
67 Contra os que afirmam que **o intelecto possível é a imaginação**	186

68 De que modo **a substância intelectual** pode ser forma do corpo..... 187
69 Solução das razões pelas quais se prova que **a substância intelectual**
não pode unir-se ao corpo como forma 191
70 É necessário afirmar, **segundo os dizeres de Aristóteles**,
que o intelecto se une ao corpo como forma..... 193
71 **A alma se une** imediatamente ao corpo..... 195
72 **A alma está toda** no todo e toda em cada parte..... 196

73 **O intelecto possível** não é um só em todos os homens..... 198
74 **Opinião de Avicena**, que afirmou que as formas inteligíveis
não são conservadas no intelecto possível..... 210
75 Solução das razões pelas quais parece provar-se **a unidade do intelecto possível**..... 215
76 **O intelecto agente** não é substância separada, mas algo da alma..... 222
77 Não é impossível que **o intelecto possível e o agente**
convenham numa só substância da alma..... 229
78 **Aristóteles** não julgou que **o intelecto agente** fosse substância separada,
mas antes algo da alma..... 232

79 **A alma humana**, corrompido o corpo, **não se corrompe**..... 238
80 e 81 **Razões que provam** que a alma se corrompe,
corrompido o corpo (**e refutação delas**)..... 242
82 **As almas dos animais** irracionais não são imortais..... 251
83 **A alma humana inicia-se** com o corpo..... 256
84 **Solução das razões propostas**..... 268

85 **A alma não é** da substância de Deus..... 271
86 **A alma humana não é** transmitida pelo sêmen..... 274
87 **A alma humana é** produzida no ser por Deus pela criação..... 277
88 **Razões para provar** que a alma humana **é causada pelo sêmen**..... 279
89 **Solução das razões expostas**..... 283

90 **A substância intelectual não se une** como forma
a nenhum outro corpo **senão ao humano**..... 291
91 Há algumas substâncias intelectuais **não unidas a corpos**..... 295

92 **Da multiplicidade** das substâncias separadas..... 299
93 Não há muitas substâncias separadas **de uma só espécie**..... 304
94 **A substância separada e a alma** não são de uma só espécie..... 305
95 Como se toma **gênero e espécie** nas substâncias separadas..... 306
96 As substâncias separadas **não recebem o conhecimento dos sensíveis**..... 309
97 **O intelecto da substância separada** conhece sempre em ato..... 312
98 Como uma substância separada **conhece outra**..... 313
99 As substâncias separadas **conhecem as coisas materiais**..... 321
100 As substâncias separadas **conhecem as coisas singulares**..... 322
101 Se as substâncias separadas **conhecem, por conhecimento natural,
todas as coisas, simultaneamente**..... 324

Autores citados..... 327

Referências bíblicas 333

ÍNDICE DO VOLUME III

Plano geral da obra 5

Tradutores da edição brasileira 7

Ordem e método desta obra 9

LIVRO TERCEIRO

PROÊMIO [c. 1] 13

DEUS ENQUANTO É O FIM DE TODAS AS COISAS [cc. 2 a 63]
    2 Todo agente age **em razão de um fim** 16
    3 Todo agente age **em razão do bem** 19
    4 **O mal está** nas coisas fora da intenção 21
    5 e 6 Razões pelas quais **parece provar-se** que o mal não está fora da intenção (e a solução delas) 23
    7 O mal **não é uma essência** 27
    8 e 9 Razões pelas **quais parece provar-se** que o mal é uma natureza ou alguma coisa (e solução delas) 29
    10 **A causa do mal** é o bem 33
    11 O mal **se funda no bem** 39
    12 O mal **não consome** totalmente o bem 40
    13 De certo modo, **o mal tem causa** 43
    14 O mal **é causa por acidente** 44
    15 **Não há o sumo mal** 45

    16 **O bem é o fim** de qualquer coisa 46
    17 Todas as coisas se ordenam **a um só fim**, que é Deus 47
    18 Como **Deus é o fim** das coisas 50

    19 Todas as coisas **buscam assemelhar-se** a Deus 51
    20 Como as coisas **imitam a bondade divina** 52
    21 As coisas buscam naturalmente assemelhar-se a Deus, **enquanto é causa** 56
    22 Como as coisas **se ordenam diversamente** para seus fins 57

    23 Como **o movimento do céu** vem de um princípio intelectivo 61
    24 Como **aquelas coisas que carecem de conhecimento** desejam o bem 67
    25 Conhecer a Deus é o fim **de toda substância inteligente** 70

    26 Se **a felicidade consiste** em ato da vontade 75
    27 A felicidade humana **não consiste nos deleites carnais** 82
    28 A felicidade não consiste **nas honras** 85
    29 A felicidade do homem não consiste **na glória** 86
    30 A felicidade do homem não consiste **nas riquezas** 87
    31 A felicidade não consiste **no poder mundano** 88
    32 A felicidade não consiste **nos bens do corpo** 89
    33 A felicidade humana não consiste **no sentido** 90
    34 A felicidade última do homem não consiste **nos atos das virtudes morais** 91

35 A felicidade última não está **no ato da prudência** 92
36 A felicidade não consiste **na operação da arte** 93

37 **A felicidade última do homem consiste** na contemplação de Deus 93
38 A felicidade humana **não consiste no conhecimento de Deus,
  que é possuído comumente por muitos** 95
39 A felicidade humana **não consiste no conhecimento de Deus
  que se tem por demonstração** 97
40 A felicidade humana **não consiste no conhecimento de Deus que é pela fé** 100

41 Se pode o homem nesta vida **conhecer as substâncias separadas**,
  pelo estudo e inquisição das ciências especulativas 102
42 **Não podemos** nesta vida conhecer as substâncias separadas, **como afirma Alexandre** 107
43 Nesta vida não podemos conhecer as substâncias separadas, **como afirma Averrois** 112
44 A felicidade última do homem **não consiste no conhecimento
  das substâncias separadas, que as referidas opiniões imaginam** 117
45 Nesta vida **não podemos conhecer as substâncias separadas** 119
46 Nesta vida **a alma não conhece a si mesma por si mesma** 122
47 Nesta vida **não podemos ver a Deus por essência** 125
48 Não está **nesta vida** a felicidade última do homem 129

49 As substâncias separadas não veem a Deus em sua essência
  porque elas o conhecem por suas essências 134
50 No conhecimento natural que as substâncias separadas têm de Deus,
  não se aquieta seu desejo natural 138
51 Como se vê Deus **por essência** 141
52 **Nenhuma substância criada pode**, por sua potência natural,
  chegar a ver a Deus por essência 143
53 **O intelecto criado necessita de alguma influência da luz divina**
  para ver a Deus por essência 145
54 Razões que parecem provar **que não se pode ver a Deus por essência**, e soluções delas 148
55 O intelecto criado **não compreende a substância divina** 151
56 Nenhum intelecto criado, vendo a Deus, **vê todas as coisas que n'Ele podem ser vistas** 153
57 **Todo intelecto, de qualquer grau, pode ser partícipe** da visão divina 156
58 Alguém pode ver a Deus **mais perfeitamente que outro** 157
59 De que modo os que veem a substância divina **veem todas as coisas** 159
60 Os que veem a Deus veem todas as coisas **simultaneamente n'Ele** 163
61 Pela visão de Deus alguém se torna **partícipe da vida eterna** 164
62 Os que veem a Deus o **verão para sempre** 165
63 De que modo, naquela felicidade última, **se realiza todo desejo do homem** 169

O GOVERNO DE DEUS [cc. 64 a 110]
64 Deus governa as coisas **por sua providência** 173
65 Deus **conserva as coisas no ser** 177
66 **Nada dá o ser senão** enquanto opera pela virtude divina 181
67 **Deus é a causa do operar** para todos os que operam 183
68 Deus está em toda parte 185
69 A opinião dos que subtraem das coisas naturais as ações próprias 188
70 De que modo o mesmo efeito **procede de Deus e da natureza agente** 196

71 A providência divina não exclui totalmente **o mal das coisas**	198
72 A providência divina não exclui **a contingência das coisas**	202
73 A providência divina não exclui **a liberdade de arbítrio**	204
74 A providência divina não exclui **a sorte e o acaso**	206
75 A providência de Deus **chega até aos singulares contingentes**	208
76 A providência de Deus **é imediata de todos os singulares**	212
77 **A execução da providência divina** se faz mediante as causas segundas	217
78 **É mediante as criaturas intelectuais** que outras criaturas são regidas por Deus	219
79 As substâncias intelectuais inferiores **são regidas pelas superiores**	221
80 Da ordenação **dos Anjos entre si**	222
81 A ordenação **dos homens entre si e com as outras coisas**	230
82 Os corpos inferiores são regidos por Deus **mediante os corpos celestes**	232
83 Epílogo do que foi dito	235
84 Os corpos celestes **não influenciam em nossos intelectos**	236
85 Os corpos celestes **não são causa de nossas volições e eleições**	241
86 Os efeitos corporais nos corpos inferiores **não provêm por necessidade dos corpos celestes**	247
87 O movimento do corpo celeste **não é causa de nossas eleições** em virtude da alma motora, como alguns dizem	252
88 **As substâncias separadas criada**s não podem ser diretamente causa de nossas eleições e volições, mas só Deus	254
89 **O movimento da vontade é causado por Deus** e não apenas pela potência da vontade	256
90 As eleições e volições humanas **estão sujeitas à providência divina**	258
91 Como as coisas humanas **se reduzem às causas superiores**	260
92 De que modo se diz que alguém **é bem afortunado** e como o homem é **ajudado por causas superiores**	262
93 **A fatalidade:** se existe e o que é	269
94 **A certeza** da providência divina	271
95 e 96 A imobilidade da providência divina **não exclui a utilidade da oração**	277
97 Como a disposição da providência **tem razão**	285
98 Como **pode Deus fazer fora** da ordem da sua providência, e como **não pode**	291
99 Deus **pode operar fora** da ordem imposta às coisas, produzindo efeitos sem causas próximas	293
100 As coisas que Deus faz fora da ordem da natureza **não são contra a natureza**	297
101 Sobre os **milagres**	299
102 **Somente Deus** faz milagres	300
103 Como as substâncias espirituais produzem algumas coisas maravilhosas, que, porém, **não são verdadeiramente milagres**	303
104 **As obras dos magos** não são somente por influência dos corpos celestes	306
105 De onde as operações dos magos **têm eficácia**	310
106 A substância intelectual que empresta eficácia às obras mágicas **não é moralmente boa**	313
107 A substância intelectual, de cuja ajuda as artes mágicas se utilizam, **não é má, segundo sua natureza**	316
108 Razões que parecem provar que **nos Demônios não pode haver pecado**	319
109 **Pode haver pecado** nos Demônios, e qual?	322
110 Solução das razões expostas	327

DEUS GOVERNA AS NATUREZAS INTELIGENTES [cc. 111 a 163]

111 **Por uma razão especial**, as criaturas racionais estão sujeitas à providência divina 329
112 As criaturas racionais são governadas em razão de si mesmas,
    mas as demais em ordem às racionais 330
113 A criatura racional é dirigida por Deus para seus atos não só segundo a ordem à espécie,
    mas também **segundo o que convém ao indivíduo** 334

114 **Que leis** são dadas divinamente aos homens 336
115 A lei divina **ordena, principalmente**, o homem para Deus 338
116 **O fim da lei divina** é o amor de Deus 339

117 Pela lei divina **somos ordenados ao amor do próximo** 341
118 Os homens são obrigados pela lei divina **à verdadeira fé** 342
119 **Por meio de algumas coisas sensíveis** nossa mente é dirigida para Deus 343
120 **O culto de latria** deve ser prestado só a Deus 346
121 A lei divina ordena o homem, segundo a razão, **acerca das coisas corporais e sensíveis** 353
122 Por que a simples **fornicação é pecado** contra a lei divina e **o matrimônio é natural** 354
123 O matrimônio **deve ser indivisível** 358
124 O matrimônio **deve ser de um com uma** 361
125 O matrimônio **não deve ser feito entre parentes** 363
126 **Nem toda união carnal** é pecado 365
127 **O uso de nenhum alimento** é em si pecado 366
128 **Como**, segundo a lei de Deus, **o homem se ordena ao próximo** 369
129 Nos atos humanos há algumas **coisas retas segundo a natureza**,
    e não só porque estabelecidas pela lei 372

130 **Os conselhos** que são dados na lei divina 374
131 O erro dos que condenam **a pobreza voluntária** 377
132 **Os modos de viver** dos que seguem a pobreza voluntária 379
133 **Como a pobreza é boa** 386
134 **Solução** das razões acima alegadas contra a pobreza 388
135 **Solução** do que era objetado contra os diversos modos de viver daqueles
    que assumem a pobreza voluntária 390
136 e 137 O erro dos que impugnam **a continência perpétua** 399
138 Contra os que combatem **os votos** 404

139 Nem **os méritos**, nem **os pecados** são iguais 406
140 Os atos humanos **são punidos ou premiados** por Deus 410
141 **A diferença e ordem das penas** 413
142 Nem todos **os prêmios e penas** são iguais 416
143 Sobre **a pena que é devida ao pecado mortal e venial** em relação ao fim último 417
144 **Pelo pecado mortal a pessoa é privada** eternamente do fim último 419
145 Os pecados são também **punidos pela experiência de algo nocivo** 423
146 **É lícito aos juízes infligir penas** 424

147 O homem necessita do auxílio divino **para alcançar a bem-aventurança** 427
148 O homem, pelo auxílio da graça divina, **não é coagido à virtude** 430
149 **O homem não pode merecer** o auxílio divino 431

150 O mencionado auxílio divino se chama **graça**. E o que é a graça gratificante 434
151 A graça gratificante **causa em nós o amor de Deus** 436

152 A graça divina **causa em nós a fé**	438
153 A graça divina **causa em nós a esperança**	440
154 Sobre os dons **da graça gratuitamente dada** e sobre **as adivinhações dos Demônios**	442
155 O homem precisa do auxílio da graça **para perseverar no bem**	453
156 Aquele que se afastou da graça pelo pecado **pode novamente ser reparado pela graça**	455
157 O homem não pode ser libertado do pecado **a não ser pela graça**	457
158 **Como o homem é liberado do pecado**	458
159 Racionalmente é imputado ao homem **o não converter-se a Deus**, embora **o converter-se** não possa ocorrer sem a graça	461
160 O homem, que está em pecado, **não pode, sem a graça, evitar o pecado**	463
161 Deus **a uns liberta** do pecado, e **a outros deixa** no pecado	464
162 **Deus não é causa do pecado de ninguém**	466
163 Sobre **a predestinação, reprovação e eleição divina**	467
Autores citados	471
Referências bíblicas	477

ÍNDICE DO VOLUME IV

Plano geral da obra	5
Tradutores da edição brasileira	7
Ordem e método desta obra	9

LIVRO QUARTO

PROÊMIO [c. 1]	13

O MISTÉRIO DA TRINDADE [cc. 2 a 26]

A GERAÇÃO DO FILHO [cc. 2 a 14]

2 Há em Deus **geração, paternidade e filiação**	19
3 **O Filho** de Deus é Deus	21
4 A opinião de **Fotino** sobre o Filho de Deus, e sua refutação	22
5 A opinião de **Sabélio** sobre o Filho de Deus, e a refutação da mesma	28
6 A opinião de **Ario** a respeito do Filho de Deus	31
7 **Refutação** da opinião de Ario sobre o Filho de Deus	36
8 **Solução** para os testemunhos que Ario induzia a seu favor	43
9 **Solução** das autoridades alegadas por Fotino e Sabélio	56
10 **Razões contra** a geração e a processão divina	58
11 Como deve ser entendida **a geração em Deus**, e o que as **Escrituras** dizem do Filho de Deus	62

12 Como o Filho de Deus é chamado **Sabedoria de Deus**	74
13 **Só há um Filho** em Deus	76
14 **Solução** das razões aduzidas contra a geração divina	81

A GERAÇÃO DO ESPÍRITO SANTO [cc. 15 a 25]

15 Em Deus há o **Espírito Santo**	89
16 Razões pelas quais **alguns julgaram que o Espírito Santo era uma criatura**	89
17 O Espírito Santo **é verdadeiro Deus**	92
18 O Espírito Santo é **pessoa subsistente**	99
19 Como se deve entender **o que se afirma do Espírito Santo**	102
20 **Efeitos atribuídos nas Escrituras** ao Espírito Santo em relação a toda criatura	106
21 Os efeitos atribuídos ao Espírito Santo na Sagrada Escritura, **relativamente às criaturas racionais e aos dons divinos a elas concedidas**	108
22 Os efeitos atribuídos ao Espírito Santo **enquanto move a criatura para Deus**	112
23 **Solução das razões antes aduzidas contra** a divindade do Espírito Santo	115
24 **O Espírito Santo procede do Filho**	121
25 Razões dos que querem demonstrar **que o Espírito Santo não procede do Filho, e a solução das razões**	130

CONCLUSÃO [c. 26]

26 **Em Deus só há três pessoas**: O Pai, o Filho e o Espírito Santo	132

ENCARNAÇÃO E SACRAMENTOS [cc. 27 a 78]

O MISTÉRIO DA ENCARNAÇÃO [cc. 27 a 55]

27 A Encarnação do Verbo **segundo a tradição da Sagrada Escritura**	136
28 **O erro de Fotino** sobre a Encarnação	137
29 **O erro dos Maniqueus** sobre a Encarnação	138
30 **O erro de Valentino** sobre a Encarnação	143
31 O erro de Apolinário **sobre o corpo de Cristo**	146
32 O erro de Ario e de Apolinário **sobre a alma de Cristo**	148
33 **O erro de Apolinário** afirmando que em Cristo não houve alma racional, e o erro de Orígenes afirmando que a alma de Cristo foi criada antes do mundo	151
34 **O erro de Teodoro de Mopsuéstia e de Nestório** sobre a união do Verbo com o homem	154
35 **Contra o erro de Êutiques**	167
36 O erro de Macário de Antioquia que afirmou haver em Cristo uma única vontade	173
37 Contra os que disseram **que a alma e o corpo não constituem um todo único em Cristo**	176
38 Contra aqueles **que afirmam dois supósitos ou duas hipóstases na única pessoa de Cristo**	179
39 O que a fé católica reconhece sobre a Encarnação de Cristo	183
40 **Objeções** contrárias à fé na Encarnação	184
41 **Como se deve entender** a Encarnação do Filho de Deus	187
42 **A assunção da natureza humana** convinha, sobretudo, ao Verbo de Deus	192
43 A natureza humana assumida pelo Verbo **não preexistiu a esta união, mas foi assumida na própria concepção**	193
44 A natureza assumida pelo Verbo **foi perfeita na mesma concepção, quanto à alma e quanto ao corpo**	196
45 Foi conveniente que **Cristo nascesse de uma virgem**	197
46 **Cristo nasceu do Espírito Santo**	200

47 Cristo não foi Filho do Espírito **Santo segundo a carne**	202
48 Não se deve dizer que Cristo **é uma criatura**	202
49 **Solução das razões expostas** acima contra a Encarnação	203
50 **O pecado original** transmite-se do primeiro pai à posteridade	207
51 Objeções **contra o pecado original**	210
52 **Solução das objeções** propostas	213
53 Razões que parecem provar que a Encarnação não foi conveniente	219
54 **Foi conveniente** que Deus se encarnasse	224
55 **Solução das razões propostas** contra a conveniência da Encarnação	230

O MISTÉRIO DOS SACRAMENTOS [cc. 56 a 78]

56 **Necessidade dos Sacramentos**	245
57 A diferença entre os Sacramentos **da Antiga e da Nova Lei**	246
58 **Número** dos Sacramentos da Nova Lei	247
59 **O Batismo**	249
60 **A Confirmação**	250
61 **A Eucaristia**	251
62 **Erro dos infiéis** sobre o Sacramento da Eucaristia	252
63 Solução das dificuldades supracitadas e primeiro das **concernentes à conversão do pão no corpo de Cristo**	256
64 Solução das objeções feitas **pela questão de lugar**	260
65 Solução das objeções feitas **pela questão dos acidentes**	261
66 Solução das objeções feitas **pela questão da ação e da paixão**	263
67 Solução das objeções feitas **pela questão da fração**	266
68 Solução **da autoridade alegada**	267
69 **De que pão e de que vinho** deve ser feito este Sacramento	268
70 Sacramento **da Penitência**	270
71 O homem que peca depois da graça dos sacramentos **pode-se converter pela graça**	273
72 **A necessidade** da penitência e suas partes	276
73 O Sacramento **da Extrema-unção**	282
74 O Sacramento **da Ordem**	285
75 **A distinção** das Ordens	288
76 **O poder Episcopal** e a existência nesta **Ordem de um Bispo Supremo**	290
77 Os Sacramentos podem ser dispensados **por maus ministros**	293
78 O Sacramento do Matrimônio	295

A RESSURREIÇÃO E O JUÍZO [cc. 79 a 97]

A RESSURREIÇÃO [cc. 79 a 95]

79 **A Ressurreição dos corpos** será realizada por Cristo	298
80 **Objeções** contra a Ressurreição	301
81 **Resposta** às objeções precedentes	303
82 **Os homens ressuscitarão imortais**	310
83 Nos ressuscitados **não haverá uso de alimentos, nem de sexo**	314
84 **Os corpos dos ressuscitados** serão da mesma natureza	323
85 Os corpos dos ressuscitados **terão outra disposição**	327
86 **A qualidade** dos corpos glorificados	328

87 **O lugar** dos corpos glorificados	331
88 **O sexo e a idade** dos ressuscitados	332
89 A qualidade do corpo ressuscitado **dos condenados**	333
90 **Como padecerão** as substâncias incorpóreas **por um fogo corpóreo**	335
91 **As almas, logo após a separação do** corpo, receberão o prêmio ou a pena	338
92 **As almas dos santos, após a morte**, têm a vontade imutável no bem	343
93 **As almas dos maus**, depois da morte, têm a vontade imutável no mal	345
94 **A imutabilidade da vontade** das almas detidas no **Purgatório**	346
95 A imutabilidade das vontades das almas, em geral, **após a separação do corpo**	347

O JUÍZO [cc. 96 a 97]

96 **O Juízo Final**	350
97 **O estado do mundo após o Juízo**	351
Autores citados	355
Referências bíblicas	363

Suma
teológica

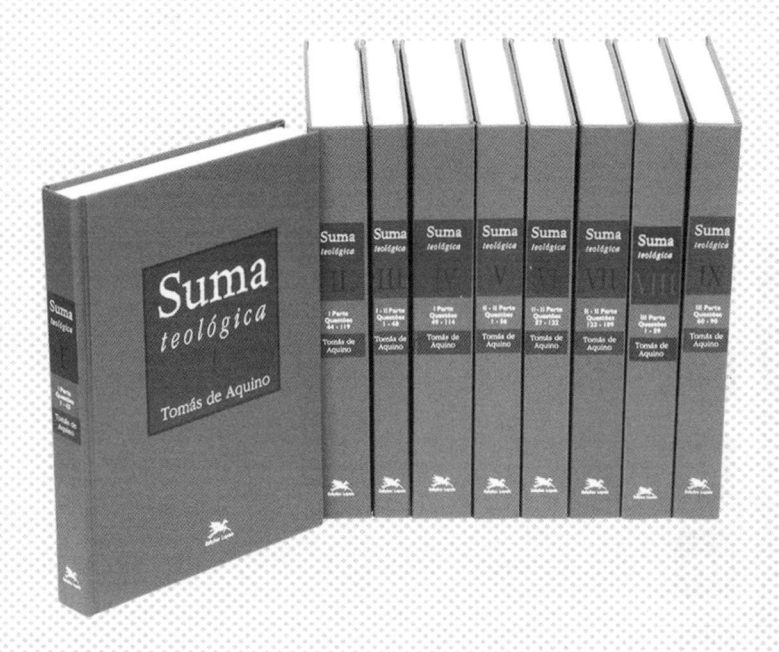

Reunindo em forma de compêndio importantes tratados filosóficos, religiosos e místicos, Santo Tomás de Aquino, através da Suma teológica, procurou estabelecer parâmetros a todos os que se iniciam no estudo do saber da teologia. Dividida em nove volumes, a obra permanece como um dos mais relevantes escritos do cristianismo de todos os tempos.

Para adquirir:
11 3385.8500
vendas@loyola.com.br
www.loyola.com.br

Edições Loyola é uma obra da Companhia de Jesus do Brasil e foi fundada em 1958. De inspiração cristã, tem como maior objetivo o desenvolvimento integral do ser humano. Atua como editora de livros e revistas e também como gráfica, que atende às demandas internas e externas. Por meio de suas publicações, promove fé, justiça e cultura.

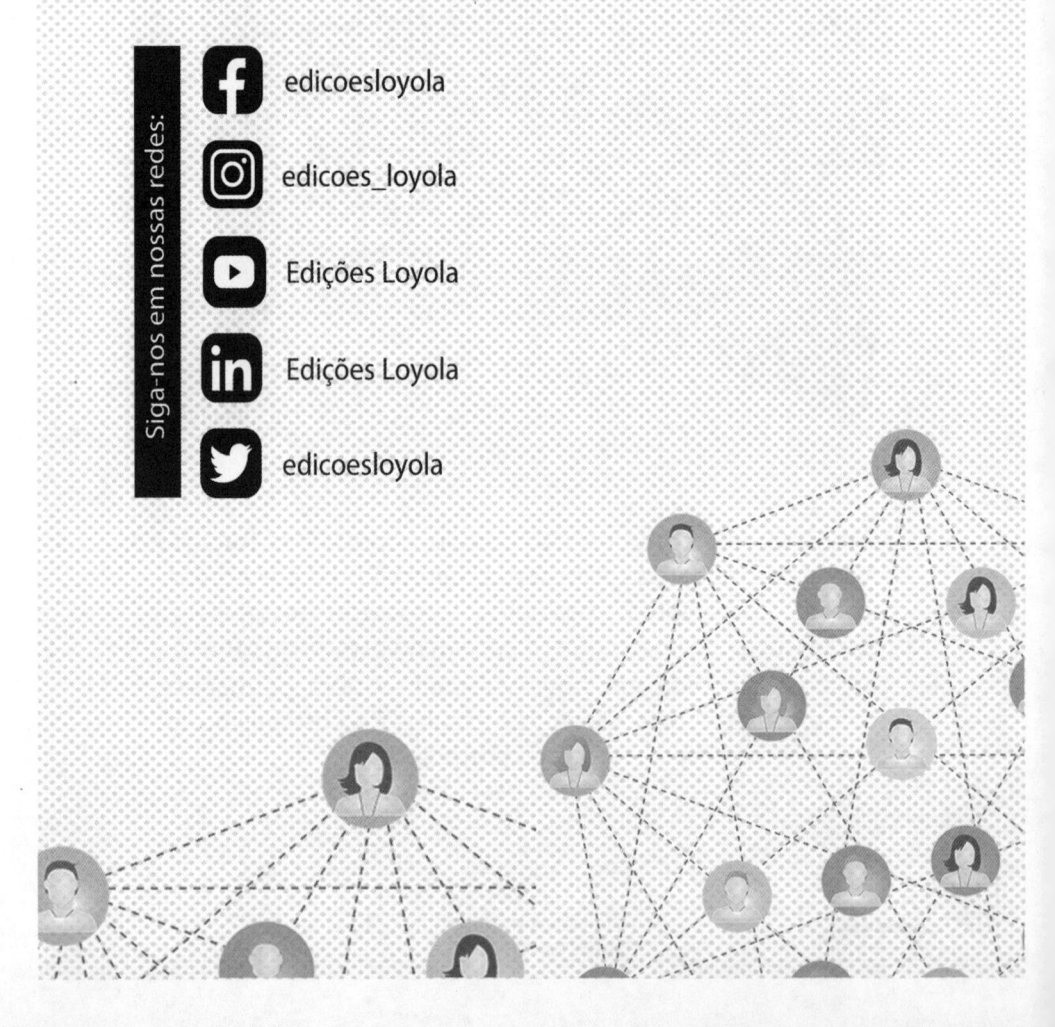

Siga-nos em nossas redes:

- edicoesloyola
- edicoes_loyola
- Edições Loyola
- Edições Loyola
- edicoesloyola

COLEÇÃO
ABC da BÍBLIA

Esta coleção é uma verdadeira "caixa de ferramentas" que ajudará o leitor a fazer uma abordagem sistemática e esclarecida dos livros da bíblia.

Confira o que cada volume oferece a respeito do tema tratado:

- identifica o(s) autor(es) do livro bíblico ou de um conjunto de escritos;
- apresenta seu contexto histórico, cultural e redacional;
- permite uma análise literária, mostrando a estrutura do livro bíblico;
- oferece um resumo, abordando os grandes temas presentes no texto;
- estuda sua recepção, influência e atualidade;
- fornece um léxico de lugares e pessoas;
- contém tabelas cronológicas, mapas e bibliografia.

Para adquirir:
(11)3385.8500 | vendas@loyola.com.br | www.loyola.com.br

Edições Loyola

editoração impressão acabamento
rua 1822 nº 341
04216-000 são paulo sp
T 55 11 3385 8500/8501 • 2063 4275
www.loyola.com.br